2019年主题出版重点出版物

新中国农业发展70年

科学技术卷

韩长赋　主编

中国农业出版社
北　京

图书在版编目（CIP）数据

新中国农业发展70年．科学技术卷／韩长赋主编．
—北京：中国农业出版社，2019.8（2019.8重印）
ISBN 978-7-109-25709-2

Ⅰ．①新…　Ⅱ．①韩…　Ⅲ．①农业发展－概况－中国
－现代②农业技术－中国　Ⅳ．①F323②S-12

中国版本图书馆CIP数据核字（2019）第141123号

新中国农业发展70年
XINZHONGGUO NONGYE FAZHAN 70NIAN

中国农业出版社
地址：北京市朝阳区麦子店街18号楼
邮编：100125
策划编辑：柯文武　宋会兵　杨金妹
责任编辑：闫保荣　赵　刚　姚　红　周　珊
　　　　　王玉水　姚　佳　边　疆　潘洪洋
版式设计：韩小丽　王　晨　杜　然　杨　婧
责任校对：吴丽婷　巴洪菊　周丽芳　刘丽香
　　　　　张楚翘　刘飔雨　赵　硕
责任印制：王　宏　郝荣福
印刷：中农印务有限公司
版次：2019年8月第1版
印次：2019年8月北京第2次印刷
发行：新华书店北京发行所
开本：787mm×1092mm　1/16
总印张：63
总字数：1 500千字
总定价：198.00元（2卷）

新中国农业发展 70 年
编 委 会

新中国农业发展70年
科学技术卷编写组

组　　长：廖西元　杨雄年

副 组 长：汪学军　张　晔　李　波　张　文　李　芹

审稿人员（按姓氏笔画排序）：

万建民　王小虎　王汉中　王庆煌　邓秀新
朱　明　孙　坦　孙宝国　杨雄年　李德发
吴孔明　沈建忠　易中懿　罗锡文　金　轲
赵春江　柯炳生　段武德　信乃诠　梅旭荣
曹幸穗　康振生　董红敏　雷茂良　翟虎渠
樊志民

编写人员（按姓氏笔画排序）：

卫文星　戈贤平　冯　力　刘荣志　许世卫
孙洪武　李保明　李胜利　李新海　张　萌
张　锋　张礼生　张克强　张俊飚　张蕙杰
陆建中　陈　阜　林　敏　林祥明　周清波
钱永忠　曹光乔　谢江辉　戴小枫

统稿人员（按姓氏笔画排序）：

王　书　王　萌　杨雄年　邹　轶　张　文
张　萌　张　锋　张进龙　张建华　金志强
郑　玉　孟　洪　段留生　窦鹏辉

秘 书 组（按姓氏笔画排序）：

王　蕊　史学朋　刘　晗　孙星星　李仕宝
张杰伟　孟　洪　徐雷鸣　程　楠　靳　红
窦鹏辉　蔡彦虹

总　目　录

科 学 技 术 卷

分 目 录

科 学 技 术 卷

总　　论

　　浩瀚长河、璀璨星空，悠悠五千年岁月，中华民族植五谷、饲六畜，形成了农桑并举、耕织结合的传统农业模式以及独特的用地养地、精耕细作的农业技术体系，取得了世界领先的农业科技成就。总的来看，中国古代哲学"三才"理论源远流长，强调天人合一，讲究天、地、人的和谐关系，强调农业生产的整体观、联系观、环境观，最本质地体现了中国古代农业哲学的核心思想。这一时期中国传统农业养活了庞大的人口，创造了灿烂的农耕文明，生态环境也得到了良好的保持。

　　进入近代，传统技术在我国农业生产中仍占据主导地位，精耕细作的优良传统得到进一步继承和发扬。随着西方近现代科学与技术的传入，在广大农业科技工作者数十年的辛勤努力下，我国在科学育种、土壤肥料、植物保护、农田水利、园艺科技、畜牧兽医、农业机械及蚕桑、渔业等诸多方面都取得了一定的成绩。这些研究成果被应用于生产实践，为传统农业与现代农业的结合、传统农业向现代农业转化创造了条件。

一、中国农业科技 70 年发展历程波澜壮阔

　　1949 年，中华人民共和国成立，中国农业科技开启了新的历史篇章。在历届中央领导集体的坚强领导下，在一代代农业科技工作者的共同努力下，我国农业科技面貌发生了翻天覆地的变化，中国农业科技发生了从无到有、从小到大、从弱到强的历史性变化，农业科技自主创新能力得到了大幅提升，对支撑引领农业农村发展发挥了重要作用，作出了历史性贡献。

　　70 年来，从几个农业试验场，发展成全球最完整的农业科技创新体系。目前，我国农业科技创新体系从中央到地方层级架构完整，涵盖科研、推广和教育等领域，机构数量、人员规模、产业和学科覆盖面均为全球之最。**在科研体系建设上**，在新中国成立前的淮安、保定、济南、北京、辽宁等几个农业试验场的基础上，依托逐渐回迁的农业院校、科研机构，我国迅速建立了中央、省、地三级农业科研机构系统。改革开放迎来了中国科学技术事业发展的春天，农业科技创新的政策环境、制度环境和投入支持环境得到了较大幅度的改善。目前，我国地市级以上农业科研机构的数量达到了 1 035 个，机构和人员数量跃升至世界第一。**在技术推广体系建设上**，农业技术推广体系先后经历了艰难的创建期、市场和体制改革双重冲击下"线断人散网破"阵痛期和新时代"一主多元"的融合发展期。各级农技推广机构和农技人员认真履行先进实用技术推广、动植

　　＊本章审稿人：信乃诠、杨雄年；牵头撰稿人：张文、孙洪武、窦鹏辉；编写撰稿人：张锋、史学朋、徐雷鸣、邹轶、刘晗。

物疫病及农业灾害的监测预报和防控、党的"三农"政策宣传落实等各项职责，为农业农村持续稳定发展作出了重大贡献。**在教育培训体系建设上**，我国农民教育培训体系先后经历了农民业余学校、识字运动委员会、干部学校、"五七大学"、各级农业广播电视学校和"一主多元"的现代农民教育培训体系，在提高农民科学生产、文明生活和创新经营的科学文化素质方面，起到了积极的促进作用。

70 年来，从靠天吃饭的传统生产，发展成良种良法配套、农机农艺融合的现代农业技术体系。新中国成立后，毛泽东极力提倡选种、改进耕作方式，提出了"农业八字宪法"（即土、肥、水、种、密、保、管、工），一直到今天，都对实现科学种田起到了积极作用和深远影响。**在品种培育上**，我国农业生产的种子来源在很长一段时期是农民自留种，以矮化育种、远缘杂交、杂种优势利用等为代表的重大技术突破，促成了 5～6 次作物品种更新换代，粮食单产从新中国成立初期 69 千克/亩*增加到目前的 375 千克/亩，良种覆盖率达到 96％以上。**在病虫害防治上**，新中国成立初期，蝗虫连年起飞成灾、小麦条锈病爆发蔓延、棉铃虫肆虐为害，几乎没有有效防治手段，经过几代人的努力，逐步建立起科学有效的病虫害监测预警与防控技术体系，确保没有发生大面积重大生物灾害。**在设施农业上**，从北方冬季只能吃上储存的萝卜白菜，到依靠设施农业生产，实现了新鲜蔬菜和水果的周年供应，打破了水温光等自然条件对农业生产的限制，从塑料大棚、拱棚到现代日光温室和连栋温室，形成持续发展、总面积达到其他国家总和 5 倍以上的设施农业规模。

70 年来，从依靠"一把尺子一杆秤"的科研手段，发展成设施完备、装备精良的科技创新条件平台体系。我国农业科技条件平台建设从点到面、从小范围到大规模，实现了历史性转变。**在农业科研基础条件建设方面**，先后出台了一系列的科研条件能力建设规划，配备了一大批科学仪器设备，实施了科研单位的房屋修缮、基础设施改善、仪器设备购置及升级改造，大大改善了各级农业科研机构科技基础条件。**在科学与工程研究类平台建设方面**，建设了农作物基因资源与基因改良国家重大科学工程、国家动物疾病防控高等级生物安全实验室等一大批国家重大科技基础设施以及国家实验室、国家重点实验室和部省级农业重点实验室，拥有了一批农业领域的"国之重器"。**在技术创新与成果转化类平台建设方面**，围绕产业共性关键技术和工程化技术、重大装备及产品研发等，建成了一批国家工程实验室、国家工程研究中心、国家工程技术研究中心、国家农作物改良中心（分中心），加速了农业科技成果转化和产业化。**在基础支撑与条件保障类平台建设方面**，围绕农业科技基础性长期性工作，建成了一批国家野外观测研究站、农业部野外观测试验站、国家农作物种质资源库（圃）和国家农业科学数据中心，夯实了农业科学技术研究基础。

70 年来，从人扛牛拉的传统生产方式，发展成了机械化自动化智能化的现代生产方式。我国农业生产方式实现了从人畜力为主向机械作业为主的历史性跨越，目前全国农作物耕种收综合机械化率超过 67％。在部分领域、部分环节逐步实现"机器换人"，显著增强了农业综合生产能力，加快了农业农村现代化进程。**在农机装备研制方面**，

---

* 15 亩＝1 公顷。

"东方红" 200 马力＊拖拉机填补了国内大功率拖拉机空白,先后研制了 4 000 多种耕整地、种植、田间管理、收获、产后处理和加工等机械装备。**在主要作物主要环节全程全面机械化方面**,小麦生产基本实现全程机械化,水稻、玉米耕种收机械化率超过 80％,油菜、花生、大豆、棉花机械化作业水平大幅提高,畜禽水产养殖、果菜茶、设施园艺等设施化、机械化取得长足发展。**在农业生产信息化精准化智能化方面**,经过近 40 年的引进消化和创新发展,2018 年我国农业数字经济占行业增加值比重已达 7.3％,农产品网络零售额保持高速增长,2018 年达到 2 305 亿元。我国智能农机与机器人、无人机植保服务、农业物联网、植物工厂和农业大数据等板块占全球农业科技市场比例分别达到 34％、45％、34％、30％和 30％。

70 年来,从"大水、大肥、大药"的粗放生产方式,转变为资源节约、环境友好的绿色发展方式。我国的基本国情、资源禀赋和发展的阶段性特征,决定了必须走"一控两减三基本"(控制农业用水,化肥农药减施,农作物秸秆、畜禽废弃物、农膜基本回收利用)的绿色发展道路。**在农业节约用水上**,20 世纪 50 年代以来,我国先后建成了 400 多个灌溉试验站,在旱作节水、滴灌喷灌等科技领域的理论方法、关键技术、重要装备以及管理规范等方面涌现出一大批优秀成果,节水灌溉面积达到 4.66 亿亩。**在化肥农药科学施用上**,从 20 世纪七八十年代增产导向的过量施用,向目前提质导向的科学施用转变,实现了化肥农药从过量施用到现在的零增长、负增长转变。全面推广了测土配方施肥、水肥一体化的施肥模式,实施了有机肥替代化肥行动。创制了一批高效低毒农药和生物农药,农作物生物防控技术迅猛发展。**在农业废弃物资源化利用上**,农作物秸秆从单纯的燃料化向燃料化、原料化、饲料化、肥料化、基料化等多用途综合利用转变。畜禽养殖废弃物由直接排放向集中处理、循环利用转变,农膜使用带来的耕地"白色污染"正在通过机械捡拾、统一回收处理、生物降解等方式逐步得到控制和解决。

二、中国农业科技 70 年发展取得了重大历史性成就

经过 70 年的努力,我国农业科技创新整体水平已进入世界第二方阵。农业科技进步贡献率达到 58.3％,科技为保障国家粮食安全、重要农产品有效供给、促进农民增收和农业绿色发展发挥了重要作用,已成为促进我国农业农村经济增长最重要的驱动力。

(一)保障稳产增产,解决了十几亿中国人的吃饭问题

70 年来,面对日益严峻的人多、地少、水缺等资源约束,科技对粮棉油、肉蛋奶、果菜茶等主要农产品生产供给能力的大幅度提高作出了重大贡献。**在品种供给方面**,我国先后共育成农作物新品种 20 000 余个,推动实现了农作物矮秆化、杂交化、优质化的三次跨越,培育推广了超级稻、转基因抗虫棉、双低油菜、节水抗旱小麦等一大批新品种,品种对提高单产的贡献率达 43％以上,畜禽水产品种良种化、国产化比重逐年

＊　1 马力＝746 瓦特。

提升，奶牛良种覆盖率达 60％。**在农田改良方面**，系统开展了黄淮海地区旱涝盐碱综合治理、南方丘陵区红（黄）壤改良、中低产田改良、污染土壤修复与安全利用、土壤有机质提升、高标准农田创建等科技攻关与成果应用，土壤的大幅改良促进实现单位面积耕地增产 100 千克/亩以上、增收节支 150 元/亩以上，农业综合生产能力大幅提升。**在灾害防控方面**，农作物重大病虫害流行规律、流行病学、致病与传播机制等基础研究全面进步，监测预警与诊断防控技术不断完善，农药兽药创制能力迅速提升，有效防控了蝗灾、小麦条锈病、稻飞虱、棉铃虫、稻瘟病等农作物重大病虫害，控制和消灭了牛瘟、牛肺疫、马传染性贫血，成功控制了禽流感、猪蓝耳病等重要疫病的流行与发生。

（二）支撑结构调整，促进了农业产业链延伸和功能拓展

70 年来，伴随着不同时期农业农村经济发展的阶段性需求，农业科技在农产品生产结构调整、产业布局优化、市场需求扩展等方面，均发挥了积极的支持和引领作用。**在以粮为纲的发展阶段**，适应几大粮食作物稳产增产的科技需求，各级农业科研机构的设立、学科和人才队伍的培养引进，大多聚焦于这几大粮食作物来设置；国家各类科技计划和项目也大都围绕几大粮食作物育种及技术攻关来设立，这些都大幅提升了我国主要粮食作物的育种和技术创新水平。**在农林牧副渔全面发展阶段**，适应我国城乡居民对农产品消费不断增长和日益丰富的需求，从中央到地方，各级农业科研教学机构及时调整学科布局和专业方向，不断优化调整科技力量布局，大大充实和强化了果蔬、畜禽、水产等优质农产品生产和精深加工方面的科技力量与科技成果供给。**在农村一二三产融合发展阶段**，适应单一、低端的传统产品结构向多元化、高值化、功能化转变的需求，适应国民饮食消费从"吃得饱"向"吃得好""吃得安全""吃得营养"转变的需求，农产品产地初加工、高值化精深加工、保鲜储运、营养强化、康养休闲、创意文化等科技创新、人才培养不断加强，成果供给能力显著增强。目前，我国农产品加工业与农业产值之比达到 2.2：1，2017 年全国休闲农业和乡村旅游经营收入超过 6 200 亿元，农民收入得到大幅增长。

（三）革新生产手段，转变了中国农业的发展方式

70 年来，我国农业生产从以人力畜力为主要特征的传统农业，实现了向以机械化、设施化、信息化为主要特征的现代农业的历史性转变。**农业机械化加速推进**。开展了涵盖耕作、田间管理、收获及后处理等农业生产全过程的机械化技术创新与设备研制，200 马力级拖拉机实现了量产，10 千克/秒大喂入量谷物联合收割机广泛应用，在主要粮食作物、主要生产环节初步实现了"机器换人"，农业机械向着高效智能、节约环保、舒适便捷和个性化专业化方向不断发展。**农业工程化加快推进**。设施大棚、智能温室、智能化养殖设施等设计与建造技术和模式不断改进，植物工厂、育苗工厂、养殖工厂等动植物种植养殖的自动化管理、智能化控制技术正在飞速发展，深海抗风浪网箱、大型养殖平台紧跟全球发展步伐。目前我国设施农业面积已位居世界第一，设施农业产值占农林牧渔业总产值的 44％，有力保障了我国蔬菜、肉蛋奶和水产品周年生产、

长期供应。**农业信息化加快推进**。农业信息获取、分析决策、智能控制、信息服务等关键核心技术研发与应用不断加快，农业生产智能化、经营网络化、管理数据化、服务便捷化等取得明显进展，对农业生产、经营、管理、服务等各方面产生革命性影响，农业信息技术为延长农业产业链、培育新业态提供了有力武器，逐步进入以信息为生产要素，互联网、物联网、大数据、云计算、自动化、智能机器人应用为特征的智慧农业阶段。

（四）助力环境改善，提升了美丽宜居乡村建设水平

70 年来，农村人居环境领域科技创新，为我国创建生态宜居的美丽乡村提供了有力技术支撑，为农村人居环境整治提供了技术装备和模式。在支撑引领清洁生产方面，研发和创制了一批生物农药、降解地膜、农用纳米材料等农业绿色投入品，研发与示范推广了一批果菜茶有机肥替代化肥、奶牛生猪健康养殖、稻鱼综合种养等绿色技术和模式，农业面源治理、农业废弃物综合利用、农村环境综合治理等技术创新和示范应用不断加强，化肥、农药利用率显著提升并实现施用负增长。**在支撑引领农村能源替代方面**，农村生物质能源等可再生能源开发利用取得新进展，农村清洁能源替代工程的实施，大大推进了煤改气、煤改电和新能源利用进程。沼气发酵功能微生物强化等新型技术推广应用，实现了节能减排，有效改善了生态环境。**在支撑引领农村环境整治方面**，形成了一批适合我国干旱、寒冷地区的新型厕所产品，构建了单户、整村改厕的技术模式，有力推进了农村"厕所革命"。研发了一批农村污水垃圾处理技术与装备，形成了农村生活污水和垃圾处理的不同技术路线与治理模式。建立了美丽乡村生态景观工程技术体系和不同类型的美丽乡村模式，促进农村生态环境发生了根本性改变。

（五）强化国际合作，融入了全球农业科技创新网络

70 年来特别是改革开放以来，通过加强技术引进、人才交流、平台布局等模式，农业领域国际科技合作与交流日益活跃，我国农业科技在全球的话语权和影响力日益增强。**在先进农业技术"引进来"方面**，实施了引进国际先进农业技术计划项目（"948计划"），先后从 46 个国家和地区引进各类先进技术 2 500 多项，种质资源 10 万多份，特别是地膜覆盖、保护性耕作、节水灌溉、设施农业等重点引进技术已在我国得到广泛推广应用，产生了巨大的经济社会效益。**在农业科技"走出去"方面**，通过多双边合作渠道或援助项目，我国在 100 多个国家和地区参与援建 270 多个农业项目，对外派遣农业专家 2 000 多人，帮助培训培养农业人才 18 万人，在亚洲、非洲、美洲、欧洲约 30 个国家推广了杂交水稻、杂交玉米和蔬菜等农作物品种与栽培技术，输出了动物疫病防控与疫苗生产、农作物病虫害综合治理、设施园艺、饲料生产、农业机械及沼气等技术，为发展中国家粮食安全和减贫事业作出了积极贡献。**在国际协作平台共建方面**，先后与有关国家、国外农业机构和国际组织建立了 60 多个联合实验室和国际科技合作中心，吸引了一批国际农业科研机构在我国建立研发中心。党的十八大以来，我国先后与其他国家联合建立了国际水稻联合实验室、国际玉米小麦联合实验室、中国—巴西联合实验室、中国—罗马尼亚农业科技示范园等一批国际协作平台，与"一带一路"重点国

家的农业科技合作与人才交流日益深化。

三、中国农业科技 70 年发展取得了一系列宝贵经验

70 年来，我国在推进农业科技事业发展中，继承、发扬和积累了一些宝贵的好经验和好做法。

（一）始终坚持党对农业科技工作的领导

70 年来，历代中央领导集体在不同时期根据实际发展需要提出了符合时代要求的科技发展路线、方针和政策，为农业科技发展提供坚强有力的政治保证。1978 年，党中央召开全国科学大会，迎来了"科学的春天"，邓小平在讲话中指出："能不能把我国的科学技术尽快地搞上去，关键在于我们党是不是善于领导科学技术工作。"20 世纪 80 年代，党中央全面落实科学技术是第一生产力的思想，提出"经济建设必须依靠科学技术，科学技术工作必须面向经济建设"的战略方针，深化科技体制改革，按照"面向国民经济建设和社会发展服务、发展高新技术及其产业、加强基础性研究"3 个层面对科技创新进行部署。1995 年，党中央召开全国科技大会，实施"科教兴国"战略，把经济建设转移到依靠科技进步和提高劳动者素质的轨道上来。2006 年，党中央、国务院召开全国科技大会，发布《国家中长期科学和技术发展规划纲要（2006—2020 年）》，确定"自主创新、重点跨越、支撑发展、引领未来"的指导方针，提出建设创新型国家目标。2012 年，党中央、国务院召开全国科技创新大会，发布《关于深化科技体制改革加快国家创新体系建设的意见》，提出建设适应社会主义市场经济体制、符合科技发展规律的中国特色国家创新体系。党的十八大以来，习近平总书记提出了一系列推动我国科技进步与创新发展的新理念新思想新战略，把科技作为支撑引领现代农业发展的根本性、决定性力量，作为推动建设现代经济体系的第一动力和根本支撑，强调要给农业插上科技的翅膀。

（二）始终遵循农业和农业科技发展自身规律

70 年来，我国始终准确把握农业科技工作的公共性、基础性、社会性以及长期性、系统性、区域性等特征，在农产品质量安全、动植物防疫、面源污染防治、耕地和草原保护利用、水土保持等事关人与自然和谐发展的农业科技领域，切实加大政府财政投入力度，为农业科技发展提供有力保障；始终把握农业科技易受生物特性、自然环境和气候条件等制约的特点，遵循农业科技创新周期长、成果产出慢、风险挑战大的科研规律，切实加大农业科技长期性稳定性投入，确保一批优良品种的推广应用。70 年来，我国针对农产品从田间到餐桌环节多、链条长等客观现实，始终坚持既注重不同环节、不同领域的突破与应用，也注重根据产业链整体要求做到上下环节之间技术衔接，各个领域之间密切合作、相互配合、形成合力，真正发挥科技支撑农业发展的最大效用。70 年来，我们始终立足产业需求、把握科技规律、加强自主创新，把保障粮食等主要农产品有效供给作为首要目标，把突破农业资源约束作为主攻方向，把构建良种良法配套、

农机农艺融合、高产优质并重的技术体系作为主要任务，把加强公共服务能力和专业化、社会化服务作为农技推广工作的着力点，把强化农业科技人才队伍建设作为重要保障，把强化公益性定位、稳定支持、联合协作作为管理创新的出发点，积极探索中国特色农业科技发展道路。

（三）始终坚持走中国特色农业科技自主创新道路

70 年来，面对农业发展的国内需求和复杂多变的国际形势，我国始终把提高自主创新能力摆在农业科技工作的突出位置，坚持"独立自主、自力更生"，始终坚信先进农业技术是买不来的，始终把科技人员提高自主创新能力作为农业科技工作的战略重点，走出了一条具有中国特色的农业科技自主创新道路。70 年来，在不同历史阶段，瞄准短缺时期的粮食生产、丰歉平衡时期的结构调整、高质量发展时期的转型升级，主要依靠自己的力量，攻克关键核心技术，取得了一大批自主创新成果。特别是近年来，立足提升我国重点领域、短板环节农业科技自主创新能力的战略需求，我国先后实施了转基因新品种培育、水体污染控制与治理等农业科技领域重大专项，先后实施了主要作物育种、土壤改良保育、农业面源污染、旱作节水、化肥农药减施等一批聚焦产业发展和生态环保的重点专项，通过重点突破带动关键领域跨越式发展，取得了一批具有自主知识产权的创新成果，大大缩小了与发达国家的差距。水稻、黄瓜、家蚕农业基因组学等基础研究领跑国际同行，禽流感病毒演变、跨种间传播与流行规律研究等位居世界先进行列，作物育种、农业生境控制与修复、节水农业等主要领域技术与国际先进水平差距明显缩小。70 年来，我国不断加大农业科技创新投入，在农业领域相继实施了科技攻关计划、丰收计划、跨越计划、"948"计划、行业科研专项、"863"计划、"973"计划等一批重大科研项目。2008 年启动的转基因生物新品种培育国家重大专项，"十三五"国家重点研发计划启动了一批农业领域重点项目。70 年的实践告诉我们，发展科学技术必须依靠自己的力量，坚持走中国特色农业科技自主创新道路，才能为我国现代化建设提供更可靠的战略支撑。

（四）始终坚持推进农业科技体制机制改革创新

70 年来，针对制约农业科技发展的体制机制问题，我国开展了一系列农业科研体制改革与探索。党的十一届三中全会以后，农业研究机构得到了及时的恢复和整顿，科研条件、队伍素质和研究水平得到迅速提高。1978 年，邓小平在全国科学大会上指出："科学研究机构的基本任务是出成果、出人才。"1980 年召开的全国科学技术工作会议把促进科学技术与经济、社会协调发展作为新时期中国科学技术发展的方针。1985 年，中央印发了《关于科学技术体制改革的决定》，开启了以财政拨款制度为突破口的科技体制改革，扩大科研单位自主权，申报项目引入竞争机制，培育农业技术市场，探索科技与经济有机结合的运行机制。1992 年，国家科委、国家体改委印发《关于分流人才，调整结构，进一步深化科技体制改革的若干意见》，开启了以"稳住一头、放开一片"为方针，以调整科技系统结构、分流人员、改革运行，从体制机制上解决科研机构重复设置、力量分散、科技与经济脱节等问题为重点的科技体制改革。2000 年，国务院印发《关于深化科研机构管理体制改革的实施意见》，开启了农业科研机构分类改革。党的十八大以来，中央全面深化改革向纵深推进，新一轮科技体制改革全面开启，整合国家科技项目，放活科研机构、放活科技成果、放活科技人才的政策法规取得了重大历史性突破，农业科技发展正在迎来又一个春天。

（五）始终坚持集中力量办大事的制度优势

70年来，始终坚持社会主义集中力量办大事的制度优势，探索跨区域、跨学科、跨部门的协同攻关模式，有效解决了不同时期制约农业农村发展的重大关键技术难题。比如，在20世纪70年代，我国成立了由中国农业科学院、湖南省农业科学院等几十家农业科研教学单位、生产部门共同参与的全国杂交水稻科研协作组，有力促进了杂交水稻研究，在世界上率先实现了三系配套育种，推动了我国粮食生产水平的飞跃发展。20世纪80年代，农业部、水利部、中国科学院、北京农业大学（现中国农业大学）、中国农业科学院等政府部门和120多家科研单位联合起来，开展了一场轰轰烈烈的"农业科技黄淮海战役"，经过育种、耕作、栽培、土肥等领域数千科技人员的持续联合攻关，使黄淮海中低产田得到有效治理，大幅提升了粮食生产能力。20世纪90年代成立至今的全国小麦锈病研究协作组，创建了菌源基地综合治理技术体系，实现了有病无灾和病害持久控制，每年挽回小麦减产20亿千克以上的损失。2007年以来，以粮、棉、油、肉、蛋、奶等50个主要农产品作为建设单元，以农业产业链条为主线，设立的从产地到餐桌、从生产到消费、从研发到市场各个环节紧密衔接、环环相扣、服务国家目标的现代农业产业技术体系，破解了以往靠单个课题、单个学科、单个单位无法解决的产业技术难题。2014年以来，建设的国家农业科技创新联盟，构建了全国协同"一盘棋"、上中下游协作"一体化"、科企合作"一条龙"的协同创新格局。

（六）始终坚持规划引领和法制保障

70年来，我国先后制定了一系列重大发展规划，引领农业科技发展。1963年，第一次以中央名义召开了全国农业科技工作会议，制定了1963—1972年农业科学技术发展规划，提出了3 000多项研究课题，为三年困难时期解决粮食问题作出了积极贡献。2001年，以中央名义召开了全国农业科技大会，讨论制定了《农业科技发展纲要（2001—2010年）》，明确了新阶段农业科技发展的方向与任务。2006年，中央制定了《国家中长期科学和技术发展规划纲要（2006—2020年）》，在种质资源创新、畜禽水产健康养殖、农业生态安全、多功能农业装备与设施等九大领域对农业科技创新进行了全面系统部署，提出要经过15年的努力，实现农业科技整体实力进入世界前列的重要目标。农业部先后印发了"十五""十一五""十二五""十三五"全国农业科技发展规划，对不同时期农业科技发展作出了具体的工作部署。2016年，中央制定了《国家创新驱动发展战略纲要》，明确了现代农业领域的技术发展方向，强调要发展生态绿色高效安全的现代农业技术，确保粮食安全、食品安全。70年来，我国先后制定并颁布了一系列法律法规，为农业和农业科技发展提供了强大的法制保障。《中华人民共和国宪法》明确指出"农业是国民经济的基础"，为我国农业赋予了十分重要的战略地位。为了有效保障我国农业和农业科技发展，国家相继出台了《中华人民共和国农业法》《中华人民共和国农产品质量安全法》《中华人民共和国农村土地承包法》《中华人民共和国农民专业合作社法》《中华人民共和国农业技术推广法》《中华人民共和国种子法》《中华人民共和国畜牧法》《中华人民共和国乡镇企业法》《中华人民共和国食品安全法》以及《中华人民共和国科学技术进步法》《中华人民共和国科学普及法》《中华人民共和国专利法》《中华人民共和国促进科技成果转化法》等重要法律。为了高效推进农业和农业科技发展，专门出台了《农药管理条例》《基本农田保护条例》《植物检疫条例》《植物新品种保护条例》《农业转基因生物安全管理条例》《农业机械安全监督管理条例》等重要法规，较为完备的法律法规保障和促进了我国农业和农业科技的快速发展。

四、新时代我国农业科技事业发展肩负新使命

当前，我国正处在新的发展时代。这是依靠科技创新推动全面建成小康社会和美丽中国的新时代，这是依靠科技创新推动农业农村现代化的新时代，这是依靠原始创新推动建成世界科技强国的新时代。新时代农业科技工作要坚持以习近平新时代中国特色社会主义思想为指导，紧紧围绕实施乡村振兴战略、推进农业农村高质量发展、建设世界农业强国和科技强国的战略目标，坚持"三个面向"，以深化农业科技体制机制改革为动力，以攻克农业核心关键技术为突破口，统筹配置科技创新要素，重塑新时代中国特色农业科技创新体系，不断提升我国农业科技自主创新能力和成果转化应用水平。

（一）构建开放高效的农业科技创新生态系统

一是重塑新时代中国特色农业科技创新体系。探索农业科技协同攻关和转化应用的重大机制创新，提升农业科研机构联合协作的组织化程度。明确各级各类公益性农业科研机构职责定位，深入探索省市农业科研机构一体化管理体制。依托已经建成的现代农业产业技术体系、国家农业科技创新联盟、国家现代农业产业科技创新中心等，凝聚整合优势农业科技资源，搭建全局性、区域性、行业性重大产业科技问题协同攻关平台和科技创新联合体。引导企业加大研发投入和协同创新，培育壮大一批创新能力强、带动能力强、市场竞争力强的农业科技创新型企业。

二是布局建设一批农业领域重大科学平台。着力提升农业科技基础条件保障能力和科技资源开放共享服务能力，夯实自主创新的物质技术基础。布局建设一批农业重大科学工程、国家实验室、国家重点实验室等重大基础设施，大力推动基础研究和前沿交叉学科发展。强化学科群重点实验室建设，加强关键共性技术协同攻关。布局建设一批国家农业科学试验站和农业科学数据中心，加强农业科学观测和试验示范，逐步形成布局合理、定位清晰、管理科学、开放共享、多元投入、运转高效的国家农业科技创新平台体系。

三是加速推进农业科技体制机制改革创新。激发科研机构及科技人员创新创业活力，推动人才激励、兼职兼薪、成果权益分配等激励政策落地，放活科研机构、科技成果和科技人员。加快建立现代院所制度，明确职责和功能定位，赋予农业科研院所更多自主权，推动完善内部治理体系建设。建立有利于促进科技与经济紧密融合的评价导向

机制，推动形成分类评价机制，更加突出技术研发的创新度、产业需求的关联度和对产业发展的贡献度。

（二）调整优化农业科技创新方向和重点

一是加强基础和前沿技术研究。 在农业生物生长发育机理、资源高效利用机制、农业信息获取与分析、食物营养健康等方面突破一批重大基础理论和方法。在以基因组学等为核心的现代农业生物技术，以大数据、云计算等为代表的前沿农业智能技术，以新能源、新材料等为代表的低碳循环农业技术等方面，加快形成创新优势。在合成生物技术、基因编辑技术、动植物天然免疫技术等方面，实现原创性重大突破，确保在世界农业科技前沿占有一席之地。

二是着力突破农业农村发展核心关键技术。 瞄准我国农业农村发展重大需求，推进绿色、优质、高效、安全的农业技术创新，力争在农业大动物育种、农业药物合成、绿色投入品创制、农产品质量安全溯源与检测、大型智能农机装备、深蓝渔业设施装备、农业废弃物循环利用、乡村环境治理等领域核心关键技术实现突破，研发推广一批新技术、新品种、新装备和综合解决方案。

三是强化农业基础性长期性科技工作。 加快构建监测网络，布局建设一批国家农业科学实验站和国家农业科学数据中心、分中心，持续开展动植物资源、土壤肥料、病虫害、农业环境等动态观测监测。完善数据规范标准，制定完善各类数据监测方法标准、数据处理储存共享标准等，提升观测数据的使用效率和科学价值。

（三）支撑引领乡村振兴战略实施

一是加大技术创新集成。 围绕制约产业兴旺、生态宜居、生活富裕等方面重大瓶颈问题的科技需求，在大宗农产品提质增效、名特优新产品培育壮大、新产业新业态打造等方面，着力突破一批重大关键技术瓶颈，创新一批核心关键技术模式，集成应用一批先进实用科技成果。

二是加快成果转化应用。 着力加强重大科技成果的集成熟化、示范推广和转化应用，重点转化一批经济性状突出、发展潜力大的粮、棉、油等重大新品种，在适宜地区推广一批蔬菜、果树、烟草、茶叶以及畜禽水产重要新品种；转化一批技术含量高、市场前景好的新肥料、新兽药、新疫苗、新农药以及农业机械等重大新产品（装备），推广一批绿色高效的重要农作物畜禽水产种植养殖、重大病虫害绿色防控、畜禽水产重大疫病防治、农机农艺结合、农产品加工和流通、水土资源节约高效利用、农业废弃物收储与高值利用、投入品减量高效施用等关键技术和模式，强有力支撑农业产业提质增效和农民持续增收。

三是强化科技引领示范。 坚持生产、生活和生态"三生共赢"的基本导向，综合考虑不同区域资源环境承载力、生态类型和农业发展基础条件，治理当前农业农村环境突出问题，形成不同区域、不同类型可复制可推广的技术路径与治理模式，重点围绕做强区域主导产业、资源环境修复保育、推进一二三产业融合发展等内容，打造样板，突出科技引领示范作用，促进农业产业化发展和产业集群的形成，实现"四化"同步和城乡一体化发展。

　　四是强化人才队伍建设。进一步完善符合农业科研特点的长期稳定培养支持机制，培养一批高水平的科技人才和创新团队。加强成果转化和农技推广队伍建设，培养一批留得住、用得上、农业农村经济发展急需的实用型复合型农业推广人才。全面建立农民教育培训制度，培养一支爱农业、懂技术、善经营的高素质农民队伍。

第一章　农业科技政策创新与发展

科技政策是国家在一定时期内推动科技工作开展、实现科技工作目标而应遵循的行为准则、组织方式和具体举措，是科技工作者做好科技创新、成果转化等工作的指南。新中国成立70年来，党中央、国务院高度重视农业科技政策工作。经过70年不断探索和发展，逐步形成了较为完善的以政策法规、规划计划等为核心内容的国家农业科技政策与制度体系。

纵观70年的创新与发展，我国农业科技政策呈现出三大特点：一是发挥政治优势。发挥中国共产党领导全国"三农"工作和农业科技事业的政治优势，始终坚持以人民为中心的发展理念，在国家不同时期总体发展方针指引下，每五年左右制定科技发展规划纲要，指导行业科技发展，并在规划指导下启动实施系列科技计划，布局系列科技项目，推动全局性、关键性、战略性科技工作。二是突出举国体制。积极发挥集中力量办大事的社会主义制度优势，立足农业科技创新系统性突出、周期性长、公益性强的特点，形成了以中央财政资金投入为主导、地方财政协同跟进，中央、省、地多级科研机构、企业等共同参与的联合攻关机制，取得了"三系"杂交水稻、黄淮海综合治理、绿色超级稻等一大批国家重大科技成果。三是探索中国道路。在尊重农业科技发展规律的基础上，不照搬发达国家的做法，立足我国不同发展阶段和发展目标，坚持自主创新与对外开放相结合，不断探索和完善农业科技政策，形成了具有中国特色的政策与制度体系，保障了中国农业科技的可持续发展。

实践证明，我国农业科技政策符合国家需求、产业特点和科技规律，有力支撑了农业科技事业快速发展，为农业农村现代化做出了重要的贡献。

一、农业科技政策法规的制定与完善

科技政策与法规是国家在行政上针对科技发展所采取的一系列方针、策略以及推行这种方针、策略的法令、法规、措施和手段等。作为国家科技事业的重要组成部分，国家制定农业科技政策和法规，组织、推动、管理与规范农业科技活动，促进农业科技成果尽快应用，发展农业生产力，使技术、经济、社会、生态协调发展。

（一）农业科技政策法规的发展历程

我国农业科技政策与法规的建立与完善，大致经历了创建与发展、调整与发展、改革与发展及全面深化改革四个重要时期。

※ 本章审稿人：梅旭荣；牵头撰写人：陆建中；参与撰写人：王萌、陈宇宏。

1. 创建与发展时期（1949—1978 年）

新中国成立至 1978 年期间，在中国共产党和中央人民政府的领导下，中国经历了初期国民经济恢复、社会主义改造和 1953 年开始全面进行社会主义建设的各个历史时期，中央根据各时期的工作重心，提出了不同的思想路线。为了贯彻落实各时期的总路线、总任务，党和国家相应地制定了一系列具体方针、政策和法规。

新中国成立前夕制定的《中国人民政治协商会议共同纲领》第四十三条规定："努力发展自然科学，以服务于工业、农业和国防的建设。"1949 年 11 月，中央人民政府政务院对中国科学院提出明确指示："要以《中国人民政治协商会议共同纲领》中有关规定为中国科学院工作的总方针。"据此，中国科学院确定了"科学研究为人民服务，科学研究与实际密切结合"的指导思想。这个指导思想既是中国科学研究工作的方针，也是农业科学研究工作的指南。

新中国成立初期，在恢复国民经济的总口号和总任务指导下，为了恢复农业，采取了推广技术、奖励丰产和动员群众兴修水利等措施；同时对农业科技工作提出了"理论联系实际，科学为生产服务"的方针，各级农业行政部门组织动员大批农业科技人员，深入农村，深入实际，调查研究，总结群众丰产经验和增产技术，开展爱国生产运动和群众性的改进技术运动，示范推广新式农机具，并开始引进、试验、选定机械化农具。农业部在东北地区试办农业技术推广站，并于 1953 年制定了《农业技术推广方案》等。这些政策、方针和措施的制定与执行，为新中国的农业科技起步与发展打下了良好的基础。

1956 年是中国科学技术发展史上具有重要里程碑的一年。这一年，中国的社会主义改造运动进入了高潮，1953 年开始的第一个五年建设计划已顺利实施，全国政治形势空前稳定，国民经济得到了巨大发展，农业科学技术事业也随之有很大进步。迅速发展着的政治经济形势对科学技术提出了新的更高要求，要求加快发展，发挥更大作用。为此，党和国家提出了一系列方针性的科学思想与科技政策。周恩来在全国政协二届二次会议上的政治报告中发出"向现代科学技术进军"的号召，并要求国家有关部门制定出《1956—1967 年科学技术发展远景规划》。此后，全国迅速掀起了"向科学技术进军"的热潮。1956 年 1 月 25 日，最高国务会议讨论公布了中共中央提出的《1956 年到 1976 年全国农业发展纲要》，简称"农业发展四十条"，其中第二十一条规定，农业科学研究工作和技术指导工作机构要为发展农业生产服务，"农业科学研究和技术指导，必须同农民群众的生产实践密切地结合起来"，农业科学技术工作方针有了明确规定。理论联系实际，科学为生产服务，促进农业科技成果转化的农业技术推广方案，学术讨论中的"双百"方针，团结科学家的政策，培养新生的科学力量，建立全国性的科学研究体系，以及奖励条例，"向现代科学进军"和"进行技术革命、文化革命"的号召等方针政策的提出，比较全面地形成了符合农业科技发展规律的农业科技发展政策体系，对新中国成立初期的农业科技发展起到了积极的促进作用。

1958 年，"大跃进"路线的提出，使盲目求快压倒了一切。同年 2 月，中共中央发出了《在全国各地区普及推行种试验田的通知》。为了贯彻总路线和种试验田的通知，中国科学院召开会议，部署了"科学大跃进"，接着中国农业科学院召开第一次全国农业科学研究所、站长会议，提出抽调2/3的科技人员组成农业科学工作队，分赴各地支援农业生产"大跃进"，放所谓"高产卫星"；7月，中国农业科学院又召开了各地区所、专业所所长会议，作出了《我国面临的新形势与新任务》的决议，认为"农业科研单位的思想落后于农民实践"，要求各级农业科研单位破除迷信，插红旗、拔白旗，进行业务上和组织上的改革，在思想上和研究方法上来一个革命。农业部于1958年8月批准了这个决议，并决定将原属中国农业科学院的6个大区所下放给所在省领导，划归地方建制。在这一总路线精神的政策导向下，1958—1959年，从中央到地方相继成立了一大批研究机构，农业科学研究机构的建设发展很快。1959年12月，中国农业科学院召开全国农业科学研究会议，总结出农业科研工作方法的8条经验：第一，坚持政治挂帅，坚决贯彻党的总路线所规定的一整套两条腿走路的方针；第二，为生产服务，以任务带动学术研究；第三，对当前迫切问题以及若干尖端问题，采取多设基点，多种方法齐头进行试验的方法；第四，根据作物不同的生长发育阶段，组织技术考察；第五，采取研究室、试验场和人民公社基点三者结合的方法；第六，重点任务为主体，专业所为核心，组织有关部门大协作；第七，在执行研究计划的全过程中，不断加强政治思想教育；第八，在党的领导下，贯彻执行"百花齐放、百家争鸣"的方针。1960年3月，中共中央批转农业部党组"关于全国农业科学研究工作会议的报告"，肯定8条经验是正确的，并提出从中央一直到公社的各级农业科学研究机构，凡是还没有建立的地方都应及早建立起来"种试验田"，推广"农业科学研究工作方法的八点经验"。

1961年初，八届九中全会正式决定对国民经济实行"调整、巩固、充实、提高"的八字方针。为贯彻"八字方针"，国家科学技术委员会和中国科学院共同制定了《关于自然科学研究机构当前工作的十四条意见》（简称"十四条"），同年6月，中共中央批准了这个意见，按此意见对科学技术工作进行调整，对"大跃进"以来科技战线各种"左"的思想进行了清理，并对科技工作中的一些政策问题作了规定和澄清。"十四条"强调要"保持科学研究工作的相对稳定，正确贯彻执行理论联系实际的原则""坚决贯彻执行'百花齐放，百家争鸣'的方针"。聂荣臻副总理在阐明"十四条"有关界限时明确指出："要贯彻执行科学为社会主义建设服务的方针和理论联系实际的原则。科学研究工作必须为国家建设服务。"科研工作"十四条"，实际是对新中国成立13年来关于中国科学研究事业建设方针的科学总结，是指导科研工作的重要准则，它的贯彻落实，对推进中国农业科学事业建设，调动广大农业科研人员的积极性，起了十分重要的作用。为了制定正确的科技发展政策，1962年6月1日，《红旗》杂志发表社论，提出了"积极开展技术政策的科学研究的讨论"，社论指出，制定技术政策和重大的技术措施，要研究经济问题；还提出了在技术政策讨论中，要区分学术认识问题和决策执行的界限。同年9月，中共中央八届十中全会决议要求贯彻执行"以农业为基础，以工业为主导"的发展国民经济的总方针，并号召全党特别要注意对农业科学技术的研究。

1963年2月，中共中央、国务院召开全国农业科技工作会议，提出了20～25年农业技术改造设想，要在全国建立"十大样板田"，组织专家和科技人员深入农村，实行领导、专家、群众相结合，实验室、试验场和农村基点相结合，试验、示范、推广相结合。同年，国务院颁布了《技术改造奖励条例》和《发明奖励条例》，在新中国成立以后，第二次启用物质激励机制，对当时掀起的技术革命运动，起了积极作用。在 1964 年国家开展的发明奖励活动中，农业系统奖励 4 项，对农业科技工作者进行技术创新鼓舞很大。周恩来总理在 1964 年第三届全国人大一次会议所做的政府工作报告中，又进一步明确了中国的科技工作方针，提出要"实行技术革命"，"要采用先进技术，必须发挥我国人民的聪明才智，大搞科学试验。外国一切好的经验、好的技术，都要吸收过来，为我所用。学习外国必须同独创精神相结合。采用新技术必须同群众性的技术革新和技术革命运动相结合。必须实行科学研究、教学同生产相结合"。

根据"大搞科学实验"的精神，国务院于 1965 年 3 月召开了全国农业科学实验工作会议，会议号召农业科学技术工作者上山下乡，积极开展以样板田为中心，以专业科学技术队伍为骨干，以农民的科学实验活动为基础的农业科学实验运动。据 24 个省区市统计，当年省一级农业科研单位共设置样板田 629 个，到样板田工作的人员 4 145 人，占研究人员总数的 50%。

调整时期的政策、条例和具体管理措施，基本符合了经济发展规律和科技发展规律，使中国农业科学技术的发展，在经济由困难到向好的条件下，取得了新的进步。

1977 年 7 月，党的十届三中全会正式决定恢复邓小平的工作，由他分管科学教育，从此科学教育文化战线出现了全新的面貌，正确的科技发展政策逐渐得到恢复和发展。1977 年 9 月，农林部上报《关于加强农林科教工作和调整农业科学、教育体制的报告》至国务院，提出中国农林科学院拟收回原下放北京市的作物育种栽培研究所、蔬菜研究所和农业气象研究室，原下放地方的 31 个专业所调整为以部为主，同地方双重领导；9 个单位完全下放给地方。此报告后经党中央批示同意。

1978 年 3 月召开的全国科学大会上，邓小平强调"科学技术是第一生产力"这一马克思主义的观点，并且指出，为社会主义服务的脑力劳动者是劳动人民中的一部分。由此，党扭转了多年来对知识分子的"左"的政策，知识和知识分子重新受到重视，使科学、教育、文艺等各个领域的知识分子受到极大鼓舞。同年 11 月，国家科学技术委员会发布了《关于科学技术研究成果的管理办法》。12 月，国务院发出关于发布《发明奖励条例》的通知，1963 年的《发明奖励条例》同时废止。于是，发展科学技术的奖励机制第三次得到采用。每次激励机制采用的时候，是计划体制下中国农业科技发展最好的时期，第三次激励机制的采用，标志中国农业科技的发展又进入了新的顺利发展时期。

2. 调整与发展时期（1978—1985 年）

1978—1985 年，中国跨进了解放思想、实事求是、拨乱反正、工作重点向社会主义现代化建设转移、调整国民经济、进行改革开放的新的历史时期。新的历史时期，为农业科技的发展创造了良好的政治、经济环境，制定了调整、改革的科技发展政策，编制了农业科技发展规划和年度计划，进行了研究体系和推广体系的建设，开展了农业科技领域广泛的国际合作与交流，促进了中国农业科技的新发展，使中国农业科技在原来基础上又取得了新的重大成就。

进入新的历史时期，农业科技发展的政策与法规建设着眼于调整、整顿与改革。重申了农业科技人才、农业科研、推广和教育的重要地位，确定了新时期农业科技工作的方针与任务，提出了农业科研系统调整的意见，发布了关于农业科技人才的管理条例与规定，颁布了关于农业科技成果的奖励、管理与保密条例，研究和探索了农业科研管理新路。

一是重申了提高农业科学技术人才、科研、推广和教育的重要地位。 党的十一届三中全会之后，党和国家不仅通过拨乱反正恢复了科学技术和知识分子在中国应有的地位，而且在调整和改革中将科技工作提到战略地位加以认识和运筹。1979 年 9 月，党的十一届四中全会通过的《中共中央关于加快农业发展若干问题的决定》（以下简称《决定》）中就明确提出："实现农业现代化，迫切需要用现代科学技术知识来武装我们的农村工作干部和农业技术人员，需要有大批掌握现代农业科学技术的专门家，需要有一支庞大的农业科学技术队伍……"《决定》对农业科技人才、农业科研、教育的重要地位、任务和全国农业科研、推广体系建设及其分工布局作出了原则性规定。

1979 年 10 月，国家科学技术委员会召开全国科学技术工作会议，指出今后要重视技术政策研究；整顿科研机构，建立正常秩序；研究科技体制和制度改革。国家农业委员会、农业部根据中央指示精神和"调整、改革、整顿、提高"的方针以及全国科技工作会议精神，并结合全国农业科技工作实际，于 1980 年 8 月联合印发《关于加强农业科研工作的意见》，提出调整、整顿全国农业科研体系，加强农业科研工作的领导及业务建设的具体意见，并开始对农业科研体制改革进行探索。国家科学技术委员会、农业部联合印发了《关于农业科学研究工作贯彻执行中央调整方针的意见》。

二是确定了新时期科学技术工作的方针及任务。 1978 年，邓小平在全国科学大会的讲话中就引用马克思的话，论述科学技术与经济建设的关系，强调科学技术是生产力，并明确规定了"科学研究机构的基本任务是出成果出人才"。

1980 年召开的全国科学技术工作会议提出了中国新时期科学技术发展的方针为：科学技术与经济、社会应当协调发展，并把促进经济发展作为首要任务；着重加强生产技术的研究，正确选择形成合理的技术结构；必须加强厂矿企业的技术开发和推广工作；保证基础研究在稳定的基础上逐步有所发展；把学习、吸收国外科学技术成就作为发展中国科学技术的重要途径。这个方针正确地处理了科技与经济、社会发展的关系及基础研究、应用研究和开发研究之间的关系，解决了技术结构的选择和正确对待国外先进科技成就等一系列重要原则问题。这是新中国成立以来比较系统、比较完整的科技发展方针。

1981 年 4 月，中共中央、国务院在《批转国家科学技术委员会党组〈关于我国科学技术发展方针的汇报提纲〉的通知》（以下称《通知》）中指出，汇报提纲符合中央、国务院所提出的科技工作为经济建设服务的方针，并将这个方针概括为"经济建设必须依靠科学技术，科学技术工作必须面向经济建设"，指示各地、各部门结合实际情况参照执行。同月，国务院针对中国科技发展与经济发展存在严重脱节的情况，强调指出："发展国民经济必须依靠科学技术，科学技术工作必须为发展国民经济服务。现在的问题是要把科学技术的作用切实发挥出来，使它真正成为提高经济效益、促进经济发展的巨大力量。"

1981 年，根据"调整、改革、整顿、提高"方针和中央《通知》精神，农业部组织农业科研、农业教育、农业行政部门共同草拟并下发了《农业科学研究工作条例（试行草案）》（征求意见稿），总则第二条规定："农业科学研究机构的根本任务是：根据我国的国情和各地的特点，同我国经济建设密切结合，研究和发展农业科学技术，出成果、出人才，提高农业科学技术水平，为农业生产服务，建设现代化农业。农业科学技术与经济、社会应当协调发展，并把促进经济发展作为首要任务。"1981 年 11 月，第五届全国人大第四次会议提出今后经济建设的十条方针，第一条方针是"依靠政策和科学，加快农业发展"，即发展农业一靠政策，二靠科学。第九条方针是"提高全体劳动者的科学文化水平，大力组织科研攻关"。

1982 年初，中共中央在批转《全国农村工作会议纪要》中明确规定，"农业科学研究工作要在调整和整顿的基础上，动员组织各方面的研究力量，紧密结合农林牧渔业生产近期和长远的需要，拟定一批科研重点项目……有计划地进行科学技术攻关。各级农业科研、教育和推广机构要相互配合，加强协作"，"要恢复和健全各级农业技术推广机构，充实加强技术力量、重点办好县一级推广机构，逐步把技术推广、植保、土肥等农业技术机构结合起来，实行统一领导，分工协作，使各项技术能够综合运用于生产"。1982 年，党的第十二次代表大会政治报告特别强调了科学技术对促进经济发展的巨大作用，在中共党史上第一次把科学技术列为国家经济发展的战略重点。

1983 年，中共中央印发《当前农村经济政策的若干问题》，要求各地、各部门试行。其中明确规定，"要继续进行农业技术改造，建立和健全农业科学技术研究推广体系和培养农村建设人才的教育体系"，要求"把从事农业科研、技术推广、教育培训等各方面的力量组织起来，形成一个合理分工、协调一致的工作体系，为农村建设提供富有成效的服务"。

三是提出了农业科技系统调整、改革的意见。根据中共中央关于国民经济"调整、整顿、改革、提高"的决定精神和科学技术发展方针，1980 年，国家科学技术委员会、农业部联合下发《关于加强农业科研工作的意见》（简称《意见》），提出了对全国农业科研工作进行调整、改革的具体意见，规定了中央、省、地区农业科研和教学机构的研究要在不同层次上开展科学研究，明确自身的研究重点等。《意见》要求扩大研究所在人财物等科研资源和学术上的自主权，提出试行合同制，加强科技计划管理的经济核算，实行经济管理办法，还对科学实验条件、科技人员培训、科研成果管理和推广、落实知识分子政策、农业科技人员生活待遇等问题提出了要求。

1983 年初，国家科学技术委员会、农牧渔业部、林业部召开全国农村科技工作会议，研究建立和健全农村科技推广体系问题以及进一步发挥农村科技人员作用的政策措施，提出科研工作为经济发展服务、推进农林科研机构条块分割的布局、激发科研人员积极性等意见。会后，经中央办公厅、国务院办公厅批转国家科学技术委员会提出的《关于当前农村科技工作和体制改革的若干意见》（简称《意见》），要求各地结合具体情况参照执行。

四是提出了其他有关科技政策和法规。为贯彻执行"调整、改革、整顿、提高"八字方针，围绕科学技术事业建设及改革试点，除前文已提到的一些政策法规之外，党和国家及农业部在这段调整时期还发布了一些重要的政策和法规。

（1）关于科技奖励的政策法规。1978 年，国务院发布了《合理化建议和技术改进奖励条例》，同年 12 月修订发布了《发明奖励条例》，1979 年发布了《中华人民共和国自然科学奖励条例》，1982 年修订并发布了《合理化建议和技术改进奖励条例》。农牧渔业部于 1983 年印发了《关于实施〈合理化建议和技术改进奖励条例〉细则的通知》。国家于 1984 年又发布了《中华人民共和国科学技术进步奖励条例》等。

（2）关于科技人才的政策法规。国家于 1979 年颁发《工程技术干部技术职称暂行规定》，1980 年公布《中华人民共和国学位条例》，1981 年发布《科学技术干部管理工作试行条例》《关于试行科技人员兼职、交流的暂行办法》，1982 年转发农牧渔业部《关于加强农业技术培训工作的报告》。1983 年，在《中共中央关于印发当前农村经济政策的若干问题的通知》中指出，国家应尽快制定有利于鼓励技术人员到农村服务的人事制度，提高农村技术人员各方面的待遇。1983 年颁发了《关于科技人员合理流动的若干规定》，批转国家四部委《关于加强边远地区科技队伍建设若干政策问题的报告》《关于加强农村第一线科技队伍建设的报告》等。

（3）关于科技成果和科技保密的政策法规。1982 年颁发《科学技术保密条例》，农业部发布《实施〈科学技术保密条例〉试行细则》；1984 年发布《关于科学技术研究成果管理的规定（试行）》，农牧渔业部印发了《关于农牧渔业科学技术研究成果管理试行办法》；1984 年以主席令公布《中华人民共和国专利法》，发布《关于技术转让的暂行规定》。

3. 改革与发展时期（1985—2011 年）

以 1985 年 3 月《中共中央关于科学技术体制改革的决定》为标志，中国的科学技术发展进入了一个新的历史发展时期。按照经济建设必须依靠科学技术、科学技术工作必须面向经济建设的战略方针，尊重科学技术发展规律，从中国的实际出发，中国开始对科学技术体制进行改革。随着改革的不断深入，中国的农业科技发生了历史性变化，农业科技体制开始向适应社会主义市场经济体制和农业科技自身发展规律的新体制转变，农业科技与农村经济结合的新机制开始形成。在广大农业科技工作者的努力下，中国的农业科技进步又提高到了新的水平，取得了重大的经济效益和社会效益。

20 世纪 80 年代初期，随着党和国家工作重点转向以经济建设为中心，随着经济改革的推进，中国科技体制的结构缺陷逐渐暴露出来。科学技术的发展与经济建设结合不密切的弊端日益凸显。

1985 年 3 月召开了全国科技工作会议，邓小平在会上发表了题为《改革科技体制是为了解放生产力》的讲话，讲话提出："经济体制，科技体制，这两方面的改革都是为了解放生产力。新的经济体制，应该是有利于技术进步的体制。新的科技体制，应该是有利于经济发展的体制。双管齐下，长期存在的科技与经济脱节的问题，有可能得到比较好的解决。"指明了中国科技如何继续发展、在何种体制中运行以及科技体制改革的方向问题。

1985 年中共中央发布《关于科学技术体制改革的决定》，全面启动科技体制改革。改革的主要内容是转变科技工作运行机制、调整科学技术系统的组织结构、改革科技人员管理制度等。这一阶段以改革研究机构的拨款制度、开拓技术市场为突破口，使科学技术机构增强自我发展的能力和主动为经济建设服务的活力，鼓励科技人员以多种方式创办、领办企业等。在这些措施的引导下，科技界以空前的热情投入到经济建设主战场，以多种形式进入和长入经济。

1985 年 5 月发布《关于实施〈中华人民共和国科学技术进步奖励条例〉的细则》，就国家科学技术进步奖范围、奖励等级及具体管理规范作出具体规定。同年 9 月，国家科学技术委员会、国家经济贸易委员会发布《关于科学技术研究成果管理的通知》。1986 年 11 月，农牧渔业部结合农业科技实际，制定和发布了《关于印发〈农牧渔业科学技术成果管理的规定（试行）〉等 7 个文件的通知》，同期又制定印发了《农牧渔业专利管理暂行办法》，就农牧渔业专利管理的机构及职责、专利范围、运行管理等作了具体规定。1987 年 10 月，为规范科技成果鉴定行为，国家科学技术委员会发布了《中华人民共和国科学技术委员会科学技术成果鉴定办法》。

为增强研究所的活力，国务院于 1986 年 4 月发布《国务院关于扩大科学技术研究机构自主权的暂行规定》，同年 9 月农牧渔业部制定了《关于贯彻〈国务院关于扩大科学技术研究机构自主权的暂行规定〉实施办法（试行）》，就农业科研院所的任务、职责、组织、人事、经费、仪器设备等管理制度和办法作出了 15 条具体规定。

为改革中国科技人事制度，中共中央、国务院于 1986 年 1 月转发《关于改革职称评定，实行专业技术职务聘任制度的报告》，并指出"改革的中心是实行专业技术职务聘任制，并相应地实行以职务工资为主要内容的结构工资制度"。同年 2 月和 7 月，国务院先后发布了《关于实行专业技术职务聘任制度的规定》和《关于促进科技人员合理流动的通知》。

1987 年发布实施了《技术合同法》，其后国家科委与最高法院发布了关于审理技术合同案件的解释，最高人民检察院发布了关于审理科技纠纷案件的若干意见，极大地促进了技术交易和技术市场的发展，有效地保护了科技人员的合法权益。同年，国务院做出《关于进一步推进科技体制改革的若干规定》，在进一步放活科研机构、放宽放活科研人员管理政策、促进科技与经济结合方面提出了具体措施。

为进一步加快和深化科技体制改革，国务院于 1988 年 5 月发布《国务院关于深化科技体制改革若干问题的决定》，包括引入竞争机制，推行各种形式承包经营责任制，实行所有权与经营管理权分离；鼓励和支持科研机构以多种形式长入经济；鼓励科研机构和科技人员通过为社会做贡献来改善自身的工作条件和物质待遇；全面经济核算；以及改革现有农业技术推广服务机构的运行机制，逐步形成技术推广网络等规定。有关农业科技方面，还相继发布了《国务院关于依靠科技进步振兴农业，加强农业科技成果推广工作的决定》《国务院关于加强农业社会化服务体系建设的通知》《国务院关于积极实行农科教结合推动农村经济发展的通知》。随后，农业部先后制定印发《农业部关于贯彻科研单位会计制度的实施细则》《农业部关于农业科研单位承包经营管理暂行办法（试行）》《关于进一步加强科教兴农工作的决定》《农业部关于农业科研、教育单位生产和经营种子兽用疫苗的若干规定》《农业科技开发工作管理办法》。国家教育委员会、国家科学技术委员会、农业部、林业部联合印发了《关于进一步组织高等学校科技力量振兴农业作贡献的决定》。

为了适应社会主义市场经济的发展，科技体制的改革进一步深化。1992 年起，国家又相继出台了一系列配套政策，有分流人才、调整结构、进一步转变运行机制的政策，适应社会主义市场经济、实现农业科技结构性调整的政策，加速科学技术进步的政策，实现可持续发展战略、进行新的农业科技革命的政策，还制定了未来农业技术政策的要点。

1992 年 8 月，国家科学技术委员会、国家体制改革委员会发布《关于分流人才、调整结构、进一步深化科技体制改革的若干意见》（以下简称《若干意见》），明确提出，今后深化科技体制改革的重点是调整科技系统结构，分流人才，进一步转变运行机制，要真正从体制上解决科研机构重复设置、力量分散、科技与经济脱节状况。《若干意见》是在总结前 7 年改革成效和经验基础上提出来的，它标志着中国科技体制改革开始进入新的改革时期，其任务要求在继续转变运行机制的同时，必须以科技体系结构改革和人才分流为重点，以"稳住一头，放开一片"为方针，指导深化改革，以形成结构优化、机制有力、科技与经济协调发展的科技体系。"稳住一头"是指稳定支持基础性研究、高技术研究及事关经济建设、社会发展和国防事业长远发展的重大研究开发，形成精干高效队伍，力争取得重大突破和创新，提高整体科技实力、科技水平和发展后劲；"放开一片"，是指要放开放活为当前经济建设和社会发展服务的各类技术开发机构，促进成果转化和产业开发活动，最终要建立以市场为导向的运行方式，为经济建设做贡献。同年 9 月，国务院发布《关于发展高产、优质、高效农业的决定》，为农业、农村经济和农业科技的发展指明了方向。

1994 年 2 月，国家科学技术委员会、国家体制改革委员会根据党的十四届三中全会发布的《中共中央关于建立社会主义市场经济体制若干问题决定》中确定的科技体制改革目标，发布《适应社会主义市场经济发展、深化科技体制改革实施要点》（以下简称《实施要点》）。其中提出，在农业方面要按照自然区域调整农业科研机构的布局。要以省为主推动农业科研机构的分流与调整，省的部分机构转化成区域性科研中心，从事应用研究，兼顾基础研究和技术开发。大力加强地、县农业科技机构和示范推广服务机构，实现农业科技机构的结构性调整。鼓励和支持以农民为主体的专业技术协会、研究会和科技经济合作组织的发展，建立科技机构、示范推广服务机构与各类群众性科学技术组织相结合的、面向农村各业的产前、产中、产后全程科技服务体系。后又印发《关于加强农业科技工作促进高产优质高效农业和农村经济发展的意见》。为了贯彻落实这些方针，由农业部科技司会同中国农业科技管理研究会组织了对 17 个省区市部分科技、教育、推广单位进行深化改革的调查研究，形成了调研报告和《关于深化农业科技体制改革若干意见（讨论稿）》。

中共中央、国务院于 1995 年 5 月发布《关于加速科学技术进步的决定》，首次在中国提出实施"科教兴国"的战略，明确"科教兴国"是指"全面落实科学技术是第一生产力的思路，坚持教育为本，把科技和教育摆在经济、社会发展的重要位置，增强国家的科技实力及向现实生产力转化的能力，提高全民族的科技文化素质，把经济建设转移到依靠科技进步和提高劳动者素质的轨道上来，加速国家的繁荣强盛"。该决定对工业、农业、高科技、基础研究、科技体制改革、科技队伍建设、科技投入、加强领导等方面的任务和政策作出了规定和要求。关于农业方面，要求大力推进农业和农村科技进步，并作出了 3 条决定：第一，必须始终把科技进步摆在农业和农村经济发展的优先地位，把农业科技摆在科技工作的突出位置，推动传统农业向高产、优质、高效的现代农业转变，使中国农业科技率先跃居世界先进水平。要求大力提高农业技术成果的转化率和规模效益；到 20 世纪末，科技进步对农业的贡献率提高到 50％；继续推进农科教相结合，全面普及农业科技知识，进一步加强农业技术推广工作，稳定农业技术推广队伍。第二，切实加强农业科学研究与技术开发。要十分重视生物技术等现代化技术的研究开发及在农业上的应用，加强农业基础性研究。第三，依靠科技进步，促进农村经济全面发展，进一步加强科技扶贫工作。同年 9 月，农业部作出《关于加速农业科技进步的决定》，包括到 20 世纪末农业科技改革与发展的总体目标、科技攻关、成果推广应用、健全农业技术推广服务体系、深化农业科技体制改革、农科教进一步结合、乡镇企业科技进步、增加农业科技投入、造就科技人才、加强领导等 10 条决定。

1996 年 1 月，中央召开农村工作会议，研究提出"九五"时期农业和农村工作需要解决的若干重大问题，要求"实施科教兴农战略"，大幅度增加农业科技含量，使科技进步对农业增长的贡献率由目前的 35％左右提高到 50％左右，力争粮棉油等主要农产品单位面积产量提高一成。同年，《促进科技成果转化法》颁布，对科技人员转化成果予以奖励的规定，极大地激发了科技人员创新创业的积极性。

1996 年 9 月，国家主席江泽民在接见全国"星火计划"工作会议代表讲话时指出："中国的农业问题，粮食问题，要靠中国人自己解决"，"这就要求我们的农业科技必须有一个大的发展，必然要进行一次新的农业科技革命"。国家科学技术委员会、农业部、中国农学会等部门及时组织有关专家研讨，分别提出了关于中国新的农业科技革命的发展纲要，以指导和加速中国农业科学技术尤其是现代农业科技的发展。

1985 年以来的科技体制改革，主要是通过新的激励机制促进科研机构为经济服务，到 20 世纪 90 年代中期，激励机制产生的红利已基本释放，亟须进一步深化科技体制改革，解放科技生产力、激活科研人员的创新热情。1999 年，中共中央、国务院召开了全国技术创新大会，发布了《关于加强技术创新发展高科技实现产业化的决定》，为了加速企业成为创新的主体，"从根本上形成有利于科技成果转化的体制与机制，加强技术创新，发展高科技，实现产业化"，对科研院所的布局结构进行了系统调整，重点是推进分类改革，应用型科研机构和设计单位向企业化转制，社会公益类科研机构继续由政府支持，但也要实行分类改革。2000 年 5 月，国务院办公厅转发科技部等部门《关于深化科研机构管理体制改革的实施意见》（国办发〔2000〕38 号），确定了社会公益类科研机构改革目标、方向和政策。这一轮改革的重点是实施分类改革，要求占总数一半以上的有面向市场能力的社会公益类科研机构要向企业化转制；对主要从事应用基础研究或提供公共服务、无法得到相应经济回报、确需国家支持的科研机构，按非营利性机构运行和管理，按照总体上保留不超过 30％工作人员的要求，重新核定编制，同时加强学科建设、人才培养和内部运行机制的改革。实施意见发布后，国务院各部门所属的 134 个技术开发类科研机构相继进行了企业化转制，同时开始推动公益型科研机构向非营利机构的转制。这一阶段科技体制改革的重要特点与贡献是采取了一系列重大措施，加速企业成为技术创新、科技投入、科技成果转化、科技项目提出和研发、科技效益与风险承担的主体，极大地推动了企业的科技活动，提升了企业的科技创新能力。

2001 年 2 月，中共中央、国务院举行国家科学技术奖励大会。从 2000 年起设立国家最高科学技术奖，以国家名义对为科学技术发展作出杰出贡献的科学家给予最高荣誉奖励。湖南省杂交水稻中心袁隆平院士和中科院系统科学研究所吴文俊院士成为第一批国家最高科学技术奖获得者。

2002 年 10 月，科技部、财政部、中编办《关于农业部等九个部门所属科研机构改革方案的批复》下发后，农业部印发了《农业部关于直属科研机构管理体制改革实施意见》，对中国农业科学院、中国水产科学研究院、中国热带农业科学院（以下简称"三院"）所属研究所等国家级农业科研机构的体制改革提出了具体改革思路。在保留"三院"的原有建制和领导管理体制的基础上，对其所属的研究所进行分类改革，以组建非营利性科研机构、转制为科技型企业、转为农业事业单位、进入大学四种类型优化科技力量布局和科技资源配置。按照非营利性科研机构管理的研究所 29 个，转制为科技型企业的研究所 22 个，转为农业事业单位 11 个，进入大学 4 个，由此全面启动了国家级农业科研机构改革工作。

改革后在全国省级农业科研院所中，整体转制成企业（包括具有独立法人地位和实行企业化经营）的有 39 个，占全国省级农业科研院所总数的 9.4%；事业型单位、企业化管理，工资部分（30%～70%）计入成本的研究所有 60 个，占 14.5%；完全保留事业型单位，工资未计入成本的研究所有 314 个，占 76.1%。

2005 年 4 月，组建了由农业部、科技部牵头，相关部委参加的国家农业科技创新体系建设领导小组，研究制定了《国家农业科技创新体系建设方案》，明确了国家农业科技创新体系建设的原则、目标任务、功能结构、建设重点和保障措施。

从 2004 年新时期第一个"三农"1 号文件至今，中共中央连续发出 16 个指导"三农"工作的 1 号文件，党中央、国务院对"三农"工作以及农业农村科技政策做出了全面设计和调整。2004 年中央 1 号文件提出，"加强农业科研和技术推广"。2005 年中央 1 号文件提出，"加强农业科技创新能力建设""加快改革农业技术推广体系"。2006 年中央 1 号文件提出，"大力提高农业科技创新和转化能力"。2007 年中央 1 号文件强调，"加强农业科技创新体系建设"。2008 年中央 1 号文件提出，"加快推进农业科技研发和推广应用"。2009 年中央 1 号文件提出，"加快农业科技创新步伐"。2010 年中央 1 号文件提出，"提高农业科技创新和推广能力"。2011 年中央 1 号文件特别强调，"强化水文气象和水利科技支撑"。2012 年中央 1 号文件对农业科技创新进行了全面的部署，提出依靠科技创新驱动，引领支撑现代农业建设；提升农业技术推广能力，大力发展农业社会化服务；加强教育科技培训，全面造就新型农业农村人才队伍。文件指出，实现农业持续稳定发展、长期确保农产品有效供给，根本出路在科技。必须紧紧抓住世界科技革命方兴未艾的历史机遇，坚持科教兴农战略，把农业科技摆上更加突出的位置，下决心突破体制机制障碍，大幅度增加农业科技投入，推动农业科技跨越发展，为农业增产、农民增收、农村繁荣注入强劲动力。2013 年中央 1 号文件指出建设中国特色现代农业，必须建立完善的农业社会化服务体系。必须加强公共服务机构的农业科技推广能力，支持高等学校、职业院校、科研院所面向农村开展农业技术推广。2014 年中央 1 号文件提出要坚决破除体制机制弊端，坚持农业基础地位不动摇，通过深化农业科技体制改革，创新成果转化机制，加快推进农业现代化。2015 年中央 1 号文件提出要健全农业科技创新激励机制，激发科技人员创新创业的积极性，强化农业科技创新驱动作用，围绕建设现代农业，加快转变农业发展方式。2016 年中央 1 号文件指出要强化现代农业科技创新推广体系建设，力争在农业重大基础理论、前沿核心技术方面取得一批达到世界先进水平的成果。2017 年中央 1 号文件提出要在确保国家粮食安全的基础上，强化科技创新驱动，推进农业供给侧结构性改革。2018 年中央 1 号文件提出乡村振兴战略，对科技提出新的要求，加快建设国家农业科技创新体系，深化农业科技成果转化和推广应用改革，加速推进藏粮于技战略。2019 年中央 1 号文件强调要从人才、要素、资金、落地等方面加大对农村发展的支持力度，推动农业农村优先发展，科技创新要加快突破农业关键核心技术，强化创新驱动发展。

进入 21 世纪，我国在面临解决优化经济结构、合理利用资源、保护生态环境、协调地区发展、提高人口素质等重大问题的同时，还要积极迎接世界科技革命和产业变革，主动适应国际竞争新变化。要想完成这些重大任务，要站在国家前途和民族命运的战略高度，对我国未来科技发展作出前瞻性、战略性、全局性的规划和部署，牢牢把握发展的主动权、主导权，推动国家科技体制发生根本性转变。

2006 年，国务院正式发布《国家中长期科学和技术发展规划纲要（2006—2020年）》，对未来 15 年科学和技术的发展作出了全面规划和部署，提出建设创新型国家的重大战略。这一时期，科技体制改革的重点任务是以建立企业为主体、产学研相结合的技术创新体系为突破口，全面推进中国特色国家创新体系建设。随后，国务院印发了《〈国家中长期科学和技术发展规划纲要（2006—2020 年）〉若干配套政策的通知》，从科技投入、税收激励、金融支持、政府采购、引进消化吸收再创新、创造和保护知识产权、人才队伍、教育与科普、科技创新基地与平台、加强统筹协调等方面推动国务院各有关部门、各省区市依据本文件要求制定实施细则，结合本地实际，制定相应的具体政策措施，构建国家科技创新政策体系。

以规划纲要和其配套政策及实施细则的相继颁布实施为标志，建设创新型国家战略从战略思想、战略决策到指导方针、政策部署均已形成相对完整的战略体系，同时，也标志着我国科技发展战略体系基本形成。随后国家重大科技专项等重大科技活动启动，建设国家创新体系，大幅增加科技投入，解决经济社会发展中的关键性、战略性、长远性的重大问题，极大地推动了科技发展。在农业领域主要措施包括：

（1）现代农业产业技术体系。2007 年 12 月底，农业部会同财政部联合印发了《现代农业产业技术体系建设实施方案（试行）》的通知，正式启动了现代农业产业技术体系建设试点工作，以此作为国家农业科技创新体系建设的突破口和重要举措，以农产品为单元，以产业为主线，通过机制创新和中央财政连续稳定的支持，在全国范围内组织优势科技力量，开展共性技术和关键技术的研究、集成、试验示范以及技术培训和推广服务工作，解决长期以来形成的农业科技条块分割、资源分散、低水平重复、分工不明、协作不力、科技与产业脱节等问题。

（2）转基因生物新品种培育重大专项。通过转基因专项的实施，获得了一批具有重要应用价值和自主知识产权的基因，培育一批抗病虫、抗逆、优质、高产、高效的重大转基因生物新品种，提高农业转基因生物研究和产业化整体水平，为我国农业可持续发展提供强有力的科技支撑。

（3）国家（农业）行业科研专项的实施。公益性行业科研专项是由中央财政根据《国务院办公厅转发财政部科技部关于改进和加强中央财政科技经费管理若干意见》（国办发〔2006〕56号）的规定设立的专项经费项目，主要用于支持公益性科研任务较重的行业部门，组织开展本行业应急性、培育性和基础性科研工作。2007—2014年，财政部和农业部共启动实施了385项农业行业专项，中央财政投入近70亿元，项目平均资助强度约1 800万元。农业行业专项均以农业产业需求为导向，项目覆盖了粮油、畜牧和水产等主要农产品生产、农业防灾减灾、农业机械化和节本增效等领域的关键技术。筛选培育了一大批新品种，推进了良种良法配套，提升了粮食持续增产能力；研发了一批轻简高效种养技术，推进了农机农艺结合，提高了粮食和农业生产效率；强化了重大动植物病虫害防控技术体系，提升了农业防灾减灾技术水平，保障了农业持续稳定发展；创新了农业资源高效利用模式，提高了土地和农业投入品利用效率，支撑了粮食安全和农业可持续发展。

2008年召开的十七届三中全会上通过了《中共中央关于推进农村改革发展若干重大问题的决定》，明确提出农业发展的根本出路在科技进步。要顺应世界科技发展潮流，着眼于建设现代农业，大力推进农业科技自主创新，加强原始创新、集成创新和引进消化吸收再创新，不断促进农业技术集成化、劳动过程机械化、生产经营信息化。

党的十八大以来，我国大力实施创新驱动发展战略，科技创新被摆在国家发展全局的核心位置。发布《国家创新驱动发展战略纲要》，对科技创新进行战略性、全局性、长远性系统谋划，我国科技创新的整体能力显著提升，科技创新格局发生历史性转变，科技发展水平从以跟踪为主步入跟踪和并跑、领跑并存的历史新阶段，创新能力从量的积累向质的提高飞跃、点的突破向系统能力提升转变，为促进更多引领型发展蓄积强大动能。

4. 全面深化改革时期（2012年至今）

2012年9月，中共中央、国务院印发了《关于深化科技体制改革　加快国家创新体系建设的意见》，针对解决科技和经济"两张皮"问题，推进科技与经济的紧密结合，真正建立企业主导产业技术研发创新的主体。这是指导我国科技改革发展和创新型国家建设的又一个纲领性文件，标志着我国建设创新型国家的进程进入一个新的历史节点。

党的十八届三中全会提出深化科技体制改革的总体思路和要求，中央全面深化改革领导小组先后审议通过一系列重要科技体制改革文件和方案，确立科技体制改革的主体框架和时间表、路线图。推进国家重大科技决策咨询制度建设，推动建立国家科技咨询委员会，健全国家技术预测机制，完善国家创新调查制度。推进科技领域的"放、管、服"改革，科技创新政策法规体系进一步完善，院士制度改革、职称制度改革等取得重要进展。

习近平总书记 2013 年在山东省农业科学院考察时，对农业科技创新作出了重要指示，强调农业的出路在现代化，农业现代化关键在科技进步和创新；指出必须比以往任何时候都要更加重视和依靠农业科技进步，走内涵式发展道路。

围绕农业科技重大问题，农业部先后印发了《加快农业科技创新与推广的实施意见》《关于深化农业科技体制机制改革　加快实施创新驱动发展战略的意见》《关于促进企业开展农业科技创新的意见》等文件，为加快农业科技创新提供了政策框架。中央密集出台了体制机制改革、科技计划改革、成果处置改革等一系列重大举措。中央加快科技创新的坚强决心和一系列重大政策，为农业科技跨越式发展创造了前所未有的新机遇。

农业部以种业权益改革和良种联合攻关为突破口，以激励科技创新、加速成果转化为主要目的，完善科技体制改革总体设计和制度框架，加速推动农业科技创新创业。农业部、科技部、财政部三部委从 2014 年开始，在 4 家中央科研单位实施了种业科研成果权益比例改革试点，核心是科研人员个人将从其成果中获得直接回报，而且比例将不低于 40％。

2014 年，针对我国科技计划长期以来"碎片化"和"取向聚焦不够"两个问题，中共中央、国务院印发了《关于深化中央财政科技计划（专项、基金等）管理改革的方案》。政府各部门将不再直接管理具体项目，将目前分散在各部门的中央财政科研项目整合至国家自然科学基金、国家科技重大专项、国家重点研发计划、技术创新引导专项（基金）、基地和人才专项五个大类。每年近 2 500 亿用于科技项目的中央财政资金，由财政部统筹配置。建立由科技部牵头，财政部、发改委等相关部门参加的科技计划（专项、基金等）管理部际联席会议制度，负责审议科技发展战略规划、科技计划的布局与设置。在联席会议的基础上，由财政部按照预算管理的有关规定统筹配置科技计划预算。在科技项目的管理上引入专业中介机构，政府主要做前期的决策和事中事后的监督。

2015 年，中共中央、国务院发布《关于深化体制机制改革　加快实施创新驱动发展战略的若干意见》，对加快实施创新驱动发展战略作出了全面部署。意见针对我国企业技术创新主体地位没有真正确立、科技资源配置过度行政化、科技评价导向不够合理、科研诚信和创新文化建设薄弱等问题，明确提出要转变思想观念，改变传统的行政化思维模式，优化科技资源配置。完善法规政策环境，优化管理机制，建立企业主导产业技术研发创新的体制，健全项目化管理，推进科技项目和经费管理改革。提出了营造激励创新的公平竞争环境，建立技术创新市场导向机制，强化金融创新的功能，完善成果转化激励政策，构建更加高效的科研体系，创新培养、用好和吸引人才机制，推动形成深度融合的开放创新局面，加强创新政策统筹协调等主要意见。

随后，农业部按照贯彻落实中央决策部署，深化农业科技体制机制改革，不断释放创新活力、增强创新能力、提高创新效率，促进农业质量、效益和竞争力不断提升的要求，制定发布了《农业部关于深化农业科技体制机制改革　加快实施创新驱动发展战略的意见》，针对努力提升农业科技创新效率、推进农业科技成果转化应用、加强农业科技条件能力建设、加快农业科技人才队伍建设、营造良好发展环境等目标，提出了一系列改革举措。

2016 年 5 月，中共中央、国务院发布《国家创新驱动发展战略纲要》，提出实现创新驱动是一个系统性的变革，要按照"坚持双轮驱动、构建一个体系、推动六大转变"进行布局，构建新的发展动力系统。指出双轮驱动就是科技创新和体制机制创新两个轮子相互协调、持续发力。要明确支撑发展的方向和重点，加强科学探索和技术攻关，形成持续创新的系统能力；要调整一切不适应创新驱动发展的生产关系，统筹推进科技、经济和政府治理等三方面体制机制改革，最大限度释放创新活力。

我国农业发展的历史证明，农业科技进步程度决定着农业现代化的程度，农业现代化的根本出路在于农业科技。同时，农业科技的发展必须依靠农业科技政策。在新的历史发展阶段，优化和完善农业科技政策，积极推进农业科技创新，是顺应世界农业科技革命的需要，是加快农业供给侧结构性改革、推动乡村全面振兴实现农业现代化的需要。从整体上看，我国农业现代化水平还不高，还处于传统农业向现代农业转型的阶段，只有通过优化和完善农业科技政策，发挥农业科技政策的积极作用，才能为农业发展提供强有力的科技支持，逐步提高农业现代化水平，为农村发展注入活力。

（二）农业科技法律法规体系的建立与完善

科技法律法规是国家对科技活动所产生的各种社会关系进行调整的法律规范，是我国法律体系的重要组成部分。新中国成立以后，在有关科学研究和技术改进的奖励、科学技术试验的管理、科学仪器的生产供应、科技人员的培养和管理等方面的立法工作上进行了积极探索，制定过一些法律、法规。但"文革"的 10 年中，整个法制建设遭到破坏，科技法制建设同样陷入停滞。

党的十一届三中全会后，科技法制建设在我国逐渐开始受到重视。1985 年 8 月召开了全国首次科技立法工作会议，1988 年 10 月又召开了全国第二次科技立法工作会议，国家先后制定了《中华人民共和国专利法》《中华人民共和国技术合同法》、《中华人民共和国农业技术推广法》《中华人民共和国著作权法》和一批重要的科技法规及规章。进入 20 世纪 90 年代，科技立法驶入快车道，先后颁布《中华人民共和国科学技术进步法》《中华人民共和国促进科技成果转化法》《中华人民共和国反不正当竞争法》等一批重要法律，1999 年 8 月召开的全国技术创新大会，是我国加强科技发展和技术创新的里程碑，国务院及有关部门制定了一系列推进科技进步的行政法规和政策，全国大部分省区市以及有立法权的地区结合本地实际制定了各具特色的科技进步实施条例和地方性法规，初步形成了以《中华人民共和国科学技术进步法》为基础，各项法律法规相配套的科技法律体系，内容覆盖了科技创新的各个环节，使科技工作纳入了法制化轨道。

1. 《中华人民共和国科学技术进步法》

1993 年 10 月施行的《中华人民共和国科学技术进步法》（以下简称《科技进步法》)，是我国科技领域第一部具有基本法性质的法律。它首次以法律形式明确了科学技术是第一生产力，确立了科学技术在社会主义现代化建设中优先发展的战略地位，规定了国家推进科技进步的方针、基本制度和保障措施，使党和国家有关科技进步的正确主张与政策上升为法律。

《科技进步法》涉及科技、经济与社会发展等各个方面，共十章六十二条，基本内容包括八个方面：

（1）以国家意志确立科学技术在社会主义现代化建设中优先发展的战略地位，规定了推进科技进步的方针、政策，明确国家责任和社会责任。

（2）规定科技工作的基本方针和战略布局，实行经济建设和社会发展依靠科学技术、科学技术工作面向经济建设和社会发展的基本方针。科技工作的三层次布局是：面向经济建设主战场发展应用技术研究，发展高技术研究和高新技术产业，加强基础研究。

（3）以经济建设为中心，开拓和发展科技第一生产力。着重解决科技成果商品化、产业化和国际化问题，加强农业技术推广示范工作，加强工业技术创新，加速科技成果向现实生产力转化。

（4）促进深化改革，扩大开放，按照"稳住一头，放开一片"的原则，改革和完善科技体制，建立科学技术和经济有效结合的机制，促进科学技术全方位开放。

（5）充分利用我国科技人才资源，加强科技队伍建设，改善科技工作者的生活待遇和工作条件，强化科技激励机制，完善科技奖励制度，提高科技工作者的社会地位，保护其合法权利，促进科技人员合理流动，充分发挥他们的作用。

（6）推进研究开发机构改革，充实研究实验基地，改善科研组织结构，对各类研究开发机构实行分流和调整，建立符合科技发展规律和社会主义市场经济需要的现代化研究开发体系。

（7）建立科技经费投入保障体系和科技信息网络，逐步提高科技经费投入总体水平，确立多渠道增加科技经费投入的格局，逐步解决科技投入不足的问题，使各类科技经费使用占有适当的比例，建立现代化科技信息网络。

（8）明确科技进步活动的权利义务关系，明确法律责任，做到有法可依，对违法者依法处理。

贯彻实施《科技进步法》为自主创新提供强大的法律保障，对促进我国科技进步发挥了重要作用。进入21世纪后，随着经济、社会发展，我国科技进步工作一些尚未解决的问题进一步凸显出来，同时又出现一些新问题，企业科技投入积极性不够高，企业尚未真正成为技术创新的主体；财政性科技投入需要进一步增加，科技资源未能有效整合，科技投入特别是财政性科技投入的效益有待进一步提高；科技人员的自主性、积极性、创造性有待进一步发挥；科技成果转化为现实生产力不够，产学研结合不够紧密。为了从制度上解决科技进步中存在的问题，从法律上进一步明确我国科技发展战略和政策，科技部等有关部门深入贯彻党的十七大精神，围绕加强自主创新、建设创新型国家等重大目标，对《科技进步法》进行了修订，形成了《中华人民共和国科学技术进步法（修订草案）》（以下简称草案）。草案经国务院第184次常务会议讨论通过，于2007年12月29日经十届全国人大常委会第三十一次会议审议通过，修订后的《科技进步法》于2008年7月1日起施行。

新修订的《科技进步法》内容涉及国家创新体系建设、自主创新的政策保障、科技引领和支撑经济社会发展等各个领域，重点突出了五个方面内容：

（1）突出自主创新。把自主创新作为战略基点，建立激励机制，明确保障措施。明确财政性科技计划项目的知识产权授予项目承担者，进一步激励项目承担者的创造精神，明确对自主创新产品实行政府采购、首购和订购制度，培育自主品牌，建立宽容失败制度，为科技人员大胆探索、勇于创新创造宽松的学术环境。规定对引进技术进一步消化、吸收和再创新，形成自主创新能力。

（2）明确政府职责。新修订的科技进步法明确了政府的科技决策、科技规划、宏观管理、人才队伍建设等职能，明确了政府的科技投入职责，明确了财政性资金投入的方向重点和分配使用原则。对市场化的科技创新活动，从财政补助、税收扶持、产业和环境政策引导、科技奖励等方面，规定了政府应当采取的扶持措施。

（3）强调企业主体。把建立企业为主体、市场为导向、产学研结合的技术创新体系作为国家创新体系建设的突破口。对企业的科技投入实行税收优惠。建立科技型中小企业创新基金，设立创业投资引导基金，支持符合条件的高新技术企业上市。将创新投入、创新能力建设、创新成效等情况纳入国有企业负责人业绩考核范围，激发国有企业的创新动力。

（4）强化资源整合。推进科技资源优化配置，特别是实现政府科技资源的开放和共享。建立配置、整合科技资源的协调机制，重点对国家科技基金、国家科技计划的相互衔接，军用与民用科技资源的配置等进行协调，遵循统筹规划、优化配置的原则，整合和设置研究开发机构和科学技术研究试验基地；建立科技基础条件资源的共享使用制度，建立科学技术研究基地和科学技术文献等信息系统。

（5）激励科技人员。坚持以人为本，从培养、奖励、权益保障、职业道德等多个方面，调动和保护科技人员创新的积极性。科技人员享有开展学术争鸣、竞聘岗位和获得专业技术职务或者职称、获得工资和福利、接受继续教育、依法创办和加入科技社会团体的权利；回国科技人员从事科研工作，不受户籍限制，不受编制限制，不受工资总额限制；要求科技人员恪守职业道德，建立科技人员学术诚信档案。

新修订的《科技进步法》的实施，对于我国实施自主创新战略，推进创新型国家建设和全面建设小康社会，具有重大现实意义和深远历史意义，为推进我国科技事业发展和全社会科技进步提供法律保障。

2.《中华人民共和国促进科技成果转化法》

1996年通过的《中华人民共和国促进科技成果转化法》（以下简称《促进科技成果转化法》）以《宪法》和《科技进步法》为依据，立法宗旨为"促进科技成果转化为现实生产力，加速科学技术进步，转变经济增长方式，推动经济建设和社会发展"。规定了科技成果转化应当遵循有利于提高经济效益、社会效益和保护环境与资源的原则，有利于促进经济建设、社会发展和国防建设的原则，自愿、互利、公平、诚实、信用和保护知识产权的原则，遵守法律，维护国家利益，不得损害社会公共利益等法律原则。规定了国务院科学技术行政部门、计划部门、经济综合管理部门和其他有关行政部门，依照国务院规定的职责范围，管理、指导和协调科技成果转化工作。地方各级人民政府负责管理、指导和协调本行政区域内的科技成果转化工作等。规定了国家财政用于科学技术、固定资产投资和技术改造的经费，应当有一定比例用于科技成果转化。国家对科技成果转化活动实行税收优惠政策。国家金融机构应当在信贷方面支持科技成果转化。鼓励设立科技成果转化基金或者风险基金，由国家推进科学技术信息网络的建设和发展，建立科技成果信息资料库，面向全国提供科技成果信息服务等。同时还规定了科技成果转化活动中有关技术权益的保护和违反促进科技成果转化法的法律责任等事项。

《促进科技成果转化法》实施后，随着科技的快速发展，在实践中存在事业单位科技成果相关管理制度不适应成果转化需要的情况，包括政府部门对成果使用、处置事项的审批环节多、周期长，影响了转化的时效性；成果处置收益上缴国库，用于人员奖励的支出，挤占了工资总额，削弱了单位和科技人员科技成果转移转化的积极性等。为了有效解决上述问题，推动科技与经济结合、实施创新驱动发展战略，修改当时的《促进科技成果转化法》十分必要。

修订主要围绕增进社会各界对科技成果信息的了解，完善科技成果信息发布制度，为科技成果供求提供信息平台等方面进行。重点是要充分调动科研机构转化科技成果的积极性，增强科研机构和科研人员从事科技成果转化的动力，强化企业在科技成果转化中的主体地位，充分发挥企业在科研计划编制、研究方向选择与科研项目实施中的作用，推进产学研合作，促进科研与市场的结合，创造良好的科技成果转化服务环境，主要内容包括：

（1）加强科技成果信息发布。国家建立、完善科技报告制度和科技成果信息系统，向社会公布科技项目实施情况以及科技成果和相关知识产权信息，提供科技成果信息查询、筛选等公益服务。

（2）引导和激励科研机构积极转化科技成果。一是完善科技成果处置、收益分配制度。规定国家设立的研究开发机构、高校对其持有的科技成果，可以自主决定转让、许可或者作价投资；转化科技成果获得的收入全部留归本单位，在对完成、转化职务科技成果做出重要贡献的人员给予奖励和报酬后，用于科学技术研究开发与成果转化工作。二是完善科研评价体系。规定国家设立的研究开发机构、高校应当建立符合科技成果转化工作特点的职称评定、岗位管理、考核评价制度，完善收入分配激励约束机制；研究开发机构、高校的主管部门以及相关行政部门应当建立有利于促进科技成果转化的绩效考核评价体系。三是修改、完善对科技人员的奖励制度，为加大奖励力度留下空间。规定科技成果完成单位可以规定或者与科技人员约定奖励、报酬的方式和数额；没有规定或者约定的，按照法定标准给予奖励和报酬。

（3）强化企业在科技成果转化中的主体作用。主要包括完善企业参与科研组织、实施的制度，利用财政资金设立科技项目，制定相关科技规划、计划，编制项目指南应当听取相关行业、企业的意见；县级以上地方人民政府科学技术行政管理部门和其他有关部门应当根据职责分工，为企业获取所需的科技成果提供帮助和支持；对利用财政资金设立的具有市场应用前景、产业目标明确的科技项目，政府有关部门、管理机构应当发挥企业在研究开发方向选择、项目实施和成果应用中的主导作用。二是推进产学研合作，规定国家鼓励企业与研究开发机构、高校及其他组织采取联合建立研究开发平台、技术转移机构或者技术创新联盟等产学研合作方式，共同开展研究开发、成果应用与推广、标准研究与制定等活动；鼓励研究开发机构、高校与企业及其他组织开展科技人员交流；支持企业与研究开发机构、高校、职业院校及培训机构联合建立学生实习实践培训基地和研究生科研实践工作机构，共同培养专业技术人才和高技能人才。

（4）加强科技成果转化服务。为了加强科技成果转化服务，为科技成果转化创造更加良好的环境，在总结实践经验的基础上，增加以下规定：一是国家培育和发展技术市场，鼓励创办科技中介服务机构，为技术交易提供交易场所、信息平台以及信息加工与分析、评估、经纪等服务。二是国家支持根据产业和区域发展需要建设公共研究开发平台，为科技成果转化提供技术集成、共性技术研究开发、中间试验和工业性试验、科技成果系统化和工程化开发、技术推广与示范等服务。三是国家支持科技企业孵化器、国家大学科技园等科技企业孵化机构发展，为初创期科技型中小企业提供孵化场地、创业辅导、研究开发与管理咨询等服务。

2013 年 12 月，科技部将《中华人民共和国促进科技成果转化法（修订草案）》（送审稿）报请国务院审议，后经多次修改完善，2015 年 8 月 29 日第十二届全国人民代表大会常务委员会第十六次会议审议通过《关于修改〈中华人民共和国促进科技成果转化法〉的决定》，该法于 2015 年 10 月 1 日开始实施。

3.《中华人民共和国农业技术推广法》

《中华人民共和国农业技术推广法》（以下简称《农业技术推广法》）1993 年 7 月 2 日经第八届全国人大常委会第二次会议审议通过。《农业技术推广法》共分六章、三十七条，包括总则、农业技术推广体系、农业技术的推广与应用、农业技术推广的保障措施、奖励与处罚以及附则等内容。

自 1993 年 7 月施行以来，《农业技术推广法》对于促进农业科技成果转化与应用，保障农业农村经济发展发挥了重要作用。但是，随着农村改革的深化和现代农业发展，《农业技术推广法》的部分规定已不能适应新形势下开展农业技术推广工作的需要，实践中出现了一些新情况和新问题，需要作出修改。一是农业技术推广主体和职责发生了变化，需要确立国家农业技术推广机构的公益性定位，对公益性推广和经营性推广进行分类管理。二是国家农业技术推广机构的管理运行机制需要规范，以解决基层农业技术推广机构专业人员流失、人员老化、推广能力不强等问题。三是农业技术推广投入不足，农业技术推广基础设施建设和工作条件落后，县以下的工作经费严重缺乏，需要完善农业技术推广的投入保障机制。四是多元化农业技术推广组织逐渐成为农业技术推广的重要力量，需要政策引导和扶持。五是一些地方农业技术推广队伍中非专业人员占比过高，需要对推广人员的资质要求作出规范。另外，现行农业技术推广法规定的法律责任内容较少，对违法行为的处理刚性不强，需要充实。主要修改内容包括：

（1）关于农业技术推广的职责分类。规定确立农业技术推广实行公益性推广和经营性推广分类管理。构建多元化的农业技术推广体系，实行国家农业技术推广机构与农业科研单位、有关学校、农民专业合作社、涉农企业、群众性科技组织、农民技术人员等相结合的推广体系。明确各级国家农业技术推广机构属公共服务机构，确定国家农业技术推广机构的公益性定位。

（2）关于国家农业技术推广机构的设置与管理体制。规定根据科学合理、集中力量的原则以及县域农业特色、森林资源、水系和水利设施分布等情况，因地制宜设置县、乡级或区域国家农业技术推广机构。完善乡级国家农业技术推广机构管理体制，具体由省区市人民政府确定。

（3）关于国家农业技术推广机构的队伍建设。一是规范人员编制和结构比例。县级以上人民政府应当合理确定国家农业技术推广机构的人员编制，保证公益性职责的履行；国家农业技术推广机构岗位设置以专业技术岗位为主。二是规范农业技术人员的上岗资格。明确了国家农业技术推广机构的专业技术人员应当具有相应的专业技术水平，符合岗位职责要求；对实行民族区域自治的地方和国家确定的连片特困地区新聘用的专业技术人员，学历要求可以放宽至中专。

（4）关于多元化推广服务组织的地位与作用。一是在"一主多元"推广体系中，增加了"农民专业合作社、涉农企业"；二是鼓励农场、林场、牧场、渔场、水利工程管理单位和农业科技示范园区面向社会开展农业技术推广服务；三是引导农业科研单位、有关学校成为公益性农业技术推广的重要力量；四是鼓励和支持发展各类群众性科技组织，发挥其在农业技术推广中的作用。

（5）关于提高农业技术推广水平。一是提高推广服务效率。鼓励农业技术推广单位和科技人员运用现代信息技术等先进传播手段，创新推广方式方法，提高推广效率。二是强调技术推广前的验证。推广的农业技术必须在推广地区经过试验证明具有先进性、适用性和安全性。三是规范经营性推广行为。除国家农业技术推广机构外，其他单位及其科技人员可以通过技术转让、技术服务、技术承包、技术咨询和技术入股等形式提供有偿服务，国家农业技术推广机构不再从事经营性推广服务。

（6）关于农业技术推广工作的保障措施。一是建立农业技术推广资金稳定增长机制，各级人民政府在财政预算内应当保障用于农业技术推广的资金，并按规定使该资金逐年增长。二是保障基层农业技术推广机构的工作经费，县、乡级农业技术推广机构的工作经费根据当地服务规模和绩效确定，由各级财政共同承担；中央财政对重大农业技术推广给予补助。三是保障农业技术推广工作条件，各级人民政府应当采取措施，保障国家农业技术推广机构获得必需的试验示范场所、办公场所、推广和培训设施设备等工作条件。四是鼓励支持高等学校毕业生和科技人员到基层从事农业技术推广工作。五是各级政府可以采取购买服务等方式引导各类组织和个人参与农业技术推广服务；对各类经营性组织或个人开展农业技术推广服务，国家在税收、信贷等方面给予优惠。

（7）明确农业技术推广的有关法律责任。一是明确地方各级人民政府及其有关部门未依照本法规定履行职责的责任，对违法者依法给予处分；二是明确国家农业技术推广机构及其工作人员不履行农业技术推广义务的责任，对违法者责令限期改正、通报批评或依法给予处分；三是追究截留或者挪用农业技术推广资金的责任，对违法者责令限期归还、依法给予处分或追究刑事责任；四是追究侵害国家农业技术推广机构财产的责任，对违法者要求赔偿、责令限期改正、依法给予处分或追究刑事责任。

二、农业科技规划和科技计划项目的组织与实施

(一) 农业科技规划的编制与实施

新中国成立 70 年来，我国农业科技工作总体上和国民经济与社会发展的阶段性目标和重点任务相适应，坚持顶层设计、规划先行，通过中长期规划与五年规划相结合、发展规划与科技计划相结合、科技计划与保障机制相结合，不断推动农业科技进步与应用。

1. 全国性科技规划

(1)《1956—1967 年科学技术发展远景规划》。新中国成立不久，百业待兴。从 1951 年开始，国家着手编制第一个五年计划。1952 年，中央发出《关于编制 1953 年计划及长期计划纲要的指示》。为了适应国民经济有计划发展的要求，新组建的农业部教育司立即着手制订了 1951—1955 年农业研究计划。针对当时种子混杂、播种过稀、耕作粗放、肥料缺乏和病虫害严重等问题，确定了三个方面的研究重点：一是调查研究和总结分析群众丰产经验，解决深耕、密植、合理施肥、适时播种及田间管理中的关键技术问题，以提高作物产量；二是收集、整理和选育优良品种，有计划、有步骤地进行品种改良；三是植物保护方面，重点开展蝗虫、螟虫、小麦锈病、赤霉病、棉花枯黄萎病等主要病虫害的发生规律和防治方法研究。在研究、总结群众丰产经验和增产技术的基础上，制订并发布了主要作物生产技术指导纲要，以指导农民进行科学种田，还组织专业技术人员与群众相结合，系统选育和评选出一批主要作物良种扩大应用于生产。

在完成工农业的社会主义改造后，国家成立了科学规划委员会，提出和制定了《1956—1967 年科学技术发展远景规划》（简称《12 年规划》）。周恩来总理亲自主持，确立了"重点发展，迎头赶上"的工作方针，从众多的科技问题中提出了 13 个优先发展领域，57 项重大科学技术任务，616 个中心问题。为了突出重点，经过反复研究和讨论，又进一步提出了 12 项重点任务，集中全国力量实施。

在《12 年规划》中，农业科学技术受到高度重视。农业科学研究工作的重点任务主要有：①提高粮食作物单位面积产量综合技术研究。②积极研究经济、适用的农机具，对现有农具进行改进和提高。③研究大规模开荒，扩大耕地面积的有关技术问题。④研究提高牲畜增殖率、役用家畜的役用能力、畜产品的生产量和降低畜产品的单位生产成本的方法。⑤配合国家经济建设加强农业经济的研究。⑥农业电气化以及原子能在农业上的应用研究。

在组织实施《12 年规划》所确定的重点科研项目过程中，全国一盘棋，协同作战，联合攻关，取得了很大成就。在全国范围内大规模地进行了作物品种资源征集活动，共得到 53 种作物约 20 万份品种材料。通过杂交途径开展矮化育种，1959 年选育出耐肥、抗倒、高产的籼稻矮秆品种广陆矮，引进并选育出抗倒、丰产冬小麦新品种南大 2419 和碧蚂 1 号，当年种植面积分别达到 466.67 万公顷和 600 万公顷。引进的棉花品种岱字 15 取代了斯字棉和德字棉，使单产提高了 10%～20%，绒长增加 2～3 毫米。培育出新疆细毛羊和东北细毛羊，家畜家禽开始推广人工授精技术等。

（2）《1978—1985 年全国科学技术发展纲要》。中共十一届三中全会后，中国的农业科学技术工作进入了新的历史发展时期。1978 年国家科委和中国科学院组织制定了《1978—1985 年全国科学技术发展纲要》，确定 8 个影响全局的综合性科学领域、重大新兴技术领域和带头学科，共提出重点科学技术研究项目 108 项，其中农业方面有 18 项，主要包括资源调查、栽培技术创新、农作物和畜禽优良品种培育、低产田和沙漠等综合治理、施肥技术创新、病虫草害综合防治、在主产区建立大面积农业现代化综合试验研究基地等。同时，还组织编制了《1978—1985 年全国科学技术长远发展规划》，包括《农业科学技术》《畜牧业渔业科学技术》专业规划和《农业生物学》《农业工程学》学科规划。上述规划、纲要有一定的指导意义，在实施中也取得了一批科研成果，但是由于起点高、步子大，难以全面落实。1978 年农林部组织有关科研、教学单位的专家，编制了《1978—1985 年全国农牧业科学技术发展规划（草案）》，提出一批重大科研项目，其中农业方面 18 项，畜牧业方面 7 项。

（3）《中长期科学技术发展纲要（1990—2000—2020 年）》。1988 年 6 月，国家科委组织制定《中长期科学技术发展纲要（1990—2000—2020 年）》，选择了农业等 24 个具有战略性的重点行业或领域，由农业部牵头，编制出《中长期农业科学技术发展纲要（1990—2000—2020 年）》，作为《中长期科学技术发展纲要》配套文件之一。

这个《中长期农业科学技术发展纲要》是在国内外调研和背景材料分析的基础上编制的，提出了农业科技发展的总体战略目标：根据党的十三大确定的我国经济建设发展和我国农业生产规划设想，到 20 世纪末，农村社会总产值达到 18 900 亿元，农村人均年纯收入 800 元，人均粮食占有量 400 千克，人民生活达到小康水平；农业科学技术重要领域达到 80 年代初的国际先进水平，农业科学技术对农业的增产作用从 35％提高到 50％左右。到 21 世纪 20 年代，农村社会总产值持续增长，人均国民生产总值接近中等发达国家水平，人均粮食占有量达到 500 千克以上，城乡居民膳食结构从小康型转为营养型；生物技术取得重大进展和新的突破，并在农业的主要领域中应用，形成和发展一批新型产业；农业生产逐步向专业化、商品化、现代化发展，初步建成繁荣富裕的社会主义新农村。农业科技工作在 20 世纪末和 21 世纪 20 年代的根本任务，就是为实现上述目标，提供可行的先进科技成果和适用技术，为农业科学技术发展不断拓宽新的领域，增强新的科学和技术储备，为农业生产的不断发展开辟新的途径。

根据上述总体目标，到 20 世纪末和 21 世纪 20 年代，农业科学技术发展的重点任务是：合理开发利用和保护农业自然资源；广辟食物来源，改善城乡居民膳食结构；选育作物、畜禽、水产新品种，建立和完善良种繁育体系；高产、优质、高效、低耗农牧渔综合增产技术研究；区域综合开发治理技术研究；农产品贮运、加工、包装和综合利用技术研究；农业机械化技术和农业工程研究；生物技术、信息技术等高技术、新技术在农业上的应用研究；农业应用基础研究；现代化宏观经济和科学管理研究等。

（4）《国家中长期科学和技术发展规划纲要（2006—2020 年）》。进入 21 世纪后，党中央、国务院为解决优化经济结构、合理利用资源、保护生态环境、协调地区发展、提高人口素质等问题，积极迎接世界科技革命和产业变革，主动适应国际竞争新变化，必须把握发展的主动权、主导权，站在国家前途和民族命运的战略高度，对我国未来科技发展作出前瞻性、战略性、全局性的规划和部署。2002 年 11 月，党的十六大召开，会议提出要"制定科学和技术的长远发展规划"。2003 年，国务院成立由 23 个部门组成的国家中长期科学和技术发展规划领导小组，温家宝总理任组长，国务委员陈至立任副组长，时任中科院院长路甬祥、工程院院长徐匡迪、科技部部长徐冠华等 24 位部级领导任领导小组成员。由周光召、宋健、朱光亚为召集人，王选等 18 名科学家组成专家顾问组。

2006 年 2 月 9 日，国务院发布了《国家中长期科学和技术发展规划纲要（2006—2020 年）》（以下简称《规划纲要》）。作为中国科技发展新蓝图，明确提出了"自主创新，重点跨越，支撑发展，引领未来"的新时期科技工作指导方针，对我国未来 15 年科学和技术发展作出了全面规划与部署。《规划纲要》确定了核心电子器件、高端通用芯片及基础软件，极大规模集成电路制造技术及成套工艺，新一代宽带无线移动通信，高档数控机床与基础制造技术，大型油气田及煤层气开发，大型先进压水堆及高温气冷堆核电站，水体污染控制与治理，转基因生物新品种培育，重大新药创制，艾滋病和病毒性肝炎等重大传染病防治，大型飞机，高分辨率对地观测系统，载人航天与探月工程等 16 个重大专项。

同时，《规划纲要》定义了国家创新体系组成，涵盖了以企业为主体、产学研相结合的技术创新体系，科学研究和高等教育紧密集合的知识创新体系，军民结合、寓军于民的国防科研体系，将国家创新体系建设拓展为科技系统和经济系统以至于全社会协同一致的综合配套改革。《规划纲要》还制定了若干鼓励自主创新的重要政策和措施，涉及科技体制改革、科技投入、科技人才队伍建设、税收、金融、政府采购、知识产权等方方面面，打通多年来竖在科技政策与经济政策之间的高墙，形成了政策合力。

2. 农业专项科技规划

（1）《1963—1972 年农业科学技术发展规划纲要》。在 1958 年的"大跃进"和 1959 年的"反右倾"运动中，受极左思潮的影响，农业科研机构下放，科技人员上山下乡，原定的规划项目难以实施。1963 年，中共中央提出了"调整、巩固、充实、提高"的方针，中共八届十中全会在公报中强调要贯彻执行"以农业为基础，以工业为主导"的国民经济总方针，并强调"要特别加强农业科学研究"。随后中共中央、国务院召开了全国农业科技工作会议，制定了《1963—1972 年农业科学技术发展规划纲要》，内容包括农作物、畜牧、水产、气象、农机、植保、土肥等 19 个专业，共 1 310 个研究项目，3 845 个课题，其中重点项目 124 项、重点课题 1 006 个，分别占总数的 9.5% 和 26.2%。由农业部直属科研机构承担的课题占总数的 30.5%，由地方科研机构承担的课题占总数的 51.9%，由农业高等院校承担的课题占总数的 17.6%。这个规划在实施中取得了一些成效。

1966 年开始的"文革"，使我国农业科学研究工作遭受到严重影响，但是，广大科技人员胸怀祖国，坚持科研工作。1972 年，在周恩来总理关怀下，国务院召开全国农林科技座谈会，编制了《1972 年全国农林科技重大协作项目》，共 22 项。同时，还编制了《农业、林业、牧业、渔业 1972 年科学技术发展计划》，共 101 项，其中重点科研项目 31 项、中间试验项目 34 项、新产品试制 36 项。1973 年，在规划实施中，对项目做了调整，由原 101 项调整为 47 项，其中农业 12 项，林业、牧业、渔业各 11 项，橡胶 1 项，援外 1 项。1977 年，将《1972 年全国农林科技重大协作项目》和《农业、林业、牧业、渔业 1972 年科学技术发展计划》合并，编制了《1976、1977 年农、林、牧、渔业科学技术发展计划》，1976 年安排了 51 项 237 个课题，重大协作项目 69 项，1977 年调整为 37 项 184 个课题，重大协作项目 45 项，经全国科研、教学单位科技人员的共同努力，在十分困难条件下，取得了一批重要科技成果，如籼型杂交水稻实现了"三系"配套，利用小麦和黑麦远缘杂交选育新物种——八倍体小黑麦，并在西南、西北部分高寒地区示范推广，家畜家禽冷冻精液人工授精技术在各地应用，马传染性贫血诊断与疫苗研制成功等，在国内外产生了很好的影响。

（2）《农业科技工作"六五"规划和后十年设想》。1980 年 12 月，国家科委召开全国科技工作会议，着重讨论了科学技术的发展方针和有关措施。1981 年 4 月，中共中央、国务院批转了国家科委党组《关于我国科学技术发展方针的汇报提纲》。农林部根据汇报提纲精神和国家科委的部署，组织有关专家于 1981 年 9 月编制了《农业科技工作"六五"规划和后十年设想》，提出一批重大科研项目，其中重大科技攻关项目 11 项，重大科技推广项目 18 项，重大科技引进项目 7 项。

1982 年国家正式出台了《"六五"国家科技攻关计划》。攻关计划的出台，标志着中国的科技计划已从科技规划中分离出来，具备了相对独立的形式，成为中国第一个综合性和操作性的科技计划。在实施科技攻关计划的基础上，1983 年、1984 年国家又分别出台了《重点工业性试验项目计划》和《重点实验室的建设计划》，使"六五"成为中国科技计划形成的奠基时期。

（3）《农牧渔业科技工作"七五"规划和后十年设想（草案）》。1983 年，根据国务院科技领导小组的部署，农牧渔业部组织有关专家编制了《农牧渔业科技工作"七五"规划和后十年设想（草案）》。这个规划根据中共十二大确定的中国经济建设的战略目标，要求在不断提高经济效益的前提下，从 1981 年到 20 世纪末的 20 年内，力争实现全国工农业总产值翻番的宏伟目标，并明确提出"在今后 20 年内，一定要牢牢抓住农业、能源和交通、教育和科学这几个根本环节，把它们作为经济发展的战略重点"，客观分析了中国农业生产和科研的基本情况，提出了农业科技工作的方针和政策，确定了科技进步的总体目标。主要是：

——运用现代科学技术成就，努力改善物质条件，不断提高农业科学技术水平，在探索农业现代化的技术途径和措施上取得重大进展，采用新技术、新方法和现代装备，因地制宜进行农业技术改造，使农牧渔业各主要部门，有计划地转移到新的技术基础上来。

——把精耕细作优良传统与现代科学技术结合起来，逐步缩小与世界先进水平的差距，力争到 20 世纪末，将经济发达国家在 70 年代末 80 年代初已普遍采用的先进生产技术，选择适合我国需要的使之基本普及，建立具有我国特色的农林牧渔结合的高产、稳产、优质、低耗的农业生态系统，使我国种植业和养殖业主要产品的单产达到 70 年代末 80 年代初的世界先进水平；具有资源优势和特色的产品，在国际市场上占有重要地位。

——农业科学技术发展中的薄弱环节，要有计划、有重点地充实加强，发挥基础学科指导农业生产和科学技术装备农业的作用，并进一步开辟新的农业增产途径，增加科学储备。某些优势专业、学科和技术领域，力争有重大进展和新的突破，保持国际领先地位。

在"六五"科技攻关的基础上，"七五"国家科技攻关计划由农牧渔业部归口管理的有 6 个项目，即：主要农作物品种资源研究，主要农作物育种技术研究，农作物病虫害防治技术研究，区域综合治理试验，畜禽水产技术开发，农村可再生能源技术开发。

（4）《农业科技发展"九五"计划和 2010 年长远规划》。1994 年，国家科委组织编制了《农业科技发展"九五"计划和 2010 年长远规划》，全面分析了改革开放 15 年来取得的成就、面临的严峻挑战和艰巨任务以及面向"九五"和 2010 年的发展目标，包括科技发展水平目标、体系设施建设目标、人才培训目标和科技体制改革目标。还提出了规划期间的重点领域，主要有：①粮、棉、油、糖等持续增产重点技术的示范推广；②主要"菜篮子"产品高产优质高效技术示范推广；③农业持续发展关键技术攻关；④应用基础研究和基础性工作。在实施中，对科研项目按面向经济建设主战场、高技术研究及产业化和基础性研究 3 个层次安排，建立起了比较完整的农业科技计划体系，在计划管理上也作了重大改革，使管理工作更加科学化、规范化。

其中，属于第一个层次的是面向经济建设主战场，迅速提高农业生产的技术水平，推进农业增长方式的两个根本性转变，为实现我国农业生产和经济发展的战略目标服务，有国家科技攻关计划、农业部重点科研计划、国家工程技术研究中心计划、农牧渔业"丰收计划""星火计划"、国家科技成果重点推广计划、社会发展科技计划等科技计划。属于第二个层次的是高科技及其产业化。为适应世界新技术革命挑战的需要，坚持有限目标、突出重点的原则，"有所为，有所不为"，加强高科技研究开发与跟踪，进而实现商品化、产业化和国际化，有国家高技术研究发展计划（"863"计划）和"火炬计划"2 个科技计划。属于第三个层次的是基础性研究。根据国际农业科技发展趋势，特别是交叉和综合的主导趋势，加强基础性研究，取得重大进展和突破，为国民经济建设和科技发展提供强有力的支撑，有国家基础研究重大项目计划（"攀登计划"）、国家自然科学基金项目计划、国家重点实验室建设项目计划、农业部重点开放性实验室建设计划 4 个科技计划。

在《农业科学技术发展十年规划和"八五"计划》和《农业科技发展"九五"计划和 2010 年长远规划》的指导下，按照三个层次诸多农业科技计划的布局，在农业科技项目计划设置和管理上具有以下几个特点：

体系上具有整体性。即按照农业科技工作三个层次进行部署，初步形成了科技计划体系。单项科技计划虽然多数只是研究、开发与产业化链上的一个环节，但各计划之间联系密切，可以相互补充，以形成一个有机整体。

内容上包括广泛的学科、领域的综合性计划，各项科技计划的实施管理跨部门、跨地区，参与范围比较广泛。

组织实施上是一个中央、地方和部门组成的多层次的组织管理体系。

与科研基地建设的关系上，一方面有些国家、部门农业科技计划本身就是以科技基地建设为主要内容，如国家重点实验室、农业部重点开放性实验室和国家工程技术研究中心建设等；另一方面以农业科技项目为主的国家、部门科技计划也包含了科技基地的建设内容，如攻关计划支持的区域治理与综合发展试验区，"火炬计划"支持的高新技术开发区等，表明科技基地建设已经成为中国农业科技计划的一项重要内容。

同时，各项科技项目计划在组织管理上进行了初步改革，主要有：

①制定各类科技项目计划管理办法、细则。"八五"以来，初步实现了科技项目计划管理的规范化、制度化。

②对科技项目实行分类管理，全面采用合同制、承包制和基金制。应用研究和开发研究一般采用合同制，技术开发性活动包括成果应用、科技咨询、科技服务等一般采用承包制，基础研究和应用基础研究一般采用基金制。

③建立严格的科技项目计划管理程序。

a. 选题立项。一般科技项目由承担单位申报，经过专家评审，主要部门审核批准。

b. 组织实施。重点确定主持人，组建项目组，建立责任制；检查项目执行情况，进一步做好组织与协调工作。

c. 结题验收。以合同为依据，考核项目完成情况；评估立项的科学性和合理性；经费使用与管理情况；总结管理经验和问题等。

④坚持科技项目计划的分层次管理体制。一些重大科技项目计划设项目、课题、专题三个管理层次，分别由项目组织部门（或地方）、课题主持单位、专题承担单位具体管理和实施。

（5）《农业科技发展纲要（2001—2010 年）》。2001 年 4 月 28 日，国务院发布《农业科技发展纲要（2001—2010 年）》，确定农业科技工作"十五"重点和 2010 年目标，明确指出，农业科技在新的世纪需要完成四项基本任务：①要为增加农产品数量、保障国民食物安全，特别是粮食安全提供可靠的技术支撑；②千方百计解决好农民增收问题，为调整农业结构、增加农民收入提供强有力的技术支撑，是中国农业科技目前面临的最迫切任务；③要为缓解资源短缺压力、保护生态环境提供全面的技术支撑；④要为提高农业国际竞争力提供坚实的技术基础。

（6）《农业科技发展"十二五"规划》。为充分发挥科技在农业农村经济发展中的支撑作用，农业部于 2011 年制定并发布了《农业科技发展"十二五"规划》。

规划提出，"十二五"期间，农业科技进步贡献率超过 55%，比"十一五"期间 52% 的贡献率再增加 3 个百分点。为此，国家将加大各级财政对农业科技的投入力度，确保农业科技投入增长速度高于财政经常性支出的增长速度。未来五年，农业科技创新将成为重点任务，其中重大关键技术攻关将集中在育种和农机方面。

育种方面，规划提出，动植物新品种培育，挖掘一批具有自主知识产权的功能基因，创建一批目标基因高效转化平台，将常规技术和生物技术育种相结合，选育创制一批具有自主知识产权的高产、优质、多抗、广适的动植物新品种，在适应机械化生产的新品种培育上取得突破。"十二五"期间，鼓励规模大、实力强、成长性好的（育繁推一体化）种子企业，整合现有育种力量和资源，充分利用公益性研究成果，按照市场化、产业化育种模式开展品种研发。

农业生产机械化技术研究方面，规划提出，加快粮棉油糖等主要农作物生产关键环节的机械装备研发，通过良种良法配套、农机农艺融合，实现关键生产环节机械化，加速推进全程机械化。加强健康养殖、设施农业、果实采摘、农产品精深加工及渔船技术装备等设施设备研发，提升农业生产现代化装备水平。

加大农业科技投入力度保障措施方面，规划提出，加大各级财政对农业科技的投入力度，确保农业科技投入增长速度高于财政经常性支出的增长速度。并且，鼓励社会力量投入农业科技，引导农业龙头企业加大技术研发投入强度。加强经费监管、规范经费使用、提高农业科技经费的使用效益。

（7）《"十三五"农业科技发展规划》。2016年，农业部印发《"十三五"农业科技发展规划》，明确了"十三五"农业科技发展目标，提出到"十三五"末，我国农业科技创新活力进一步释放，创新效率进一步提高，科技对农业产业贡献度进一步提升；农业科技投入、人才培养、条件建设、国际合作等工作取得显著成效；适应产出高效、产品安全、资源节约、环境友好农业发展要求的科学技术体系逐步完善，科技成果有效供给显著增强，农业技术集成化、劳动过程机械化、生产经营信息化水平大幅提升，力争在战略必争的农业基础科学和前沿技术领域实现率先跨越，在受制于人的现代农业核心关键技术领域实现技术跨越，在区域现代农业发展技术领域实现集成跨越。

根据规划，我国"十三五"期间农业科技创新重点领域包括现代种业、农业机械化、农业信息化、农业资源高效利用、农业生态环境、农作物耕作栽培管理、畜禽水产养殖、农作物灾害防控、动物疫病防控、农产品加工、农产品质量安全。重大任务需求包括区域农业综合解决方案、化肥农药减施重大科技任务、耕地保育与质量提升重大科技任务、农业用水控量增效重大科技任务、畜禽育种重大科技任务、全程全面机械化重大科技任务、精准农业与智慧农业重大科技任务等18项。

回顾新中国成立以来不同历史时期农业科技发展规划的编制与实施，取得了一大批重要的科技成果。据初步统计，1950—2018年，各省区市确认的科技成果约5万项，其中受到国家、部门奖励的重大科技成果8 200多项，这些成果不仅有很高的科技水平，而且也产生了巨大的经济社会效益。根据中国农业科学院农业经济研究所测算，科技进步对农业增产的贡献率在"一五"期间仅为5%，到了"十三五"期间提高到58.3%。农业科技进步贡献率不断提高，为我国农业和农村经济持续稳定发展作出了重大贡献。

（二）农业科技计划项目的组织与实施

作为科技体制改革的重要抓手，我国科技计划体系从无到有，从弱到强，从功能单一到系统全面，从"跟踪研究"到"全创新链设计，一体化组织实施"的一系列历史性重大变革，成为波澜壮阔的改革历程中不可或缺的一部分。

1. 国家科技计划的创建与启动

改革开放以前，我国的科研活动如同计划经济时代的很多产业一样，都是划归国民经济计划体制中的，在管理上具有鲜明的大锅饭性质。在农业科技创新方面，主体只强调政府机构，农业技术创新的发展方向、创新资源的配置、创新活动的计划、监测与评估由政府决定。研究经费通过专项科研经费或者国家科学事业费的形式划拨，此时的科研经费管理与当时的事业单位的财务资金管理方式相一致，科研经费管理以法人研究机构为中心。

20 世纪 80 年代后，中共中央明确提出"科学技术工作必须面向经济建设，经济建设必须依靠科学技术"的方针。在当年的全国科技奖励大会上，党中央和国务院要求科技、经济界运用集中优势兵力打歼灭战的方法，有选择、有重点地发展对国民经济发展有重大影响、产业关联度较大的技术。

随后，国家计委、国家科委联合筛选出最迫切和可能的 38 个项目，编制为《"六五"国家科技攻关计划》。我国第一个被纳入国民经济和社会发展规划的国家科技计划由此诞生。这标志着我国综合性科技计划从无到有，成为我国科技计划体系发展的里程碑。科技攻关计划主要是解决国民经济和社会发展中带有方向性、关键性和综合性的问题，涉及农业、电子信息、能源、交通、材料、资源勘探、环境保护、医疗卫生等领域。

1985 年 5 月，国家科委向国务院提出了"关于抓一批短、平、快科技项目促进地方经济振兴"的请示，其中引用了中国的一句谚语"星星之火，可以燎原"，因而誉名为"星火计划"，意为科技的星星之火，必将燃遍中国农村大地。1986 年初，"星火计划"获得国家批准。

以 1986 年国家科技拨款制度改革为契机，财政支持科技创新的新型体制机制逐步建立，成为新时期国家科技投入体制的基础。

1986 年 2 月，国务院正式批准成立自然科学基金委，我国科研经费分配第一次引入了竞争机制，启动了"国家自然科学基金"计划项目。同年 3 月，为推进我国有效应对新一轮科技挑战，王大珩、王淦昌、杨嘉墀和陈芳允 4 位科学家联名致信邓小平同志，提出了《关于跟踪研究外国战略性高技术发展的建议》。邓小平同志作出"此事宜速作决断，不可拖延"的重要批示。随后，"863"计划启动，标志着中国进入世界高科技竞争的新阶段。

到"九五"后期，初步形成了四个层次、若干个科技计划的格局，涉农科研项目分散在各类科技计划中。第一个层次的科技计划。主要包括国家高技术产业化示范工程，星火计划，火炬计划，科技型中小企业技术创新基金、科技成果重点推广计划，国家重点新产品计划，农业科技成果转化资金、农业科技园区、农牧渔业丰收计划，引进国际先进农业科学技术计划（"948"计划）等，以市场为导向，以经济效益为中心，大力发展科技型企业，实现农业产业化经营，为农业增产、农民增收提供有效服务。第二个层次的科技计划。主要包括国家科技攻关计划、重大科技专项等，面向农业和农村经济发展重大需求，集中解决农业数量和质量效益方面的重大战略产品、关键共性技术问题，为传统农业技术改造和确保国家食物安全、生态安全提供科技支撑。第三个层次的科技计划。主要包括国家高技术研究发展计划（"863"计划）及前沿技术，具有前瞻性、先导性和探索性，重点瞄准世界高技术的发展趋势，突出国家目标，大力发展以生物技术、信息技术为重点的农业高技术，带动技术更新换代和新兴产业优化升级，提高农产品的国际竞争力。第四个层次的科技计划。主要包括基础研究重大项目计划（"973"计划）、国家自然科学基金项目计划等，重点选择优势学科、科学前沿问题和国家重大战略需求的基础研究，以深刻认识自然现象、揭示自然规律，获取新知识、新原理、新方法和培养高素质创新人才等为基本使命，突出科学价值，稳定支持，超前部署，研究解决农业的重大基本问题，提高科技创新能力，为农业和科技发展提供理论储备。

2. 国家科技计划体系的建立与优化

进入 21 世纪，我国步入了新的发展阶段。建设创新型国家目标的提出和实施，党中央、国务院关于全面建设小康社会以及构建和谐社会的战略决策和部署，对科技工作提出了更高层次的要求。提高我国的自主创新能力和综合竞争实力，加快转变经济增长方式、提高产业竞争力、促进经济社会协调可持续发展等方面的需求更为迫切。

按照《国家中长期科学和技术发展规划纲要（2006—2020 年）》的指导方针和总体要求，从经济社会发展和人民生活面临的突出问题与紧迫需求出发，国家重点加强了关系社会发展的重大公益技术、满足国家战略需求的重大工程建设和重大装备研制等方面的支持，在原国家科技攻关计划基础上，设立国家科技支撑计划。国家科技支撑计划以国民经济社会发展需求为导向，重点支持对国家和区域经济社会发展以及国家安全具有重大战略意义的关键技术、共性技术、公益技术的研究开发与应用示范。

在项目实施主体上突出企业技术创新的主体地位，促进产学研结合。鼓励企业、高等院校和研究机构之间的合作创新，有明确产品目标导向和产业化前景的项目，必须由企业牵头或有企业参与。充分发挥部门、行业、地方、企业、专家和科技服务机构等各方面的作用，实行整体协调、资源集成、平等协作、联合推进的机制，以项目带动人才、基地建设。"十一五"国家科技支撑计划重点支持能源、资源、环境、农业、材料、制造业、交通运输、信息产业与现代服务业、人口与健康、城镇化与城市发展、公共安全及其他社会事业等 11 个领域。

为落实《国家中长期科学和技术发展规划纲要（2006—2020 年）》，由党中央、国务院批准设立了一批为实现国家目标，通过核心技术突破和资源集成，在一定时限内完成的重大战略产品、关键共性技术和重大工程的国家科技重大专项。国家科技重大专项紧紧围绕国民经济和社会发展的关键领域中的重大问题，聚焦国家重大战略产品和重大产业化目标，强调坚持自主创新，通过重点突破带动关键领域跨越式发展，是我国科技发展的重中之重，对提高我国自主创新能力、建设创新型国家具有重要意义。"十五"期间组织实施超大规模集成电路和软件、电动汽车、创新药物与中药现代化、奶业发展、节水农业等 12 个重大科技专项。"十一五"期间，国家科技重大专项共有 16 个，实施时间为 2006—2020 年，每个重大专项投资数百亿元，其中涉及农业领域的有转基因专项、水体污染治理专项和高分辨率对地观测系统专项等。

2006 年国家根据科研活动规律、科技工作特点和财政预算管理要求，对中央财政科技投入结构进行优化，在五类中央财政科技投入中设立公益性行业科研经费，该专项是由中央财政根据《国务院办公厅转发财政部科技部关于改进和加强中央财政科技经费管理若干意见的通知》（国办发〔2006〕56 号）设立的专项经费项目，主要用于支持公益性科研任务较重的行业部门，组织开展本行业应急性、培育性、基础性科研工作，其中公益性行业科研经费约占该类经费的70%以上。

"十一五"期间，为加快推进国家创新体系建设，适应新形势要求，国家科技计划体系进行了必要的改革和调整。"十一五"国家科技计划体系主要由基本计划和重大专项构成。基本计划是国家财政稳定持续支持科技创新活动的基本形式，包括国家重点基础研究发展计划（"973"计划）、国家高技术研究发展计划（"863"计划）、国家科技支撑计划（即原有的科技攻关计划）、国家科技基础条件平台建设计划等四大主体计划和政策引导类科技计划等。其中，"973"计划着眼于事关国家重大战略需求的战略性重大基础科学问题，以为国家未来发展提供源头创新和科学支撑为目标，突出在世界科学发展主流方向上的战略性、前瞻性、全局性和带动性技术的原始性创新；"863"计划着眼于几个事关国家长远发展和国家安全的最重要的高技术领域，以引领未来新兴产业发展为目标，突出战略性、前瞻性、前沿性高技术的自主创新；科技支撑计划着眼于解决事关国民经济和社会发展的全局性、跨行业、跨地区的重大科技问题，以提升产业竞争力、推动经济和社会协调发展为目标，突出重大关键技术、共性技术、公益技术的集成创新和引进消化吸收再创新；科技基础条件平台建设计划着眼于加强国家创新能力基础设施建设，以建成国家层面上的科技基础条件资源共享的系统化的支撑体系为目标，突出资源的整合、共享、完善和提高；政策引导类计划主要包括星火计划、火炬计划、重点新产品计划、国际科技合作计划等。各计划都有明确的政策导向和措施，重点加大对企业自主创新、高技术产业化、面向农业农村的科技成果转化和推广、国际科技合作等的引导和支持。

3. 国家科技计划体系的改革与调整

"十三五"期间，为全面提升我国经济增长的质量和效益，有力推动经济发展方式转变，实现到2020年进入创新型国家行列的目标，国家提出了创新驱动发展战略。创新驱动发展战略明确提出"科技创新是提高社会生产力和综合国力的战略支撑，必须摆在国家发展全局的核心位置"，强调要坚持走中国特色自主创新道路、实施创新驱动发展战略。

为深入贯彻党的十八大和十八届二中、三中、四中全会精神，落实党中央、国务院决策部署，加快实施创新驱动发展战略，科技部会同财政部、发改委等部门，在已有的国家科技体制基础上，进行了大刀阔斧的改革。改革旨在强化顶层设计，打破条块分割，改革管理体制，统筹科技资源，加强部门功能性分工，建立公开统一的国家科技管理平台，构建总体布局合理、功能定位清晰、具有中国特色的科技计划体系，建立目标明确和绩效导向的管理制度，形成职责规范、科学高效、公开透明的组织管理机制，更加聚焦国家目标，更加符合科技创新规律，更加高效配置科技资源，更加强化科技与经济紧密结合，最大限度激发科研人员创新热情，充分发挥科技计划在提高社会生产力、增强综合国力、提升国际竞争力和保障国家安全中的战略支撑作用。

科技部于2014年启动了国家科技管理平台建设，优化整合部分科技计划，先行组织5~10个重点专项进行试点。到2016年基本完成科技计划优化整合，建成了公开统一的国家科技管理平台，形成了科技管理的制度框架，并全面启动了第一批重点专项。

2017 年，国家科技计划全面按照优化整合后的五类科技计划运行，不再保留原有计划渠道，建立了较完备的科技计划和资金管理制度，各科研单位、专业机构和政府部门已依照新的规定开展科研活动和管理业务。

国家五大科技计划中，国家重点研发计划最早启动，农业领域首批部署了 8 个研发专项，于 2015—2018 年分 3 批全部完成立项。2014 年底，科技部在农业领域启动了"化学肥料和农药减施增效综合技术研发""七大农作物育种"两个重点专项试点，2015 年 2 月实施方案征求意见，同年 11 月发布 2016 年指南。2016 年 2 月，发布了"粮食丰产增效科技创新""现代食品加工及粮食收储运技术与装备""畜禽重大疫病防控与高效安全养殖综合技术研发""林业资源培育及高效利用技术创新""智能农机装备" 5 个专项指南。2016 年 3 月，发布了"农业面源和重金属污染农田综合防治与修复技术研发"指南。2016 年、2017 年又先后发布了 8 个研发专项指南，于 2018 年 3 月完成全部项目立项，共部署项目 355 项，投入中央财政经费 111.22 亿元。

4. 农业专项科技计划

1996 年，农业部启动实施"引进国际先进农业科学技术计划"（"948"计划）项目，先后从 40 多个国家和地区引进各类先进的农业技术和成果以及适合我国特点的农业适用技术、生物技术和高新技术等总计 1500 余项，种质资源 8 万余份，仪器设备 1 300 套（台、件）。计划项目引进了大批农业新品种和种质资源，极大地丰富了我国品种资源库；引进了一批先进、适用技术，提高了我国农业生产技术水平；引进了一批农业可持续发展技术，为我国可持续发展战略的实施提供了技术保障；引进了一批农业发展前沿技术，增强了我国农业科技储备和发展后劲。通过消化、吸收、再创新和推广应用，有力地促进了我国农业产业的结构调整和产业技术的升级换代。总体来看，计划拓展了我国农业科技创新的背景和空间，在部分领域缩短了与国际先进水平的差距。

农业部于 1996 年立项启动了"中国超级稻育种"计划，在着力提高产量潜力的同时，注重改善稻米品质、增强病虫抗性和生态适应性。2013 年，湖南隆回、浙江宁波等地实现超级稻百亩亩产量超过 900 千克，标志了超级稻三期目标基本实现。2014 年，湖南省溆浦百亩亩产量达到 1 026.7 千克，水稻亩产首次突破 1 000 千克。在"中国超级稻育种"计划的支持下，中国超级杂交稻育种 20 年来相继取得了一系列领先成果，水稻较大面积亩产从 700 千克一路突破至 1 000 千克，并逐步向高品质、广适应、多抗性等发展，为保障我国粮食安全作出重大贡献。

1999 年农业部、财政部共同设立"农业科技跨越计划"，旨在强化农业科学技术的集成与示范，加速农业科技成果熟化，解决科技与农业生产脱节的问题。跨越计划在全国实施项目数百个，产生直接经济效益数千亿元，有力带动项目区农业产业发展和农民收入提高。

2002 年，农业部正式启动"农业结构调整重大技术研究专项"，该专项围绕加快农业结构调整，提高农业效益和农产品的市场竞争力、增加农民收入的目标，针对农业生产和农村经济发展中的突出问题，特别是全局性、区域性的重大关键技术问题，通过支持优势产品和农业节本增效重大关键技术研究，推动种植业、养殖业、农产品加工行业的优化调整和协调发展。

2007 年，农业部、财政部启动建设了现代农业产业技术体系，按照优势农产品区域布局规划，依托具有创新优势的中央和地方科研力量，围绕产业发展需求，建设涵盖水稻、小麦、生猪、大宗淡水鱼等 50 个大宗农产品的现代农业产业技术体系。体系以农产品为核心，按照从产地到餐桌的全产业链中的各关键环节来配置创新链、资金链，在同一产业内形成跨部门、跨区域、跨单位、跨学科的优势科技力量的联合协作的协同创新模式。体系聘任了来自全国 800 多个中央和地方科教、企事业单位的 2 600 余名优秀科技人员参与体系建设，共同围绕产业问题开展联合攻关。通过多学科联动、跨单位协同，充分发挥集中力量办大事的优势，形成创新合力，破解了以往依靠单个课题、单个项目、单个单位无法解决的产业技术问题，有力支撑了国家粮食连年丰产、主要农产品有效供给和农民持续增收。

2007 年农业部、财政部启动"公益性行业（农业）科研专项"，主要用于支持农业领域组织开展应急性、培育性、基础性科研工作。截至 2015 年，"公益性行业（农业）科研专项"共立项 400 余项，中央财政总投入经费达 75.8 亿元。项目覆盖了粮食等主要农产品生产、农业防灾减灾、农业机械化、节本增效等领域的关键技术和重大瓶颈。实施以来，集成了一大批实用技术成果，促进了农业的可持续发展，显著加快了农业农村现代化进程。

转基因生物新品种培育科技重大专项于 2008 年正式启动实施，主要任务是加快推进具有重要育种价值的基因克隆及高效、安全、精准、规模化转基因技术研发，强化生物安全评价及检测监测技术研究，培育具有应用前景的转基因生物新品种（系）。通过专项实施，显著提升了我国转基因技术研发能力，建成全链条研发与产业化设施平台，构建了独立完整的转基因育种研发体系和安全评价检测监测体系，形成了具有自主基因、自主技术、自主品种的发展格局。

本章参考文献

毕科法，1993.《中华人民共和国科学技术进步法》阐释 [J]．科技与法律（4）：6 - 16．

编者，2002. 国家重大科技专项全面启动 [J]．中国科技奖励（3）：75.

郭春林，1999. 浅议现行科技计划体系的现状与调整 [J]．中国科技论坛（5）：1 - 3.

国家计划委员会科学技术司，国家科学技术委员会综合计划司，1997. 国家重点科技攻关项目计划概述 [J]．中国科技信息（Z1）：13 - 14.

兰小晖，2012. 我国计划项目的绩效评估研究 [D]．南京：南京农业大学．

李世闻，2013. 我国国家创新体系建设 25 周年回顾 [J]．科技进步与对策，30（13）：5 - 9.

李学勇，2008. 深入贯彻实施《科学技术进步法》为自主创新提供强大的法律保障 [J]．科技与法律（3）．

刘立，2008. 改革开放以来中国科技政策的四个里程碑 [J]．中国科技论坛（10）：3 - 5.

刘瀛弢，毛世平，2010. 公益性农业行业科研项目绩效及管理的考评体系研究 [J]．农业技术经济（12）：100 - 110.

卢良恕，王东阳，2002. 现代中国农业科学技术发展回顾与展望 [J]．科技和产业，2（4）：14 - 21.

路甬祥，2006. 论自主创新的基础与关键 [J]．发明与创新（综合版）（5）：20 - 21.

路甬祥，2008. 改革创新跨越发展走中国特色自主创新道路 [J]．求是（20）：11 - 14.

农业部科技教育司，1999. 中国农业科学技术 50 年 ［M］. 北京：中国农业出版社．

王晓宇，2008. 解读新《中华人民共和国科学技术进步法》［J］. 中国农村科技（7）：10.

吴国振，2005. 科技法在我国的现状与体系建设问题 ［J］. 求索（7）：85 - 87.

伍莺莺，郑戈，2012. 农业公益性行业科研专项实施经验和改进策略 ［J］. 华中农业大学学报（社会科学版）（6）：90 - 94.

信乃诠，2005. 科学技术与现代农业 ［M］. 北京：中国农业出版社．

信乃诠，许世卫，2014. 中国农业科技发展：回顾和展望 ［M］. 北京：中国农业科技出版社．

杨闯，王敬华，2011. 公益性农业科技项目的管理和评价 ［J］. 农业科技管理（4）．

朱丽兰，2000. 加大科技体制改革力度加快国家创新体系建设 ［J］. 科学学与科学技术管理（1）：6 - 9.

朱世桂，2012. 中国农业科技体制百年变迁研究 ［D］. 南京：南京农业大学．

第二章　农业科技体系建设

新中国成立之前，我国基本没有完整的、系统的农业科技体系。洋务运动兴起后，受西方先进农学思想传入的影响，在有识之士的推动下，我国最早的农业试验机构——育蚕试验场和饲蚕试验场，于 1898 年分别在上海和淮安成立，随后，保定、济南、北京、辽宁等地陆续设立了农业试验场、实验所、改进所。到 1911 年，我国从中央到省级农业试验场均已基本建成，但由于经费不足、人才缺乏，大多有名无实，难以正常开展农业研究与推广工作。在随后的民国初期、抗日战争和解放战争时期，我国农业试验和推广工作不断遭到挫折、创伤，农业科技体系建设停滞不前。

新中国成立之后，党中央高度重视农业科技，旋即着手组建农业科研体系、农业技术推广体系和农民培训体系。新中国农业科技体系历经社会主义建设时期、改革开放时期和中国特色社会主义新时代，经过数次探索、改革和完善，逐步由小到大，由弱到强，由分散走向统一，每一步的探索和发展无不见证并折射出国家政策的演变轨迹和经济社会发展的历史脉络，交绘出一幅辉映新中国 70 年光辉历程的恢弘图景。经过 70 年的建设和发展，我国已拥有全球规模最大、专业门类较为齐全、功能较为完善、研究推广培训既分工明确又紧密衔接的农业科技体系。

一、农业科研体系

新中国成立 70 年来，我国农业科研体系的建设与发展一直带有鲜明的时代特征，始终与国家命运同频共振，历经不同时期的探索和变革后，逐步建立起全球从业人员规模最大、科研活动体量最大、学科门类较为齐全、具有举足轻重影响力的农业科研体系。一是体系构成从以政府部门主导建立公益性机构为主，转变为公益性机构与企业及各类新型创新主体并存的新布局；二是体系功能从单一服务生产，转变为支撑一二三产融合和乡村振兴、提供全产业链科技供给的新局面；三是体系结构从国家、省和地区三级研发机构分散重复设置、功能定位交叉、有体无系的局面，转变为以国家和省级综合性研发机构以及涉农高校为主体，各层级农业科研机构功能定位更加清晰、协同机制逐步强化的新格局。

（一）新中国农业科研体系的创建与发展（1949—1978 年）

新中国成立后的近 30 年间，我国农业科研体系发展以新建、重组研发机构为主。主要特点是：机构组成以中央和地方农业科研院所、农业高校为主，其中科研院所的主

＊本章审稿人：翟虎渠；牵头撰写人：卫文星、刘天金、齐国；参加撰写人：林克剑、付长亮、庄严、王琳、熊红利、王航、魏亚萍、王泰群。

要研发单位为研究所；随着专业的精细化发展，研发机构数量得以快速增长，初步建成由中央和地方两级管理、学科齐全的全国农牧渔业科研体系。但由于各研究机构相对独立，研究工作多有重复，功能定位不清，缺乏有效协作机制，研究机构与教学、推广机构间的合作不够紧密。

1. 国家—省—地三级研究体系初步形成，创新主体以国家级科研机构为主

党和政府历来十分重视农业科技事业，新中国成立初期就开始大力整顿和改组国民党政府设置的农业科研机构，并将其划为政务院相关部门的隶属单位。其中，农业部直属的大区级研究所7处、专业所7个、筹备处2个、试验场2个，另有省（自治区）级试验场（站）193处。农业部所属机构中，大、中专学历科技人员5 000余人，占全国农业科研人员总数的46%；中级职称以上人员450人，占全国同类人员的33%。之后，对部分专业研究机构的隶属关系进行了调整，例如林业科学研究所划归林业部；华南热带林业科学研究所先划归林业部，1956年更名为华南热带作物研究所后隶属于农垦部；水产科学研究所先划归食品工业部，后改称黄海水产研究所隶属于水产部；1951—1957年共建立农业机械（化）研究所6个，其中2个（北京、南京）属于农业部，2个（洛阳、西安）属于第一机械工业部，另外2个为省级所。

除部委所属专业研究所外，还设立了教育部所属高等农业院校27所，附设研究室10个，共有助教以上教学人员5 460余人，占全国农业科研人员总数的50%；中级职称以上人员819人，占全国同类人员的61%。另有中国科学院所属与农业有关的土壤、昆虫、应用菌类、遗传、兽医、农业生物等7个所（室），共有研究人员400余人，占全国农业科研人员总数的4%；中级职称以上人员75人，占全国同类人员的6%。此外，水利部、食品工业部、化学工业部、粮食部所属研究机构中，也有部分农业科研人员。

~~~/ 专栏 2-1 /~~~

新中国第一所农业学校——北京农业大学

1949年9月29日，北京大学、清华大学、华北大学三所大学的农学院合并，组建成新中国第一所多学科、综合性的新型农业高等学府，于1950年4月被正式命名为北京农业大学。此时，学校已基本成为学科门类相对齐全的农业高等教育和科技研究中心，对我国农业高等教育发展具有重大意义。1954年和1984年，北京农业大学分别被国务院列为全国6所重点院校和全国重点建设的10所高等院校之一。

1952年全国高校院系调整，北京农业大学农业机械系与中央农业部机耕学校、华北农业机械专科学校合并成立北京机械化农业学院。1953年1月，平原农学院部分师生并入北京机械化农业学院，同年7月，更名为北京农业机械化学院。1960年10月，该学校进入全国64所重点大学行列。1985年10月，北京农业机械化学院改名为北京农业工程大学。1995年9月，北京农业大学与北京农业工程大学合并成立中国农业大学，成为一所规模更大、学科设置更趋综合化的新型农业大学。

由于新成立的各种农业科研机构分别隶属于不同部委，导致各研究机构独立分散且多有重复，研究工作同质化严重，教学、研究和生产联系不够紧密。

1953年，国家开始执行第一个国民经济建设五年计划，为适应经济发展需要，统一领导全国农业研究工作，农业部于1954年8月向中共中央提出筹建中国农业科学院的请示报告，经多方协调、多次协商、积极筹备，1957年3月1日，中国农业科学院在北京正式成立，实现了中国农业科研机构相对集中统一，标志着中国农业科研事业走上了统一部署和全面发展的时期。

~~~~/ 专栏 2-2 /~~~~~~

新中国第一所中央级农业科研机构——中国农业科学院

中国农业科学院于1957年3月1日成立，是新中国成立之初中央决定设立的三大科学院（中国科学院、中国农业科学院、中国医学科学院）之一。

建院初期，中国农业科学院的研究所布局原则是：应用基础研究、综合性研究以及情报信息服务类研究所设在北京，专业性研究所一般设在主产区。1957年在北京设立作物育种栽培等6个研究所（室）；在京外设立棉花（安阳）等5个研究所；同时在各大区设立6个区域性研究所。后经机构精简、迁移、合并、下放和撤销，1970年中国农业科学院与中国林业科学研究院合并，成立中国农林科学院。1978年党的十一届三中全会后，农林两院各自恢复原建制。

当前，中国农业科学院共有法人单位38个，形成作物、园艺、畜牧、兽医、植物保护、农业资源与环境、农业机械与工程、农产品质量与加工、农业信息与经济等9大学科集群、50多个学科领域、300多个重点方向的学科布局，拥有331个创新团队和一批高水平重大基础科学设施、科研平台和试验基地。

在此期间，大部分省区市自50年代初建立了省、地两级的农业科研机构。据1956年不完全统计（缺西藏自治区和台湾地区数据），综合性和专业性省级农业试验场（站）由1949年的35个增加到93个；地（市）级农业科研单位由1949年的5个省区的10个，增加到14个省区的76个。同时，一些省区还建立了省、地级的林业科学研究所和水产科学研究所。伴随着中国农业科学院成立，中央和地方两级农业科研体系也逐渐形成。

2. 研究力量布局经历扩充、收缩到调整，机构间分工逐步细化、专业化

在"大跃进"时期，全国农业科研体系总规模急剧膨胀，农业科研机构的专业越分越细，研究所的数量扩充迅速。1958年8月，农业部决定将原属中国农业科学院的6个大区所下放归所在省管理，划归地方建制。1958—1959年，中国农业科学院的学科专业越分越细，研究所的数量扩充明显，较1957年新增了23个专业所。全国29个省区市也相继成立省级农业科学研究所及省辖的地区（市、州）农业科学研究所，使职工总数达2.4万人，其中科技人员近万人。1958年毛泽东提出"农业八字宪法"（即土、肥、水、种、密、保、管、工），从中央到公社的各级农业科研机构，均以"农业八字宪法"为指引填补学科空白、设立专业机构，许多地、县以下基层农业科研机构掀起专业机构建设高潮。农垦、林业、农机、水产和农业教育方面的专业所（室）数量也有很大扩充。

"大跃进"期间成立的大批重复、过细的研究机构，使得农业科研体系的组织结构重心下移、战线拉长，不仅造成农业研究决策极度分散，而且农业科研人、财、物调度存在极大困难，最后不得不对这些机构进行大幅度的调整、压缩和精简。1960 年 9 月，中国农业科学院将大豆、家禽等 11 个研究所下放归所在省管理，机构精简了 1/3；职工精简了 2/3，由 8 759 人减至 2 916 人。同时，林业、农机等科研机构和农业教育也相继精简收缩。由于匆忙上马，接着又匆忙下马，在仓促的一张一缩过程中，全国农业科研机构元气大伤，专业研究机构的骨干作用被削弱。

1961 年，中共中央批准实施《关于自然科学研究机构当前工作的十四条意见》，对国民经济和农业科技发展方针进行了调整，对"大跃进"以来科研战线各种"左"的思想表现进行了初步清理，对稳定科研单位工作秩序、调动科技人员积极性起到了很大作用。同年，批准中国农业科学院组建油料、柑橘、草原、家畜血吸虫病研究所（室）和水稻生态研究所；林业、水产、农垦、农机等被精简了的部属科研机构也有所恢复，例如中国农业科学院农业机械化研究所与农业机械部农业机械化研究院合并成立中国农业机械化科学研究院，由农业部与农业机械部共同领导。1963 年 1 月，国务院农村办公室批准农业部成立科学技术管理局，将原来以中国农业科学院为中心的农业科研体系，转为由农业部直接领导。期间，林业、水产、农垦各部相继成立农业科技事业管理局、科技司或科学技术委员会，加强了对农业科技工作的管理。

1978 年 3 月，邓小平在全国科学大会上强调"科学技术是第一生产力""科技人员是工人阶级的一部分"。同年 12 月，党的十一届三中全会召开，进行拨乱反正，强调了专业科技机构在发展科技工作中的骨干作用，至此农业科技战线和农业教育战线的建制得以陆续恢复和发展。1978 年，中国水产科学研究设计院（1980 年改名为中国水产科学研究院）在北京成立。1979 年 2 月，中国农业科学院和中国林业科学研究院恢复建制，下放迁到外地的研究所全部搬回北京原址，下放给地方管理的研究所被收回并实行以部委为主的领导体制；随后各省区市的农业科学院建制也相继恢复。从此，中国农业科学研究事业进入了一个全面发展时期。

（二）科技建制恢复时期农业科研体系的调整与发展（1978—1985 年）

在党和政府高度重视下，农业科研体系经过恢复调整，进入新的发展时期。该时期的主要发展特征是：各层次的科研机构和农业院校、企业型科研机构等研发主体逐步明确发展定位和职能分工；农业科研体系的功能也随着科技成果商品化发展得以拓展。

1. 国家—省—地三级架构研究体系进一步稳固，创新主体功能定位逐步清晰

1979 年 9 月 28 日，党的十一届四中全会通过的《中共中央关于加强农业发展若干问题的决定》中提出，要加强农业种子研究，要办好中国农业科学院。截至 1980 年，全国地级以上农科所达 756 个。1980 年 8 月，国家科学技术委员会和农业部共同出台《关于加强农业科研工作的意见》，提出部属科研单位要面向全国，以应用研究和应用基

础研究为主，要重视开发研究，侧重解决战略性、基础性、综合性问题；省级农业科研单位以应用研究和开发研究为主，着重解决本省生产上需要解决的科技问题，并承担一部分全国性科研任务；地市级农业科研单位以开发研究为主，也可开展具有本地特色的应用研究工作；高等农业院校着重应用基础研究和应用研究；林业、农垦、水产和农机方面的研究机构要根据自身特点和需要建设科研体系，解决本行业生产问题；各农业企业设置的科研机构要向企业办科研方向发展。

为贯彻落实中央关于全国农业科学体系建设的指导思想，农业部开始在全国建设 9 大科研测试中心，经过几年的调整建设，已初步形成中央和地方两级管理的门类齐全的农业科学研究体系。据 1985 年全国科技普查资料，全国农、林、牧、渔、农机科研单位共 1 426 个，比 1979 年的 597 个增长了 1.4 倍，其中部属级 95 个，省级 492 个，地市级 839 个。同期的农业科技队伍也发展很快，1985 年全国农、林、牧、渔、农机研究单位的科技人员达 10.2 万人，比 1979 年的 2.2 万人增长了 3.6 倍。

2. 农业科研体系功能不断延伸和拓展，综合研究实力不断增强

在改革开放搞活的总方针指引下，农业科研单位积极探索从计划经济逐步向有计划商品经济转变的改革方向，科学技术为农业生产服务出现新的形式，从无偿转变为无偿、低偿、有偿等多种形式并存。农业科研领域内开展了科技成果商品化、市场化的大讨论，多数科研单位和科技人员对农业科技成果的商品属性和技术市场的认识，经历了从不理解到逐步理解的过程。但在计划经济体制下形成的农业科研体制，仍存在有限的科技资源与重复分散的机构任务以及不合理的专业、学科、人才结构矛盾突出的问题，部分科研单位"吃皇粮"，缺少经济和工作上的自主权，制约了农业科技生产力的解放和市场开拓，农业科技体制改革已势在必行。1984 年，各级农业科研机构根据国家科学技术委员会《关于当前整顿自然科学研究机构若干意见》，逐步调整了领导班子、科研方向任务，建立健全了科研责任制、岗位责任制和经济承包责任制，为全面科技体制改革打下基础。

为改善研究条件，提高科研水平，1979 年 11 月农林部以部委与地方商议投资的方式投资 4 207.9 万元，引进国外先进仪器设备 542 台件。1982—1983 年又采取合资形式建设 22 个研究所（室）、7 个农业科技交流中心、15 个国家果树种质资源圃及国家种质库、5 个国家重点实验室和 38 个部级重点开放实验室。各省区市政府也筹集资金购置农业科研仪器设备，使全国农业科研系统的研究条件有了较大改善，研究实力大大增强。据 1985 年全国科技普查资料，全国地区以上农业科研机构占地 6.2 万公顷（其中试验田占 32.5%）；拥有固定资产（产值）17.9 亿元；科研仪器设备 4.3 亿元，其中万元以上仪器设备有 4 656 套、价值 2.45 亿元，80 年代购置的仪器占总套（台）数 69.4%；科技图书藏量 559.8 万册，科技期刊藏量 587.1 万册。

（三）分类改革时期农业科研体系"稳放结合"的探索与实践（1985—2012 年）

1985 年是中国科技史上的里程碑，也是中国农业科技发展史上的里程碑，各级农业科研单位沿着改革方向建设，在建设中深化改革。研究体系中各构成要素的量变，引发科研机构的任务和社会功能也发生了重大变化。该时期农业科研体系的发展特征是：

科研功能与经济发展结合更加紧密，涵盖的学科方向急剧扩张；实行"稳住一头、放开一片"方针[①]，重大基础性研究和高新技术研究得到进一步强化，技术开发和科技服务机构的研究开发经营活动得以逐步搞活，开发型研究所、科技先导型企业、民营科研机构等技术创新主体大量涌现；各类研发主体的功能定位更加明晰，分类改革使科技资源配置更加合理。

1. 农业科研体系趋于稳定，体系结构和研究领域得到优化调整

据统计，1986 年全国独立农业科研机构有 1 122 个，1995 年增加到 1 138 个，增长 1.4%。期间虽有波动但总量并没有明显变化，而同期全国科研机构数减少 8%，说明在科技体制改革进程中农业科研体系在机构上并未受到较大冲击，只是相应增加了适应市场和科技发展需要的机构。1985 年农业部批准在部属 8 所农业大专院校建立一批非独立农业科研机构，1993 年调整为 37 个，部分已发展成部级重点实验室。民办农业科研所在这一时期也蓬勃兴起。

在改革的推动下，农业科研工作不断调整研究方向任务和课题结构，对科研活动进行定向、定位，更新研究内容，开拓研究领域，建设新兴学科，增加开发研究比重，使农业科技与农业经济得到有效结合。例如，中国农业科学院按照三个层次（面向主战场、发展高新技术和实现产业化、加强基础性研究）和四个战略重点（重大科技攻关、高科技研究开发和跟踪、基础性研究、宏观发展研究）部署科研工作，调整研究组织。通过对科研方向任务、课题结构及研究内容进行调整，农业科研领域从主要研究产中技术向产前、产后技术研究延伸，从传统学科研究向新兴学科、边缘学科研究拓展，如发展了设施农业技术，农产品储藏、保鲜、加工技术，种子、种苗产前处理技术，无土栽培技术，节水技术等。研究目标从主要追求高产发展到提高产品质量。研究途径也从单学科、单项技术、微观研究向多学科协作、多技术融合、微中宏观研究结合的方向发展，如开展区域性开发研究、立体农业研究、可持续农业研究等。生物技术、智慧农业技术、自动化农业工程技术等的重大突破、相互融合和转化应用，不断催生新产业新业态新模式，引领和支撑农业产业格局和发展方式发生深刻变革。

2. 启动农业科研机构分类改革，探索科技与经济融合发展模式

1992—1999 年为科技体制进一步深化改革时期，农业科研体系按照"稳住一头，放开一片"的科技体制改革方针及"建立适应社会主义市场经济发展，符合科技自身发展规律和市场运行规律，科技与经济密切结合的新型体制"目标进行建设，调整研究结构和科研方向任务，拓宽研究领域；加强技术开发，促进技术成果商品化和产业化。科技开发工作得到进一步重视，涌现出一批开发型研究所和科技先导型企业，如湖南省蔬菜研究所组建以开发辣椒良种为主的湘研集团，广东省农业科学院畜牧研究所与全国 50 多家饲料工业企业、养殖场形成新型科技经济产业，福建省农业科学院组建集科、工（农）、贸于一体的股份制科技型集团企业——华龙饲料技术开发集团等，使得大批

---

① "稳住一头"是指稳定支持少数重点科研院所和高等学校的科研机构，从事基础性研究、有关国家整体利益和长远利益的应用研究、高技术研究、社会公益性研究和重大科技攻关活动；"放开一片"是指搞活放开技术开发机构、科技服务机构、社会公益机构以及科技型企业，使其按照市场需求进行研究开发、技术服务、技术承包和科技成果商品化、产业化活动。

农业科研单位专业化、规模化产出科技成果产品进入国内外城乡市场。据统计，1985—1995 年农业科研系统成立科技实体 776 个，从业人员 1.59 万人，产值和利润分别达到 12.5 亿元和 0.952 6 亿元。技术性收入 1985 年为 0.23 亿元，1995 年增加到 5.12 亿元，占当年事业费的比例从 15％增加到 50.7％，一定程度上弥补了事业费的不足。

在新一轮改革初期，全国 1 138 个地级以上农业研究所与 5 000 余个其他非农科研单位，分别转制为社会公益类、科技服务类和技术开发类三种类型。部分农业科研单位被整体归入科技服务类和技术开发类，大大精简了农业科研队伍。2002 年 10 月，科技部、财政部和中编办印发《关于农业部等九个部门所属科研机构改革方案的批复》，批准农业部等 9 个部门所属的 107 个科研机构作为第二批公益类科研机构，启动实施改革，并按照组建非营利性科研机构、转制为科技型企业、转为农业事业单位、进入大学四种类型优化科技力量布局和科技资源配置。例如，农业部下属的中国农科院、中国水科院和热作院，将原来 66 个研究所中的 22 个整体转制为企业，11 个转制为事业单位，4 个进入大学，保留下来的 29 个合并为 27 个非营利研究所；改革后的三院核定编制 4 427 人，占原总编制的 21.4％。地方农科院也进行了相应的改革，例如广东省农科院将原来 13 个研究所中的 7 个转制为企业，1 个转为咨询机构，5 个保留为公益性科研机构。

（四）新时代农业科研体系的协同融合发展（2012 年至今）

党的十八大作出了实施创新驱动发展战略的重大决策，党的十九大进一步提出了实施乡村振兴战略，我国农业农村现代化建设已到了加快转变发展方式的新阶段，要实现乡村全面振兴，必须更加依靠科技实现创新驱动、内生增长，必须不断深化农业科技体制机制改革。为此，中央做出系列决策部署，通过改革科技计划体系、增加投入、支持创新联盟建设、扩大科研院所自主权等，强化对农业科研体系建设的引导和支持。新时代农业科研体系的发展特点是：农业科研机构和涉农高校公益性地位不断强化，科研力量更加壮大；新型研发机构等新型创新主体发展成效显著，体系结构组成更加多元化；科研院所、高校、企业等各类创新主体功能定位更加清晰，分工协作更加密切，融合发展不断加深；以问题和需求为导向进行任务部署的理念得到强化，协同创新机制不断完善并广泛实施，体系整体效能显著提升。

1. 农业科技基础性地位更加明确，农业科研机构和涉农高校不断发展壮大

2012 年中央 1 号文件明确了农业科技的公共性、基础性、社会性地位。农业科研的基础性定位决定了要加强对公立农业科研机构和农林院校的稳定支持。截至 2017 年底，全国地市级以上（含地市级）农业部门所属全民所有制独立研究与开发机构共有 1 035 个，其中部属 71 个、省属 437 个、地市属 527 个，分别占科研机构总数的 6.86％、42.22％、50.92％。种植业、畜牧业、渔业、农垦、农机科研机构分别占科研机构总数的 64.54％、12.75％、9.4％、4.35％、8.89％。全国农业科研机构职工及从事科技活动人员分别为 8.54 万人和 6.9 万人。其中，中央级机构职工占 14.30％、省级机构职工占 51.10％；具有大专及以上学历人员 5.99 万人，占从事科技活动总人数的 86.81％；具有中高级职称人员 4.61 万人，占从事科技活动总人数的 66.81％；种植业科研机构职工最多，占从业人员总数的 66.86%。根据《2018 年高等学校科技统计资料汇编》，截至 2017 年底，我国共有农林类大学 92 所，教学与科研人员 53 211 人，其中，科学家与工程师 51 326 人，高级职称 23 527 人，占 44.2%。据全国农业职业教育教学指导委员会统计，截至 2018 年底，全国共有农业、涉农职业院校 3 184 所，多为公办全日制。

2. 农业科研机构的学科结构不断优化，新型创新主体大量涌现

随着全球新一轮科技革命和产业变革蓄势待发，信息技术、生物技术、新材料技术、新能源技术等广泛渗透到农业农村各领域，农业学科交叉融合、整合提升不断加快，不断涌现新业态、形成新需求、凝练新学科，促使农业科研机构的学科结构不断优化、日趋合理，突出表现在：农产品现代加工、营养与健康、绿色生态农业、智慧农业学科从无到有、逐步完善、日趋强化，直至成为当前农业科研的优先学科、前沿领域和重点任务；智能农机装备、生物基因组学、农业监测预警、农业数据获取与虚拟技术等新兴交叉学科如雨后春笋，成为引领农业产业转型升级，推进农业高质量发展的新引擎；进入新时代，人民美好生活需求对现代农业提出了更高要求，催生了"互联网＋农业"、创意农业、社区农业、城市旅游观光休闲农业等促进一二三产业深度融合的新学科，带动了农村康养服务、农村文化创意等新型农业生产经营形态发展，进一步优化了农业资源、要素结构和利用方式，拓展了农业农村产业发展的服务功能边界。

这一时期，各地各部门解放思想、大胆探索，不拘泥于单纯发展公立科研机构，支持创建一批政府搭台、多元投资、市场运维的新型研发机构或协同创新组织，实现了科技创新、成果转化与产业孵化上下贯通，培育壮大了一大批龙头企业，有效支撑了地方经济发展。例如国家农业科技创新联盟通过发挥机制优势，探索出一条以组织架构、目标任务、权利义务"实体化"的协同创新模式。如棉花产业联盟在新疆昌吉注册成立了联盟实体化运行平台机构——新疆联盟优棉科技技术服务有限公司，通过集聚棉花生产、加工、流通等全产业链优势核心单位，形成生产链"种—水—肥—药—械"一体化和产业链"科研生产—加工流通—纺织服装"一体化的"双链驱动"产业发展新模式。再如渔业装备联盟成立产业实体——梅山玻璃钢船舶设计研究院，以技术为先导，从设计入手，整合玻璃钢产业链，以玻璃钢船舶设计、工艺、装备及标准化研究工作为核心，按照出资比例，风险共担、利益共享，实现了玻璃钢船舶产业从基础研究到产业应用推广中各环节衔接，有效发挥了联盟"集团军式"作战优势。

据《全国企业创新调查年鉴 2017》数据显示，2016 年开展创新活动的企业数为 28.4 万家，占全部企业的 39.1%；其中，实现创新的企业为 26.2 万家，占全部企业的 36.1%；同时实现四种创新（产品创新、工艺创新、组织创新、营销创新）的企业达 5.7 万家，占全部企业的 7.9%。第三次全国农业普查数据显示，2016 年末全国农业经营单位达 204 万个，比 2006 年增长 417.4%；以农业生产经营或服务为主的农民专业合作社达 91 万个。

3. 农业科技资源配置多样化发展，企业技术创新主体地位持续加强

2012 年中央 1 号文件要求，发挥政府在农业科技投入中的主导作用，建立农业科技投入稳定增长的长效机制的同时，发展多元化农业农村金融机构，鼓励民间资本进入农业农村创新创业领域，标志着农业科技资源配置进入建立多元化投资渠道的新时代，不仅为基础研究、高技术研究和重大攻关提供充足财政保障，而且有助于在竞争性领域逐步推动形成以企业为核心，科研机构、高校、中介服务机构和政府相互联动的创新网络。

这一时期，我国企业技术创新能力不断增强，企业在创新投入、活动和产出等方面有了很大提高。2012 年，中共中央、国务院印发的《关于深化科技体制改革　加快国家创新体系建设的意见》指出："充分发挥企业在技术创新决策、研发投入、科研组织和成果转化中的主体作用。"2013 年，国务院办公厅发布《关于强化企业技术创新主体地位　全面提升企业创新能力的意见》。至此，企业技术创新主体地位已基本确立。党的十八届三中全会提出，要"建立产学研协同创新机制，强化企业在技术创新中的主体地位，发挥大型企业创新骨干作用，激发中小企业创新活力，推进应用型技术研发机构市场化、企业化改革"。2014 年 8 月 18 日，习近平总书记在主持召开中央财经领导小组第七次会议时，再次强调"坚持企业在创新中的主体地位"。可以说，建立以企业为技术创新主体的国家创新体系，已成为深化科技体制改革和实施创新驱动发展战略的突破口和重大举措。

经过多年持续不断的努力，我国企业创新主体建设取得一定成绩。从投入来看，国内企业科技经费投入持续加强。根据科技部发布的全国科技经费投入统计公报，2011年企业投入 R&D 经费占全国 R&D 经费总额的 73.91%；2017 年企业 R&D 经费支出13 660.2亿元，占企业、公立研究机构、高等学校总经费支出的 77.6%。

从产出来看，国内企业创新主体地位进一步巩固。据科技部《农业科技成果转化资金项目》研究统计，2009—2017 年，我国共有涉农科技型企业 3 326 家，其中科研院所转制型企业 142 家，外商投资企业 23 家，私营企业 1 854 家，国有企业 512 家，港澳台投资企业 22 家；每家涉农科技型企业平均拥有职工数 306 人，其中本科及以上员工 79人，R&D 人员 41 人；年均利润 7 282 万元，专利均值为 3，新产品销售年均收入 6 640万元。在社会效益方面，这些涉农科技型企业平均带动就业人数 566 人，实现农民增收5 470 元。

从投入和产出的概览数据来看，我国科技资源配置中企业缺位的严重问题有了显著改善，我国企业作为技术创新的主体地位正在快速形成。但我国企业创新主体建设的成效，目前还主要体现在互联网、电子通信、集成电路与生物医药等高新技术产业中，而农业企业的科技创新仍然乏力，农业企业创新主体建设仍需加强。根据《中国农业农村科技发展报告（2012—2017 年）》，截至 2017 年，我国上市公司共 3 034 家企业，涉农类（不包含茶类）企业 121 家，占比约 4%。在农业上市公司中，食品制造业占涉农类上市公司的 31%，食品加工业占比 31%，这表明我国农业产业化龙头企业主要分布在食品行业。另外，农业种植业占比 13%，仅次于食品制造业与食品加工业，主要集中在粮食、油料等作物；畜牧养殖业占比 12%，渔业养殖业占比 8%，林业种植业占比3%，其他 2% 为相关服务业。

二、农业技术推广体系

我国实行国家农业技术推广机构与农业科研单位、有关学校、农民专业合作社、涉农企业、群众性科技组织、农民技术员等相结合的农业技术推广体系。农业技术推广体系是加快农业科技成果转化和推进农业科技进步的重要力量，是实施乡村振兴战略的重要支撑。长期以来，各级农技推广机构和农技人员认真履行先进实用技术推广、动植物疫病及农业灾害的监测预报和防控、党的"三农"政策宣传落实等各项职责，有力保障了国家粮食安全和重要农产品有效供给，为农业农村持续稳定发展作出了重大历史贡献。新中国成立以来，随着农村经营制度的变化和农村改革的深化，农业技术推广体系经历了初步形成、调整充实、快速发展、多元兴起和融合发展五个阶段。

（一）初步形成阶段（1949—1960 年）

新中国成立后，农业发展的中心任务是尽快提高粮食产量，解决人民的温饱问题。针对这一时期恢复发展农业生产对优良品种和科学种植技术普及推广的迫切需求，党和政府开始探索组建农业技术推广体系。

1. 设立农技推广机构，初步构建技术推广网络

1951 年，国家首先在东北、华北地区试办农业技术推广站，主要任务是发掘、改良、推广传统作物品种和总结推广农民生产经验。1951 年 12 月《中共中央关于互助合作的决议（草案）》指出："每个县至少有一个至两个农事试验性质的国营农场，一方面用改进农业技术和使用新式农具这种现代化农场的优越性的范例教育全体农民；另一方面按可能的条件，给农业互助和农业合作社以技术上的援助和指导。"1953 年，农业部颁布《农业技术推广方案（草案）》，要求各级政府设立专业机构，配备专职人员，逐步建立以农场为中心，互助组为基础，劳模和技术人员为骨干的技术推广网络。当时，全国有 2 170 个农事试验性质的农场，发挥了示范带头作用。1955 年，中央政府进一步指出，在加强集体化的同时，各地都应建立乡村农技推广机构，并规定了农技推广机构的职能。1956 年，农业部发出《关于建立畜牧兽医工作站的通知》，对畜牧兽医工作站的编制和干部配备等作了相应的规定，增建了一批县级畜牧兽医站。

20 世纪 50 年代末，初步形成了以技术推广、植物保护和良种繁育为主要功能的中央、省、县、乡四级农业技术推广体系。到 1957 年，全国共建立农业技术推广站13 669 个，有农业技术人员 9.5 万人，除边远山区外，基本做到了一区一站；畜牧兽医工作站发展到 3 700 个，技术人员约 2 万人。同时各地还培训了大批农民技术骨干，建立了一批农民科技组织，农业技术推广体系初具规模。

2. 总结群众高产经验，推广普及良种良法

这一时期的农业技术推广工作，重点是总结群众高产经验，筛选优良品种，推广普及种植、养殖方法，积肥造肥改田培土等。1950 年 2 月，农业部制定了《五年良种普及计划》，陆续推广了一批优良品种，如老来青（水稻）、平原 50（小麦）、金皇后（玉米）、岱字棉（棉花）、胜利油菜等。1957 年，全国良种推广面积达到 12.2 亿亩，比 1952 年扩大 10 倍，良种普及率达到 52%。新中国成立初期，我国农作物以单作为主，南方有相当部分冬闲田，自 20 世纪 50 年代起进行了耕作制度改革，在南方推广水稻单季稻改双季稻、间作稻改连作稻，随着水利设施的改善，冬闲田或冬水田为冬季小麦、绿肥、油菜等作物，大大提高了农作物复种指数。

（二）调整充实阶段（1960—1978 年）

随着农业集体化的发展和人民公社的普遍建立，农业生产经营主体由分散农户转变为生产队和生产大队等集体生产组织，农业技术推广体系也随着形势的变化进行了调整和充实。

1. 充实县级农技推广机构，发展专业技术站

1961 年 12 月，农业部在全国农业工作会议上提出了整顿"三站"（农技站、种子站、畜牧兽医站）的意见，在县级建立、恢复农技推广站。1962 年底，农业部下发了《关于充实农技推广站、加强农技推广工作的指示》，对农技站的任务、人员配备、生活待遇、奖励制度等再次作出明确规定。此后，各地对农技推广站进行了整顿、充实和加强，不少县还发展形成了植保站、土肥站、种子站、畜牧兽医站等专业技术站，县站在指导和管理公社农技站、推广农业科研成果、培训乡村干部、开展农情监测等方面发挥了重要作用。1965 年，全国农业技术推广站发展到 14 460 个，职工 76 560 人；1967 年，全国有畜牧兽医站 42 186 个，专业兽医 202 300 人。

2. 创建四级农科网，健全农技推广体系

改革开放之前，广大农民仍然坚持农业生产，迫切需要技术指导。为了解决农业生产中的技术问题，有的地方探索成立了一些科技组织。1969 年，湖南省华容县创建了"四级农业科学实验网"，即县办农科所、公社办农科站、大队办农科队、小队办实验小组。1974 年 10 月，农林部和中国科学院在华容县召开全国四级农业科学实验网经验交流会。这次会议拟定了《关于建立健全四级农业科学实验网的意见》，大大推动了四级农科网建设。到 1975 年，全国有 1 140 个县建立了农业科学研究所，26 872 个公社建立了农业科学实验站，332 223 个大队建立了实验小组，四级农科队伍达到 1 100 万人，对农业技术推广体系建设和农技推广工作起到了很大的促进作用。

3. 推广高产品种技术，服务农业生产发展

为促进农业特别是粮食生产发展，各地积极开展优良品种和高产栽培技术推广。20 世纪 60 年代，大面积推广应用小麦、水稻矮秆品种，使我国的小麦、水稻产量迈上了新台阶。20 世纪 70 年代，杂交水稻选育成功并开始在全国大范围推广；杂交玉米大面积推广，占到玉米种植面积的 80% 左右，杂交品种在生产中发挥了显著的增产作用。此外，金花 1 号（小麦）、中单 2 号（玉米）、徐州 209（棉花）等一批优良新品种也得到推广应用。育苗（秧）、密植、水旱轮作、化肥农药施用等技术的应用，改进了农作物栽培技术，促进了农业生产发展。

（三）快速发展阶段（1978—2000 年）

1978 年党的十一届三中全会以后，随着农村家庭承包经营体制的实行和农业农村经济的发展，我国的农业技术推广体系进入快速发展阶段。

1. 完善县级农技推广机构，充实加强技术力量

1982 年中央 1 号文件提出"要恢复和健全各级农业技术推广机构，充实加强技术力量。重点办好县一级推广机构，逐步把技术推广、植保、土肥等农业技术机构结合起来，实行统一领导，分工协作，使各项技术能够综合应用于生产"。随后，中央、省、地市相继建立了农业技术推广机构。从 1979 年开始，各地大力加强县级农业技术推广中心建设，1979—1998 年，通过专项投资、商品粮基地建设、商品棉基地建设和扶贫投资等渠道，中央和地方各级财政累计投入 14 亿元，建立和完善县级农业技术推广中心近 2 000 个。

2. 推进"三定"工作落实，强化乡镇推广机构建设

20 世纪 90 年代，在巩固强化县级农技推广中心的基础上，突出加强乡镇农技推广机构建设。1991 年国务院 59 号文件强调指出："把乡级技术推广机构定为国家在基层的事业单位，其编制员额和所需经费，由各省、自治区、直辖市根据需要和财力自行解决。"1996 年中央 2 号文件提出："各级政府都要增加农业技术推广的经费，并对乡镇农业技术推广的定性、定员、定编和经费保障等情况进行一次全面检查。"各地认真落实中央精神，积极加强乡镇农技推广机构建设。

3. 强化政策法律保障，支撑农技推广体系持续发展

1993 年 7 月，《中华人民共和国农业技术推广法》颁布实施，对推广工作的原则、推广体系的职责、推广工作的规范和国家对推广工作的保障机制等重大问题作出了原则规定，标志着我国农技推广事业开始走上法制轨道。1999 年，印发了《国务院办公厅转发农业部等部门关于稳定基层农业技术推广体系意见的通知》，该通知对在各级机构改革中稳定农技推广体系具有重要指导意义。2000 年，《中共中央、国务院关于做好 2000 年农业和农村工作的意见》指出，县乡两级农业技术推广机构是农技推广的基本力量，要在继续做好定性、定编、定员的基础上，增加推广经费，改善工作条件，提高人员素质，充分发挥他们的作用。

到 2000 年底，全国省、地、县、乡四级农技推广机构达到 21.4 万个，实有农技人员达到 126.7 万人，其中乡镇农技推广机构 18.7 万个，实有农技人员 88 万人，达到我国历史上农技推广机构队伍数量的最高峰，同时在村一级设立农民技术员和科技示范户，形成了"五级一员一户"的农技推广体系。

4. 实施重大项目，大力推广先进适用技术

我国先后开始实施"丰收计划""国家科技成果重点推广计划""温饱工程""沃土工程""种子工程""植保工程"等一系列重大项目，发挥了很好的项目纽带作用和支撑引领带动作用，促进了农业技术推广工作。如"丰收计划"，从 1987—2000 年共推广先进适用技术 257 类、1 000 多项次，水稻旱育秧和抛秧、小麦统一供种和精量半精量播种、玉米地膜覆盖、棉花泡沫酸脱绒包衣、节水和旱作农业、病虫害综合防治等重大技术得到广泛推广应用。

（四）多元兴起阶段（2000—2012 年）

进入 21 世纪，随着市场经济发展、农业产业结构调整和经济发展方式转变，农民的科技需求呈现出明显的多样化趋势，迫切需要进一步增强农技推广服务供给，丰富服务内容，拓宽服务范围。

1. 开展基层农技推广体系改革，构建新型农技推广体系

2001 年，国务院《农业科技发展纲要（2001—2010 年）》提出，积极稳妥地推进农业推广体系改革，大力调动农民、企业等社会力量参与农业技术推广工作，逐步形成国家扶持和市场引导相结合、有偿服务与无偿服务相结合的新型农技推广体系。2003 年，农业部会同中编办、科技部和财政部等四部办联合在 12 个省市开展基层农技推广体系改革试点工作，在农技推广体制改革、机制创新方面取得了重要成果。

2. 发展多元推广主体，增强农技推广社会化服务能力

2004—2010 年连续 7 个中央 1 号文件都对健全农业社会化服务体系做出部署，有力推动了多元推广主体发展。2008 年 10 月，党的十七届三中全会提出："加快构建以公共服务机构为依托、合作经济组织为基础、龙头企业为骨干、其他社会力量为补充，公益性服务和经营性服务相结合、专项服务和综合服务相协调的新型农业社会化服务体系。"农业科研教学单位通过与地方政府或农村合作经济组织合作，开展成果转让、技术承包、技术开发、科技示范和培训等农技推广活动。农民合作社在 2006 年《农民专业合作社法》公布施行后得到快速发展，到 2011 年达到 52.2 万家，在自身从事生产的同时，为农民提供农业产前、产中、产后技术和信息服务。供销合作社、涉农企业、专业服务组织、专业技术协会等社会力量在为农民提供良种统供、病虫统防、农业生产资料统一配送、农业生产耕种收机械作业等中开展相关技术服务。

通过这一阶段的探索和实践，初步建立了以国家农技推广机构为主导，农业科研院校、社会化服务组织等广泛参与的"一主多元"农业技术推广体系。到 2011 年底，全国农业系统共设有推广机构 9.9 万个，编制内农技人员 69 万人。其中，县级推广机构 2.2 万个，农技人员 25.4 万人；乡级推广机构 7.3 万个，农技人员 37.2 万人。

（五）融合发展阶段（2012 年至今）

党的十八大以来，我国进入全面建成小康社会的决胜阶段，加快农业农村现代化，补齐农业发展短板需要进一步强化科技支撑，对农业技术推广体系提出了新的更高要求。党中央、国务院做出一系列重大决策部署，推动形成"一主多元"融合发展的农业技术推广新格局。

1. 落实"一个衔接、两个覆盖"政策，修订农技推广法

2012 年中央 1 号文件强调要强化基层公益性农技推广服务，实施"一个衔接、两个覆盖"政策，实现基层在岗农技人员与同级别事业单位人员工资收入平均水平相衔接，基层农业技术推广体系改革与建设示范县项目基本覆盖农业县（市、区、场），农业技术推广机构条件建设项目覆盖全部乡镇。2013 年，新修订的《中华人民共和国农业技术推广法》正式实施，进一步增强了农技推广的法律保障。国家实施了乡镇农技推广机构条件建设项目，累计投入 58.4 亿元，改善了 3 万个乡镇推广机构的服务条件。从 2012 年起，农技推广补助项目每年投入 26 亿元，用于基层农技推广机构开展试验示范、人员能力提升和创新服务机制，打造科技示范服务平台，推广绿色优质高效技术。

2. 促进产学研用一体化，推动农技推广体系改革创新

2017 年中央 1 号文件提出，鼓励地方建立农科教产学研一体化农业技术推广联盟。同年，农业部办公厅印发《关于开展基层农技推广体系改革创新试点的通知》，在全国 13 个省份的 36 个县（市、区）重点围绕建立农技推广增值服务机制，促进公益性农技推广机构和经营性服务组织融合发展。2018 年中央 1 号文件提出，探索公益性和经营性农技推广融合发展机制。各地认真贯彻中央精神，积极探索多元推广主体融合发展机制，推动国家农技推广机构与经营性服务组织联合开展农技推广工作。

3. 实施农业重大技术协同推广计划，培优培强优势特色产业

2018 年，农业农村部在内蒙古、吉林、江苏等 8 个省份组织开展农业重大技术协同推广试点工作，以农业优势特色产业为主线，以重大农业技术推广任务为牵引，引导农技推广机构、科研教学单位、新型农业经营主体、经营性服务组织等合理分工、高效协作，构建上下贯通、左右衔接、优势互补的农技推广协同服务新机制，在加快推广农业绿色优质高效技术，培优培强农业优势特色产业方面取得了显著成效。

截至目前，全国共有农技推广机构 7.49 万个，其中基层农林推广机构 7.23 万个（县级 1.82 万个、乡镇 5.41 万个），编制内人员 51.2 万人，实有人才才 54.14 万人，67.5％具有大专及以上学历，75.24％具有初级及以上技术职称。新型经营主体迅速发展，农民专业合作社超过 210 万家。国家农技推广机构与农业科研教学单位、农民合作社、涉农企业等多元化主体之间初步建立起协同发展的机制，农业技术推广体系日益健全完善，农技推广公共服务能力明显增强。

三、农民教育培训体系

农民教育培训体系是由从事或参与农民教育培训工作的有关机构或单位，相互联系、相互协作而构成的整体。农民教育培训体系主要由农业系统、教育系统中的农民教育培训机构组成，并吸纳有关社会和市场力量参与。从新中国成立初始的初步探索，到改革开放之后的蓬勃发展，再到进入新时代的丰富完善，我国农民教育培训体系在普及科技知识、提高农民综合素质、促进农业农村经济发展中发挥了重要的作用。

（一）新中国成立以来的探索与实践（1949—1978 年）

新中国成立初期至改革开放前，我国农村经济落后，快速恢复发展农村经济，迫切需要提高农民科技水平。这一时期我国农民教育培训体系尚未形成，农民教育培训工作主要以学文化、学政治、学技术为目的，依托农民业余学校、识字运动委员会、干部学校、"五七大学"等，组织开展农民业余教育、农村干部教育、"半农半读"和"社来社去"等教育培训，虽然"文革"期间有所停顿，但是从总体看这些活动在推动当时农业农村经济发展中起到了积极作用，为后来形成农民教育培训体系奠定了实践基础。

1. 培训主要目的是提高农民文化和技术水平

1949 年 12 月，教育部发出《关于开展一九四九年冬学工作的指示》，提出要在普及识字运动的基础上，从识字教育和基本政治文化科学教育提高到较高的科学技术教育和政治教育。1950 年，教育部发出《关于开展农民业余教育的指示》，规定农民业余教育一般应以识字学文化为主，并配合进行时事政策教育和生产、卫生教育。1956 年，全国农民扫盲入学人数达到 6 200 多万人，占全国 14 岁以上青壮年农民总数的 30%。1962 年教育部发布《关于农村业余教育工作的通知》，要求举办各级业余技术学校，针对一般农民开展农业科学知识培训，传授生产技术和操作技能。"文革"期间，农业大学以及涉农学科的教师，奔赴农村举办了各类技术培训班。各地举办了"五七大学"，主要招收回乡、下乡知识青年和有经验的农民为学员，到 1976 年全国共举办县级"五七大学" 7 447 所，在校生达 281 449 人。

2. 培训主要目标是培养农村干部

1951 年 9 月，农业部召开全国农业工作会议提出："当前县以下基层干部大多是工农出身，他们有丰富的工作经验和密切联系群众的优点，但是缺乏文化和科学知识，必须十分重视对他们的教育与培养，应该利用农闲期间大量轮训，争取 2～3 年内轮训一遍。"1953 年，农业部、农垦部在北京建立干部学校，之后大部分省区也先后建立起干部学校，为培养农村干部做出了积极贡献。1954 年 4 月，农业部发出《关于训练农业合作社干部的通知》。1956 年，教育部和农业部联合发出通知，要求选拔出 200 所初级中学改为农业合作社干部学校，以迅速培养合作化所需要的干部。1955 年，各地已建立起农业合作社干部学校 140 余所。1957 年初，全国训练农业生产合作社主要干部达 10 余万人，通过短期训练班培训合作社积极分子约数百万人。

3. 培训主要手段是"半农半读"和"社来社去"

1958 年，国家提出试办"半农半读"教育，把学校搬到农村去，半天劳动、半天读书，半年劳动、半年读书，对农民中的青壮年开展文化、政治和技术教育。1965 年北京农业大学等 7 所院校开始试办"半农半读"。北京农业大学在涿县建立北农大试验场，组织师生边进行田间劳动和实验，边学习专业知识。1965 年农业部召开全国高、中等农业教育会议，明确现有高、中等农业院校进行"半农半读""社来社去"教学改革。"半农半读""社来社去"是在适应当时社会经济发展和农民需要的基础上产生的，对于培养农业人才起到了积极的推动作用。1966 年，全国农业院校中实行半农半读的有 28 所，占 84.8%；在校生 40 983 人中半农半读学生达 11 184 人，占 27.3%。各地采取的"半农半读"等培训方式，注重将人才培养与农业生产相结合，为此后形成中国特色农民教育培训道路进行了有益的探索实践。

（二）改革开放以后的发展与完善（1978—2012 年）

1978 年党的十一届三中全会以后，农村实行家庭联产承包责任制，极大地调动了农民学科学、用科学的积极性。改革开放初期，由于教育资源相对匮乏，农民素质整体偏低，国家建立了各级农业广播电视学校（以下简称"农广校"），由此初步形成了农民教育培训体系，通过体系面向广大农民群众先后开展了广谱性培训、系统性培训，有效促进了农业科技成果推广应用、农民综合素质提升和农业农村经济迅速恢复发展。

1. 构建并完善农民教育培训体系

20 世纪 80 年代初期，我国逐步建立了以农广校、成人文化技术学校等机构为骨干的农民教育培训体系。这些机构积极承担国家实施的一系列农民培训项目，对农民主要开展普及性农业实用技术培训，取得明显成效。

农广校的建立强化。1980 年 12 月国家农委等 10 个部门联合组建了中央农业广播学校，通过广播等远程手段开展教学。1983 年 8 月，教育部正式批准农广校面向农民开展中专学历教育，满足农民提升学习层次的需求。1987 年 2 月，中央农业广播学校更名为中央农业广播电视学校，增加利用电视卫星频道播出教学节目，实现了文字教材、广播和电视多种媒体开展农民教育培训。1993 年，全国农广校系统取得中专办学权真正"入位"的单位有 2 686 个，包括中央农广校、36 所省级农广校、351 所地级分校和 2 298 所县级分校。同时，按照依靠地方、服务地方、分级办学、分级管理的原则，省级农广校独立设置、独立办学，更好地促进了地方农广校结合实际开展农民教育培训。1999 年 12 月，农业部同意中央农广校加挂农业部农民科技教育培训中心牌子。自此，农广校农民教育培训专门机构主体开始确立。截至 2012 年，各级农广校累计开展中等职业教育招生超过 455 万人，与农业高校、农职院校联合办学招生 69 万人，开展绿色证书培训 1 193 万人，获证人数 853 万人，举办农业实用技术培训 3 亿人次，成为农业农村人才培养的主要力量。

成人文化技术学校的分化发展。根据 1979 年全国农民教育工作会议精神，扫盲学校、农民业余文化学校、农民夜校逐步改名为农民技术学校和农民初等学校。截至1998 年，全国农民技术培训学校发展至 45.59 万所，其中县办农民技术学校 1 645 所，毕（结）业生 74.46 万人；乡镇成人学校 4.28 万所，毕（结）业生 2 712.50 万人；村办农民文化技术学校 41.05 万所，毕（结）业生 5 414.91 万人。进入 21 世纪，由于在学校建制、编制、经费、办学方向等方面缺乏指导和政策支持，成人文化技术学校发展出现分化萎缩。2007 年，全国乡镇成人学校约 2 万所，培训规模 2 109 万人次，与高峰期相比办学规模减少约一半，培训规模大幅度下降。

2. 注重广谱性科技培训

改革开放至 20 世纪 90 年代末，为了推进农业科技成果推广应用，国家先后启动了"星火计划"（1985 年）、"丰收计划"（1987 年）、"燎原计划"（1988 年）、"青年星火带头人"活动和农业科技"点播入户""绿色证书"培训、农业科技入户示范工程等技术培训项目，主要面向广大农民群众开展农业实用技术培训。

"星火计划"是中国政府批准实施的第一个依靠科学技术促进农村经济发展的计划，通过抓一批短平快科技培训，促进农村经济振兴。"丰收计划"是农牧渔业部和财政部共同组织，通过先进技术大面积大范围推广，实现农牧渔业增产增收。"燎原计划"与"星火计划"和"丰收计划"相配套，与农业、科技部门相配合，积极开展与地方经济发展紧密结合的实用技术培训和技能教育（培训）。"绿色证书"培训是对具有初中毕业以上文化程度的村干部、专业户、科技示范户和一些技术性较强岗位的从业农民，开展岗位专业知识和技能培训并颁发相应的从业资格凭证。"农业科技入户示范工程"以优势农产品和优势产区为重点，通过"科技人员直接到户、良种良法直接到田、技术要领直接到人"的模式，培养一批观念新、技术强、留得住的科技示范户。

3. 开展系统性教育培训

20 世纪 90 年代末至 21 世纪初，为了提高农民科技文化水平、经营管理能力等综合素质，培养一批农业农村建设实用人才，国家先后启动实施"新型农民科技培训工程"、农村实用人才培养"百万中专生计划""农村劳动力转移培训阳光工程"等，注重农民综合素质提升。

"新型农民科技培训工程"以村为基本实施单元，按照"围绕主导产业、培训专业农民、进村办班指导、发展'一村一品'"的要求，对农民开展生产技术、经营管理等综合性培训。2005 年，农业部组织实施农村实用人才培养"百万中专生计划"，为农村培养 100 万名具有中专学历的农村实用型人才，2006—2014 年全国各级农广校累计招收学员 106.9 万人，毕业学员 72.1 万人。"农村劳动力转移培训阳光工程"以"政府推动、学校主办、部门监管、农民受益"为原则，以市场需求为导向，通过开展定单培训、定性培养、定向输出，努力提高农村劳动力转岗就业率，加快农村劳动力转移，促进农民增收，后期国家适时调整阳光工程，以就近就地转移为主，吸引农村劳动力有序回乡创业，在提高农民科技水平的同时，也提高了农民创业就业能力。

（三）进入新时代的转型与提升（2012 年至今）

党的十八大提出走中国特色农业现代化道路。面对我国农村劳动力变化趋势和加快发展现代农业的迫切要求，自 2012 年以来连续 8 个中央 1 号文件都强调要培育新型职业农民。党的十九大提出实施乡村振兴战略，并对培育新型职业农民、强化乡村振兴人才支撑提出明确要求。根据党和国家的部署要求，2014 年农业部和财政部共同实施新型职业农民培育工程，农民教育培训工作在前期开展广谱性培训、系统性培养的基础上，转向以大力培育新型职业农民、构建职业农民队伍为主。

～～～／ **专栏 2 - 3** ／～～～

新型职业农民培育工程

由农业部和财政部于 2014 年开始联合实施，主要对新型农业经营主体负责人等重点群体开展示范培训，加快构建新型职业农民队伍，为现代农业发展提供人才支撑。经过几年发展，工程在四个方面实现了创新。一是培育制度创新。总结形成教育培训、规范管理、政策扶持"三位一体"培育环节，生产经营型、专业技能型、社会服务型"三类协同"培育对象，初级、中级、高级"三级贯通"证书等级的新型职业农民培育制度框架。二是培育机制创新。围绕当地产业发展摸清需求，根据需求定任务，遴选培育对象。建立档案实行全过程培养，记录培育对象教育培训情况，开展全产业链培养和后续跟踪服务。对符合条件者进行统一认定。加强认定后职业农民的管理和知识更新，鼓励地方制定相应的配套扶持政策。三是培育模式创新。根据农业生产周期和农时季节分段安排课程，明确培育目标，注重分类指导和实践技能操作，推行送教下乡等培养模式。四是培育内容创新。区分培育对象，对生产经营型、专业技能型和专业服务型分类分产业开展培训。课程设置适应农民特点和学习规律，教学实践活动形式多样。2014—2017年，中央财政和地方各级财政向累计新型职业农民培育工程投入分别达 50.9 亿元和 15.8 亿元，共培育 1 500 万新型职业农民。

1. 形成了"一主多元"的教育培训体系

2013 年农业部提出，加快构建以农广校为基础依托的"一主多元"新型职业农民教育培训体系。在新型职业农民培育工作的助推下，各地基本形成政府主导，农业部门牵头，公益性培训机构为主体，市场力量和多方资源共同参与的教育培训体系。

"一主"，是指发挥专门机构开展新型职业农民培育的主体作用。专门机构主要由各级农民科技教育培训中心构成。据农广校统计，截至 2018 年底，全国共有农民科技教育培训中心 1 488 个，其中国家级中心 1 个，省级中心 27 个，地级中心 200 个，县级中心 1 260 个。各级农民科技教育培训中心主要配合农业主管部门，承担有关规划起草、文件制定等配合性工作，承担培育需求调研、对象库建立、学员选派等基础性工作，参与培训组织实施、培训过程管理、效果考核评价等关键性工作，负责受理审核、建档立册、证书发放、信息库管理等事务性工作。

"多元"，即鼓励多方资源承担新型职业农民教育培训任务。多方资源包括各级农广校、农业职业院校、农技推广机构、农业科研院所等。据农广校统计，截至 2018 年底，全国共有省级农广校 36 所，地级农广校 280 所，县级农广校 1 922 所，各级农广校培训新型职业农民 60 万人，培训农村实用人才带头人 1.27 万人，农民职业教育保持 5 万人以上招生规模。截至 2018 年底，全国农业高职院校 40 所，涉农高职院校 190 所，农业中职学校 1 596 所，涉农中职学校 1 358 所，涉及农业领域农、林、牧、渔、服务业五大类别。各级各类农业职业院校充分发挥自身科教资源和专业技术优势，积极参与新型职业农民培育、农民教育培训、农业科技服务等工作。此外，目前全国家庭农场、农民合作社、农业产业化龙头企业等总数超过 300 万家，各地鼓励支持农业产业化龙头企业建立新型职业农民实训基地和创业孵化基地，引导推动农民合作社、家庭农场建立农民田间学校。

2. 构建了"天地人"合一、"点线面"立体的网状体系结构

"天地人"合一，体现为教育培训的手段方式。"点线面"立体，体现为教育培训的组织管理。

应用信息化手段形成新型职业农民培育的"天网"。农业部建立国家农业科教云平台，开发云上智农 APP，建立新型职业农民培育信息管理系统，开展新型职业农民培

育在线学习、在线服务、在线考核、在线管理。

围绕产业建设培育基地形成新型职业农民培育的"地网"。各地优先选择产业集聚度高、新型农业经营主体发育好、学员相对集中的地区分级分类建设培育基地。截至2018年底，新型职业农民培育信息管理系统中登记入库的培育基地总数为1.43万个。

建立师资库形成新型职业农民培育的"人网"。各地组织动员各级各类教育培训机构、科研院所、技术推广单位、行政管理部门以及专业大户、家庭农场、农民合作社、农业企业、农业园区等力量，推荐优秀教师、专家和乡土人才参与新型职业农民培育，并按照省、地、县分级建立新型职业农民培育师资库。截至2018年底，新型职业农民培育信息管理系统中共有8.25万名教师进入师资库。

建设示范基地形成新型职业农民培育的"点"。依托农业园区、产业化龙头企业、农业科研院所建立新型职业农民培育示范基地，在示范基地充分展示高精尖农业新成果、建立模拟创业创新环境、开展农业信息化应用实训，为新型职业农民教育培训、实习实训和创业孵化提供了良好的服务平台。截至2018年底，农业农村部已向社会公布200个全国新型职业农民培育示范基地。

强化决策执行实施形成新型职业农民培育工作的"线"。各级农业农村行政主管部门构成新型职业农民培育工作的决策线。各级农民科技教育培训中心配合行政部门负责培育工作组织实施，构成执行线。各级农广校、农业（涉农）职业院校、农技推广机构和新型职业农民培育基地，承担新型职业农民教育培训任务和跟踪服务，构成培养线。依托新型农业经营主体建立农民田间学校形成新型职业农民培育的"面"。在家庭农场、农民合作社等新型农业经营主体上建立农民田间学校。除了新型职业农民培育信息管理系统中登记的农民田间学校之外，各级农广校也积极发展农民田间学校，截至2018年底共建立16 155个，其中依托农民合作社建立8 644个，依托农业企业建立2 565个，依托家庭农场建立2 451个。农民田间学校作为新型职业农民培育的末梢终端，承担着现场实训功能，并可与培育示范基地进行产业对接、互联互通，在提升新型职业农民实践能力水平方面发挥着重要作用。

3. 探索了"一点两线、四大课堂、全程跟踪服务"的教育培训模式

该模式推进农民教育培训从"培训"向"培育"转变，从"办班"向"育人"转变，从传统培训向现代化、信息化培训转变。

"一点两线"是以农业产业带为立足点，围绕生产技能和经营管理两条线，结合农时季节分段开展教学，内容覆盖从种到收、从生产决策到产品销售全过程知识技能。

"固定课堂"用于开展集中教学，通过在农业科研院所、农业大学、职业院校、农业产业化龙头企业等建立功能完备的新型职业农民集中教学场所，配备现代教学设施设备，提高农民教育培训水平和媒体资源应用能力。"空中课堂"提供伴随式学习，通过广播、电视、网络等远程教育手段，构建跨网络、跨终端多屏应用的资源传播、教育培训服务渠道，搭建农民学习网络平台，实现优质数字教学资源共建共享。"移动课堂"利用"农业科技直通车"到田间地头进行农业科技巡讲，通过流动的农业政策宣传车、农业科技大讲堂和技术服务站，深入村镇送教下乡开展职业技能教育培训、技术指导和服务。"田间课堂"即农民田间学校，通过在农民合作社、农业企业、农业园区中建设农民田间学校，为新型职业农民教育培训提供现场教学和实验实训场所，组织专家和辅导员在农民田间学校开展形式多样的现场教学活动。

"全程跟踪服务"是为学员提供参加教育培训后一个产业生产周期的生产经营指导、技术支持和信息服务，对效果进行跟踪调查，对内容方法进行调整改进。

农民教育培训体系的创新发展，为新型职业农民培育工作提供了有力的体系支撑，有效促进了新型职业农民队伍发展，大幅提升了我国农民综合素质。截至 2017 年底，全国新型职业农民总体规模突破 1 500 万人，为我国现代农业产业发展和乡村全面振兴提供了坚实的人才支撑保障。

◈本 章 参 考 文 献

郭书田，2009. 神农之魂 大地唱歌——中国工业化进程中的当代农业（1949—2009）［M］. 北京：金盾出版社.

黄季焜，胡瑞法，Scott Rozelle，2003. 中国农业科研投资：挑战与展望［M］. 北京：中国财政经济出版社.

教育部职业教育与成人教育司，2011. 新时期我国农村成人教育政策、研究与实践［M］. 北京：高等教育出版社.

李水山，2007. 农村教育史［M］. 南宁：广西教育出版社.

农业部科技教育司，1999. 中国农业教育 50 年回顾与展望［M］. 北京：中国农业出版社.

汪巧红，2008. 论晚清时期我国农业试验与推广［J］. 安徽农业科学（22）：9808 - 9810.

魏露苓，2009. 晚清近代化农事试验场的科研活动探讨［J］. 农业考古（4）：65 - 72.

章楷，1988. 我国近代农业机关的设置和沿革［J］. 古今农业（1）：71 - 76.

张俊飚，赵芝俊，胡瑞法，等，2019. 农业科技创新体系与发展研究［M］. 北京：科学出版社.

第三章 农业科技人才队伍建设与发展

新中国成立以来，国家高度重视农业科技人才队伍建设，出台了一系列政策措施，特别是 1978 年召开全国科学大会，"尊重知识、尊重人才""知识分子是工人阶级的一部分"等著名论断为科技人才成长和科技队伍发展带来了春天。2002 年出台的《2002—2005 年全国人才队伍建设规划纲要》是我国第一个综合性人才队伍建设规划，首次明确提出"实施人才强国战略"，要求加快建设党政人才、企业经营管理人才和专业技术人才三支队伍。2007 年，"人才强国战略"作为发展中国特色社会主义的三大基本战略之一，写入中国共产党党章和党的十七大报告。2010 年，我国第一个中长期人才发展规划纲要《国家中长期人才发展规划纲要（2010—2020 年）》发布，明确要把农业科技人才作为国民经济重点领域急需紧缺人才，把农村实用人才作为六支人才队伍之一，把现代农业人才支撑计划作为十二个重大人才工程之一。党的十八大以来，党中央更加重视农业科技人才队伍建设，2016 年中共中央、国务院先后印发《关于深化人才发展体制机制改革的意见》《国家创新驱动发展战略纲要》以及《促进科技成果转化法若干规定》等多个重要文件，对人才管理、培养、评价、流动和创新创业激励等人才发展体制机制改革提出要求，农业科技人才队伍逐渐发展壮大。

一、农业科研人才队伍

农业科研人才指具备一定的科学理论知识，从事农业农村相关科学研究的科技工作者。农业科研人才是引领和推动我国农业科技自主创新和科技进步的中坚力量，代表农业科技发展方向和核心竞争力，在现代农业发展中起着基础性、战略性、决定性作用。新中国成立以来，农业科研人才队伍建设经历起步建设、改革调整和跨越发展三个时期。

（一）起步建设时期（1949—1978 年）

新中国成立初期，我国农业科技人才队伍规模较小，科学研究基础力量薄弱，解决吃穿问题是当时的首要任务。国家极为重视农业科研人才队伍建设，1949 年 9 月 29 日，中国人民政治协商会议第一届全体会议通过《中国人民政治协商会议共同纲领》，明确要"努力发展自然科学，以服务于工业、农业和国防的建设"，提出了"发展科学的思想以肃清落后的和反动的思想，培养健全的科学人才和国家建设人才""学术研究与实际需要的密切配合，使科学能够真正服务于国家的工业、农业、国防建设、保健和

＊本章审稿人：柯炳生；牵头撰稿人：刘荣志、王海峰；主要执笔人：黄圣男、伍涛。

人民的文化生活"等科技方针，同时制定了包括接收大部分旧有农业科技人员并对其教育改造，组建独立的农业高等院校，培养新一代农业科技人才，争取海外科学家回国效力等系列政策来建设农业科技人才队伍。从南京、上海农林机关接收国民政府留下的农业科研人员 511 人。1950 年重组建设七个大区一级综合性农业科研机构，其中全国各大区农业科学研究所的科研人员达到 679 人；设立了一批部属的农业专业研究机构，部分省、地级政府先后成立了一些综合试验场或农科所。1954 年全国农业科研人员增加到 4 405 人。

随着国家第一个五年计划的提出和全国农业发展远景规划的公布，1956 年农村社会主义改造基本完成后，全国各地掀起了农业技术革命高潮。为适应社会主义经济建设的需要，于 1957 年成立中国农业科学院，同时相应建立了全国性的林业、农垦和水产研究机构。在中共中央和国务院的高度重视和亲切关怀下，中国农业科学院聚集了来自国内外的一大批著名的科学家和农业科技工作者。其中，丁颖、金善宝、陈凤桐、冯泽芳、戴松恩和盛彤笙 6 位科学家被选聘为中国科学院学部委员（院士）。与此同时，国家通过多种合作方式从苏联引进农业技术及人才。据农业部档案资料统计，1949—1960年，农业部机关、农业科研单位、涉农高等院校、农场聘请苏联来华农业方面的专家 221 人，这些专家对制定新中国农业发展规划、调整和新建农业科研教育机构、解决生产科研实际问题、传播农业科技、培养专门人才发挥了重要的作用。据 1956 年统计资料，全国（除西藏自治区和台湾地区缺数据）培养农业科研人员 10 800 名，其中高级研究人员 1 300 名。后因受到政治运动的影响，农业科研人才队伍经历了起落变化。以中国农业科学院为例，1960 年进行了"大精简"，直到 1962 年，在周恩来总理的关怀下，农业科研人才队伍建设才得以恢复和发展。到 1965 年，中国农业科学院的科研人员增加近一倍，达到 3 284 人。"文革"期间遭到严重破坏，院属 33 个科研机构，下放地方 31 个，撤销 1 个，只保留了 1 个研究所，全院职工由 7 000 多人减为 500 多人，1971 年与中国林业科学研究院合并为中国农林科学院。

~~~/ 专栏 3-1 /~~~

丁颖：中国现代稻作科学主要奠基人

丁颖（1888—1964），男，广东高州人，著名农业科学家、教育家、水稻专家，中国现代稻作科学主要奠基人，农业高等教育先驱。1955 年当选为中国科学院学部委员（院士）。历任中山大学农学院和华南农学院院长、教授，中国农业科学院首任院长（1957—1964 年）。曾任民主德国农业科学院和苏联全苏列宁农业科学院通讯院士、捷克斯洛伐克农业科学院荣誉院士。曾当选为第一、第二届全国人民代表大会代表，首届中国科学技术协会副主席，第一、第二届广东省政协副主席。

丁颖从事稻作科学研究、农业教育事业 40 余年，运用生态学观点对中国栽培稻种的起源、演变、分类，稻作区域划分，农家品种系统选育以及栽培技术等进行了较系统的研究；将中国稻作区域划分为 6 个稻作带，并指出温度是决定稻作分布的最主要生态因子指标，在国际上首次将野生稻抗御恶劣环境的种质转育到栽培稻中，育成的"中山1号"水稻品种在生产上应用达半个世纪；选育成水稻优良品种上百个；创立了水稻品种多型性理论，为品种选育、良种繁育和品种提纯复壮工作奠定了理论基础。在国内外发表学术论文140多篇，已由中国农业出版社结集出版《丁颖稻作论文选集》，其中《中国栽培稻种的起源及其演变》《中国水稻品种对光温反应特性的研究》《水稻分蘖、幼穗发育的研究》，获1978年全国科学大会奖。他用毕生精力为我国农业教育和科技事业的发展作出了卓越的贡献，曾被周恩来总理誉为"中国人民优秀的农业科学家"。2009年被授予"新中国成立60周年'三农'模范人物"荣誉称号。

（二）改革调整时期（1978—2012年）

1978年，中共中央十一届三中全会拉开了我国改革开放的帷幕。1978年3月18日，中共中央召开全国科学大会，会议制定了《1978—1985年全国科学技术发展规划纲要》，邓小平在大会上提出了"尊重知识、尊重人才"的著名论断，从此知识分子摘掉了"臭老九"的帽子，科技界迎来了"科学的春天"。经中共中央、国务院批准，中国农林两大中央级农业科研机构各自恢复原建制，陆续收回了下放的研究所，调整充实和新建了一批科研机构，农业科研人才队伍逐渐得以恢复和发展。1985年3月，中共中央发布了《关于科技体制改革的决定》，标志着我国的科技体制改革全面正式启动，力求使科学技术人员的作用得到充分发挥，大大解放科学技术生产力，促进经济和社会的发展。1993年，《中华人民共和国科学技术进步法》颁布，在法律层面确定了科技工作者的社会地位和作用，由此我国科技人才队伍建设步入了法治轨道。2011年，中组部、农业部等五部门编制了《农村实用人才和农业科技人才队伍建设中长期规划（2010—2020年）》，这是新中国成立以来我国第一部农业科技人才战略规划，确立了"政府主导、服务发展、统筹兼顾、因地制宜"的人才发展基本原则，明确了"扩大人才规模、改善人才结构、优化人才环境和发挥人才作用"的人才发展目标，进一步对农业科技人才队伍建设做出了总体部署和具体安排，对深化改革、创新机制提出了系列措施。

这一时期，我国农业科研人才队伍建设逐步进入正轨。以中国农业科学院为例，涌现了一大批优秀人才，成为中国科学院院士、中国工程院院士、人事部中青年专家等。1980年，邱式邦、李竞雄、徐冠仁、鲍文奎、朱祖祥当选为中国科学院学部委员（院士）；1984年，潘才暹、石德权、闵绍楷、徐振东被人事部批准为有突出贡献的中青年专家。"七五"期间，方智远等10人荣获国家级专家称号，12人被农业部批准为有突出贡献的中青年专家，16位专家获国务院政府特殊津贴。"八五"之初，中国农业科学院颁布了《关于加强我院科技队伍建设的意见》，制定了"依靠中年科技骨干，继续发挥老专家的作用，大胆任用、大力培养青年优秀科技人才"的人才工作方略。中国农业科学院庄巧生当选为中国科学院学部委员（院士）、李博当选为中国科学院院士；卢良恕、刘更另、李光博、沈荣显、方智远当选为中国工程院院士。人才队伍建设推动科技创新取得了一系列重要成果。1979—2004 年农业领域共取得部级以上重大科技成果 9 000 多项，其中国家级奖励 1 316 项（国家自然科学奖 43 项、技术发明奖 242 项、科学技术进步奖 1 031 项）。1988—2004 年获得农牧渔业丰收奖 3 334 项。1996—2004 年，获得国家级奖励 365 项，其中国家自然科学奖 16 项、技术发明奖 46 项、科学技术进步奖 303 项。2003 年，全国农业科研机构共申请专利 650 项，授权 262 项；发表科技论文近 17 万篇（其中国外发表 529 篇），出版专著 556 部。截至 2004 年底，我国共受理植物新品种权申请 2 046 件，其中农业科研单位申请 1 094 件，占 53.5%，授权占 59.2%。

~~~~/ 专栏 3-2 /~~~~

农业领域国家最高科学技术奖获得者

袁隆平（1930 年 9 月—），江西省九江市德安县人，毕业于西南农学院（现西南大学），1995 年当选为中国工程院院士，1999 年中国科学院北京天文台施密特 CCD 小行星项目组发现的一颗小行星被命名为袁隆平星，2000 年度获得国家最高科学技术奖，2006 年 4 月当选美国国家科学院外籍院士。袁隆平是杂交水稻研究领域的开创者和带头人，是中国杂交水稻育种专家，先后成功研发出"三系法"杂交水稻、"两系法"杂交水稻、超级杂交稻一期、二期及三期，提出并实施"种三产四丰产工程"，被誉为"世界杂交水稻之父"。2018 年获得"未来科学大奖"生命科学奖，被党中央、国务院授予"改革先锋"称号。

李振声（1931 年 2 月—），山东淄博人。1951 年毕业于山东农学院（现山东农业大学）农学系。著名小麦遗传育种学家，中国小麦远缘杂交育种奠基人，有"当代后稷"和"中国小麦远缘杂交之父"之称。李振声主要从事小麦遗传与远缘杂交育种研究，系统研究了小麦与偃麦草远缘杂交并育成了"小偃"系列品种。创建了蓝粒单体小麦和染色体工程育种新系统。建立了快速选育小麦异代换系的新方法——缺体回交法，开创了小麦磷、氮营养高效利用的育种新方向，培育出可高效利用土壤氮磷营养的小麦新品种，并大面积推广。1990 年入选第三世界科学院院士，1991 年当选为中国科学院院士（学部委员，生命科学和医学学部）。1985 年获国家科技发明一等奖，1989 年获陈嘉庚农业科技奖，1995 年获何梁何利基金科学与技术进步奖，2005 年获农业部中华农业英才奖，2006 年获国家最高科学技术奖。

（三）跨越发展时期（2012 年至今）

党的十八大以来，以习近平同志为核心的党中央把人才强国战略摆在国家发展全局的核心位置。2016 年，习近平总书记在全国科技创新大会、两院院士大会、中国科协第九次全国代表大会上强调"我国要建设世界科技强国，关键是要建设一支规模宏大、结构合理、素质优良的创新人才队伍"，"科技人才培育和成长有其规律，要大兴识才爱才敬才用才之风"。在 2018 年两院院士大会上再次强调"要着力改革和创新科研经费使用和管理方式，让经费为人的创造性活动服务，而不能让人的创造性活动为经费服务；要改革科技评价制度，建立以科技创新质量、贡献、绩效为导向的分类评价体系"。

农业科研人才是农业科技创新的原动力。这一时期，国家加快创新农业科研人才培养机制，实行稳定的支持政策，加大资金投入，强化科研经费支持。实施"农业科研杰出人才培养计划"，中央财政投入 3 亿元，从 2011 年至 2020 年，对 300 名农业科研杰出人才给予连续 5 年稳定的专项经费支持。依托 300 名农业科研杰出人才，组织建立 300 个农业科研优秀创新团队，培养 3 000 名拔尖农业科研人才，形成一支学科专业分布合理、整体素质能力较高、自主创新能力较强的高层次农业科研人才队伍。截至 2017 年底，入选该计划的 300 名农业杰出科研人才，主持国家级重大科研项目 436 项，作为第一完成人获得国家科技奖励 78 项，获得省部级科技奖励 447 项，发表 SCI、EI 论文 7 118 篇，其中在 *Science*、*Nature*、*Cell* 等国际高水平期刊发表论文 37 篇；有 8 人当选为两院院士，66 人入选"万人计划"，112 人入选国家"百千万人才工程"，31 人入选"长江学者"，50 人获得国家杰出青年基金资助，36 人获得中国青年科技奖。实施"杰出青年农业科学家"资助项目，依托"青年科技人才托举"等项目，为青年农业科研人才茁壮成长搭建平台。充分发挥现代农业产业技术体系、转基因重大专项、行业科研专项等重大项目凝聚人才、发现人才、培养人才的重要作用，培养科研领军人才，强化创新团队建设。依托现代农业产业技术体系，围绕产业发展相关科技问题开展科学研究、技术攻关和试验示范，稳定支持培养 50 位首席科学家、1 370 位岗位科学家和 1 252 位综合试验站站长。启动实施中国农业科学院科技创新工程，构建以"学科集群—学科领域—研究方向"为基本构架的学科布局，将研究所原有的 1 026 个课题组，优化整合为 331 个科研团队，使得全院创新能力进一步增强，国际战略合作布局初见成效。2017 年，全院获奖成果数量为 73 项，其中获得国家级奖励 7 项，省部级奖励 66 项；全院发表科技论文 25 000 余篇，其中在国际顶尖期刊发表了 88 篇学术论文，SCI、EI 论文数快速增长，占比从 2012 年的 23% 增长到 2017 年的 50.6%。

国家级农业科研机构、省地农业科研院所、涉农高校和农业龙头企业的科研人才各展所长，科研产出硕果累累。从近 5 年农业领域国家自然科学奖、技术发明奖、科技进步奖获奖情况看，2014—2018 年，农业领域获得国家自然科学奖依次为 1 项（2014 年）、1 项（2015 年）、2 项（2016 年）、2 项（2017 年）和 2 项（2018 年），其中第一完成单位为农业院校的有 4 项，第一完成单位为农科院的有 1 项、第一完成单位为其他单位的有 3 项。农业领域获得国家技术发明奖依次为 6 项（2014 年）、6 项（2015 年）、7 项（2016 年）、4 项（2017 年）和 5 项（2018 年），其中第一完成单位为农业院校的有 13 项，第一完成单位为农科院的有 11 项，有涉农企业参与的有 14 项。农业领域获得国家科技进步奖（团队奖未计入）分别为 21 项（2014 年）、22 项（2015 年）、20 项（2016 年）、16 项（2017 年）和 21 项（2018 年），其中第一完成单位为农业院校的有 34 项，第一完成单位为农科院的有 50 项（包括第一完成单位为省级农科院的 21 项），有涉农企业参与的有 61 项。

我国农业科研人才队伍快速成长，人才规模不断壮大，领军人才培养成效显著。截至 2017 年底，我国农业科研人才队伍总体规模达到 27.4 万人，其中，中央级科研机构人员 0.9 万人，省级科研机构人员 3.6 万人，地市级科研机构人员 2.5 万人，涉农高校 3.4 万人，省级农业龙头企业 17 万人，两院院士 116 人。

二、农业技术推广人才队伍

农业技术推广人才是指具有一定技术专长、科技素质及农业生产实践经验，从事农业相关科技成果和实用技术普及推广的工作人员。农业技术推广人才队伍在连接科研人员和农业生产经营主体中发挥着重要的桥梁和纽带作用。新中国成立以来，农业技术推广人才队伍建设经历了艰难探索、巩固发展和创新发展三个时期。

（一）艰难探索时期（1949—1978 年）

新中国成立前夕，全国只有 2 000 名农业技术推广人员。新中国成立以后，在党和政府的重视下，在积极恢复农业生产的同时，着手农业技术推广体系的组建工作。1951 年，首先在东北、华北地区试办农业技术推广站，主要任务是推广普及研究所开发的农业技术，得到了社会认可和农民欢迎，农业技术推广事业发展很快。自此开始，中央加强农技推广制度体系建设，农技推广队伍不断发展壮大，1957 年底推广人员近 10 万人，初步建立了农技推广体系。

1958 年秋，由于人民公社的建立，乡农技推广站被下放，由人民公社一级管理。1959—1961 年三年困难时期，为了克服困难，贯彻精简压缩政策，全国约有 1/3 的农业技术推广站被精简，大批农技推广人员被下放回乡或改行，刚刚建立起来的农业技术推广体系受到了第一次严重冲击。1962 年，中央全面贯彻"调整、巩固、充实、提高"的八字方针，对农业技术推广站进行了整顿，农技推广队伍也随之恢复发展。

1966 年开始的"文革"，使各行各业遭受到极左思潮的冲击，绝大多数农技推广机构被撤销，农业技术推广体系惨遭破坏而陷入瘫痪；农业技术推广人员遭到批判，有的下放到农村插队落户，有的被迫改行离开农业，农业技术人员大批流失，造成原有农业技术推广体系彻底解体，农业技术推广工作陷入停顿状态。但是广大农民仍然坚持农业生产，迫切需要技术指导，这一期间，农技推广队伍也零星存在，其中湖南华容县创办的"四级农业科学实验网"在全国得到推广。

（二）巩固发展时期（1978—2012 年）

1978 年开始改革开放，中国农村逐步建立了以家庭联产承包责任制为主、统分结合的双层经营体制。为适应农村经济体制改革和农业农村经济发展需要，基层县级农技推广机构得到恢复，逐步建立健全了中央和省、地（市）级的农技推广机构。1983 年，农牧渔业部颁发了《农业技术推广条例（试行）》，对农技推广的机构、职能、编制、队伍、经费和奖惩做了具体规定；1989 年《国务院关于依靠科技进步振兴农业　加强农业科技成果推广工作的决定》印发，标志着基层农技推广体系的职能由无偿技术推广拓展到有偿技术服务，调动了推广人员的积极性。

1993 年颁布《中华人民共和国农业技术推广法》，明确了国家农业技术推广机构的职责和农业技术推广的保障措施，落实了乡镇农技推广"三定"工作，组织实施了丰收计划、植保工程、种子工程和沃土工程等重大项目，促进了农技推广体系和队伍的稳定；2004 年党的十六届四中全会提出了"两个趋向"的重要论断，制定了"工业反哺农业、城市支持农村"的重要方针，出台了一系列支农、惠农政策；2005 年中央 1 号文件要求，农业技术推广改革的目标是着眼于新阶段农业和农村经济发展的需求，通过改革创新，逐步构建一个以国家农业技术推广机构为主导，农村合作经济组织为基础，农业科研、教育等单位和涉农企业广泛参与的新型农业技术推广体系。以上政策均为农业技术推广工作带来了难得的发展机遇。

乡镇机构改革、农村税费改革和综合改革对基层农技推广体系改革提出了新的要求。农业部通过积极组织试点，探索强化农技推广系统的公益性职能、剥离经营性服务，构建"一主多元"的新型农技推广体系，促进了《国务院关于深化改革加强基层农业技术推广体系建设的意见》（国发〔2006〕30 号）的出台，确立了构建"一主多元"农业社会化服务新体系的指导思想，突出了国家农技推广体系的公益性职能与主体地位，探索了新的推广体制、机制和方法，为粮食及主要农产品生产实现"高产、高效、优质、生态、安全"提供了有力的技术支撑。据统计，1990年全国种植业推广系统共有机构 58 176 个，职工人数 31.6 万人。而到 2000 年，全国种植业推广系统共有机构 53 478 个，人员 40.7 万人。与 1978 年比，机构和队伍都明显壮大。

（三）创新发展时期（2012 年至今）

2012 年以后，农技推广体系不断健全完善，农技推广机构的公益性职能日益凸显，以县管为主的管理体制在全国普遍施行，在明确公益性定位、强化公益性职能的同时，农技推广责任制、绩效考评制度、聘用制度等各项工作制度普遍健全，推广条件明显改善，工作经费得到有效保障，人员待遇大幅度提升，推广活力和服务效率不断提高。

在政策法规修订方面，2012 年第十一届全国人大常委会审议通过了新修订的《中华人民共和国农业技术推广法》，进一步完善了农业技术推广法律制度，明确了农技推广责权利，建立了定位准确、功能完备的农技推广体系，保障了基层农技人员工资收入与基层事业单位人员相衔接。从 2013 年开始，全国各地陆续将农技推广机构列入全额拨款事业单位，将农技人员工资纳入财政预算，落实工资倾斜和绩效工资政策，大多数地方实现了在岗人员工资收入与基层事业单位人员工资收入平均水平相衔接。同时，农业技术推广机构公益性职能日益凸显，大部分省级种植业技术推广机构已转为参公管理单位，其中种子机构和植保机构参公比例较高。2015 年，农业部印发《关于深化农业科技体制机制改革　加快实施创新驱动发展战略的意见》，明确要求完善农技人员考核评价制度，健全激励机制。2017 年农业部、教育部印发《关于深入推进高等院校和农业科研单位开展农业技术推广服务的意见》，提出对开展农业技术推广服务的科技人员，要突出农业技术推广服务工作业绩，并建立分类考核机制，以开展农业技术推广服务业绩为主要依据。2017 年中央 1 号文件提出，鼓励地方建立农科教产学研一体化农业技术推广联盟，支持农技推广人员与家庭农场、农民合作社、龙头企业开展技术合作。2018 年中央 1 号文件提出，支持实施意愿较高、完成任务好的农业县推进基层农技推广体系改革创新，探索公益性与经营性农技推广融合发展机制，允许农技人员开展技术转让、技术咨询等形式的增值服务并合理取酬。

在财政投入力度方面，2012 年中央 1 号文件提出"一个衔接、两个覆盖"，带动了基层农技推广投入的增加。自 2012 年以来，中央财政每年投入 26 亿元，对基层农技人员开展推广服务给予持续稳定支持。2013 年中央 1 号文件再次强调加强基层农技推广体系建设，强化资金投入，改善推广条件，提高经费保障水平。

在推广力量拓展方面，按照"一主多元"的发展思路，公益性机构服务功能不断加强，涉农高校和农业企业的推广作用不断凸显。截至 2017 年底，全国县乡两级农业技术推广机构共有农技人员 54.14 万人，具有本科以上学历 3.3 万人。

2012—2017 年，共有 4 800 名农技推广人员获得国家农业技术推广研究员资格。自 2013 年起，累计示范、集成、推广引领性技术 10 项，遴选推广主推技术 671 项、主导品种 822 个，为农业重大科研成果的转化、落地以及农业科技进步贡献率的不断提高做出了重大贡献。涉农高校、农业龙头企业、社会化服务组织在推广服务中的作用日益凸显，探索形成"科技创新—社会服务—人才培养"的科技小院模式和"专家—技术指导员—科技示范户"的科技入户模式在全国普遍推广。

~~~/ 专栏 3-3 /~~~

农业科技产业化的"温氏模式"

广东温氏食品集团从中国农村实际出发，在行业中创造性地形成了紧密型"公司＋农户（或家庭农场）"的"温氏模式"，将农民纳入到公司产业链条、共建共享体系之中，培育了家庭农场这一新型农业经营主体。在引领现代农业的同时，打造出了温氏特色的精准扶贫模式，带动贫困人口脱贫致富。在 2007—2017 年期间，温氏合作家庭农场养殖总效益达到 424.57 亿元。2017 年，在全国范围内拥有 5.54 万户合作农户，全年合计获养殖收益 79.39 亿元，同比增长 2.41％。依靠"温氏模式"，公司在长期的经营实践中与合作农户建立了高度互信的合作关系，形成了紧密的利益联结机制，让广大合作农户成长为掌握现代养殖技术的高素质农民，帮助提升其所在地区的整体农业水平和经济水平。如今，"温氏模式"正在全国许多地方成功复制，带动数万合作农户通过产业化经营走上了致富的道路，为全面建成小康社会发挥积极作用。

~~~/ **专栏 3-4** /~~~

三位一体的"科技小院"新模式

2009 年，自中国农业大学与河北省曲周县共建第一个科技小院以来，先后有 29 所农业院校的 57 名教师，在全国 23 个省区市的 45 个作物生产体系建立了127 个科技小院，逐步形成了"科技创新、社会服务和人才培养"三位一体的新模式。全国先后有 419 名研究生进入科技小院开展工作，累计获得国家级、市校级、地方级等各类奖励 543 项，这种接地气的研究生培养模式成为全国研究生培养典范，分别于 2013 年和 2014 年获得北京市教学成果一等奖和国家级教学成果二等奖。科技小院先后引进 105 项农业生产技术，集成 65 套作物"双高"模式，获得国家专利 16 项；发表学术论文 278 篇，混合着泥土气息的前沿性研究成果2016 年和 2018 年先后在国际著名学术刊物 *Nature* 上发表，成为全球小农户增产增收的榜样。

三、农村实用人才队伍

农村实用人才是指具有一定知识和技能，在农村经济和科技、教育、文化、卫生等各项事业发展中起示范带头作用的农村劳动者，主要包括农村种植养殖能手、加工捕捞能手、农村经纪人、能工巧匠和科技带头人等，是广大农民的优秀代表。农村实用人才队伍建设先后经历探索实践、发展完善和加快发展三个重要阶段。

（一）探索实践时期（1949—1978 年）

从新中国成立到改革开放，农村实用人才经历了长期的探索实践过程。在新中国成立初期，农村实用人才队伍曾经历了一段短暂的快速发展时期，此后随着人民公社体制的建立和僵化以及由于片面强调"以粮为纲"而形成的单一农业生产结构，建设的步伐明显放慢，其中农业职业学校、农业中学在农村实用人才队伍建设中发挥了一定作用。在此期间，虽然农村实用人才的概念尚未清晰，但这类人才在农村各项事业发展中始终走在前列，为推动农业农村经济发展作出了重要贡献。

依靠农业职业学校培养实用人才。新中国成立后，在全国教育事业得以恢复的大背景下，农业职业学校以实现农业发展与培养农业技术人才为目标，承担着调整农业产业经营和结构的历史任务，并获得了初步的发展。自 1953 年中共中央印发《关于应当重视手工业的指示》开始，随着全日制、业余、半农半读等形式的农业职业教育学校兴起，农业职业学校在农业技术人才、农业与农村管理干部等人才培养上起到积极作用，一定程度上提高了农业生产力水平。全国各地在不影响生产任务的情况下，举办冬学和常年学习形式的业余学校。此外，为缓和教育发展与农业劳动力不足之间的矛盾，在"大跃进"时期，政府大力提倡"半农半读"学校，也在一定程度上为农村补充了丰富的实用型人才。

设立农业中学培养实用人才。 农业中学是为适应社会主义建设和农业生产"大跃进"形势的发展而创办的农业学校，是职业中学的一种主要形式，采用"4.4制"（4小时学习，4小时劳动）或"6.2制"（6小时学习，2小时劳动）学习方法开展"半农半读"，办学效益显著。1963—1965年是新中国成立以来农业中学发展的活跃期，各农业中学除开设农学、林果、养殖、畜牧、家庭经济、农副产品加工等专业外，还积极开展农、林、牧、副、渔等多种经营，对提高农民的科学生产生活水平作出了积极贡献。农业中学的毕业生，一部分充实了农村专职科技队伍，大部分回乡参加农业劳动，在推广农业新科技、发展多种经营模式中发挥了作用。1968年，农业中学相继停办或转为普通中学。1971年"全国农业中学的第一面红旗"江苏海安向阳农业中学（原双楼农业中学），更名为向阳中学。至此，农业中学的发展告一段落。

（二）发展完善时期（1978—2012年）

改革开放后，国家确立实施人才强国战略，中央文件明确提出农村实用人才作为一类人才的概念逐步明晰，队伍素质结构持续改善，农村实用人才队伍日益壮大。随着全国科学技术大会的召开以及农村生产关系的逐步调整和生产力的发展，一大批农村实用人才脱颖而出，在示范农业技术、引导农业产业结构调整、带领农民走向市场、带动农民增收致富和促进农村繁荣稳定等方面发挥了重要作用。

2003年中央下发《关于进一步加强人才工作的决定》，首次将农村实用人才作为国家"三支两类"人才之一，明确提出要"加强农村实用人才队伍建设"，这是中央文件中首次出现农村实用人才的概念。2007年11月，中共中央办公厅、国务院办公厅印发《关于加强农村实用人才建设和农村人力资源开发的意见》，对农村实用人才队伍建设进行了全面部署，成为指导我国农村人力资源开发的开创性、纲领性文件，具有里程碑式的意义。2010年出台的《国家中长期人才发展规划纲要（2010—2020年）》将现代人才支撑计划作为重大人才工程，把农村实用人才队伍作为国家六支队伍之一，提出了农村实用人才队伍建设的发展目标和具体措施。2011年，中组部、农业部等五部门联合印发《农村实用人才和农业科技人才队伍建设中长期规划（2010—2020年）》，对农村实用人才队伍建设工作进行部署。

改革开放后，培养农村实用人才队伍的主要做法是创办农广校和实施"绿色证书"工程。中央农广校，于1980年由农业部牵头创办，初期由中国农学会具体承办，面向农村、面向基层、面向广大生产者招生办学，以为农业生产服务、为农村经济建设服务、为农民科技致富服务、为农村精神文明建设和物质文明建设服务为宗旨。随后各地相继建立农广校。截至2012年，全国除台湾、西藏、香港、澳门外，已建立起省级农广校36所、地（州、市）级分校365所、县级分校2 337所、乡（镇）教学班15 462个，专兼职教师65 174人，在全国范围内形成了庞大的农广校系统，培训了数以百万计的农村基层干部和一大批专业技术人才，为振兴农村经济和促进农村两个文明建设作出了积极的贡献。

建立绿色证书制度。 1994年农业部开始全面实施"绿色证书"工程，主要是按农业生产岗位规范要求，对具有初、高中文化程度的农民进行岗位培训，培养一支能够起示范带头作用的农民技术骨干队伍。"绿色证书"工程大致分为三个阶段。1994—1995年为起步阶段，主要是探索和总结试点工作经验，组织制定有关工作程序和办法，编写、制作文字和音像教材等，为全面实施"绿色证书"工程做好准备。1996—2000年为全面实施阶段，主要是组织开展大规模的培训活动，同时发挥"绿色证书"学员的作用，推广农业科学技术，引导并帮助农民在社会主义市场经济体制下顺畅地发展，初步建立具有中国特色的"绿色证书"制度。2001年以后"绿色证书"工程逐步进入规范化、制度化的轨道，并建立农村职前教育与职后教育相衔接的机制。在对从业农民开展"绿色证书"培训的同时，农业部和教育部联合下发了《关于在农村普通中学试行绿色证书教育的指导意见》，在农村中学增设了"绿色证书"课程，推行双证制，促进农村职前教育与职后教育的衔接。到2006年，全国已有31个省区市的2 000多个县组织开展了"绿色证书"培训工作，有2 000多万农民参加培训，1 000多万农民获得了"绿色证书"。

2004—2010年的6年时间，农村人口总量从2004年的75 705万人减少到2010年的67 113万人。2004年农村实用人才总量为579.1万人，截至2010年底全国农村实用人才总量为1 048万人，比"十一五"初期增加421万人，增长72.7%，平均每万名乡村人口拥有农村实用人才104人，平均每个行政村约16人。农村实用人才占农村人口的比例从2004年的0.76%，逐年递增至2010年的1.56%。

（三）加快发展时期（2012年至今）

党的十八大以来，在习近平总书记关于人才工作重要论述的指引下，农村实用人才队伍建设顶层设计得到进一步的完善和发展。各级农业部门切实采取措施，不断加大工作力度，农村实用人才队伍建设取得了重大进展，顺利完成了国家人才发展规划中期目标，为农业农村经济持续健康发展发挥了重要的支撑作用。

一是顶层设计更加完善。2016年3月，中共中央印发《关于深化人才发展体制机制改革的意见》，强调健全以职业农民为主体的农村实用人才培养机制。党的十九大提出实施乡村振兴战略，强调坚持农业、农村优先发展，加快推进农业农村现代化。习近平总书记强调"农业农村人才是强农兴农的根本""乡村振兴人才是关键""把人力资本开发放在首要位置，强化乡村振兴人才支撑"。习近平总书记在全国组织工作会议上首次把"集聚更多优秀人才"作为党的组织路线的重要内容，并进一步强调，人才振兴是乡村振兴的基础，要创新乡村人才工作体制机制，充分激发乡村现有的人才活力，把更多城市人才引向乡村创新创业。2018年中央1号文件和《乡村振兴战略规划（2018—2022年）》对强化乡村振兴人才支撑做出专门部署，明确提出实施乡村振兴人才支撑计划。习近平总书记关于人才工作的重要论述，为做好新时代农业农村人才工作，培养造就懂农业、爱农村、爱农民的农业农村人才队伍提供了根本遵循。中央人才工作协调小组第35次会议专门明确了农村实用人才队伍建设工作由农业部牵头负责，而在新一轮的机构改革中，中央决定把中央农办设在农业农村部，中共中央办公厅、国务院办公厅印发的农业农村部"三定"规定明确了"指导农业农村人才队伍建设"的职能。

二是支持和工作力度不断加大。农业农村部专门成立了农业农村人才工作领导小组，强化"一把手"抓"第一资源"的意识，落实"管行业就要管行业人才"的理念，部党组书记、部长亲任组长，各相关司局主要负责同志担任成员。各省区市均成立了农村实用人才工作领导小组或联席会议，明确了具体工作机构。全系统上下协调联动、各方面力量广泛参与的农村实用人才工作格局和运行机制已基本形成。每年印发的《农业农村部人才工作要点》都将农村实用人才作为重点部署。针对农村实用人才的扶持力度持续加大。中央财政对新型职业农民培育的资金投入逐年增加，2014 年 11 亿元、2015年 11 亿元、2016 年 13.9 亿元、2017 年 15 亿元。在土地流转上，积极推动承包地向农村实用人才流转和集中，截至 2016 年底全国承包耕地流转面积达到 4.47 亿亩，其中近80％流转入专业大户和由农村实用人才创办的家庭农场、农民合作社等。在农业补贴上，将用于粮食适度规模经营的补贴资金，重点向种粮大户、家庭农场主、农民合作社骨干等倾斜，体现"谁多种粮食，优先支持谁"的方针。在金融信贷上，加快建立覆盖全国的农业信贷担保体系，着力解决农村实用人才"融资难、融资贵"问题。实施新型职业农民培育工程、现代青年农场主培养计划、农民合作社示范社带头人培训项目，探索建立培育制度，每年培育职业农民超过 100 万人。大规模开展农村实用人才带头人和大学生村官示范培训，累计培训 5 万多人。以现代农业和新农村发展的先进典型村为依托，加强农村实用人才培训基地建设，截至 2016 年已在 26 个省区市建设了 29 个部级培训基地，基地建设朝着各省区市全覆盖迈出坚实步伐。着眼提升农村实用人才学历水平，实施农村实用人才培养"百万中专生计划"，累计招生 111 万人，毕业 96 万人。围绕提升农村实用人才职业技能水平，重点在 26 个农业主体职业开展职业技能培训鉴定，累计有 488 万人次取得了国家职业资格证书。组织、教育、科技、扶贫等部门实施了"农村党员干部现代远程教育""一村一名大学生计划""星火计划""雨露计划"等一系列工程项目，稳步推进了农民整体素质提升。各地也纷纷结合实际，实施了一系列培养措施。如黑龙江省农委组织农村实用人才带头人培训班；湖北省汉川市在实践中探索出"订单式"计划、"轮值式"培训、"全程式"服务的培训模式；将农村实用人才队伍建设作为农村基层党组织建设的重要内容，从打造"能人型"村领导班子入手，把优秀人才选进村领导班子。

三是农村实用人才评价激励措施日益完善，基础工作得到加强。在评价认定上，在连续多年开展农民技术人员职称评定的基础上，于 2013 年、2014 年按照中央人才工作协调小组统一部署，在 13 个省、299 个县开展农村实用人才认定试点。2015 年为进一步健全评价认定制度，农业部下发文件通知，全面推进以新型职业农民为主体的农村实用人才认定管理。在激励扶持上，农业部会同有关农业社团、企业等，组织了"百名农业科教兴村杰出带头人""全国杰出农村实用人才""风鹏行动·新型职业农民"等多个资助项目。2014 年启动实施"全国十佳农民"遴选工作，首届十佳农民受到了时任国务院副总理汪洋的亲切接见，在全社会引起了强烈的反响。

历经多年发展，农村实用人才队伍建设取得了显著成效。截至 2017 年底，全国农村实用人才总体规模达到 2 066 万人。从年龄结构看，全国农村实用人才中 35 岁及以下 350 万人、36～40 岁 333 万人、41～45 岁 450 万人、46～50 岁 434 万人、51～54 岁 271 万人、55 岁及以上 228 万人，其中 41～50 岁年龄段占比最高。从学历结构看，全国农村实用人才中大专及以上 124 万人、高中 529 万人、初中 1 161 万人、小学 221 万人、未上学 31 万人，以初中文化程度为主。

◇本章参考文献

白文金，1995. 浅谈农广校在农业教育中的地位和作用 [J]. 云南农业教育研究（2）：34-36.

纪绍勤，2005. 我国农业科技创新体系研究 [D]. 北京：中国农业科学院.

柯茜茜，2011. 我国农业中学及农村教育改革的历史研究（1949—1965）[D]. 杭州：浙江师范大学.

李丽莉，2014. 改革开放以来我国科技人才政策演进研究 [D]. 哈尔滨：东北师范大学.

刘波，李萌，李晓轩，2008.30 年来我国科技人才政策回顾 [J]. 中国科技论坛（11）：3-7.

马小卉，2018. 农业职业教育的发展现状和问题研究 [D]. 长春：吉林农业大学.

农业部科学技术委员会，农业部科学技术司，1989. 中国农业科技工作四十年（1949—1989）. 北京：中国农业科技出版社.

宋超，2007. 建国初期中苏农业科学技术合作研究 [D]. 南京：南京农业大学.

徐健，1999. 建国初期农业中学发展的回顾 [J]. 教育与职业（10）：56-57.

张桃林，2018. 面向乡村振兴新要求　开创农业科技新局面 [J]. 农学学报（1）：1-9.

钟秋波，2013. 我国农业科技推广体制创新研究 [D]. 成都：西南财经大学.

朱世桂，2012. 中国农业科技体制百年变迁研究 [D]. 南京：南京农业大学.

第四章 农业科技条件平台建设与发展

科技条件平台是国家创新体系的重要组成部分，是科技进步的物质基础和重要保障。开展条件平台建设的主要目的，是对科技条件资源进行战略重组和系统优化，以促进全社会科技资源高效配置和综合利用，提高科技创新能力。新中国成立后，我国逐步建立起了从中央到地方层级完备的农业科研体系，建设了一批农业科研试验基地，初步配备了一些仪器设备，为新中国的农业科研事业发展打下了良好的基础。但在"文革"期间，大部分农业科研机构被解散或下放，很多试验基地被闲置甚至破坏，仅有的少量仪器设备也被损毁或丢弃，导致我国农业科研水平出现了停滞甚至后退。改革开放后，随着全国科学大会的召开，各级农业科研机构和院校得以恢复，科研设施得到恢复和改善，我国在经济条件还很困难的情况下开始加大对农业科研的支持力度，全国上下迎来了农业科技发展的春天，农业科技条件平台也得到快速发展。尤其是"十一五"以来，我国农业科研条件保障体系不断完善，党的十八大以来又进入到了实施创新驱动发展战略推进科技创新条件建设的新阶段。

整体上看，我国农业科技条件平台建设实现了从点到面、从小范围到大规模的历史性转变，由根据需求进行的小范围临时性投入发展为有计划有组织的大规模投资。经过 70 年特别是改革开放以来的不懈努力，我国在全面提升各级农业科研单位和高等院校科研条件基础上，构建起了包括国家重大科技基础设施、国家和部省级重点实验室、工程技术（研究）中心、国家农业生物种质资源库（圃）和野外试验台站等全方位、多层次的科技平台体系，使我国农业科研的基础条件水平得到大幅提升，与发达国家的差距大大缩小，为我国农业科技加速进入世界先进行列奠定了强大的物质基础。

一、农业科研基础条件建设

新中国成立后特别是改革开放以来，我国科研基础条件建设取得了显著成效，尤其在科学仪器设备等方面取得了重要进展。

在全国性政策规划方面。《中共中央关于科学技术体制改革的决定》实施以后，我国制定了一系列的科研条件建设专项规划，如《科研条件发展"九五"计划和 2010 年远景目标纲要》《"九五"期间科学仪器发展的若干意见》《科研条件建设"十五"发展纲要》《"十一五"科学仪器设备发展规划》等。《国家中长期科学和技术发展规划纲要（2006—2020 年）》将加强科技基础条件平台建设作为其重要组成部分，要求加强科学

---

* 本章审稿人：雷茂良；牵头撰写人：张萌；参与撰写人：刘爽。

仪器设备、实验基地、科学数据及文献、自然科技资源、计量及标准等科技平台建设，加强科学仪器设备及检测技术研究开发。2004 年，国务院办公厅转发了《关于改进和加强中央财政科技经费管理若干意见》，将"科研条件建设"列为新时期科技投入的重要方向之一。2008 年 7 月 1 日正式实施的《科学技术进步法》，以国家法律的形式对科研条件建设、开放共享以及自主研发等环节加以明确，明确要求科研条件建设是国家财政投入的重要方向之一。2016 年的《国家创新驱动发展战略纲要》也明确提出，要建设一批支撑高水平创新的基础设施和平台。

在全国科学仪器设备事业发展方面。在上述政策规划指引下，我国自"九五"以来连续发布了 3 个五年规划，对科学仪器设备的自主研发提出了明确部署，同时连续在"九五""十五"和"十一五"期间将科学仪器设备研制与开发纳入国家科技支撑计划予以重点支持。经过长期的艰苦努力，我国科学仪器事业取得了较为突出的成就，研制开发了一批重大科学仪器设备，升级改造了一大批老化的大型科学仪器设备，攻克了一批能有效带动和引领科学仪器行业发展的关键核心技术和核心部件，科学仪器产业化取得显著进展，在科学研究、国民经济发展、重大灾害事故等领域提供了有力的发展保障。

在农业科研基础条件建设方面。20 世纪 80 年代，农业部在全国有关科研单位和院校支持下建立了八大综合测试中心，配备了当时比较先进的科研仪器设备，为提高农业科研实验分析能力和水平发挥了重要的示范引领作用，成为改革开放后农业科研基础条件建设的重要起点。2006 年，中央财政设立了"中央级科学事业单位修缮购置专项资金"（以下简称"修购专项"），主要用于中央级科学事业单位的房屋修缮、基础设施改造、仪器设备购置及仪器设备升级改造，农业是其中重要领域之一。农业部修购专项主要针对中国农业科学院、中国热带农业科学院和中国水产科学研究院开展。截至 2017 年，已执行修购专项 4 期规划，修购专项支持项目 1 515 个，金额 50.24 亿元。在修购专项四类项目中，仪器设备购置类项目达 646 项，占项目总数的 42.64%，批复资金 24.05 亿元，占批复额度的 47.87%；仪器设备升级改造类项目 75 项，占项目总数的 4.95%，批复该类项目资金 0.44 亿元，占批复资金总额的 0.88%。修购专项的设立，大大改善了中央级农业科研机构的科研条件，有力支撑了科技活动的顺利开展。近年来，农业部还连续发布了《全国农业科技创新能力条件建设规划（2012—2016 年）》和《全国农业科技创新能力条件建设规划（2016—2020 年）》两个五年规划，对全国农业科研基础条件建设进行了全局性的统筹谋划和建设。据统计，1987 年，全国农业科研机构基本建设投资仅为 1.786 亿元，其中科研仪器设备 0.166 亿元；2017 年，全国农业科研机构基本建设投资达到了 32.51 亿元，其中科研仪器设备 13.52 亿元。从累计数据来看，1979—2009 年期间，各级农业科研机构购置万元以上的仪器设备就达 2.8 万多台件；"十五"期间，全国 1 058 个地市级以上农业科研机构基本建设投资为 25.57 亿元，"十一五"期间则达到了 41.8 亿元；"十二五"期间，仅国家发展改革委累计投入的中央预算内投资就达到了 34.3 亿元。持续加大的条件建设投入，使我国农业科研基础条件不断改善，支撑农业科技创新不断跃上新台阶。

二、科学与工程研究类平台

科学与工程研究类平台定位于瞄准国际前沿，聚焦国家战略目标，围绕重大科学前沿、重大科技任务和重大科学工程，开展战略性、前沿性、前瞻性、基础性、综合性科技创新活动。主要包括国家重大科技基础设施、国家实验室、国家重点实验室、农业农村部重点实验室、教育部重点实验室等。

（一）国家重大科技基础设施

1. 功能定位

国家重大科技基础设施是为探索未知世界、发现自然规律、实现技术变革提供极限研究手段的大型复杂科学研究系统，是突破科学前沿、解决经济社会发展和国家安全重大科技问题的物质技术基础。

2. 发展历程

我国重大科技基础设施经历了从无到有、从小到大、从学习跟踪到自主创新的过程，大致可分为三个阶段。一是 20 世纪 50—60 年代，围绕"两弹一星"研制任务，建造了一些大型科研支撑装置，掀开了设施建设的序幕。二是 20 世纪 70—80 年代，在改革开放和科技发展需求急剧增加的形势下，我国陆续兴建了北京正负电子对撞机、中国遥感卫星地面站和兰州重离子加速器等设施，进入了设施建设的成长期。三是 20 世纪90 年代以后，为落实科教兴国战略，兴建了上海光源、海洋科考船和地壳运动观测网等一大批设施，设施数量、建造规模和覆盖领域逐步扩大，设施建设步入发展期。

3. 发展现状

目前建成的以及在建的国家重大科技基础设施共有 50 个左右。其中，农业领域主要有 3 个，分别为"农作物基因资源与基因改良国家重大科学工程""国家农业生物安全科学中心""国家动物疾病防控生物高等级安全实验室"。

（1）农作物基因资源与基因改良国家重大科学工程。以中国农业科学院作物科学研究所、生物技术研究所为依托单位，是我国农业科学基础研究与应用基础研究领域的标志性工程。主要围绕农作物基因资源和新基因发掘的理论基础与技术创新、作物重要性状形成的分子基础及功能途径以及作物品种分子设计的理论基础与技术体系三大主要科学问题，重点开展水稻、小麦、玉米、棉花、大豆等主要农作物基因资源鉴定、重要性状新基因发掘、功能基因组学研究、种质和亲本材料创新与分子育种。主要研究方向为基因发掘与种质创新、作物分子育种、作物功能基因组学、作物蛋白组学、作物生物信息学等。

（2）国家农业生物安全科学中心。依托中国农业科学院植物保护研究所，于 2013年完成建设投入试运行。科学中心作为国家级专业从事农业生物安全科学研究的机构，采用系统生物学、分子生态学、生态遗传学、生物信息学等多学科交叉的理论和方法，深入开展高危农业致灾生物的预防预警、检测监测和安全控制的新理论、新方法和新技术研究。中心运行以来，围绕粮食安全和生态安全，获得了烟粉虱、TCK、紫茎泽兰等重要入侵有害生物监测与防控，小麦矮腥黑穗病等重大植物疫情防控，马铃薯甲虫等重大检疫害虫防控，主要农业入侵生物的预警与监控技术，新外来高危入侵生物适生风险分析，转基因玉米和水稻等转基因农作物的安全评估、检测与管理，捕食性天敌、寄生性天敌等境外有益资源引进与评价，农作物重大害虫远程监测与信息管理等一系列代表性成果。

（3）国家动物疾病防控高等级生物安全实验室。该实验室主要依托中国农业科学院哈尔滨兽医研究所建设，2015年12月底建成并通过竣工验收。主要围绕高致病性禽流感、口蹄疫、裂谷热、尼帕病毒病、埃博拉病毒病、布鲁氏菌病、结核病、鼠疫等动物烈性传染病、人畜共患病及外来病开展防控研究，化学淋浴、生命支持系统、正压防护服、动物隔离器、污水处理系统等高等级生物安全实验室关键防护设备的国产化与相关标准研究，生物安全四级实验室风险评估与控制研究，生物安全四级实验室信息管理体系研究，生物安全四级实验室人员培训与评价体系研究。该实验室针对P3/P4关键安全技术，包括系统设计、系统集成、自动控制、关键设备等，以科技开发、标准研制和技术评价同步原则，自主研制了正压防护服、生命支持系统等关键防护设备，建立了正压防护服、生命支持系统等12项关键设备的评价技术准则。国家动物疫病防控高等级生物安全实验室的建成标志着我国P3和P4实验室的设计、建设、运行和管理水平已经跨越性地达到国际先进水平，拥有了高等级生物安全实验室的自主设计和建设能力，将在重大传染病防控研究、生物反恐和保证国家公共卫生安全方面发挥重要作用。

（二）国家实验室

1. 功能定位

国家实验室以国家现代化建设和社会发展的重大需求为导向，开展基础研究、竞争前沿高技术研究和社会公益研究，积极承担国家重大科研任务，产生具有原始创新和自主知识产权的重大科研成果，为经济建设、社会发展和国家安全提供科技支撑，对相关行业的技术进步做出突出贡献。国家实验室要面向国际科技前沿，凝炼发展目标和研究方向，开展原创性、系统性科学研究，攀登世界科学高峰。

2. 发展历程

2003年11月，科技部正式发文批准了5个国家实验室的试点。随后，又于2006年启动了10个第二批国家实验室试点建设。

3. 发展现状

截至2016年底，共有7个试点国家试验室，其中的6个于2017年正式转为国家研究中心。

（三）国家重点实验室

1. 功能定位

国家重点实验室是国家组织高水平基础研究和应用基础研究、聚集和培养优秀科技人才、开展高水平学术交流、科研装备先进的重要基地，是依托科研院校建设的科研实体，其主要任务是针对学科发展前沿和国民经济、社会发展及国家安全的重要科技领域和方向，开展创新性研究。

2. 发展历程

1984 年，为支持基础研究和应用基础研究，国家计委组织实施了国家重点实验室建设计划，主要任务是在中科院、教育部等部门的有关大学和研究所中，建设一批国家重点实验室，至今走过了起步阶段、发展阶段和提高阶段三个时期。一是起步阶段（1984—1997 年），建成了一批国家重点实验室，探索了管理体制和运行机制。这一阶段，国家利用科技三项经费投资 9.1 亿元，立项建设了 81 个国家重点实验室，重点在基础理论研究方面进行了布局；利用世界银行贷款投资 8 634 万美元和 1.78 亿元，又立项建设了 75 个国家重点实验室，重点在应用基础研究和工程领域进行了布局。两批重点实验室建成，形成了国家重点实验室计划初步框架。二是发展阶段（1998—2007年），重点是规范和改进国家重点实验室的管理，探索新的实验室建设类型。科技部规范了"发布指南、部门推荐、专家评审、择优立项"的国家重点实验室新建程序，在国家重大需求领域和新兴前沿领域新建了 88 个实验室，同时淘汰了 17 个运行较差的实验室，建立了"优胜劣汰"的竞争机制。此外，根据实验室发展形势与时俱进修订实验室建设与管理办法，加强实验室管理。尤其对实验室评估规则进行了较大的修改，强调质量、定性评价、整体评价等指导思想，取消定量指标，引导实验室出重要原始性创新成果。三是提高阶段（2008 年至今），专项经费的设立标志着国家重点实验室进入了新的发展阶段。2008 年 3 月，科技部和财政部联合宣布设立国家重点实验室专项经费，从开放运行、自主选题研究和科研仪器设备更新三方面，加大国家重点实验室稳定支持力度。专项经费的设立，是国家重点实验室又好又快发展的重要保障，标志着国家重点实验室工作进入新的发展阶段。

3. 发展现状

截至 2016 年底，正在运行的学科国家重点实验室有 254 个、省部共建国家重点实验有 21 个，正在建设和运行的企业国家重点实验室有 177 个，其中农业领域分别约有 29 个、9 个和 18 个（表 4-1）。

表 4-1　农业领域国家重点实验室名单

序号	国家重点实验室	依托单位	主管部门	类别
1	植物病虫害生物学国家重点实验室	中国农业科学院植物保护研究所	农业农村部　·	学科类
2	水稻生物学国家重点实验室	中国水稻研究所、浙江大学	农业农村部	学科类
3	棉花生物学国家重点实验室	中国农业科学院棉花研究所、河南大学	农业农村部	学科类
4	家畜疫病病原生物学国家重点实验室	中国农业科学院兰州兽医研究所	农业农村部	学科类
5	兽医生物技术国家重点实验室	中国农业科学院哈尔滨兽医研究所	农业农村部	学科类
6	动物营养学国家重点实验室	中国农业科学院畜牧研究所、中国农业大学	农业农村部、河南省科技厅	学科类
7	热带作物生物技术国家重点实验室	中国热带农业科学院	农业农村部	学科类
8	草地农业生态系统国家重点实验室	兰州大学	教育部	学科类

（续）

序号	国家重点实验室	依托单位	主管部门	类别
9	家蚕基因组学国家重点实验室	西南大学	教育部	学科类
10	旱区作物逆境生物学国家重点实验室	西北农林科技大学	教育部	学科类
11	农业微生物学国家重点实验室	华中农业大学	教育部	学科类
12	作物遗传改良国家重点实验室	华中农业大学	教育部	学科类
13	作物遗传与种质创新国家重点实验室	南京农业大学	教育部	学科类
14	农业生物技术国家重点实验室	中国农业大学	教育部	学科类
15	植物生理学与生物化学国家重点实验室	中国农业大学、浙江大学	教育部	学科类
16	食品科学与技术国家重点实验室	江南大学、南昌大学	教育部	学科类
17	水稻生物学国家重点实验室	中国水稻研究所、浙江大学	教育部、农业农村部	学科类
18	作物生物学国家重点实验室	山东农业大学	山东省科技厅	学科类
19	杂交水稻国家重点实验室	湖南杂交水稻研究中心、武汉大学	湖南省科技厅、教育部	学科类
20	亚热带农业生物资源保护与利用国家重点实验室	广西大学、华南农业大学	广西壮族自治区科技厅、广东省科技厅	学科类
21	农业虫害鼠害综合治理研究国家重点实验室	中国科学院动物研究所	中国科学院	学科类
22	土壤与农业可持续发展国家重点实验室	中国科学院南京土壤研究所	中国科学院	学科类
23	植物分子遗传国家重点实验室	中国科学院上海生命科学研究院	中国科学院	学科类
24	黄土高原土壤侵蚀与旱地农业国家重点实验室	中国科学院、水利部水土保持研究所	中国科学院	学科类
25	淡水生态与生物技术国家重点实验室	中国科学院水生生物研究所	中国科学院	学科类
26	微生物资源前期开发国家重点实验室	中国科学院微生物研究所	中国科学院	学科类
27	植物细胞与染色体工程国家重点实验室	中国科学院遗传与发育生物学研究所	中国科学院	学科类
28	植物基因组学国家重点实验室	中国科学院微生物研究所、中国科学院遗传与发育生物学研究所	中国科学院	学科类
29	系统与进化植物学国家重点实验室	中国科学院植物研究所	中国科学院	学科类
30	省部共建小麦玉米作物学国家重点实验室	河南农业大学	河南省科技厅	省部共建
31	省部共建猪遗传改良与养殖技术国家重点实验室	江西农业大学	江西省科技厅	省部共建
32	省部共建茶树生物学与资源利用国家重点实验室	安徽农业大学	安徽省科技厅	省部共建

（续）

序号	国家重点实验室	依托单位	主管部门	类别
33	省部共建云南生物资源保护与利用国家重点实验室	云南大学、云南农业大学	云南省科技厅	省部共建
34	省部共建三江源生态与高原农牧业国家重点实验室	青海大学	青海省科技厅	省部共建
35	省部共建青稞和牦牛种质资源与遗传改良国家重点实验室	西藏自治区农牧科学院	西藏自治区科技厅	省部共建
36	省部共建闽台作物有害生物生态防控国家重点实验室	福建农林大学	福建省科技厅	省部共建
37	省部共建绵羊遗传改良与健康养殖国家重点实验室	新疆农垦科学院	新疆生产建设兵团科技局	省部共建
38	省部共建淡水鱼类发育生物学国家重点实验室	湖南师范大学	湖南省科技厅	省部共建
39	畜禽育种国家重点实验室	广东省农业科学院畜牧研究所	广东省科技厅	企业类
40	大黄鱼育种国家重点实验室	福建福鼎海鸥水产食品有限公司	福建省科技厅	企业类
41	动物基因工程疫苗国家重点实验室	青岛易邦生物工程有限公司	青岛市科技局	企业类
42	海藻活性物质国家重点实验室	青岛明月海藻集团有限公司	青岛市科技局	企业类
43	农业基因组学国家重点实验室	深圳华大基因研究院	深圳市科技创新委员会	企业类
44	啤酒生物发酵工程国家重点实验室	青岛啤酒股份有限公司	青岛市科技局	企业类
45	肉品加工与质量控制国家重点实验室	江苏雨润肉类产业集团有限公司	江苏省科技厅	企业类
46	肉食品安全生产技术国家重点实验室	厦门银祥集团有限公司	厦门市科技局	企业类
47	乳业生物技术国家重点实验室	光明乳业股份有限公司	上海市科学技术委员会	企业类
48	蔬菜种质创新国家重点实验室	天津科润农业科技股份有限公司	天津市科学技术委员会	企业类
49	饲用微生物工程国家重点实验室	北京大北农科技集团股份有限公司	北京市科学技术委员会	企业类
50	土壤植物机器系统技术国家重点实验室	中国农业机械化科学研究院	国务院国有资产监督管理委员会	企业类
51	拖拉机动力系统国家重点实验室	中国一拖集团有限公司	河南省科技厅	企业类
52	养分资源高效开发和综合利用国家重点实验室	金正大生态工程集团股份有限公司	山东省科技厅	企业类
53	玉米生物育种国家重点实验室	辽宁东亚种业有限公司	辽宁省科技厅	企业类
54	种苗生物工程国家重点实验室	宁夏林业研究院股份有限公司	宁夏回族自治区科技厅	企业类

（续）

序号	国家重点实验室	依托单位	主管部门	类别
55	主要农作物种质创新国家重点实验室	山东冠丰种业科技有限公司	山东省科技厅	企业类
56	作物育种技术创新与集成国家重点实验室	中国种子集团有限公司	国务院国有资产监督管理委员会	企业类

（四）农业农村部重点实验室

1. 功能定位

农业农村部重点实验室是国家农业科技创新体系的重要组成部分，是凝聚和培养优秀农业科技人才，组织行业科技创新，开展学术交流的重要基地。其主要任务是开展应用基础研究，承担农业科技基础性工作，解决制约产业发展的重大、关键和共性科技问题。

2. 发展历程

农业部重点实验室建设始于 1990 年，截至目前经历了两个重要阶段。一是1990—2009 年，以单个实验室申报、评估、命名的方式，历经五轮布局和建设，基本形成了 14 个国家重点实验室、132 个农业部重点开放实验室、5 个国家级野外科学观测试验站和 68 个农业部重点野外科学观测试验站的基本框架，较好支撑了农业科技创新体系的建设和发展。二是 2010 年至今，引入学科群建设理念，由单个建设向学科群建设转变，针对农业领域特点，重点布局 30 余个农业部重点实验室学科群体系，每个学科群以综合性重点实验室为龙头、专业性和区域性重点实验室为骨干、科学观测实验站为延伸的体系；同时，针对学科发展较弱、规模较小，但对农业产业发展影响较大的部分学科，进行了增补建设。2018 年，农业部重点实验室正式更名为农业农村部重点实验室。

3. 发展现状

目前，共建成 37 个学科群 646 个重点实验室，包括 42 个综合性重点实验室、335个专业性/区域性重点实验室、269 个农业科学观测实验站（表 4-2）。形成了以综合性重点实验室为龙头、专业性/区域性重点实验室为骨干、科学观测站为延伸，层次清晰、分工明确、布局合理的学科群实验室体系。为强化企业在农业科技创新中的主体地位，在"十二五"已批复建设 41 家农业农村部企业重点实验室的基础上，在学科群体系中又增补了 38 家农业农村部企业重点实验室，目前共有 79 家农业农村部企业重点实验室。

表 4-2　农业农村部重点实验室名单（含企业）

序号	学科群名称	综合性重点实验室	专业性（区域性）重点实验室	农业科学观测实验站	合计
1	农业基因组学学科群	3	2	0	5
2	作物基因资源与种质创制学科群	1	8	28	37

（续）

序号	学科群名称	综合性重点实验室	专业性（区域性）重点实验室	农业科学观测实验站	合计
3	水稻生物学与遗传育种学科群	1	10	7	18
4	麦类生物学与遗传育种学科群	1	9	5	15
5	玉米生物学与遗传育种学科群	1	11	6	18
6	薯类作物生物学与遗传育种学科群	1	6	7	14
7	大豆生物学与遗传育种学科群	1	4	4	9
8	棉花生物学与遗传育种学科群	1	7	4	12
9	油料作物生物学与遗传育种学科群	1	5	7	13
10	园艺作物生物学与种质创制学科群	2	12	20	34
11	热带作物生物学与遗传资源利用学科群	1	7	9	17
12	作物有害生物综合治理学科群	1	17	29	47
13	作物生理生态与耕作学科群	1	11	15	27
14	动物遗传育种与繁殖学科群	2	14	6	22
15	动物营养与饲料学科群	1	16	9	26
16	草牧业创新学科群	1	5	0	6
17	兽用药物与诊断技术学科群	1	16	8	25
18	动物病原生物学学科群	1	8	4	13
19	农业微生物资源利用学科群	1	8	5	14
20	淡水渔业与种质资源利用学科群	1	8	9	18
21	海洋渔业与可持续发展学科群	1	6	6	13
22	远洋与极地渔业创新学科群	1	4	0	5
23	特种经济动植物生物学与遗传育种学科群	1	6	12	19
24	农业环境学科群	1	8	23	32
25	耕地保育学科群	1	6	19	26
26	作物高效用水学科群	1	4	5	10
27	农村可再生能源开发利用学科群	1	4	5	10
28	植物营养与肥料学科群	1	9	7	17
29	产地环境污染防控学科群	1	3	0	4
30	资源循环利用技术与模式学科群	1	4	0	5
31	都市农业学科群	1	9	0	10
32	农产品质量安全学科群	1	25	0	26
33	农产品加工学科群	2	23	0	25
34	现代农业装备学科群	1	16	5	22
35	设施农业工程学科群	1	7	3	11
36	农业信息技术学科群	1	13	2	16
37	农业遥感学科群	1	4	0	5
合计		42	335	269	646

（五）教育部重点实验室

1. 功能定位

教育部重点实验室是国家科技创新体系的重要组成部分，高等学校创新型人才的培养基地，在高校学科建设、科技创新、人才培养和培育国家级科研基地中发挥着越来越重要的作用。

2. 发展历程

教育部自 1984 年开始设立重点实验室，截至目前，先后曾验收批准建设 193 个。2002—2007 年，因评估结果较差而摘牌 12 个，目前正在运行的重点实验室 137 个，正在建设的重点实验室 44 个。

3. 发展现状

截至目前，农林领域教育部重点实验室约 27 个（表 4 - 3）。

表 4 - 3　农林领域教育部重点实验室名单

序号	实验室名称	依托学校
1	植物—土壤相互作用教育部重点实验室	中国农业大学
2	现代精细农业系统集成研究教育部重点实验室	中国农业大学
3	作物杂种优势研究与利用教育部重点实验室	中国农业大学
4	环境食品学教育部重点实验室	华中农业大学
5	农业动物遗传育种与繁殖教育部重点实验室	华中农业大学
6	园艺植物生物学教育部重点实验室	华中农业大学
7	旱区农业水土工程教育部重点实验室	西北农林科技大学
8	植保资源与病虫害治理教育部重点实验室	西北农林科技大学
9	西部环境与生态教育部重点实验室	西北农林科技大学
10	肉品加工与质量控制教育部重点实验室	南京农业大学
11	农作物生物灾害综合治理教育部重点实验室	南京农业大学
12	水土保持与荒漠化防治教育部重点实验室	北京林业大学
13	林木、花卉遗传育种教育部重点实验室	北京林业大学
14	乳品科学教育部重点实验室	东北农业大学
15	林木遗传育种与生物技术教育部重点实验室	东北林业大学
16	生物质材料科学与技术教育部重点实验室	东北林业大学
17	森林植物生态学教育部重点实验室	东北林业大学
18	农药生物化学教育部重点实验室	福建农林大学
19	茶学教育部重点实验室	湖南农业大学
20	农业生物资源生物多样性与病害控制教育部重点实验室	云南农业大学
21	海水养殖教育部重点实验室	中国海洋大学
22	农药与化学生物学教育部重点实验室	华中师范大学

（续）

序号	实验室名称	依托学校
23	动物分子营养学教育部重点实验室	浙江大学
24	哺乳动物生殖生物学及生物技术教育部重点实验室	内蒙古大学
25	绿洲生态教育部重点实验室	新疆大学
26	植物功能基因组学教育部重点实验室	扬州大学
27	热带生物资源教育部重点实验室	海南大学

三、技术创新与成果转化类平台

技术创新与成果转化类平台定位于面向经济社会发展等国家需求，开展共性关键技术和工程化技术研究，推动应用示范、成果转化及产业化，提升自主创新能力和科技进步水平。主要包括国家工程实验室、国家工程研究中心、国家工程技术研究中心、国家农作物改良中心（分中心）等。

（一）国家工程实验室

1. 功能定位

国家工程实验室是为提高产业自主创新能力和核心竞争力，突破产业结构调整和重点产业发展中的关键技术装备制约，强化对国家重大战略任务、重点工程的技术支撑和保障，依托企业、转制科研机构、科研院所或高校等设立的研究开发实体。其主要任务是开展重点产业核心技术的攻关和关键工艺的试验研究、重大装备样机及其关键部件的研制、高技术产业的产业化技术开发、产业结构优化升级的战略性前瞻性技术研发以及研究产业技术标准、培养工程技术创新人才、促进重大科技成果应用、为行业提供技术服务等。

2. 发展历程

2005 年 12 月，国家发展改革委开始试点启动真空冶金等 3 个国家工程实验室建设，重点对国家工程实验室的定位、功能和管理体制进行探索，为今后国家工程实验室的建设和发展积极探索经验；并于 2006 年 7 月制订并发布了建设国家工程实验室的指导意见，2007 年发布了《国家工程实验室管理办法（试行）》。2017 年，科技部、财政部和国家发展改革委印发的《国家科技创新基地优化整合方案》明确指出，国家发改委不再批复新建国家工程实验室。

3. 发展现状

截至 2017 年，一共建设了 217 家国家工程实验室。其中，农业领域约有 20 家。

（二）国家工程研究中心

1. 功能定位

国家工程研究中心的宗旨是以国家和行业利益为出发点，通过建立工程化研究、验证的设施和有利于技术创新、成果转化的机制，培育、提高自主创新能力，搭建产业与科研之间的桥梁，研究开发产业关键共性技术，加快科研成果向现实生产力转化，促进产业技术进步和核心竞争能力的提高。其主要任务是根据国家和产业发展的需求，研究开发产业技术进步和结构调整急需的关键共性技术；以市场为导向，把握技术发展趋势，开展具有重要市场价值的重大科技成果的工程化和系统集成；通过市场机制实现技术转移和扩散，持续不断地为规模化生产提供成熟的先进技术、工艺及其技术产品和装备；通过对引进技术的消化吸收再创新和开展国际合作交流，促进自主创新能力的提高；提供工程技术验证和咨询服务；为行业培养工程技术研究与管理的高层次人才。

2. 发展历程

国家工程研究中心正式建设开始于 1987 年。2017 年，科技部、财政部和国家发展改革委印发的《国家科技创新基地优化整合方案》明确提出要整合组建国家工程研究中心，对现由国家发展改革委管理的国家工程研究中心和国家工程实验室，按整合重构后的国家工程研究中心功能定位，合理归并，符合条件的纳入国家工程研究中心序列进行管理。结合国家重大工程布局和发展需要，依托企业、高校和科研院所，择优建设一批国家工程研究中心。

3. 发展现状

截至 2017 年，共布局建设了 131 家国家工程研究中心，其中农业领域约有 15 家。

（三）国家工程技术研究中心

1. 功能定位

组建国家工程技术研究中心，旨在建立我国社会主义市场经济体制中，探索科技与经济结合的新途径，加强科技成果向生产力转化的中心环节，缩短成果转化的周期。同时，面向企业规模生产的实际需要，提高现有科技成果的成熟性、配套性和工程化水平，加速企业生产技术改造，促进产品更新换代，为企业引进、消化和吸收国外先进技术提供基本技术支撑。在深化科技体制改革中，结合人才分流、结构调整，进一步转变科技工作运行机制，有重点地、分期分批地支持一批科技水平高、对经济和社会发展有重大贡献的科研机构，使之成为我国推动科技成果商品化、产业化和国际化，攀登科学技术高峰，出成果、出人才的主力军。

2. 发展历程

国家工程技术研究中心的发展主要经历了以下几个阶段。一是创建奠基阶段（1991—1996 年）。随着我国计划经济体制向市场经济体制转变，按照科技体制改革要求，自 1991 年开始，为促进科技成果向现实生产力转化，提高科技成果的成熟性、配套性和工程化水平，国家科委在国民经济和社会发展有重要影响的行业开始建立国家工程技术研究中心。1993 年，国家科委颁发《国家工程技术研究中心暂行管理办法》，明确国家工程技术研究中心的定义、定位、管理程序、条件及标准等关键内容。"八五"期间，共建设中心 70 个左右，这一阶段国家工程技术研究中心主要以计划项目方式支持，支持强度不到 100 万元。二是基本框架形成阶段（1996—2000 年）。"九五"期间，社会主义市场体制逐步确立，我国科技体制改革进程进一步加快。国家工程技术研究中心在管理体制方面进行了有益的探索，实行了多种模式的运行机制。设立了经费渠道，支持强度为300万元。截至1999年，在全国18个省区市，9个主要行业领域建立了95个国家工程技术研究中心。三是巩固提高阶段（2001—2006年）。2001年科技部印发了《"十五"期间国家工程技术研究中心建设的实施意见》，各地方将国家工程技术研究中心作为提高科技能力建设的重要内容，开始建立省部级工程技术中心。为适应市场经济要求，国家工程技术研究中心着重探索以有限责任公司制为主的管理模式，国家工程技术研究中心支持强度增加为500万元。截至2005年，科技部共建设国家工程技术研究中心148个，分布在全国28个省区市。四是快速发展阶段（2006年至今）。按照我国提出的推进自主创新、建设创新型国家的重大战略决策要求，更加重视依托具有高成长性的企业建立国家工程技术研究中心，并对中心进行分类管理，支持强度增加为1 000万元左右，国家工程技术研究中心无论在组建规模还是支持力度上都进入快速发展时期。

3. 发展现状

截至2016年底，共建设国家工程技术研究中心347个和分中心13个，合计360个，其中农业领域20余个。2017年，科技部、财政部和国家发展改革委印发的《国家科技创新基地优化整合方案》明确指出，科技部不再批复新建国家工程技术研究中心。

（四）国家农作物改良中心（分中心）

1. 功能定位

国家农作物改良中心是国家种子工程的重要组成部分，主要负责农作物育种基础理论与方法、育种材料创新研究，为各改良分中心及国内各育种单位提供技术支撑和育种基础材料；组织种质资源保护、引进、鉴评和交流，指导协调各分中心业务工作，研究解决育种和农业生产中重大技术问题。改良分中心主要负责所在生态区或相邻生态区优良新品种的组配选育工作，进行良种良法研发和应用。

2. 发展历程

为加强我国农作物育种基地建设，促进优良新品种及其配套良法的研发和推广应用。1998年，国家建设首批玉米、小麦、大豆、棉花、蔬菜、水稻等8个国家农作物改良中心和1个分中心。此后，以平均每年10个左右的速度进行了分期分批建设，截至目前，农业部先后在全国建设了157个国家农作物改良中心（育种中心）/分中心，其中国家农作物改良中心（育种中心）36个，分中心121个。此外，2009年起，对此前建设的部分国家农作物改良中心、分中心项目进行了二期投资；对木薯、燕麦、食用豆、香蕉、青稞等新规划的国家农作物改良中心、分中心进行了新建和扩建。

3. 发展现状

截至2015年底，在30个省区市共支持国家农作物改良中心（分中心）建设项目206个，中央投资共计131 478.92万元，涵盖50余种粮食作物、果树、蔬菜、经济作物。

四、基础支撑与条件保障类平台

基础支撑与条件保障类平台定位于为发现自然规律、获取长期野外定位观测研究数据等科学研究工作，提供公益性、共享性、开放性基础支撑和科技资源共享服务。主要包括国家野外科学观测研究站、农业部野外科学观测试验站、国家农业生物种质资源库（圃）、国家农业科学数据中心等。

（一）国家野外科学观测研究站

1. 功能定位

国家野外科学观测研究站是国家科技创新体系的有机组成部分，是地球科学、生态与资源科学、宏观生物学、农林科学和材料科学等学科发展必须依赖的基本研究手段和试验基地。其主要借助现代技术手段，对自然（或半自然）的变化过程进行长期持续的观测试验与研究，揭示不同时间尺度上自然界现象的发生特点、演化规律、内在机理以及与人类影响的关系，为寻求人类社会现代化进程新途径的创新突破，提供地球系统数据、信息保障与公共研究平台。

2. 发展历程

1999 年，科技部从中国科学院、国家林业局、农业部和教育部等所属的野外科学观测试验站中选出 35 个开展国家野外科学观测研究站试点；2005 年，科技部委托专家组组织了国家野外科学观测研究站遴选；2006 年，对 35 个国家野外科学观测研究站试点站进行了评估认证；至 2018 年底，全国共有生态系统、特殊环境与灾害、大气本底、材料腐蚀、地球物理等各类国家野外科学观测站 105 个，初步形成了跨部门的国家野外科学观测研究网络体系；至 2019 年 7 月，调整优化为 97 个。

3. 发展现状

截至 2019 年 7 月，全国共建设国家野外科学观测站 97 个，其中农业领域约 20 个。

（二）农业部野外科学观测试验站

1. 功能定位

农业部野外科学观测试验站是国家农业科技创新的重要组成部分，与国家和农业部重点开放实验室、产业技术体系等共同构成了农业研究基地，是农业科学研究依赖的重要基础平台。主要任务是为加快农业科学技术创新，建立我国农业野外科学观测试验站体系，获取长期、稳定、直接、综合的原始资料和基础数据，进一步完善农业野外科学观测网络体系，更好地为农业资源环境管理工作和新农村建设服务。

2. 发展历程

2005 年，农业部在全国开展了农业野外科学观测试验站评估命名工作。在全国农业科研单位和农业大学申报的基础上，农业部组织有关专家进行了评审，共命名了 58 个农业部野外科学观测试验站（农科教发〔2005〕14 号），并下发了《农业部重点野外科学观测试验站管理办法（试行）》。2008 年，农业部办公厅下发了关于开展重点野外科学观测试验站中期评估的通知，组织专家对 58 个野外科学观测试验站进行了评估，评估全部合格，并又补充命名了 10 个农业部野外科学观测试验站。2010 年之后，所有试验站合并进入农业农村部学科群体系重点实验室建设。

3. 发展现状

现建设有 68 个农业部野外科学观测试验站，其中部属三院 32 个、高校 7 个、省属科研及教学单位 29 个（表 4-4），目前均纳入农业农村部学科群体系中建设。

表 4-4 农业部野外科学观测试验站情况表

编号	台站名称	依托单位
1	农业部公主岭黑土生态环境重点野外科学观测试验站	吉林省农业科学院
2	农业部迁西燕山生态环境重点野外科学观测试验站	中国农业科学院农业资源与农业区划研究所
3	农业部洛阳旱地农业重点野外科学观测试验站	中国农业科学院农业资源与农业区划研究所
4	农业部广州热带南亚热带果树资源重点野外科学观测试验站	广东省农业科学院果树研究所
5	农业部长白山野生生物资源重点野外科学观测试验站	中国农业科学院特产研究所
6	农业部南海渔业资源环境重点野外科学观测试验站	中国水产科学研究院南海水产研究所
7	农业部杭州茶树资源重点野外科学观测试验站	中国农业科学院茶叶研究所
8	农业部寿阳旱地农业重点野外科学观测试验站	中国农业科学院农业环境与可持续发展研究所
9	农业部曲周农业资源与生态环境重点野外科学观测试验站	中国农业大学
10	农业部公主岭寒地果树资源重点野外科学观测试验站	吉林省农业科学院
11	农业部呼伦贝尔草甸草原生态环境重点野外科学观测试验站	中国农业科学院农业资源与农业区划研究所 内蒙古自治区海拉尔农牧场管理局
12	农业部杭州水稻土生态环境重点野外科学观测试验站	浙江省农业科学院环境资源与土壤肥料研究所
13	农业部鄂尔多斯沙地草原生态环境重点野外科学观测试验站	中国农业科学院草原研究所
14	农业部小汤山精准农业与生态环境重点野外科学观测试验站	北京农业信息技术研究中心
15	农业部广州赤红壤生态环境重点野外科学观测试验站	广东省农业科学院土壤肥料研究所
16	农业部祁阳红壤生态环境重点野外科学观测试验站	中国农业科学院农业资源与农业区划研究所
17	农业部昌平潮褐土生态环境重点野外科学观测试验站	中国农业科学院农业资源与农业区划研究所
18	农业部镇江桑树资源重点野外科学观测试验站	中国农业科学院蚕业研究所
19	农业部杨凌黄土生态环境重点野外科学观测试验站	西北农林科技大学
20	农业部黄渤海渔业资源环境重点野外科学观测试验站	中国水产科学研究院黄海水产研究所
21	农业部珠江中下游渔业资源环境重点野外科学观测试验站	中国水产科学研究院珠江水产研究所
22	农业部苏州水稻土生态环境重点野外科学观测试验站	江苏省农业科学院农业资源与环境研究中心 江苏太湖地区农业科学研究所

（续）

编号	台站名称	依托单位
23	农业部重庆紫色土生态环境重点野外科学观测试验站	西南农业大学
24	农业部泰安温带果树资源重点野外科学观测试验站	山东省果树研究所
25	农业部郑州潮土生态环境重点野外科学观测试验站	河南省农业科学院土壤肥料研究所
26	农业部儋州热带农业资源与生态环境重点野外科学观测试验站	中国热带农业科学院
27	农业部张北农业资源与生态环境重点野外科学观测试验站	河北农业大学
28	农业部资阳长江上游农业资源与生态环境重点野外科学观测试验站	四川省农业科学院土壤肥料研究所
29	农业部呼和浩特农牧交错带生态环境重点野外科学观测试验站	中国农业大学 内蒙古自治区农牧业科学院
30	农业部沽源草地生态环境重点野外科学观测试验站	中国农业大学
31	农业部乌鲁木齐干旱绿洲生态环境重点野外科学观测试验站	新疆农业科学院土壤肥料研究所
32	农业部蒙城砂姜黑土生态环境重点野外科学观测试验站	安徽省农业科学院土壤肥料研究所
33	农业部商丘农业资源与生态环境重点野外科学观测试验站	中国农业科学院农田灌溉研究所
34	农业部长江中上游渔业资源环境重点野外科学观测试验站	中国水产科学研究院长江水产研究所
35	农业部沅江麻类资源重点野外科学观测试验站	中国农业科学院麻类研究所
36	农业部德州农业资源与生态环境重点野外科学观测试验站	中国农业科学院农业资源与农业区划研究所
37	农业部安仁有害生物防治重点野外科学观测试验站	湖南省水稻研究所
38	农业部会川马铃薯资源重点野外科学观测试验站	甘肃省农业科学院粮食作物研究所
39	农业部廊坊有害生物防治重点野外科学观测试验站	中国农业科学院植物保护研究所
40	农业部黑龙江流域渔业资源环境重点野外科学观测试验站	中国水产科学研究院黑龙江水产研究所
41	农业部东海暨长江口渔业资源环境重点野外科学观测试验站	中国水产科学研究院东海水产研究所
42	农业部兴城北方落叶果树资源重点野外科学观测试验站	中国农业科学院果树研究所
43	农业部寿光环渤海农业资源与生态环境重点野外科学观测试验站	山东省农业科学院土壤肥料研究所
44	农业部武昌花生资源重点野外科学观测试验站	中国农业科学院油料作物研究所
45	农业部镇原黄土旱塬生态环境重点野外科学观测试验站	甘肃省农业科学院旱地农业研究所
46	农业部南昌红黄壤生态环境重点野外科学观测试验站	江西省农业科学院土壤肥料与资源环境研究所
47	农业部新疆果树资源重点野外科学观测试验站	新疆农业科学院
48	农业部徐州甘薯资源重点野外科学观测试验站	中国农业科学院甘薯研究所

（续）

编号	台站名称	依托单位
49	农业部兰州黄土高原生态环境重点野外科学观测试验站	中国农业科学院兰州畜牧与兽药研究所
50	农业部长江下游渔业资源环境重点野外科学观测试验站	中国水产科学研究院淡水渔业研究中心
51	农业部昌平畜禽资源重点野外科学观测试验站	中国农业科学院畜牧研究所
52	农业部沙尔沁牧草资源重点野外科学观测试验站	中国农业科学院草原研究所
53	农业部广州有害生物防治重点野外科学观测试验站	广东省农业科学院植物保护研究所
54	农业部衡水潮土生态环境重点野外科学观测试验站	河北省农林科学院旱作农业研究所
55	农业部望城红壤水稻土生态环境重点野外科学观测试验站	湖南省土壤肥料研究所
56	农业部福安茶树资源重点野外科学观测试验站	福建省农业科学院茶叶研究所
57	农业部哈尔滨黑土生态环境重点野外科学观测试验站	黑龙江省农业科学院土壤肥料研究所
58	农业部武汉黄棕壤生态环境重点野外科学观测试验站	湖北省农业科学院植保土肥研究所
59	农业部吴桥农业水资源及其高效利用重点野外科学观测试验站	中国农业大学
60	农业部北京渔业资源与环境重点野外科学观测试验站	中国水产科学研究院（渔业生态环境监测中心）
61	农业部太白小麦条锈病菌重点野外科学观测试验站	西北农林科技大学
62	农业部张掖绿洲灌区农业生态环境重点野外科学观测试验站	甘肃省农业科学院土壤肥料与节水农业研究所
63	农业部新乡矮败小麦重点野外科学观测试验站	中国农业科学院作物科学研究所
64	农业部大理农业生态环境重点野外科学观测试验站	农业部环境保护科研监测所
65	农业部玉树高寒草原资源与生态环境重点野外科学观测试验站	中国农业科学院草原研究所
66	农业部锡林浩特草原有害生物防治重点野外科学观测试验站	中国农业科学院植物保护研究所
67	农业部章古台沙地种质资源优化及生态环境修复重点野外科学观测试验站	辽宁省风沙地改良利用研究所
68	农业部鄱阳湖区红壤耕地质量与环境重点野外科学观测试验站	江西省红壤研究所

（三）国家农业生物种质资源库（圃）

农业生物种质资源是国家重要战略资源，对食物安全、绿色发展、农民增收和产业竞争力提升具有重要意义。目前，我国农业领域建设有国家农作物种质资源平台、国家家养动物种质资源平台、国家水产种质资源平台、国家微生物资源平台等国家科技基础条件平台。

1. 国家农作物种质资源平台

国家农作物种质资源平台主要由国家长期库、国家复份库、11个国家中期库、43个国家种质圃、16个省级中期库和国家种质信息中心组成。平台主要负责建立完善的农作物种质资源制度体系、组织管理体系、技术标准体系、鉴定评价体系、质量控制体系、保存技术体系和共享服务体系;开展农作物种质资源规范化和数字化的收集、整理、保存、评价、共享和利用;为作物育种、科学研究和农业生产提供更加优良、标准化、高质量的种质信息和实物。截至目前,该平台已整合全国各类农作物 350 多种,种质资源 44.1 万份,种质信息 243 GB。平台向全国科研院所、大专院校、企业、政府部门、生产单位和社会公众提供农作物种质资源实物共享和信息共享服务。"十二五"期间平台累计服务用户单位 14 982 个,服务用户 45 559 人次,服务于平台参建单位以外的用户占总服务用户的 79.84%。其中,提供农作物种质资源实物 53.06 万份次,提供农作物种质资源信息共享服务 273.98 万人次,提供在线资源数据下载和离线数据共享 785GB,为国家千亿斤粮食工程、种子工程、"渤海粮仓"、转基因重大专项等 30 多个重大工程和科技重大专项、2 000 多个各级各类科技计划(项目/课题)以及 2 070 家国内企业提供了资源和技术支撑,为 37 项国家级科技奖励,147 项省部级科技奖励,700 多个作物新品种审定和植物新品种权提供了支撑。

2. 国家家养动物种质资源平台

该平台主要收集畜禽和特种动物的活体、遗传物质和信息资源,并向政府、科研单位和高等院校及养殖企业等提供动物实物资源和信息数据的共享服务。平台具有独立的活体资源保护保存基地,同时还拥有先进完整的规模化遗传物质保存试验室,参与平台共享服务的各个省区市相关研究所、改良站、总站等均能够联合区域内的保种场、区,提供活体资源共享。截至 2016 年底,参建单位达近 60 家,参与运行服务人员达到 1 000 多人。平台通过描述规范、技术规程以及运行机制和管理制度,完善了动物资源信息库、实物库和共享体系运行管理,保障资源保存和资源共享有条不紊进行。截至 2016 年底,平台已收集猪、牛、鸡、鹿类、毛皮动物等 14 类畜禽和特种动物的活体、遗传物质和信息资源,包括活体资源 120 种,遗传物质资源 86 种,资源总量达到 723 种。其中,平台建成畜禽动物体细胞库为全球规模最大,保存国内外 331 个动物畜禽品种的 13 650 份资源。截至目前,平台累计向政府、科研单位和高等院校及养殖企业等 2 000 余家单位提供动物实物资源 1 638 万份,其中活体资源 1 601 万份,遗传物质等 37.24 万份。平台网站累计更新信息 200 多条,总访问数 657.8 万,访问人次 105 万,总数据下载量 345.3 GB,用户下载量 232.4 GB。平台服务各类科研项目 1 061 项。支撑科研成果获奖数量 81 项、发表论文 968 篇、授权专利 164 项、著作 67 部。平台举办各类生产技术相关培训班 1 790 多次,技术与成果推广服务活动 1 046 次,发放技术资料、图书 3 万余册,培训技术人员 87 894 人次。

3. 国家水产种质资源平台

根据水产种质资源生态分布类型和特点,按照各海区和内陆主要流域设计建立了 8 个保存整合分中心和地方级参加单位的两级平台建设运行体系。已有 33 家水产科研院所、大学等单位以协议方式成为平台成员单位,基本覆盖了全国涉渔科研单位;此外平台还整合了多家国家级水产原良种场及龙头企业,使活体资源保存范围进一步扩大,保存质量不断提高。平台共整理、整合和保存了 5 788 种水产种质资源,其中 673 种活体资源、3 958 种标本资源、683 种 DNA、181 种精子、116 个细胞系、177 种病原菌,已整合水产种质资源占国内保存资源总数的 95％ 以上，重要养殖生物种类的整合率达到 100％，平台门户网站包含 129 个数据库，标准化表达了 3.5 万条资源记录。在数据、信息、实物三个层次上，全面实现了水产种质资源的共享。利用平台资源，支撑了国家级、省部级重大科研项目上百项，为渔业龙头企业和广大养殖户提供技术培训 1 000 万人次以上，提供鱼虾贝藻优良苗种数十亿尾，为我国现代渔业发展和水域生态文明建设提供有力支撑。

4. 国家微生物资源平台

平台以 9 个国家级微生物资源保藏机构为核心，整合了我国农业、林业、医学、药学、工业、兽医、海洋、基础研究、教学实验等 9 大领域的微生物资源。中国农业科学院农业资源与农业区划研究所主要负责农业微生物资源收集、整理、鉴定、保藏及共享服务。截至 2016 年底，平台共保存农业微生物资源 730 属、2 500 种、20 000 余株，涵盖了肥效微生物、生物防治、饲料与酶制剂、能源、生物降解、食用菌等微生物资源。农业微生物资源子平台累计为 800 多家企业、680 余所高校和 600 余家科研院所以及 200 余家政府机构和个人提供 10 000 多株次的菌种共享服务，6 000 余项次的保藏、鉴定、检测等技术服务，服务企业涉及食品、医药、肥料、烟草、日化、石油等多个领域，支撑了我国生物产业的发展和生物科研的进步。

（四）国家农业科学数据中心

建立国家农业科学数据中心是农业基础性长期性科技工作的重要措施，是对农业生产系统内各要素变化及其相互关系进行科学观测监测，并阐明其内在联系及规律的科学活动。组织开展农业基础性长期性科技工作，目的是获取和掌握农业产前、产中和产后的数据资料，科学分析和预测农业生产现状和发展趋势，为指导农业生产、保障国家粮食安全和政府科学决策提供依据。目前国家农业科学数据中心的主要工作进展如下：

1. 组建观测监测网络

按照基础性长期性工作实施方案的部署，农业基础性长期性科技工作网络逐步形成。围绕作物种质资源、土壤质量、农业环境、植物保护、畜禽养殖、动物疫病、农用微生物、渔业科学、天敌昆虫、农产品质量安全等 10 个学科领域，初步形成了以 1 个数据总中心进行数据库建设维护，10 个数据中心开展技术支撑，456 个实验站在 2 500 个左右实验点上开展观测监测的农业基础性长期性科技工作网络（表 4-5）。

2. 加强专业化人才培养

明确基础性长期性工作的人才队伍建设目标，按照观测监测任务需要，组建形成一批实施农业基础性长期性科技工作的人才队伍。数据总中心和 10 个数据中心基础条件较好，已初步建成相对长期稳定的科研观测、监测队伍。省级和地市级农业科学院（所）通过对现有人员的筛选、培训以及明确观测监测责任人，也已初步组建了较稳定的人才队伍。2017 年，联盟办公室组织 10 个数据中心对签订任务书的实验站一线观测监测人员进行了培训，第一期培训共约 2 480 人次参加。

3. 推进观测实验站建设

2017 年底，农业农村部在对满足 30 年工作基础、自有土地、自有知识产权等条件单位进行摸底调查的基础上，在土壤质量、农业环境、植物保护等学科领域首批明确了36 个国家农业科学观测实验站作为第一批国家实验站挂牌运行（表 4-6）。

表 4-5 国家农业科学数据中心

序号	数据中心	依托单位
1	国家农业科学数据总中心	中国农业科学院农业信息研究所
2	国家作物种质资源数据中心	中国农业科学院作物科学研究所
3	国家土壤质量数据中心	中国农业科学院农业资源与农业区划研究所
4	国家农业环境数据中心	中国农业科学院农业环境与可持续发展研究所
5	国家植物保护数据中心	中国农业科学院植物保护研究所
6	国家畜禽养殖数据中心	中国农业科学院北京畜牧兽医研究所
7	国家动物疫病数据中心	中国农业科学院哈尔滨兽医研究所
8	国家农用微生物数据中心	中国农业科学院农业资源与农业区划研究所
9	国家渔业科学数据中心	中国水产科学研究院
10	国家天敌昆虫数据中心	中国农业科学院植物保护研究所
11	国家农产品质量安全数据中心	中国农业科学院质量标准与检测技术研究所

表 4-6 第一批确定的 36 个国家农业科学观测实验站名单

序号	实验站名称	依托单位
1	国家农业科学土壤质量德州观测实验站	
2	国家农业科学土壤质量祁阳观测实验站	中国农业科学院农业资源与农业区划研究所
3	国家农业科学土壤质量昌平观测实验站	
4	国家农业科学土壤质量洛龙观测实验站	
5	国家农业科学植物保护甘谷观测实验站	中国农业科学院植物保护研究所
6	国家农业科学种质资源管城观测实验站	中国农业科学院郑州果树研究所
7	国家农业科学农业环境寿阳观测实验站	中国农业科学院农业环境与可持续发展研究所
8	国家农业科学土壤质量西湖观测实验站	中国农业科学院茶叶研究所
9	国家农业科学渔业资源环境抚远观测实验站	中国水产科学研究院黑龙江水产研究所
10	国家农业科学渔业资源环境大鹏观测实验站	中国水产科学研究院南海水产研究所
11	国家农业科学渔业资源环境杨浦观测实验站	中国水产科学研究院东海水产研究所
12	国家农业科学渔业资源环境青岛观测实验站	中国水产科学研究院黄海水产研究所
13	国家农业科学渔业资源环境滨湖观测实验站	中国水产科学研究院淡水渔业研究中心
14	国家农业科学土壤质量凉州观测实验站	
15	国家农业科学土壤质量镇原观测实验站	甘肃省农业科学院
16	国家农业科学种质资源渭源观测实验站	
17	国家农业科学土壤质量伊宁观测实验站	伊犁哈萨克自治州农业科学研究所
18	国家农业科学种质资源武鸣观测实验站	广西农业科学院
19	国家农业科学土壤质量雁山观测实验站	桂林市农业科学院

（续）

序号	实验站名称	依托单位
20	国家农业科学种质资源红原观测实验站	四川省草原科学研究院
21	国家农业科学土壤质量洪山观测实验站	湖北省农业科学院
22	国家农业科学植物保护枝江观测实验站	宜昌市农业科学研究院
23	国家农业科学植物保护郾城观测实验站	漯河市农业科学院
24	国家农业科学植物保护信阳观测实验站	信阳市农业科学院
25	国家农业科学种质资源江津观测实验站	重庆市农业科学院
26	国家农业科学土壤质量进贤观测实验站	江西省红壤研究所
27	国家农业科学土壤质量相城观测实验站	江苏太湖地区农业科学研究所
28	国家农业科学土壤质量徐州观测实验站	江苏徐淮地区徐州农业科学研究所
29	国家农业科学土壤质量深州观测实验站	河北省农林科学院
30	国家农业科学土壤质量武清观测实验站	天津市农业资源与环境研究所
31	国家农业科学土壤质量爱辉观测实验站	黑龙江省农业科学院
32	国家农业科学种质资源道外观测实验站	
33	国家农业科学土壤质量公主岭观测实验站	吉林省农业科学院
34	国家农业科学农业环境阜新观测实验站	辽宁省农业科学院
35	国家农业科学农业环境奉贤观测实验站	上海市农业科学院
36	国家农业科学农业环境四子王观测实验站	内蒙古农牧业科学院

除上述国家级和部级农业科技平台外，全国各省市有关部门以及有关科研院校和企业，也分别支持建设了一批包括重点实验室、工程技术（研究）中心等在内的农业科技平台，在优化整合地方或行业科技资源、促进资源高效配置和推动地方经济和行业发展方面发挥了极其重要的作用。

本章参考文献

农业部科技教育司，1999. 中国农业科学技术 50 年 [M]．北京：中国农业出版社．

农业农村部科技教育司，2018. 中国农业农村科技发展报告（2012—2017）[M]．北京：中国农业出版社．

信乃诠，2013. 科技创新与现代农业 [M]．北京：中国农业出版社．

易高峰，2009. 国家重点实验室建设的回顾与思考：1984—2009 [J]．科学管理研究，27（4）：35 - 38.

科学技术部基础研究司，科学技术部基础研究管理中心，2017. 2016 国家重点实验室年度报告 [R]．

科学技术部基础研究司，科学技术部基础研究管理中心，2017. 2016 省部共建国家重点实验室年度报告 [R]．

科学技术部基础研究司，科学技术部基础研究管理中心，2017. 2016 企业国家重点实验室年度报告 [R]．

科学技术部基础研究司，2018. 国家工程技术研究中心 2016 年度报告 [R]．

第五章　农业科技体制改革与机制创新

体制机制是农业科技事业健康稳定发展的关键，是破解农业科技深层次矛盾的重要保障。加快农业科技进步，需要不断解放思想，大力强化体制机制创新，以体制机制创新促进农业科技创新。新中国成立 70 年来，党中央、国务院以及地方各级政府积极探索，努力构建符合新中国农业科技发展实际的管理体制和工作机制，不断深化农业科技体制改革，持续推进农业科技机制创新，有效地促进了我国农业科技的不断进步与发展。

一、农业科技体制建立与改革发展

（一）农业科技管理体制的建立与完善

农业科研机构是我国农业科技创新体系的重要组成部分。经过多年的发展，我国农业科研机构为促进农业科技创新，保障粮食安全，推进农业供给侧结构性改革和绿色发展发挥了重要作用。

随着相对集中统一的农业科学研究体系的组建，20 世纪 50 年代初，各省区市普遍建立了省、地两级的农业科研机构，一些省区还建立了省、地级的林业科学研究所和水产科学研究所。到 1957 年，中央和地方两级农业科学研究体系逐渐形成。

我国农业科研机构划分为农业部属、省属和地市属三个层次。目前我国农业科研体制的组织框架仍然沿袭计划经济体制下封闭的行政条块分割体制，按照政府从中央到省、（地）市、县等农业行政级别层层设立科研机构。各级科研机构自成体系，形成"大而全、小而全"的块状结构，分别隶属于不同级别的行政部门。同一级别、不同行业的科研机构（如农业、畜牧、林业、农机等）也隶属于不同的行政厅局。国家在体制管理上实行国家部门负责制。科学技术部主要负责拟订国家农业创新驱动发展战略方针以及科技发展、引进国外智力规划和政策并组织实施，组织拟订农业高新技术发展及产业化、科技促进农业农村和社会发展的规划、政策和措施，组织开展农业重点领域技术发展需求分析，提出重大任务并监督实施；农业农村部主要统筹研究和组织实施"三农"工作的发展战略、中长期规划、重大政策等，承担推动农业科技体制改革及相关体系建设、科研、技术引进、成果转化和技术推广等工作；各省区市农业农村行政主管部门负责本区域农业组织领导工作；各省区市农业科学院是人民政府直属事业单位，其主要职责是开展农牧业生产中重大的关键性科学技术问题的应用研究、应用基础研究、开发研究以及农业经济政策研究，组织农业科研协作和农业科技开发工作等。

＊本章审稿人：段武德；牵头撰写人：陆建中；参与撰写人：郑传临，李仕宝。

按照国家事业单位分类改革的总体要求，农业科研机构改革重点是优化改革方案，强化分类指导，明确各类农业科研机构的性质，积极稳妥推进改革工作。同时，加快建立"职责明确、评价科学、开放有序、管理规范"的现代农业科研院所制度，扩大院所自主权，努力营造科研人员潜心研究的政策环境。提高公益性科研机构运行经费保障水平。加强人才队伍与薪酬体系建设，依据学科领域、研究方向组建创新团队，按需设岗，按岗聘用，明确岗位用人标准，建立与科技评价相配套的薪酬体系。加强对农业科研院所的综合与分类考核评价，提高科学性、公正性和权威性。

（二）农业科技体制改革发展历程

1. 创建与发展时期（1949—1978 年）

新中国成立后，国家十分重视农业科技事业，开始大力整顿和改组原有农业科研机构，属于农业部的大区级研究所有 7 个、部直属专业所 7 个、试验场 2 个、筹备处 2 个。同时，还设立了省区市级试验场（站）193 处。为了适应经济发展需要，统一领导全国的农业科研工作，1957 年 3 月 1 日，中央在北京成立了中国农业科学院。与此同时，20 世纪 50 年代初，各省区市普遍建立了省、地两级农业科研机构。

1958 年"大跃进"运动后，农业研究机构经历了扩充、收缩和调整的过程。当时，受极左思潮的影响，农业科研机构被下放，科技人员上山下乡，原定的规划项目难以实施。1963—1965 年，中央提出"调整、巩固、充实、提高"的方针，国家对中国农业科学院的研究机构进行了恢复和充实，中国农业科学院的研究机构由 1960 年的 24 个增加到 1965 年的 33 个。

1966 年开始的"文革"，使我国农业科技组织体系遭到严重摧残，农业科研机构建制撤销，人员、机构被下放，农业科研工作基本停顿。但是，广大农业科技人员在十分困难的情况下仍坚持科研工作。1972 年，在周恩来总理的支持下，农业科研工作逐步得到恢复和加强，并取得一批重要科技成果。

2. 调整与发展时期（1978—1985 年）

1978 年 3 月，邓小平在全国科学大会上的讲话中明确指出，"现代化的关键是科学技术现代化"，重申了"科学技术是生产力"这一马克思主义基本观点，迎来了科学的春天。大会通过了《1978—1985 年全国科学技术发展规划纲要（草案）》，农业科研机构的建制得以陆续恢复。1978 年 12 月，党的十一届三中全会后，中国农业科学院外迁的研究所全部搬回北京，重新恢复了中国农业科学院的原有建制，大批农业科研人员返回到科研岗位。与此同时，各省区市的农业科学院和其他专业研究机构也恢复了建制或着手新建工作，农业科研机构和高等院校的科研工作得到迅速恢复和重建。经过几年的建设，初步形成了中央和地方两级管理、门类齐全的农业科研体系。

3. 改革与发展时期（1985—2000 年）

伴随经济体制改革的步伐，农业科研机构开始探索农业科技成果市场化，促进农业科研与产业发展相结合。"文革"结束后，中央政府开展了一系列农业科技整顿工作，恢复了下放的机构，建设了"四级农科网"，组织了全国农业科研协作攻关计划，并取得显著成效。但是，由于按照行政隶属关系层层设立机构，不同层级农业科研机构之间职能和工作重叠问题严重，财政支出不堪重负。1985年3月，《中共中央关于科学技术体制改革的决定》（中发〔1985〕6号）指出，当前科学技术体制改革的主要内容是：在运行机制方面要改革拨款制度，开拓技术市场，克服单纯依靠行政手段管理科学技术工作，解决国家包得过多、统得过死的弊病；在对国家重点项目实行计划管理的同时，运用经济杠杆和市场调节，使科学技术机构具有自我发展的能力和自觉为经济建设服务的活力。允许科研机构从事经营创收为主的商业化活动，以增加科研单位的总体经费，改善职工福利。这一决定指引整个农业科研体制发生了全方位的变革。全国各级农业科研机构引进市场机制和竞争机制，推行各种形式的承包责任制试点，开拓市场，加快技术成果商品化，探索新的劳动人事制度和分配制度。同时，国家对科研拨款方式也进行了改革，农业科研和推广机构的事业费由国家拨给，实行包干制，提倡其他渠道对科研投资，农业科研计划实行从原来的计划分配制度改为竞争制，国家部门和地方两级管理，列入计划的项目，由国家和地方财政拨款，并按合同专项管理。在这种竞争压力的驱使下，在全国和地方统筹规划下，各级农业科研机构根据国家需求和国际农业科技发展趋势以及经济建设、社会发展的需要，调整、改建和新建一批新兴学科、交叉学科和综合学科的科研机构。同时，按自然区划和合理的层次分工，进一步调整各自的方向任务，突出重点，将主要科技力量面向经济建设主战场，以各种形式加速科技成果转化，开拓技术市场，促进成果商品化，改变农业科研与生产脱节的情况。扩大研究机构自主权，实行所长负责制和任期制，建立所务委员会，学术、技术委员会和职工代表大会等民主管理组织，改革科技人员管理制度等。

1992年8月，国家科委、国家体改委印发《关于分流人才、调整结构、进一步深化科技体制改革的若干意见》（〔92〕国科发改字567号）的通知，提出"稳住一头，放开一片"的方针，提出了开拓农业技术市场的政策方向，对科研机构内部管理制度进行改革，重点调整科技系统结构，分流人员，转变运行机制，引导科技人员进入经济主战场，促进科技与经济的紧密结合。要求主要科研力量面向经济建设主战场，以各种形式加速科技成果转化为直接生产力。同时，组织精干的科技力量，从事农业基础性研究、高新技术研究和重大科技攻关，努力提高农业科技水平。1995年5月，中共中央、国务院召开全国科学技术大会，提出全面落实"科技是第一生产力"的思想，实施科教兴国战略，加速全社会的科技进步，要求认真贯彻《中共中央、国务院关于加速科学技术进步的决定》（中发〔1995〕8号），真正把实施科教兴国战略落到实处。从1996年开始，相继建立了一批国家、部门重点实验室、国家工程技术中心、国家农作物改良中心，成为支撑中央和地方两级农业科研重点骨干体系。同时，各省根据当地农业发展需要，在省、地两级农业科研机构中采取择优重点支持的方式，开展农业重大科技攻关研究，同时允许有条件的农业科研单位兴办科技企业，开发、推广科技成果和技术产品。

为加强对科技、教育工作的宏观指导和对科技重大事项的协调，实施科教兴国战略，推进科技、教育体制改革，提高我国科技、教育水平，促进经济与社会事业的发展，1998年6月，国务院关于成立国家科技教育领导小组的决定（国发〔1998〕20号）发布。国家科技教育领导小组的主要职责是：研究、审议国家科技和教育发展战略及重大政策，讨论、审议科技和教育重要任务及项目，协调国务院各部门及部门与地方之间涉及科技或教育的重大事项。

1999 年 8 月，中共中央、国务院召开全国技术创新大会，颁布《关于加强技术创新发展高科技实现产业化的决定》（中发〔1999〕14 号），提出进一步实施科教兴国战略，建设国家知识创新体系，加速科技成果向现实生产力转化，同时启动了新一轮较大规模的科研体制改革。要求通过分类改革，加强国家创新体系建设，推动一批有面向市场能力的科研机构转制为科技企业。全国地级以上 1 138 个农业研究所分别划转为社会公益类、科技服务类和技术开发类三种类型科技机构。这轮改革大大精简了农业科研队伍，一部分农业科研单位被整体划转为科技服务类和技术开发类科技机构。例如，农业部属的中国农业科学院、中国水产科学研究院和中国热带农业科学院，保留原有建制和领导管理体制，将原来的 66 个研究所中的 22 个整体转制为科技型企业研究所，11 个转制为农业事业单位，4 个进入大学，保留下来的 29 个合并为 27 个非营利研究所，科技力量和科技资源进行了重新布局和配置。对非营利性科研机构国家逐步加大对其事业费投入；对转为企业的研究所暂不核减事业费，可继续保留研究所的牌子，仍可以通过公平竞争获得国家经费项目支持；转为农业事业单位的研究所，纳入农业事业费单位统一管理；进入大学的研究所人财物统一划转到大学。在税收优惠政策方面，对转为企业的研究所，享受免征企业所得税和技术转让营业税等措施，对非营利性科研机构从事技术开发、技术转让或技术咨询、技术服务所得收入，按有关规定免征营业税和企业所得税。同时，地方农业科学院也进行了相应的改革。国家在推进这轮改革的前后，相继出台了一系列促进农业企业科技创新的政策，初步形成了政府鼓励企业投资农业科研的相关制度体系，促进了涉农企业的研发投入，但以企业为农业科技创新主体的农业科研体系并没有真正形成。

4. 创新与发展时期（2000—2012 年）

2002 年 10 月，根据科技部、财政部、中编办联合下发的《关于农业部等九个部门所属科研机构改革方案的批复》（国科发政字〔2002〕356 号），确定农业部所属研究所中，22 个转制为科技型企业科研机构，15 个划归地方管理、进入高校和转为农业事业单位，32 个定位为非营利性科研机构。之后，按照《国务院办公厅转发科技部等部门关于非营利性科研机构管理的若干意见（试行）的通知》（国办发〔2000〕78 号）的要求，农业部组织部属"三院"积极稳妥地推进改革和非营利性科研机构的组建工作。

2003 年 1 月，根据国务院办公厅转发科技部等部门《关于深化科研机构管理体制改革的实施意见》的通知（国办发〔2000〕38 号）和科技部、财政部、中编办联合下发的《关于农业部等九个部门所属科研机构改革方案的批复》（国科发政字〔2002〕356 号），结合农业部属科研机构的实际，农业部发布《关于直属科研机构管理体制改革实施意见》（农科教发〔2003〕1 号）。意见指出，推进科研机构管理体制改革，加快改革步伐，是实施科教兴农战略的客观要求，是农业和农村经济持续发展的需要，也是科研机构生存和发展的根本出路。改革的目标任务是：部属科研机构管理体制改革以加快农业科技进步，大幅度提高农业科技持续创新水平，加速科技成果转化、推广与产业化，促进农业科技与经济紧密结合为目标，保留"三院"建制，其所属研究所按照组建非营利性科研机构、转制为科技型企业、转为农业事业单位、进入大学四种类型优化科技力量布局和科技资源配置。通过优化结构、联合重组、分流人员、转变机制，建立学科设置合理、队伍精干、创新能力强、管理有序，以及"开放、流动、竞争、协作"的新型农业科技创新国家队。非营利性科研机构要强化农业应用基础研究和基础性工作，加强高新技术、综合技术、关键技术研究和开发，着重解决国家全局性、关键性、方向性、基础性的重大农业科技问题。转制为科技型企业的研究所要通过企业化运作，以资产为纽带，组建农业、水产、热作集团公司或股份公司，发挥技术研究与产业开发优势，逐步形成一批进入农业和农村经济建设主战场，技术和产品有市场竞争力，符合现代企业制度要求的农业科技产业化龙头企业，促进农业增效和农民增收。转为农业事业单位的研究所，要重新确定职能定位、服务领域和发展方向，实现经营管理的社会化。进入大学的研究所要与大学的人力资源和学科综合优势结合起来，做到优势互补，共同发展。后勤服务部门要逐步从原科研机构中剥离出来，实行企业化管理、社会化服务。

2006 年 1 月，中共中央、国务院召开全国科学技术大会，部署实施《国家中长期科学和技术发展规划纲要（2006—2020 年)》。中共中央、国务院作出建设创新型国家的决策，是事关社会主义现代化建设全局的重大战略决策。针对上一轮改革中所出现的问题，2007 年 5 月，农业部、科学技术部、财政部、国家发展和改革委员会、人事部、水利部、教育部、国家林业局和中央机构编制委员会等九部委联合下发了关于印发《国家农业科技创新体系建设方案》的通知，提出了构建由国家基地、区域性农业科研中心、试验站和企业技术研究中心等组成的国家农业科技创新体系方案。同年，农业部与财政部一道，按照全国一盘棋的思路，构建了以主要农产品为单元的现代农业产业技术体系。现代农业产业技术体系打破了创新链条中部门、机构间的条块分割限制，建立起有固定岗位的国家农业科技创新体系，并形成固定的中央财政支持模式，同时建立了对创新体系运行情况的考核制度。

2011 年 11 月，为推动公益事业更好更快发展，《中共中央　国务院关于分类推进事业单位改革的指导意见》（中发〔2011〕5 号）指出，按照政事分开、事企分开和管办分离的要求，以促进公益事业发展为目的，以科学分类为基础，以深化体制机制改革为核心，总体设计、分类指导、因地制宜、先行试点、稳步推进，进一步增强事业单位活力，不断满足人民群众和经济社会发展对公益服务的需求。在清理规范基础上，按照社会功能将事业单位划分为承担行政职能、从事生产经营活动和从事公益服务三个类别。对承担行政职能的，逐步将其行政职能划归行政机构或转为行政机构；对从事生产经营活动的，逐步将其转为企业；对从事公益服务的，继续将其保留在事业单位序列，强化其公益属性。同时，为达到明确事业单位定位，推动事业单位与主管部门理顺关系和去行政化，建立事业单位法人治理结构等目标，根据职责任务、服务对象和资源配置方式等情况，将从事公益服务的事业单位细分为两类：对不能或不宜由市场配置资源的，划入公益一类，根据正常业务需要，财政给予经费保障；对承担义务教育、基础性科研、公共文化、公共卫生及基层基本医疗服务等基本公益服务的，划归为公益二类，对其财政资金使用情况进行严格的绩效考评。

2012 年 7 月，中共中央、国务院召开了全国科技创新大会。会议指出，建设创新型国家是全党全社会的共同任务。全国科技创新大会是党中央国务院在深化改革开放、加快转变经济发展方式、全面建设小康社会的关键时期召开的重要会议，是一次深化科技体制改革的动员大会。大会深刻分析我国科技工作面临的新形势、新任务，就贯彻落实党中央、国务院《关于深化科技体制改革加快国家创新体系建设的意见》（中发〔2012〕6 号）做出全面部署，对于加快国家创新体系和创新型国家建设、推动科技事业又好又快发展具有重大指导意义。

5. 新时代改革发展时期（2012 年以来）

改革开放以来，我国先后设立了一批科技计划（专项、基金等），为增强国家科技实力、提高综合竞争力、支撑引领经济社会发展发挥了重要作用。由于顶层设计、统筹协调、分类资助方式不够完善，各类科技计划（专项、基金等）存在着重复、分散、封闭、低效等现象，多头申报项目、资源配置碎片化等问题突出，不能完全适应实施创新驱动发展战略的要求。2014 年 12 月，按照深化科技体制改革、财税体制改革的总体要求和《中共中央　国务院关于深化科技体制改革加快国家创新体系建设的意见》（中发〔2012〕6 号）、《国务院关于改进加强中央财政科研项目和资金管理的若干意见》（国发〔2014〕11 号）精神，国务院印发《关于深化中央财政科技计划（专项、基金等）管理改革方案的通知》（国发〔2014〕64 号），旨在强化顶层设计，打破条块分割，改革管理体制，统筹科技资源，加强部门功能性分工，建立公开统一的国家科技管理平台，构建总体布局合理、功能定位清晰、具有中国特色的科技计划（专项、基金等）体系，将中央 40 多个部委先后设立的近百项竞争性科技计划（专项、基金等）优化整合形成国家自然科学基金、国家科技重大专项、国家重点研发计划、技术创新引导专项（基金）、基地和人才专项等五类科技计划，重构国家科技计划布局，实行分类管理、分类支持。建立目标明确和绩效导向的管理制度，形成职责规范、科学高效、公开透明的组织管理机制，更加聚焦国家目标，更加符合科技创新规律，更加高效配置科技资源，更加强化科技与经济紧密结合，最大限度激发科研人员创新热情，充分发挥科技计划（专项、基金等）在提高社会生产力、增强综合国力、提升国际竞争力和保障国家安全中的战略支撑作用。

2015 年 9 月，中共中央办公厅、国务院办公厅印发《深化科技体制改革实施方案》（中办发〔2015〕46 号）。主要目标是：到 2020 年，在科技体制改革的重要领域和关键环节取得突破性成果，基本建立适应创新驱动发展战略要求、符合社会主义市场经济规律和科技创新发展规律的中国特色国家创新体系，进入创新型国家行列。自主创新能力显著增强，技术创新的市场导向机制更加健全，企业、科研院所、高等学校等创新主体充满活力、高效协同，军民科技融合深度发展，人才、技术、资本等创新要素流动更加顺畅，科技管理体制机制更加完善，创新资源配置更加优化，科技人员积极性、创造性充分激发，大众创业、万众创新氛围更加浓厚，创新效率显著提升，为到 2030 年建成更加完备的国家创新体系、进入创新型国家前列奠定坚实基础。这一改革方案提出要建立技术创新市场导向机制，构建更加高效的科研体系，改革人才培养、评价和激励机制，健全促进科技成果转化的机制，建立健全科技和金融结合机制，构建统筹协调的创新治理机制，推动形成深度融合的开放创新局面，营造激励创新的良好生态，推动区域创新改革等。

2018 年 3 月，第十三届全国人民代表大会第一次会议表决通过的《政府工作报告》明确指出，落实和完善创新激励政策。改革科技管理制度，科研项目绩效评价要加快从重过程向重结果转变。赋予创新团队和领军人才更大的人财物支配权和技术路线决策权。对承担重大科技攻关任务的科研人员，采取灵活的薪酬制度和奖励措施。探索赋予科研人员科技成果所有权或长期使用权。有悖于激励创新的陈规旧章要抓紧修改废止，有碍于释放创新活力的繁文缛节要下决心砍掉。

项目评审、人才评价、机构评估（以下简称"三评"）改革是推进科技评价制度改革的重要举措。为全面贯彻党的十九大精神，落实全国科技创新大会部署和《国家创新驱动发展战略纲要》要求，深入推进"三评"改革，进一步优化科研项目评审管理、改进科技人才评价方式、完善科研机构评估制度、加强监督评估和科研诚信体系建设，2018 年 7 月，中共中央办公厅、国务院办公厅印发了《关于深化项目评审、人才评价、机构评估改革的意见》（中办发〔2018〕37 号），提出要以习近平新时代中国特色社会主义思想为指导，按照党中央、国务院决策部署，坚定实施创新驱动发展战略，深化科技体制改革，以激发科研人员的积极性创造性为核心，以构建科学、规范、高效、诚信的科技评价体系为目标，以改革科研项目评审、人才评价、机构评估为关键，统筹自然科学和哲学社会科学等不同学科门类，推进分类评价制度建设，发挥好评价指挥棒和风向标作用，营造潜心研究、追求卓越、风清气正的科研环境，形成中国特色科技评价体系，为提升我国科技创新能力、加快建设创新型国家和世界科技强国提供有力的制度保障。改革意见要求，坚持尊重规律、坚持问题导向、坚持分类评价和坚持客观公正的基本原则。主要目标是："十三五"期间，在优化"三评"工作布局、减少"三评"项目数量、改进评价机制、提高质量效率等方面实现更大突破，基本形成适应创新驱动发展要求、符合科技创新规律、突出质量贡献绩效导向的分类评价体系，科技资源配置更加高效，科研机构和科研人员创新创业潜能活力竞相迸发，科技创新和供给能力大幅提升，科技进步对经济社会发展作出更大贡献。

旨在贯彻落实党中央、国务院关于推进科技领域"放管服"改革的要求，建立完善以诚信为前提的科研管理机制，按照能放尽放的要求，赋予科研人员更大的人财物自主支配权，减轻科研人员负担，充分释放创新活力，调动科研人员积极性，激励科研人员敬业报国、潜心研究、攻坚克难，大力提升原始创新能力和关键领域核心技术攻关能力，多出高水平成果，壮大经济发展新动能，为实现经济高质量发展、建设世界科技强国作出更大贡献。2018 年 7 月，国务院印发《关于优化科研管理提升科研绩效若干措施的通知》（国发〔2018〕25 号），通知要求，要优化科研项目和经费管理、完善有利于创新的评价激励制度、强化科研项目绩效评价、完善分级责任担当机制、开展基于绩效、诚信和能力的科研管理改革试点，科技部、财政部、教育部、中科院等相关部门和单位要加快职能转变，优化管理与服务，加强事中事后监管，放出活力与效率，管好底线与秩序，为科研活动保驾护航。要开展对试点单位落实改革措施的跟踪指导和考核，对推进试点工作不力、无法达到预期目标的，及时取消试点资格、终止支持。对证明行之有效的经验和做法，及时总结提炼在全国推广。

2018 年 8 月，国务院办公厅《关于成立国家科技领导小组的通知》（国办发〔2018〕73 号）发布，按照深化党和国家机构改革统一部署，根据议事协调机构调整有关安排和工作需要，国务院决定将国家科技教育领导小组调整为国家科技领导小组。国家科技领导小组的主要职责是：研究、审议国家科技发展战略、规划及重大政策，讨论、审议国家重大科技任务和重大项目，协调国务院各部门之间及部门与地方之间涉及科技的重大事项。

二、农业科研组织方式探索与改革创新

党中央历来高度重视农业和农业科技工作，把"三农"工作作为全党工作的重中之重，把农业科技确立为公共性、基础性、社会性的发展定位。在不同发展时期，通过组织制定相应发展规划，设立国家科技计划体系，不断加大财政投入力度，推动农业科技创新不断发展。组织管理上，国务院构建了科技工作统筹机制，形成了多部门共同推进农业科技发展的组织管理机制，保障了我国农业和农业科技的不断发展。

一是探索构建了自主管理、激发活力的机构运行管理机制。决策机制方面，《中华人民共和国科学技术进步法》确立了农业科研院所的院所长负责制和农业院校的党委领导下校长负责制，强化了院所长的自主权和责任主体。运行机制方面，通过加大对中央级农业科研机构和高校基本科研业务费专项、机构运行费专项、修缮购置专项等投入力度，增强了科技体系各主体的自主运行和资源配置能力。管理机制方面，国家推行了干部年度考核、创新绩效考评、绩效分配管理、科技奖励等办法，实现了各类机构人、财、物的规范管理。咨询机制方面，推动各科研机构、推广部门等，建立了学术、技术委员会和职工代表大会等民主管理组织，改革科技人员管理制度，有效提升了科学决策和服务能力。

二是探索构建了农业科技高效协同创新及转化应用机制。在农业科技发展过程中，我国探索构建了多样化的高效协同创新机制。例如，在杂交水稻新品种选育、黄淮海平原综合治理等工作中，建立起由政府主导、稳定支持，集中优势力量开展跨行业、跨领域的联合攻关的科技会战联合攻关组织模式；在构建现代农业产业技术体系方面，建立了由政府主导，以农产品为单元、以产业链为主线布局创新力量，持续稳定支持开展科技创新的现代农业产业技术一体化创新模式；在科技创新应用方面，由国家农业行政部门主导，以全局性和区域性农业问题为导向，依托机制创新整合科技资源，推动农业科技创新与转化应用"一盘棋""一条龙""一体化"的国家农业科技创新联盟协同创新模式；在创新农业产业发展体制机制方面，通过优化农业科技资源配置，搭建科技经济一体化融合平台，助力区域农业产业转型升级，带动地方经济发展，打造现代农业硅谷和区域经济增长极，建设国家现代农业产业科技创新中心等。这些模式创新，为进一步构建适应我国农业现代化的科技组织管理创新积累了丰富的经验。

三是建立了保障农业和农业科技发展的政策制度与法律法规。农业科技组织管理面向农业和农业科技发展，是一项系统工程。国家制定和出台了一系列政策制度和法律法

规，营造了良好的农业和农业科技发展环境。首先是建立起符合农业科技基本属性的中央及地方财政支持的科技计划体系。基于农业科技的公共性、基础性、社会性的发展定位，国家从"六五"时期开始，逐步建立起支持开展农业基础性工作、基础研究、高技术研究和关键技术研究、农业科技产业化发展的中央财政科技计划体系，发挥了政府在推动农业科技进步中的主体责任，促进了农业科技快速发展。同时，逐步建立和完善科技计划管理办法，实现了科研项目的规范管理，促进了中央和地方协同配套、共同发展。其次是出台了推动农业和农业科技进步的一系列支农强农惠农政策。为了推动农业和农业科技发展，国家围绕科技创新、成果转化、技术推广、人才队伍、科技合作交流等科技工作，出台了相应的支农强农惠农政策。如中央从 2004 年以来，持续 16 年出台中央 1 号文件，强化农业和农业科技的政策支持，不仅有效促进了我国农业的不断发展，而且有效推动了农业科技创新工作水平。这些政策包括逐步扩大对农业和农业科技的投入力度，加强农业科技人才和实用人才培养，切实加大对农业生产的补贴力度等。持续稳定的政策，是农业和农业科技持续发展的催化剂。其三是建立起保障有力的农业和农业科技法律法规。《中华人民共和国宪法》明确指出"农业是国民经济的基础"，为我国农业赋予了十分重要的战略地位。为了有效保障我国农业和农业科技发展，国家相继出台了《农业法》《农产品质量安全法》《农村土地承包法》《农民专业合作社法》《农业技术推广法》《种子法》《畜牧法》《乡镇企业法》《食品安全法》以及《科学技术进步法》《专利法》《促进科技成果转化法》等重要法律。为了高效推进农业和农业科技发展，还出台了《农药管理条例》《基本农田保护条例》《植物检疫条例》《植物新品种保护条例》《农业转基因生物安全管理条例》《农业机械安全监督管理条例》等重要法规。较为完备的法律法规，保障和促进了我国农业和农业科技的快速发展。

总的来说，科技组织管理方式必须要适应生产力发展的要求。政府主导、持续稳定投入、符合时代特点的大联合大协作，完善的政策法规制度保障等是农业科技发展宝贵的组织管理经验。一是坚持需求导向，探索推进科技经济一体化。解决科技经济脱节问题是深化科技体制机制改革的根本目标。近年来，针对农业科技经济"两张皮"问题，农业部和不少地方都探索了很多好的路子和模式，在推进农业科技经济一体化方面积累了宝贵经验。二是坚持协同创新，探索优化农业科技资源配置。协同创新是科技进步的客观必然，是提高创新能力和创新效率的本质要求。近年来，针对农业科技创新协同不足、资源配置不合理等问题，从中央到地方探索了多种模式，积极推进形成农业科技发展合力。三是推进多主体协同攻关，以利益联结机制凝聚支撑科技创新合力。实行多部门、多行业、多主体的通力协作，密切配合，协同攻关，推进农业科技进步的进程。

（一）农业科研协作组

随着现代农业科学技术的迅猛发展，科研规模越来越大，分工越来越细，而解决农业重大核心技术、关键技术问题，越来越带有综合性。大协作才能出大成果，大成果源于大协作，要完成这些重大课题研究任务，并取得重大进展和突破，需要跨部门、多学科的结合，组织科研大协作，甚至是国家规模的大协作，才能取得拥有自主知识产权、具有创新性的重大科技成果。随着当前科学技术的不断发展和进步，学科间的交叉、渗透和综合显得越来越重要。多学科、多层次、多形式、全方位的科研大协作，已成为完成重大研究项目的主要组织形式。

1963 年，经中共中央、国务院批准，国家科委下达的《1963—1972 年科学技术发展规划》提出，农业科学技术工作应该采取单科性研究与综合性研究相结合，总结提高农民生产经验和祖国农学遗产与发展现代科学技术相结合，科学研究与推广普及相结合的方法，要求各级科委、各部门和各专业组织加强科学研究的协调工作，使各方面的工作密切配合，相互衔接，避免不必要的重复。在农业部统一组织下，不少农业科研机构成立了一大批科研协作组，涉及育种、栽培、土肥、畜牧等学科领域。在当时集中型管理体制下，科技计划管理推进协作攻关是比较科学合理的一种制度安排，实践证明组织全国农业科研大协作，实施跨部门、跨学科的科研攻关，是一种成功的经验。"黄淮海平原旱涝盐碱综合治理科研协作组"和"全国籼型杂交水稻科研协作组"是我国历史上农业科技大会战的典型代表。

~~~/ **专栏 5-1** /~~~~

黄淮海平原旱涝盐碱综合治理科研协作组

黄淮海平原旱涝盐碱综合治理作为我国历史上最大的一次农业科技大会战，是农业科技战线上的"两弹一星"，所产生的经济、社会、生态效益显著。

黄淮海平原包括冀、鲁、豫、皖、苏五省和京津两市的 298 个县，有耕地 2.8 亿亩，由于受季风多变气候影响，曾长期遭受盐、碱、旱、涝危害，粮食不能自给，严重依赖"南粮北调"，每年吃掉国家 5 亿多千克返销粮。

为扭转这一局面，从 1973 年开始，由农业部主持，中国科学院、水利部、林业部和河北、山东、河南、安徽和江苏 5 省参加，设立 12 个试验区，组织 204 家科研单位和大专院校，1 141 名科技人员直接参与，开展了跨部门、跨行业、多专业、多学科的大型协同科技攻关。1988 年，全国 3 万多名科技人员开展多学科协同作战，以集体的智慧和辛勤的汗水，对黄淮海平原的盐碱地开展大规模的综合治理和开发。科技会战历经 20 多年，取得了领先世界的科技成果，成功实现了对黄淮海平原盐碱土的治理，为我国粮食年产量由 4 000 亿千克增长到 4 500 亿千克，解决我国粮食安全问题做出了重大贡献。12 个试验区粮食亩产由治理前的 30～70 千克，提高到 1989 年的 425～900 千克，农民人均收入增加两倍。攻关所获的 67 项重大科技成果中，有 16 项达到国际水平，12 项填补国内空白，2 项获国家科技进步奖。1993 年，石元春等 11 名同志为主要完成人的"黄淮海平原中低产地区综合治理的研究与开发"获国家科技进步特等奖。老一辈科学家和科技工作者顾全大局、敬业进取、攻坚破难、无私奉献、大力协作的事迹和严谨的科学精神至今仍鼓舞着广大科技工作者。

~~~/ 专栏 5 - 2 /~~~~~~~~~~~~~~~~~~~~~~~~~~~~~~~~~~~~~

全国籼型杂交水稻科研协作组

我国农业科技的发展始终是有组织、有规划、合作攻关的整体工程，每一项重大研究都不是孤立的个人行为。

袁隆平小组研究籼型杂交水稻是从 1964 年开始的。1972 年，农业部把杂交水稻研究列为全国重点科研项目，组成了全国范围的攻关协作网，来自全国 150 多家科研、教学单位的 1 400 多人参加科研大协作。1973 年，在第二次全国杂交水稻科研协作会上，袁隆平正式宣布籼型杂交水稻三系配套成功，水稻杂交优势利用研究取得了重大突破，1976 年即被批准大面积推广种植，使水稻产量增产 20% 以上，亩产达 600 多千克，为提高南方水稻产量做出了重大贡献。1981 年，国家授予全国籼型杂交水稻科研协作组袁隆平等人"籼型杂交水稻特等发明奖"，这是新中国成立以来国家颁发的第一个特等发明奖。

1986 年，袁隆平正式提出杂交水稻育种战略：由三系法向两系法，再到一系法，即在程序上朝着由繁到简但效率更高的方向发展。1996 年，农业部正式立项超级稻育种计划。2000 年，第一期亩产 700 千克目标实现。随后便是 2004 年亩产 800 千克、2011 年亩产 900 千克、2014 年亩产 1 000 千克的"三连跳"。

（二）现代农业产业技术体系

为全面提升国家、区域创新能力和农业科技自主创新能力，为发展现代农业提供强大的科技支撑，在实施优势农产品区域布局规划的基础上，从 2007 年开始，农业部与财政部一道，按照全国一盘棋的思路，以农产品为单元，以产业为主线，建设了从产地到餐桌、从生产到消费、从研发到市场各个环节紧密衔接、环环相扣、服务国家目标的现代农业产业技术体系，破解了若干以往靠单个课题、单个项目、单个单位无法解决的产业难题。体系以产业为主线，围绕产业链配置创新链，通过设置育种与种子种苗繁育、病虫或疫病防控、栽培与土肥、产后处理与储藏加工、机械与装备、产业经济等 6 大功能研究室以及综合试验站，遴选首席科学家、岗位科学家和综合试验站站长，有效实现了上中下游连接、多学科融合。体系上与国家的科技计划，下与农技推广、农民教育培训体系连接在一起，发挥了整体功效，推动了农科教、产学研的紧密结合。

现代农业产业技术体系选择水稻、玉米、小麦、大豆、棉花、油菜、生猪、奶牛、大宗淡水鱼等主要农产品作为建设单元，构建了 50 个主要农产品的现代农业产业技术体系。根据产业链部署创新链，按创新链各环节科学设置学科领域，每个领域按照产业发展需求设置若干科学家岗位，并在主产区设立若干综合试验站。"十三五"期间，50 个现代农业产业技术体系聘任科技人员共计 2 672 名，围绕产业发展开展科技创新、集成示范、政策咨询和应急服务。其中：首席科学家 50 名，岗位科学家 1 370 名，综合试验站站长 1 252 名。实践证明，现代农业产业技术体系的定位符合我国农业实际和农业科技自身规律，找到了科技与产业的结合点，发挥了财政资金"四两拨千斤"的撬动作用，已取得较为突出的成就，有力地促进了我国农业科技进步，是加强农业科技创新的成功模式。

一是注重长期稳定支持，体现农业科研规律性。农业生产周期长、区域性强、技术制约因素复杂，农业科研需要持续跟踪研究，农业科研的特点和内在规律必然要求以长期稳定支持为主。现代农业产业技术体系契合了农业产业特点、农业科技规律，改变了以往科技计划竞争过度、支持周期短的投入方式，通过中央财政持续稳定支持和任务委托等方式，稳定了经费支持、稳定了研究团队、稳定了研究方向，使得体系专家能够更加安心、静心、潜心开展研究，更有利于出好成果、大成果。

二是注重全链条布局，体现组织和运行的独特性。现代农业产业技术体系在不触动管理体制前提下，以 50 个农产品为单元，以产业为主线，围绕产业链部署创新链各个环节，围绕创新链部署资金链稳定支持，构建了从产地到餐桌、从生产到消费、从研发到市场各个环节紧紧相扣的全链条布局，推动了农产品从育种到贸易、从品种到商品、从资源到资产的全产业发展，实现了同一产业不同学科间融合，同一研究领域上中下游有机链接，同一科技资源跨单位有效整合利用。

三是注重跨部门整合，体现与科技改革目标的一致性。针对长期以来科技界普遍存在资源配置碎片化、科技与经济"两张皮"等问题，现代农业产业技术体系围绕产业链，跨部门、跨区域、跨单位合理配置科技资源和研发力量，形成稳定的创新团队；围绕产业发展需求，科学确定体系五年和年度重点任务，确立稳定的攻关方向；围绕体系人员开展研究和集成示范所需经费，合理确定并下达年度基本研发费用，实现支持的稳定。体系带动整个农业科研队伍体现国家战略需求，有效发挥了"国家队"作用；联结基础前沿研究与生产实际开展攻关，有效发挥了技术体系对产业发展的支撑作用。

四是注重产学研一体化，体现科研推广培训的衔接性。现代农业产业技术体系发挥了承上启下、上传下达的功能，建立了科研、推广、培训三大系统"一体化"的连接机制，建立了从实践中来、到实践中去的任务形成机制和成果落地机制，健全了科技创新链，补齐了"短板"环节。通过体系的协同性、开放性、吸纳性，实现了对原始创新的集成、对不同单位力量的集成、对现有项目资源的集成。

五是注重全方位服务，体现推动产业发展的不可替代性。现代农业产业技术体系打造了一支全天候支撑、全领域覆盖、全身心投入的专家队伍，时刻瞄准产业发展的重大问题，及时研究提出重大技术措施，推动政府出台相应政策措施，促进技术措施落地。按照国家战略决策和工作部署，有效实现了技术措施、政策措施和工作措施的融合。体系已成为中央和地方政府农业产业发展的独特"智库"、解决产业科技问题的"突击队"和应急服务的"特别行动队"。

（三）国家农业科技创新联盟

长期以来，困扰农业科技发展的上下一般粗、资源共享不足、单兵作战等一系列深层次问题仍然没有得到根本解决，严重制约农业科技健康发展，是我国农业科研体制改革所面临的一项重要问题。2014 年下半年，农业部组织专家开展了农业科技协同创新机制专题调研，系统梳理了我国农业科研体系的发展历程、现状和存在的主要问题，总结了我国农业科技协同创新的成功经验，参考发达国家、国际组织开展农业科技协同创新工作的先进做法，研究提出了《农业科技创新联盟建设研究报告》，组织编制了《国家农业科技创新联盟建设方案》，并向国务院提交了《关于建立国家农业科技创新联盟推进农业科研协同攻关的报告》。

联盟建设的建议得到党中央、国务院的高度重视。刘延东副总理和汪洋副总理分别就《关于建立国家农业科技创新联盟推进农业科研协同攻关的报告》做了重要批示。为了贯彻落实国务院领导的批示精神，农业部党组研究决定，在 2014 年 12 月份召开的中央农村工作会议和全国农业工作会议期间，组织召开国家农业科技创新联盟成立大会，中国农业科学院牵头、全国近千家单位共同参与联盟建设。2015 年中央 1 号文件明确提出了"建立农业科技协同创新联盟"部署。

国家农业科技创新联盟旨在充分发挥集中力量办大事的制度优势，打破部门、学科、区域界限，推进上中下游紧密衔接，各学科协同攻关，搭建分工协作"一盘棋"农业科研工作新格局，创建覆盖上中下游的"一条龙"农业科研组织模式、构建多学科集成的"一体化"农业科技综合解决方案，切实改变单个学科、单项技术、单兵作战的格局，凝聚强大合力，共同解决现代农业发展的重大技术瓶颈。

2017 年，国家农业科技创新联盟围绕农业供给侧结构性改革、农业绿色发展和创新驱动发展等重大需求，以推动重大任务落实为抓手，以机制创新促进科技创新，以 20 个标杆联盟建设为重点，强化机制创新和督导检查，努力突破现行"国家级—省级—地市级"三级农业科研组织"有体无系"的体制障碍，贯彻落实和扎实推进创新驱动发展战略。截至 2018 年 12 月，联盟从无到有、从小到大、由弱变强，以星火燎原之势迅速发展，凝聚全国优势农业科技力量，建立协同攻关新模式，形成区域联盟、专业联盟、企业联盟三大类型 73 个子联盟，吸引了全国上千家科研单位、创新团队和科研骨干的参与，推动全国初步形成了农业科研布局"一盘棋"、科技创新"一条龙"、技术服务"一体化"的新局面，初步构建了产学研用紧密结合、上中下游有机衔接的协同协作机制，搭建了集中力量办大事、办难事的平台和载体，在提升我国农业科技创新效率和水平，增强农业科技协同创新能力以及重大技术攻关、支撑产业转型升级和区域农业发展等方面，取得一系列新进展、新成效，有效促进了科技成果的示范推广。

（四）国家现代农业产业科技创新中心

为深入贯彻中央 1 号文件精神，2017 年，农业部在全国范围布局建设国家现代农业产业科技创新中心，旨在通过优化农业科技资源配置、搭建科技经济融合平台、创新农业产业发展体制机制，助力区域农业产业转型升级，带动地方经济发展，打造区域经济新增长极。目前已批复江苏南京、山西太谷、四川成都、广东广州 4 地启动产业科技创新中心建设，安徽合肥、吉林白城、四川眉山、湖北武汉、贵州乌蒙山区、青岛西海岸新区等省（市）已完成了前期规划论证工作并提交了正式申请。

一是创新体制机制，搭建科技经济一体化平台。产业科技创新中心充分借鉴国内外依托院校支撑、依赖市场运行、依靠政府引导的成功经验，以科技创新为基础、产业化为方向，促进创新要素集聚、关键技术集成、关联企业集中、优势产业集群，着力构建政府支持、企业主导、市场运作的机制，按照科技创新能力强、科技型企业强、地区辐射带动力强和地方党委政府建设意愿强的标准，打造"农业硅谷"，推动地方农业经济高质量发展。

二是坚持问题导向，探索产业科技创新模式。打造科技与产业无缝对接的新平台，面向农业产业需求，边科研边产业化，集中完成科学研究、实验开发、推广应用三级跳，实现科技创新与农业产业无缝对接。打造政产学研用金结合的新载体，充分发挥政府政策的支撑保障作用，吸引龙头企业、科技人才、社会资本和金融机构进入，切实把各类要素集聚到特定目标、平台和产业。打造区域农业经济增长极，以科技创新为引领，培育和壮大农业企业，推进人才集合、企业集中、产业集群、各类要素集聚，切实提升地方特色优势农业产业的质量效益和竞争力，带动区域农业经济发展。

三是引导资源集聚，不断培育内生动力。创新市场运行机制。在政府支持下，充分发挥市场配置资源的决定性作用，突出企业主体、市场化运作，引导企业与科技创新团队相互对接，瞄准市场需求集成转化成果，形成现实生产力。创新共享共赢机制。筑巢引凤，搭建科研中试、检验检测、成果展示、转化交易、交流合作、金融服务、法规咨询等平台，打造政产学研用金一体化的创新创业高地。支持引导企业、科研院所、高等院校、金融机构、新型经营主体等各方建立利益联结机制，形成利益共同体，实现互利共赢。创新人才激励机制。打造创新政策先行先试的示范区，促进科技成果权益分享、股权期权激励、兼职兼薪政策等优先在中心落地，让优秀科技人才"名利双收"，激发创新创业积极性。配套出台相关优惠政策，确保科技人才后顾无忧，安心创新创业。

在推进产业科技创新中心建设过程中，农业农村部严把建设标准，按照"建一个成一个、一个一个推动"的原则推动建设工作，指导各地突出自身功能定位和产业优势特点，切实为农业产业发展注入科技活力，把科技创新落实到产业化和产业发展上，已批复的产业科技创新中心建设已初显成效。

三、农业科技评价体制与机制创新

科技评价是政府进行科技管理的必要手段，是引导科研机构、团队及科技人员实现科技发展战略目标的重要抓手，是推进国家治理体系和治理能力现代化的重要工具。农业科技评价作为科技评价的重要组成部分，在不同历史时期国家有关科技方针的指引下，遵循一定的原则、程序和标准，运用科学、可行的方法，开展了不同形式的科技评价活动。科技评价的内容也由最初的科技成果奖励评价为主，逐步覆盖了科技政策、科技计划、科技项目、科技成果、科技发展规划、科技机构、科技人员等多方面评价。

（一）农业科技评价发展历程

新中国成立以来，我国农业科技评价伴随着国家科技体制改革和机制创新的历程逐步发展，大体经历了三个发展阶段：

1. 起步探索阶段（1949—1978 年）

新中国成立初期，各项事业百废待兴，传统农业进入恢复发展时期，农业生产对新品种、新技术的需求十分迫切。在 1950 年召开的七届三中全会上，毛泽东指出："农业的恢复是一切部门恢复的基础，没有饭吃，其他一切就没有办法。"为尽快建立科技体系，发展科学技术，国家有关部门制定了《1956—1967 年科学技术发展远景规划》，提出制定有关推广研究成果的程序及其技术经济的鉴定办法，加强研究成果的实验、推广和奖励工作，第一次提出了对研究成果进行鉴定的要求。1954 年 8 月，国务院发布《有关生产的发明、技术改造及合理化建议的奖励暂行条例》。1963 年 11 月，国务院发布《发明奖励条例》，同时废止《保障发明权与专利权暂行条例》和《有关生产的发明、技术改造及合理化建议的奖励暂行条例》。发明奖励由发明人所在单位按隶属关系逐级上报，最后由国家科学技术委员会设的发明评选委员会评定奖励等级，对发明人发给奖金和发明证书。发明属于国家所有，国内任何企业均可无偿使用。对奖励的评定要求，是我国开展科技评价的开端。

这一时期，由于我国农业科研机构、科研队伍等都处于恢复建立阶段，科技评价工作重点是以奖励评定为主，鼓励发明创造、成果创新，以满足经济社会对农业科技的需求。同时，这一时期对奖励评价的探索，也为未来的科技评价工作发展奠定了基础。

2. 全面发展阶段（1978—2012 年）

党的十一届三中全会后，我国科技事业迎来了蓬勃发展的春天。以科技奖励评定为主的科技评价工作率先开展。1978 年 3 月，全国科学技术大会召开。会议为 7 657 项科技成果、820 个先进集体和 1 184 名先进个人举行了隆重颁奖活动，标志着科技奖励制度的恢复。1978 年 12 月，国务院发布《中华人民共和国发明奖励条例》。1979 年 11 月，国务院发布《中华人民共和国自然科学奖励条例》。1984 年 9 月，国务院发布《中华人民共和国科学技术进步奖条例》，对国家级科技进步奖的奖励范围、条件、奖金等作了规定。条例同时还规定科学技术进步奖分为国家级和省、部级两级。1985 年，国务院批准成立国家科学技术奖励工作办公室，作为国家自然科学奖、国家技术发明奖和国家科学技术进步奖组织评审和日常办事机构。1995 年 12 月，国家科委通过《国家科学技术奖励评审委员会章程》，调整国家科技奖励评审机构的设置，将国家自然科学奖、技术发明奖、科技进步奖"三大奖"合并为一个评审委员会，并采用"两级三审"的评审制度。"两级"即国家科学技术奖励评审委员会和国家科学技术奖励学科（专业）评审委员会；"三审"即初审、复审、终审。形成国家自然科学奖、国家技术发明奖、国家科学技术进步奖和中华人民共和国国际科学技术合作奖四大奖项，奠定了现行科技奖励制度的基础。

科技奖励评定制度的发展完善，带动了科技评价工作的全面发展。20 世纪 80 年代中期，有关部门把联合国教科文组织和经济合作与发展组织所提出的指标体系与中国国情相结合，开始了对我国科研评估事业的探索。20 世纪 90 年代中期，随着科教兴国战略的兴起，相关的评价机构和法律也相继涌现。这一时期，农业科技评价也经历了从无到有、从单项到综合、从科技活动到科研机构评价的转变过程。1993 年，国家科委将技术评价引入到科技宏观管理环节，并于 1994 年开始试运行；1997 年组建了国家科技评估中心，随之全国各地也相继成立了科研评估机构；2000 年又成立了中国科学院评估研究中心，面向院内外承担各项评估工作。伴随着科研评估工作的迅速发展，国家也出台了一系列的法律来进行保障，科技部于 2000 年开始相继出台了《科技评估管理暂行办法》《科技项目招投标管理暂行办法》《国家科研计划课题评估评审暂行办法》《国家科技计划项目评估评审行为准则与督查办法》《科学技术评价办法（试行）》等，为我国科研评价的有序进行起到了规范指导作用。2008 年 12 月 15 日，胡锦涛总书记在纪念中国科协成立 50 周年大会上明确提出了"积极探索科学合理、具有中国特色的科技评价体系"的要求。

至此，科技评价工作已经由单一的成果、机构、项目（课题）、人才等评价活动向建设评价体系发展，科技评价制度不断完善，评价范围的不断拓展，表明我国的科技评价工作已经成为贯彻落实科学发展观、转变政府管理方式的重要举措，成为加快建设创新型国家的一项重要任务。

农业部下属中国农学会、科技发展中心、中国老科技工作者协会农业分会作为全国科技评价机构分别承担着全国农业科技成果评价工作，开展了一系列农业科技评价活动。

3. 深化改革阶段（2012 年以来）

2012 年 9 月，中共中央、国务院印发了《关于深化科技体制改革 加快国家创新体系建设的意见》，提出"改革科技管理体制，推进科技项目和经费管理改革、科技评价和奖励制度改革，形成激励创新的正确导向，打破行业壁垒和部门分割，实现创新资源合理配置和高效利用"。同年，科学技术部将科技奖励改革作为深化科技体制改革的重要内容。修订了"三大奖"的评价指标体系，注重创新质量，根据不同奖项特点设计了评价侧重点，在指标中更加突出鼓励原始创新，并建立了推荐工作质量体系。为确保奖励质量，逐渐建立了同行专家评审制度，为加强监督，要求申报项目在单位公示等。

2014 年 12 月，《国务院关于改进加强中央财政科研项目和资金管理的若干意见》发布，对项目资金进行了整合。2015 年 3 月《中共中央 国务院关于深化体制机制改革 加快实施创新驱动发展战略的若干意见》发布，提出改革高等学校和科研院所科研评价制度。强化对高等学校和科研院所研究活动的分类考核。对基础和前沿技术研究实行同行评价，突出中长期目标导向，评价重点从研究成果数量转向研究质量、原创价值和实际贡献。对公益性研究强化国家目标和社会责任评价，定期对公益性研究机构组织第三方评价，将评价结果作为财政支持的重要依据，引导建立公益性研究机构依托国家资源服务行业创新机制。

2017 年 5 月，国务院办公厅印发了《关于深化科技奖励制度改革的方案》，改革的重点任务包括实行提名制、建立定标定额的评审制度、调整奖励对象要求、明晰专家评审委员会和政府部门的职责、增强奖励活动的公开透明度、健全科技奖励诚信制度、强化奖励的荣誉性等。2018 年 5 月，习近平总书记在中国科学院第十九次院士大会、中国工程院第十四次院士大会开幕会上发表重要讲话，强调要着力改革和创新科研经费使用和管理方式，改革科技评价制度，正确评价科技创新成果的科学价值、技术价值、经济价值、社会价值、文化价值，把人的创造性活动从不合理的经费管理、人才评价等体制中解放出来。要创新人才评价机制，建立健全以创新能力、质量、贡献为导向的科技人才评价体系，形成并实施有利于科技人才潜心研究和创新的评价制度。要完善科技奖励制度，让优秀科技创新人才得到合理回报，释放各类人才创新活力。要通过改革，改变片面将论文、专利、资金数量作为人才评价标准的做法，不能让繁文缛节把科学家的手脚捆死了，不能让无穷的报表和审批把科学家的精力耽误了。为深化项目评审、人才评价、机构评估改革，2018 年 7 月，中共中央办公厅、国务院办公厅印发了《关于深化项目评审、人才评价、机构评估改革的意见》，提出以激发科研人员的积极性创造性为核心，以构建科学、规范、高效、诚信的科技评价体系为目标，以改革科研项目评审、人才评价、机构评估为关键，统筹自然科学和哲学社会科学等不同学科门类，推进分类评价制度建设，发挥好评价指挥棒和风向标作用，营造潜心研究、追求卓越、风清气正的科研环境，形成中国特色科技评价体系，为提升我国科技创新能力、加快建设创新型国家和世界科技强国提供有力的制度保障。

这一时期，农业科技评价工作也同样经历了深化改革阶段。2013 年，农业部出台了《关于促进企业开展农业科技创新的意见》，明确了对中央级、省级、地市级农业科研单位和企业在创新中的职责定位与评价原则。2015 年，农业部印发了《关于深化农业科技体制改革　加快实施创新驱动发展战略意见》，对建立以产业发展为导向的评价机制做出了明确的规定，有效引导农业科技创新转变。

（二）农业科研机构评价

我国农业科技事业取得长足的发展，主要依托全国各级农业科研机构的创新力量。对全国农业科研机构进行定期评估是农业科技管理的一项基础性工作，也是深化科技体制改革的需要。

为了加强对农业科研单位的管理，进一步深化农业科技体制改革，1989 年江苏农科院牵头开展了农业科研单位科研能力的综合评估方法研究。1992 年农业部在此基础上修改为新的 23 个评估指标的指标体系，并对全国 1 232 个农业研究所进行了评估，评出了 100 强。1996 年农业部利用原农业部科技与专利开发服务中心设计的 20 个指标的评估体系，对全国 1 120 个农业研究所进行评估，评出了 100 强。2006 年农业部利用农业部科技发展中心设计的三级 22 个指标的评估体系对全国 1 076 个农业研究所进行评估。2003 年中国农科院信息所设计了基础、活动、成果、应用、发展五大方面共 80 个指标，并基于 STS 数据，对我国农业科研机构的综合科研实力进行了评估；2004 年再次对全国 1 217 个涉农科研机构的综合科研实力进行了评估。通过评估，一方面摸清了全国各级各类农业科研单位的科研开发实力、优势及状况，另一方面通过量化的评估和动态分析，为各级政府、科技和农业主管部门合理配置农业科技资源、重点择优支持、改进管理提供依据。

党的十九大提出"加快建设创新型国家"的发展战略目标后，提出了"建立全面规范透明、标准科学、约束有力的预算制度，全面实施绩效管理"的要求，通过建立科学合理的评价机制，创新政府配置资源方式，激发科研事业单位创新活力，引导科研事业单位面向世界科技前沿、面向国民经济主战场、面向国家重大需求，立足职责定位，增强科技创新能力，发挥骨干引领作用。2017 年 10 月科技部、财政部、人力资源部联合印发的《中央级科研事业单位绩效评价暂行办法》规定：开展科研事业单位绩效评价，应重能力、重绩效、守规范、讲贡献，引导科研事业单位根据职责定位，聚焦能力提升，注重科技创新的科学价值、技术价值、经济价值和社会价值，建立基于绩效目标的评价机制，强化创新责任，激发创新活力，提升科技资源配置和资金使用效益，增加知识创造与技术供给。结合科研事业单位职责定位，将中央级科研事业单位分为基础前沿研究、公益性研究、应用技术研发等三类进行评价。对三类科研事业单位的绩效评价，在绩效目标设定、评价指标选择、评价方法运用等方面均体现各自类别特点，评价过程中不以论文作为唯一标准。从事基础前沿研究的科研事业单位，绩效评价应突出研究质量、原创价值和实际贡献等；从事公益性研究的科研事业单位，绩效评价应突出实现国家目标和履行社会责任等；从事应用技术研发的科研事业单位，绩效评价应突出成果转化、技术转移和经济社会影响等。采取参与式、开放式评价模式，充分发挥第三方机构和专家学者作用，通过开展评价，促进科研事业单位发现科技创新中的问题，完善绩效管理机制。同时，加强评价结果运用，推动科研事业单位聚焦职责定位，优化科研力量配置，加强创新团队和研发条件建设，改进科研组织方式和管理机制，提高绩效水平。建立了包括综合评价、年度抽查评价等评价类型的科研事业单位绩效评价长效机制。综合评价是面向全部中央级科研事业单位开展的，涵盖职责定位、科技产出、创新效益等方面的全面评价，以五年为评价周期。年度抽查评价是指五年期间，每年按一定比例对中央级科研事业单位开展的，聚焦年度绩效完成情况、创新能力等重点方面的评价。科研事业单位根据绩效评价报告提出的问题、意见、建议，提出具体整改措施和方案，加强学科、团队建设，完善条件保障，改进科研组织管理，提高绩效水平。主管部门将绩效评价结果作为加强所属科研事业单位管理的重要依据。在科研事业单位领导人员调整、任期目标考核、学科方向调整、条件平台建设、绩效激励等工作中，强化评价结果的应用。

2018 年 7 月 18 日，《国务院关于优化科研管理提升科研绩效若干措施的通知》中提出，国家在开展科研机构分类评价基础上，开展分类支持试点。对从事基础前沿研究、公益性研究、应用技术研究开发等不同类型的科研机构实施差别化的经费保障机制，结合科研机构职责定位，完善稳定支持和竞争性经费支持相协调的保障机制。同时，积极扩大科研机构、高校收入分配自主权，引导科研机构履行法人责任，按照职能定位和发展方向，制定以实际贡献为评价标准的科技创新人才收入分配激励办法，突出业绩导向，建立与岗位职责目标相统一的收入分配激励机制，合理调节科研人员、实验设计与开发人员、辅助人员和专门从事科技成果转化人员等的收入分配关系。

农业农村部于 2018 年开展中央级农业科研机构绩效评价改革试点工作，这项工作既是列入中央深改委 2018 年工作要点、由农业农村部牵头落实的改革任务，也是农业农村部贯彻落实党中央国务院有关部署要求、统筹推进科研管理改革的突破口，更是为全国科研机构绩效评价改革提供借鉴的实践探索。根据科技部、财政部、人社部联合印发的《中央级科研事业单位绩效评价暂行办法》有关要求，综合考虑中共中央办公厅、国务院办公厅《关于深化项目评审、人才评价、机构评估改革的意见》，国务院《关于优化科研管理 提升科研绩效若干措施的通知》等一系列政策文件的部署，统筹推进改革试点工作。

一是创新改革思路。坚持按照党中央国务院关于深化科技体制改革和推进科技领域"放管服"改革的部署要求，围绕解决评价导向"唯论文、唯奖励"和评价方式"一把尺子量到底"等问题，从找准科研机构的主体定位和核心使命出发，以主要职责任务为评价内容，以科技活动类型为分类依据，建立健全评价制度，引导科研机构立足职责定位，坚持"三个面向"，着力提升科技创新能力和创新效益，支撑引领乡村振兴和农业农村现代化。这一改革思路，综合了系列文件的改革要求，有突破、有拓展、有深化、有集成：**突破了分类方式**，不对科研机构分类，而是聚焦主体定位与核心使命，以科研机构主要职责任务作为评价内容，对其科技活动类型进行分类评价；**拓展了评价要求**，全面贯彻落实中央关于科技评价改革的系列要求，以科研机构绩效评价为统领，统筹推进项目、人才和团队等科技评价工作；**深化了评价内容**，在设定绩效目标和指标时，突出体现科研机构的职责定位，突出评价"技术研发的创新度、工作与产业的关联度以及对农业农村经济社会发展的贡献度"；**集成了相关要求**，统筹落实中央关于科技领域"放管服"改革的系列要求，着力推动科研机构优化科研管理、提升科研绩效。

二是坚持分层实施。对科研机构的评价以农业农村部为主，"三院"及所属科研机构分层组织落实；对项目、人才和团队评价以"三院"及所属科研机构为主，根据不同科技活动类型分别重点评价不同成果。**扎实推动工作，会同"三院"组织12个试点机构开展了自评价。**12个试点机构研究制定了试点工作方案，聚焦自身主体定位与核心使命，综合考虑各项主要职责任务的科技创新活动类型以及所在区域布局、科研条件基础等因素，明确了自身的绩效评价指标体系，对2013—2017年的工作进行了梳理总结，形成了自评价报告。**委托中国科学院评估中心开展了第三方评价工作。**中国科学院评估中心先后对试点机构自评估报告和代表性成果进行了核查，形成了第三方数据分析报告，对行业主管司局、农技推广机构等典型用户开展了调研，听取他们对试点机构主要职责任务完成情况的评价和意见建议，形成了典型用户评价报告。邀请13名来自科技界、推广部门、企业界的专家听取试点机构负责人的工作汇报并予以评议。

三是做好评价结果运用。第三方评价结束后，"三院"结合自评价和部门评价报告，形成学科布局、人才队伍、平台条件建设等方面的优化调整方案，向农业农村部有关司局报备或报批。对此次绩效评价改革试点工作要进行认真总结，改进完善评价体系和评价机制，把试点工作引向深入。

（三）农业科技计划项目评价

科技计划项目是实施科技创新工作的重要抓手，强化科研项目的绩效评价，是科技评价的核心。从新中国成立初期开始，我国持续通过若干个"五年规划"部署实施国家科技计划项目，通过计划项目评价，推动项目管理从重数量、重过程向重质量、重结果转变。

20世纪90年代初，中国进入一个整体推进改革的新阶段，决策的科学化和民主化成为当时最热的词汇之一。为适应政府职能转变与科技计划管理改革的需要，促进科技资源优化配置，国家科委率先启动了我国的科技评估工作，并制定了 5 年评估计划，从 1995 年开始连续对国家科技攻关计划、国家"863"计划、国家高新技术开发区、国家新产品计划和国家工程技术研究中心等一系列重大科技计划进行了评估。这是我国科技评估具有开创性和里程碑意义的时期。随着政府职能转变和科技计划管理体制改革的深入，评估活动越来越受到各级政府的重视，各层次的科技评估工作逐步开展起来。在科技部的推动下，各部门、地方的科技评估工作陆续开展起来，相应成立了科技评估机构，开展了一系列评估活动。一些省市把引入评估机制作为科技管理改革的重要措施，制定了相应的管理办法。有的地方政府还明确规定，对地方财政投入达到一定规模的科技项目必须经过评估才能启动。

在科研项目评价改革进程中，**首先是设定科研项目绩效目标**。国家在项目指南设计上，按照分类评价要求提出每一个项目的绩效目标。目标导向类项目申报书和任务书要有科学、合理、具体的项目绩效目标和适用于考核的结果指标，并按照关键节点设定明确、细化的阶段性目标，用于判断实质性进展；立项评审应审核绩效目标、结果指标与指南要求的相符性以及创新性、可行性、可考核性，实现项目绩效目标的能力和条件等；加强项目关键环节考核，项目实施进度严重滞后或难以达到预期绩效目标的，及时予以调整或取消后续支持。**其次是实行科研项目绩效分类评价**。基础研究与应用基础研究类项目重点评价新发现、新原理、新方法、新规律的重大原创性和科学价值、解决经济社会发展和国家安全重大需求中关键科学问题的效能、支撑技术和产品开发的效果、代表性论文等科研成果的质量和水平，以国际国内同行评议为主。**技术和产品开发类项目重点评价新技术、新方法、新产品、关键部件等的创新性、成熟度、稳定性、可靠性，突出成果转化应用情况及其在解决经济社会发展关键问题、支撑引领行业产业发展中发挥的作用。应用示范类项目绩效评价以规模化应用、行业内推广为导向，重点评价集成性、先进性、经济适用性、辐射带动作用及产生的经济社会效益，更多采取应用推广相关方评价和市场评价方式。**其三是**严格依据任务书开展综合绩效评价**。强化契约精神，严格按照任务书的约定逐项考核结果指标完成情况，对绩效目标实现程度作出明确结论。应用研究和工程技术研究类要突出技术指标刚性要求，严禁成果充抵等弄虚作假行为，突出代表性成果和项目实施效果评价，对提交评价的论文、专利等作出数量限制规定。目标导向类项目可在结束后 2～3 年内进行绩效跟踪评价，重点关注项目成果转移转化、应用推广以及产生的经济社会效益，有关单位和企业要如实客观开具科研项目经济社会效益证明，对虚开造假者严肃处理。**其四是加强绩效评价结果的应用**。绩效评价结果应作为项目调整、后续支持的重要依据以及相关研发、管理人员和项目承担单位、项目管理专业机构业绩考核的参考依据。对绩效评价优秀的，在后续项目支持、表彰奖励等工作中给予倾斜。项目承担单位在评定职称、制定收入分配制度等工作中，更加注重科研项目绩效评价结果，不得简单计算获得科研项目的数量和经费规模。

更加重视科技计划绩效评估。针对科技计划整体情况组织开展绩效评估，重点评估计划目标完成、管理、产出、效果、影响等绩效。绩效评估通过公开竞争等方式择优委托第三方开展，以独立、专业、负责为基本要求，充分发挥第三方评估机构作用，根据需要引入国际评估。加强对第三方评估机构的规范和监督，逐步建立第三方评估机构评估结果负责制和信用评价机制。

（四）农业科技成果评价工作

农业科技成果评价工作包括科技成果鉴定、科技成果奖励两种形式。其中，科技成果鉴定工作又经历了由政府科技主管部门主导鉴定向第三方科技成果评价转变。

在世界科技日新月异，科技竞争不断加剧的背景下，国家从 2000 年开始不断改革科技奖励制度，逐步形成了以重大科技成果奖励为主体的科技评价制度。国家科技奖励重点从农业科技成果的创新性、推广应用以及经济有效性等方面进行重点评价，按照不同成果性质进行分类奖励。40 年来，国家共授予 10 多万人（次）国家自然科学奖、国家技术发明奖、国家科学技术进步奖三大奖项，20 个国家的 113 位外籍专家和 2 个国际组织、1 个外国组织获国际合作奖。共授予国家自然科学奖 1 230 项，国家技术发明奖 4 112 项，国家科学技术进步奖 12 323 项，包括杂交水稻、甲型 H1N1 流感防控等一大批科技创新成果。同时，农业行业部门也先后建立起科技奖励制度，分别设立了**农业部科技成果奖、农牧渔业丰收奖等奖励制度**，对科研成果、技术推广等工作进行奖励。

科技成果鉴定是评价科技成果质量和水平的方法之一，它可以鼓励科技成果通过市场竞争以及学术上百家争鸣等多种方式得到评价和认可，从而推动科技成果的进步、推广和转化。1994 年 10 月，国家科委出台了《科学技术成果鉴定办法》等规章，要求列入国家和省区市以及国务院有关部门科技计划内的应用技术成果以及少数科技计划外的重大应用技术成果，按照办法规定进行成果鉴定，鉴定工作主要由科技行政管理部门会同农业行业主管部门开展，按照是否完成合同或计划任务书要求的指标，技术资料是否齐全完整并符合规定，应用技术成果的创造性、先进性和成熟程度，应用技术成果的应用价值及推广的条件和前景，存在的问题及改进意见等内容进行评价并提出鉴定意见。成果鉴定工作是对农业科技工作取得的阶段性成果进行创新性评价，对所取得的阶段性成果进行认同，以利于科研成果的进一步推广应用。

2016 年，科技部印发了《国务院办公厅关于做好行政法规部门规章和文件清理工作有关事项的通知》（国办函〔2016〕12 号），决定取消成果鉴定，全面实施科技成果评价工作。《科学技术成果鉴定办法》被废止后，根据科技部、教育部等五部委发布的《关于改进科学技术评价工作的决定》和科技部发布的《科学技术评价办法》的有关规定，各级科技行政管理部门不再自行组织科技成果评价，科技成果评价工作由委托方委托专业评价机构进行，主要由学会、协会等社会组织负责对科技工作取得的阶段性成果进行评价。科技评价工作是政府"放管服"工作的一项具体任务。科技成果评价主要根据成果的性质和特点确定评价标准，进行分类评价：对基础研究成果以在基础研究领域阐明自然现象、特征和规律，做出重大发现和重大创新以及新发现、新理论等的科学水平、科学价值作为评价重点。在国内外有影响的学术期刊上发表的代表性论文及被引用情况应作为评价的重要参考指标；对应用技术成果以运用科学技术知识在科学研究、技术开发、后续开发和应用推广中取得新技术、新产品，获得自主知识产权，促进生产力水平提高，实现经济和社会效益为评价重点。应用技术成果的技术指标、投入产出比和潜在市场经济价值等应作为评价的重要参考指标；对软科学研究成果应以研究成果的科学价值和意义，观点、方法和理论的创新性以及对决策科学化和管理现代化的作用和影响作为评价重点。软科学研究成果的研究难度和复杂程度、经济和社会效益等应作为评价的重要参考指标。

在科技成果评价基础上，国家不断改革科技奖励制度，出台相应奖励改革方案。在国家科技奖励方面，改革现行由政府下达指标、科技人员申报、单位推荐的方式，实行由专家学者、组织机构、相关部门提名的制度。提名者承担推荐、答辩、异议答复等责任，对相关材料的真实性和准确性负责。实行定标定额评审制度，国家自然科学奖、国家技术发明奖、国家科技进步奖实行按等级标准提名、独立评审表决的机制，一等奖评审落选项目不再降格参评二等奖。提高奖励工作的公开透明度，向全社会公开评奖规则、流程、指标数量，全程公示国家自然科学奖、国家技术发明奖、国家科技进步奖候选项目及其提名者。

/ 专栏 5-3 /

全国农业科研机构获得国家科技奖励情况（2000—2018 年）

机构类别	奖励年度																			
	2000	2001	2002	2003	2004	2005	2006	2007	2008	2009	2010	2011	2012	2013	2014	2015	2016	2017	2018	合计
一、国家自然科学奖																				
农业部属		0	0	0	0	0	0	0	0	0	0	0	0	1	0	0	0	1	1	**3**
省属		0	0	0	0	0	0	0	0	0	1	0	0	0	1	0	0	0		**2**
地市属																				**0**
二、国家技术发明奖																				
农业部属	1		1	0	0	0	1	2	0	0	1	1	1	1	3	2	0	1	2	**17**
省属		1	0	0	2	0	1	1	0	0	1	0	0	2	1	1	1	0		**11**
地市属		0	0	0	0	0	0	0	0	0	0	0	0	0	0	0	0	0		**0**
三、国家科技进步奖																				
农业部属	4	7	3	2	8	8	13	7	9	15	10	8	11	5	10	9	7	7	6	**149**
省属	7	4	14	7	13	14	11	10	10	12	14	15	12	11	13	16	9	8	1	**201**
地市属	1	1	2	1	2	2	0	1	4	2	2	2	2	0	0	1	0	1		**24**

（五）农业科技人才评价工作

科技人才评价是农业科技评价的核心。人才评价是人才发展体制机制的重要组成部分，是人才资源管理和使用的前提。建立科学的人才分类评价机制，对于树立正确用人导向、激励引导人才发展、调动人才创新创业积极性、加快建设人才强国具有重要作用。

我国十分重视科技人才评价工作，不断创新人才评价机制，发挥人才评价指挥棒作用。**一是实行分类评价**。以职业属性和岗位要求为基础，健全科学的人才分类评价体系。根据不同职业、不同岗位、不同层次人才特点和职责，坚持共通性与特殊性、水平业绩与发展潜力、定性与定量评价相结合，分类建立健全涵盖品德、知识、能力、业绩和贡献等要素，科学合理、各有侧重的人才评价标准。加快新兴职业领域人才评价标准开发工作。建立评价标准动态更新调整机制。**二是突出品德评价**。坚持德才兼备，把品德作为人才评价的首要内容，加强对人才科学精神、职业道德、从业操守等评价考核，倡导诚实守信，强化社会责任，抵制心浮气躁、急功近利等不良风气，从严治理弄虚作假和学术不端行为。完善人才评价诚信体系，建立诚信守诺、失信行为记录和惩戒制度。探索建立基于道德操守和诚信情况的评价退出机制。**三是科学设置评价标准**。坚持凭能力、实绩、贡献评价人才，克服唯学历、唯资历、唯论文、唯奖项等评价倾向，注重考察各类人才的专业性、创新性和履责绩效、创新成果、实际贡献，实行差别化评价，鼓励人才在不同领域、不同岗位作出贡献、追求卓越。**四是改进和创新人才评价方式**。按照社会和业内认可的要求，建立以同行评价为基础的业内评价机制，注重引入市场评价和社会评价，发挥多元评价主体作用。基础研究人才以同行学术评价为主，加强国际同行评价。应用研究和技术开发人才突出市场评价，由用户、市场和专家等相关第三方评价。促进人才评价和项目评审、机构评估有机衔接。按照既出成果、又出人才的要求，在各类工程项目、科技计划、机构平台等评审评估中加强人才评价，完善在重大科研、工程项目实施、急难险重工作中评价、识别人才机制。避免简单通过各类人才计划头衔评价人才。加强评价结果共享，避免多头、频繁、重复评价人才。**五是加强科研诚信建设**。对科研不端行为实行零容忍，完善调查核实、公开公示、惩戒处理等制度。建立完善严重失信行为记录信息系统，对纳入系统的严重失信行为责任主体实行一票否决，一定期限、一定范围内禁止其获得政府奖励和申报政府科技项目等。推进科研信用与其他社会领域诚信信息共享，实施联合惩戒。逐步建立科研领域守信激励机制，加强对科研人员和青年学生的科研诚信教育，引导其树立正确的科研价值观、潜心科研、淡泊名利。**六是推动建立人才评价与收入分配相结合的激励机制，突出知识价值的体现**。在保障科技人员基本工资水平正常增长的基础上，逐步提高体现科研人员履行岗位职责、承担政府和社会委托任务等的基础性绩效工资水平，并建立绩效工资稳定增长机制。加大对作出突出贡献科研人员和创新团队的奖励力度，提高科研人员科技成果转化收益分享比例。强化绩效评价与考核，使收入分配与考核评价结果挂钩。对不同功能和资金来源的科研项目实行分类管理，在绩效评价基础上，加大对科研人员的绩效激励力度。同时鼓励科研人员通过科技成果转化获得合理收入，增加科研人员的成果性收入。

新中国成立以来，特别是改革开放以来，随着科技体制改革的持续深化和各项政策的有序推进，我国农业科技创新人才的发展环境有了长足改善，农业科技人员创新的积极性也空前高涨。

本章参考文献

郭海红，2019. 改革开放四十年的农业科技体制改革 [J]. 农业经济问题 (1)：86-98.

国家科学技术奖励办公室，1999. 发挥奖励杠杆作用促进科学技术进步——国家科学技术奖励工作 50 年 [J]. 中国科技奖励，7 (3)：7-10.

廖西元，2017. 支撑引领农业供给侧改革和现代农业发展 [N]. 农民日报，10-11 (5).

陆建中，2011. 农业科研机构自主创新能力研究 [D]. 北京：中国农业科学院.

农业部科技教育司，1999. 中国农业科学技术 50 年 [M]. 北京：中国农业出版社.

农业农村部科技教育司，2018. 中国农业农村科技发展报告 (2012—2017) [M]. 北京：中国农业出版社.

乔金亮，2018. 农业科技创新联盟共建共享 [N]. 经济日报，11-27 (13).

唐旭斌，2010. 中国农业科技组织体系 60 年 [J]. 科学学研究，28 (9)：1306-1315.

新华社，2012. 黄淮海平原旱涝盐碱综合治理效益显著 [EB/OL]. 2012-06-05. http：//www. gov. cn/jrzg/ 2012-06/05/content_2153856. htm.

信乃诠，2008. 当代中国农业科学研究进展 [M]. 北京：中国农业出版社.

中国农业科技管理研究会，农业部科技发展中心，2017. 全国农业科研机构年度工作报告 (2016 年度) [M]. 北京：中国农业科学技术出版社.

《中国农业年鉴》编辑委员会，1982. 中国农业年鉴 [M]. 北京：农业出版社.

朱世桂，2012. 中国农业科技体制百年变迁研究 [D]. 南京：南京农业大学.

第六章　农业科技国际合作与交流

农业科技国际合作与交流工作是推动我国农业科技发展进步的重要途径。新中国成立 70 年来，我国农业科技国际合作与交流经历了不断发展壮大的光辉历程。特别是改革开放以来，我国高度重视农业科技国际合作与交流工作，鼓励相关部门和科研机构积极开展国际合作与交流，农业科技国际合作的领域不断拓宽，层次不断提升，在提高我国农业科技整体水平、促进农业和农村经济可持续发展等方面发挥了重要作用。

党的十八大明确提出要实施创新驱动发展战略，以全球视野谋划和推动创新，提高原始创新、集成创新和引进消化吸收再创新能力。同时，随着我国"一带一路"倡议的提出，农业科技国际合作被列为重要合作领域并得到沿线国家的积极响应。共同参与农业科技创新合作，共享科技成果和发展经验，成为推动"一带一路"农业合作、促进各国粮食安全与农业农村可持续发展的重要手段。党的十九大开启了新时代中国特色社会主义的新征程，"构建人类命运共同体"成为新时代中国特色社会主义思想的重要组成部分，"一带一路"与构建人类命运共同体为全球提供了开放、包容的国际合作平台，农业科技国际合作交流翻开了新篇章。

一、农业科技国际合作与交流发展历程

（一）起步时期（1949—1978 年）

新中国成立之初，我国主要与苏联、罗马尼亚、保加利亚、波兰、朝鲜等社会主义国家进行农业科技交流与合作，形式包括互派代表团、科学家互访、种质资源和文献资料交换以及学术交流等；另外，与日本、丹麦、英国等少数发达国家也进行过技术交流。50 年代中国农业科学院筹建期间，曾邀请全苏列宁农业科学院专家来华提供咨询建议。60 年代，因受外交关系影响，我国农业科研机构与苏联和东欧一些国家和地区的交往逐步减少或中断，主要与阿尔巴尼亚、越南、朝鲜、古巴等国以及少数非洲、中东和大洋洲发展中国家有一些交往。与澳大利亚在小麦和绵羊、与日本在水稻方面有过少量技术交流。"文革"期间，农业科研受到很大冲击，国际农业科技合作与交流也几乎处于停顿状态，只与少数几个国家保持一般性访问、种质资源和科技资料交换等形式的交流，以及对外提供少量技术援助。

20 世纪 70 年代，随着中美、中日关系的解冻以及中国在联合国合法地位的恢复，与我国建交的国家增多，农业科技对外交往的范围逐步由以往的社会主义国家和发展中国家拓展到美国、加拿大、西欧、澳大利亚、日本等发达国家和地区，合作方式也逐步

---

　　* 本章审稿人：张亚辉、韦正林；主要撰写人：郝卫平、柯小华、张蕙杰；参与撰写人：张爽、彭晨。

增多。1974 年，美国以美中交流协会的名义派植物学家代表团访华，打开了中美中断了几十年的农业科技往来的大门。中国农学会与日本农业协同工会、日中经济协会等单位展开了农业技术交流。与东欧中断多年的农业交往也陆续恢复。在多边领域，1973 年 4 月我国恢复在联合国粮农组织的合法席位后，逐步与一些国际农业机构（包括一些私营基金会）建立了合作关系，交流合作渠道逐渐增多。

（二）快速发展时期（1978—2000 年）

1978 年改革开放以后，在党的外交方针政策指引下，坚持"自力更生为主，争取外援为辅"的方针，我国农业科技对外交流合作范围逐步扩大，在继续开展访问交流、品种资源和科技文献资料交换基础上，开始争取和利用多双边经济技术援助，引进先进适用农业技术、仪器设备、资金和管理经验，推动国内农业科技发展。同时，我国开始与一些发达国家签署农业科技合作协议，并与联邦德国、法国、美国、日本等国成立了双边科技合作委员会或农业科技合作工作组，以推动农业科技合作协议及工作计划的贯彻执行。同时，我国也与一些发展中国家展开农业技术交流与合作活动。

在此阶段，我国农业科研机构开始与国际农业研究磋商组织等国际组织和机构接触并建立联系。1979 年，首先与国际水稻研究所签署了科技合作协议，此后，又与其他国际农业科研机构签署了合作协议。1983 年，我国正式加入国际农业研究磋商组织并成为其资助国之一，极大地促进了我国与该组织所辖各农业研究中心的合作与交流。1981 年，农业部与美国洛克菲勒基金会签署协议，该基金会向中方提供 125 万美元用于建设国家种质库。种质库于 1986 年 10 月全面建成。

进入 20 世纪 80 年代中期，我国农业科技国际合作交流快速发展，先后与苏联、民主德国、保加利亚、英国、阿根廷、乌拉圭、朝鲜、印度尼西亚、印度、马来西亚、以色列、韩国、泰国等国家建立了农业合作与交流关系。截至 1999 年底，我国与世界上 140 多个国家以及联合国粮农组织、世界粮食计划署、国际农业发展基金、联合国开发计划署、国际原子能机构、欧盟、世界银行、亚洲开发银行、国际农业研究磋商组织等建立了农业科技交流合作关系，与 30 多个国家的政府农业科技主管部门或农业科研机构建立了农业合作联合委员会或工作组，基本形成了全方位、多渠道的对外合作新局面，为我国全面深入开展农业科技国际交流与合作创造了有利条件。

随着我国农业科技国际合作渠道的不断拓宽，合作形式也进一步多样化，除外国专家来华开展技术交流和技术培训外，我国专家出国参加国际学术交流和合作研究等活动也开始增多。同时，我国高度重视学习国外先进农业技术，引进了旱育稀植、平衡施肥、地膜覆盖、饲草青贮、牛羊胚胎移植、网箱养鱼等各类先进适用技术并大面积推广，增产增收效果显著。农业引进外资外援的规模不断扩大，外国智力的引进工作得到进一步加强。国际水稻研究所、国际玉米小麦改良中心等国际农业研究机构在中国设立了办事机构，以色列、荷兰、日本等国家在中国援助建立示范农场（中心）和中外联合试验室等。合作领域日趋广泛，涵盖了种植业、养殖业、生物技术、农机、农产品加工、饲料工业以及农业政策与信息等各个领域。

（三）蓬勃发展时期（2000—2012 年）

进入 21 世纪以后，围绕我国农业农村发展新阶段的中心任务，各级农业部门深入贯彻落实中央关于对外开放的决策部署，加大了与相关国家和国际组织的合作与交流力度，我国农业科技国际合作与交流呈现出"引进来"和"走出去"并举的蓬勃发展新局面。

合作伙伴不断增加，从美欧日发达国家，发展到亚非拉国家以及东欧独联体等国际组织。合作方式更加丰富，包括组织人员交流互访、举办国际会议和学术讲座、开展合作研究、联合培养研究生、建设联合实验室以及主要针对非洲等区域的农业技术援助等。合作项目逐年增多，"十五"期间，仅中国农业科学院就执行了政府间合作项目160 余项。合作关系从松散到紧密，逐渐形成长效合作机制。在此期间，我国政府及农业科研机构与 60 多个国家和多个区域组织签署或续签了以农业科技国际合作为主要内容的合作协议或备忘录，并积极推动建立联合实验室和研究中心、加入多边技术工作组等工作，使合作渠道和机制得到进一步巩固和完善。利用各种机制及平台，加强国际合作项目的实施，成功引进了一批国内急需的农业种质资源、技术、装备以及管理经验和智力资源，有效促进了我国农业科技创新和农业农村经济发展。

同时，为帮助发展中国家提高农业生产能力，实现粮食安全目标，我国政府启动实施了一系列对外农业技术援助计划，受到发展中国家的广泛欢迎。这些农业技术援助计划的实施，不仅提升了当地农业技术水平，推动了双边关系的发展，而且还带动了我国农业科技走出去。以中非合作论坛框架下的农业技术合作为例，我国政府在 2006 年中非合作论坛北京峰会上宣布并启动了为非洲援建 10 个农业技术示范中心、派遣 100 名高级农业专家以及为非洲国家培训农业技术人员的援非农业举措，开启了 21 世纪中非农业科技合作新篇章。2008 年，中国政府向联合国粮农组织捐赠 3 000 万美元设立信托基金，支持联合国粮农组织"粮食安全特别行动计划"框架下的"南南合作"，有力推动了多边框架下的农业技术合作，这也是中国积极参与解决全球粮食安全问题的负责任行动和重大举措。在 2010 年联合国千年发展目标高级别会议上，我国政府提出在 5 年内为发展中国家建立 30 个农业技术示范中心、派遣 3 000 名农业专家和技术人员，为发展中国家提供 5 000 个来华农业培训名额等，这些举措提升了我国与其他发展中国家的农业科技合作水平。在多边合作领域，我国积极参与联合国粮农组织"粮食安全特别行动计划"框架下的"南南合作"，1996 年以来共向非洲、亚洲、南太平洋、加勒比海等地区的 20 多个发展中国家派遣了 900 多名农业专家和技术员，在受援国开展种植、畜牧、水产养殖等领域的技术试验示范和技术培训，帮助提升当地农业生产水平。

（四）跨越发展时期（2012 年至今）

党的十八大以来，以习近平同志为核心的党中央提出建立以"合作共赢"为核心的"新型国际关系"、构建"人类命运共同体"等一系列创新理念，并提出建设"一带一路"倡议，进一步加快我国农业对外合作进程，推动农业科技国际合作进入了跨越发展时期。

一是战略合作伙伴关系全方位推进。围绕建设创新型国家和农业科技全球战略布局的目标，不断开拓和加强与世界各国农业科研机构和国际组织的合作关系。在与 150 余个国家和地区建立合作关系的基础上，不断完善与发达国家、金砖国家、"一带一路"沿线国家以及中国—欧盟、中国—东盟、中非合作论坛等重点区域合作框架下的农业科技合作机制。截至目前，与 60 多个国家建立了双边农业科技联合委员会或工作组机制。进一步增加对与联合国粮农组织、国际农业研究磋商组织等国际组织的捐款力度，建立了更加紧密的合作关系。

二是国际合作平台建设愈加完善。近年来，中国农业科研机构和高校与国外重点农业研究机构或国际组织合作建设联合实验室的工作得到快速发展，对进一步深化农业科技对外交流合作发挥了重要推动作用。2012 年，我国与巴西联合建立的"中—巴农业科学联合实验室"在巴西揭牌，这是我国在海外建立的第一个农业科学联合实验室，标志着我国开始在全球布局农业科研合作平台，为我国农业科学家走出去深入开展合作交流提供了重要条件和保障，随后在中亚、非洲、欧洲、大洋洲等区域陆续布局建设了新的海外联合实验室等研究平台。

三是农业科技境外推广异彩纷呈。随着我国农业和农业科技发展，国际社会特别是发展中国家期盼与我国共享先进的农业技术成果和发展经验。近 10 年来，我国通过援助项目及其他多双边合作渠道，在亚、非、美、欧等区域的几十个国家推广了杂交水稻、杂交玉米和蔬菜等农作物新品种，疫苗等动物疫病防控产品，以及农作物病虫害综合治理、设施园艺、饲料生产、农业机械及沼气等技术，为发展中国家的农业发展、粮食安全和减贫事业做出了积极贡献，得到国际社会的高度评价。

四是国际影响力显著提升。近年来，我国农业科研机构的研究能力和水平快速提升，重大科研成果不断涌现，在国际顶级刊物发表的高水平论文逐年增加，受到国际农业科技界的密切关注。越来越多的专家和学者参与多双边机制下的对话交流以及国际规则制定，展现了我国农业科技界不断增强的参与国际农业科技治理的能力。同时，我国农业科研教学机构近年成功组织或参与组织了数百个国际会议，其中既有大规模的国际机构专业会议，也有国际前沿学术会议，还有高级别政策论坛，吸引了全球农业科技界的参与。朝鲜、马来西亚、英国等多个国家元首或政府首脑在访华期间专程到中国农业科学院访问。

二、农业科技国际合作与交流机制

改革开放以来，中国积极推动建立符合各方利益的农业科技国际合作与交流机制，通过稳定的合作机制推动多双边合作交流有序进行并不断深化。

（一）双边合作交流机制

双边政府部门和国家级农业科研机构之间的工作机制是我国与国外开展农业科技合作交流的主要合作机制。通过与重点国家建立双边农业科技联合委员会或工作组，签署合作协议等形式，推进合作项目、人员交流、平台建设等合作计划的实施。主要双边机制包括：

1. 与美国的合作交流机制

1978 年，时任美国农业部长伯格兰访华，开启了中美农业科技合作的序幕。1980 年，中美农业科技合作工作组成立，标志着两国政府间农业科技合作机制正式启动。2003 年，中美两国农业部签署农业合作谅解备忘录，成立了中美农业联委会、中美生物技术工作组和中美动植物卫生工作组等机制。据不完全统计，仅在中美农业科技合作工作组机制下，双方互派科技交流团组近 500 个，参与专家人数超过 2 500 人。2012 年 2 月，首届中美农业高层研讨会在美国成功召开，时任国家副主席的习近平出席会议并发表重要讲话，两国农业部长共同签署了《中美农业战略合作规划》。2015 年 9 月习近平主席访问美国期间，两国农业部长签署了《中美农业及相关领域合作谅解备忘录》，确定了双方未来五年合作的重点领域和方向。两国在动植物遗传育种、农业生物技术、病虫害防治、农药管理、农业技术推广等方面取得了显著的合作成果。

同期，中国科技部与美国农业部签署了农业科技合作议定书并建立联合工作组机制，双方在自然资源管理、农业生物技术、农业节水技术等优先合作领域启动了中美旗舰项目等 60 多个合作项目。

在渔业领域，中美依据《中美海洋和渔业科技合作议定书》，于 1994 年成立了中美海洋生物资源协调工作组，成为中美渔业和海洋生物资源领域科技合作的主要机制。

2. 与加拿大的合作交流机制

中加两国农业部于 1985 年建立农业联委会机制。2010 年签署《中加农业领域合作谅解备忘录》，设立了病虫害管理、知识与人员交流、农产品质量安全、畜牧生产与改良工作组。2012 年签署渔业合作谅解备忘录，建立了渔业联委会机制。2013 年签署《加强农业和农业食品行业合作的谅解备忘录》，推动农业科技、农产品质量安全、畜产品可追溯系统等合作。2016 年签署《中华人民共和国农业部与加拿大农业与农业食品部农业合作行动计划（2016—2020 年）》。2017 年签署《中华人民共和国农业部和加拿大农业与农业食品部农业合作行动计划——生物技术工作计划》。2017 年 5 月，举办了首届中加农业科技创新圆桌会议。多年来，我国与加拿大在作物栽培育种、植物保护、生物技术、畜牧科学和食品加工等多个领域开展了形式多样、卓有成效的合作，建立多个联合研究中心，取得良好进展。

2018 年 10 月，中国科技部与加拿大农业与农业食品部在第 7 次中加科技合作联委会会议上，双方同意推进农业食品与生物制品领域的联合实验室建设。

3. 与德国的合作交流机制

1981 年，中德两国农业主管部门签署两国农业科学技术合作议定书，并成立中德农业科技合作工作组，建立了中德农业科技合作机制。2014 年双方正式成立部长级对话机制，标志着双方正部级对话、副部级农业联委会和司局级工作组（农业科技工作组和沼气合作工作组）三个层级全方位沟通机制的建立。

2014 年习近平主席访问德国期间，两国农业部签署了框架协议，决定共同在华建立中德农业中心，总部设在北京。2015 年 3 月，中德农业中心正式运行，由两国农业部分别委托中国农业部对外经济合作中心和德国技术合作机构（GIZ）共同管理，成为双方整合资源、推动农业科技合作的重要平台。2018 年 4 月，中德农业中心二期正式启动。

2015 年，双方农业部授权中国农业科学院与德国技术合作机构在京共同签署《中德农业科技合作平台的实施协议》。中德农业科技合作平台旨在促进双边农业科技合作，共同开展合作研究项目。仅 2016—2017 年，双方就在种质资源、动物疫病防控、植物保护等领域布局了 42 项科技合作项目。目前，中德农业科技合作项目涵盖食品安全、生物质能源、植物和动物遗传育种、植物保护等多个领域。

4. 与法国的合作交流机制

中法农业科技交流始于两国政府 1978 年在北京签署的《中华人民共和国和法兰西共和国政府间科学技术协定》。1999 年两国农业部之间建立了部级农业及农业食品合作混合委员会工作机制，农业科技一直是双方交流合作的重点领域。2018 年，双方续签了高素质农民教育与培训合作协议，统筹推进高素质农民培训、乡村振兴服务和农业技术交流等双边合作。

中法两国农业科研机构之间也建立了相应的合作机制。两国农科院于 1986 年签署农业科技合作协议并建立相关工作机制，2004 年建立了"中法禾谷类作物基因组学联合实验室"，重点开展小麦结构基因组学和应用基因组学合作研究。2019 年在国家主席习近平访法期间，两国农科院正式签署了建立"中—法植物保护国际联合实验室""中法小麦基因组及育种国际联合实验室"协议，为进一步巩固双边合作机制，提升合作水平奠定了坚实的基础。

此外，中国农业大学与法国农科院于 2005 年签署了"中法肉牛研究与发展中心"项目协议。中国热带农业科学院与法国农业国际研究发展中心在橡胶树、椰子生物技术等领域开展紧密交流与合作。中国水产科学研究院自 2011 年以来与法国图卢兹第三大学合作开展关于鱼类数据与环境数据分析、数据建模的研究。

5. 与英国的合作交流机制

自 20 世纪 90 年代起，中英两国便建立了定期访问交流机制，两国农业部每年互派 2～3 个科技团组互访，在粮食安全、食品安全、农业生态与可持续发展、水土资源管理、人才培养等领域开展交流。2015 年 1 月，两国农业部签署了《中华人民共和国农业部和英国环境、食品和乡村事务部关于加强农业合作的谅解备忘录》。2017 年 12 月，两国科技部正式签署了科技创新合作备忘录，发布了中英科技创新合作战略，其中 2018 年旗舰挑战计划聚焦农业科技。2008 年，两国农业部建立了"中英可持续农业创新协作网"（SAIN），并成立了相应的管理机制，确定了肥料养分资源管理、生物能源、农业适应气候变化和循环农业等合作重点和优先合作领域，共同实施了十余个联合研究项目。2009 年 10 月，中国农业部和英国环境、食品及乡村事务部及英国国际发展署共同签署了《中英粮食安全合作行动计划》，中英双方通过非洲开展三方合作新模式，在乌干达、马拉维等国开展项目合作，帮助非洲发展农业，改善当地粮食安全状况。

在两国农业科研机构合作方面，自 2004 年以来，中国农业科学院与英国多所农业科研机构和大学签署了合作协议并建立起合作伙伴关系，联合成立了"中英芸薹属作物遗传改良联合研究中心""中英农业可持续集约化发展联合中心""分子育种联合实验室""中英农业氮素管理中心""中英禽病研究联合实验室"等合作平台，并建立起定期召开双边合作研讨会和设立种子基金支持联合研究的机制。

6. 与荷兰的合作交流机制

1984年，中荷两国农业部召开首次农业工作组会议，建立起双边合作工作机制。1995年，农业工作组提升为中荷农业高级别工作组（副部级）。在双边合作机制下，自1997年起荷兰政府先后援建了中荷—北京畜牧培训示范中心项目、中荷—上海园艺培训示范中心项目、中荷—河南奶业培训示范中心项目、中国湖南省可持续发展农业综合示范项目等，展示荷兰先进的畜牧养殖和设施园艺等技术。

为了进一步推动中荷农业互利合作，两国农业部还先后签署了《中荷农业创新与促进中心的合作协议》，建立了中荷农业创新和促进中心；签署了《关于在山东省寿光共建中荷蔬菜技术示范园区项目的谅解备忘录》《关于马铃薯产业发展合作框架协议》，有力推动了两国在蔬菜、马铃薯等领域的合作。2014年，习近平主席访荷期间见证签署了《中荷关于奶业发展合作框架协议》。

双方农业科研机构也建立了不同形式的合作交流机制，例如共同建立了"中荷园艺作物基因组分析联合实验室""中荷乳品科学联合研究中心""中荷畜禽废弃物资源化中心""中荷设施园艺联合研究中心"等合作平台；共同实施"中荷战略联盟项目""国际马铃薯基因组测序项目"等合作研究项目。

同时，1997年双方建立了人才培养和交流机制，2001年启动了中短期人才培训计划，2014年双方签署《中国农业科学院研究生院与荷兰瓦荷宁根大学框架协议》，扩大联合培养博士研究生。

7. 与日本的合作交流机制

1982年，中日建立农业科技合作机制。2002年，双方在中国农业科学院建立了中日农业技术研究发展中心，成为中日两国农业科技人员开展科技创新和学术交流的重要机制和平台，中日两国30余个研究机构依托该中心开展合作，并实施了中日两国政府间最大农业科技合作项目"中国可持续农业技术研究发展计划"，引进、开发和示范推广了一大批环保型农业技术，形成了产学研结合的国内外协作模式。

2016年，中日农业科技交流工作组提升为中日农业合作工作组，下设中日农业科技合作工作小组。2017年，双方签署了《中日农业科技合作工作小组会议职责范围》，确定在农业科技政策、生物技术、食品安全、疫病防控、植物保护、生物质能源等领域进一步开展交流合作。

8. 与韩国的合作交流机制

中韩双方建立了农业合作委员会、渔业联合委员会和渔业高级别会谈三个双边机制，农业科技合作交流是这些合作机制下的重要内容。

中国农业科学院与韩国农村振兴厅于1994年签署了农业技术合作谅解备忘录。2001年韩国农村振兴厅在中国农业科学院设立北京代表处，2015年正式建立中韩农业科技联合实验室，至今双方已在作物、油料、茶叶、养蜂、蔬菜等领域开展80多个合作项目。

自2006年起，中日韩三方设立了水产科研工作负责人会议机制，定于隔年三方轮流召开。该机制在养殖研究、大型水母研究、人员交流等方面开展了积极工作，所取得的成果得到了与会各方的肯定。

9. 与泰国的合作交流机制

1997 年，中泰两国农业部门签署农业合作谅解备忘录，并建立交流合作机制，每两年轮流召开中泰农业合作联合工作组会议。自该合作机制建立以来，双方科技交流合作快速发展，据不完全统计，中泰双方互派了 60 多个农业科技交流团组，共 400 多人次互访和交流。

中泰双方在橡胶、椰子、香辛饮料、热带水果、热带畜牧等领域的合作日益紧密。中国热带农业科学院与泰国清迈大学签署科技合作协议，重点在热带经济作物育种、病害防控等领域加强合作并共建联合研发中心。

10. 与澳大利亚的合作交流机制

1984 年两国农业部签署《中澳农业合作协定》，建立了中澳农业联委会机制，农业科技交流合作被列为重点合作领域。2004 年签署了《中澳奶业对话谅解备忘录》，建立中澳奶业对话机制。2015 年签署了《中澳两国农业部门关于拓展合作领域的联合合作框架》。2017 年签署了《中华人民共和国农业部与澳大利亚联邦农业与水利部关于实施农业合作项目的行动计划（2017—2019 年）》，确定在牛肉行业研究和培训、渔业管理、果蝇蝗虫监测与防控技术、农产品价格波动分析、外商农业投资、农业全要素生产等领域开展联合研究。2017 年举行了渔业管理合作双边会谈，探讨建立双边渔业对话机制。

在平台建设方面，先后与澳大利亚国际农业研究中心、澳大利亚联邦科学与工业研究组织、悉尼大学等 10 多个研究机构开展合作，签署了共建中澳可持续农业生态系统联合实验室、中澳小麦改良联合实验室、先进热作材料国际研究中心等协议。

11. 与巴西的合作交流机制

中巴高层协调与合作委员会框架下的农业分委员会是两国农业部门之间的主要工作机制，双方定期召开会议，商定双边农业科技合作交流的重点领域及项目。

2010 年，两国政府签署了《中国农业科学院和巴西农牧业研究院关于建立联合实验室和促进农业科技创新合作谅解备忘录》。2012 年设在巴西农牧业研究院的巴西—中国农业科学联合实验室揭牌，标志着中巴联合实验室建设及中巴农业生物技术合作进入了一个新阶段。

2012 年 6 月中巴两国在巴西里约热内卢签订了《中华人民共和国政府和巴西联邦共和国政府十年合作规划》，确定中巴双方农业科研机构重点在优质植物、动物种质资源、生物技术、沼气技术、农业生产技术（大豆生产、水果加工、养牛、水产品和动物疾病控制）等方面开展信息交流和联合研究。

12. 与南非的合作交流机制

2003 年，两国农业部建立了农业联合工作组机制，定期召开会议，负责制订和落实两国农业交流与合作的具体行动计划。据不完全统计，双方在工作组框架下互派了 20 多个农业科技交流团组。双方在动植物疫病防控、畜牧养殖等领域开展合作，实施了"中南蓝舌病毒和非洲马瘟疫苗的生物制品平台""中南肉羊业合作""中南重大跨境农业有害生物的预警、监测和绿色防控技术的研究与技术转移"等项目。

中国还在南非援助建立了水产养殖技术示范中心，为南非培训了140多名农业技术和管理人员，涉及水稻种植、农机应用、植物保护、可再生能源利用、水产养殖及渔业管理等领域。

（二）多边合作交流机制

多边机制是我国农业科技对外交流合作机制的重要组成部分，我国与联合国粮农机构、国际农业科研机构、相关区域组织的合作关系日益密切，合作机制不断完善，有力推动了我国农业科技与世界接轨。当前，主要多边农业科技交流合作机制如下：

1. 与联合国粮农组织的合作交流机制

联合国粮农组织（FAO）是我国开展多边农业科技合作交流的主要渠道之一。我国于1973年4月恢复在FAO的合法席位。在合作机制上，中国农业农村部作为行业管理部门归口管理和协调与FAO相关事务。农业科技合作一直是我国与FAO合作的重点领域。

我国与FAO农业科技合作是从技术合作、信息交换以及参与相关国际粮农技术标准磋商等开始。通过FAO技术合作（TCP）等项目，我国先后引进了再制奶技术、氨化秸秆饲料技术、复合鱼饲料技术、电子计算机应用于农业统计技术等一大批先进实用技术，以及奶制品分析实验、饲料加工、食品辐射、遥感技术、加工木材测试等相关设备，并通过培训等方式为我国培养了一大批专业人员。

随着改革开放的不断扩大和农业科技水平的持续提升，我国与FAO的农业科技交流合作不断深化，合作重点向引进国外先进技术和管理经验、信息利用与智库建设、参加国际粮农规则和技术标准的制修订、参与FAO相关合作计划和项目的实施等方向发展。如在FAO的技术支持下，自2006年起，中国农业科学院联合FAO、国际农业研究磋商组织共同发起主办"国际农科院院长高层研讨会（GLAST）"，在促进全球农业信息与经验分享、探索应对农业发展挑战的解决方案等方面受到国际农业科技界的广泛关注。2014年开始举办"中国农业展望大会"，每年发布《中国农业展望报告》，对未来10年中国主要农产品市场形势进行分析和预测。

进入21世纪，我国不断增加对FAO项目的技术和资金支持。2006年，中国与FAO签署了《中华人民共和国政府与联合国粮食及农业组织关于信托基金的总协定》，并分别于2008年和2014年向FAO捐赠两期信托基金，共计8 000万美元，用于支持FAO"粮食安全特别计划"框架下的"南南合作"，以帮助其他发展中国家发展农业生产，解决粮食安全问题。2016年签署的《中国农业部与粮农组织建立全面战略合作伙伴关系的谅解备忘录》，使双方合作迈上新台阶。据不完全统计，仅在"南南合作"项目下，中国政府共向20多个发展中国家和地区派出农业专家和技术员近千人次，传授实用农业技术超过450项，引进试种作物品种约300个，培训当地农民和技术人员约3万人，来自80多个发展中国家的1 000多名专家和官员来华参加培训，约100万发展中国家小农从中受益。

2. 与国际农业磋商研究组织的合作交流机制

国际农业研究磋商组织（CGIAR）是与我国开展多边农业科研合作的主要对象。

CGIAR 成立于 1971 年，是专门从事公益性农业研究与示范推广的综合性国际机构，下设 15 个农业研究中心，其中 13 个设在发展中国家，覆盖农、林、牧、渔等各个学科领域。

我国与 CGIAR 的合作起始于 20 世纪 70 年代初，1984 年正式成为 CGIAR 的成员，并建立了良好的交流合作机制。2000 年，"中国—CGIAR 合作协调领导小组秘书处"正式成立，挂靠中国农业科学院，为推动双方合作发挥综合协调作用。至今，我国已与 13 个 CGIAR 下属研究中心正式签署了合作协议，其中 7 个中心在我国设立了办事处；10 个研究中心与我国联合建立了 13 个联合实验室或研究中心。另外，国际马铃薯中心亚太中心是在我国设立的第一个具有国际法人地位的农业科研国际机构。

CGIAR 在我国的合作伙伴包括国家和地方农业科学院以及南京农业大学、中国农业大学等 50 多个单位，覆盖了我国的 20 多个省区市，合作项目达 200 多项，合作范围广泛，基本涵盖了农业学科的各个领域，近 40 个合作项目获得国家级或省部级奖励。30 多年来，双方合作对我国农业科技发展起到了重要的支持作用，产生了巨大的经济和社会效益。一是我国从 CGIAR 获得了大量的遗传资源和信息资料，包括农作物种质资源 6 万多份，与农业有关的图书杂志和资料达 11 万多册；二是通过合作培养了一大批农业科研、教学和管理战线的人才队伍，其中许多成为我国农业科研的骨干力量；三是我国参与 CGIAR 总部及其下属研究中心管理决策的人数也在增加，还有 20 余位 CGIAR 科学家获得我国政府颁发的"友谊奖"。此外，双方联合举办了 150 多个重大国际会议、专题研讨会等农业相关领域会议，有效促进了学术交流和科研创新，提升了我国农业科技的国际影响力。

3. 与欧盟的合作交流机制

欧盟是我国开展农业科技交流合作的重要区域组织。自 20 世纪 70 年代起，我国便与欧洲共同体（欧盟前身）建立联系并开展合作。1998 年，我国科技部与欧盟签署了科学技术合作协定，建立了稳定的科技交流合作机制，使双方在农业科技领域内的合作得以更快地发展。

欧盟框架计划自 1984 年开始实施，由欧盟成员国（28 个）和联系国（16 个非欧盟的欧洲国家）共同参与，以研究国际科技前沿主题和竞争性科技难点为重点。迄今已实施完成七个框架计划，第八个框架计划——"地平线 2020"正在实施。

我国从第二个框架计划开始陆续参与项目执行，从第四个框架开始正式组织申报欧盟框架计划项目。主要合作领域有：动物疫苗、生物技术、根瘤菌、油菜改良、小麦改良、贸易政策、家畜疾病、土地资源管理、食品安全等。

同时，中欧建立了农业、食品和生物技术工作组机制，以强化农业合作的对话渠道和政策支撑作用，促进项目征集，分享中国经验，制订工作计划，提升农业合作的影响力。

4. 与非洲的合作交流机制

为进一步加强中国与非洲国家在新形势下的友好合作，谋求共同发展，中非合作论坛于 2000 年在北京正式成立。2002 年后续机制正式生效，每三年举行一届部长级会议；定期举办高官级后续会议和其他相关会议。2006 年中非合作论坛北京峰会暨第三届部长级会议，中国政府宣布了八项政策措施，包括在非洲建立 10 个有特色的农业技术示范中心，向非洲派遣 100 名高级农业技术专家等；2009 年中非合作论坛第四届部长级会议上，中国政府进一步推动加强中非农业合作，宣布把援非农业技术示范中心增至 20 个，向非洲派遣 50 个农业技术组，为非洲国家培训 2000 名农业技术人才等；2012 年中非合作论坛第五届部长级会议上，中国政府又宣布一系列加强中非合作的新举措，包括重点支持非洲农业发展，增加援非农业技术示范中心等；2015 年中非合作论坛约翰内斯堡峰会上，习近平主席宣布未来 3 年中方将着力实施"十大合作计划"，农业现代化是其中的一项重要内容；2018 年中非合作论坛北京峰会上，双方一致决定重点实施"八大行动"，其中在"实施产业促进行动"中特别提出，中国同非洲一道制订并实施中非农业现代化合作规划和行动计划，实施 50 个农业援助项目，向非洲派遣 500 名高级农业专家，培养青年农业科研领军人才和农民致富带头人。

为落实中非合作论坛成果，在商务部、农业农村部的领导下，中国农业科学院积极推动中非农业科研机构10＋10合作机制建设，组织召开了首届"中非农业科研机构10＋10合作研讨会"，双方在合作平台建设、技术培训、合作项目等方面进行了一系列沟通和对接工作。

5. 与国际应用生物科学中心的合作机制

国际应用生物科学中心（CABI）是一个非营利性的国际组织，致力于提供信息以及利用其应用科学方面的专长解决农业和环境问题，促进世界人民生活的改善。总部设在英国，现有 48 个成员。

我国与CABI的合作始于 1980 年。1992—1995 年，在亚洲开发银行的资助下，双方合作开展了全国性的农业信息服务项目。1995 年，我国正式加入 CABI。中国农业科学院与 CABI 于 2002 年签署科技合作协议，并成立了中国农业科学院—CABI 项目办公室（后升级成为 CABI 东亚中心）。2007 年，中国农业部与 CABI 签署了"中国农业部—CABI科技合作协议"，并于 2008 年共同建立"农业部—CABI 生物安全联合实验室"，标志着中国—CABI 战略合作伙伴关系进入了一个新的阶段。基于联合实验室取得的良好成效，2018 年双方在 CABI 瑞士中心建立了"中国农业农村部—CABI 欧洲实验室"，并于 2019 年正式运行。

通过联合实验室搭建的国际合作平台，双方不断创新合作机制，取得了一系列重要成果。引进了农业重大害虫生物防治技术等一系列先进绿色植保防控技术，推动了我国在植保技术方面的创新研究和技术应用；参与并实施了农业有害生物综合治理国际合作项目 25 项，参与的国内外合作单位达 70 余个，有效促进了我国绿色植保防控技术的发展；支持中国和发展中国家（如朝鲜、老挝、缅甸、卢旺达等）的技术合作，增强了中国农业技术在发展中国家的推广应用和影响力。

此外，20 国集团（G20）机制下的"G20 农业首席科学家会议"、亚洲太平洋经济合作组织（APEC）农业技术合作工作组、中国东盟合作等框架和机制均把农业科技合作交流列为重点领域，我国相关农业科研机构及专家在这些合作机制中发挥日益重要的作用。

三、农业科技国际合作与交流平台

加强农业科技合作交流平台建设，是深化合作内容、改善合作条件、加速人才国际化的重要途径。随着对外开放的不断扩大，逐步建立了不同类型的农业科技联合实验室，有力推动了我国农业科技合作的全球布局，支撑了"一带一路"农业建设，推动了农业走出去。

（一）多双边农业科研联合实验室

21 世纪以来，我国农业科研机构与国外机构共同整合科技资源，创新合作机制，打造了一批面向不同区域、不同需求的国际联合实验室和研发中心等合作平台。通过专家互访、学术交流、联合研究等方式，共同开展重大科学问题的联合攻关和新技术、新产品研发。其中既有与各国合作建立的双边专业性联合实验室，又有与国际组织建立的多边综合性联合实验室。同时，国内许多科研机构凭借高标准的研究能力和专业水平，通过选拔和评估，被联合国粮农组织和世界动物卫生组织等机构认证为国际参考中心/实验室。此外，为了加强农业科技合作的全球布局，自 2012 年起，中国相关科研机构开始在海外建立联合实验室。

其中，代表性的合作平台如下。

1. 国际水稻研究所（IRRI）联合实验室

作为最早与我国开展合作的国际农业研究磋商组织下属研究中心，国际水稻研究所（IRRI）于 1997 年在北京设立了办事处，随后在我国设立了 3 个联合实验室。据不完全统计，IRRI 与我国实施合作项目 70 余项，向我国提供水稻遗传资源达 34 900 余份（次），其中 46 份种质材料在我国直接作为品种大面积推广。我国利用 IRRI 材料作为亲本育成了 160 余个品种/组合，累计种植面积 2.79 亿亩，累计增产稻谷超过 700 万吨。目前我国 90% 的杂交稻使用了国际水稻研究所水稻资源提供的恢复基因。IRRI 资助我国数百位科学家参加国际会议、研讨会、培训和合作研究等。由于对我国水稻研究的杰出贡献，IRRI 科学家多次获得我国政府的嘉奖，其中 G. S. Khush 博士（2001 年）和 IRRI（2007 年）分获我国政府颁发的"国际科学技术合作奖"。

2. 国际玉米小麦中心（CIMMYT）联合实验室

CIMMYT 是国际农业研究磋商组织下属专业从事玉米小麦研究的中心，"绿色革命之父"诺曼·布劳格先生是 CIMMYT 的第一任所长。CIMMYT 于 1997 年在我国设立办事处，并成立了联合实验室。多年来，我国共引进了 2.3 万份 CIMMYT 资源，合作育成小麦品种 300 多个，累计推广 6 亿多亩。我国与 CIMMYT 合作举办国际会议等 20 多次，培养了 300 多名科技骨干。CIMMYT 2016 年获得我国政府颁发的"国际科学技术合作奖"，其中 8 名科学家先后获我国政府颁发的友谊奖。

3. 中美生物防治实验室

1988 年 11 月，中国农业科学院与美国农业部农业研究局签署了在中国建立"中美生物防治实验室"的协议，成为中美两国间第一个农业科技长期合作项目。实验室成立以来，双方围绕重大农业害虫及毒害草的天敌资源评价、扩繁工艺、资源交换等方面，开展了芦竹、柽柳、葛藤、水葫芦、猪茅草、加拿大蓟、俄罗斯蓟等毒害草生物防治合作研究，进行了白蚁、玉米螟、小菜蛾、金龟子、大豆蚜虫、光肩星天牛等农林害虫生物防治合作研究。通过相关项目的实施，部分成果获得国家和省部级科技奖励，发表学术论文 50 余篇。

4. 中国—巴西农业科学联合实验室

2012 年，"中国—巴西农业科学联合实验室"在巴西农牧业研究院成立，全国政协副主席、科技部部长万钢与巴西农业部部长菲略一起为联合实验室揭牌，标志着中巴联合实验室建设及中巴农业生物技术合作进入了一个新阶段。实验室成立后，巴西农牧业研究院派遣实验室协调员来华工作。2017 年双方进一步修订中巴农业科学联合实验室研究计划，商定联合实验室的科研合作领域从生物技术扩展到农机、动物疫病防控、精准农业等领域，特别强调加强在大豆植物基因组学、抗性基因挖掘和株型调控的合作研究。双方科学家依托联合实验室进行了多次互访和交流，开展密切的学术交流与合作研究，完成了"种质资源交换、描述和评价"等项目。

5. 中国—哈萨克斯坦农业科学联合实验室

为深化与"一带一路"沿线国家的农业科技合作，在中国科技部"对发展中国家科技援助项目"的资助下，作为中哈政府间合作协议内容之一，中国农业科学院协同新疆农业科学院、新疆农业大学等中方机构与斯·赛弗林哈萨克农业技术大学在哈萨克斯坦首都努尔苏丹（阿斯塔纳）共同建立了"中国—哈萨克斯坦农业科学联合实验室"。

该实验室是哈萨克斯坦农业院校里第一座 P3 级生物安全实验室。中方科研机构已为赛农大进行了 17 人次的兽医生物技术和生物安全实验室运行的培训。2018 年，赛农大依托该实验室向本国申请了动物疫病监测项目，并获得了资助。2019 年 6 月，该实验室被中国科技部正式认定为首批"一带一路"联合实验室项目。依托该实验室，两国专业研究机构将展开动物疫病联合研究，不仅帮助哈萨克斯坦提高兽医研究水平，而且推动两国动物疫病联合防控体系的建立。

6. 中国—罗马尼亚农业科技示范园

中国农业科学院与罗马尼亚布加勒斯特农业与兽医大学签署关于在罗马尼亚建立中—罗农业科技示范园协议，商定在设施园艺、植物工厂、节能型日光温室、优质果树资源、节水灌溉技术及畜牧兽医等领域开展合作研究和学术交流。在中国科技部的支持下，该科技示范园于 2019 年 5 月在罗马尼亚布加勒斯特落成并揭牌。2019 年 6 月，该实验室被中国科技部正式认定为首批"一带一路"联合实验室项目，成为我国与中东欧国家开展农业科技合作与技术示范推广的重要平台，并将推动我国与中东欧国家在设施农业及产业化发展等方面的合作。

7. 联合国粮农组织动物流感参考中心/世界动物卫生组织禽流感参考实验室（中国农业科学院哈尔滨兽医研究所）

该实验室是联合国粮农组织和世界动物卫生组织在我国认定的首个动物疫病参考中心，已成为动物疫病全球联合攻关和合作研究的重要力量。自成立以来，取得了大量具有国际影响的重要研究，研发了一系列国际领先的 H5 禽流感疫苗，相关研究成果获国家科技进步奖一等奖 1 项，国家技术发明奖二等奖 1 项和国家自然科学奖二等奖 1 项。该实验室研制的禽流感疫苗在国内外推广应用超过 2000 亿羽份，为全球禽流感防控做出了突出贡献。同时，该实验室还肩负着为全球动物流感防控提供技术支持的国际责任，近年为越南、蒙古国、朝鲜、印度尼西亚、泰国、埃及、苏丹等十几个亚非国家提供禽流感防控的技术支持、培训，赢得了国际社会的广泛赞誉。

此外，联合国粮农组织还于 2014 年正式认定农业部对外经济合作中心、中国水产科学院淡水渔业研究中心、湖南杂交水稻研究中心、中国热带农业科学院以及农业部沼气研究所等机构为联合国粮农组织参考中心，作为联合国粮农组织"南南合作"的技术支撑机构。

（二）国内农业科研机构对外合作协作平台

1993 年中国农业科学院牵头成立了"全国农科院系统外事工作协作网"，通过整合和共享全国农业科研院所国际合作资源与信息，成为全国农业科研机构外事工作交流与协作的重要平台。26 年来，依托平台协调优势力量，举办会议和专题讲座，组织开展各类学习交流活动，共谋合作项目，为农业科研系统培训了一批高素质的国际合作管理人才，为促进全国农业科技国际合作的全面发展和统筹协调发挥了积极的作用。在此基础上，2018 年中国农业科学院牵头，联合全国各省（自治区、直辖市）农（牧）业科学院、部分重点农业高等院校和涉农企业等 48 家单位共同发起成立了全国农业科技"走出去"联盟，致力于推动农业科技国际合作机制创新、国际农业技术转移、海外农业战略研究、国际合作人才培养等工作，通过整合优势资源，形成"走出去"合力，优化农业科技全球布局。

为推进"一带一路"农业建设，加强对农业科技"走出去"整体性和系统性规划的技术支撑，2016 年初，中国农业科学院组建成立海外农业研究中心，为农业"走出去"提供智库、信息、科技和人才支撑。海外中心发布粮棉油糖等 19 个重点品种（包括小麦、稻米、玉米、大豆、油料、棉花等）的海外市场研究报告，以及 65 个"一带一路"重点国家的农业合作与发展研究报告，搭建起农业对外合作公共信息服务平台、农业科技信息资源共建共享平台等信息政策支撑平台，逐步构建起了以大数据为基础的国家级农业智库，为农业"走出去"企业提供了技术支撑。

2016 年，西北农林科技大学牵头发起成立了"丝绸之路农业教育科技创新联盟"，已发展了来自丝绸之路沿线 14 个国家的 76 家成员单位。联盟旨在加强人才培养、科学研究、技术推广、人文交流、智库建设等方面的合作交流。目前分别在哈萨克斯坦努尔苏丹、阿拉木图、北哈州彼得罗巴甫尔，吉尔吉斯斯坦比什凯克建成 4 所现代农业科技示范园，进行小麦、马铃薯、油菜、小杂粮、苹果等品种的适应性引种、改良、展示和耕作栽培技术的推广示范。依托该联盟平台成立了"中俄农业教育科技创新联盟"等 4 个子联盟，"哈萨克斯坦研究中心"等 3 个国别研究中心；在哈萨克斯坦和塞尔维亚成功举办了两次联盟理事会议及论坛。联盟的工作得到了国内外同行的肯定，在"一带一路"沿线国家赢得了良好声誉。

此外，还建立了一批国家相关部委认定的"国际科技合作基地""国家引进外国智力成果示范推广基地"等国际合作平台。依托一些省级农业科研机构，部分省（区）建立了形式多样、富有成效的区域性合作平台。如黑龙江省对俄农业技术合作中心自2001年3月成立以来，与俄罗斯、保加利亚等国60余个科研单位开展了实质性合作，搭建了对独联体和中东欧国家的长期稳固合作平台，成功申请国家级、省部级国际合作专项260余项，促进了国外各类优异作物资源材料和超微粉体种衣剂、羊腹腔镜子宫内输精技术、玉米单倍体育种技术等先进技术的引进，协助国内院所建立与俄罗斯、乌克兰和保加利亚等国的联系，并为企业牵线搭桥，推动引进国际先进生物农药生产技术。中国（广西）—东盟农业科技创新中心、中国—东盟农业科技创新联盟、南亚东南亚农业科技辐射中心（云南）等多个区域性国际合作交流协作平台，致力于在各个区域合作框架协议下，促进农业科技人员交流，加强农业信息技术共享，共同提升农业科技创新水平和生产能力。

四、农业科技国际交流合作成效

70年来，通过全方位、宽领域、多层次坚持不懈地推进农业科技国际交流合作工作，在农业技术引进、农业科技走出去、人才培养和自主创新等方面成果丰硕，为提升我国农业科技整体水平、促进农业农村发展、推动落实联合国千年发展目标和2030年可持续发展议程做出了积极贡献。

（一）农业技术引进硕果累累

在国家相关政策的大力支持下，我国不断拓展各层次农业科技交流合作机制与平台，加快国外农业先进技术和优势资源的引进步伐。通过引进国外优势技术并进行消化、吸收、再创新和推广，有力提升了我国农业研究水平，增加了科技储备，增强了农业科技综合能力和核心领域的国际竞争力，为农业农村经济平稳较快发展和实施创新驱动战略提供了强有力的科技支撑。

1. 引进种质资源，为保障国家粮食安全提供科技支撑

我国按照平等互惠的原则，进行农作物、种苗、种畜、种禽、菌种等交换。通过引进一大批优质、抗逆、特异种质资源和新品种，极大地丰富了我国品种资源库，为育种研究提供了多样化的材料来源，为我国农业生产提供了高产、优质新品种，大大促进了我国农产品的质量和产量的提高，产生了巨大的社会和经济效益。20世纪50—60年代共引进国外种质2万份，包括水稻良种、小麦良种、棉种、甜橙、林木种子种苗、种猪、水牛等。20世纪70年代，中国与80多个国家和地区进行品种资源交流，从引进的品种中筛选出近万份各具特点的作物种质资源，有100多个先后在生产上直接利用。20世纪80年代后，随着改革开放的不断深入，农作物种质资源交换不断深入发展，取得新的成果。仅"十二五"时期，引进动植物、微生物种质资源及优良品种24 700多份，通过消化吸收再创新，共育成新品种260多个。在优异特色粮油作物种质资源方面，共收集到水稻、小麦、玉米、大豆、小杂粮等农作物种质资源和材料16 500多份，包括从墨西哥、美国、菲律宾等国引进水稻、小麦种质资源，从秘鲁、加拿大等国引进具有抗旱、抗低温糖化等特性马铃薯品种。在优异特色动物、水产种质资源方面，从波兰、澳大利亚、加拿大、韩国等国引进的黑猪、阿尔卑斯奶羊、狼鳗、石斑鱼等，丰富了我国动物、水产等种质资源，显著提升了动物、水产相关领域的选育水平。

2. 引进重大产业转型技术，提升农产品安全生产能力

为提高我国蔬菜优质安全生产水平，先后从日本、以色列、美国、英国等国引进数项蔬菜优质安全生产技术，在此基础上通过消化、吸收，研制开发出了一系列适宜于我国蔬菜生产条件、具有自主知识产权的核心技术或产品，构建了一套适用于我国的蔬菜优质安全生产技术体系。在北京、山东等 10 省市建立了管理科学化、操作规范化和生产标准化的蔬菜 IPP 生产示范基地，并向周边地区辐射推广。该优质安全生产技术体系的应用，使蔬菜生产过程中的化学农药使用量减少了 70% 以上，硝态氮肥使用量减少了 50% 以上，有效地控制了农药、化肥、重金属对蔬菜产品的污染，显著提高了蔬菜产品的质量和市场竞争能力。

在引进国际食品法典委员会（CAC）、世界动物卫生组织（OIE）、国际植物保护公约（IPPC）、国际标准化组织（ISO）等国际组织和美国、加拿大、欧盟、澳大利亚、日本、韩国等发达国家和地区的先进技术体系的基础上，结合我国农业生产和管理实际，创建了我国农产品质量安全管理技术体系框架，为加快我国农产品质量安全体系建设奠定了基础，也为《农产品质量安全法》及其配套规章的立法起草和颁布实施提供了重要的技术支撑。

3. 引进前瞻性高新技术，突破一批动植物遗传育种等领域的瓶颈技术

我国从国际水稻研究所引进水稻高密度 SNP 芯片，完成栽培稻微核心种质的全基因组测序工作，为水稻新品种改良提供了候选标记，并育成优质高产新品种中广优 2 号，平均每亩增产 5% 以上。从美国引进测序技术，完成中国鸡鸭地方种的重测序分析，推进了基因组技术在畜禽育种中的全面应用。

围绕我国农业精准化、信息化的需求，引进美国马里兰大学的全球农业监测系统（GLAM）体系、农作物定量遥感反演技术和日本 UAV 无人机低空遥感图像处理技术，提高农作物重要生物参数定量反演产品的精度，完善和优化了现有农情监测系统体系，提升我国遥感监测系统业务运行能力。

为解决过量施用化肥造成的资源浪费和环境污染问题，引进液态肥料精准注入系统和智能化液态肥料精准施用技术，通过消化吸收，开发出具有我国自主知识产权的智能化液态肥料精量施用设备，在示范区内化肥利用率提高 20% 以上、化肥用量减少 25% 以上。引进了美国农田作业机械导航控制系统，研制出拖拉机自动导航控制技术与系统，以及轻简型农田作业机械智能转向操控技术装置，实现精准施肥、精准施药。

4. 引进应对全球挑战新技术，增强我国对全球性重大突发事件处理和应对能力

针对重大动物疫情与病虫草害对农业的威胁，从澳大利亚引进天敌昆虫发育调控与扩繁技术、寄生蜂扩繁技术体系及释放技术，从美国引进害虫特化性信息素控制释放和应用技术，研究适合我国国情的天敌昆虫的繁育、包装及释放应用技术，极大减少化学农药的使用量，对农产品安全和品质提升、改善生态环境均有促进作用，取得了良好的社会效益和生态效益。针对我国农田面源污染严重、耕地质量下降等问题，从美国引进水土污染物质的监测技术与污染防治技术、土壤水及地表水质快速检测技术等相关技术、土壤多层次水样系列采集器等设备，通过消化吸收实现水质自动实时监测，做到对水土污染的快速监控与报警。从俄罗斯引进和掌握土壤生态特性退化综合评价模型，建立了我国草地土壤生态特性退化数据，改良农业土壤侵蚀，使农业生态系统稳定化。

5. 引进资金和设备，提升渔业科研水平

20 世纪 80 年代初至 90 年代末，我国许多省部级以上渔业科研院所和高校，通过国际援助项目和银行贷款等途径，引进了大批资金和设备，明显改善了渔业科研和教学条件。其中，国外援助项目包括：挪威赠送的"北斗"号资源调查船，日本援建了北戴河增殖中心实验站和小麦岛真鲷增殖基地，联合国开发计划署为亚太地区综合养鱼研究与培训中心无偿提供了计算机及语音教学设备等。

通过消化吸收和再开发引进的国外先进技术、优良品种资源和管理理念，提升了渔业整体科研能力和水平。通过中挪"北斗"项目引进的声学探测技术，提高了我国海洋渔业资源的调查水平；通过国际交流和合作，掌握了深水抗风浪网箱制造技术；从美国引进船用 GPS 技术，提升我国渔船安全生产和科学化管理水平；引进欧盟双壳贝类安全生产技术管理体系，特别是引进国际通行的水产品质量安全管理体系（HACCP），加快了水产养殖生产方式的转变；通过国家专项项目支持，引进并推广了大菱鲆、鲟、罗非鱼等新品种，丰富了我国水产养殖品种。

（二）农业科技走出去成效凸显

早期农业科技走出去主要体现在援外农业技术合作。改革开放以来，特别是近年来我国大力推动农业走出去战略的实施，农业科技走出去的形式和内容不断拓展，呈现出境外技术试验示范、境外合作研究、农业科技产品走出去等多种形式，并成为农业走出去、落实"一带一路"倡议和服务国家外交大局的重要内容。

1. 境外农业技术试验示范

援建境外农业技术示范中心，助力解决受援国粮食安全和民生问题。近 10 多年来，我国在莫桑比克、坦桑尼亚、苏丹、贝宁、利比里亚、卢旺达、老挝、东帝汶等 20 多个非洲和亚洲区域发展中国家先后援建的农业技术示范中心陆续竣工，并发挥良好的示范作用。我国专家利用中国和当地的品种资源选育出一批适合当地环境条件的高产优质作物品种，并通过生产示范和培训推广将中国的先进适用农业技术传授给当地民众，取得积极成效。比如，援莫桑比克农业技术示范中心将我国的水稻、玉米、棉花、蔬菜等良种引入当地试验成功，筛选出适合当地条件的杂交水稻和旱地水稻品种，旱地水稻平均产量超过每公顷 6 吨，是当地水稻品种平均产量的两倍，通过示范推广使当地农民收入明显增加，在减少贫困和改善民生方面发挥了重要作用。福建农林大学通过援卢旺达农业技术示范中心开展菌草、稻谷等适应性试验和示范工作，为 3 500 多户农户以及食用菌企业和合作社提供菌草栽培食药用菌技术培训，并提供菌种和菌袋等生产资料，促进菌草食药用菌产业在卢旺达的发展。同时，采用培训、示范、生产、推广有机结合的模式示范推广稻谷种植技术，提高示范户的生产积极性和收益，受到卢旺达政府和农民的高度赞赏。中国热带农业科学院援刚果（布）农业技术示范中心开展了木薯、玉米、蔬菜种植和肉鸡养殖技术示范和培训工作，通过技术和新品种示范，带动了当地农业技术的进步，得到了当地政府和人民的高度认可。中国水产科学研究院等渔业相关科研机构帮助古巴、南非、埃及、巴布亚新几内亚和瓦努阿图等国建设了渔业设施、国家级渔业实验室和国家级渔业示范基地，提升了当地的渔业技术水平。

派遣农业技术组，帮助提升受援国农业技术应用和政策制定水平。 据不完全统计，自 2001 年以来，中国向非洲、亚洲和拉美发展中国家派遣了上百个农业技术专家组，涵盖作物、水利、畜牧、兽医、水产等十余个领域，开展实用农业技术示范，现场培训当地技术员和农民。我国派出的一线援外专家吃苦耐劳，以实际行动践行习近平总书记提出的"真、实、亲、诚"的对非合作方针，直接到乡村对农民进行现场培训和指导，明显提高了当地技术员和农民的技术水平，让当地民众从援助中真正受益，受到受援国的广泛欢迎。如援布隆迪农业专家组试验示范的"川香 506"杂交水稻品种创造了非洲高产纪录，比当地品种产量增加近三倍，成为率先获得非洲国家颁证的中国杂交水稻品种。专家组推广杂交水稻可持续生产技术和定点扶贫模式，水稻种植户户均效益增长 4 倍多，工作获得布隆迪农业部部长的高度肯定。援埃塞俄比亚职教项目连续实施 19 年，累计派遣中国农业教师 465 人次，为埃塞俄比亚培训农业教师、技术人员和学生近 6 万名，逐步建立起适用于当地的农业职教体系和人才梯队。我国还派出一批高级农业专家赴相关发展中国家帮助当地制订农业、渔业发展规划，提供政策和技术咨询，取得良好成效。

2. 境外合作研究

利用全球农业科技网络，积极开展境外作物育种、跨境动植物疫病防控等科学研究。针对亚非地区国家种植习惯和自然资源特点，我国农业科研机构及农业企业利用当地育种材料和育种平台体系，引入优良品质资源和技术，推动水稻、棉花、玉米等作物合作研究，培育推广一批新品系和新品种。仅中国农业科学院牵头承担的"为非洲和亚洲资源贫瘠地区培育绿色超级稻"一项就培育和推广一批高产、优质、多抗的绿色超级稻品种，在 18 个非洲和亚洲国家审定品种 78 个，使 160 万农户收入显著增加，对亚非国家的粮食安全和减少贫困做出了重要贡献。山东省农业科学院在苏丹开展棉花新品种合作研究，在苏丹审定通过的棉花品种成为苏丹主推品种，累计种植约 1 500 万亩，研究集成的新型棉花栽培技术措施大大提高了棉花产量。中国农业科学院与河南省农科院等科研机构分别在乌兹别克斯坦、吉尔吉斯斯坦等国家依托联合实验室等平台开展联合研究和试验示范，选育的棉花品种目前已成为当地主栽品种，研究及示范效果受到当地政府部门的高度关注。

针对亚非等地区频繁暴发动物疫病疫情等问题，发挥动物疫病防控研究优势，以禽流感、口蹄疫等为重点，通过已经建立的境外联合实验室和国际组织参考实验室，开展动物疫病流行病学合作研究、动物疫病防控技术与防控制剂等产品联合研发，以及动物疫苗的产业化技术合作，为构筑跨境动物疫病防火墙提供技术支撑。

3. 推动农业科技产品走出去

在积极开展多双边技术合作的同时，我国农业科研机构积极推动科技成果转化和科技产品走出去。比如，围绕全球跨境动物疫病防控特别是"一带一路"沿线国家的动物疫病防控需要，中国农科院相关兽医研究所积极开发研制禽流感疫苗等产品，主动为亚非发展中国家提供禽流感防控技术支持和人员培训，并以科技入股的方式在海外建设生产线，推动农业科技产品走出去。湖南杂交水稻研究中心培育的 P64－2S 及其衍生系育成的两系法杂交水稻组合通过美国水稻技术公司在美国大面积推广应用，美向中方支付相关知识产权使用费用。在马达加斯加通过十余年的合作，建立了杂交水稻从品种选育到产品加工销售的可推广体系，并审定了 5 个杂交水稻品种。

（三）农业科技自主创新能力显著提升

经过 70 年的不懈努力，我国农业科技对外交流合作能力和水平快速提升，是十八大以来，主动布局农业科技开放合作，积极参与全球农业创新治理，努力构建平等合作、互利共赢的创新共同体，通过大力加强各类合作交流机制创新和合作平台建设，不断拓展国际农业科技合作的广度和深度，大力推动科研机构和个人积极参与国际大科学计划和大科学工程，显著提升我国在解决全球性农业问题中的影响力，同时在参与国际创新合作过程中充分运用丰富的国际创新资源和海外智力资源，有效促进了我国农业科技自主创新能力的提升，进而推动了我国农业科技整体水平的提高。

1. 农业科技从参与国际合作到自主创新跨越

首先，经过多年发展，我国农业科技积极融入和主动布局全球农业创新网络，参与了诸如全球水稻分子育种计划、全球小麦品质和抗病性改良项目、欧盟 2020 地平线计划、气候变化与农业和食物安全旗舰项目等国际重大农业科技计划，大幅度提升国际合作层次，同时在合作中共享科技资源和科技成果，实现了某些关键核心技术的突破，缩短了与国际先进水平的差距，达到促进自主创新能力提高的效果，使我国农业科技逐步从"跟跑"发展到"并跑"，甚至在预防兽医学、水稻分子育种、作物基因组学等部分领域达到国际领先水平，形成"领跑"态势，充分反映了我国农业科技从参与国际合作到自主创新的跨越。例如，中国农科院蔬菜功能基因组创新团队，积极参与国际马铃薯基因组测序计划，团队完成了单倍体马铃薯的基因组测序，并初步阐明了自交衰退、薯块发育的基因组学基础，被中国工程院院士和中国科学院院士联合评为 2011 年度"世界十大科技进展"之一。此外，参与组织了国际番茄、白菜和西瓜基因组计划。这些工作的成果先后发表在《自然遗传学》（*Nature Genetics*）和《自然》（*Nature*）等杂志，确立了我国在蔬菜基因组研究领域的国家优势地位。在基因序列图的基础上，组织国内外优势团队，开展了主要蔬菜全基因组遗传变异即变异组研究，绘制了黄瓜和番茄变异组图谱，为蔬菜功能基因克隆和分子设计育种打下了坚实的基础，也进一步巩固我国在蔬菜组学研究上的优势地位，提升了我国园艺学科基础研究的整体水平。

其次，把引进技术与消化吸收再创新结合起来，着力增强自主开发能力，努力掌握自主知识产权，促进自主创新跨越式发展。例如在动植物疫病防控技术领域，早在 1998 年，农业部就立项支持中国农业科学院哈尔滨兽医研究所引进禽流感毒株，研发禽流感防治技术。在此基础上，哈尔滨兽医研究所通过消化吸收再创新，开展自主创新，在禽流感病毒进化、跨种感染、致病力分子机制等禽流感病毒基础研究方面取得重要进展，在《科学》（*Science*）、《美国国家科学院院刊》（*PNAS*）和《病毒学杂志》（*Journal of Virology*）等重要国际学术刊物上发表相关 SCI 论文 80 多篇。研制的

"H5 亚型禽流感灭活疫苗"和"重组禽流感、新城疫二联活疫苗"代表了禽流感疫苗研制的国际先进水平，在国内外得到广泛推广应用。禽流感领域自主创新的跨越式发展带动我国动物流感整体研究达到国际先进水平。

2. 国际合作培养造就农业科技创新人才

人才是自主创新的主体，培养和建设高水平的创新团队是决定农业科技自主创新能力的关键。我国农业科研机构和高校将人才培养作为优先发展战略，坚持国内培养人才与引进国外智力相结合，通过搭建国际科技合作交流平台，开辟农业科技交流与合作渠道，培育具有国际竞争力的一流农业科技领军人才和创新团队。一是通过海外高层次人才引进计划、海外高层次人才创新创业基地项目和国际人才政策措施，引进海外高层次专家和具有国际视野和创新潜力的留学人员回国创业，充分利用国家引进国外智力项目支持，招聘高水平外籍科学家到研究所进行客座研究或中长期科学研究工作；二是在国际合作出国（境）培训、国家留学基金等项目的支持下，资助具有创新潜力的人才出国学习深造，与境外相应机构开展研究合作；三是依托国际合作平台，充分发挥国际合作人才培养基地的作用，借助参与国际重大农业研究计划等国际合作项目的机会，推动在科研创新实践中培养造就高水平科技人才。

改革开放以来，通过实施以上措施，积极开展多种形式的国际合作交流，充分利用国际智力资源和科技资源，培养了一大批农业科研骨干力量，凝聚和造就了一批站在科学前沿、具有创新思维和能力的拔尖人才，并已成为中国农业科技自主创新的领军人才，为中国农业科技创新做出了突出贡献。以中国农科院为例，自国家留学基金委成立以来，中国农业科学院共通过国家公派留学项目派出 471 名中青年科学家到美国、英国、德国、荷兰、澳大利亚、日本、加拿大等科技发达国家的一流农业科研机构（大学）深造学习，选派了 378 名青年学者到国外一流大学攻读硕士、博士学位，开展博士后研究。学成归来的留学人员成为科研战线主要力量，主持了国家"973"计划、"国家杰出青年科学基金"等一大批科研项目，取得许多自主创新成果。仅在作物科学、植物保护、资源区划等 8 个学科就获得国家科技进步奖 10 余项，部级科技进步奖近 40 项，在《自然》（Nature）、《自然遗传学》（Nature Genetics）等杂志上共发表 SCI 论文 150 余篇，为我国农业科技自主创新能力的增强做出了突出的贡献。近 5 年中国农业科学院通过"青年英才计划"引进海内外人才共计 220 人，引进人才中有 22 人担任科技创新工程团队首席，培育出"万人计划"、杰出青年农业科学家等 20 余人。

◇**本 章 参 考 文 献**

农业部科技教育司，1999. 中国农业科学技术 50 年 [M]. 北京：中国农业出版社.

张陆彪，2007. 中国农业科学院国际合作 50 年 [M]. 北京：中国农业出版社.

信乃诠，2013. 科技创新与现代农业 [M]. 北京：中国农业出版社.

中国农业科学院国际合作局，2011. 中国与国际农业研究磋商组织：成效与展望 [M]. 北京：中国农业科学技术出版社.

中华人民共和国国务院新闻办公室，2014. 中国的对外援助（2014）[R].

第七章　农作物种质资源与遗传改良

种质资源是具有实际或潜在利用价值的生物遗传信息载体，包括种子、器官、组织、细胞、染色体、基因和 DNA 片段等多种形态。种质资源是推动现代种业发展的物质基础，是保障国家粮食安全、建设生态文明、维护生物多样性的战略性资源。遗传改良是指利用种质资源，以遗传学为理论基础，综合应用生态、生理、生化、病理和生物统计等多学科知识创造遗传变异、改良遗传特性，培育优良新品种。本章从基础性工作、基础与应用基础研究、技术创新与品种创制三个维度，系统地总结了新中国成立70 年来我国农作物种质资源与遗传改良发展历程和所取得的重大成就。

70 年来，在党和政府领导下，我国农作物种质资源与遗传改良取得开创性进展。种质资源研究从几乎"一穷二白"到现在建成了较完善的种质资源保护与利用体系，作物资源保存总量突破 50 万份，居世界第二位；基础与应用基础研究从无到有，完成了水稻、小麦、玉米、大豆、棉花、油菜、马铃薯、黄瓜、大白菜、甘蓝、甜橙等主要农作物基因图谱绘制，水稻功能基因组保持国际领先地位。水稻杂种优势利用等核心技术取得突破，自主创新能力显著增强，形成了我国农作物自主育种技术创新体系，有力地支撑了农作物品种遗传改良。培育并推广了超级稻、高产杂交玉米、优质专用小麦、转基因抗虫棉、"双低"油菜、杂交甘蓝等突破性更新换代品种，实现了主要农作物良种基本全覆盖，显著提升了我国农业综合生产能力和种业国际竞争力，促进了我国现代农业快速发展。

一、基础性工作

我国是世界上重要的农作物起源中心之一，形成了多样性丰富、地域特色明显的农作物种质资源。然而，积贫积弱的旧中国无力收集和保存这些宝贵财富。新中国成立后，我国的农作物种质资源保护、研究与创新利用体系才得以建立和完善，并逐步发展成为重要的科学研究领域，实现了从无到有的跨越。当前，我国已发展成为位于世界前列的种质资源大国，正在向种质资源强国迈进。

我国农作物种质资源研究，大体分为三个阶段：1949—1977 年为创建阶段，1978—2000 年为全面发展与体系建立阶段，2000 年至今为深入发展新时期。

（一）农作物种质资源研究创建

新中国成立后，我国组织开展了第一次全国性的农作物品种收集、整理工作。

＊本章审稿人：万建民；牵头撰写人：李新海；参与撰写人：郑军、路明、邱丽娟、黎裕、马有志、赖锦盛、储成才、刘裕强、张学勇、韩天富、赵久然、李锡香、王力荣、刘录祥、谢传晓、方沩。

1956—1957 年，在全国范围内开展了收集、整理农作物地方品种工作；1958 年共收集到 43 种大田作物国内品种近 21 万份、国外品种 12 万份；到 1961 年底，全国大部分作物地方品种的整理工作基本完成。1960 年，提出"作物品种资源"概念，标志着我国作物种质资源学科开始形成；1962 年，出版了我国第一部作物品种志《中国小麦品种志》，系统梳理了 1962 年以前生产上使用的主要小麦品种，至此实现了我国作物种质资源研究从无到有的飞跃。

（二）农作物种质资源研究全面发展与体系建立

1. 恢复发展期（1978—1984 年）

1978 年，农林部批准在中国农业科学院成立作物品种资源研究所，组织全国有关单位恢复开展几近停滞的作物品种资源研究，我国作物种质资源研究进入了恢复发展期。1978 年 2 月，在第一次全国农作物品种资源科研工作会议上制定了《全国农作物品种资源科研工作会议情况报告》和《全国农作物品种资源工作暂行规定》等文件，确立了"广泛收集、妥善保存、深入研究、积极创新、充分利用"工作方针，有力地促进了全国研究工作体系建立与工作开展，初步形成了种质资源全国研究协作网。

1979—1984 年，我国进行了第二次全国性作物种质资源收集工作，共补充征集到 60 多种作物 11 万余份种质。其间陆续组织开展了云南、西藏等重点地区种质资源考察和全国野生大豆、野生稻等系列重点作物野生种质资源考察，共收集 8 万余份，不仅抢救性收集了珍稀濒危作物种质，还发现一批性状优异、有较高利用价值的种质资源材料，为研究我国作物的起源、演化、分类提供了基础。此外，从国外引进各类种质资源 7 万余份，进一步丰富了我国作物种质资源的多样性。

1984 年，召开全国作物品种资源工作会议，修订了《全国农作物品种资源科研工作协调方案》和《国家种质库种子入库暂行管理办法》等文件，逐步形成了全国按作物组织协作网的品种资源工作体系。

2. 全面发展与体系建立期（1984—2000 年）

1984 年，国家作物种质库长期库动工，并于 1988 年正式投入运行，开始长期保存种质资源，种子保存寿命在 50 年以上，在库存量、温度、湿度、自动控制和种子前处理等方面均达到国际先进水平。1986—2000 年共完成 33.2 万份种质资源入长期库，包括 160 多种作物及其野生近缘种，涉及 30 余科 160 余属 500 余种（含亚种）。1992 年在青海西宁建立了国家作物种质复份保存库，之后陆续在全国建立了 10 座中期库、32 个种质圃。创建并形成了世界上唯一的长期库、复份库、中期库、种质圃相配套的完整种质资源保存体系，共保存资源 38 万余份，使我国成为名副其实的种质资源大国。

建立了全国种质资源鉴定评价研究工作体系。陆续鉴定作物种质 2 100 万项次，完成了 33.2 万份入库种质的农艺性状鉴定，17.6 万余份的品质鉴定，18.9 万余份的抗病虫鉴定，12.9 万余份的抗逆性鉴定。从评价出的单项性状优良的 5 万余份种质中，进一步综合评价和改良创新多项性状优异的种质 1 475 份，利用其中 713 份直接作为品种推广或亲本，由育种家育成新品种 800 余个。

至此，我国农作物种质资源保护和利用体系基本建立。

（三）作物种质资源研究深入发展新时期

进入 21 世纪以来，我国作物种质资源研究工作开创了一个全面深入发展的新局面，实现了从经验性、描述性种质资源研究向科学化、标准化、规范化的转变。特别是在全面制定技术规范、创新技术方法、强化基础研究等方面都得到显著提升。种质资源研究工作进入了快速、持续、健康发展新阶段。

1. 查清了我国作物种质资源本底多样性，创新了种质资源技术指标体系

提出了粮食和农业植物种质资源概念、范畴和层次结构，查清了我国农作物种质资源本底的物种多样性，阐明了 110 种作物地方品种本底遗传多样性、分布规律和富集程度。首次统一了全国农作物种质资源的度量指标，创建了作物种质资源科学分类、统一编目、统一描述的技术规范体系。编撰出版了《中国作物及其野生近缘作物》《中国主要农作物种质资源地理分布图集》《农作物种质资源技术规范》等系列著作。基本实现了种质资源收集、整理、保存、评价和利用等过程的规范化和数字化。

2. 创新研究工作技术体系，促进为种业发展与农业生产高效服务

创建了中国特色的种质资源普查与收集技术体系。探索出一条行政力量与科技人员共同努力，实行先普查再系统调查、先农民认知后收集评价，农艺性状、环境状况和自然生态相结合综合记载的种质有效调查收集方法，形成了科学合理普查与收集技术规程，指导作物种质资源考察与收集工作。2015 年启动的第三次全国农作物种质资源普查与收集行动已取得重大进展，目前已启动了 12 省区市的普查，共征集和收集到资源4.2 万份，挽救了一批濒临灭绝的地方品种和野生近缘种。

提出了种质资源"精准鉴定"新理念。创建了科学化、标准化种质资源鉴定评价技术规范，系统开展了农作物种质资源深度鉴定评价研究。针对具有突出优异性状的种质资源，建立大群体、多个生态区种植，通过表型与基因型相结合进行精确鉴定，揭示性状间的协调表达，并依据遗传构成与生产需求评判各个材料可利用性、制定利用方案。"十三五"期间，对初步筛选出和新征集重要育种材料 1.7 万余份种质资源进行了重要农艺性状表型和基因型精准鉴定评价。

建立了优异种质创新技术体系。以地方品种、野生种为供体，通过远缘杂交、理化诱变、基因工程等技术手段，向主栽品种导入新的优异基因，剔除遗传累赘，规模化创制了遗传稳定、目标性状突出、综合性状优良的新种质，有效支撑了绿色、高产、优质、高效作物新品种培育，获得重大社会和经济效益。例如，以太谷核不育小麦和矮变1 号小麦为材料，聚合太谷核不育基因 $Ms2$ 和矮秆基因 $Rht10$，国际首创矮败小麦资源，在此基础上创立矮败小麦轮回选择技术，截至 2010 年育成新品种 42 个，累计推广1.85 亿亩，约占我国冬小麦年种植面积的 20%。技术创新与信息整合促使种质资源共享利用提升到一个新高度。

3. 研究种质资源发展趋势，明确了中长期发展目标

2015 年国家三部委印发了《全国农作物种质资源保护与利用中长期发展规划（2015—2030）》，提出了未来我国农作物种质资源保护与利用的总体思路、基本原则、发展目标、任务和体系，并具体化落实为第三次全国农作物种质资源普查与收集、引进与交换、保护与监测、精准鉴定、优异种质创制与应用五项行动。

新时代，新征程，农业农村现代化种业要先行，作物种质资源是种业的"芯片"，必须率先建成种质资源强国。在保证质量的前提下要大幅度提升资源总量，全面大力推进种质资源精准鉴定和种质创新，深化作物种质资源基础研究。到 2035 年使我国种质资源总量突破 80 万份，精准鉴定超过 20 万份，种质创新超过 2 000 份，有力支撑现代种业发展、农业农村现代化和乡村振兴战略。

二、基础与应用基础研究

种质资源与遗传改良基础和应用基础研究涉及面广，包括作物起源与驯化、遗传多样性评价、重要性状的遗传与分子机制等。21 世纪之前主要基于形态学传统研究思路和方法，导致种质资源与遗传改良应用基础研究效率低下。随着分子标记技术和测序技术的快速发展，在国家自然科学基金、国家高技术研究发展计划（863 计划）、国家重点基础研究发展计划（973 计划）、转基因生物新品种培育重大专项、国家重点研发计划等科技计划支持下，我国在农作物种质资源的遗传多样性、重要性状遗传规律、基因组学及重要性状形成的分子基础等方面取得了显著进展，经历了从起步到迅速发展，从跟跑到并跑，甚至领跑的发展历程。水稻基因组草图的公布带动了小麦、棉花等多个参考基因组的构建，我国水稻基因组研究处于国际领先水平，小麦、玉米、大豆、黄瓜、番茄、白菜、甘蓝、西瓜、甜橙、梨、猕猴桃和枣等作物研究也迈入国际先进行列。应用基础研究已从模式植物向农作物育种应用转变，极大地推动了种质资源与遗传改良研究进展，有效支撑了我国现代种业发展。

（一）农作物种质资源遗传多样性研究

遗传多样性是指种内个体之间或一个群体内不同个体的遗传变异大小。70 年来，遗传多样性的检测方法不断得到提高和完善，已从形态学水平、细胞学（染色体）水平、生理生化水平，逐渐发展到分子水平。

从形态学水平分析种质资源的多样性又称为表型多样性，是揭示遗传多样性的一种间接方法，也是我国 20 世纪 80 年代前应用的主要方法。农作物表型遗传多样性分析，带动了优异资源的挖掘，促进了新品种选育。从 20 世纪 80 年代开始，细胞学（染色体）标记被广泛用于连锁群鉴定、物理图谱构建以及不同种质资源间的染色体差异研究，同工酶等生化标记也被用于作物起源与进化研究、种质资源鉴定。90 年代以来，DNA 分子标记技术在种质资源遗传多样性研究中发挥了重要作用。以 SSR 和 SNP 标记应用最广，促进了农作物种质资源遗传结构和相互关系的解析，带动了遗传多样性从表型向分子水平的转变。近年来，高通量基因型分析技术的广泛运用，促使针对作物种质资源海量样本的遗传多样性研究领域产生重大突破。尤其是近 10 年，我国在多种作物上开展的大规模关联分析和驯化改良选择分析中，均对相关种质资源群体的遗传多样性特别是群体结构进行了系统研究，阐明了遗传多样性大小与分布特征。

为尽可能用少的种质资源最大限度地代表整个物种的遗传多样性，从 20 世纪末开始，我国规模化地开展了主要农作物种质资源核心种质构建。目前，我国构建了水稻、小麦、玉米、大豆、大麦、大白菜、黄瓜等重要农作物核心种质；明确了不同农作物的分子遗传结构及多样性分布规律；阐明了中国是禾谷类作物裸粒基因、糯性基因和育性基因等特异基因的起源中心和重要起源地之一；发掘出农作物的表型多样性与环境适宜性规律，为种质资源的深入研究和有效利用奠定了基础。通过对水稻、小麦、玉米、大豆、油菜、棉花、蔬菜等主要农作物骨干亲本及其衍生系等品种资源的遗传多样性及效应分析，尤其是功能位点等位基因分布及效应的分析，为骨干亲本预测与品种改良提供了有力的科技支撑。

（二）农作物遗传规律研究

1. 完成主要作物品种光温生态类型划分和生态区划

从 20 世纪 50 年代起，我国对各地水稻、小麦、大豆、棉花等主要农作物品种光温反应及生态类型进行了研究，提出实用的作物品种生态分类系统，建立了作物品种生态类型理论。50—60 年代，对小麦地方品种的主要生态性状进行了系统研究，将我国小麦品种划分为 10 个生态类型；开展水稻光温生态协作研究，将我国水稻品种划分为 14 个光温生态型；对我国南北地区大豆品种光周期敏感性进行比较，划分出 7 种生育期类型和 7 个成熟期地带。70 年代末至 80 年代初，完成了小麦、大豆品种生态试验，对主要作物品种生态类型的光温反应、农艺性状特点及与生态条件关系等进行了系统研究；完善了主要农作物种植区划，将全国分为华北、东北、西北、长江中下游、西南以及华南六大稻区，小麦划分为 8 个大的生态区。90 年代以来，明确了大豆品种生育期组在不同生态区的地理分布态势，调整了大豆品种生态区划，将原有三大区（北方春大豆区、黄淮海流域夏大豆区和南方多作大豆区）划分方案中的南方多作大豆区细分为长江中下游、中南、西南和华南四区，形成六区划分系统。进入 21 世纪以来，对不同生态类型的生理生态特性和遗传多样性进行了研究，为品种分子设计育种提供了依据。这些工作对作物品种改良、引种路线规划、新品种区域试验网络完善等提供了重要指导作用。从功能基因组视角看，作物品种的生态类型主要与品种的春化基因（感温基因）和光周期反应基因（感光基因）等位变异组成密切相关，是作物适应环境变化、调整发育进程和速度、完成从种子到种子世代更替的关键，也是新品种选育的基本目标。

2. 作物主要育种目标性状遗传规律研究不断深化

20 世纪 60—70 年代，我国开展了零星的作物育种目标性状遗传规律研究，遗传率等概念开始应用。80—90 年代，生物统计学和数量遗传学在作物育种研究中得到普遍应用，逐步明确主要作物重要质量性状的遗传方式、遗传率和配合力，对改进育种方法、提高育种效率发挥了指导作用。与此同时，提出了主基因＋微效多基因混合模型，深化了对数量性状基因的认识，便于育种工作者利用杂种分离世代数据对育种性状的遗传组成做出判断，也可用以校验数量性状（QTL）定位所揭示性状的遗传组成。该方法提出以来已广泛应用于水稻、小麦、大豆、棉花、油菜、蔬菜等作物生理、抗病、农艺等复杂性状的遗传研究和育种策略制订。

（三）农作物基因组学研究

自 20 世纪 70 年代 DNA 序列分析技术发明以来，测序技术不断革新、迅猛发展，先后经历了以双脱氧终止测序为代表的第一代测序技术、以边合成边测序为核心的第二代测序技术和以单分子 DNA 测序为代表的第三代测序技术。测序技术的快速发展极大地推动了农作物基因组学研究。进入 21 世纪后，我国在农作物基因组学研究领域进展突出，主导完成了水稻、小麦、棉花、油菜、黄瓜、白菜等重要农作物的全基因组序列框架图绘制，解析了农作物基因组序列变异，为农作物功能基因组研究奠定了重要基础。

1997 年我国作为主要参与国共同牵头发起"国际水稻基因组测序计划"，并承担水稻第 4 号染色体的测序工作；2002 年我国水稻（籼稻）基因组"精细图"完成，标志着我国水稻基因组学研究迈入世界前列；2018 年我国主导完成 3 010 份亚洲栽培稻基因组测序，揭示了亚洲栽培稻的起源和群体基因组变异结构，剖析了水稻核心种质资源的基因组遗传多样性。继 2013 年由国际上率先完成了小麦 A、D 基因组框架图，2017 年和 2018 年相继完成其精细图绘制，揭示了小麦基因组序列结构特征之后，2015 年我国牵头完成了地方品种"拉萨钩芒"青稞基因组草图，是小麦族基因组学研究中里程碑式进展。2017 年中外科学家成功破译了大麦基因组。2018 年利用第三代测序技术完成了玉米自交系 Mo17 基因组的组装，2019 年完成了我国玉米重要自交系黄早四的基因组破译。2012 年率先构建了谷子全基因组序列图谱，2017 年获得了苦荞高质量参考基因组序列。

2016 年由我国牵头率先构建一年生野生大豆的泛基因组，这也是植物领域构建的第一个泛基因组，为大豆野生基因资源利用创造了条件。2019 年我国牵头破译了栽培种花生基因组。2014 年率先发布了第一个芝麻基因组图谱，随后完成了 705 份芝麻全基因组重测序，为芝麻等油料作物育种及改良提供了新线索。2007 年我国率先牵头启动了棉花基因组计划，2012、2015 年相继完成棉花二倍体、四倍体基因组测序，2018 年绘制了棉花二倍体和四倍体的三维基因组图谱，揭示了三维基因组的进化与转录调控之间的关系。

联合国际同行共同主导了甘蓝型油菜及其亲本种白菜和甘蓝的全基因组测序计划，2008—2017 年，共完成了 2 个甘蓝型油菜，2 个甘蓝、1 个白菜全基因组测序，将油菜及其近亲物种的研究提升到全基因组水平。如 2011 年完成白菜全基因组测序，标志着我国在以白菜类作物为代表的芸薹属作物基因组学研究中取得了国际领先地位。2012 年完成了世界首张西瓜基因组序列图谱绘制与破译。2011 年主导完成了马铃薯全基因组序列图和生物学分析。2014 年主导完成高质量辣椒基因组图谱，为辣椒的抗性、品质等重要农艺性状改良奠定了基础。

2012 年完成第一个园艺作物甜橙基因组序列图谱，是国际上首个最完整的甜橙基因组序列图谱。2012 年基于"国际梨基因组合作组"合作，绘制完成世界首个梨全基因组序列图谱。2013 年绘制出中华猕猴桃全基因组序列草图。2014 年完成世界首个枣树全基因组测序，标志着我国在枣树基因组学研究方面跨入国际先行行列。2017 年成功组装出六倍体甘薯基因组序列，开创了多倍体复杂基因组组装和分析先河。2018 年率先在国际上完成了栽培茶树大叶茶种基因组的测序和组装，获得了约 30.2 亿碱基对的高质量基因组参考序列。

农作物基因组学研究及基于重测序的基因组变异解析，将有力推动农作物的基础生物学研究、规模化基因发掘和复杂农艺性状分子解析，提升我国农作物分子遗传改良水平。

（四）农作物重要性状形成的分子基础

20 世纪 70 年代，我国开始利用分子标记等技术，开展农作物抗病、抗逆、品质和产量等重要性状功能基因挖掘与遗传解析，但进展缓慢，且作物之间差距显著。21 世纪以来，在水稻、小麦、玉米、大豆、棉花、油菜、蔬菜等作物基因组测序和重测序的带动下，我国建立起基于连锁分析、关联分析、比较基因组学、基因表达等一系列基因克隆新方法，构建了主要农作物功能基因组学研究平台，克隆了一批具有重大育种价值的新基因，系统解析了水稻、小麦、玉米、蔬菜等农作物高产、优质、抗逆等重要基因分子调控机制。

株型：控制水稻株高和分蘖数基因 *D53*，编码一个在结构上与 I 类 Clp ATPase 类似的核蛋白，D53 与独脚金内酯信号分子 D14、D3 互作形成蛋白复合体，调控 D53 泛素化和降解，进而调控独角金内酯相关下游基因表达。控制水稻分蘖数基因 *MOC1* 编码一个 GRAS 家族转录因子，主要调控水稻叶腋分生组织和腋芽形成，泛素连接酶共激活因子 TAD1 与 TE 作用于 *MOC1* 上游，在叶腋处与 *MOC1* 共表达，并通过调控 *MOC1* 基因来决定水稻分蘖数；GA 信号通路中关键抑制因子 DELLA 蛋白 SLR1 可以直接与 MOC1 蛋白发生相互作用，SLR1 能够通过抑制 MOC1 蛋白降解从而促进分蘖伸长。控制水稻分蘖角度基因 *PROG1* 编码一个 Cys2-His2 锌指转录因子，野生稻 *PROG1* 突变后，株型由匍匐变成直立；*TIG1* 基因编码 TCP 家族转录因子，在分蘖基部远地侧特异高表达，通过激活 *EXPA3*、*EXPB5* 和 *SAUR39* 等下游基因表达促进该部位细胞伸长，从而维持较大分蘖角度。

产量：控制水稻粒重和粒长的主效基因 *GS3* 编码一个跨膜蛋白，其 N 端编码一个植物特有的器官尺寸调节结构域（OSR），抑制籽粒长度。DEP1 与 GS3 同为 G 蛋白 γ 亚基，DEP1 既影响穗形又影响粒形；粒形 QTL *GL7/GW7* 编码一个 LONGIFOLIA 蛋白，上调表达 *GW7* 可以促进颖花纵向细胞分裂，致使形成细长的谷粒。控制水稻粒宽和粒重基因 *GW2* 编码一种环型 E3 泛素连接酶，可以抑制籽粒的灌浆速率、籽粒宽度和重量。GS5 正调控水稻产量，水稻粒宽随着 GS5 表达量的上升而增加。*GW8/OsSPL16* 编码一个包含 SBP 结构域的转录因子，过量表达 GW8 促进细胞分裂形成大粒并增加产量。控制水稻灌浆和籽粒充实度基因 *GIF1* 编码水稻的细胞壁蔗糖转化酶，可以辅助将蔗糖转化为用于合成淀粉的物质，从而促进籽粒中的淀粉数量。水稻粒长和粒重基因 *OsSPL13* 编码一个植物特异的转录因子，该基因 5'UTR 的变异导致 *OsSPL13* 表达量提高，从而增加了籽粒大小和每穗粒数。

生育期：水稻抽穗期决定了品种的种植区域和种植季节，*Ghd7* 编码一个调控生物钟基因的 PRR 类蛋白，在长日照条件下 Ghd7 抑制 Ehd1 进而影响成花素基因 *Hd3a* 和 *RFT1* 的表达来延迟开花，在延长抽穗期的同时也具有增加株高和增产的效应。*DTH2* 编码一个 CONSTANS-like 蛋白，在长日照条件下通过诱导 *Hd3a* 和 *RFT1* 来促进抽穗。*DTH7* 编码一个 PRR 蛋白，在长日照条件下，该基因作用于光敏色素 PhyB 的下游，通过抑制下游 *Ehd1* 基因的表达下调成花素 *Hd3a*/*RFT1* 的表达，从而延迟开花。水稻 *SDG724* 编码一个组蛋白甲基转移酶，通过表观遗传调控 *OsMADS50* 和长日照开花素基因 *RFT1* 的表达，进而调控水稻长日照开花途径。在冬小麦春化过程中，定位在细胞核中的 VER2 与 O-GlcNAc 糖基化修饰的 TaGRP2 相互作用，解除对春化基因 *TaVRN1* mRNA 累积的抑制，从而促进开花。*E1* 是一个调控大豆开花期及成熟期的关键基因，*E1* 通过调控 *FT* 基因调控大豆的花期。大豆 *J* 基因编码一个拟南芥 *ELF3* 的同源基因。其突变型能更好地适应短日照条件，从而较野生型提高产量达 30%～50%。

育性：*S5* 是控制水稻籼粳不育和广亲和性状的位点，包括三个紧密连锁的基因 *ORF3*、*ORF4*、*ORF5*，三个基因协同调控籼粳稻杂种的不育性。*qHMS7* 是在水稻中克隆的控制杂种不育性的自私基因，该基因的克隆和相关研究阐明了自私基因在维持植物基因组的稳定性和促进新物种形成的分子机制。*WA352* 是位于水稻线粒体基因组中的控制野败型细胞质雄性不育的基因，*Rf4* 与 *Rf3* 是细胞核基因组中负责恢复育性的基因。RF4 介导 *WA352* 的 mRNA；RF3 抑制 WA352 蛋白的产生，并共同作用以恢复 CMS-WA 育性。*PSS1* 是在水稻中克隆的花粉半不育性基因，对水稻雄性减数分裂、花药开裂和生育力具有重要作用。*PMS3* 是一个非编码 RNA，在长日照条件下启动子区域甲基化程度升高，导致转录量降低，从而造成花药在发育过程中提前程序化死亡。*TMS5* 编码一个保守的 RNA 酶 Z，其突变体在不同温度下表现不同的育性。小麦育性 *Ms1* 基因编码一个 GPI 锚定脂质转运蛋白，为进一步研发规模化杂交小麦制种新技术打下了基础。太谷核不育小麦 *MS2* 基因的克隆和基因功能的解析，成为复杂基因组作物基因克隆的经典案例。

品质：淀粉和蛋白是重要的两类营养物质。*Wx* 和 *SSIIIa* 及其等位基因编码水稻淀粉合成途径中的关键酶，通过影响直链淀粉和抗性淀粉含量影响稻米蒸煮食味品质。*GPA2*、*GPA3*、*GPA4* 和 *Chalk5* 基因编码稻米蛋白转运途径的关键调控因子，通过参与调控蛋白组成和含量，影响稻米蛋白品质。*OsAAP6* 基因编码氨基酸转运子，通过参与调控水稻蛋白质含量影响稻米营养品质。*BADH2* 基因编码甜菜碱醛脱氢酶，该基因的缺失可以增加稻米的香味。*GW2* 和 *OsTUB1* 等基因编码泛素降解途径关键因子；*GS3* 和 *DEP1* 等基因编码 G 蛋白信号通路关键蛋白；*GW5* 和 *GS5* 等基因编码油菜素内酯信号通路关键因子。上述基因通过调控水稻米粒长宽比影响大米外观品质。玉米 *O-paque1* 基因编码一个肌球蛋白，通过参与蛋白体形成，影响胚乳发育。玉米 *O-PAQUE11* 编码一个胚乳特异的转录因子，是胚乳发育和营养代谢的中间枢纽。NAC 转录因子也是调控玉米中淀粉和蛋白合成的关键基因。番茄 *ALMT9* 基因编码一个铝激活苹果酸转运蛋白，参与调控苹果酸积累，从而影响番茄的风味；鉴定了影响 27 种物质的 300 多个主效遗传位点，解析了番茄风味的遗传基础。克隆了 11 个黄瓜苦味合成和调控基因，揭示了黄瓜苦味合成、调控及驯化的分子机制。

抗虫：*Bph3* 是一个水稻抗褐飞虱基因，包含 3 个质膜凝集素受体激酶编码基因的基因簇，3 个基因通过累加作用，共同形成对褐飞虱的广谱持久抗性。*Bph14* 编码水稻一个 CC-NB-LRR 蛋白，其 LRR 功能域参与识别褐飞虱侵入并启动防卫反应，其表达能够激活水杨酸信号途径，从而诱导韧皮部细胞的胼胝质沉积以及胰蛋白酶抑制剂产生，以实现水稻全生育期对褐飞虱取食活性、生长速率和寿命的抑制作用。*Bph6* 基因编码水稻一个定位于胞外体、能提高细胞外泌作用并参与细胞壁维持和强化的未知蛋白，它通过激活细胞分裂素、水杨酸和茉莉酸信号途径，协同提高对褐飞虱和白背飞虱的抗性且对产量没有不利影响。

抗病：农作物抗病机制方面最具代表性的成果主要包括稻瘟病、白叶枯病、玉米丝黑穗病、小麦赤霉病的研究。水稻 *Pigm* 抗稻瘟病基因是由多个 NB-LRR 基因组成的基因簇，其中 *PigmR* 基因提高抗性但降低产量，*PigmS* 受表观调控，抑制 *PigmR* 编码产物同源二聚体的形成并弥补产量损失，揭示了广谱抗性与产量损失间的平衡机制。*Bsr-d1* 介导对稻瘟病的非小种专化性抗性，发现其启动子区域存在单碱基突变，通过结合 *MYB* 转录因子降低 *Bsr-d1* 表达水平抑制 H_2O_2 降解，增强稻瘟病持久抗性。*Xa13* 不仅参与白叶枯病的寄主-病原物互作，而且是水稻花粉发育关键基因，其启动子区域的突变导致了小种专化的抗性提高。*Xa4* 基因可以通过促进纤维素合成，提高细胞壁强度，从而抑制白叶枯病菌入侵。*STV11* 基因可以促进水杨酸向磺基水杨酸的转化，对条纹叶枯病毒表现抗性。玉米抗丝黑穗病 *ZmWAK* 基因，编码质膜上的类受体激酶，感受并传递胞外信号，其在中胚轴里的高表达能够抑制病原菌生长。小麦抗赤霉病关键基因 *Fhb1* 编码富含组氨酸的钙离子结合蛋白，该基因位于 3' 端外显子的缺失变异赋予了六倍体普通小麦赤霉病抗性提高。

耐逆：植物生长发育通常会受非生物胁迫的影响。*OgTT1* 编码一个 26S 蛋白酶体 α2 亚基，高温条件下对毒性蛋白进行高效快速降解来应对高温胁迫。*COLD1* 基因编码一个 G 蛋白信号调节因子，在冷处理条件下诱导下游耐寒相关的防御反应增强水稻的耐寒性。从原产我国昆明小白谷中克隆了耐冷基因 *CTB4a*，为逆境育种奠定基因资源。*bZIP73* 转录因子基因编码区第 511 位置在粳稻和籼稻间存在一个 SNP，决定了其籼粳分化及低温耐受性差异。*OsMAPK3* 抑制 *OsbHLH002/OsICE1* 泛素化进而激活其靶基因 *OsTPP1* 以增强水稻耐寒性。*CTB4a* 编码 1 个类受体蛋白激酶，增强水稻在低温下 ATP 酶活性和 ATP 含量，提高水稻结实率和产量。玉米 *ZmVPP1* 基因编码质子泵-焦磷酸水解酶，可为玉米抗旱遗传改良提供基因资源。微小反向重复转座子（MITE）插入 *ZmNAC111* 的启动子，与玉米抗旱性天然变异有紧密关系。*Ta-SRO1* 通过调节小麦体内活性氧平衡来增强 SR3 品种耐盐能力。*SCK1* 编码一个 HKT 型转运子 OsHKT8，特异转运 Na^+，与水稻抗盐有关。*CAL1* 基因编码一个植物防御素类似蛋白，与水稻镉积累密切相关。

养分高效利用：*NRT1.1B* 基因编码一个硝酸盐转运蛋白，显著影响了水稻对氮的利用效率，在高产背景下可以促进粳稻硝酸盐吸收和利用、增加粳稻有效穗数，在提高产量方面具有很大应用价值，也可以通过 *NBIP1* 及 *SPX4* 将植物对于氮和磷胁迫的信号路径整合在一起。*NRT1.1B* 调控根系具有氮转化能力的微生物，进而影响籼粳稻田间氮肥利用效率。*GRF4* 在提高水稻和小麦氮肥利用率方面发挥关键作用，促进植物生长发育和农作物产量提升。*OsNRT2.3b* 通过感知 pH 开启或关闭硝酸盐转运活性，提高谷物产量和氮利用率。*miRNA528* 能通过 *ZmLAC3* 和 *ZmLAC5* 的影响木质素合成路径关键酶 ZmPAL 表达，从而决定高氮条件下玉米抗倒伏。*OsVPE1* 和 *OsVPE2* 编码 VPE 蛋白，负责水稻液泡 Pi 输出。SDEL1 和 SDEL2 E3 连接酶通过介导 *SPX4* 的降解，参与水稻磷酸盐的同化和信号转导。水稻激酶的亚基 CK2β3 调控磷转运蛋白在细胞质膜与 ER 运输，进而影响水稻利用磷。水稻根中 OsCBL1 - OsCIPK23 复合体能够增强 *OsAKT1* 对钾离子的吸收能力。

杂种优势机理： 自 20 世纪 90 年代初，我国对杂种优势的遗传基础进行了系统研究，克隆了光敏感核不育调控基因 *PMS1T*、*PMS3* 等，发现了"方向变换的等位基因特异表达"杂种优势形成分子机理；克隆了具有降秆能力的关键基因 *Epi-df*，揭示了杂种优势的形成受表观遗传学调控；深入解析亚非稻种间生殖隔离遗传基础，发现了杂种不育的非对称遗传互作机制；通过对 17 套代表性杂交稻遗传群体进行全基因组测序，鉴定了控制杂种优势的 *HD3a*、*TAC1*、*LAX1*、*Ghd8* 等主要基因位点，阐述了水稻花期、株型、产量等杂种优势的基因组合模式。

这些研究成果先后发表在 *Nature*、*Science*、*Cell* 等国际高水平期刊上，奠定了我国水稻功能基因组研究在国际上的领先地位，小麦、玉米、大豆、蔬菜等部分研究进入世界前列。随着高通量测序、基因编辑及大数据整合分析等技术的发展，主要农作物重要性状基因挖掘与遗传机制解析的速度和效率进一步提升，并开始在聚合育种和分子设计育种中发挥作用，为加速我国农作物新品种选育提供了理论基础支撑。

三、技术创新与品种创制

我国农作物育种技术先后经历了优良农家品种筛选、矮化育种、杂种优势利用、细胞工程、分子育种等发展阶段，推动了农作物矮秆化、杂交化、优质化三次跨越，先后选育出系列优良新品种，实现了 5～6 次大规模品种更新换代。近年来，转基因、分子标记、单倍体、分子设计等现代生物育种技术不断完善应用，基因组编辑等逐渐成为育种技术创新热点，伴随人类社会步入互联网、大数据、人工智能育种"三位一体"新时代，生命科学、信息科学与育种科学将深度融合，农作物遗传改良正跨入革命性新阶段。

（一）系统选育

系统选育法又称纯系育种法，俗称"一株传""一粒传"，是自花授粉作物常用的育种方法，在 20 世纪作物育种中发挥了巨大作用。据统计，20 世纪 50 年代，我国稻、麦、棉三大作物的推广品种中采用系统育种法育成的品种比例分别为 61.2%、19.6% 和 74.4%，60 年代为 43.4%、20.5% 和 62.9%，70 年代为 27.6%、9.80% 和 56.6%。著名水稻品种矮脚南特是从高秆品种南特 16 生产田中选出的矮秆自然变异植株选育而来，是新中国第一个水稻矮秆品种，形成以矮秆类型品种为主的栽培格局，促进了产量跨越式的提高。小麦品种甘肃 96 是从引自美国材料中选拔单株系统选育而来,自 1952 年起推广,年最大推广面积达 66.7 万公顷,覆盖中西部春麦区。1951—2005 年,我国采用系统育种方法育成大豆品种共 185 个,占同期育成大豆品种总数的 14.45%,50 年代末至 60 年代在黑龙江省大面积推广的荆山璞是从满仓金品种中选育出来。

(二)杂交育种

杂交育种是指对作物的不同品种间进行杂交,并在其杂交后代通过选择而育成纯合品种的方法。杂交育种是提高农作物产量和品质的主要技术,世界各国生产上应用的主要作物品种大都由此法育成。新中国成立后,我国开展了品种改良工作,主要是进行农家优良品种评选与推广,并开始进行杂交育种。在杂交育种的初期阶段,大多以结合双亲不同优良性状的组合育种,实现了第一次品种更新。1951—1954 年,大面积推广了碧蚂 1 号和碧蚂 4 号小麦品种,其中碧蚂 1 号是通过中外品种间杂交创制小麦新品种最成功的范例,1959 年推广面积达 600 万公顷,是当时国内推广面积最大的品种;1958 年南大 2419 小麦品种种植面积达 466.7 万公顷,是国内分布最广的品种。60 年代实现了水稻育种突破和第二次品种更新,在矮脚南特基础上,1959 年选育出半矮秆籼稻新品种广场矮,矮秆水稻在南方稻区得到了大面积推广应用。70 年代,矮丰 3 号小麦品种开创了我国小麦矮化育种的先例,是我国小麦史上第一个大面积推广的半矮秆品种。1978 年后,我国作物品种选育目标朝高产、优质、抗病、广适等方向发展,80 年代,大豆品种铁丰 18 增产幅度达 22.8% 以上,适应性广,1985 年全国推广达 300 万公顷以上;高产优质小麦品种绵阳 11 单产高,蛋白质含量高,属强筋小麦,抗病性好,成熟期早,成为南方推广面积最大的小麦品种;高产稳产的棉花品种鲁棉 1 号成熟早、结铃率高、适应性广、抗逆性强、纤维性好,大幅度提高了产量,揭开了我国棉花种植史上新的一页;中棉 12 首次攻克高产、优质、抗病三性状不易结合的难题,创造了单一棉花品种年种植面积最大的历史纪录;高产抗病甘薯品种徐薯 18 比优良品种胜利百号增产 27.6%,薯干增产 39.8%,高抗根腐病,适应性广,品质好。90 年代,丰产优质小麦品种陕农 7859 综合抗逆性好,穗大、粒大,蛋白质含量平均 15.9%,在陕西和黄淮麦区 6 年推广种植 320 万公顷以上;高产稳产小麦品种豫麦 13 解决了当地小麦品种稳产性差的问题;高抗赤霉病小麦品种扬麦 5 号丰产性好,解决了抗赤霉病的世界难题,在 90 年代前期是全国种植面积最大的小麦新品种;扬麦 158 初步解决了小麦生育后期温暖湿润生态区大面积丰产与抗赤霉病、抗白粉病相结合的难题,促使该麦区产量水平上升到一个新台阶;短季棉育种获突破,中棉所 16 极大地推动了我国黄淮海棉区麦棉两熟制的发展;陆海种间杂交育成的中棉所 19 兼抗 6 种病虫害,1994 年引入新疆,创造了当时我国棉花单产的最高纪录;甘薯品种南薯 88 产量高,适应性广,鲜薯和薯干比徐薯 18 分别增产 26.97% 和 15.71%。2000 年以后,优质强筋早熟多抗高产广适应性小麦品种郑麦 9023 实现了我国食用小麦出口零的突破;矮秆高产多抗广适优质中筋小麦品种矮抗 58 解决了小麦高产大群体易倒伏、矮秆品种易早衰、高产不优质、高产性与广适性难以结合的技术难题;广适高产优质大豆品种中黄 13 连续 9 年居全国年种植面积首位,累计推广面积超 1 亿亩,是我国大豆广适育种走向国际前沿的重大创新成果。在果树领域，1978 年前筛选和培育出一批果树良种，南方以柑橘最有代表性，优良品系先锋橙和锦橙及其优系等成为全国主栽品种。北方以苹果最有代表性，培育了秦冠和寒富等区域性新品种，秦冠品种推广超过 30 万公顷，是 1998 年以前我国自育苹果品种中推广面积最大、覆盖地区最广的品种；寒富品种使我国苹果栽培的北界向北推移超过 300 公里，特别是芽变选种成果突出，选育的富士和元帅系芽变品种成为全国主栽品种。最近几十年来，引进并选育出富士、嘎啦品种，现已成为主栽品种，实现了我国苹果品种更新换代。

（三）杂种优势利用育种

杂种优势是指杂种在生长势、生活力、抗逆性、繁殖力、适应性、产量、品质等方面优于其亲本的现象，利用杂种优势提高作物产量是 20 世纪农业科学的重大创举。

玉米是第一个大规模利用杂种优势的作物。1956 年李竞雄撰写的"加强玉米自交系间杂交种的选育和研究"一文，系统论述了玉米杂种优势理论，奠定了我国玉米杂交育种的理论基础。新单 1 号的育成标志着我国玉米育种工作从选育双交种开始转向选育单交种。1970 年以后进入以单交种为主的阶段，代表品种有中单 2 号、吉单 101、郑单 2 号、丹玉 6 号等，其中中单 2 号是我国在由双交种向单交种转变进程中的里程碑代表品种；80 年代后推广的主要代表品种有丹玉 13、烟单 14、四单 8 号、掖单 2 号等，其中丹玉 13 以抗性遗传为基础，是单基因抗性与多基因抗性相结合的抗多种病害的高产、优质、适应性广杂交种；90 年代至 21 世纪初推广的主要品种有掖单 13、沈单 7 号、农大 108、吉单 159、豫玉 22 等，其中掖单 13 是我国第一个株型紧凑兼大穗型杂交种，开创了紧凑型玉米育种和生产应用的先例，农大 108 拓宽了其遗传基础，融入了北美种质、热带和亚热带种质及国内地方种质，在育种理论上开拓了新的杂种优势模式，2000—2003 年连续 4 年种植面积居全国第一位；2004 年后推广的主要有郑单 958、浚单 20、鲁单 981、京科 968 等，其中郑单 958 自 2004 年审定以来已经连续 15 年为全国推广面积最大的玉米品种，集高产稳产、优质耐密、广适多抗于一身，突破了杂交种在高密度下易倒伏与结实性差等关键技术瓶颈，浚单 20 突破了高产、优质、抗逆有效结合的技术瓶颈，多次创造夏玉米高产纪录。

我国是世界上第一个大面积成功应用水稻杂种优势的国家，1973 年实现三系法杂交水稻配套，实现了杂交水稻的历史性突破，"籼型杂交水稻"于 2001 年获得国家技术发明特等奖。从 1976 年起，杂交水稻开始迅速推广，其主要品种（组合）为南优、矮优、汕优、威优、冈优、D 优、Ⅱ 优、协优等系统。南优 2 号是世界上第一个实用高产杂交水稻品种，汕优 63 克服第一代杂交水稻不抗稻瘟病致命缺陷，抗瘟性强，从 1986 年连续 16 年种植面积稳居全国杂交水稻第一位，最大年推广面积超过 1 亿亩；汕优 10 号属中籼型杂交晚稻，综合性状好，增产潜力大，品质优，抗逆性强，适应性广。两系杂交稻育种的序幕开启于 1973 年发现的"光敏感核不育水稻"，并育成首个粳稻光温敏核不育系农垦 58S。随着培矮 64S、广占 63S 以及 Y58S 等实用性两用核不育系的选育和应用，两系不育系和品种从 2000 年后开始大量进入推广应用阶段，以两优培九、扬两优 6 号、Y 两优 1 号等为代表的两系杂交稻推动了我国水稻单产和总产提高。"两系法杂交水稻技术研究与应用"于 2013 年获得国家科技进步特等奖，确保了我国杂交水稻研究与应用的世界领先地位。20 世纪 50—60 年代，我国学者发现籼粳亚种间具有较强的杂种优势，但直接利用相当困难，经过 50 多年的研究，逐渐形成了以籼粳稻亚种间杂交与理想株型为基础的北方粳型超级稻育种理论与技术体系，使我国成为通过籼粳稻亚种间杂交进行种质创新、株型改良和高产育种最成功的国家，育成了我国第一个直立大穗型超级粳稻沈农 265、优质超级粳稻沈农 606 和广适型超级粳稻沈农 9816 等品种，促进了东北粳稻跨越式发展。1996 年农业部启动"中国超级稻研究"重大项目，明确超级稻是通过理想株型塑造与强杂种优势利用相结合的技术路线，培育单产大幅度提高、品质优良、抗性较强的新型水稻品种。2000 年前后，协优 9308、两优培九、沈农 265 等一批超高产新品种顺利完成第一阶段超级稻育种目标，并进入大面积推广阶段。截至 2017 年，农业部先后 12 批次确认了 166 个超级稻品种。

随着玉米、水稻杂种优势的广泛应用，在棉花、油菜、大豆、小麦、蔬菜等作物上也得到迅速发展。棉花杂种优势利用研究始于 20 世纪 70 年代，90 年代开始应用，21 世纪初，转基因抗虫杂交棉的问世和兴起，加速了棉花杂种优势的推广利用。油菜杂种优势利用研究领先世界，1972 年首次发现波里马（Polima cms）雄性不育系，被认为是"第一个有实用价值的油菜 cms 类型"，为国内外油菜及蔬菜杂种优势利用研究做出了重大贡献，先后培育出"华油杂""中油杂""秦油""湘油杂""油研"等系列优质高产杂交品种。例如我国第一个通过审定的低芥酸雄性不育三系杂种华油（杂）2 号和双低冬播油菜三系杂种华油（杂）3 号。大豆杂种优势利用研究已攻克制种难题，实现野生昆虫和人工驯化蜜蜂为大豆传粉，育成杂交豆 1 号、2 号、吉育 612 等大豆杂交种，其中杂交豆 1 号是世界上第一个大豆杂交种，吉育 612 的蛋白、脂肪含量为 63%，达国家品质双高标准。首创两系杂交小麦技术体系，培育出的杂交小麦品种实现商业化，使我国杂交小麦研究达到世界领先水平。蔬菜领域，20 世纪 70 年代初在国内首先突破甘蓝自交不亲和系制种，1973 年育成我国第一个甘蓝杂交种京丰一号，1979 年首次发现甘蓝显性雄性不育材料，90 年代突破甘蓝雄性不育系选育与利用技术，使得雄性不育系、雌性系、自交不亲和系等蔬菜杂种优势育种技术取得突破，现已在 30 余种蔬菜育种中得到应用，大白菜、甘蓝、黄瓜、番茄、辣椒、茄子和花椰菜等主要蔬菜作物新品种90% 以上为杂交种。

（四）远缘杂交与染色体工程育种

作物野生近缘植物是拓宽遗传基础的巨大基因库，通过远缘杂交，可以将野生近缘种的有益基因转移给作物，培育符合生产需要的新品种。实践证明远缘杂交技术是改良农作物的有效方法，在小麦和水稻育种中发挥了重要作用。我国利用远缘杂交与染色体工程技术创制作物新种质大体可分为三个阶段。

新中国成立初期引进国外创制的远缘杂交亲本。我国小麦育种利用引进的 1B/1R易位系资源，将黑麦的 $Lr26/Sr31/Yr9/Pm8$ 多个外源抗病基因和丰产基因导入小麦，近 50% 的冬小麦品种携带有 1BL/1RS 易位染色体。早期对我国小麦育种具有重要贡献的种质包括小麦-黑麦 1B/1R 代换系牛朱特（Neuzucht）、1BL/1RS 易位系洛夫林 10 号

（Lovin 10）、洛夫林 13 号（Lovin 13）和山前麦。以牛朱特为抗源，从 1970 年开始通过聚合杂交，实现了矮丰 3 号、孟县 201 和牛朱特三个种质的优异性状聚合，创制出矮孟牛新种质。

新中国成立后到改革开放初期。20 世纪 50 年代初，针对我国北方冬麦区条锈病流行，开展了以长穗偃麦草为主的远缘杂交研究，成功实现小麦与偃麦草远缘杂交并育成了"小偃"系列品种，其中小偃 6 号具有抗条锈病、优质强筋特点，累计推广达 1.5 亿亩，作为骨干亲本衍生品种有 40 余个，开创了小麦远缘杂交品种在生产上大面积推广的先例。水稻以野生稻为资源，从中发现并选育出"野败型"雄性不育系等新种质，使我国杂交水稻育种处于国际领先。利用华南普通野生稻与栽培稻杂交合作育成红莲型水稻三系及红莲型杂交稻。利用广东野生稻培育出高产、抗病品种桂野占系列品种，利用广西普通野生稻创制出高抗白叶枯病、南方黑条矮缩病新种质，有效应用于我国南方病害严重的水稻产区。

1979 年之后的 30 年是我国利用远缘杂交技术创制新种质的全面繁盛阶段。从 1978 年开始利用小黑麦广麦 74 创制出周 8425B 骨干亲本，属于新的 1BL/1RS 易位系。以周 8425B 骨干亲本进一步选育出周麦 16、百农矮抗 58，成为我国黄淮麦区的主栽品种。从 1982 年开始利用染色体工程技术创造了一批携有簇毛麦优异性状的新种质，如高抗白粉病和条锈病的小簇麦易位系 T6VS/6AL，已育成石麦 15 等 18 个小麦抗病新品种，T6VS/6AL 现在仍然作为我国西南麦区和长江中下游麦区的主要抗源发挥作用。从 1988 年开始，历时 30 年我国首次获得小麦与冰草属间杂种，攻克了小麦与冰草属间杂交的国际难题，将冰草携带的多花多实、高千粒重、广谱抗白粉病等基因转入小麦，为引领小麦育种发展新方向奠定了坚实基础。

我国拥有丰富的地方品种、野生种等作物种质资源，蕴藏着许多现代品种缺乏的优异基因，未来将继续立足于地方品种、野生种优异基因快速检测、转移新技术，开展主要作物的种质创新研究，促进育种水平持续提升。

（五）诱变育种

诱变育种是利用物理、化学或生物等因素，对作物的种子、组织器官等进行诱变处理，以诱发基因突变和遗传变异，从而获得新基因、新种质、新材料，选育新品种的育种方法。我国核辐射诱变育种技术研发始于 1956 年，60 多年来，核辐射、空间环境等诱变技术研究与育种应用一直被列为国家或部门重点科技计划。通过组织全国大联合、大协作，完善建立了诱变育种技术体系，使我国自 2002 年以来一直成为国际原子能机构（IAEA）亚太合作协定（RCA）植物育种项目牵头国，并主导建立了亚洲植物突变研究协会（AOAPM）。

截至 2018 年 12 月，我国已在 45 种植物上育成和审定了 1 033 个突变品种，占同期国际上育成突变品种总数的三分之一、国内同期各种方法育成新品种总数的 8.6%，种植面积约占全国推广良种种植面积的 10%，最大年种植面积达到 900 万公顷。水稻突变品种原丰早、棉花突变品种鲁棉 1 号、大豆突变品种铁丰 18 等重大品种先后获得国家技术发明一等奖；水稻突变品种浙辐 802 曾连续 9 年居全国常规水稻品种推广面积之首，累计推广面积超过 1 060 万公顷；小麦突变品种鲁原 502 突破了重穗型品种生产中容易倒伏的难题，年推广面积超过 100 万公顷；Ⅱ优航 1 号、宜优 673 等空间诱变水稻品种被认定为超级稻品种。

（六）倍性育种

倍性育种是指通过改变染色体的数量，产生不同的变异个体，进而选择优良变异个体培育新品种的育种方法，主要包括单倍体育种和多倍体育种。

多倍体的发生是通过二倍体的染色体数目加倍形成，也可经不同种属间杂交，而后经染色体数目加倍形成，可克服远缘杂交的不可交配性难题。20 世纪 50 年代我国开始异源八倍体小黑麦育种，先后创造了上万个原始品系。1978 年选育出第一代八倍体小黑麦品种；80 年代通过隔离机制和杂种改良研究，到 90 年代育成结实率和饱满度都有所提高的第二代中矮秆小黑麦新品种劲松 5 号、劲松 49。70 年代引进六倍体小黑麦，并与八倍体杂交，丰富了小黑麦的遗传基础。通过 ABD 和 R 组染色体代换和重组，育成六倍体小黑麦新品种中新 830、中饲 1881、H1890、中秦 1 号等。通过染色体倍性和基因组合杂合性平衡研究，育成了四倍体水稻、大麦、黑麦等特异种质。

单倍体是指具有配子染色体组的个体，加倍后即为纯系，从而大幅度缩短了育种年限。20 世纪 70 年代起，先后在小麦、水稻、玉米、油菜等主要作物上成功诱导出单倍体并在育种中应用。诱导小麦单倍体的主要途径是花药培养，1984 年我国首次育成国际上第一个小麦花培新品种京花 1 号，之后世界各国相继将该技术应用于小麦育种和分子遗传研究。1970 年我国水稻单倍体育种起步，1975 年以后利用单倍体培养技术育成了早丰 1 号、新秀、花育 1 号等新品种；80 年代一批粳稻花培品种通过审定；进入 90 年代，通过改进方法提高了培养效率，育成了一批籼、粳稻常规品种和籼型杂交稻。玉米单倍体育种技术经历了花药离体培养方法和孤雌生殖杂交诱导技术两个阶段，自 1975 年我国首次获得玉米花粉离体培养植株以来，利用花药离体培养方法在快速获得玉米纯系、缩短育种年限方面取得较大进展，育成的玉米花培杂交种桂三 1 号于 1992 年通过审定，这是国内外利用花培方法育成的第一个玉米杂交种。2000 年育成了我国第一个孤雌生殖单倍体诱导系农大高诱 1 号，以杂交诱导为代表的玉米单倍体育种技术逐渐快速发展，创制了农大高诱 1 号等系列高频单倍体诱导系，诱导率从初始的 3.5% 左右提高到 10%～15%。首次提出了检测油分鉴别单倍体的技术原理并成功研发出自动化单倍体鉴别筛选设备；构建了以单倍体育种为核心的工程化育种体系，创制的新品种已经大面积推广，推动了我国玉米育种技术升级。

（七）分子育种

分子育种即将现代生物技术手段整合于传统育种方法，实现表现型和基因型选择的有机结合，培育优良新品种，大幅度提高了育种效率，成为现代作物育种的主要方向。

20 世纪 90 年代，我国开展了小麦、水稻、玉米等主要作物重要基因的分子标记研究，定位了 $Pm12$、$Pm13$ 和 $Pm21$ 三个抗小麦白粉病基因，筛选到抗黄矮病基因的 RFLP、RAPD 分子标记和生化标记（α - Amy - X2），定位了水稻恢复基因、广亲和性基因和光温敏性不育基因及抗稻瘟病基因，检测到一批控制作物产量和农艺性状的 QTL。

"十五"以后，水稻、小麦、玉米、大豆、棉花、油菜等主要农作物均已建立了高密度的遗传图谱，研制出逐代跟踪式的分子标记辅助育种技术。通过分子标记与传统育种技术相结合，选育出一批优质抗病虫育种新材料和新品种，其中主要涉及的抗病基因如 $Xa4$、$Xa21$、$Xa23$、$R-sb2t$、Pil、$Pi-1$、$Pi-2$、$Pi-25$、$Pi-33$、$R-sbzt$ 等，品质相关基因 Wx、育性相关基因 $Rf5$ 和抽穗期相关基因等。针对南方粳稻区条纹叶枯病流行危害的难题，建立了抗条纹叶枯病高产优质水稻分子标记聚合育种技术体系，应用该技术体系育成宁粳 1 号等抗病优质高产品种，实现了南方粳稻区抗病品种的快速覆盖。从分子标记—生化标记—籽粒和面粉性状—食品加工品质四个层次首次创立了符合国际标准的我国小麦品种品质评价体系，提出并验证面条小麦的选种指标和分子标记选择体系。

随着水稻等作物功能基因组的快速发展，催生了"分子设计育种"理论，核心是建立以分子设计为目标的育种理论和技术体系，通过各种技术的集成与整合，对生物体从基因到整体不同层次进行设计和操作，在实验室对育种程序中的各种因素进行模拟、筛选和优化，提出最佳的亲本选配和后代选择策略，实现从传统的"经验育种"到定向高效的"精确育种"转变。分子设计育种技术研究在"十二五"以来得到快速发展，基于已克隆的基因，如理想株型基因 $IPA1$ 在高产优质分子设计育种中被成功应用。2013年开展了"分子模块设计育种创新体系"理论和技术研究。目前，已经初步建立从"分子模块"到"品种设计"的现代分子育种创新体系，解析了一批有重要应用价值的分子模块及系统，嘉优中科 1 号等模块新品种实现了水稻超高产、品质改良和抗性提升的有机结合，极大地推动了我国由传统育种及分子辅助育种向人工智能育种的转变。

（八）转基因育种

转基因技术已成为现今应用最为迅速的作物生物技术。我国转基因技术研究可以追溯到 20 世纪 80 年代，当时开展了重要目标基因克隆，建立了主要农作物遗传转化技术体系，获得了一批转基因育种材料。90 年代，我国相继研发出 GK 系列的单价转基因抗虫棉、双价抗虫棉中棉所 41、转基因抗虫杂交棉中棉所 29，国产转基因抗虫棉市场占有率从 1997 年的 7％增长至 2007 年的 95％，夺回了被国外品种抢先占据的市场份额。1999 年国家启动实施了"国家转基因植物研究与产业化专项"，重点支持我国水稻、玉米、棉花、大豆等主要农作物转基因研究与产业化。2008 年我国启动了转基因生物新品种培育重大专项，以转基因新品种培育及产业化为核心，突破基因克隆、转基因操作和生物安全关键技术，积极稳妥地推进转基因生物研发及产业化。2009 年，转 $Cry1Ab/1Ac$ 融合基因抗虫水稻华恢 1 号及杂交种 Bt 汕优 63 和转植酸酶 $PhyA2$ 基因 BVLA430101 玉米自交系获得农业部颁发的转基因生物安全证书。截至 2018 年，我国已建立起主要农作物转基因育种技术体系和生物安全评价体系，在转基因研究领域取得了一系列重大标志性成果，培育不同类型转基因抗虫棉新品种 168 个，累计推广 4.6 亿亩，使国产抗虫棉份额达到 99％以上。转 $cry1C^*$ 和 $cry2A^*$ 基因抗虫水稻 T1C-19 和

T2A-1，转人血清白蛋白水稻、抗虫玉米双抗 12-5、C003.3.5、CM8101、2A-7 等，抗除草剂玉米新品系 CC-2，转 *G10-epsps* 基因和 *G2-EPSPS/GAT* 基因抗除草剂大豆新品系 SHZD32-01、ZH10-6 和 ZUTS-33 ZUT 等研发取得重要进展。

（九）基因编辑育种

基因编辑是采用工程化 DNA 序列特异核酸酶在基因组特定位点产生 DNA 双链断裂，利用细胞内源 DNA 损伤修复机制，实现基因敲除，单碱基替换，染色体大片段 DNA 重组、易位或重排以及基因定点插入等精准定向突变技术。基因编辑技术研发始于 20 世纪 80 年代工程化归巢（或称巨大）核酸酶以及 90 年代以来发展的锌指核酸酶（ZFN）和转录样激活因子核酸酶（TALEN）等对 DNA 酶蛋白的基因工程改造，以实现定点 DNA 序列损伤突变活性。2012 年以来，以古细菌 II 型适应性免疫原理成簇规律间隔短回文重复序列 CRISPR/Cas9 定点核酸酶为代表，RNA 指导的定点损伤与突变为基因编辑技术带来重大革命性发展，成为作物遗传育种创制定点精准突变的重要技术工具，成为技术发展与竞争的热点。

目前，我国系统建立了水稻、玉米、小麦、大豆等基因编辑技术体系，CRISPR/Cas 等基因编辑技术已在作物育种中得到应用。截至 2019 年 3 月，我国已在水稻、玉米、小麦、大豆、棉花、黄瓜、番茄、谷子、烟草等 20 余种作物上实现了基因编辑创制突变，并在主要作物的株型、生育期、品质与抗病性等多个重要农艺性状改良上创制出具有育种应用价值的新材料。基于基因编辑技术优化，开发出双单倍体技术、单倍体诱导与基因编辑技术融合、无融合生殖杂种优势固定技术，将成为提高育种效率的重要工具。利用 CRISPR/Cas9 系统在杂交水稻中同时编辑 *REC8*、*PAIR1*、*OSD1* 和 *MA-TRILINEAL*（*MTL*）四种内源基因，实现了水稻种子无性繁殖和杂合基因型的固定，证明了杂交稻进行无融合生殖的可行性，是无融合生殖研究领域的重大突破，将使"一系法"杂交水稻成为可能。

四、重大成就

70 年来，我国农作物种质资源与遗传改良取得了举世瞩目的成就。建立了农作物种质资源保护与利用体系，资源保存总量突破 50 万份，居世界第二位；突破了杂种优势利用、远缘杂交、诱变、轮回选择、转基因、全基因组选择、分子设计、基因编辑等一批核心技术，形成了我国农作物自主育种技术创新体系；成功培育并推广了超级稻、高产杂交玉米、优质专用小麦、转基因抗虫棉、双低油菜、杂交甘蓝等一大批突破性优良品种，保障了我国农产品有效供给，有力支撑了国家粮食安全和种业安全。

（一）建立农作物种质资源保护与利用体系

我国建立了原位保护和异地保存相互补充的农作物种质资源保护体系，原位保护以物理隔离方式和主流化保护方式相结合，异地保存以长期库、复份库、中期库、种质圃、超低温库、试管苗库相结合，形成较为完善的多维一体种质资源保护体系。研制了

366 个针对 120 类作物的种质资源描述规范、数据规范和数据质量控制规范，使农作物种质资源保护工作基本实现了标准化、规范化和全程质量控制。通过开展多次全国性种质资源普查、专业性种质资源考察，基本摸清了我国农作物种质资源家底；通过开展广泛国际合作交流，收集到全球不同类型种质资源，极大丰富了我国种质资源多样性。截至 2018 年，我国已建成种质资源长期库 1 座、复份库 1 座、中期库 10 座、种质圃 43 个、原生境保护点 199 个；长期保存物种 2 114 个、种质资源保存总量突破 50 万份，使我国成为名副其实的种质资源大国。据不完全统计，有 1 004 份种质在育种和生产中得到有效利用，其中 433 份直接用于生产，571 份作为亲本育成新品种 658 个，累计推广面积超 50 亿亩。

（二）形成我国农作物自主育种技术创新体系

70 年来，我国逐步建立了系统的农作物自主育种技术体系。育种方法不断发展与创新，由地方良种筛选、系统育种、杂交育种、诱变育种、倍性育种到分子标记辅助育种、转基因育种、全基因组选择育种、基因编辑育种，实现育种技术和方法不断革新，加快了农作物新品种选育与更新速度。我国水稻杂种优势利用技术处于世界领先地位，支撑水稻亩产先后跃上 200 千克、300 千克、400 千克台阶，为水稻总产稳步增长提供了坚实保障。20 世纪 50 年代，改良和成功培育矮脚南特等水稻矮秆品种，实现了从高秆到矮秆的革命性重大突破，促进了我国水稻单产第一次飞跃；70 年代，在世界上率先培育出三系杂交水稻，成为第一个将杂交稻大面积应用于生产的国家，实现了我国水稻单产第二次飞跃；80 年代以来，育成了两优培九等一批超级稻新品种，实现了我国水稻单产第三次飞跃。小麦杂交育种、轮回选择等育种技术不断创新，实现了从单一的抗锈、丰产育种到抗病、优质、高产综合育种的转变，育成了小偃系列、扬麦系列、豫麦系列等高产新品种；近年来，建立了矮败小麦高效育种技术体系；实现了小麦三系配套，育成了杂交小麦新品种。玉米杂交育种不断取得突破，培育出具有重大影响的中单系列、掖单系列、农大系列、郑单系列等杂交种；近年来，形成了以高油型诱导系为核心的玉米单倍体技术体系，促进了玉米育种技术发展。大豆常规育种和杂交优势利用技术取得重要进展，先后育成了中黄 13、杂交豆 1 号等一批高产、优质新品种，并得到大面积推广应用。蔬菜杂种优势育种技术的突破，实现在大白菜、甘蓝、辣椒等 30 余种蔬菜中得到应用。应用花药培养、组织细胞培养、原生质体等细胞工程技术及诱变育种技术，育成一批小麦、水稻和油菜、蔬菜、果树等农作物新品种。总之，70 年来我国农作物育种技术的不断进步，极大促进了我国农作物品种更新换代。

（三）培育农作物突破性新品种

70 年来，我国培育出农作物新品种达 2 万余个，推动实现了农作物矮秆化、杂交化、优质化三次跨越，实现 5～6 次新品种大规模更新换代，推广了一批突破性优良作物新品种，例如杂交稻（汕优 63、两优培九、扬两优 6、Y 两优 1 号等）、优质高产小麦（绵阳 11、小偃 6 号、陕农 7859、扬麦 158、郑麦 9023、济麦 22、矮抗 58 等）、杂交玉米（中单 2 号、丹玉 13、掖单 13、农大 108、郑单 958、浚单 20 等）、高产广适大豆（中黄 13 等）、转基因抗虫棉（中棉 29、中棉所 41、鲁棉研 15 等）、双低油菜（中双 11、华油杂 62 等）等。粮食单产水平大幅度提高，亩产从 1949 年的 69 千克提高到 2018 年的 375 千克，品种对提高单产的贡献率达 43% 以上；良种供应能力显著提高，良种覆盖率达到 96% 以上，支撑了粮食产量持续增长。目前，水稻、小麦、大豆、油菜等大宗作物生产用种 100% 为我国自主选育的品种，玉米自主研发品种面积比重达 86%，"中甘"系列甘蓝、"京欣"系列西瓜、京秋 3 号为代表的大白菜、津优 35 和中农 26 为代表的黄瓜、中椒 105 为代表的甜辣椒等优良品种，占据国内蔬菜市场主导地位。杂交水稻、转基因抗虫棉、杂交油菜、杂交小麦、杂交大豆等研究处于国际领先水平，杂交玉米、优质小麦、蔬菜、果树等处于国际先进水平。总之，70 年来我国农作物品种更新换代，满足了不同历史时期我国农作物生产对新品种的需求，有效支撑了我国农业生产和民族种业发展。

本章参考文献

杜何为，戴景瑞，李建生，2010. 玉米单倍体育种研究进展 [J]. 玉米科学，18 (6)：1-7.

方智远，2019. 我国蔬菜科技发展的记忆——纪念新中国成立 70 周年 [J]. 中国蔬菜 (5)：1-8.

傅向东，刘倩，李振声，等，2018. 小麦基因组研究现状与展望 [J]. 中国科学院院刊，33 (9)：909-914.

盖钧镒，刘康，赵晋铭，2015. 中国作物种业科学技术发展评述 [J]. 中国农业科学，48 (17)：3303-3315.

刘旭，李立会，黎裕，等，2018. 作物种质资源研究回顾与发展趋势 [J]. 农学学报 (1)：10-15.

任光俊，颜龙安，谢华安，2016. 三系杂交水稻育种研究的回顾与展望 [J]. 科学通报，61 (35)：3748-3760.

万建民，2006. 作物分子设计育种 [J]. 作物学报，32 (3)：455-462.

徐正进，陈温福，2016. 中国北方粳型超级稻研究进展 [J]. 中国农业科学，49 (2)：239-250.

易斌，涂金星，傅廷栋，2014. 甘蓝型油菜隐性细胞核雄性不育的研究及利用 [J]. 中国科学：生命科学，44 (8)：752-757.

喻树迅，范术丽，王寒涛，等，2016. 中国棉花高产育种研究进展 [J]. 中国农业科学，49 (18)：3465-3476.

袁隆平，2018. 杂交水稻发展的战略 [J]. 杂交水稻，33 (5)：1-2.

张超普，余四斌，张启发，2018. 绿色超级稻新品种选育研究进展 [J]. 生命科学，30 (10)：1083-1089.

Chen J, Ding J, Ouyang Y, et al, 2008. A triallelic system of S5 is a major regulator of the reproductive barrier and compatibility of indica-japonica hybrids in rice [J]. Proceedings of the National Academy of Sciences of the United States of America, 105 (32)：11436-11441.

Chen J, Wang Y, Wang F, el al, 2015. The rice CK2 kinase regulates trafficking of phosphate transporters in response to phosphate levels [J]. The Plant Cell, 27 (3)：711-723.

Chu Z, Yuan M, Yao J, et al, 2006. Promoter mutations of an essential gene for pollen development result in disease resistance in rice [J]. Genes & Development, 20：1250-1255.

Deng Y, Zhai K, Xie Z, et al, 2017. Epigenetic regulation of antagonistic receptors confers rice blast resistance with yield balance [J]. Science, 355 (6328)：962-965.

Du B，Zhang W，Liu B，Hu J，et al，2009. Identification and characterization of Bph14，a gene conferring resistance to brown planthopper in rice〔J〕. Proceedings of the National Academy of Sciences of the United States of America，106（52）：22163－22168.

Fan X，Tang Z，Tan Y，et al，2016. Overexpression of a pH-sensitive nitrate transporter in rice increases crop yields〔J〕. Proceedings of the National Academy of Sciences of the United States of America，113（26）：7118－7123.

Feng F，Qi W，Lv Y，et al，2018. OPAQUE11 is a central hub of the regulatory network for Maize endosperm development and nutrient metabolism〔J〕. The Plant Cell，30（2）：375－396.

Feng Q，Zhang Y，Hao P，et al，2002. Sequence and analysis of rice chromosome 4〔J〕. Nature，420（6913）：316－320.

Gao H，Jin M，Zheng X，2014. Days to heading 7，a major quantitative locus determining photoperiod sensitivity and regional adaptation in rice.〔J〕. Proceedings of the National Academy of Sciences of the United States of America，111（51）：16337－42.

Guo J，Xu C，Wu D，et al，2018. Bph6 encodes an exocyst-localized protein and confers broad resistance to planthoppers in rice〔J〕. Nature Genetics，50：297－306.

Hou X，Xie K，Yao J，et al，2009. A homolog of human ski-interacting protein in rice positively regulates cell viability and stress tolerance〔J〕. Proceedings of the National Academy of Sciences of the United States of America，106（15）：6410－6415.

Huang S，Ding J，Deng D，et al，2013. Draft genome of the kiwifruit Actinidia chinensis〔J〕. Nature Communications，4：2640.

Huang X，Yang S，Gong J，el al，2016. Genomic architecture of heterosis for yield traits in rice〔J〕. Nature，537：629－633.

Hu B，Jiang Z，Wang W，et al，2019. Nitrate－NRT1. 1B－SPX4 cascade integrates nitrogen and phosphorus signalling networks in plants〔J〕. Nature Plants，5（4）：401－413.

Hu B，Wang W，Ou S，et al，2015. Variation in NRT1. 1B contributes tonitrate-use divergence between rice subspecies〔J〕. Nature Genetics，47（7）：834－838.

Hu H，Dai M，Yao J，et al，2006. Overexpressing a NAM，ATAF，and CUC（NAC）transcription factor enhances drought resistance and salt tolerance in rice〔J〕. Proceedings of the National Academy of Sciences of the United States of America，103（35）：12987－12992.

Hu K，Cao J，Zhang J，et al，2017. Improvement of multiple agronomic traits by a disease resistance gene via cell wall reinforcement〔J〕. Nature Plants，3：17009.

Jia J，Zhao S，Kong X，et al，2013. Aegilops tauschii draft genome sequence reveals a gene repertoire for wheat adaptation〔J〕. Nature，496（7443）：91－95.

Jiang L，Liu X，Xiong G，et al，2013. DWARF 53 acts as a repressor of strigolactone signalling in rice〔J〕. Nature，504（7480）：401－405.

Jiang Y，Xie Q，Wang W，et al，2018. Medicago AP2-domain transcription factor WRI5a is a master regulator of lipid biosynthesis and transfer during mycorrhizal symbiosis〔J〕. Molecular Plant，11（11）：1344－1359.

Jiao Y，Zhao H，Ren L，et al，2012. Genome-wide genetic changes during modern breeding of maize〔J〕. Nature Genetics，44（7）：812－815.

Lai J，Li R，Xu X，et al，2010. Genome-wide patterns of genetic variation among elite maize inbred lines〔J〕. Nature Genetics，42（11）：1027－1030.

Li C，Song W，Luo Y，et al，2019. The HuangZaoSi Maize Genome Provides Insights into Genomic Variation and Improvement History of Maize [J] . Molecular Plant，12（3）：402 - 409.

Li C，Wang G，Zhao J，et al，2014. The receptor-like kinase SIT1 mediates salt sensitivity by activating MAPK3/6 and regulating ethylene homeostasis in rice [J] . The Plant Cell，26（6）：2538 - 2553.

Li H，Peng Z，Yang X，et al，2013. Genome-wide association study dissects the genetic architecture of oil biosynthesis in maize kernels [J] . Nature Genetics，45（1）：43 - 50.

Li J，Long Y，Qi GN，et al，2014. The Os - AKT1 channel is critical for K^+ uptake in rice roots and is modulated by the rice CBL1 - CIPK23 complex [J] . The Plant Cell，26（8）：3387 - 3402.

Ling H，Ma B，Shi X，et al，2018. Genome sequence of the progenitor of wheat A subgenome Triticum Urartu [J] . Nature，557：424 - 428.

Ling H，Zhao S，Liu D，et al，2013. Draft genome of the wheat A-genome progenitor Triticum urartu [J]. Nature，496（7443）：87.

Lin Q ，Wang D ，Dong H ，et al，2012. Rice APC/CTE controls tillering by mediating the degradation of MONOCULM 1 [J] . Nature Communications，3：752.

Li N，Xu R，and Li Y，2019. Molecular networks of seed size control in plants [J] . Annual review of plant biology，70（1）：435 - 463.

Li S，Tian Y，Wu K，et al，2018. Modulating plant growth - metabolism coordination for sustainable agriculture [J] . Nature，560（7720）：595.

Liu C，Ou S，Mao B，et al，2018. Early selection of bZIP73 facilitated adaptation of japonica rice to cold climates [J] . Nature communications，9（1）：3302.

Liu F，Ren Y，Wang Y，et al，2013. OsVPS9A functions cooperatively with OsRAB5A to regulate post-Golgi dense vesicle-mediated storage protein trafficking to the protein storage vacuole in rice endosperm cells [J] . Molecular Plant，6（6）：1918 - 1932.

Liu J，Chen J，Zheng X，et al，2017. GW5 acts in the brassinosteroid signalling pathway to regulate grain width and weight in rice [J] . Nature Plants，3（5）：17043.

Liu Y，Wu H，Chen H，et al，2015. A gene cluster encoding lectin receptor kinases confers broad-spectrum and durable insect resistance in rice [J] . Nature Biotechnology，33（3）：301 - 305.

Li W，Zhu Z，Chern M，et al，2017. A natural allele of a transcription factor in rice confers broad-spectrum blast resistance [J] . Cell，170：114 - 126.

Li X，Chao D，Wu Y，et al，2015. Natural alleles of a proteasome α2 subunit gene contribute to thermotolerance and adaptation of African rice [J] . Nature Genetics，47（7）：827 - 833.

Li X，Qian Q，Fu Z，et al，2003. Control of tillering in rice [J] . Nature，422（6932）：618 - 621.

Li Y，Fan C，Xing Y，Yun P，et al，2014. Chalk5 encodes a vacuolar H^+-translocating pyrophosphatase influencing grain chalkiness in rice [J] . Nature Genetics，46（4）：398 - 404.

Li Y，Zhou G，Ma J，et al，2014. De novo assembly of soybean wild relatives for pan-genome analysis of diversity and agronomic traits [J] . Nature Biotechnology，32（10）：1045 - 1052.

Luo D，Xu H，Liu Z，et al，2013. A detrimental mitochondrial-nuclear interaction causes cytoplasmic male sterility in rice [J] . Nature Genetics，45（5）：573 - 577.

Luo J，Huang J，Zeng D，et al，2018. A defensin-like protein drives cadmium efflux and allocation in rice [J] . Nature communications，9（1）：645.

Lu S，Zhao X，Hu Y，et al，2017. Natural variation at the soybean J locus improves adaptation to the tropics and enhances yield [J] . Nature Genetics，49（5）：773 - 779.

Lu Y，Wu K ，Jiang Y ，et al，2012. Widespread adoption of Bt cotton and insecticide decrease promotes biocontrol services [J] . Nature，487（7407）：362 - 365.

Mao H, Wang H, Liu S, et al, 2015. A transposable element in a NAC gene is associated with drought tolerance in maize seedlings [J]. Nature communications, 6: 8326.

Ma S, Tang N, Li X, et al, 2019. Reversible histone H2B monoubiquitination fine-tunes abscisic acid signaling and drought response in rice [J]. Molecular plant, 12 (2): 263 - 277.

Ma Y, Dai X, Xu Y, et al, 2015. COLD1 confers chilling tolerance in rice [J]. Cell, 160 (6): 1209 - 1221.

Miao J, Guo D, Zhang J, et al, 2013. Targeted mutagenesis in rice using CRISPR-Cas system [J]. Cell Research, 23 (10): 1233 - 1236.

Ni F, Qi J, Hao Q, et al, 2017. Wheat Ms2 encodes for an orphan protein that confers male sterility in grass species [J]. Nature Communications, 8: 15121.

Peng B, Kong H, Li Y, et al, 2014. OsAAP6 functions as an important regulator of grain protein content and nutritional quality in rice [J]. Nature Communications, 5: 5847.

Ren Y, Wang Y, Liu F, 2014. GLUTELIN PRECURSOR ACCUMULATION3 encodes a regulator of post-Golgi vesicular traffic essential for vacuolar protein sorting in rice endosperm [J]. The Plant Cell, 26 (1): 410 - 425.

Ren Z, Gao J, Li L, et al, 2005. A rice quantitative trait locus for salt tolerance encodes a sodium transporter [J]. Nature Genetics, 37 (10): 1141 - 1146.

Shang Y, Ma Y, Zhou Y, et al, 2014. Biosynthesis, regulation and domestication of bitterness in cucumber [J], Science, 346: 1084 - 1088.

Shao L, Xing F, Xu C, et al, 2019. Patterns of genome-wide allele-specific expression in hybrid rice and the implications on the genetic basis of heterosis. Proceedings of the National Academy of Sciences of the United States of America, 116: 5653 - 5658.

Sun Q, Liu X, Yang J, et al, 2018. MicroRNA528 affects lodging resistance of maize by regulating lignin biosynthesis under nitrogen-luxury conditions [J]. Molecular Plant, 11 (6): 806 - 814.

Tian Z, Qian Q, Liu Q, et al, 2009. Allelic diversities in rice starch biosynthesis lead to a diverse array of rice eating and cooking qualities [J]. Proceedings of the National Academy of Sciences of the United States of America, 106 (51): 21760 - 21765.

Tieman D, Zhu G, Resende MF, et al, 2017. A chemical genetic roadmap to improved tomato flavor [J]. Science, 355: 391 - 394.

Wang Q, Liu Y He J, et al, 2014. STV11 encodes a sulphotransferase and confers durable resistance to rice stripe virus [J]. Nature Communications, 5: 4768.

Wang Q, Nian J, Xie X, et al, 2018. Genetic variations in ARE1 mediate grain yield by modulating nitrogen utilization in rice [J]. Nature communications, 9 (1): 735.

Wang S, Li S, Liu Q, et al, 2015. The OsSPL16 - GW7 regulatory module determines grain shape and simultaneously improves rice yield and grain quality [J]. Nature Genetics, 47 (8): 949 - 954.

Wang W, Mauleon R, Hu Z, et al, 2018. Genomic variation in 3, 010 diverse accessions of Asian cultivated rice [J]. Nature, 557 (7703): 43 - 49.

Wang X, Wang H, Liu S, et al, 2016. Genetic variation in ZmVPP1 contributes to drought tolerance in maize seedlings [J]. Nature Genetics, 48 (10): 1233 - 1241.

Wang Y, Liu F, Ren Y, 2016. GOLGI TRANSPORT 1B regulates protein export from the Endoplasmic Reticulum in rice endosperm cells [J]. The Plant Cell, 28 (11): 2850 - 2865.

Wang Y, Liu S, Ji S, et al, 2005. Fine mapping and marker-assisted selection (MAS) of a low glutelin content gene in rice [J]. Cell Research, 15 (8): 622 - 630.

Weng J, Gu S, Wan X, et al, 2008. Isolation and initial characterization of GW5, a major QTL associated with rice grain width and weight [J]. Cell Research, 18 (12): 1199 – 1209.

Wu J, Wang Z, Shi Z, et al, 2013. The genome of the pear (Pyrus bretschneideri Rehd.) [J]. Genome Research, 23 (2): 396 – 408.

Wu W, Zheng X, Lu G, et al, 2013. Association of functional nucleotide polymorphisms at DTH2 with the northward expansion of rice cultivation in Asia [J]. Proceedings of the National Academy of Sciences of the United States of America, 110 (8): 2775 – 2780.

Xia C, Zhang L, Zou C, et al, 2017. A TRIM insertion in the promoter of Ms2 causes male sterility in wheat [J]. Nature communications, 8: 15407.

Xiao J, Xu S, Li C, et al, 2014. O-GlcNAc-mediated interaction between VER2 and TaGRP2 elicits TaVRN1 mRNA accumulation during vernalization in winter wheat [J]. Nature Communications, 5: 4572.

Xie Y, Xu P, Huang J, el al, 2017. Interspecific hybrid sterility in rice is mediated by OgTPR1 at the S1 locus encoding a peptidase-like protein. Molecular Plant, 10: 1137 – 1140.

Xue W, Xing Y, Weng X, et al, 2008. Natural variation in Ghd7 is an important regulator of heading date and yield potential in rice [J]. Nature Genetics, 40 (6): 761 – 767.

Xu L, Zhao H, Wan R, et al, 2019. Identification of vacuolar phosphate efflux transporters in land plants [J]. Nature Plants, 5 (1): 84 – 94.

Xu Q, Chen L L, Ruan X, et al, 2013. The draft genome of sweet orange (Citrus sinensis) [J]. Nature Genetics, 45: 59 – 66.

Xu S, Chong K, 2018. Remembering winter through vernalisation [J]. Nature Plants, 4 (12): 997 – 1009.

Yang J, Zhao X, Cheng K, et al, 2012. A killer-protector system regulates both hybrid sterility and segregation distortion in rice [J]. Science, 337 (6100): 1336 – 1340.

Yu J, Hu S, Wang J, et al, 2002. A draft sequence of the rice genome (Oryza sativa L. ssp. indica) [J]. Science, 296 (5565): 79 – 92.

Yu X, Zhao Z, Zheng X, et al, 2018. A selfish genetic element confers non-Mendelian inheritance in rice [J]. Science, 360 (6393): 1130 – 1132.

Zhang J, Liu Y X, Zhang N, et al, 2019. NRT1. 1B is associated with root microbiota composition and nitrogen use in field-grown rice [J]. Nature biotechnology, 37 (6): 676 – 684.

Zhang L, Cheng Z, Qin R, el al, 2012. Identification and characterization of an epi-allele of FIE1 reveals a regulatory linkage between two epigenetic marks in rice [J]. The Plant Cell, 24: 4407 – 4421.

Zhang Z, Li J, Li F, et al, 2017. OsMAPK3 phosphorylates OsbHLH002/OsICE1 and inhibits its ubiquitination to activate OsTPP1 and enhances rice chilling tolerance [J]. Developmental Cell, 43 (6): 731 – 743.

Zhang Z, Li J, Pan Y, et al, 2017. Natural variation in CTB4a enhancesrice adaptation to cold habitats [J]. Nature communications, 8: 14788.

Zhou F, Lin Q, Zhu L, et al, 2013. D14 – SCFD3-dependent degradation of D53 regulates strigolactone signalling [J]. Nature, 504 (7480): 406 – 410.

Zhou G, Chen Y, Yao W, et al, 2012. Genetic composition of yield heterosis in an elite rice hybrid [J]. Proceedings of the National Academy of Sciences of the United States of America, 109: 15847 – 15852.

Zhou S, Wang Y, Li W, et al, 2011. Pollen Semi-Sterility1 Encodes a Kinesin – 1 – Like Protein Important for Male Meiosis, Anther Dehiscence, and Fertility in Rice [J]. The Plant Cell, 23: 111 – 129.

Zhu G, Wang S, Huang Z, et al, 2018. Rewiring of the fruit metabolome in tomato breeding [J]. Cell,

172 (1 - 2)：249 - 261.

Zhu X，Xiong L，2013. Putative megaenzyme DWA1 plays essential roles in drought resistance by regulating stressinduced wax deposition in rice [J] . Proceedings of the National Academy of Sciences of the United States of America，110 (44)：17790 - 17795.

Zuo W，Chao Q，Zhang N，et al，2015. A maize wall-associated kinase confers quantitative resistance to head smut [J] . Nature Genetics，47 (2)：151 - 157.

第八章　农作物栽培与耕作

中国农业素有精耕细作的传统，农作物栽培与耕作技术有着悠久的历史，但作为现代科学意义上的作物栽培与耕作学科，是在新中国成立以后开始形成、发展和壮大的。作物栽培学与耕作学是研究作物生长发育规律及其与外界环境关系的学科，探讨作物高产、优质、高效、可持续生产的调控措施，以及构建合理种植制度与养地制度的理论、方法和技术途径，是农业科学中重要的骨干学科之一。新中国成立70年以来，作物栽培与耕作的理论建设、技术创新和技术体系构建等取得了显著成效，为我国粮、棉、油及果树、蔬菜等农产品生产能力稳步提升，有效保障国家粮食安全、促进农民增产增收和区域经济发展等方面做出了巨大贡献。

一、基础性工作

（一）逐步完善研究体系

20世纪50年代从苏联引进了《农业原理》和《作物栽培学》，开始了作物栽培与耕作的人才培养与科技创新，逐步形成独立学科。在此后的半个多世纪，中国的作物栽培学与耕作学一直致力于本土化，结合我国作物生产实践需求与理论和技术积累，从体系框架、原理、技术内容等都在不断调整完善，逐步走向成熟壮大，成为我国作物学的二级学科。经过70年的发展，创建了中国特色的作物栽培与耕作研究体系。

20世纪50—70年代，作物栽培学与耕作学的发展特征主要以总结群众经验为主，依靠农业科技人员深入农村，学习、总结和推广农民丰产栽培经验、改进栽培技术，以及耕作制度改革、间套复种模式优化、土壤培肥等经验与技术，再上升到作物栽培学与耕作学的原理和技术研究。

20世纪80—90年代，作物栽培学与耕作学从经验技术型开始向理论技术型发展。作物栽培学重点研究作物生长发育规律、器官建成、产量形成、立体多熟、高效抗逆高产综合理论与技术；耕作学围绕作物布局优化、提高耕地单产、高功能高效益种植模式、农艺与农机结合等理论与技术。

进入21世纪，作物栽培学与耕作学开始从单一高产目标向高产、优质、高效、生态、安全多目标发展，不断吸纳现代生物技术、信息技术和新材料、新装备等，开始向

＊本章审稿人：邓秀新；牵头撰稿人：陈阜、李少昆；参与撰写人：陈源泉、吴存祥、毛树春、王振林、李勇、黄见良、李锡香、李衍素、王力荣、刘文革、吴斯洋。

机械规模化、信息精确化、可持续简化、气候变化适应性、抗逆稳产等技术发展，积极探索建立作物增产、农民增收、农业增效、产业协调、资源高效于一体的现代耕作制度模式与配套技术体系。

（二）服务作物布局与结构调整

作物栽培与耕作领域通过理论与技术研究，在宏观层面上服务了国家区域种植业合理布局与结构调整。

20 世纪 50 年代，是新中国耕作制度发展最快的时期，全国复种指数上升了近 14 个百分点。南方稻田推进"单改双"（单季稻改双季稻）、"间改连"（农田间作改一年内前后连种两季水稻），长江以北长城以南复种指数也提高了 5 个百分点，主要是江淮扩大冬种推广稻麦两熟；华北平原改两年三熟为一年两熟。在土壤耕作制度方面，重点围绕土壤团粒结构、草田轮作、杂草防治、土壤耕作等提高土壤肥力。

20 世纪 60 年代，我国农业进入滑坡与徘徊时期。前期复种指数下降 5 个百分点，后期缓慢回升了 3 个百分点。随着我国农田基础设施建设水平提高，耕作制度在提高复种指数和提高农田周年产量方面有明显贡献。

20 世纪 70 年代，随着人地矛盾的日益尖锐和社会需求的不断高涨，大规模开展耕作改制、间作套种和复种等研究，生产实践受到极大重视。1970—1978 年，复种指数上升了 10 个百分点。南方双季稻由华南向长江流域推进，1977 年全国双季稻田面积高达 1.9 亿亩；同时还推进了双季稻加冬季作物（早稻—晚稻—大麦、早稻—晚稻—油菜、早稻—晚稻—绿肥）的三熟制，1979 年双季稻三熟制面积曾达 1.5 亿亩，占到南方稻田面积的一半。华北平原由于灌溉面积大幅度增加，原有的小麦—夏玉米—春玉米两年三熟制基本上改成小麦—玉米（或大豆、甘薯）两熟制。与此同时间套作也迅速发展，小麦/玉米、小麦/棉花套种面积剧增。

20 世纪 70 年代末至 80 年代初（1978—1983 年）耕作制度又开始大的调整，复种指数下降 5 个百分点。此时，中国农村体制发生了变革，农民获得了较多的自主权，对不适宜的多熟方式进行了调整，最集中表现为苏南地区又将双季稻改为单季稻，实行稻—麦两熟、整个南方双季稻和双季稻三熟制的面积都有所下降。该阶段的耕作制度调整一方面适应了联产承包后农民的生产需求，同时也为以后高产高效农业发展奠定良好基础。

20 世纪 80 年代后期至 90 年代中期，进入第三次耕作制度调整。1984—1995 年，我国复种指数上升了 11 个百分点。华北、西北等地大面积"吨粮田""双千田"开发；南方水田双季稻区冬闲田开发，单季稻区发展再生稻；西南丘陵旱地增加旱两熟与套种三熟面积；华北麦套玉米面积达 533.33 万公顷，麦套棉面积达 213.33 万公顷，占棉田一半；西北、东北一熟地区灌溉上发展小麦玉米半间半套带田种植等。该阶段耕作制度调整对推动我国农业生产能力跨入新台阶有积极贡献。

20 世纪 90 年代后期至 21 世纪初期，我国农业生产总体由数量增长型向高产优质高效型全面转变。前期，各地围绕市场需求开展大规模以"压粮扩经"为主体的种植结构调整；由于粮食比较效益低，农村劳务经济快速发展，以及轻、简农业技术应用扩大，南方水田的冬闲田面积增加，单季稻面积扩大；北方地区的间作套种面积也有明显下降，国家粮食安全与农业高效、农民增收及缓解资源环境约束的矛盾越来越突出。

现阶段耕作制度发展重点围绕区域种植结构调整、轮作休耕及种养结合等生态高效种植模式构建、地力保育及减肥减药等目标，将资源高效、环境安全与高产高效并重，将生产、生态、生活服务功能一体化开发，构建综合集成及配套的生产模式与技术体系。努力解决种植结构单一、地力消耗过大、化学投入品过多、生产成本过高问题，促进用养结合、资源节约、环境友好。

二、应用基础研究

（一）作物栽培理论创新

作物栽培理论创新主要基于作物产量形成、生长发育规律、作物与环境关系等应用基础研究的不断深化，结合作物高产、优质、高效、生态、安全生产需求，在作物生育调控理论及技术途径上取得突破。

1. 作物生长发育过程中器官相关与肥水效应理论

作物各器官生长发育具有一定的相关性，如营养生长与生殖生长的关系，地上部生长与地下部生长的关系，作物器官的同伸关系等。根据不同器官之间相关性，创建了以器官相关与肥水效应为核心的叶龄促控理论与技术，即以不同叶龄时期的肥水效应为依据，用主茎叶龄作为形态指标，制定因地制宜、因苗管理的相应促控措施。该理论在小麦、水稻等作物叶龄指标促控法栽培管理技术上取得了显著突破，器官同伸理论的应用更加广泛，为作物栽培调控和生长模拟提供了理论依据。

2. 作物高产形成定量化理论

提高作物产量是作物栽培学的重点任务，在高产和超高产目标下，研究作物产量提高过程"产量构成、光合性能、源库关系"三个作物产量的理论特点和内在联系，明确产量形成"源""库"性能的数量向质量过渡规律，形成作物高产超高产理论体系。以源库理论为主题，源与光合性能相连，库与产量构成相连，构成了源库不同层次和数量、质量性能的产量分析框架，可通过不同产量条件下产量性能构成分析，提出不同产量目标的定量化。

3. 作物营养高效平衡理论

作物必需的各种养分同等重要，相互不可替代，缺乏任何一种必需的元素作物都不能正常生长。作物产量受土壤中作物必需的某种有效养分含量相对最低的营养元素控制。所有养分都最优，产量可达最高，缺少一种养分否定了其他所有养分的价值，产量损失。平衡施肥的原理是在土壤养分状况评价和测土推荐施肥中，综合考虑各大、中、微量营养元素的缺素临界指标，在提出作物施肥推荐时，根据土壤测试和吸附试验结果、作物类型和产量目标等确定各营养元素的施用量，形成一套完整的土壤养分综合评价系统和平衡施肥技术，促进作物增产增收。

（二）耕作制度理论创新

耕作学理论创新重点围绕区域农业资源高效利用和用地与养地结合，以及构建高产优质高效和生态安全的种植制度和新型种植模式生产需求，在作物配置、布局和农作制度优化理论与技术途径上取得突破。

1. 多熟种植高产高效理论

以间套复种等多熟种植为主体内容的多熟农作制，作物从平面、时间上多层次利用空间，可以充分利用光热和土地资源，对协调人多地少矛盾、提高土地利用率、协调粮经饲作物（养殖业）生产，有十分显著的增产增效作用。多熟种植在复合群体高光效模型与互补竞争原理、农田生物多样性利用和时空资源互补实现抗逆增产增效等方面不断深入，提出叶日积（LAI-D）理论在延长光合时间的同时要保证维持一定的叶面积，多熟种植的密植效应、边际效应、时空效应、补偿效应等光热水土资源集约利用原理，有效指导了我国多熟种植的技术创新。

2. 现代高效农作制度理论

针对我国农业实际，对我国现代农作制研究重点、阶段进展及主要任务做了系统的梳理与总结，开展中国农作制发展优先序研究，并在不同生态区域进行新型农作制的研究示范与推广。出版了《农作学》《中国农作制》《中国农作制发展优先序研究》等系列专著。

三、应用技术研究

（一）共性关键技术

1. 育苗移栽技术

作物育苗（秧）移栽技术是能够充分利用农时、增产效果显著的一种集约高产栽培方式。作物育苗移栽技术早期以蔬菜、经济作物和水稻为主，20 世纪 70 年代开始在玉米、棉花等大田作物上研究应用，80 年代以来开始大面积推广。育苗移栽技术也不断发展，从营养床育苗、营养钵育苗、营养袋育苗发展到营养钵盘育苗和无土育苗，从露地育苗发展到薄膜覆盖育苗、温室育苗、工厂化育苗、空气雾化整根育苗。与此同时，移栽方式、移栽机械也在不断发展，对推动我国多熟制发展和增产增效发挥了巨大作用。

2. 地膜覆盖栽培技术

这是一项将我国传统精耕细作农业栽培技术与现代化农业栽培技术紧密结合形成的早熟、高产、优质栽培体系，是我国农作物栽培技术上的一项重大改革。20 世纪 50—60 年代我国开始地膜覆盖栽培研究，70 年代逐步大面积推广使用。随着塑料薄膜厚度减薄和栽培技术的改进，地膜覆盖技术已从经济效益较高的作物广泛用于粮食作物、经济作物、瓜果和蔬菜高产栽培中。它对克服一些地区农业生产上长期存在的不利自然条件的影响，实现高产稳产起到重要作用。近年来，地膜大量使用和回收难引起的农田"白色污染"引起关注，使用绿色环保地膜，提高地膜回收率成为新的技术需求。该技术一般增产 30%～50%，有的增产一倍以上。

3. 密植高产技术

通过增加种植密度，充分挖掘群体生产潜力是作物单产不断提高的重要途径。20世纪80年代以来，大批适应密植的高产、稳产、抗逆性强的作物品种在生产中推广应用。栽培科研工作者针对不同区域的气候生态条件、品种特征、土壤条件、耕作栽培管理水平因地制宜地研究确定合理种植密度。例如，随着棉花品种的不断改良，种植密度不断增大，新疆棉区"密、矮、早"的种植技术体系对确保棉花早发早熟和增产稳产发挥了重要作用。

4. 土壤耕层优化技术

耕层变浅、犁底层加厚、耕层有效土壤数量明显减少、耕层土壤理化性状趋于恶化等问题在全国普遍存在。耕作学界科技工作者因地制宜研发了各种形式的深松、深翻、垄作及残茬处理技术，在改土、蓄水保水、抗旱除涝、减少水土流失、保护生态环境和增产增收方面发挥了重要作用。包括条深旋精细播种技术、粉垄耕作技术、保护性耕作技术等，在耕层调控优化和简化栽培技术方面取得显著进展。

5. 作物化学调控技术

化学调控技术是指在作物生长发育的不同阶段，根据气候条件、土壤条件、种植制度、品种特性和群体结构要求，科学系统地使用植物生长调节剂进行定向定量诱导，塑造理想株型、群体冠层结构，解决特定生产问题，增产增效的作物化控新技术。化学调控技术在棉花、玉米、小麦、水稻、大豆、油菜等作物生产的推广应用等方面，发挥了其广适应性、高抗逆、高产稳产的技术优势。

6. 资源优化配置技术

针对我国作物一年多熟生产特点，以及气候资源配置不合理、限制高产高效的障碍因素等导致的不同季节作物产量不平衡、周年产量低和资源利用效率低等问题，在多熟制作物光热资源优化配置、高产高效技术创新以及不同种植模式配套技术完善等方面取得显著成效。包括有重大影响的"吨粮田"创建、夏玉米晚收和冬小麦晚播"双晚双高"技术、双季稻三熟制资源优化配置技术等。

7. 保护性耕作技术

围绕减轻农田水土侵蚀、培肥地力和节本增效，建立起以少（免）耕技术和秸秆还田、生物覆盖技术为核心的粮食主产区保护性耕作技术模式。从20世纪90年代以来，农业科技工作者在我国不同农业生态类型区开展了保护性耕作关键技术及其配套技术体系的研究与示范。近年来，在土壤少免耕与残茬覆盖、秸秆还田、土壤轮耕模式等方面取得了一批有推广应用价值的研究成果。

（二）技术集成创新

1. 作物高产优质高效栽培技术集成

针对不同区域、不同作物类型，我国农业科技工作者开展了大量的作物高产优质高效栽培技术模式的研究与示范，为各区域、各种作物的高产高效、增产增收起到了重要技术支撑作用。2004年以来，国家粮食丰产科技工程与高产创建活动的实施，在东北、华北、西南及长江中下游地区，围绕玉米、小麦、水稻、大豆等主要农作物丰产高效进行了大量的技术集成与创新研究，形成一大批具有地方区域特色的高产高效栽培技术体系，在高产潜力开发、水肥资源高效利用与土壤培肥等方面取得大批成果，并直接推动了我国粮食生产持续高产。

2. 作物精准、简化、高效栽培技术集成

作物栽培定量化、精确化、数字化技术已成为作物生产和作物栽培耕作科技发展的新方向，开始在作物生产管理中发挥重要作用。在栽培方案设计、生育动态诊断与栽培措施实施的定量化和精确化，有效地促进栽培技术由定性为主向精确定量的跨越，作物栽培智能化管理水平不断提升。同时，在作物生长指标的光谱监测、作物生产力的模拟预测相关软、硬件产品研发等方面取得了显著进展，推动了我国数字农作的发展，并开始大面积应用于生产。

3. 作物机械规模化生产技术集成创新

近 30 多年来，我国作物生产规模化和全程机械化，装备研发农业装备数字化、智能化以及绿色制造等核心技术创新步伐加快，不断为作物生产管理提供更加简便适用、节本节能、大面积应用的机械化作业新机具及其配套技术，有效支撑了作物持续高产高效发展。玉米、水稻、小麦、棉花、大豆等主要农作物的全程机械化配套技术研究和集成应用取得多项重大成果，农艺农机配套和丰产高效技术创新水平持续提高。

4. 作物结构调整与布局设计技术体系

是以满足农业发展需求为目标，以作物生态适应理论为指导，重点解决某一地区作物结构调整、作物配置、作物品种结构、粮—经—饲—肥种植结构等一系列涉及全面性、系统性的技术问题。建立了作物布局优化技术模型，在全国各地广泛开展了一系列不同类型的种植业结构调整方面的研究工作，并取得许多成果，对 20 世纪 80 年代以来我国几次较大的种植业结构布局调整、农业区域开发、农业资源区划、农业综合区划等重大决策性工作产生了积极影响。

5. 间套复种多熟种植技术体系

这是世界上人多地少的发展中国家（或部分发达国家）获得较高土地生产力的一项重要技术，在我国农业技术领域占有重要地位，同时也受到国际重视。诺贝尔奖获得者诺曼·布劳格（Norman Borlaug）高度评价中国的多熟种植是"创造了世界最惊人的变革之一"。其中的重大技术有 20 世纪 50 年代的南方单改双、间改套、籼改粳，60 年代的双季稻北扩以及三熟制的兴起，华北平原的麦—玉、麦—棉两熟制的扩展，80 年代以来逐渐兴起的南方稻区多元多熟制、旱地三熟制、华北及西北、东北的套种多熟制等高产超高产多熟种植技术体系。多熟种植技术体系既有丰富的生态、生理学理论基础（如作物竞争互补理论、生态位理论、光合作用的叶面积理论等），又有其一体化、规范化的技术组合，如品种组配、育苗、移栽、化学调控、田间配置等，充分体现了高投入高产出高效益的集约化技术特征。

6. 新型农作制模式技术集成创新

将多熟种植与现代农业新技术充分结合，并逐步拓展到农田复合系统的生态高效功能开发，形成类型丰富的粮、经、饲（养殖）复合高产高效种植技术模式，以及农牧结合、农林复合等高效种养技术模式。同时，围绕协调农业生产、农民增收与资源生态保护的重大需求，探索了适合不同类型区域的"种植—加工""种植—养殖"及"种植—养殖—加工"一体化和规范化的农作制模式与技术，在推动高产高效生产、农民增收及可持续发展方面发挥了巨大作用。

（三）主要作物栽培理论与技术

1. 小麦高产优质栽培理论与技术

新中国成立后的头 10 年，我国小麦栽培科学技术发展尚处起步阶段。这一时期小麦栽培学科的标志性成果主要是 1961 年金善宝出版的《中国小麦栽培学》。该书介绍新中国成立后 10 年间小麦生产发展和栽培技术改革的成就，全面分析总结国内小麦试验、调查结果和各地丰产经验，详细阐述了小麦栽培的生物学基础和栽培技术，系统论述了土、肥、水、种、密、保、管、工等技术的科学原理，提出合理密植、依靠主茎穗、争取分蘖穗是大面积丰产的可靠途径。

之后至改革开放约 20 年间，我国小麦栽培科学技术发展进入崭新阶段。针对生产重要问题，开展单项或综合试验研究，探索栽培技术与小麦个体发育、株型长相、群体发展、物质生产分配及籽粒产量形成、肥水吸收利用及效率等方面的关系，创新栽培技术，创造高产典型。试验田与样板田相结合，推广新技术，实现大面积增产。这一时期小麦栽培科学技术发展开始由经验总结型转向试验研究型，代表性成果有山东农学院的"冬小麦高产栽培的理论分析""冬小麦精播高产栽培技术"，中国农业科学院和北京市农林科学院的"小麦叶龄指标促控法技术体系"，河南省"小麦高产稳产低成本栽培技术体系"等。

1978 年以来，小麦栽培研究进入迅速发展的黄金时期，逐渐形成中国特色小麦栽培科学技术体系。在理论研究上突出三个领域，即小麦生长发育、器官建成、产量品质形成的规律及机制；环境因素对小麦器官、个体、群体、产量品质形成的影响规律及机制；单项及综合技术的作用原理，高产、优质、高效群体的构建、调控及栽培途径。在技术研究上由单项技术向综合性、规范化、定量化、模式化技术研究发展，加强攻关田、核心区、示范区、辐射区建设，加快技术推广。在研究目标上由单纯追求产量转向高产、优质、高效、生态、安全，并由注重单季转向关注全年作物生产。代表性成果有山东农业大学的"小麦衰老生理和超高产栽培理论与技术""小麦品质生理与优质高产栽培理论技术"，南京农业大学的"优质专用小麦籽粒品质形成机理及调优技术的研究与应用"，河南农业大学的"冬小麦根穗发育及产量品质协同提高关键栽培技术研究与应用""黄淮区小麦夏玉米一年两熟丰产高效关键技术研究与应用"等。

~~~/ 专栏 8-1 /~~~

小麦高产与优质栽培技术成果

1. 小麦高产潜力挖掘技术体系

根据小麦生产中存在的主要矛盾将小麦产量发展划分为三个阶段。一是低产变中产阶段：主要矛盾是土肥水等生产条件与小麦良好生长发育的需求不相适应。主要技术途径是改善土肥水等生产条件，合理密植，穗多增产。二是中产变高产阶段：主要矛盾是小麦群体与个体的矛盾。主要技术途径是在保证群体有足够穗数的前提下，控制群体发育，力促个体健壮，实现粒多、粒重。三是高产更高产阶段：植株内部的一些矛盾，如地上与地下、营养与生殖、源与库等矛盾，成为主要矛盾。在继续改善好生产条件、协调好群体与个体关系的基础上，处理好植株内部的矛盾，防早衰、增积累、促运转，是实现更高产的主要技术途径。1978 年获"全国科学大会奖"。

2. 小麦叶龄指标促控法栽培管理技术体系

将小麦器官发育规律研究结果应用于栽培技术创新。一是阐明小麦各叶从生长到衰老与植株生育进程及各器官建成之间的同伸关系，明确以主茎叶龄作为形态指标确定采取促控措施的最佳时机。二是提出两套促控法：W 形促控法，即三促两控法，适用于中下等肥力苗情麦田；V 形促控法，即两促一控法，适用于中上等肥力苗情麦田。1985 年获"国家科技进步二等奖"。

3. 小麦精播及宽幅精播高产栽培技术体系

针对传统高产栽培中存在倒伏与穗小的主要问题，处理好群体与个体的矛盾。一是降低基本苗，防止群体过大，建立合理群体结构，保证有足够的穗数。二是培育壮苗，充分发展个体，力促植株健壮、穗大、粒多、粒重，实现高产。宽幅精播技术是精播栽培技术的发展，更有利于植株健壮，实现增粒、增重。1992 年获"国家科技进步二等奖"。

4. 小麦衰老生理和超高产栽培理论与技术体系

针对高产麦田存在早衰、粒重降低的主要问题，建立了延衰增粒重的栽培理论与技术。一是探明了小麦衰老的阶段性、生理特点及与粒重形成的关系，提出延长缓衰期、缩短速衰期、保持植株光合高值持续期、提高灌浆速率是增粒重的关键；二是提出氮肥后移技术，促小花分化结实增粒数，促花后物质生产积累增粒重。2001 年获"国家科技进步二等奖"。

5. 小麦籽粒品质形成机理和优质高产栽培理论与技术体系

针对小麦产量高、品质效益差的问题，小麦栽培研究转向高产、优质、高效的新目标。一是明确了生产条件和栽培技术对小麦品质影响的规律。二是明确了提高蛋白谷醇比和淀粉支直比以改善强筋小麦品质的栽培途径；明确了提高密度、降低施氮量、减少后期施氮比以改善弱筋小麦品质的栽培途径。三是构建了指标化、标准化产量品质协同提高栽培技术体系。小麦品质生理和优质高产栽培理论与栽培技术和小麦籽粒品质形成机理及调优栽培技术两项成果，2006 年分别获"国家科技进步二等奖"。冬小麦根穗发育及产量品质协同提高关键栽培技术成果，2009 年获"国家科技进步二等奖"。

2. 水稻栽培理论与技术的应用

（1）从总结生产经验着手构建水稻高产栽培理论。1951 年，陈永康在松江（当时隶属江苏省）创造了单季晚粳"老来青"单产 10 750 千克/公顷的高产典型，对其进行了初步总结，提出了"落谷稀"培育壮秧、小株密植、"小暑发棵（分蘖）"、根据"大暑长粗（壮株）""立秋长穗"的生育规律分期合理施用肥料和"浅水勤灌、分次适时搁田"的灌溉技术。1958 年，陈永康在全国水稻会议上提出了"三黄三黑"水稻高产栽培理论，在我国水稻栽培领域具有开创性的意义。1961 年，丁颖主持编写了《中国水稻栽培学》，奠定了中国水稻栽培学科完整知识体系。在此基础上，中国水稻栽培理论与技术取得了快速发展，为水稻产量提升发挥了重要作用。

（2）提出高产群体质量理论与综合配套的高产栽培技术。20 世纪 80 年代初，凌启鸿等开始系统探索了水稻不同品种类型生育进程的叶龄模式，确定播种量、基本苗以及肥水运筹等看苗诊断技术，使高产栽培研究由定性向定量并向模式化、指标化、规范化方向发展。1991 年，凌启鸿等在叶龄模式研究成果的基础上，提出了"水稻高产群体质量指标概念及优化控制初论"的理论，阐明了群体质量指标概念，在以合理基本苗获得适宜穗数前提下，通过前期大力控制无效分蘖，压缩高峰苗数，提高茎、蘖成穗率，进而在中期攻取大穗的栽培模式，以全面提高群体各项质量指标，建成后期高光效群体和促进水稻高产。水稻高产群体质量理论使高产群体形成规律的诊断由定性向定量并向模式化、指标化发展，栽培技术向规范化发展，水稻栽培理论与高产栽培技术的结合更加紧密。这一阶段，随着我国杂交育种取得成功，一系列杂交水稻品种在生产中表现出显著的增产优势，围绕杂交稻开展了综合配套高产栽培技术集成研究与应用。如南方水稻主产省份集成和推广的"稀少平""叶龄模式""小群体、壮个体、高积累""少免耕与抛秧高产""三高一增""双两大""纸筒育苗抛秧"和"多蘖壮秧少本"等栽培技术，东北稻区的"旱育稀植高产"与"节水灌溉"等栽培技术，从不同方面促进了我国稻作水平的提升。

（3）越来越多水稻栽培理论与技术成果开始涌现。21 世纪以来，凌启鸿、张洪程等在系统探明水稻高产群体生育基本规律的基础上，完善了"叶龄模式""群体质量指标"等理论，建立了"水稻生育各期诊断指标"，创建了"水稻精确定量栽培理论"，指导水稻栽培技术的创新。此外，彭少兵等"水稻实地氮肥管理理论与技术"、杨建昌等"水稻籽粒灌浆与调控"、曹卫星等"水稻主要生长指标的光谱监测机理与定量诊断技术"等创新理论和技术，为水稻高产高效栽培提供了理论指导。在栽培技术发展方面，综合运用水稻栽培理论和新技术，注重高产与高效协同的一系列技术模式在生产中得到广泛应用，如精确定量栽培、双季稻旺根壮秆重穗栽培、实地养分氮肥管理栽培、水稻高产与水分养分高效利用栽培、超级稻"三定"栽培、水稻钵形毯状秧苗机插技术、超级稻高产栽培、机插水稻高产栽培、基于模型与 GIS 耦合水稻管理决策支持系统等在各水稻产区促进水稻增产中发挥了重要作用。加之国家粮食丰产工程、高产创建等项目的推动，全国水稻连续增产，2015 年全国平均单产达到 6.89 吨/公顷。在此期间，一批研究成果先后获得国家科技奖励，如杨建昌等"促进稻麦同花物向籽粒转运和籽粒灌浆的途径与生理机制"获 2017 年度国家自然科学奖二等奖；青先国等"水稻大面积高产综合配套技术研究开发与示范"、曹卫星等"基于模型的作物生长预测与精确管理技术"、张洪程等"水稻丰产定量栽培技术及其应用"、谢金水等"长江中游东南部双季稻丰产高效关键技术与应用"、朱德峰等"超级稻高产栽培关键技术及区域集成应用"和张洪程等"多熟制地区水稻机插关键技术创新及应用"获得"国家科技进步二等奖"。

3. 玉米栽培理论与技术

新中国成立之初，从学习、总结和推广农民丰产栽培经验入手，开始了玉米高产栽培技术与理论的研究。近 70 年来，玉米栽培也已从经验指导为主转向以科学指导为主，以定性研究为主转向定性与定量研究相结合，由产量单一目标向高产、优质、高效、生态、安全多目标发展，形成了具有显著中国特色的玉米栽培科学理论和技术体系。

20 世纪 60 年代，提高单位面积产量被确立为玉米栽培研究的核心任务，围绕"八字宪法"加强农田基本条件建设，改造提升传统玉米生产技术，主要推广了杂交种普及、合理密植、平整土地、培肥地力、增施化肥、增加灌溉设施、病虫防治和精耕细作等高产栽培技术。通过群体动态结构及其与密度、水肥关系的研究，提出了"作物群体概念"，确立了人工调节以自动调节为基础的思想与合理密植原则，建立的群体合理动态指标用于指导各地生产。

20 世纪 70 年代，围绕产量提高，从器官建成、结构与功能的关系入手，提出了以叶龄为指标进行肥、水促控管理的叶龄模式栽培理论和技术，为产量调控的定量化、模式化和指标化奠定了基础，提高了玉米栽培管理的水平。玉米养分吸收和利用规律的研究为施肥技术发展奠定了基础；间套、复种玉米的研究推动了耕作栽培制度改革和复种指数提高。

20 世纪 80 年代，在玉米光合性能、源库关系，器官解剖结构与功能关系等方面开展了深入研究，玉米生态类型区划分和种植区划分为玉米生产趋利避害、合理布局和分类指导与管理提供了依据。系统科学的引入、多学科相渗透，把环境因素、作物、各项栽培措施及其效应整体考虑，完善了玉米栽培技术体系，玉米栽培也由单项技术向综合技术发展，规范化、模式化栽培得到推广应用。玉米逆境生理及提高抗性调控技术的研究，拓展了玉米栽培研究领域，为中低产田改造、抗逆减灾栽培和玉米稳产提供了支撑。此外，地膜覆盖栽培、育苗移栽技术和化学控制技术得到广泛研究和应用。

20 世纪 90 年代，玉米生产目标在稳步提高产量的同时，还要求品质、效益、资源节约和环境友好等目标的协调统一。系统研究紧凑型玉米株型、物质生产和源库特征，建立不同生态区紧凑型玉米高产配套技术，肯定了紧凑型玉米密植增产的作用，促进了紧凑型玉米的大面积应用。黄淮海小麦玉米两茬"吨粮田"技术开启了光热水肥资源配置与周年高效利用研究。

进入 21 世纪，畜牧业、加工业快速发展对玉米需求的拉动，玉米种植面积迅速扩大，高产、高效和技术简化成为这一时期玉米栽培研究的主要目标。郑单 958、先玉 335 等耐密植杂交种选育成功和玉米"一增四改"技术推广应用，对改变长期以来稀植、高秆、大穗种植习惯起到了重要的推动作用。夏玉米贴茬免耕直播与"双晚技术"、滴灌与水肥一体化技术实现了资源高效利用。农机农艺融合，机械收获、单粒精量点播技术及种衣剂、除草剂的推广，玉米生产全程机械化程度得到快速提高。

~~~/ **专栏 8-2** /~~~

玉米主体栽培技术成果

创新了一批栽培关键技术，构筑起中国玉米生产的主体技术。立足于农机农艺融合，通过选用高产、优质、抗逆、适应机械化生产的新品种，在机械单粒精量点播、机械施肥、深松改土、秸秆覆盖免耕、病虫草害机械防治、机械收获与烘干、秸秆综合利用机械化等关键技术方面取得突破，制定了适合机械作业的种植标准，形成不同区域全程机械化生产技术规范，推动玉米生产迈上新台阶。近5 年全国玉米机械收获以每年 5 个百分点以上的速度快速上升，2018 年接近70%。针对中国生态类型差异大，各地专家还创新了一批区域性关键技术，如黄淮海夏玉米"一增四改"、免耕直播晚收高产栽培技术、种肥播种同步技术和抗逆防倒防衰减灾技术；东北春玉米区大垄双行栽培技术、密植早熟增产技术；北方旱作区全膜双垄沟播技术、旱地玉米抗旱精播壮苗丰产技术；西南玉米区简化高效育苗移栽技术、膜侧集雨节水技术、丘陵区雨养旱作高产技术和垄播沟覆保墒培肥技术；南方甜、糯玉米优质高产技术规程等。

构建了以密植增穗增产、高质量群体构建、全程机械化作业、全成本核算，实现高产高效协同提高的玉米密植高产全程机械化技术体系，2013—2016 年，连续 4 年被农业部遴选为全国主推技术。创建了以"调土、调密、调肥"为目标的玉米"调土壮根—调行降株增密—调肥增效—化控防倒—调源扩库增粒重"群体质量定向调控技术体系，多次刷新雨养条件下春玉米高产纪录。提出丘陵山地玉米"调叶源、壮茎秆、增粒数（库）、稳粒重"的增密高产综合调控理论，集成了"西南丘陵山地玉米高产创建技术体系"，连续 5 年创西南及南方玉米高产纪录。

4. 大豆栽培理论与技术的应用

（1）大豆合理密植技术与精量播种技术不断完善。20 世纪 50 年代，我国各个产区开展大豆种植密度试验，明确合理的种植密度；60—80 年代开展大豆高产的群体结构研究，明确合理密植是大豆高产的关键；90 年代以来开展理想株型研究，明确高产群体的形态指标。各个产区大豆密度呈现增加的趋势，如黑龙江省 20 世纪 50—70 年代667 平方米田间密度为 1.1 万株，70—90 年代为 2.2 万株，90 年代至今为 2.8 万株。合理密植技术推动了我国大豆生产水平的提高。随着机械化水平的提高，我国大豆精播技术逐渐得到应用。东北地区 20 世纪 50—70 年代以扣种和跟犁点播为主；70—90 年代主要以垄作、间作为主的机械播种初级阶段；90 年代至今逐步发展为机械精播。黄淮海地区 20 世纪 50—80 年代主要以人畜为动力的简易木制耧条播，90 年代以来逐渐发展为以机械为动力的条播，进入 21 世纪以来以机械为动力的精播技术逐渐得到应用。南方地区大豆生产长期以人工穴播、条播、撒播为主，21 世纪后逐渐发展机械条播，精播技术已具雏形。

（2）合理施肥技术与化学除草技术得到广泛应用。20 世纪 50 年代，针对我国大豆生产特点，明确了接种大豆根瘤菌的增产效果，并筛选出优良菌株。60 年代，初步明确了大豆花荚脱落的主要原因是营养供应不足或比例失调，并提出减少脱落的措施。70—80 年代，侧重于提高化肥肥效及施肥技术的研究。90 年代以来，明确了各种矿质营养对大豆生长发育的作用、营养代谢、增产效果及施用技术。随着机械化水平、科技水平的提高，大豆侧深施肥技术、测土配方施肥技术逐渐推广应用。20 世纪 60 年代，东北地区率先开展大豆田化学除草的试验、示范和应用，先后筛选出利谷隆、毒草胺、杀草醚、豆科威、苯达松等防除效果较好的除草剂。70 年代中后期，东北农垦系统开始大面积使用氟乐灵、甲草胺，从而开始了大豆田除草剂使用的新局面。80 年代在土壤处理的基础上，筛选出适合大豆苗后处理、选择性强的拿捕净、稳杀得、杂草焚等高效除草剂；90 年代除草剂施用技术从农场迅速扩向广大农村，逐渐成为大豆生产必不可少的生产技术。

（3）大豆间套作技术与保护性耕作技术不断创新。20 世纪 70 年代大豆间作套种发展迅速，80 年代随着联产承包责任制的实施，东北、黄淮海等平原地区大豆逐渐恢复清种。西南地区在 20 世纪 70 年代发展形成"麦/玉/苕"旱地三熟技术，在当时的历史条件下，对粮食增产起到了重要作用；进入 21 世纪，甘薯栽插、采收、搬运、贮藏困难的缺点显现，通过技术创新形成了"麦/玉/豆"旱地新三熟技术，该技术以大豆代替原主体模式中的甘薯，有力地支撑了西南地区大豆的生产。东北地区的大豆原垄卡种技术是在不翻动土壤的免耕情况下，在原垄上直接播种的一项技术措施，具有保护耕层、抗旱保墒、省工省时、节本增效等优点。黄淮海夏大豆麦茬免耕覆秸精播技术是在小麦原茬地上，一次性完成"种床清理、侧深施肥、精量播种、封闭除草、秸秆覆盖"5 项作业，提高作业效率，降低生产成本，同时实现高产。

5. 棉花栽培理论与技术的应用

（1）育苗移栽技术是我国棉花生产最具特色的栽培技术。棉花育苗移栽是自 20 世纪 70 年代后期形成的技术，经过 40 多年的发展，从第一代的劳动密集型发展到"无土育苗基质、促根剂、移栽机具"第二代技术密集型，实现了升级换代，人工减少了80%，劳动生产率提高 100 倍。育苗载体改为无土无钵，带土移栽改为裸体苗移栽，育苗方式从千家万户到工厂化、规模化集中综合育苗，栽植从人工打洞放苗覆土镇压发展到半机械化开沟、打洞、放苗、覆土、加水，应用区域从长江流域扩展到黄河流域。因育苗移栽具有提早播种延长生长期，易立苗早发，显著增产促进早熟，是我国典型棉花丰产栽培技术。

（2）地膜覆盖技术支撑了我国棉花单产的快速提升。塑料地膜覆盖是 20 世纪 70 年代末从日本引进的技术，因棉花增产高达 50%～100%，被称之为"白色革命"。经过 40 年的发展，棉花覆盖宽度从窄膜（膜宽 40～120 厘米）覆盖单行、双行发展到宽膜（膜宽 180～205 厘米）覆盖多行，从人工放苗发展到机械膜上打孔自动出苗，地膜厚度从 0.008～0.006 毫米再到国家强制性厚度 0.01 毫米，残膜从人工回收或不回收发展为人工和机械化回收。地膜覆盖具有延长生长期、增温、保水和抑制返盐的综合效应，提高棉花产量和改进品质效果极为显著，但棉田残膜污染严重。

（3）化学调控技术及简化整枝技术显著提升了我国棉花栽培水平。20 世纪 50 年代，使用萘乙酸、2，4-D 等和赤霉素防止或减轻蕾铃脱落，使用矮壮素（CCC）控制旺长。70 年代应用乙烯利催熟提早吐絮，提高蕾前花率，促进了华北地区麦棉两熟种植。80 年代以来使用缩节胺对株型塑造，从"对症"防旺长发展到"系统控制"，成为棉花合理密植和提高增产幅度的重大关键技术。近年来，棉花广泛使用植物生长调节剂，采用以噻苯隆等调节剂为主要成分的脱叶剂在机械化采收棉田应用，配合乙烯利催熟对棉花全程机械化提供了关键技术保障。缩节胺、氟节胺等替代人工打顶也在生产中示范，局部效果良好。20 世纪 80 年代我国研究提出人工摘除早晚蕾的农艺调节技术，证明摘除早晚蕾可以减少烂铃从而增产和改善品质。叶枝（油条）过去认为是棉花的废器官，对其保留还是整枝去掉引起"懒棉花"的争议，通过联合试验证明叶枝叶对主茎蕾铃的光合产物贡献率达到 30%，推翻了传统叶枝消耗养分的学说，棉花留叶枝可以增产，提出高密度留叶枝、中密度简化整枝和高密度不整枝技术，简化了农艺工序，减轻了劳动强度。

（4）轻简化技术、精准植棉技术得到发展。改油菜后棉花移栽为直播，是长江中下游棉区轻简栽培的关键技术，前提是要在早熟品种、播种和密植促早方面取得新突破。以 3S 技术为支撑的智能化技术，包括精量播种施肥灌溉化调、长势监测预警和精准机械化采收，以及工厂化育苗、机械化移栽、专用缓控释肥、滴灌肥和高效叶面肥等现代植棉技术正在形成新的生产力。其中卫星导航使昼夜耕整地和播种成为可能，季节不再繁忙；以农用植保无人机为依托，实行"飞手"喷施农药，棉田管理作业出现大量非农民的新面孔，智能化技术的尝试初显知识农业/现代化农业的端倪。

（5）机械化管理和机械化采收技术开始成为我国棉花栽培的主流技术。研制系列国产植棉机械和农机具，实现耕整地、施肥、喷施除草剂、播种、铺滴灌软管、覆膜、打孔和覆土的一体化作业，地面平整高差不超过 3 厘米，做到地平土细，播种质量大幅度提高。2017 年新疆农作物耕种收综合机械化水平为 84.4%（兵团 94.0%），机耕率 99.4%，然而，长江、黄河流域机械化水平低很多。2018 年新疆拥有采棉机 3 500 多台，全疆机械化采收率达到 50.0%（其中兵团 80.0%），采收成本大幅度减少，生产效率显著提高，采棉机以美国 CE630 机型和约翰迪尔 7660 摘棉机型为主。棉花秸秆实行机械粉碎还田或生物质能源利用。新研制的"卷起"式回收机，针对地膜加厚至 0.01 毫米，当年残膜回收率高达 95%，应用前景看好。

6. 蔬菜栽培理论与技术的应用

（1）以日光温室为核心的设施蔬菜是我国最具特色的蔬菜生产技术。日光温室发明于 20 世纪 80 年代，为我国所独创，造价低廉、实用性强，不需要消耗化石能源，仅依靠白天太阳能和夜间覆盖保温，就可以在冬天室外－20℃的条件下生产喜温果菜，使我国走出了一条"低投入、低能耗、高效益"的"两低一高"设施蔬菜生产之路，有别于荷兰等设施蔬菜先进国家"高投入、高能耗、高效益"的"三高"之路，在丰富蔬菜市场供应、增收农民收入和促进就业等方面贡献巨大。日光温室蔬菜生产技术在我国环渤海与黄淮海地区及西北地区大面积推广应用。塑料大棚蔬菜是我国蔬菜生产的主体，主要分布于华北、西北和广大的长江中下游地区，目前已形成了以日光温室为核心和以塑料大棚为主体的设施蔬菜生产体系，实现了我国蔬菜的周年生产。设施蔬菜集成了嫁接、水肥一体化、温光气调控等栽培技术。采用抗逆砧木嫁接，可以提高设施蔬菜的抗病性、抗冷性、吸收养分和水分的能力，进而提高蔬菜产量。目前嫁接技术已广泛应用于我国设施茄果类蔬菜和瓜类蔬菜生产，大幅度提高了设施蔬菜产量和效益。设施蔬菜栽培技术的发展，促进了我国节水灌溉技术和水溶肥技术的发展。现在设施蔬菜生产应用水肥一体化＋高效水溶肥模式进行灌溉和施肥的面积越来越大，有条件的园区已经实现了智能灌溉＋水肥一体化。设施温度、光照、二氧化碳的调控水平在不断提高，并研发出相关的装备，部分实现了调控的智能化。"工厂化农业（园艺）关键技术研究与示范"2007 年获"国家科技进步二等奖"，"设施蔬菜连作障碍防控关键技术及其应用"2016 年获"国家科技进步二等奖"。

（2）集约化育苗技术有效推动了我国蔬菜高效发展。育苗是蔬菜生产的重要环节，蔬菜集约化育苗是蔬菜现代化的关键。20 世纪 80 年代之前，我国蔬菜基本以种子直播为主。80 年代以来，我国开始进行蔬菜集约化育苗技术的研发，种子直播—散户育苗并重，集约化育苗比例较低。90 年代后我国蔬菜集约化育苗开始快速发展，至今全国已建蔬菜规模化育苗企业（中心、基地、专业合作社）1 500 余个，集成育苗基质标准化配制、种子复合消毒、精量播种、徒长综合防控、梯度灌溉施肥、根际微生态调控等关键技术和产品，创建了以"集中、集约、节约"为显著特征的蔬菜集约化育苗技术体系。目前我国 60％以上蔬菜种植采用育苗移栽，特别是番茄、辣椒、西瓜、黄瓜等果菜类蔬菜和甘蓝等叶菜类蔬菜育苗移栽率超过 80％。每年生产优质种苗约 2 000 亿株，约占年蔬菜种植总需苗量的 30％，从种苗供应环节有力支撑了我国蔬菜的稳定优质供应。

（3）蔬菜资源高效利用与抗逆栽培水平不断提高。机械化为我国蔬菜栽培可持续发展提供了技术支撑。随着我国劳动力成本的逐年增加，蔬菜生产急需完成从小规模以人工为主的劳动密植型向以大规模智能机械应用为主的技术密植型生产方式转变。为促进这一生产方式的变革，我国把蔬菜机械化生产作为蔬菜产业发展的重点，相继出台了许多农机补贴政策，在很大程度上促进了蔬菜生产机械化的发展和应用。目前在我国耕地资源丰富的东北三省、内蒙古及河北坝上等地区，露地蔬菜的规模化生产基本实现了耕地、起垄、铺设滴灌管、覆盖地膜、播种或定植幼苗的机械化，通过相关设备的应用基本实现了水肥一体化管理。在我国设施蔬菜主产区，随着新型经营主体的涌现，设施蔬菜经营规模逐渐增大，设施蔬菜生产保温被卷放、通风降温、水肥管理、土地耕整、秧苗定植、秸秆还田等环节的机械化应用规模逐年增加。但我国蔬菜生产机械化水平依然处于初始机械化阶段。2012 年底，马铃薯综合机械化水平为 32.34％，设施种植业综合机械化水平为 26.62%（含设施蔬菜），蔬菜生产综合机械化水平不足 25%，实现蔬菜生产机械化目标依然任重而道远。

7. 果树栽培理论与技术的应用

自 20 世纪 80 年代以来，果树栽培生理研究不断深化。树体整形修剪反应、花芽分化与连年丰产，坐果与保花保果、果实发育与品质调控，采后生理与技术，水分生理与灌溉、矿质营养生理与施肥、果树抗性生理，生长发育化学调控、群体光合生理，早果丰产生物学等都取得一定进展和阶段性成果，部分研究成果已应用于生产。

历经几十年的发展，我国果树栽培技术研究立足生产，栽植模式经历了乔化稀植、乔化密植到矮化密植；苗木繁育从资源收集、推广良种到优质脱毒大苗繁育；树形从传统大冠树形发展成中心干形、V 形、篱壁形等适于密植的树形；果树授粉从自然授粉发展到人工点授、机械授粉和借助昆虫授粉技术；果实负载量从自然结果到人工疏花疏果合理负载、人工结合化学疏花疏果；果实从无袋栽培到 90 年代苹果套袋技术引进以及在其他果树上的普遍应用。

"十二五"以来，按照果树生产现代化、科学化、产业化、标准化的要求，以促进果树高产、优质、高效和可持续稳定发展为目标，我国在果树生物学、栽培生理学、生态学，栽培技术、土壤管理、无公害生产技术、病虫害综合防控技术等方面，均取得了一系列科技成果与技术进步，果树生产关键技术的研发及推广应用，推动了我国果树科技进步与产业发展，取得了巨大的社会、生态、经济效益，为农业增效、农民增收和农村经济发展做出了重要贡献。

~~~/ **专栏 8-3** /~~~~~~

果树栽培技术成果

栽培模式发生深刻变革。近十年果树栽培制度发生了深刻变革，由传统乔砧到矮砧，从大冠乔砧稀植、小冠乔砧密植发展到矮砧科学密植模式。大部分树种开展研究选育矮化砧木以及配套栽培技术，部分果树已经在生产上大面积推广应用。以苹果为例，20 世纪 80 年代栽植密度为 40~50 棵/亩。目前矮砧集约高效栽培技术模式成为主流，现在栽植密度为 100~200 株/亩。矮化栽培模式具有提高果树生产效率，增加资源利用效率（土地、肥水、农药）和提高劳动生产效率的突出优点，实现了提质、省工、节约用地和增加经济效益的目的。

优质苗木繁育技术日臻成熟。苗木繁育从传统小农式繁育向合作社、专业化、规模化发展，由整齐度较差的实生砧木向组培快繁、压条、扦插等生长一致的营养系砧木转变，材料脱毒、容器育苗、优质带分枝大苗培育、滴灌架材设施等应用以及苗圃地规范化管理等，使苗木繁育技术日臻成熟、规范。选用优质大苗建园，成活率高、抗逆性强，早果、丰产，一般提前 2~3 年进入盛果期。

果实套袋技术广泛应用。20 世纪 90 年代我国引进并应用套袋技术，已经系统开展了不同材质（纸质、塑膜、无纺布）、不同光质、不同时期对果品质量的影响研究，开发出系列专用果袋以及配套技术。目前苹果广泛采用果实套袋技术，葡萄、桃、梨、香蕉等果品上正大面积推广应用，该项技术在降低农残、提升外观品质和果品的经济效益方面发挥重要作用。

果树设施更趋完善，错开季节栽培迎来大发展。20世纪50年代我国开展果树设施栽培研究，目前草莓、葡萄、桃、李、杏、中国樱桃等树种设施栽培技术已经成熟并大面积应用于生产。葡萄已经实现设施内无土栽培，草莓实现周年生产。葡萄、桃、杏、李、中国樱桃实现当年定植、当年投产。基质栽培、起垄限根、人工促早和延迟、CO_2 施肥等果树设施生产技术体系逐步完善，设施果品的质量不断提高。

果园机械化应用成为栽培管理发展新趋势。我国果园机械研发从20世纪50年代开始，历经六七十年的努力，陆续开展果园土壤管理机械、果品采收平台、果园施肥机器、果园植保机械以及果品分级机械等的研究，目前已经研发出开沟机、挖坑机、埋藤防寒机、化肥施肥机、中耕除草机及碎草机、液压剪枝升降平台、风送弥雾机、果实采收平台、智能果品清选分级机、有机肥施肥系统、橡胶履带拖拉机等机械设备。结合现代农艺措施的变革，部分机械已经广泛应用于生产并发挥重要作用，逐步向果园全程机械化方向发展。

（四）耕作制度模式与技术

1. 区域特色耕作制度逐步形成，农机农艺融合和绿色发展不断推进

（1）南方双季稻三熟区稻田多熟高效农作制模式与配套技术逐步成熟。从稳定南方双季稻种植和开发利用南方冬闲田考虑，形成的"早晚双季超级稻—冬季作物"新型三熟制高产高效关键技术与配套技术体系，有效集成保护性耕作、土壤养分优化管理、轻型栽培耕作以及机械化作业等技术，将冬闲田开发利用与高效经济作物生产及农产品加工紧密结合，建立粮、经、饲作物协调和产业多功能新型稻田农作制模式，研究探索趋利避害、防灾减灾的品种优化、种植模式和作物布局调整途径。

（2）长江中下游麦—稻两熟区高产高效及环保农作制模式与配套技术进展很快。针对长江下游麦稻两熟区农田集约化、专业化、规模化及环境污染严重等突出问题，水稻—小麦全程机械化模式及周年高产技术、水稻—油菜和水稻—蔬菜高产优质及机械化生产技术、集约农田污染控制种植模式及关键技术等，有效集成少免耕秸秆全量还田、全程机械化作业、土壤养分优化管理和面源污染控制等技术，建立长江下游经济发达区高产、高效、可持续发展的新型农作制模式与配套技术，以及应对农业灾害的种植制度优化途径。

（3）黄淮海平原建立麦玉两熟区节本高效农作制模式及配套技术。针对黄淮海平原小麦—玉米两熟周年高产与水、肥资源高效利用需求，有效集成品种优化搭配、一体化水肥高效运筹、全程机械化栽培管理及秸秆还田保护性耕作等技术，建立小麦玉米一体化高产高效机械化生产模式与配套技术。在沿海地区开展出口创汇型菜田新型农作制模式研究与示范，开发"菜—粮—菜"夏闲田利用模式与配套技术。积极探索干旱、冷害、高温灾害的农作制适应策略与应对措施。

（4）东北平原地力培育与持续高产农作制模式及配套技术发展较快。从农田耕层建设与地力保育出发，针对黑土有机质下降、耕层土壤变薄、春季干旱保苗困难等问题，重点突破地力保育型农作制模式与关键技术，有效集成秸秆高留茬还田、作物轮作、机械化保护性耕作等技术，在东北平原黑龙江垦区、中部黑土区、西部生态脆弱区分别建立地力培育持续增产的农作制模式及配套技术体系。研究探索建立全球气候变化背景下东北农作物生产系统调整优化的技术途径。

（5）西北地区着力构建水土资源高效利用农作制模式及配套技术。西北旱作农区重点突破抗旱减灾种植模式与降水资源高效利用技术，显著提高旱地水分利用效率和作物高产稳产能力。西北绿洲灌区重点研究示范光热资源高效利用与节水高效多熟种植模式及关键技术，探索建立与绿洲灌区气候条件和水土资源相吻合的新型生态保护型农作制模式，提高绿洲水、土资源利用的可持续性。

（6）西南丘陵避旱减灾多熟农作制模式及配套技术体系已具雏形。针对西南地区季节性干旱严重、水土侵蚀严重、机械化程度低等问题，围绕抗旱减灾、水土保持、高产高效多熟农作制模式及关键技术，有效集成作物时空配置、适水种植、周年养分优化管理、保护性耕作和轻简型机械栽培技术等，为西南季节性干旱区农田稳产高产增效提供技术支撑。

（7）华南地区粮菜轮作的多熟高效农作制模式及配套技术。针对华南地区外向型农业发达，以及传统双季稻区冬春闲田多和长期蔬菜产区夏闲田多等问题，发展粮—菜轮作、粮食—香蕉轮作及冬闲田高效利用的多熟农作制模式及关键技术，有效集成品种优化搭配、水旱轮作、低耗节肥、污染控制等技术，促进粮食安全与经济高效协调、用地养地结合的新型农作制发展。

2. 保护性耕作技术得到长足发展，开始成为我国新型土壤耕作模式

保护性耕作具有保水、保土、培肥地力等效应，在世界范围内得以广泛应用和推广。我国 20 世纪 70 年代由北京农业大学（现中国农业大学）等科研机构在国内率先系统地开展少（免）耕等保护性耕作研究，中国耕作制度研究会于 1991 年在北京组织并召开了全国首次少（免）耕与覆盖技术会议，对于少（免）耕等保护性耕作的研究与推广起到了积极作用。20 世纪 90 年代由我国农机部门开展了保护性耕作农机的研究，对保护性耕作的研究和推广发挥了较重要的作用；"十五"以来，由科技部、农业部等相关部门支持，在我国东北平原、华北平原、农牧交错风沙区、长江流域均开展了相关研究，取得了显著经济、生态和社会效益。逐步形成了适合我国区域气候资源与种植制度的保护性耕作技术及模式。

我国主要粮食产区总体保护性耕作制类型以少耕为主，免耕、秸秆覆盖等其他方式相结合，构建了适宜不同区域保护性耕作制度。在我国的东北平原、华北平原、农牧交错风沙区、南方长江流域均开展了保护性耕作技术攻关和示范推广，取得了保护性耕作的土壤耕作、农田覆盖、稳产丰产、固碳减排等关键技术和原理研究方面的重要进展，已经建立了与不同区域气候、土壤及种植制度特点相适应的新型保护性耕作技术体系，为大面积应用保护性耕作技术提供了示范样板和技术支撑，取得了显著经济、生态和社会效益。

我国保护性耕作技术更加注重技术的集成和综合应用。一方面，由以研制少（免）耕机具为主向农艺农机结合并突出农艺措施的方向发展，目前的保护性耕作技术在发展农机具的基础上重点开展裸露农田覆盖技术、施肥技术、茬口与轮作、品种选择与组合等农艺农机相结合综合技术。另一方面，由单纯的土壤耕作技术向综合性可持续技术方向发展，由单一作物、土壤耕作技术研究逐步向轮作、轮耕体系发展；由单纯的技术研究逐步转向保护性耕作长期效应及其对温室效应的影响、生物多样性等理论研究，为保护性耕作长期推广提供理论支撑。此外，随着全球气候变化越来越受到关注，保护性耕作也成为重要的固碳减排技术，对保护性耕作固碳减排及缓解温室效应研究不断深入。

四、产业贡献

新中国成立70年来，我国作物栽培学与耕作学在理论建设、技术创新和技术体系构建上不断进步，先后广泛开展了低产变高产、高产更高产乃至超高产的作物栽培研究，作物高产优质高效栽培理论与技术研究不断取得突破，形成一大批适宜不同区域的高产优质高效栽培模式，逐步走出了一条既有效推动当前生产，又加速栽培理论体系形成的成功之路。国内外大量研究表明，在作物产量提高过程中通过改进栽培耕作措施的贡献达60%，是推动作物高产潜力挖掘和保障农产品生产能力最为关键的技术手段。我国作物栽培与耕作创新成果的不断涌现，不仅支撑了我国粮、棉、油及果树、蔬菜等农产品由长期短缺到总量平衡、丰年有余，而且实现了农业发展由粗放生产到不断提高集约化水平，在推动我国"三农"发展的历史性跨越方面贡献巨大。

（一）提高产量保障粮食安全

通过共性关键技术研究与技术集成示范，显著提高了我国三大粮食作物的单产水平，为国家粮食安全保障提供了强有力的科技支撑。

我国水稻播种面积约占全球的18%、稻谷总产占全球28%，是世界上最大的稻米生产国和消费国。尽管我国有历史悠久的稻作文明，然而水稻产业发展最快的时代是新中国成立以来的70年，水稻单产从1949年的1 890千克/公顷提高到2018年的7 020千克/公顷，总产从1949年的4 865万吨提高到2018年的21 268万吨。水稻栽培与耕作技术的持续创新支撑了我国水稻高产优质水平的不断提升。60年代，随着水稻矮秆育种取得突破，中籼稻和双季稻推广区域大多选用分蘖力强、株型紧凑、抗病性、耐密抗倒性强的品种，配套的栽培技术采用增密、增肥、增穗促高产的栽培技术模式，推动全国水稻单产提高由1952年的2.41吨/公顷提高到1976年的3.47吨/公顷，全国平均单产提高了44%，实现了中国水稻单产的第一次飞跃。80年代，水稻品种改良和栽培技术进步带动全国水稻单产实现了我国水稻单产的第二次飞跃，

1998 年全国平均单产达到 6.37 吨/公顷，比 1976 年增加 84%，与 1952 年相比增幅达到 164%。

小麦是我国三大粮食作物之一，是我国特别是北方的主要口粮。新中国成立以来，全国小麦生产无论是单产还是总产都得到了大幅度增长。1949 年全国小麦平均单产 642 千克/公顷、总产 1 380.9 万吨。到改革开放前的 1978 年全国小麦平均单产达到 1 845 千克/公顷，是 1949 年的 2.87 倍；总产 5 384 万吨，是 1949 年的 3.9 倍。2018 年全国小麦平均单产达到 5 416.5 千克/公顷，是 1949 年的 8.44 倍；总产 13 143 万吨，是 1949 年的 9.52 倍。生产发展的实践证明，小麦栽培与耕作的技术进步为全国小麦生产发展做出了重大贡献。

经过 70 年不懈努力，我国玉米栽培与耕作研究的目标已由产量为主向高产、优质、高效、生态、安全等多目标协同发展，研究内容不断拓宽与深入，形成了具有显著中国特色的玉米栽培与耕作科技体系。1949 年我国玉米种植面积只有 1 137 万公顷，总产 1 175 万吨，单产仅 1 065 千克/公顷；2018 年面积达到 3 500 万公顷，总产达到 2.14 亿吨，单产达到 6 105 千克/公顷。目前面积和总产均列农作物第一位，玉米成为中国第一大作物。

（二）促进经济作物提质增效

新中国成立以来，我国棉花栽培与耕作的理论与技术研究取得长足进步，先后编撰出版大型学术著作《中国棉花栽培》（1959 年版、1983 年版、2013 年版和 2019 年版）等 4 部，系统全面总结新中国成立 70 年以来各时期棉花科技进步的学术理论和生产发展的经验，为科学植棉提供了具有中国特色栽培技术体系。我国棉花单产从 1949 年的 162 千克/公顷提高到 2017 年的 1 769 千克/公顷，单产水平位居全球产棉大国的首位，为棉花栽培技术进步做出了巨大贡献。

新中国成立 70 年来，大豆栽培与耕作的理论与技术研究实践不断深入。一方面，对大豆生态型的适应和丰产性及各类型间演化关系研究不断深入，大豆栽培区划得到完善；另一方面，在大豆高产栽培技术攻关方面取得一批重要成果，为我国大豆生产提供了强有力的技术支撑。20 世纪 60—70 年代开始提出适期早播、合理密植等技术，开展了大豆高产技术攻关，研发了大豆等距穴播等一系列行之有效的栽培方法。80 年代以来，东北地区开始推行大豆窄行密植技术、垄三栽培技术、大小垄窄行密植栽培技术等；黄淮海地区大豆推行机械化条播技术、免耕播种与化学除草、机械收获等技术。进入 21 世纪，大豆主产区以减肥减药增效技术为突破点，形成轮作模式下大豆绿色丰产栽培技术模式。大豆栽培技术的不断创新发展为大豆生产提供了有力支撑。

（三）保障蔬菜果品周年有效供给

1949 年我国蔬菜栽培面积只有 250 万公顷左右，1982 年后开始快速增长。2017 年我国蔬菜栽培面积为 2 313.3 万公顷左右，产量达 8.17 亿吨，设施蔬菜种植面积达到 380 万公顷以上，设施蔬菜产量 2.52 亿吨。经过 70 年不懈努力，我国蔬菜栽培研究的目标已由产量为主向高产、优质、高效、生态、安全等多目标协同发展,研究内容不断拓宽与深入,形成了具有显著中国特色的蔬菜栽培科学与技术体系。1982 年出版、2010 年再版的《中国蔬菜栽培学》系统总结了新中国成立以来我国蔬菜生产、栽培理论研究及技术推广等方面的新经验和新成果。

新中国建立后,特别是改革开放以来,中国果树产业发展迅速。1952 年中国果树面积为 68 万公顷,水果产量 244 万吨,到 2017 年果树种植面积为 1 113.6 万公顷,水果产量发展到 25 241.9 万吨,人均水果占有量 100 千克以上,居世界前列。我国已成为果树产业第一大国,水果在改善人民生活品质、繁荣经济、创汇增收以及提升我国农产品国际竞争力等方面发挥重要作用。据农业部统计,2017 年中国水果面积和产量均居世界首位,产值居种植业第三位,是农业增效、农民增收和农村经济发展的支柱产业之一。目前果树栽培技术发生了深刻变革,从单一的追求数量效益型向质量效益型、资源节约型、环境友好型和生态保育型发展,突出良种良法配套、农机农艺融合、资源节约与安全投入优先、物理和信息技术优先,实现果业绿色健康可持续发展。

(四)促进农业资源高效利用和绿色可持续发展

新中国成立 70 年来,我国作物栽培与耕作技术的发展目标从单一追求产量逐步发展到注重高产高效绿色可持续发展转变,更加注重水肥资源高效利用,促进作物生产绿色可持续发展。

水稻省工节本、种养结合的高效模式正在兴起。从 20 世纪 90 年代开始,水稻抛秧、免耕抛秧、直播稻等省工节本的轻简化栽培技术,稻鸭共作栽培模式快速发展;近年来,南方地区的"籼改粳"、机收再生稻、机直播、机械化制种、稻田综合种养等不断完善,为稳粮增效、促进农民增产增收提供了技术支撑。在用地与养地相结合方面,稻田保护性耕作技术不断成熟,加强了免耕与秸秆覆盖相结合的稻田保护性耕作栽培技术的研究与推广。近年来"稻麦套播免耕秸秆覆盖技术""油菜水稻双免耕直播覆草栽培技术""水稻免耕覆盖抛秧技术"和"水稻少(免)耕旱育抛秧技术"等有一定的推广应用面积。

玉米生产以高质量群体构建为核心,以资源优化配置、生态环境与品种特性协调、肥水高效运筹为基础,集成了"秸秆还田+有机肥+氮肥后移和磷肥下移"土壤持续培肥技术、免耕机械化精量播种技术、专用缓控释肥应用、早播晚收技术、病虫草害综合防治技术等配套的丰产高效栽培模式与技术体系,连续创造夏玉米大面积高产纪录。玉米资源高效利用与抗逆减灾栽培水平不断提高。在资源高效利用方面,在黄淮海小麦—玉米周年光热资源优化利用研究基础上创新了"两晚技术"并广泛应用于生产。在西北地区全膜双垄沟播技术集覆盖抑蒸、垄沟集雨、垄沟种植为一体,实现了保墒蓄墒、就地入渗、雨水富集叠加、保水保肥、增加地表温度,在北方旱作区得到大面积推广。针对生产中长期采用土壤浅层旋耕和连续多次作业带来的耕层变浅、犁底层坚实、耕层土量显著减少等突出问题,在我国玉米主产区开展了全国性的土壤深松改土研究与示范应用,华北形成了以深松改土为核心的夏玉米调土强根栽培技术、区域根冠协调栽培技术体系；东北以增加土壤纳雨保墒能力，保障冠层的容纳量和生产能力，构建"苗带紧、行间松"的耕层结构。近年，随着全球气候变暖、极端天气增多，严重威胁生产的稳定和发展，玉米抗逆减灾栽培技术措施研究不断深入。

平衡施肥技术与节水灌溉技术推动我国棉花生产绿色发展。我国棉花施肥经历了有机肥和绿肥（50—70 年代）—有机无机结合（80—90 年代）—秸秆还田和化肥（21 世纪）的发展历程。指导棉花施肥技术不断改进提高：一是通过土壤化验和植物分析，基本摸清棉区土壤养分含量背景值，其中 70 年代发现棉花"蕾而不花、花而不实"由缺硼引起，确立棉田土壤水溶性硼 0.08 毫克/千克和叶片 20 毫克/千克为临界值；80 年代提出施硼效应分区和规范化施用技术。二是施肥技术从"模糊经验"转向量化，从化肥单一元素到多元素的配合施用。三大主产棉区推荐施肥方案。棉花平衡施肥增产效果达到 30%，氮磷或氮磷钾配合使用，每千克化肥有效成分增产皮棉 2.78 千克。早在 20 世纪 60 年代研究确立了棉花不同产量水平的耗水量。当耗水量为 6 000～8 250 毫米/公顷，籽棉产量在 2 250 千克/公顷以下；耗水量 8 250～9 000 毫米/公顷，籽棉产量 2 250～3 375 千克/公顷；耗水量超过 9 000 毫米/公顷，籽棉产量 3 375～4 125 千克/公顷。迄今这一指标仍在指导棉田灌溉。长江流域侧重于排水、排灌结合。黄河流域侧重于灌溉，改机井地面输水为管道输水，改大水漫灌为沟灌和隔行灌溉；两熟棉田垄作，垄下浇水，浇麦洇花，节水 30%。西北内陆为绿洲农业，棉田灌溉从膜上灌到膜下滴灌，再到肥水一体的智能化管理，取得节水 45.7%、节肥 31.7% 和增产 28.1% 的显著效果。

蔬菜方面，我国北方设施蔬菜主产区推广日光温室等冬季不加温越冬栽培技术。提出了亚适宜温光的概念，研发了低温弱光诱抗增效技术、补光技术、主动蓄放热温室加温技术等。在干旱、沙漠、盐碱等不适合农业发展的地方发展设施蔬菜无土栽培，有效利用了土地资源。在我国南方推广避雨栽培技术，在北方推广集雨栽培技术，在海拔 800 米以上的缓坡高原推广高原夏秋蔬菜栽培技术，蔬菜主产区推广节水滴灌和水肥一体化，有效节约了水资源，提高了肥料利用率。形成了北部高纬度夏秋蔬菜优势生产区、黄土高原夏秋蔬菜优势生产区、环渤海与黄淮海设施蔬菜优势生产区、长江流域冬春蔬菜优势生产区、华南与西南地区冬春蔬菜优势生产区、云贵高原夏秋蔬菜优势生产区。近年，全球气候变暖、极端天气增多，严重威胁蔬菜生产的稳定和发展，蔬菜抗逆减灾栽培技术措施研究不断深入。

果树方面，灌溉从经验式大水漫灌到穴贮肥水、微喷滴灌、时空调亏灌溉，目前水肥需求规律以及精准灌溉技术成为研究热点，并取得初步进展；施肥方式从"一炮轰"到少量多次、营养诊断、科学配方、水肥一体化，目前果实营养需求规律在葡萄、苹果、柑橘等果树上获得新进展，与果树生长发育需求的同步套餐肥研发将成为发展趋势；施肥种类从 20 世纪 50—60 年代以农家肥、绿肥为主到 80—90 年代偏重氮磷钾化肥，90 年代到目前化肥为主，生物有机肥、菌肥、微肥、叶面肥等多种类型肥料协同应用；土壤管理从清耕、间作向生草、覆盖提升土壤理化性质的管理方式转变。

本 章 参 考 文 献

陈阜，赵明，2018. 作物栽培与耕作学科发展 [J]. 农学学报，8 (1)：50-54.

何中虎，庄巧生，程顺和，等，2018. 中国小麦产业发展与科技进步 [J]. 农学学报，8 (1)：107-114.

李少昆，赵久然，董树亭，等，2017. 中国玉米栽培研究进展与展望 [J]. 中国农业科学，50 (11)：1941-1959.

农业部科技教育司，1999. 中国农业科学技术 50 年 [M]. 北京：中国农业出版社.

第九章　农作物灾害防控

农作物灾害包括生物灾害和非生物灾害。生物灾害由生物因子引发，包括农作物病害、虫害、鼠害和田间杂草等；非生物灾害一般指气象灾害，包括干旱、洪涝、高温、冻害、雹害等。农作物灾害防控是保护国家农业生产安全、保障农产品质量安全、减少环境污染、维护人民群众健康、促进农业可持续发展的重要支撑，对于保障我国农业发展具有不可替代的关键作用。党和政府历来高度重视农作物灾害防控工作，植物保护与气象灾害防控的地位和作用不断得到提高。70 年来，植物保护学科体系更加合理，植物病理学、农业昆虫学、杂草学、鼠害学、农药学、生物防治学以及入侵生物学协调发展；植物保护科学研究显著进步，植保基础理论、植保产品研发与应用核心技术、配套体系创新与推广应用都取得了一批重大成果，自主创新能力引领产业进步，整体处于国际先进水平；植物保护策略与时俱进，从"预防为主，综合防治"到"公共植保、绿色植保、科学植保"，防治理念更加契合经济社会发展现实；植物保护装备水平明显提升，大型自走式植保机械、航空植保等广泛应用；植物保护防治能力显著提高，病虫害预测预报、应急防治储备保障与处理能力、病虫防控标准化上升到历史最好阶段；植物保护队伍不断壮大，覆盖全国的专业化统防统治队伍从无到有，人员培训满足生产需求；植物保护法制建设日臻完善，保证了植保工作的及时有效开展，植保防灾抗灾能力明显提高，有效控制了农作物主要有害生物为害，为保障我国生态安全、生物安全、粮食安全和农产品质量安全提供了理论和技术保障，为促进农业增效和农民增收，实现全面建设小康社会的宏伟目标做出了切实的贡献。

一、基础性工作

我国是农业生物灾害频发、生态环境脆弱的农业大国。据统计，常见农业害虫有838 种、病害 742 种、杂草 64 种、鼠害 22 种，分布广、危害重、突发性强，多数年份呈多发频发重发态势，一般年份农作物病虫草鼠害发生面积近 60 亿～70 亿亩次，防治面积 70 亿～80 亿亩次，如不进行防治，每年将损失粮食 15% 左右，棉花 20%～25%，果品蔬菜 25% 以上。进入 21 世纪以来，我国农作物有害生物防控工作所面临的形势更加严峻：一是原生性有害生物频繁暴发，灾害持续不断、经济损失巨大，如稻瘟病、水稻病毒病、稻飞虱、赤霉病、草地螟等大规模连年发生，危害程度之重、持续时间之长均为历史罕见。二是部分次要有害生物逐渐发展成为毁灭性灾害，有些原已长期控制的有害生物死灰复燃，变得更加猖獗，如种植结构调整和全球气候变化导致黏虫、棉盲

* 本章审稿人：康振生；牵头撰写人：张礼生；参与撰写人：郑永权、刘凤权、邹亚飞、孙爻、刘文德、刘太国、张永军、张蕾、董丰收、葛蓓孛、李玉艳、李香菊、刘晓辉、刘布春。

螨、小麦赤霉病等生物灾害大暴发。三是危险性外来生物入侵导致农业经济损失与生态环境破坏，加重和突出了农业生物灾害问题，入侵我国的外来生物已达 618 种，造成严重的生态和经济损失。四是化学农药的大量投放及其不合理使用导致农药残留超标、环境污染、人畜中毒事件频发。当前化学农药仍是防治农作物有害生物的主要手段，农药使用量一度超过 32 万吨（折百），对农区环境安全、食物安全和农产品贸易造成不良影响。

新中国成立 70 年来，我国植物保护学科基础研究发展经历了 4 个阶段：①新中国成立之初，人为干预以简单农业措施和季节性抑制有害生物的方法为主，如秋季烧毁田间残余物、清洁翻耕田园、轮作和调整种植时间等；②20 世纪 50—70 年代，生物防治等措施得到大面积推广应用，随着化学农药的广泛应用，有机合成化学农药的出现和广泛应用，解决了粮食安全带来的困扰，70 年代后半段，研究人员指出环境污染和耕作方法已经造成全球生物多样性急剧下降，保护生物多样性对提高生态系统生产力至关重要；③1975 年，我国初步确立了"预防为主、综合防治"的植物保护工作方针，综合防治推广开始时，主导的防治方式仍然以使用化学农药为主，生态环境问题没有得到很好的解决，但已经形成了源头预防、生态调控、农业防治、物理防治、生物防治、化学防治等多种技术措施并行的综合防治技术措施，并在农业示范生产中得到广泛应用，获得了一系列的重大科技成果，我国植物保护也进入以综合防治为主的新阶段；④21 世纪以来，我国现代植保新理念在实践中不断强化完善，提出了"科学植保、公共植保、绿色植保"的现代植保理念，其主要目的是恢复失衡的生态系统，实现人类在生态、资源、环境上的可持续发展，并将人类行为、植物、有害生物、传播媒介、环境影响等关系逐步列入，通过综合分析逐步实现有害生物防控和农业可持续发展。在可持续发展过程中，已经建立了一整套高效实用的工作机制，建立完善了"政府主导、部门联动、属地管理、联防联控"的纵向分级负责、横向联合协作的植保防控机制，保障了农药产业健康发展。

我国是一个受季风气候影响大，导致气象灾害频发重发的国家。气象灾害对农业影响较重，干旱、洪涝、高温、低温冻害、风、雹等极端天气气候事件时有发生。平均每年因各种气象灾害造成农作物受灾面积达 5 000 万公顷，粮食产量平均损失为 500 亿千克左右。气象灾害不仅严重威胁我国的粮食安全，对农林牧副渔各行业都造成严重影响。20 世纪 60 年代初，我国农业遭受了大面积的气象灾害，损失巨大。农业气象减灾的科技攻关成为关乎国计民生的重大需求。农业气象减灾，长期以来围绕农业非生物灾害，重点针对干旱、低温冷害、高温热害、暴雨洪涝、大风冰雹等灾害，应用农业气象学、逆境生理学、突变灾害学等理论与方法，致力于全面揭示各主要农业气象灾害的孕灾环境与演变规律，阐明主要农业气象灾害致灾机理，研究农业气象灾害监测预警基本理论和方法，研制农业灾害监测预警系统平台，研发农业减灾新材料，开发防御与减轻农业气象灾害技术与产品，研究农业灾害风险评估技术与方法，研制农业灾害风险转移技术与产品，为"防、抗、避、减、救"农业非生物灾害提供科技支撑，取得了重大进展与成就。20 世纪 50 年代中期，采用营造防护林防御风害、寒害的技术方案保障了我国在华南引种橡胶和植胶区北移的成功，打破了国外的封锁。农业部防灾减灾专家指导组于 2011 年成立，开展全国灾情预判与研判，提出减灾措施，进行减灾指导，为建立健全中国农业气象灾害风险管理长效机制奠定了基础。2015 年出版了《农业气候资源图集·灾害卷》，完成了小麦、玉米、水稻、棉花、大豆关键生育期主要农业气象灾害风险分布的数字图，为灾害风险管理提供科技支撑。

二、基础研究

我国植物保护基础研究的发展进步，与国家发展和社会进步密切相关。1956 年，毛泽东主席领导制定《农业发展纲要》；1957 年，周恩来总理主持制定科学远景规划；1977 年，由国家科委主持制定学科规划。党的十一届三中全会制定了改革开放的基本国策，高考制度及学位研究生制度、学会活动恢复正常，科学考察、害虫与天敌普查不断开展，国际交往日趋频繁，《植物保护》《植物病理学》《昆虫天敌》（现为《环境昆虫学报》）《生物防治通报》（现为《中国生物防治学报》）、《昆虫分类学报》《植物保护学报》等先后创刊。20 世纪 80 年代初期，我国植物病理学、昆虫学、植物化学保护等植物保护学科硕士、博士招生制度恢复，1986 年《中国动物志》出版、1992 年第 19 届国际昆虫学大会在北京成功召开和 1994 年英文版 *Entomologia Sinica*（中国昆虫科学）、*Insect Science*（昆虫科学）的创刊等，都标志着中国植物保护基础研究水平不断提升。

近十年来，植物保护基础研究更是突飞猛进，学科教育体系臻至完备，在各个分支领域中取得了一些原创性研究成果，中国学者先后在 *Science*、*Nature*、*PNAS* 等顶级期刊上发表了多篇论文；2004 年，我国科学家完成了家蚕基因组框架结构；《中国动物志》《中国菌物志》出版的步伐加快，多本高质量的图鉴发行，我国植保工作者在国际期刊上发表论文的数量和质量逐年上升；国外学生到中国留学的人数逐年增多，这些成就都标志着我国植物保护学研究已接近或到达国际先进水平，为我国 21 世纪植物保护学事业的腾飞奠定了一定的基础。

（一）掌握了农作物重大病虫流行迁飞规律

从 20 世纪 60 年代开始，相继对黏虫、褐飞虱、白背飞虱、稻纵卷叶螟、草地螟、甜菜夜蛾、小地老虎和飞蝗等具有迁飞性的害虫进行了系统深入的研究。近 20 年来，分子生物学、发育遗传学、行为学等学科飞速发展，信息技术、生物技术广泛应用于昆虫学领域。利用现代信息化技术如昆虫雷达对迁飞性害虫的迁飞行为进行实时监测；利用地面高光谱和低空航空遥感技术对害虫为害程度进行监测；利用空中气流场轨迹分析技术分析研究高空气流对迁飞昆虫迁飞路线的影响和病菌孢子的传播作用，以及利用物联网等网络信息技术开展数字化预测预报和信息的收集与发布等，对于指导该类生物灾害的有效治理具有重要作用。通过这些研究，在害虫的适飞迁飞危害规律和路径、迁飞行为发生的生理和生态机制，以及应对这些重大病虫流行的迁飞、发生危害的监测预警和技术的对策与技术等方面，均取得了重大成果。

对黏虫、褐稻虱、白背飞虱、稻纵卷叶螟、小地老虎、草地螟、麦蚜、棉铃虫、甜菜夜蛾等重大害虫的越冬迁飞扩散规律采用大规模标记回收、海面捕捉、高山捕虫网、飞机和气艇空捕、雷达实时监测雷达观测、灯诱、气流运动轨迹分析、分子遗传标记、3S 技术等手段，对其迁飞扩散的宏观规律进行深入系统研究，揭示了黏虫等迁飞害虫的迁飞行为规律，阐明其迁飞行为的发生、运转及降落特征和主要环境因子，明确了其迁飞时间和迁飞路线；确定了其发生危害规律、发生世代及世代为害区，明确了越冬规律及越冬区划以及各发生区虫源性质与虫源关系，从而实现"异地"测报与治理。从而为制定预测预报技术提供科学依据。其中，我国在黏虫、草地螟等迁飞行为及迁飞规律方面的研究已达世界领先水平。此外，自 1995 开始，我国开展了环渤海湾地区昆虫跨海迁飞规律的研究，并于 2002 年建立长岛昆虫迁飞监测站。通过研究明确了我国北方主要迁飞害虫的种类组成，迁飞的行为、数量动态和路线，并基于此构建了国家迁飞害虫监测预警技术体系。

系统揭示了中国小麦条锈病大区流行体系，查明了我国小麦条锈病菌越夏和越冬区域，并完成了精准勘界，将条锈病发生区划分为越夏区、越冬区和春季流行区；发现甘肃陇南和川西北是我国条锈菌最大的越夏区和新小种产生的策源地；明确了条锈菌变异和新毒性小种出现并成为优势小种是生产品种抗病性"丧失"的主要原因；首次获得了条锈菌在自然条件下存在有性繁殖的直接证据，证实有性生殖是我国小麦条锈菌毒性变异的主要途径，发现转主寄主小檗的广泛发布与有性生殖的常年发生是我国条锈菌新小种产生策源地形成的根本原因；在国际上率先破译了高度杂合的条锈菌基因组，阐明了其专性寄生、毒性变异的分子机理。建立了我国小麦条锈病准确的预测预报体系，条锈菌早期检测分子体系，实现了小麦条锈病的准确预测。这些研究结果对病害流行、病菌变异、品种抗性等研究领域具有重要的借鉴和指导作用。同时，对控制小麦条锈病发生和危害发挥了重要作用。

（二）探索了重要农业病原物的致病机理

系统揭示了小麦赤霉病致病机理，明确了赤霉病菌在小麦穗部的初侵染位点、侵染方式和扩展途径，首次完整地提出了赤霉病菌在小麦穗部的侵染和扩展模式，为赤霉病防治关键时期的确定提供了理论依据；明确了病菌侵染过程中毒素产生与寄主病变的时空关系，阐明了赤霉毒素在病菌致病中的作用；证实病菌分泌产生的细胞壁降解酶导致寄主细胞壁成分的分解及细胞壁松弛，而有利于病菌的扩展；发现抗病小麦品种可迅速通过乳突、胞壁沉积物的形成，细胞壁的修饰及水解酶类的增长等形态结构和生化协同防卫反应抵御病菌在体内的扩展；根据我国小麦种植区域赤霉病发生规律与杀菌剂抗性监测结果，提出我国小麦赤霉病分区治理策略，为小麦赤霉病的防治提供了理论指导。

揭示了稻瘟菌、水稻条纹叶枯病和黑条矮缩病的致病机理和灾变规律，发现了蛋白乙酰化、糖基化、泛素化等蛋白翻译后修饰调控稻瘟菌孢子在叶片形成附着胞并促进发育的特征，探明了分支菌丝侵入细胞质膜并在第一个侵入的表皮细胞扩展，导致水稻细胞膜的完整结构丧失，同时其生存能力也丧失的菌丝、分生孢子及附着胞的细胞自噬过程，阐明了细胞自噬介导的稻瘟病菌侵染水稻的致病机制。研究揭示了水稻条纹叶枯病与黑条矮缩病在稻麦轮作区的流行规律和暴发成因，揭示了病毒致害分子机制，攻克了病害监测预警难关，创新了病毒病绿色防控理念。

在真菌和卵菌的效应蛋白方面，从小麦条锈菌基因组中鉴定出大量分泌蛋白基因效应蛋白，并揭示了条锈菌效应蛋白存在高度杂合性、高频率遗传变异和局部遗传重组，对调控病原菌对条锈菌毒性变异具有重要作用。针对大豆疫霉菌侵入早期，发现了逃避寄主抗性反应的新策略，即利用效应蛋白的失活突变体 PsXLP1 作为诱饵干扰 Gm-GIP1，突破大豆抗性反应。由于糖基水解酶 XEG1 在真菌、卵菌和细菌中广泛存在，该研究结果为研发诱导植物广谱抗病性的生物农药提供了重要的理论依据。对于小麦条锈菌基因组中存在大量分泌蛋白基因，高度杂合性、高频率遗传变异和局部遗传重组对调控病原菌毒性变异具有重要作用。在细菌效应蛋白方面，发现黄单胞杆菌效应蛋白通过对寄主植物靶标蛋白 BIK1 和 RIPK 功能至关重要的激活环区保守的丝氨酸和苏氨酸进行尿苷单磷酸修饰来掩盖这两个位点，阻止它们的磷酸化，并抑制这两个受体激酶活性进而抑制由它们所介导的植物免疫信号转导。对同源蛋白修饰后，发挥"诱饵"功能，激活其介导的免疫反应。

系统开展了植物病毒学理论研究，明确了病毒基因组序列及其遗传变异特点，完成了南方水稻黑条矮缩病毒中国分离物全基因组序列，研究了水稻矮缩病毒蛋白抑制系统性 RNA 沉默的机制，发现能够抑制由正链 mRNA 所诱导的局部和系统性的 RNA 沉默，增强病毒在侵染叶片中的复制或者其 RNA 稳定性，加速病毒的系统性侵染，能使病毒进入茎尖分生组织。研究发现双生病毒卫星 DNA 编码的 βC1 通过与甲基循环中的关键酶 S-腺苷高半胱氨酸水解酶互作，达到抑制甲基化和 TGS 的目的。发现甜菜曲顶卷叶病毒的沉默抑制子 C2 蛋白，与 S-腺苷甲硫氨酸脱羧酶 1 互作，催化 SAM 脱羧成 dcSAM，减少甲基化供体而干扰 DNA 甲基化介导的基因沉默，对诠释作物抵御双生病毒侵染及双生病毒逃避作物防御的分子机制具有重要意义，并为植物抗病毒提供了新理论和新策略。

在病毒-介体-寄主互作研究方面，针对水稻矮缩病毒在其传毒介体叶蝉细胞内的侵染循环过程，揭示了 RDV 随介体叶蝉口针、食道到达滤室腔道，通过识别滤室上皮细胞专化性受体后以内吞作用进入细胞，并在非结构蛋白聚集形成的病毒基质内复制、装配，然后通过由非结构蛋白装配形成管状结构扩散到邻近细胞以及前肠、中肠、后肠等器官的过程，阐明了 RDV 在介体叶蝉体内扩散的机制。

在农田杂草群落及其演替规律方面，研究揭示了夏熟（麦、油）作物田杂草以猪殃殃属为优势的旱作地杂草植被类型和以看麦娘属为优势的稻茬田杂草植被类型与分布。提出了杂草群落复合体的概念和相应治理策略。调查明确了冬小麦田优势杂草以越年生杂草和春季萌发的杂草为主，春小麦田优势杂草则以春季萌发和夏季萌发的杂草为主，麦田杂草群落构成和优势种不断演替变化，研究明确了节节麦、雀麦、大穗看麦娘、多花黑麦草等杂草的生物学特性、扩散机制。明确了细交链格孢菌酮酸的作用机理，发现空心莲子草生防菌假隔链格孢毒素能够抑制光系统 II 电子传递活性和叶绿体 ATPase 活性。从椰子中分离得到的除草活性化合物羊脂酸，能够导致小飞蓬类囊体结构紊乱、叶绿体变形甚至破裂等。

（三）发掘了一批植物抗病虫相关基因

我国在稻瘟病菌、白叶枯病菌、小麦赤霉病等重要病原物的基因组测序及其致病基因功能方面已有良好的研究基础，已完成稻瘟病、麦类锈病、作物枯萎病等重要病害病原物的基因组测序工作。选育和推广抗病品种被认为是防控稻瘟病、水稻白叶枯病等植物病害最经济有效和环保的策略，而水稻抗稻瘟病基因的鉴定和利用则是培育抗稻瘟病水稻新品种的关键。通过研究探明了稻瘟病的广谱抗病性的调节机理，揭示了泛素蛋白酶体途径参与水稻-稻瘟菌互作中的一种新机制，为深入研究水稻-稻瘟菌互作的分子机制提供了新探索。

发掘了微生物源抗虫基因资源。苏云金芽孢杆菌中同时产生一个或多个杀虫晶体蛋白（Cry 和 Cyt），对害虫具有特异性的杀虫活性。利用大量的分离菌株，通过基因克隆和全基组测序，以及各种表达条件的优化，经过多年的研究获得了一系列高活力的杀虫基因，截至 2019 年 4 月已发现 78 大类共计 812 种 Cry 蛋白，其中我国研究者发现了300 多种，包括对鳞翅目害虫高毒力的 Cry1A、Cry1Ie、Cry9 类等，对线虫高毒的Cry5A 和 Cry6A，对地下害虫高毒力的 Cry8 类，以及对水稻飞虱高毒力的 Cry64 和Cry78 等，获得自主知识产权。在国家科技计划和相关企业的支持下，所获的新基因已用于转基因抗虫水稻、玉米、大豆、马铃薯、草坪草等研究。

通过基因组测序技术和基因组学研究，深入发掘抗虫基因。世界首次公开发表基因组的鳞翅目害虫是小菜蛾，此研究分析了小菜蛾的进化地位、化学感受基因及解毒作用相关基因，揭示了逆转录转座子和复杂的新陈代谢系统在小菜蛾抗药性发展过程中起关键性作用。通过对斜纹夜蛾的基因组分析，发现斜纹夜蛾的味觉受体、解毒以及抗杀虫剂相关基因家族拷贝数量显著增加，从遗传学角度解释了斜纹夜蛾多食性、暴食性和抗药性机理。对直翅目迁飞性害虫东亚飞蝗的基因组学研究发现，东亚飞蝗具有果蝇 30倍的超大基因组，基因组中参与脂肪酸合成、转运和代谢过程的许多基因家族发生明显扩增现象，这些基因家族是东亚飞蝗长距离迁飞的遗传基础；调控群居型和散居型的神经可塑性、DNA 甲基化以及可变剪切等基因家族为控制东亚飞蝗形成大群体提供了大量的靶标基因。此外，针对水稻害虫褐飞虱、棉花害虫绿盲蝽及棉蚜、玉米害虫玉米螟、蔬菜害虫烟粉虱等重要农作物主要害虫的基因组学研究工作也正在进行中。

（四）创新了生物入侵机理及预警理论

我国的生物入侵研究起步于 20 世纪 90 年代，在 21 世纪初进入蓬勃发展阶段，经过近 30 年的研究，在学科构建、入侵与暴发的基础理论方面取得显著进展，创建了新兴的独立学科——入侵生物学。明确了中国生物入侵研究以外来物种入侵的实时预警监测和有效控制为总体目标，着重于外来物种的入侵机制与生态过程、对生态系统的影响及监控基础研究，从个体/种群、种间关系、群落/生态系统三个层次深入研究入侵物种预防与控制所必须解决的关键科学问题，即种群形成与扩张机理、生态适应性与进化机制、生态系统抵御与适应机制，进而发展入侵物种监控的新技术与新方法。

在入侵成灾特性方面，明确了烟粉虱、斑潜蝇、大豆疫霉、紫茎泽兰、豚草等重要入侵生物的入侵扩散路径与危害特性，提出和解析了入侵昆虫如烟粉虱竞争替代本地物种的非对称型交配互作理论及竞争替代的内禀生殖行为调节机制；明确了入侵生物如烟粉虱、斑潜蝇、紫茎泽兰等对本地近缘种或生态位等同种的竞争演替效应及竞争排斥机制，丰富了种间竞争的理论及生态系统反馈调节理论。

在入侵生物的预警方面，发展了入侵生物的全程风险评估理论，丰富了最大虫口限量原理，解决了定量风险评估要素及传入扩散阈值；发展和挖掘了烟粉虱、斑潜蝇、苹果蠹蛾、小麦矮腥黑穗病菌、梨火疫病菌等易入侵生物和潜在入侵生物的快速分子识别的靶识基因，以及入侵昆虫蓟马类、实蝇类、介壳虫类、粉虱类等的 DNA 条形码快速识别的靶识基因；明确了苹果蠹蛾、桔小实蝇等入侵害虫的远程快速监测的靶识信息素和信息获取与传输的技术要素。

（五）明确了农业气象灾害形成规律

研究确定了农业气象灾害的指标及其阈值。从 20 世纪 60 年开始，逐步开展华北干旱、南方季节性干旱、小麦干热风、越冬作物和果树越冬冻害、东北水稻玉米低温冷害、黄淮海冬小麦晚霜冻害、南方水稻寒露风、华南寒害、长江中下游水稻高温热害、农作物涝渍等农业气象灾害特征与发生规律研究。明确了不同区域、不同作物、关键生长发育阶段的主要农业气象灾害指标及其阈值。近 20 年来，建立了柑橘、苹果、葡萄、茶叶、设施蔬菜等区域特色农产品的霜冻、日灼、低温阴雨、寡照等灾害指标和阈值，农业气象灾害识别、诊断、评估的科学基础日趋完善并形成指标体系。

探明了主要农业气象灾害的发生和演变规律。依据农业气象灾害指标和灾情调查，20 世纪 60 年代中期，明确了北方干旱的发生规律和地理分布；20 世纪 80 年代初，主要开展东北地区的低温冻害规律研究；20 世纪 90 年代，探明了气候变化背景下主要农作物主要农业气象灾害的发生规律和时空分布；近 20 年开展未来气候变化多个情景极端气候事件（高温、干旱、洪涝等）发生频率和强度及其对农业的可能影响研究。2015 年完成了小麦、玉米、水稻、棉花、大豆等作物近 30 年（1981—2010 年）主要农业气象灾害发生风险的研究，绘制了数字风险图。

研究明确了主要灾害的致灾机理。20 世纪 70 年代，确定了干热风导致小麦籽粒瘪熟的机理。20 世纪 80 年代中期，探明了作物霜冻害与冻结温度、结冰进程和解冻速度的关系，作物生理生化指标对霜冻害的响应以及冰核细菌对冻结温度分布的影响。21 世纪以来，探明了高温热害对水稻扬花与灌浆的影响机制。

三、应用基础与应用研究

70 年来，我国农业灾害防控的应用基础研究取得了巨大成就。1950 年中国能够生产六六六，并于 1951 年首次使用飞机喷洒 DDT 灭蚊，喷洒六六六治蝗。1957 年中国成立了第一家有机磷杀虫剂生产厂天津农药厂，开始了有机磷农药的生产。对硫磷（1605）、内吸磷（1059）、甲拌磷、敌百虫的生产。在 60—70 年代主要发展有机氯、有机磷及氨基甲酸酯的杀虫剂品种。全国性害虫如东亚飞蝗、小麦吸浆虫等已基本得到控制。通过改造飞蝗发生基地和整改治理并举的一整套措施，困扰国人多年的蝗灾已经基本得到根治，这是世界虫害治理历史上罕见的伟大成就；对于迁飞害虫，尤其是黏虫的研究，昆虫学者在弄清了迁飞路线、迁飞条件的基础上，可以每年进行长期预报，该研究已进入世界先进行列。

党的十八大以来，我国植物保护科技创新日新月异，农作物病虫草鼠害综合防治的基础性研究全面进步，监测预警技术不断完善，农药创制能力迅速提升，农药品种结构日益合理，生物防治产品创制能力提升，配套应用技术进步，理化诱控、生态调控等单项防控技术迅速发展，为农作物灾害防控起到了关键的科技支撑作用。

（一）植物病虫害监测预警技术及应用

我国农作物病虫害监测预警研究和应用取得了显著成效，利用遥感、地理信息系统和全球定位系统技术、分子定量技术、生态环境建模分析和计算机网络信息交换技术，结合各种地理数据如病虫害发生的历史数据和作物布局及气象变化与预测等众多相关信息，采用空间分析、人工智能和模拟模型等手段和方法，进行预测预报和防治决策，将农作物病虫害的监测预警提高到一个新的高度。在水稻"两迁"害虫的监测、黏虫虫大发生的预警、小麦病虫害发生危害的监测预警等应用方面都取得较好进展。

研究开发出了新型虫情测报灯、病原菌孢子捕捉仪、田间小气候观测系统、病虫害田间调查统计器和病虫害田间发生实况监测系统等农作物有害生物监测专用仪器设备，促进了我国农作物病虫害监测预报技术的科技进步。建立了粮、棉、油、果树、蔬菜、茶叶、桑树等农作物近 180 多种（含病害 63 种、虫害 99 种、鼠害 15 种）主要有害生物的监测方法和预测预报办法及有关的生物学资料和参数。完善了病原菌孢子的收集和分析技术，集成了农作物病害疫情地理信息系统开发技术和计算机网络化的数据传输和管理技术、田间小气候实时监测技术和影响农作物病害的关键气象因素和预警指标的分析提取技术，革新了中长期预测预报技术等。植物病害监测预警关键技术问题的发展，推动了我国农作物病害监测预警学科的发展和高新技术在该领域的应用水平，为明确我国主要农作物重大病害的发生动态与发展趋势奠定了坚实基础。

1984 年，我国首台厘米波扫描昆虫雷达开始在黏虫、草地螟等害虫迁飞监测上应用，2004 年组建了第一台厘米波垂直监测昆虫雷达，用于开展黏虫、草地螟等北方迁飞性昆虫的监测工作；2007 年组建了第一台毫米波扫描昆虫雷达用以监测稻飞虱等水稻"两迁"害虫；首创了雷达三色回波显示技术，解决了雷达监测精确度和判定昆虫飞行方向的关键技术难题，建立了迁飞昆虫的雷达实时监测技术。

组建了以 180 个地方测报站为基础、61 个区域监测站为骨干、9 个雷达监测站为核心的全国草地螟等迁飞昆虫的监测网络体系，实现了种群动态实时监测。近年来，进一步发展优化了"昆虫雷达监测技术"。开发了新型昆虫高时空分辨多维雷达测量系统，实现对高空过境虫群的迁飞方向、飞行速率、飞行高空、虫群密度等虫群信息探测，并对虫群实时追踪。应用高时空分辨多维雷达测量系统，结合实时气象资料和地面种群监测数据，探索重大迁飞性害虫迁飞动态规律和行为机制，结合轨迹分析技术、GIS 技术、数值模拟技术，研发害虫迁飞精准模拟与预警技术，建立害虫自动化实时精准监测和早期预警体系。创建了以当年越冬虫源基数和迁出地虫源数量预测下代幼虫"异地"发生程度的测报技术，以成虫高峰期数量和温湿系数预测下代幼虫发生程度和发生地等短期和中长期测报技术；通过采用吸虫塔等植保测报设备，建立了蚜虫监测预警网络系统；在地理信息系统数据平台和现代统计方法的支持下，建立了棉铃虫、草地螟、稻飞虱等重大病虫害区域性暴发成灾风险分析统计模型；研究了重大农作物病虫害暴发成灾动态机理模型、越夏和越冬区划和早期预警模型，为农作物病虫害预警与治理决策提供了支持。

（二）化学农药合成创制技术与应用

新中国成立后，我国的农药工业从无到有获得了迅速发展，农药种类也经历了低效高毒（无机农药）、高效高毒（有机氯、有机磷等）、高效低毒（拟除虫菊酯类农药等）、高效低毒低残留（氟虫腈、磺酰脲类除草剂等）等不同发展阶段，目前我国农药已进入高效低风险时代。

1956 年我国第一家现代化学农药厂天津农药厂正式投产，1983 年我国全面停产高残留的 DDT、六六六等有机氯农药，引起农药工业的第一次大规模品种结构调整。"九五"期间，我国新建了南方和北方国家农药创制中心，其中国家南方创制中心依托上海市农药研究所、江苏省农药研究所、湖南化工研究院、浙江化工研究院建成上海、江苏、湖南和浙江四个创制基地；国家北方农药创制中心由沈阳化工研究院和南开大学元素有机化学研究所组成，两个中心的建设标志着我国农药创制工作进入新阶段。目前，我国建立了涵盖分子设计、化学合成、生物测试、靶标发现、产业推进等环节较完整的农药创制体系，一批具有新颖作用机制或新颖骨架的高效低风险小分子农药引领市场新潮流。在全球 5 857 项农药相关专利中，中国的专利数达到 2 529 项，占全球的 43.2%，已经成为世界农药研究的重要国家。

我国自主创制的农业品种在应用中发挥了成效，新型的含氟氨基磷酸酯类生物源抗病毒药剂毒氟磷，对我国烟草、黄瓜、番茄等病毒病、水稻黑条萎缩病等有良好的防治效果，是国际首个免疫诱抗型农作物病毒病害调控剂。顺式新烟碱类杀虫剂哌虫啶、环氧虫啶，对鳞翅目害虫有很好的防治效果，内吸传导活性强，对蜜蜂安全，且持效期长，对吡虫啉抗性害虫具有显著活性。杀虫剂抗性治理委员会（IRAC）将环氧虫啶列为未来潜在杀虫剂。氰烯菌酯杀菌剂，对小麦赤霉病防效好，有效降低毒素，防止植物早衰，增加小麦产量，在我国目前广泛应用，有效地减少了小麦赤霉病的危害。吡氟草酮和双唑草酮有效防除抗性及多抗性的看麦娘、日本看麦娘等禾本科杂草及部分阔叶杂草，成为谷物禾本科杂草抗性防控的重要品种。

目前我国农药原药产量达 180 万吨/年，农药生产量居世界第一位。我国农药产品结构更加合理，提高了对农业生产需求的满足度。杀虫剂所占比重逐年下降，杀菌剂和除草剂所占比重有所提高。高效、安全、环境友好型新品种、新制剂所占比例也得到了明显的提升。在杀虫剂产品结构优化方面，一批新烟碱类、拟除虫菊酯类、杂环类等高效、安全、环境友好的杀虫剂得到进一步发展，市场占有率超过 97%。在杀菌剂产品结构更新方面，效果更好、残留更低的杂环类、三唑类和甲氧基丙烯酸酯类杀菌剂品种得到快速发展，已经成为我国杀菌剂的骨干品种，在杀菌剂市场中的覆盖面已经超过70%。除草剂新产品发展迅猛。随着有机磷类、磺酰脲、磺酰胺和杂环类除草剂的发展，市场占有率迅速上升，达到除草剂产量的70%以上。

农药防控手段升级换代，施药方式高效化、绿色化、安全化。农药利用率进一步提升，使用技术日益完善，种子包衣技术应用面积迅速增加，显著降低农作物苗期病虫危害；土壤消毒技术和种苗处理技术在经济作物应用面积逐年扩大，有效控制了毁灭性土传病虫害如根结线虫、枯萎病等，农民增收显著；农药缓释制剂和控制释放技术得到应用，有效延长了农药的持效期，减少了农药施用量和投放次数；树干注射技术的研究应用有效控制了树木病虫害，环境相容性好；低容量喷雾技术的研究应用，提高了作业效率。高工效智能施药防控技术及产品发展迅速，研制成功雾滴识别与航空喷药质量评估软件 iDAS、雾滴沉积实时监测传感系统、航空植保作业监管与自动计量系统、无人机精准喷洒与控制系统等产品，有效提高了农药利用率，降低了化学农药使用量。

（三）生防产品创制技术及其应用

经过多年的持续探索和协同攻关，我国生物防治学科取得了显著的进步，挖掘培育了一批新型生防资源，创制了一批天敌昆虫和微生物农药产品，研制了一批轻简化的生物防治实用技术。攻克天敌昆虫大规模、高品质、工厂化生产技术，优化天敌昆虫与生防微生物制剂的联合增效技术，实现我国生物防治应用比重和应用领域的重大突破。

天敌昆虫人工繁殖使用进一步发展，人工饲料、替代寄主、载体植物、扩繁工艺、中试生产等技术瓶颈取得突破。20 世纪 50 年代末，我国对赤眼蜂进行大量繁殖技术的研究取得历史性进展，20 世纪 80 年代以来，发明的用柞蚕卵、蓖麻蚕卵、米蛾卵、麦蛾卵等大量繁殖赤眼蜂的工厂化生产技术，在玉米螟、甘蔗螟等的防治上发挥了重要作用。完成了自控赤眼蜂人工卵卡样机的小试及中试。此外，平腹小蜂、瓢虫、草蛉、蝎蝽和捕食螨等天敌的人工繁殖也获得了成功。通过光周期结合温度梯度，实现了对蚜茧蜂、瓢虫、草蛉等天敌昆虫的滞育诱导、滞育维持和滞育解除，显著提升了天敌昆虫产品货架期。当前，赤眼蜂的应用面积超过 1.5 亿亩次，防治烟蚜茧蜂应用面积超过3 000万亩次，黄瓜新小绥螨年生产能力达8 000亿只，大面积应用于多种作物。

微生物杀虫剂产品较多，针对优良生物防治资源开展了系统搜集，创新发展了虫生真菌的液固两相发酵工艺，提升了产品效价及得率，生物农药助剂能显著提升产品货架期和防治效果。真菌类产品包括防治蝗虫的绿僵菌制剂、防治玉米螟及其他害虫的白僵菌制剂，病毒类产品包括防治棉铃虫、斜纹夜蛾、甜菜夜蛾、茶尺蠖等的核多角体病毒（NPV），细菌类产品包括防治鳞翅目、双翅目及鞘翅目等害虫的 Bt 杀虫制剂等。20 世纪 60 年代引进的苏云金芽孢杆菌制剂，目前中国已年产量达 3 万吨，在 20 多个省区市的粮、棉、果、蔬菜和林业作物上应用，防治 20 多种害虫，使用面积 330 多万公顷。2012 年以来，选育的 Bt 菌株对抗药性强的小菜蛾、棉铃虫也有很好的防治效果，通过开发杀虫 Bt 双毒制剂、Bt 高含量可湿性粉剂，使产品进入了国际市场。此外，昆虫信息素也进入开发阶段，已能合成棉铃虫、梨小食心虫等 20 多种昆虫的性信息素，研制了多种高效、特效的剂型。

微生物杀菌剂主要有真菌杀菌剂、细菌杀菌剂、农用抗生素。真菌杀菌剂应用最为广泛的木霉菌用于防治蔬菜根腐病、枯萎病等土传病害，同时对灰霉病、霜霉病等叶部病害也有良好的防治效果。细菌杀菌剂主要有荧光假单孢杆菌、芽孢杆菌及放射性土壤农杆菌等。公主岭霉素、浏阳霉素、春雷霉素、中生菌素、多抗菌素、农抗120、武夷菌素等农用抗生素，已成功应用于防治禾谷类作物黑穗病、果蔬作物枯萎病和炭疽病等农作物病害。

新型植物疫诱抗剂及生物农药产品发展迅猛，通过诱导激活植物免疫系统，激活水杨酸、茉莉酸和乙烯等抗病通路，促使植物中的植保素和病程相关蛋白等的变化，促使植物本身获得系统性抗性，从而减轻和防止病害发生。研究发现 BSK1 通过磷酸化MAPKKK5 来调节植物免疫，提出了从免疫复合体向 MAPK 级联信号转导的免疫调控模式，研究开发了氨基寡糖素、"阿泰灵"、植物蛋白、香菇多糖等一批有影响力的生物农药品种作为作物病虫害的防治重要手段，发展潜力更加巨大。

RNAi制剂的研发进展较快，该技术对靶标害虫专一性强，不伤害天敌及其他生物，是绿色环保、有应用前景的新兴技术。针对我国主要粮食、经济作物棉花、玉米、大豆及果树的重要害虫，通过注射法、饲喂法以及转基因作物等生物学测定，积累了大量高效的抗虫 RNAi 靶标基因，为开发新型绿色环保 RNAi 制剂及其商品化生产奠定了基础。

（四）理化诱控、生态调控等技术迅速进步

选育推广作物抗病品种，基本上控制了稻瘟病、小麦条锈病、小麦秆锈病、玉米大斑病、玉米小斑病、玉米丝黑穗病、棉花枯萎病、马铃薯晚疫病等病害的大面积流行；研究推广综合防治措施，不同程度地减轻了稻瘟病、稻纹枯病、稻白叶枯病、小麦赤霉病、甘薯黑斑病、苹果树腐烂病等病害的危害。近年来，花卉和中药材病害的防控研究也有了良好的开端。

围绕害虫行为调控，利用昆虫或植物来源的信息化合物可以特异性的调节靶标昆虫行为的原理，将人工合成的来源于昆虫、植物等的信息化合物用释放器缓释到田间，干扰昆虫的交配、取食、产卵等正常行为，减少靶标害虫的种群数量，达到控制靶标害虫的目的。从生产和应用上看，该项技术在我国有着巨大的发展空间和前景。突破传统的昆虫信息化合物的研究手段，按照"反向化学生态学"的研究思路，阐明害虫识别信息化合物高度特异性和灵敏性的原理，并据此开发出一种以昆虫嗅觉识别关键基因为靶标的信息化合物的高通量筛选技术，以此为基础大量筛选各类害虫的不同类型的信息素化合物，创制出新的高效昆虫信息素用于害虫防治。从而解决信息素应用过程中配比困难、稳定性差、成本高等问题，从根本上解决信息素开发过程的瓶颈问题，提升我国昆虫信息化合物的研究水平，加速信息化合物产品的开发。

近年来，害虫食诱剂、性诱剂等研发与利用技术发展迅速，研究集成了一批新型技术体系："植物载体技术""保育生物防治技术""天敌推拉技术""生态免疫技术"等新型生物防治技术，探索有效的生物防治轻简化实用技术，包括低碳环保型新技术与生物防治技术集成，如高效释放技术、隔离阻断技术、诱捕诱杀技术、迷向趋避技术等，优

选试验组合，优化配套措施，科学组装单项技术，实现多种技术手段的高效集成。充分利用农田生态系统的自身免疫功能，通过调整作物布局，引入伴生植物，调节农田昆虫及微生物种类和结构，创造有利于有益生物类群生存繁衍和控害作用，充分发挥生物多样性的调节效能，提升农田环境的自我修复能力，实现对农业病虫害的可持续治理。

（五）转基因作物安全性评价技术日臻完善

现代生物学技术的飞速发展和应用，给害虫综合防治提供了崭新的发展机遇。转基因植物自 1996 年开始商业化种植以来，发展迅猛，2017 年全球种植转基因作物达到 1.898 亿公顷，其中具有抗虫性状的转基因作物种植面积超过 40％。目前，种植转基因抗虫作物已成为害虫综合防治中的一个重要手段。我国自 1997 年开始种植转基因抗虫棉花，目前年种植面积近 300 万公顷，占全国棉花面积的 90％以上。Bt 棉花的种植有效控制棉铃虫和红铃虫的危害。同时，Bt 棉花的大规模种植破坏了棉铃虫在华北地区季节性多寄主转换的食物链，压缩了棉铃虫的生态位，不仅有效控制了棉铃虫对棉花的危害，而且高度抑制了棉铃虫在非转基因的玉米、大豆、花生和蔬菜等其他作物田的发生与危害。另外，Bt 棉花的应用显著降低了杀虫剂的施用量，保护了农田生态环境，提升了天敌昆虫的害虫防控生态服务功能，经济和生态效益显著。

在转基因生物新品种培育重大专项的支持下，我国在转基因抗虫作物育种技术发展迅速，培育了一大批具有产业化前景的优良抗虫转基因作物新品系。多例转 Bt 基因抗虫水稻和玉米品系表现出优良的害虫防控效果，达到了商业化应用的技术要求。除了传统转基因技术，RNAi 和基因编辑等新型技术也已开始广泛用于抗虫作物的培育，为推动农作物害虫绿色防控奠定了重要基础。

转基因作物给人类带来巨大利益的同时也可能对生态环境产生负面的影响。因此，建立完善的安全评价、检测和监测技术体系是保障转基因作物安全应用的前提。随着转基因技术的发展和应用，我国已经建立了完善的抗虫水稻、玉米、大豆和棉花等转基因作物安全评价技术体系，研制了一系列安全评价新技术新方法，发展了转基因生物检测技术 100 余项，并建立了相应数据库。相关技术已广泛用于转基因作物新品系的安全评价工作。同时，建立的农田生态和自然生态风险监测技术体系已应用于我国 Bt 棉花的安全监测，明确了 Bt 棉田节肢动物的种群动态和消长规律，发展了非靶标害虫种群控制对策，揭示了靶标害虫的抗性进化机理，提出了有效的抗性治理策略。

（六）外来入侵生物的监测与防控成效明显

近年来，我国成功构建了入侵生物早期预警体系。建立了入侵生物预警数据库平台，我国现有的农业生物信息数据库中有 7 个与外来入侵物种相关，这些数据库为普及公众知识、制订防控计划、发展科学研究提供了大量的信息；其中，"中国外来入侵生物数据库"提供了 754 种外来有害物种基本信息。在发展入侵生物定性和定量传入与扩散风险评估的基础上，建立了入侵生物全程风险评估技术体系，完成了小麦矮腥黑穗病、香蕉穿孔线虫、红火蚁、马铃薯甲虫、葡萄根瘤蚜、桔小实蝇、加拿大一枝黄花等近百种入侵生物的适生性风险分析，确定了其在我国的潜在分布范围；并在风险分析的基础上，制定了这近百种外来入侵生物的控制预案与管理措施。

发展了入侵生物检测监测技术。发展建立了小麦矮腥黑穗病菌、大豆疫霉病菌、黄瓜绿斑驳病毒、梨火疫病菌、香蕉穿孔线虫、烟粉虱、苹果蠹蛾等50余种农业入侵生物的种特异性高效快速分子检测识别诊断/鉴定技术，并形成国家或行业标准的全国农业检疫性有害生物21种；针对种类多、个体小/残体、形态难识别的蓟马、实蝇、介壳虫、粉蚧、粉虱、潜叶蝇，建立了DNA条形码快速识别技术和平台系统；创新研发了入侵植物的快速图像智能识别技术及APP平台系统，可实现对210余种入侵植物的快速调查和监测；发展了苹果蠹蛾、桔小实蝇等入侵害虫的基于信息素的野外实时监测技术，并在此基础上，结合诱集昆虫的图像识别和数据获取与实时传输，研发了入侵害虫的远程监测装备。

创新了入侵生物的点线根除与阻截控制技术。针对新发和局部分布的入侵生物如红火蚁、马铃薯甲虫、苹果蠹蛾、葡萄根瘤蚜、桔小实蝇、三叶草斑潜蝇、甜菜孢囊线虫、长芒苋等，创制了诱杀剂、灭杀剂和生长调节剂等系列防控产品，并结合物理防治、化学防治、诱杀防治、野外监测等，建立了入侵生物应急防控和扩散阻截技术体系；针对入侵杂草如紫茎泽兰、豚草、少花蒺藜草、刺萼龙葵等，在明确其适生性分布、扩散路径及生态学特性的基础上，研发了植物多维阻截技术，在扩散前沿建立拦截带、在草场和牧场围边建立生态隔离层，构建了入侵杂草的生态屏障阻截带，有效延缓了其扩散传播。

发展了入侵生物区域减灾技术体系。针对农业入侵生物如烟粉虱、白粉虱、椰心叶甲、斑潜蝇、桔小实蝇、苹果绵蚜、豚草、空心莲子草等，引进和挖掘外来与本地高效天敌昆虫20余种，并建立其规模化繁育技术和田间释放应用技术包括单种天敌释放和多种天敌组合释放，以及基于天敌利用的生态调控技术；研制了生防病原菌制剂产品10余种；研发了烟粉虱、斑潜蝇、桔小实蝇、苹果蠹蛾、西花蓟马等的物理诱杀技术和化学诱杀技术。集成建立了烟粉虱、苹果蠹蛾、豚草、空心莲子草等20余种农业入侵生物的区域性持续治理技术体系，并进行了大面积的示范推广和应用，在生产实践中发挥了很好的控制作用。例如豚草和空心莲子草生物防治方面，发明了天敌昆虫"三步法"规模化生产技术，创建了天敌昆虫"空间生态位互补"和"时间生态位互补"增效技术，豚草和空心莲子草呈火烧状枯死，成功解决了我国两种恶性入侵杂草连片成灾的持续控制难题。

（七）杂草与鼠害治理技术显著进步

近年来，研究明确了我国部分稻区稻田稗对二氯喹啉酸、五氟磺草胺的抗药性水平，发现稗草体内ACS合成酶和β-CAS解毒酶活性差异，ALS对药剂敏感性降低及GSTs代谢活性增强，乙烯生物合成及抗氧化酶系的参与，是其对二氯喹啉酸、五氟磺草胺产生抗药性的重要原因。研究发现稻田鳢肠对吡嘧磺隆、苄嘧磺隆、甲磺隆和苯磺隆，啶磺草胺、五氟磺草胺，咪唑乙烟酸、甲氧咪草烟产生广谱抗药性，发现鳢肠ALS发生Pro197Ser突变导致靶标酶对上述ALS抑制剂类除草剂敏感性。

围绕麦田杂草抗药性，对麦田菵草、看麦娘、日本看麦娘、耿氏硬草对精噁唑禾草灵、甲基二磺隆的抗药性，播娘蒿、荠菜、牛繁缕对苯磺隆的抗药性研究发现，抗药性种群对精喹禾灵、甲基二磺隆等 9 种不同类型的除草剂产生了不同程度的单抗药性、交互抗药性或多抗药性，发现不同抗药性种群发生了 10 多种氨基酸取代。获取 332 个代谢基因全序列，发现一些与杂草抗药性相关的差异蛋白和与调节相关的 microRNA，还发现部分抗药性种群 GSTs、P450s 活性较敏感种群有所增强。

我国是最早提出鼠害生态治理理念的国家之一。在早期布氏田鼠发生规律研究基础上，我国学者提出了通过适时的禁牧措施，通过减少对草原植被的影响，从而抑制布氏田鼠的发生，该措施已经在我国典型草原区普遍实施。随着害鼠综合治理理念的发展，不育控制技术、TBS 技术等控制技术也逐渐被纳入了鼠害生态调控技术的范畴。利用长达 30 年的历史数据，我国科学家证明了 ENSO 等气候条件是布氏田鼠等重要害鼠种类暴发的重要启动因子，为害鼠监测预警及预测预报提供了重要的理论依据。与鼠害治理实践相结合，我国科学家实现了鼠害控制技术与鼠害监测预警技术相结合。TBS（围栏捕鼠系统）的应用，在控制鼠害的同时提供了害鼠种群构成、密度变化、基础繁殖数据等多项关键数据。与传统夹捕技术相比，在获得类似的相对密度数据的同时，其种群构成、繁殖特征数据更为可靠。这些数据的进一步积累，将为逐步实现鼠害精准预测预报提供重要的数据支撑。

在生态学理念指导下，环境友好型鼠害防控技术，如物理防治、生态调控等在未来鼠害综合防控体系中占据越来越高的比例。在鼠害集中暴发的条件下，化学防控技术仍旧是不可或缺的关键技术，近年来相继开展了不同饵料材料对不同鼠种食性差异的研究以及复合配方的研发，对于提高毒饵效率及取代原粮毒饵起到了积极的推动作用，针对不同害鼠发生环境，如农田、村屯、城市等，开发适用于不同环境及要求的毒饵站系统，在提高化学杀鼠剂安全应用，提高杀鼠剂效率和有效期，提高杀鼠剂投放的人工效率等各方面也取得了重要的进展。在草原生态系统的鼠害控制中，针对多个关键害鼠鼠种测试了多种不育药物，以炔雌醚和左炔诺孕酮的研究最为深入，对害鼠激素、生殖器官等的影响，不育生理机制的探索，环境行为检测等方面进行了全面深入的研究，并针对黑线毛足鼠、长爪沙鼠、高原鼠兔等进行了一定规模的野外实际防治实践研究。

四、重大贡献

新中国成立以来，党和政府一直高度重视农作物防灾减灾工作，采取了一系列卓有成效的措施，有效控制了重大病虫暴发危害。70 年来，我国的农作物病虫草鼠及非生物灾害防控得到了全面发展，我国坚持"预防为主、综合防治"的方针，树立了"公共植保、绿色植保、科学植保"理念，不断健全植保防控体系，不断加强防控能力建设，不断完善防控机制，植保工作取得了显著成效。党的十八大以来，国家更加重视农业病虫害综合防治，加大财政支持力度，推进科技创新，产生了明显的经济效益和生态效益，我国的害虫综合防治技术也已达到国际先进水平，农作物病虫害防治面积历史性地超过发生面积，每年平均挽回粮食损失将近 1 亿吨，防控手段不断丰富，农药减量控害彰显成效，植保科技创新为保障国家粮食生产安全、农业生态安全和农产品质量安全做出了突出贡献。

（一）历史性地控制了重大病虫灾害，保障了粮食生产安全

1. 蝗灾历史性地实现了根本控制

蝗虫是中国历史上为害农作物最严重的一种害虫。从公元前 707 年到 1949 年，共发生蝗灾 92 次。新中国成立初期，全国蝗区面积达 521 万公顷，分布在沿渤海湾、滨州渤海、沿黄河两岸以及内涝地区。新中国成立后，各级政府和有关部门十分重视蝗灾的治理工作。并在 20 世纪 50 年代投入了大量的人力、物力进行治蝗和致力于生物学、生态学及防治技术研究，取得了显著进展。在"改治并举"方针的指导下，经过长期治理，到 20 世纪 70 年代飞蝗专生面积压缩到 122 万公顷，大部分蝗区得到改造，从而在较长时期内控制了蝗灾，在国际上享有很高的声誉。20 世纪 80 年代以后，受异常气候和黄河频繁断流的影响，蝗灾发生加重，蝗区生态环境及蝗虫发生规律也发生了新的变化。为此，农业部及各地农业植保部门在蝗区勘查的基础上，通过对 20 世纪 90 年代异常气候作用下蝗虫发生规律研究与分区治理对策制定，确定了以生态控制为基础，化学应急防治为补充的蝗害可持续控制技术，在蝗区各地推广应用，有效地控制了蝗虫的发生为害，取得了明显的经济、生态和社会效益。

~~~~/ 专栏 9 - 1 /~~~~~~

历经 50 年持续治理，两千多年农耕史上的重大蝗灾被根本遏制

蝗灾与水灾、旱灾并称为我国三大自然灾害，历朝历代史书均详细记录蝗灾发生情况，一度被学术界称为我国农业生产上的"国虫"。新中国成立以来，成立了国务院总理，农业部部长、副部长等为总指挥的蝗虫防治指挥部，统筹我国蝗虫防治工作。20 世纪 50 年代，提出了"改治结合"蝗灾防控策略，治理蝗虫产卵滋生地，重点对黄泛区、滩涂区进行持续灭蝗处置；研发绿僵菌、微孢子虫等生物灭蝗制剂，建立了航化灭蝗作业标准；集成了生物防治、生态治理、科学用药的蝗虫可持续防控技术体系，针对黄淮、边疆的东亚飞蝗、亚洲飞蝗、西藏飞蝗以及草原蝗虫开展持续治理，经过 50 多年的防控，将蝗虫种群密度控制在不足成灾的水平，实现了中国自农耕记录以来的历史性突破。中国成功的治蝗经验，已辐射至蒙古、哈萨克斯坦以及众多非洲国家，为全球蝗灾治理提供了"中国解决方案"。

近年来，我国蝗虫常年发生面积达 2.8 亿亩次左右，分布在 20 个省区市。其中，飞蝗（东亚飞蝗、亚洲飞蝗、西藏飞蝗）常年发生 3 000 万亩次左右，总体发生情况平稳，但天津、河北、山西、山东、河南、四川、新疆等常发区和吉林、黑龙江等偶发高密度蝗群危害仍时有发生。北方农牧交错区土蝗常年发生 7 000 万亩次左右。草

原蝗虫常年发生 1.8 亿亩次左右，内蒙古、新疆等地区连续多年大面积发生，危害草原植被。同时，与我国毗邻的哈萨克斯坦、蒙古、俄罗斯等国家时有蝗虫迁入我国边境地区危害，对农牧业生产安全乃至社会稳定构成威胁。目前，经过新中国成立以来 60 多年的治理，初步实现了"飞蝗不起飞成灾、土蝗不扩散危害、入境蝗虫不二次起飞"的治理目标。据统计，根据不同蝗区发生危害的特点，通过蝗区生态改造，微孢子虫、绿僵菌等生物防治和天敌防控技术等，采用生物防治同化学防治结合降低蝗虫虫口密度，飞机防治同地面防治结合保证无漏防降低防治成本，生态控蝗同化学防治、生物防治结合实现对蝗虫的可持续控制。截至目前，东亚飞蝗滋生地由近 8 000 万亩下降到目前的 2 200 万亩，发生密度持续控制在较低水平，近 30 年来未出现大规模起飞危害；草原蝗虫危害面积减少 35.7%，连续 10 年未暴发大规模草原蝗灾。

2. 小麦条锈病危害显著得以控制

小麦条锈病是影响我国小麦安全生产的重要生物灾害，对小麦生产具有毁灭性危害，号称"国病"，流行年份可导致小麦减产 40% 以上，甚至绝收。"国病"病菌可随高空气流远距离传播，具有暴发性和大区流行性的特点，其有效防控是长期的国际难题。该病在世界五大洲均有分布，我国是世界上小麦条锈病发生面积最大、危害损失最重的国家之一，病害发生流行规律比其他国家更加复杂多变，自成独立的流行体系，常年主要发生地有甘肃、宁夏、新疆、青海、陕西、湖北、河南、河北、山东、山西、四川、云南、贵州、重庆等省区市。

为有效控制小麦条锈病，我国农业植保科技工作者经过长期不懈的努力，对小麦条锈病发生流行规律开展了深入系统的研究。通过全国小麦锈病工作者 50 多年的长期大力协作，对小麦条锈病的症状识别、发生危害特点、流行传播规律、病菌致病性变异、品种抗病性遗传与变异以及病害综合防治理论与技术等方面进行了广泛深入的系统调查和试验研究，完整地揭示了中国小麦条锈病的流行体系，查明了中国小麦条锈病菌越夏、越冬的地区、方式和条件，明确了病害大区流行规律、菌源传播规律以及病菌致病性变异与品种抗病性"丧失"的关系；建立了一整套切合中国实际的条锈病菌生理小种鉴别寄主和监测系统，对各时期流行小种组成、变化进行了系统监测，先后发现了 34 个生理小种及其致病基因和 24 个致病类型；发现中国小麦条锈病存在秋季菌源和春季菌源 2 大菌源基地，明确了病害源头与治理重点区域。研究发现陇南陇东、川西北、青东、宁南等地区是中国小麦条锈病的重要菌源基地、病菌新小种产生的策源地和品种抗病性变异的易变区。首次提出"重点治理越夏易变区、持续控制冬季繁殖区和全面预防春季流行区"的病害分区治理策略。即越夏异变区以推广"抗锈良种、药剂拌种、退麦改种和适期晚种的两种（zhǒng）两种（zhòng）防病技术体系"、冬季繁殖区以"种植抗锈良种、秋播药剂拌种、春夏季带药侦查、打点保面的两种一喷防病技术体系"和春季流行区以"种植慢锈或成株抗病品种、实时监测、达标（病叶率达到 5%）统防统治"技术体系的分区综合治理技术体系，防病增产效果显著，在综合防控技术理论与实践方面做出了重大贡献。

~~~~/ 专栏 9-2 /~~~~~~

历经 60 年持续治理，小麦条锈病危害得以系统控制

小麦条锈病是一种高空远距离传播的毁灭性病害，大流行可造成产量损失 40% 以上，甚至绝产，一度被学术界称为我国农业生产上的"国病"。全国麦类作物病害研究与防控协作组历经 60 年协同攻关，完整地揭示了中国小麦条锈病的流行体系，明确了病害大区流行、菌源传播以及品种抗病性"丧失"的规律；针对病菌秋季菌源和春季菌源 2 大菌源基地，提出"重点治理越夏易变区、持续控制冬季繁殖区和全面预防春季流行区"的病害分区治理策略。8 省区每年推广应用该技术 6 000 万亩次，条锈病发生面积减少为 150 万公顷次；病菌优势小种优势度减小 5 成、抗病品种使用寿命平均延长 5 年；核心菌源区小麦面积压缩 40% 以上、效益提高 2～4 倍，为其他植物病害防控和国际小麦条锈病防控提供了经典范例。

~~~~~~

我国小麦条锈病的研究有长期的工作积累和优良的协作研究传统，全国一盘棋，自 20 世纪 70 年代起，国内科研、教学、生产及管理、推广部门就形成了小麦条锈病研究协作组，该协作组一直延续至今。各单位分工协作、联合攻关，攻克了小麦条锈病一个个科学难题。为控制小麦条锈病的流行危害，从 20 世纪 50 年代起，中国植保科技工作者通过调查研究，逐步摸清了条锈病的越夏越冬条件、区域和大区流行规律，提出了"以抗病育种为主、药剂防治和栽培防治为辅"的综合防治策略。先后选育推广了碧玛 1 号、南大 2419、阿勃、阿夫及绵阳系等一系列抗病高产品种，在一定时期内较好地控制了病害的大流行局面。但由于病菌新毒性生理小种的产生，使抗病品种原有的抗锈性丧失，造成病害流行的反复。20 世纪 70 年代后期，研究了粉锈宁防治条锈病技术；20 世纪 80 年代开始推广，在控制病害流行中发挥了重要作用；20 世纪 90 年代以来，主要开展了以"越夏区治理"为主要内容的治理工作。在选育种植抗病品种和合理布局的基础上，通过在条锈菌越夏高海拔区种植反季节蔬菜、马铃薯、玉米等作物，压缩越夏区面积；在秋苗主要发病区播种期全面采用粉锈宁拌种，秋季及早春对发病较重的地区和发病中心进行喷药挑治；小麦中后期根据病情预报，采用粉锈宁喷雾防治等一套技术措施体系，从而较好地控制了病害的大区流行局面。目前，全国条锈病的流行面积基本上控制在 150 万公顷以下。

3. 稻飞虱监测与治理水平显著提高

稻飞虱是中国水稻生产中危害最为严重的迁飞性害虫。20 世纪 70 年代以后，由于耕作制度的改变和生产水平提高，其发生程度明显加重，年均发生面积 1 500 万公顷左右，严重发生频率高达 70% 左右。特别是 1987 和 1991 年全国稻飞虱特大发生，发生面积分别达 1 820 万公顷和 2 320 万公顷，严重威胁水稻生产的稳定发展。为有效控制其危害，20 世纪 70 年代末 80 年代初，各地农业植保部门组织了以迁飞规律为主要内容的科研协作组，并创建了全国联合测报网。通过越冬调查、空中捕捉、海上捕捉、标记投放和远距离回收试验等，以及百余个测报站统一观测，基本摸清了其发生及迁飞规律

和越冬区划。在此基础上，全国植保部门通过全国农作物病虫测报网区域站进行联合监测，开展异地监测预报，极大地提高了预报的准确性和时效性，对及时指导防治起到了积极的作用。在防治手段上，推广了扑虱灵、吡虫啉等特效低毒防治药剂，提高了综合治理水平，使稻飞虱的发生与危害得到了持续有效治理。

20 世纪 90 年代，开展了稻飞虱综合治理的研究和测报国家标准的制定。1991 年秋全国稻飞虱特大灾害暴发，给水稻生产造成巨大损失。是年 12 月，杜正文、程遐年等 7 位专家致函田纪云副总理，呼吁加强稻飞虱的治理工作。这一呼吁受到国务院总理的高度重视。1992 年 3 月，农业部根据国务院领导批示精神，提出了尽快实施稻飞虱综合治理的建议，并得到了财政部的资金支持。由全国植保总站牵头，组织南方 10 省区市植保站系统联合开展了稻飞虱监测与综合治理研究。此外，还引进了超高频雷达对稻飞虱迁飞过程跟踪观察，明确了稻飞虱的起飞降落和空中迁徙飞行的特征，以及密度或迁流量等参数，并据此模拟出迁飞三维模型。

2005—2007 年，我国广大稻区再次暴发稻飞虱猖獗危害。农业部植保部门根据我国不同稻区稻飞虱的发生危害特点，"提出分区治理，压南控北"的治理对策，确立了我国五大主产稻区综防技术体系。同时，加大生态工程控害技术的力度，培育稻田生态系统的控害能力，结合使用健身栽培、抗（耐）虫品种、性诱和生物防治等绿色防控技术，强化自然天敌的控害作用。这些政策应对，为指导我国稻飞虱的科学防控和提高可持续控制水平提供了强有力的技术保障。

4. 棉铃虫治理水平显著提升

20 世纪 90 年代以后，中国东部黄淮海及长江流域棉区棉铃虫连续 5 年大发生，1992 年棉铃虫特大发生，受灾面积 1 257 万公顷次，造成皮棉减产 4.2 亿千克，直接损失 30 多亿元。为抑制棉铃虫大发生的势头，从 1993 年开始，国务院领导作出了"用三年时间控制住棉铃虫大发生趋势"的指示，农业部组织全国各级农业植保部门大打了一场防治棉铃虫的战役——推广秋季耕翻土地，冬季灌水灭蛹的农业措施；棉花前期利用灯光、性诱剂、种植诱集植物等诱杀成虫，减少田间落卵量，中后期以保蕾保铃为重点，采用轮换、交替用药，使用混配制剂等减缓害虫抗药性发展等综合防治措施。同时，在全国主产棉区大力促进统防队伍建设，积极开展统防统治工作，进一步提高了防治效果。随后棉铃虫发生势头与 20 世纪 90 年代初相比明显减轻，其大发生势头得到了有效控制。在大规模种植转基因棉花后，又研究揭示了棉铃虫对 Bt 棉花产生抗性的分子机制，建立了棉铃虫抗性早期预警与监测技术体系，分别进行抗性基因、抗性个体和抗性种群三个水平的抗性检测和监测，创造性地提出了利用小农模式下玉米、小麦、大豆和花生等棉铃虫寄主作物所提供的天然庇护所，治理棉铃虫对 Bt 棉花抗性的策略，持续将棉铃虫危害控制在较低水平。

5. 突破水稻抗稻瘟病机制解析

传统观点认为植物难以获得广谱持久抗病性，抗病反应与生长发育相互拮抗、难以调和。我国科学家从自然广谱抗病资源发掘，结合人工创制广谱抗病材料，克隆了多个不影响产量的水稻广谱抗病基因，并解析相关机理。

发现了转录因子 BSR-D1 介导活性氧富集的广谱抗病新机制，即广谱抗病水稻地谷 Bsr-d1 启动子区域一个关键碱基自然变异导致转录因子 MYBS1 对 Bsr-d1 的启动子结合增强，抑制 Bsr-d1 响应稻瘟病菌诱导的对活性氧的降解，从而解除转录因子 BSR-D1 对免疫反应的抑制，提高水稻抗性。

发现了转录因子 IPA1 促进水稻抗病和高产的协同调控机制。受稻瘟病菌侵染时，水稻 IPA1 被快速磷酸化，以促进抗病相关基因 WRKY45 的表达，提高水稻的免疫反应和抗性；免疫反应激活完成后，IPA1 恢复至低磷酸化状态，以保证水稻正常发育。该机制打破了植物高抗与高产两种特性不能共存的传统观点，深化了现有植物免疫理论。研究发现，水稻编码 2 个具有功能的蛋白 PigmR 和 PigmS。PigmR 在水稻叶、茎秆、穗等器官组成型的表达，可以自身互作形成同源二聚体，发挥广谱抗病功能，但 PigmR 导致水稻千粒重降低，产量下降。与 PigmR 相反，PigmS 受到表观遗传的调控，仅在水稻的花粉中特异高表达，在叶片、茎秆等病原菌侵染的组织部位表达量很低，但可以提高水稻的结实率，抵消 PigmR 对产量的影响。PigmS 可以与 PigmR 竞争形成异源二聚体抑制 PigmR 介导的广谱抗病性。但由于 PigmS 低水平的表达，为病原菌提供了一个"避难所"，病原菌的进化选择压力变小，减缓了病原菌对 PigmR 的致病性进化，因此 Pigm 介导的抗病具有持久性。利用 Pigm 改良选育的品种既有广谱持久抗病性又不影响最终的产量。这些重大突破不仅为水稻育种提供了重要抗病材料和基因资源，克服了传统抗病资源抗谱窄、抗性不持久的局限，还创新深化了植物免疫理论，为我国植物病理研究跻身国际领先行列做出了突出贡献。

（二）不断发展和完善了我国植物保护的策略和理念

新中国成立初期，我国病虫防治是以单一病虫为对象，以化学防治为主，应急救灾的防治技术，较少考虑经济和生态效益。20 世纪 50 年代初，我国就有科学家提到了农作物病虫害的综合防治，之后在不断实践的基础上，参考国外有关论述，给综合防治以更丰富、更完整的含义。农业部在 1975 年召开的全国植物保护工作会议上，确定了"预防为主、综合防治"的植物保护工作方针，向以作物为主体的病虫综合防治技术过渡，在设计思想上注意对农田的生态系统进行宏观调控，以作物为中心，研究整个生育期主要病虫害综合治理，并着重开发各种生态控制技术与科学用药的方法，形成了整体性强的技术对策。1986 年更加系统地进行了定义和解释，即综合防治是对有害生物进行科学管理的体系，它从农业生态系总体出发，根据有害生物与环境之间的关系，充分发挥自然控制因素的作用，因地制宜协调应用必要的措施，将有害生物控制在经济损害水平之下，以获得最佳的经济、生态和社会效益。20 世纪 80 年代以来，一些学者又先后提出了"植保系统工程"和"持续植保"等观点。进入 21 世纪后，我国先后提出了"公共植保""绿色植保""科学植保"的病虫害防治指导理念，并不断完善，目前成为我国植物保护工作的总方针。

1. 综合防治的研究与实践不断深入

自"六五"以来，国家一直把农作物病虫害综合防治研究列入国家科技攻关研究计划。其中"六五"期间的研究主要针对每个病虫对象，"七五""八五"期间发展为以每种作物的主要病虫害群体为对象，病虫防治的综合度、系统性和实用性有明显提高。目前国内 IPM 已发展到按特定生态区，围绕特定作物组建多病虫的综合防治体系，改传统的以防治病虫为中心为以保护作物安全生长与环境安全为中心，进一步协调了自然控制（种植抗病虫品种、改进栽培制度和保护利用天敌等）和人为防治（制订科学的防治指标、准确预报、合理用药预防及治理害虫抗性等）。如对于水稻病虫，早在 20 世纪 70 年代中期很多地方就开始了以单一病虫为主的综合防治研究。20 世纪 80 年代，发展到对多种病虫兼治的综合防治。20 世纪 90 年代以后，进入了以农业防治为基础，田间生态环境改善为中心，水稻全生育期各种有效防治措施综合运用的新阶段。植保农技推广部门积极利用这些科研成果、组装成实用配套技术，进一步进行试验、示范和推广应用。21 世纪后，我国先后提出了"公共植保""绿色植保""科学植保"的病虫害防治指导理念，并不断完善。

2. 多种形式植保技能培训深入开展

农民是实施病虫防治的主体。为提高农民素质，加快病虫害综合防治技术到户率，各级农业植保部门创办了多种形式的病虫测报、防治及检疫技术培训班，并通过广播、电视讲座及采用报纸、病虫情报和"明白纸"等形式宣传植保知识，对于提高农民植保技术水平发挥了很重要的作用。从 1989 年开始，在联合国粮农组织国家间水稻病虫害综合防治项目、亚洲开发银行棉花病虫害综合防治项目和世界银行农作物病虫害综合防治项目等资助下，农业植保部门积极开办"以农民为中心，以田间为课堂，以实践为主线，以提高分析问题和决策能力为目的"的"农民田间学校"培训工作。仅水稻病虫害综合防治项目，截至 1999 年初共开办农民田间学校 962 个。培训村、组干部、种粮大户、示范户 6 112 人，带动了数万个家庭应用病虫综合防治技术。据有关部门调查，受训农民和非受训农民比较，每季水稻防治病虫次数减少 1.5 次，农药用量下降 45.7%，防治农药费用减少 36.4%，水稻增产 3.5%，每公顷纯收益增加 1 092 元。

3. 绿色防控成为农作物灾害防控的技术主流

针对我国不同生态区粮食作物主要病虫害发生种类及危害状况，坚持突出重点、分区治理、因地制宜、分类指导的原则。贯彻"预防为主，综合防治"的植保方针，优先采用抗（耐）病虫品种，健身栽培、生态调控、生物防治等非化学防治技术，协调应用高效、环保药剂防治技术。坚持以农业防治、物理防治和生物防治为主，化学方法为辅的综合防治理念。采取绿色防控与配套技术相结合，应急处置与长期治理相结合，专业化防治与群众联防相结合的防控策略。注重安全用药，保障粮食产量和品质安全。制定了小麦、水稻、玉米、大豆等全程病虫害综合防控技术体系，在保障国家粮食基本自给、口粮绝对安全的方针下发挥了巨大的作用。

我国近年启动"到 2020 年化学农药使用量零增长行动"，实施农业病虫害的绿色防控，以生物防治、生态调控、理化诱控、科学用药成为植物保护的核心措施。水稻、小麦、玉米、棉花、大豆、蔬菜、林木等农林植物重大有害生物防治新技术和已有的有效技术措施进行科学配套组装，根据耕作栽培制度、生产水平、主要害虫的种类和发生特点，分别在不同农林生态区组建以充分发挥自然控制和生态调控作用为核心的重大害虫防控技术体系，并在试验示范基地和技术辐射区进行试验、示范和应用，组建我国大区域病虫害可持续防控技术体系，大规模应用技术成果。

在东北玉米、大豆、向日葵主产区，针对本区重大害虫玉米螟、大豆食心虫、大豆蚜、向日葵螟等，在黑龙江、吉林等地推广应用“赤眼蜂、白僵菌生物防治害虫技术”，生产并应用的生防产品有松毛虫赤眼蜂、玉米螟赤眼蜂、多种瓢虫、白僵菌粉剂等，年应用面积 650 万公顷次以上。

在华北蔬菜水果主产区，中国农科院创建了天敌昆虫“接种式＋接力式＋饱和式”释放的不同应用模式，增加天敌昆虫自持能力和定殖能力，维持棚内种群数量的较高水平，结合生态调控措施，持续控制小型刺吸式口器害虫危害。针对蛴螬等重大害虫，建立天敌昆虫土蜂的保护区，散播蜜源植物，保护助迁土著天敌数量增长；引入高效杀虫生物制剂金龟子绿僵菌微粒剂、金龟子绿僵菌乳粉剂，引入高效杀菌制剂芽孢杆菌、木霉菌、粉红粘帚霉可湿性粉剂、武夷菌素 2%水剂，防治害虫的大棚蔬菜用药量降低75%以上、水果用药量降低 90%以上，保障了蔬菜、水果的绿色生产，显著降低了农药污染，该技术每年应用面积 25 万公顷以上。

在华中水稻主产区，针对本区重大病虫害水稻纹枯病、稻曲病、稻纵卷叶螟等，在江苏等地推广应用“微生物制剂结合天敌综防技术”，生产并应用枯草芽孢杆菌制剂、解淀粉芽孢杆菌制剂、杀稻瘟菌素、赤眼蜂等生防产品，以菌治病为主、以虫治虫为辅，结合统防统治措施，组建专业生物防治服务队，农药投入量降低 60%，年应用面积 1 000 万公顷次。

在华南蔬菜、甘蔗、柑橘、荔枝主产区，针对本区重大害虫小菜蛾、粉虱、蔗螟、椿象等，在福建、广东、广西、云南等地推广应用“寄生蜂组合的生防技术”，生产并应用生防产品有赤眼蜂、平腹小蜂、半闭弯尾姬蜂、恩蚜小蜂、丽蚜小蜂、小黑瓢虫等，应用无人机释放、天敌助迁技术等，同时，利用木霉菌制剂、芽孢杆菌制剂、粘帚霉制剂用于防治灰霉病、霜霉病等叶部病害及土传病害，利用免疫诱抗剂提高甘蔗、柑橘、荔枝等果树抗病能力。果园种草或种植牧草绿肥等植物，减少土壤水分蒸发，增加土壤有机质。同时，营造果园小气候改善生态环境，丰富食料，促进瓢虫、草蛉、食蚜蝇、小花蝽等多种寄生蜂、捕食螨等天敌的种群数量，有助于生态系统的稳定，提高防治效率 60%，年应用面积 420 万公顷次。

在北方草原，针对本区重大害虫草地螟、蝗虫及有毒有害杂草，在内蒙古等地推广应用“虫菌互补防控技术”，发掘、保护与利用天敌昆虫和有益微生物，有效保护了我国北方的牧区、农牧交错带及天然草原生产，有力支持草原生态康复及畜牧业发展，年应用面积 120 万公顷。

在青藏高原，针对本区重大害虫西藏飞蝗、青稞蚜虫等推广应用“生态调控与生防制剂主打型技术”，通过政府引导，引入虫菌互补防控技术，严控化学农药使用，保护土著天敌瓢虫、寄生蝇、寄生蜂等，提升了青藏高原农牧区病虫害防治的生防治理水平，减少了大量化学农药的使用，有效保护了我国水源地生态环境，保障了本区域生态系统平衡，年应用面积达 260 万公顷。

在全国主要农作物种植区，推广应用作物多样性控制病虫害关键技术，针对作物品种单一化病虫害暴发流行的难题，从生态角度探索了利用作物多样性解决难题的新路径，探明了作物多样性控制病虫害效应及关键因子，揭示了关键因子控制病虫害的主要机理，创建了关键技术并大面积推广应用，产生了显著的社会、经济效益和生态效益，并作为我国面向东盟技术辐射的农业新技术，培训东盟地区多个国家农技专家，促进了我国"一带一路"农业科技合作发展。

（三）不断提升和改进了植保测报能力和水平

准确的病虫监测和预报是提高防治效果，搞好防治工作的基础。70 年来，我国病虫害的监测预报在测报调查标准、信息传递手段、预报技术和预报发布途径等方面都取得了显著进展，测报技术水平明显提高。通过建设病虫测报体系、扩大测报对象、制定完善测报办法、改进测报手段，提高了测报水平与服务质量。目前全国农业省（市）已形成由重点、区域性病虫测报站构成的国家与省级测报网络，至 2019 年全国有病虫测报区域站 1 030 余个。研究并实施了较现代的病虫信息传输技术，分区的农田生态系统病虫预测，多元统计分析等数学方法用于自然种群时空分布预测，针对不同需要的病虫害发生时间、区域、程度等趋势预报及其图文技术，从无到有不断提高。开始试用雷达实时监测远距离迁飞害虫，探索遥感、分子生物学技术测报病虫发生动态等。

1. 研究制订了测报调查方法

农业部 1951 年就提出对东亚飞蝗进行冬季查卵和监测，1952 年制定中国第一个测报方案《螟情预测办法》，并于 1955 年 12 月颁布了《农作物病虫害预报方案》，其后逐步将马铃薯晚疫病、稻瘟病、小麦条锈病、东亚飞蝗、黏虫、棉红铃虫和稻螟虫等列为全国测报对象，并制定了这些病虫的测报办法。1981 年 9 月，农业部有关植保部门组织修订、增补并出版了《农作物主要病虫测报办法》，包括针对水稻、小麦、棉花、油菜、旱粮病虫和地下害虫等 32 种病虫在内的测报办法。1987—1990 年，农业部有关植保部门先后制定了小麦条锈病、稻瘟病、稻飞虱、棉铃虫等 15 种主要病虫测报调查国家标准，并在 1995 年 12 月由国家技术监督局颁布在全国范围内实施。截至 2018 年已制定发布国家及行业标准 54 项。以上方案、办法对于提高中国病虫测报标准化水平起到了积极的促进和推动作用。

2000 年以后，农业部加快了测报标准的制定工作，先后制定了十字花科蔬菜病虫害测报技术规范国家标准 4 项，小麦、水稻、玉米、蔬菜、果树病虫和杂食性害虫测报技术行业规范 10 项，病虫电视预报节目制作技术规范 1 项，并修订了 1995 年颁布的 15 项国家标准。截至 2009 年，全国农业技术推广服务中心牵头制（修）定了农作物重大病虫害测报技术规范国家（行业）标准 30 项，并于 2010 年出版了《主要农作物病虫害测报技术规范应用手册》。

2. 发展改进了测报信息传递手段

为加快病虫发生信息传递速度，1963 年农业部植保局编制了全国统一的《全国农业病虫测报电码》。1979 年 10 月重新修订后经邮电部批准，在全国作为公益电报使用。1981 年开始试用测报对象专用"模式电报"。至 20 世纪 80 年代末，模式电报广泛地用于全国及各地病虫信息的传递。其特点是编译收发简便、传递迅速准确。为进一步加快信息传递，实现信息共享，1997 年、2006 年农业部有关植保部门先后开发了用于病虫信息传递与交流的"病虫测报计算机网络系统"和"中国农作物有害生物监控信息系统"，先后与各省区市植保站和部分区域病虫测报站实现了联网。2009 年起，在原有信息系统的基础上，利用现代信息技术，开发应用了"农作物重大病虫害数字化监测预警系统"，全国 20 多个省区市也开发应用了相应系统。它的开发促进了全国病虫测报信息化利用计算机网络传递病虫信息技术的发展。

3. 研究提出了测报技术方法

在测报方法上，综合分析预测法贯穿始终，它也是最主要的预测方法。20 世纪 70 年代后期以来，指标预测法、数理统计预测法得到了广泛应用，丰富了综合分析预测的内容。20 世纪 80 年代以来，随着计算机技术的普及，系统模拟模型和专家系统较多地应用于病虫预测预报的研究。同时，昆虫雷达与遥感、计算机网络技术及地理信息系统（CS）自 20 世纪 80 年代以来，也先后在病虫监测和预报研究中得到了较多的应用。病虫测报部门积极应用广大科研、教学及植保部门的研究成果，通过对虫源（病源）地发生情况进行调查监测，对迁飞性害虫和流行性病害进行异地预测，明显提高了预报的时效性、准确性；在预测期距方面，20 世纪 50—60 年代以发布短期预报为主。20 世纪 70—80 年代初期开始发布中长期预报。20 世纪 80 年代中期以后，提出并开始对黏虫、草地螟、棉铃虫等重大生物灾害的超长期预测进行研究与探索，部分成果得到初步应用。21 世纪以来，利用现代信息技术，开发应用数字化监测预警技术，初步实现重大病虫害实时监测预警。

4. 创新了害虫监测预警技术

需要加强迁飞性害虫境外虫源的勘测与迁飞规律与路线的研究，研发区域性监测预警新技术，尤其是基于昆虫雷达、卫星遥感和地理信息系统等新兴信息技术的早期和异地预警手段。应加强着眼于区域性、多种群和复杂环境下包含了进化和适应等生物学行为的，兼具种群动态预测和区域性管理策略评估的计算机模型研究。另外，研究计算机网络化的信息收集、发布技术和远程诊断平台，提高害虫监测、预警和治理的信息化水平。

农业虫害的监测和预测是防控的关键所在。传统的监测和预测方法费时费力、实效性差且准确度低。利用"3S"技术建立了多种农林害虫的监测预警系统，显著地提高了监测预警水平与能力。开发了农作物虫害疫情地理信息系统、全国农作物虫害监控中心信息网络和信息系统、分布式虫害预测预报 Web-GIS 系统、迁飞性害虫实时迁入峰预警系统、田间昆虫数据采集和计算机网络化数据传输和管理技术、田间小气候实时监测技术和影响农作物虫害关键气象因素和预警指标的分析提取技术及中长期预测预报技术等关键技术。

5. 研发了专用测报装备

我国近年来研制的自动虫情测报灯、生物远程实时监测系统以及基于 PDA 的病虫害监测数据采集系统等，通过实现虫情测报工具的自动化，解决了测报工作劳动强度大和效率低等问题。组建了由 5 台昆虫雷达组成的昆虫雷达监测网络系统，研制的毫米波昆虫雷达和多普勒昆虫雷达解决了稻飞虱等微小昆虫迁飞行为的监测难题，并利用该雷达网，开展了稻飞虱、稻纵卷叶螟、棉铃虫、草地螟、黏虫、小地老虎、黄蜻和甜菜夜蛾等重要迁飞性害虫的种群迁飞监测工作。研究明确了我国棉铃虫的迁飞规律，制定和修订了"棉铃虫测报调查规范"国家标准，规范了全国棉铃虫监测工具、田间调查、数据汇总和传输、预测预报模型、发生程度分级、预报准确率评定等内容，实现了全国棉铃虫预测预报标准化、数据信息传递网络化和预报发布图视化，显著提升了我国棉铃虫测报技术水平。

"高空测报灯诱虫技术"被全国农技推广中心应用于"迁飞性害虫联合监测试验"，并应用于各地昆虫迁飞规律的系统监测研究，在全国 22 个省和 4 个直辖市推广应用，初步形成了全国性的害虫监测预警网络。长岛昆虫监测站的重大迁飞性害虫如棉铃虫、黏虫、二点委夜蛾、草地螟、稻飞虱、稻纵卷叶螟的灯诱和雷达监测数据，实时上报全国农业技术推广服务中心，为重大迁飞性害虫的早期预警和有效防治提供科学依据。

（四）促进了农业可持续发展，保障了农业增产增收

植物保护是构建现代农业的重要组成部分，在农业可持续发展中发挥了重要作用。农业植物保护是农业增产增收的强有力保障，不同的农作物在具体生长过程中，需要经历几个特定的生长时期，在每一个生长阶段都会出现相应的病虫害，且不同时期的病虫害防治工作也存在一定的差异性。70 年来，特别是党的十八大以来，植物保护工作不断得到强化，切实做好病虫害预报和防治工作，为农民群众提供科学合理的防治方法，确保科学防治病虫害，提高作物产量和品质。为遏制病虫加重发生的势头，减轻农业面源污染，保护农田生态环境，提倡树立绿色、低碳、循环的现代生态农业发展理念，坚持走产出高效、产品安全、资源节约、环境友好的现代生态农业产业化发展道路。

探索并控制了化学农药减量控害，促进了农田生态系统恢复。通过对农作物病虫害进行精确预报，加强检疫等措施，有针对性地进行科学防治，缩减在农业生产过程中对农作物药物的使用量和使用次数。坚持减量与保产并举，在减少化学农药使用量的同时，建立病虫害综合防治技术体系，做到病虫害防治效果不降低，促进粮食和重要农产品生产稳定发展，保障有效供给。坚持数量与质量并重，在保障农业生产安全的同时，更加注重农产品质量的提升，推进绿色防控技术和科学用药，保障农产品质量安全。坚持生产与生态统筹，在保障粮食和农业生产稳定发展的同时，统筹考虑生态环境安全，减少农药面源污染，保护生物多样性，促进生态文明建设。坚持节本与增效兼顾，在减少化学农药使用量的同时，大力推广新药剂、新药械、新技术，做到保产增效、提质增效，促进农业增产、农民增收。

通过控制病虫发生危害、低毒低残留农药替代高毒高残留农药、高效大中型药械替代低效小型药械、推行精准施药、推行病虫统防统治等技术措施，我国主要农作物绿色防控覆盖率接近 30%、主要农作物病虫害专业化统防统治覆盖率接近 40%、农药有效利用率达到 40% 以上。促进农药产品向高效低毒低残留、环境友好、人畜安全的方向转变，以价格优势主导的低效农药将逐步淡出市场；同时生物农药使用率明显增加，迅速扭转了过度依赖化学农药的局面，并更加重视保护和利用天敌，实施物理防治、生物防治、生态调控等非化学防控技术的绿色防控措施，绿色防控技术模式不断创新，在我国农作物有害生物防控实践中发挥了关键的科技支撑作用，逐步实现了病虫害可持续治理，维护生态系统多样性，促进生产生态协调发展。

70 年来，中国植保科技工作取得了巨大进步，基本实现了对重大农作物病虫害的持续有效控制。由于耕作制度改变和异常气候影响，病虫害的发生呈加重趋势，农作物灾害防控仍任重而道远。在 21 世纪，国家启动"植物保护工程"项目，对植物保护基础设施进行全面建设。面向未来，植保技术应用在坚持"预防为主，综合防治"方针的基础上，贯彻"面向国家重大需求，面向农业主战场"的总体要求，满足"产业振兴、提质增效"的发展需求，尊重自然生态系统的客观规律，进一步改进和完善适应新型耕作制度和异常气候条件的病虫测报技术，提高病虫预测的精准性和时效性；快速转变植保技术的应用主体，由个体农户、小规模种植户向种植大户、有机农场转变，逐步扩大专业化、市场化的植保服务专业化统防统治队伍，提升植保技术的应用覆盖率、规范率以及应用效果；持续强化农作物灾害防控的信息化、智能化水平，向大田作物扩展，推陈翻新以适应新的生产方式，发挥新的作用；持续坚持"绿色植保"理念，大力推广环境友好型农作物灾害防控技术，实施不同区域、不同农田生态系统重大病虫害综合生态治理，充分利用生态系统自身对病虫草害的调控能力，辅以药剂进行防治，加快推进中高毒化学农药退出农业生产，提高生物农药和低毒化学农药使用率，普及生物防治、理化诱控、生态调控技术，在保障农业生产的同时，减少化学农药用量、降低生产成本、保护生态环境，实现我国农业可持续发展。

本章参考文献

彩万志，庞雄飞，2011. 普通昆虫学 [M]. 2 版. 北京：中国农业大学出版社.

陈剑平，2005. 真菌传播的植物病毒 [M]. 北京：科学出版社.

陈利锋，徐敬友，2015. 农业植物病理学 [M]. 4 版. 北京：中国农业出版社.

陈生斗，胡伯海，2003. 中国植物保护 50 年 [M]. 北京：中国农业出版社.

邓欣，万年峰，等，2006. 杂草生物防治现状与评估 [J]. 杂草科学（1）：15-17.

董金皋，康振生，2018. 植物病理学 [M]. 北京：科学出版社.

董金皋，康振生，周雪平，2017. 植物病理学 [M]. 北京：科学出版社.

郭永旺，王登，等，2013. 我国农业鼠害发生状况及防控技术进展 [J]. 植物保护，39（5）：62-69.

郭予元，1998. 棉铃虫的研究 [M]. 北京：中国农业出版社.

康振生，1997. 植物病原真菌超微形态 [M]. 北京：中国农业出版社.

李家洋，等，2016. 跨越 2030 农业科技学科发展战略 [M]. 北京：中国农业科学技术出版社.

李清西，钱学聪，等，2002. 植物保护 [M]. 北京：中国农业出版社.

李扬汉，1998. 中国杂草志 [M]. 北京：中国农业出版社.

李正跃，朱有勇，等，2009. 生物多样性与害虫综合治理 [M]. 北京：科学出版社.

陆宴辉，吴孔明，2008. 棉花盲椿象及其防治 [M]. 北京：金盾出版社.

孟宪学，颜蕴，2014. 中国农业科研机构导览 [M]. 北京：中国农业科学技术出版社.

牛盾，2004. 1978—2003 年国家奖励农业科技成果汇编 [M]. 北京：中国农业出版社.

农业部科技教育司，1999. 中国农业科学技术 50 年 [M]. 北京：中国农业出版社.

农业部科技教育司，中国农业科学院农业信息研究所，2012. 2000—2010 年国家奖励农业科技成果汇编 [M]. 北京：中国农业出版社.

申茂向，1999. 中国农村科技辉煌 50 年 [M]. 北京：中国农业出版社.

施大钊，郭永旺，2009. 改革开放 30 年农业鼠害治理的回顾 [C] . 粮食安全与植保科技创新 .

宋宝安，吴剑，2017. 农药合成 [M] . 北京：中国农业出版社 .

唐珂，2018. 中国农业展望报告（2018—2027）[C] . 2018 中国农业展望大会 .

吴孔明，2011. 植保科技创新与病虫防控专业化 [M] . 北京：中国农业科学技术出版社 .

徐汉虹，2007. 植物化学保护学 [M] . 4 版 . 北京：中国农业出版社 .

袁锋，2011. 农业昆虫学 [M] . 4 版 . 北京：中国农业出版社 .

袁惠民，许世卫，2016. 2011—2015 年国家奖励农业科技成果汇编 [M] . 北京：知识产权出版社 .

袁雪，2016. 2008—2015 年中国农业科技奖励获奖成果信息分析 [M] . 北京：中国农业科学技术出版社 .

张礼生，陈红印，等，2014. 天敌昆虫扩繁与应用 [M] . 北京：中国农业科学技术出版社 .

中国科学技术协会，中国植物保护学会，2008. 2007—2008 植物保护学学科发展报告 [M] . 北京：中国科学技术出版社 .

中国科学技术协会，中国植物保护学会，2014. 2012—2013 植物保护学学科发展报告 [M] . 北京：中国科学技术出版社 .

中国植物保护学会，2011. 2010—2011 植物保护学学科发展报告 [M] . 北京：中国科学技术出版社 .

中华人民共和国农业部，2002. 2002 中国农业发展报告 [M] . 北京：中国农业出版社 .

中华人民共和国农业部，2006. 2006 中国农业发展报告 [M] . 北京：中国农业出版社 .

中华人民共和国农业部，2011. 2011 中国农业发展报告 [M] . 北京：中国农业出版社 .

中华人民共和国农业部，2012. 2012 中国农业发展报告 [M] . 北京：中国农业出版社 .

中华人民共和国农业部，2013. 2013 中国农业发展报告 [M] . 北京：中国农业出版社 .

中华人民共和国农业部，2014. 2014 中国农业发展报告 [M] . 北京：中国农业出版社 .

中华人民共和国农业部，2015. 2015 中国农业发展报告 [M] . 北京：中国农业出版社 .

中华人民共和国农业部，2016. 2016 中国农业发展报告 [M] . 北京：中国农业出版社 .

Ministry of Agriculture and Rural Affairs of the People's Republic of China，2017. 2017 China Agricutural Development Report [M] . Beijing：China agriculture press.

第十章　畜禽种质资源与遗传改良

生物多样性是人类社会生存和发展的基础，1992 年 6 月，包括中国在内的 150 多个国家共同签署了《生物多样性公约》。畜禽种质资源是生物多样性的重要组成部分，是经长期进化而形成的宝贵资源，是畜牧科技原始创新、现代种业发展的物质基础，是支撑农业可持续发展的战略性资源。70 年来，我国良种科技不断发展，特别是党的十八大以来，习近平总书记提出了一系列关于科技创新的新理念、新思想，引领了良种科技创新，我国种质资源从几乎"一穷二白"的状态建设成较完善的种质资源保护与利用体系；种质资源的基础研究从无到有；畜禽部分研究领域跻身世界前列，在遗传改良方面的支撑作用已经凸显；畜禽品种良种化、国产化比例逐年提升，良种在农业增产中的贡献率达到 43% 以上。总体来看，我国畜禽遗传改良达到国际先进水平。

一、基础性工作

种质资源的搜集和保护具有基础性、公益性、长期性等显著特点。70 年来，我国开展了动物种质资源收集评价，构建了重要优异种质资源基因库、保种场、保护区，为品种遗传改良奠定了物质基础。

我国畜禽种质资源研究工作起步于 20 世纪 50 年代，大体可分为 3 个阶段：1949—1986 年为摸清我国畜禽种质资源家底阶段，1987—2010 年为畜禽种质资源研究全面发展与体系建立期，2011 年至今为畜禽种质资源深入发展新时期。

（一）畜禽种质资源研究创建（1949—1986 年）

新中国成立后，为初步了解各类畜禽品种情况，中国畜牧兽医学会于 1953 年组织有关专家制定了《全国各类家畜品种调查提纲草案》，农业部畜牧兽医总局和中国畜牧兽医学会于 1954—1956 年组织全国有关高等院校、研究所及生产单位共同协作，对我国部分省份的畜禽品种率先进行调查。1956 年 11 月正式编辑出版了《祖国优良家畜品种》，共出版四集，首次介绍了中国优良地方品种，引起畜牧主管部门和畜牧科技工作者的高度重视。

为了摸清我国畜禽品种资源情况，农林部于 1976 年将家畜品种资源调查列为国家重点研究项目，由中国农业科学院畜牧研究所（现北京畜牧兽医研究所）牵头组织了

---

　*本章审稿人：张勤；牵头编写人：杨宁；参加撰稿人（按姓名笔画排序）：马月辉、孙从佼、何晓红、张毅、侯卓成、浦亚斌、韩红兵。

14 个省区市的畜牧主管部门和科研单位的科技人员开展了部分畜禽品种试点调查。1979 年 4 月，在湖南长沙主持召开了第一次"全国畜禽品种资源调查会议"，畜禽品种资源调查工作在全国各省区市全面开展。

1976—1985 年，历时九载，第一次全国畜种资源品种调查圆满完成，基本摸清了我国畜禽资源状况，20 世纪 80 年代出版《中国猪品种志》《中国牛品种志》《中国羊品种志》《中国畜禽品种志》《中国马驴品种志》5 卷志书，列入《中国家畜家禽品种志》的畜禽品种有 280 余个。这是我国首次出版的系统记载家畜禽品种的志书，系统论述了我国畜禽资源的起源、演变和品种形成的历史，详细介绍了每个品种的产地分布、外貌特征、生产性能、保护利用状况及其展望等，对于产业发展、科学研究、人才培养具有重要的参考价值。同时各省区市也相继出版了本省区品种志书。

（二）畜禽种质资源研究全面发展与体系建立（1987—2010 年）

1. 建立了以活体保护为主的国家畜禽种质资源保护体系

农业部于 1995 年启动了畜禽种质资源保护项目。根据"重点、濒危、特定性状"的保护原则开展全国家养动物遗传资源的保护工作。承担实施的单位涉及有畜禽品种资源保种场、保护区、国家基因库和科研院校等单位。同时，农业部于 2000 年、2006 年和 2014 年三次发布《国家畜禽遗传资源保护名录》，确定了包括鸡、鸭、猪、羊、马、驴、驼等 10 个畜种 159 个品种畜禽资源为国家级畜禽保护资源，建立了我国畜禽资源原产地和异地保护相结合、活体和遗传物质互为补充的保种模式，同时，积极探索"省级主管部门＋县市政府＋保种场"三方协议保种试点，创新保种机制，建立了较为完善的畜禽资源保护体系。

我国畜禽种质资源的原生境保护是通过在资源原产地建立保种场和保护区的方式进行活体保存，在我国畜禽种质资源保护中起到至关重要的作用。近二十年来，我国建立了 165 个国家级畜禽资源保护场和 24 个国家级畜禽遗传资源保护区，覆盖了全国 30 个省区市。所保护的国家级保护品种主要包括猪（60 个）、羊（24 个）、牛（21 个）、家禽（48 个）、蜜蜂（10 个）和其他动物（18 个），国家级保护品种覆盖率达到 90%，省级保护品种覆盖率 70%。

2. 建立了异地活体和遗传物质资源保存国家库

非原生境保存是我国畜禽种质资源保护的有效补充，保存形式以活体基因库和遗传物质基因库为主。1997 年国家畜禽遗传物质基因库（北京）（原名全国畜牧总站畜禽遗传资源保存利用中心）建成，主要从事全国畜禽遗传资源冷冻精液、冷冻胚胎和体细胞等遗传物质的制作、收集和保存工作。2000 年，中国农业科学院畜牧研究所（现为北京畜牧兽医研究所）建立了家养动物种质资源长期保存库（北京），开展重要、濒危畜禽资源细胞资源的收集、制作和保存工作。目前，我国已建成 4 个国家活体基因库（家禽），1 个国家蜜蜂基因库，1 个国家畜禽遗传物质基因库（北京）和 1 个家养动物种质资源长期保存库（北京）。家畜的非原生境保存以猪、牛、羊的精液为主导（占总数 80% 以上），辅以胚胎、体细胞和血液。家禽受到冷冻精液技术限制，以异地活体库保存为主导。

目前，非原生境保存的范围已能基本覆盖国家级保护品种，国家基因库（北京）保存遗传物质约 58.5 万份，有效保存家畜品种 104 个，家养动物遗传资源长期保存库以体细胞和干细胞形式有效保存 130 个畜禽品种；国家级活体基因库（禽类）有效保存禽类品种 85 个。

3. 开展第二次畜禽遗传资源调查，清晰梳理我国畜禽资源濒危状况

"九五"期间在农业部的组织下，对云南、贵州、四川、西藏四省、自治区的畜禽遗传资源进行了一次为期 4 年的畜禽资源补充调查，发现了 79 个新遗传资源群体。2006 年农业部部署、国家畜禽遗传资源委员会组织实施第二次畜禽遗传资源调查工作，为我国畜禽资源濒危评价和保护工作提供了重要数据。各地历时三年艰辛努力，全国共约 6 900 多人参与了调查工作，七卷的《中国畜禽遗传资源志》于 2011 年正式出版，与第一版志书相比，增加了《蜜蜂志》和《特种畜禽志》。第二次畜禽资源普查工作发现我国畜禽资源的濒危状况较严峻，15 个地方畜禽品种灭绝，55 个处于濒危状态，22 个品种濒临灭绝。濒危和濒临灭绝的品种约占地方品种的 14%，为发布《国家畜禽遗传资源名录》提供了重要依据。

（三）畜禽种质资源深入发展新时期（2011 年至今）

1. 建立畜禽种质资源技术指标体系

构建畜禽种质资源收集、整理的规范化技术指标体系，创建了共性标准和规范、数据质量控制规范和数据标准、畜禽种质资源个性描述标准、畜禽种质资源收集、整理、保存技术规程等。基本实现畜禽种质资源收集、整理、保存、评价过程的规范化和数字化。同时制定畜禽资源种质库操作规程标准、遗传资源考察收集、种质库保存等方面的国家标准、行业标准等标准体系，为畜禽资源遗传物质检验、保存、遗传资源考察、种质库保存提供了重要的技术支撑。

2. 以地方畜禽种质资源为育种素材培育一大批畜禽新品种/系

以我国地方畜禽种质资源为育种素材，培育了 Z 型北京鸭、川藏黑猪配套系、中畜草原白羽肉鸭等 140 个国家级新品种、配套系。黄羽肉鸡成功利用矮小基因（dw）育种，实现父母代种鸡节粮 15%～20%，黄羽肉鸡占据我国肉鸡市场近半壁江山，培育的高产蛋鸡生产性能达到国外先进水平，山羊绒品质、蜂王浆产量等居国际领先水平，在一定程度上降低了对国外引进品种的依赖程度，满足了人们对畜产品多样化、优质化、特色化的需求。

地方品种的推广和应用稳步推进，293 个地方畜禽品种得到初步的产业化开发。近期，自主培育的 Z 型北京鸭、民猪新品种、节粮黄羽肉鸡新品种、巴美肉羊新品种等均获得国家科技进步二等奖。基因库的战略储备作用开始显现，已将延边牛、鲁西牛、新疆黑蜂等品种（类型）的遗传物质返还原产地，特定类型得到了复壮，血统得到了丰富。

3. 国家出台系列规划积极推动畜禽种质资源研究进入新时期

为实现畜禽资源的有效保护、科学利用，促进我国畜禽遗传资源保护和利用业可持续发展，农业部于 2011 年和 2016 年先后制定出台了《全国畜禽遗传资源保护和利用

"十二五"规划》和《全国畜禽遗传资源保护和利用"十三五"规划》，以及 2019 年 4 月 30 日农业农村部刚刚发布的《畜禽遗传资源保护与利用三年行动方案》等一系列方针政策和扶植措施，畜禽资源保护的政策扶持力度进一步加大，政策环境进一步优化。这些政策规划从国家层面，全面、系统的确定了畜禽资源保护的指导思想和主要任务。最新发布的《畜禽遗传资源保护与利用三年行动方案》中提出的发展目标为：健全原产地保护和异地保护相结合、活体保种和遗传材料保存相补充、主体场（库）和复份场（库）相配套、国家级和省级相衔接的畜禽遗传资源保护体系；建立物联网数据采集、互联网技术集成、大数据系统分析相统一的动态监测预警体系；完善表型与基因型鉴定、特异基因挖掘与种质创制、DNA 特征库与实体库互补的种质评价利用体系。

~~~/ 专栏 10 - 1 /~~~~~~~~~~~~~~~~~~~~~~~~~

畜禽种质资源保护与利用

　　第一次全国范围全面开展畜禽品种资源调查工作，历时 9 年，涉及 29 个省区市，对各地方畜禽品种形成历史、生态环境、数量、分布、生物学特征、生产性能和利用现状七个方面均做了详细调查，有的地区还发掘了一批具有一定特点的畜禽品种，获得了大量第一手资料。经过筛选及"同种异名"和"同名异种"的归并，共 282 个，其中马、驴 43 个，牛 45 个，羊 53 个，猪 66 个，家禽 75 个。相关志书和图谱于 1986—1989 年陆续出版，为广大畜牧工作者提供了宝贵的参考文献。1987 年获国家科技进步二等奖。

二、应用基础研究

　　应用基础研究是指利用遗传学、分子生物学、基因组学等方法对畜禽的生长、繁殖、肉质、免疫等性状进行分析研究，揭示其生命活动的基本规律、遗传机制与分子机理，鉴定重要的性状调控基因。在国家高技术研究发展计划（863 计划）、国家重点基础研究发展计划（973 计划）、转基因生物新品种培育重大专项、国家重点研发计划的支持下，围绕重要经济性状形成的遗传基础、技术创新开展了系统性研究工作，先后获得了猪、鸭、鹅、羊、牦牛等不同重要畜禽的基因组序列，阐明了鸡绿壳、矮小、羽色，猪产仔数、仔猪腹泻基因等重要经济性状的遗传基础，开发了相应育种技术。

（一）畜禽种质资源遗传多样性研究

　　我国畜禽种质资源鉴定与评价工作由于起步较晚，总体处于"跟跑"阶段。早期遗传资源评估主要是利用表型（毛色、羽色、体重、角型等外观性状）变异来描述畜禽群体的遗传多样性，随着生物技术的发展，利用分子标记评估逐步成为畜禽资源遗传多样性评估的一个主要技术手段。20 世纪 90 年代期开始，我国开始系统性利用不同分子标记研究猪、鸡、牛、羊等畜禽的分子多样性研究。我国科学家从 20 世纪 90 年代开始，先后用微卫星标记技术系统分析了鸡、鸭、羊、牛、猪、马、水牛、山羊、绵羊、鹿等地方品种的遗传关系、遗传多样性，弥补了我国不同畜禽分子遗传多样性的空白。单核苷酸多态性（SNP）用于评估我国畜禽遗传多样性开始于 1998 年。中国农业科学院北京畜牧兽医研究所用 PCR - SSCP（单链构象多态性）分析线粒体 DNA 编码区的碱基变异情况，分析了 6 个地方品种和 2 个引进品种无角陶塞特羊和特克塞尔羊，表明中国地方绵羊存在 3 个母系起源。随着测序成本的快速下降，全基因组重测序开始大量用于畜禽遗传多样性调查与遗传分析工作。中国农业大学、中国农业科学院、江西农业大学、四川农业大学等不同单位先后利用全基因组重测序的方式，系统分析了不同地方鸡、猪、鸭、牛等遗传关系与物种特异变异位点，开启了基因组多样性研究新时代。

（二）畜禽遗传规律研究

畜禽生产是动物农业的重要组成部分，了解其遗传规律将为畜禽育种工作提供相应的理论基础。20 世纪 60—80 年代，育种工作者对畜禽遗传规律的探索，主要集中在对重要性状的遗传力进行估计。统计得到了主要的畜禽数量性状的遗传力值。例如，黑白花牛毛色的白斑量性状，遗传力高达 0.95 左右，猪胴体长的遗传力约为 0.59，来航鸡产蛋量的遗传在 0.3 左右，蛋重遗传力约为 0.5 左右。在 20 世纪 80 年代中期，人们主要借助一些统计方法来检测影响性状的主效基因，例如，多众数分布检验法、非正态分布检验法、杂合方差检验法等。分子遗传标记的出现，使得人们能从 DNA 水平上对影响数量性状的单个基因或者染色体片段进行分析进而揭示基因控制表型的遗传规律。

20 世纪 90 年代后期，研究者通过利用标记-QTL 连锁分析，对控制性状的候选基因进行定位，探索其遗传规律。2002 年，华中农业大学研究团队以大白猪和梅山猪为父母本建立 F2 资源家系，利用 48 个微卫星标记发现了影响猪 60 日龄至屠宰前平均日增重的 QTL、影响出生至 60 日龄平均日增重的 QTL。中国农业大学绘制了鸡的遗传连锁图谱，并对鸡的数量性状和重要质量性状进行定位分析，定位了影响鸡体重性状、胫骨长、屠体、尺性状、丝羽、缨头、多趾等多个性状 QTL。2009 年，江西农业大学构建了规模巨大的家猪基因定位资源家系，测定了养猪生产涉及的 7 大类 422 项表型指标数据，定位了 1 264 个影响表型指标的 QTL，系统地分析了影响家猪重要经济性状的基因位点。到目前为止，通过大群体或者构建资源家系，结合 SNP 芯片检测以及全基因组重测序数据揭示性状遗传规律的研究发现了越来越多的致因突变。综上，近 70 年来，育种工作者已经从早期只能宏观上利用性状的遗传力来描述性状在亲本和后代间的遗传规律，到利用分子标记解析影响数量性状的相关调控区域，再到现在可以直接解析 DNA 序列变异与性状的关系。这些重要性状的已知致因突变可以直接应用于育种实践，为培育优良品种奠定了坚实的基础。

（三）主要畜禽基因组学研究

基因组序列以及功能基因组研究是畜禽重要经济性状遗传解析的基础性工作。我国科学家先后主导或者参与了鸡、鸭、猪、鹅、牦牛、羊等不同畜禽的基因组项目，联合不同国家先后启动了万种鸟类基因组计划、宏基因组计划等科学计划，为阐明重要经济性状遗传机理奠定了基础。基因组图谱的解析极大地促进了畜禽重要经济性状功能基因的挖掘和遗传变异解析速度。

～～／ **专栏 10－2** ／～～～～～～～～～～～～～～～～～～～～～～～～～～～

畜禽应用基础研究突出进展

1. 猪高产仔数 FSHβ 基因的发现及其应用研究

2003 年度国家技术发明奖二等奖，中国农业大学

在国际上率先发现了猪 *FSHb* 基因是影响猪产仔数（包括总产仔数、产活仔数）的主效基因或遗传标记，发现 *FSHβ* 基因型的差异主要是 *FSHβ* 基因在内含子 I 的 809bp 和 810bp 之间的插入片段所造成，并且该基因只对产仔性状有影响。研究成果已经大规模应用我国猪育种并获得国际 PCT 专利。与国内多家猪育种公司进行了合作，利用该项技术帮助选种以提高种群的产仔数性状，取得了明显的改良效果，产仔数提高了 0.5～1.5 头。

2. 仔猪断奶前腹泻抗病基因育种技术的创建及应用

2011 年度国家技术发明奖二等奖，江西农业大学

首次在国际上发明了高精准度的仔猪断奶前腹泻（ETEC F4ac）抗病基因育种新技术，并利用该技术选育改良了覆盖我国所有 20 个生猪主产省的 84 个核心育种群，使受试种群的腹泻易感个体比例下降 20％ 以上，仔猪腹泻发病率显著下降。实现了我国种猪抗病育种技术的重要自主创新，有力推动了我国种猪业的行业科技进步和可持续发展。

～～

通过对基因组、转录组、蛋白组、表观组以及宏基因组等组学信息的获得，从不同层次、不同角度挖掘和筛选功能基因、基因网络和调控通路，解析功能基因作用机理。2013 年通过对藏猪和家猪的基因组比较研究，鉴定出大量藏猪高海拔适应性的快速进化基因以及家猪中受到强烈人工选择的与肌肉生长、脂肪沉积和免疫相关基因。2014 年国际千牛基因组计划启动，在牛的基因组中检测到 2 800 多万个基因变异位点。中国农业大学作为参加成员之一，完成了该计划中部分个体的重测序。2015 年对 11 个不同品种的猪进行了全基因组重测序，深入研究了进化过程中基因的渗入，获得了与中国南北方猪不同温度适应性有关的位点。2012 年我国科学家完成了牦牛基因组序列图谱。2013 年和 2014 年分别对云南黑山羊、特克赛尔羊进行基因组测序，组装完成了首个绵羊、山羊全基因组图谱。2014 年完成了北京鸭基因组组装与注释工作，目前完成了第二代北京鸭基因组组装以及注释。2004 年 12 月，中科院北京基因组研究所等单位在原鸡基因组和家鸡基因组多态性研究的基础上绘成一张鸡的遗传差异图谱，发现了 280 多万个变异位点。

在转录组、蛋白质组、表观遗传组和宏基因组等方面，我国在畜禽重要经济性状上都开展了大量研究，鉴定了一批与生长、肉质、繁殖、产奶等重要经济性状相关的差异表达基因、差异表达蛋白、差异甲基化基因、miRNA、lncRNA 等，并对它们之间的调控关系进行了探究，在奶牛乳房炎抗性、绒山羊毛囊发育等分子机制等方面都有重要发现。中国农业大学利用宏基因组测序技术揭示了鸡的饲料转化率性状与肠道微生物之间的关系。我国多个研究小组利用高通量 SNP 芯片和二代测序技术对畜禽基因组中的拷贝数变异进行了检测，获得了奶牛、猪、肉牛、鸡、肉鸭等全基因组拷贝数变异图谱，通过对 CNV 进行生物信息学分析，发现多个与体尺性状、胴体性状、免疫性状、肉质性状等相关的重要候选基因。随着各个物种基因组序列图谱和基因组功能注释不断地完善，畜禽分子遗传研究将更加深入，未来调控畜禽重要经济性状的"黑箱"有望被一一打开。

（四）畜禽重要经济性状的遗传机制与繁殖调控基础解析

准确选择育种个体是畜禽选育工作的核心。自 20 世纪 90 年代以来，国内学者利用各种分子遗传标记，开展了畜禽生长、繁殖、肉质和免疫性状功能基因挖掘和鉴定研究。特别随着高通量基因检测技术应用，该领域发展迅猛。中国农业大学在国内外首次利用 50K SNP 芯片开展了奶牛产奶量、乳成分、乳房炎、体型、繁殖以及公牛精子质量等性状的 GWAS，发现并验证了 *GPIHBP1* 基因影响奶牛乳脂性状的分子机制。江西农业大学鉴定出影响猪耳面积的基因 *PPARD*、酸肉基因 *PHKG1*、仔猪腹泻基因 *MUC13* 和导致肋骨数增加的功能基因 *VRTN* 以及因果突变位点。1993 年精细定位了鸡性连锁矮小基因 *dw*。中国农业大学首次鉴定了鸡绿壳基因 *SLCO1B3*，并成功解析了绿壳蛋性状形成的分子机理，首次阐明了存在近百年难题的鸡矮小致死机理。中国在鸡快慢羽基因、丝羽乌骨鸡"十全"特征性状遗传规律的研究、控制鸡抱巢性基因与变异的鉴别等方向均取得了可喜进展，为鸡分子标记辅助选择奠定了坚实基础。我国家畜繁殖领域也取得了重要进展，同期发情技术已经广泛用于养猪生产企业，带来了可观的经济效益。在胚胎发育、性别失衡等领域取得了原创性突破，阐明了哺乳动物体外胚胎生产的性别失衡分子机制，并提出了解决方案，解决了人类辅助生殖以及家畜体外胚胎生产的性别失衡问题，具有重大的社会效益与经济价值。此外，我国还在猪干细胞分化与利用、猪抗蓝耳病等领域取得了重要进展。

三、技术研发与品种创制

新中国成立以来，我国畜禽育种刚刚开展，育种技术从表型测定、选择技术逐步过渡到以家系系谱为基础的 BLUP 育种值为主导的选择方法，测定技术也逐步从人工测定为主，逐步过渡到以部分性状的自动测定为主，育种值估计也发展成以基因组育种值（GBLUP）的估计方法。未来畜禽育种将逐步过渡到以自动化性能测定为主的性能测定技术、基因组育种值为主体的基因组育种值估计技术。

（一）性能测定与联合育种体系

早在 1972 年，中国就成立了全国猪育种科研协作组。1997 年，正式进行全国种猪遗传评估。2000 年，中国开始利用动物模型 BLUP 进行种猪的遗传评估。2006 年，建立了全国种猪遗传评估中心并开始全国猪的联合育种。2009 年起实行全国生猪改良遗传计划。目前中国已建立起全球最大的种猪遗传评估群体——92 家核心场的核心群数量近 15 万头，并开发了全国种猪联合育种网络系统。联合育种的关键在于加强场间的遗传联系，随着社会化公猪站的建设和人工授精技术不断成熟，中国猪的联合育种优势将会越发明显。

家禽常规育种水平近年来得到快速提升。目前，中国已能够准确、快速、全面地进行家禽的个体生产性能测定，实现了自动化和无纸化，并且在北京和扬州分别建立了家禽品质监督检验测试中心。在遗传评估技术方面，借助大数据分析工具，一个品系每个世代超过 10 万个以上的记录数据可以在短时间内得到快速的分析处理。随着全国蛋鸡和肉鸡遗传改良计划的启动，中国家禽产业逐步建立起较为完整的良种繁育体系，蛋鸡的良种国产比例已经达到 50%，黄羽肉鸡则达到了完全的国产化，但是快大型肉鸡还需从国外引进。肉牛选育从 20 世纪 80 年代初期开始实施体型外貌评定、生产性能测定、系谱记录和后裔测定，并利用 BLUP 方法进行育种值估计。肉牛国家遗传评估中心收集来自全国各地核心育种场种公牛和核心母牛群的生产性能数据，已完成近 8 000 头肉用或兼用种公牛的育种值估计。羊的育种方面，国外以联合育种、BLUP 遗传评估为代表的常规育种技术体系日臻完善。中国羊的育种工作中，种羊测定、人工授精、BLUP 方法等技术已经得到应用。

（二）分子标记辅助选择

我国在分子标记辅助选择方面取得了长足进步，发现的仔猪腹泻基因、酸肉基因、多肋基因已获得专利授权，并成功应用于中国猪育种中。鉴定出鸡的矮小基因和绿壳基因，并培育出"农大 3 号"节粮小型蛋鸡和"新杨绿壳""苏禽绿壳"蛋鸡新品，显著缩短了育种周期。鱼腥味基因 FMO3 检测技术被应用于我国蛋鸡、鹌鹑的分子育种中，通过剔除鱼腥味敏感等位基因去除禽蛋鱼腥味。开展地方品种分子育种研究，在生长发育、肉质及抗病性状选育改良等方面取得重要进展，申请了一批技术专利，部分研究成果达到国际领先水平。利用现代生物学技术，开展深度基因组重测序，成功构建了 68 个地方猪种的 DNA 库，为地方猪种质特性遗传机制研究和优良基因挖掘奠定了基础。研究建立地方家畜遗传材料制作与保存配套技术体系，实现了国家家畜基因库遗传物质保存自动化、信息化和智能化。

（三）基因组选择

基因组选择育种已经成为畜禽种业关注的焦点。2012 年，由中国农业大学牵头成功构建了中国唯一的奶牛基因组选择参考群体，该群体包括约 9 000 头中国荷斯坦奶牛，并首次使用 GS（全基因组选择）对青年公牛进行遗传评估。GS 技术的应用使中国公牛选择准确性提高 22 个百分点、世代间隔缩短 4.5 年、遗传进展加快一倍，大大提高了中国自主培育种公牛的能力。该技术已成为农业部《全国奶牛遗传改良计划》的核心技术。在肉鸡和蛋鸡的研究中均发现基因组选择方法准确性高于传统 BLUP 法。2010 年后，Illunima 公司和 Affymetrix 公司分别和不同的国际研究团队及育种公司合作，先后推出了鸡 60 K SNP 芯片和 600 K 芯片，用于全基因组关联分析和基因组选择。2017 年，中国农业大学和中国农业科学院北京畜牧兽医研究所针对我国鸡育种的实际需要，分别设计制作了 50 K 蛋鸡专用 SNP 芯片（Illumina 平台）和 55 K 肉鸡专用SNP 芯片（Affymetrix 平台），通过优化芯片设计和针对性的育种方案，降低育种成本，提高选择的准确性，使中国鸡分子育种的技术水平走到了国际前列。2017 年 8 月，由中国农业大学等 7 个科研单位以及全国 31 家猪育种企业共同参加的全国猪基因选择育种平台正式启动，针对杜洛克、长白和大白 3 个品种构建大规模基因组选择参考群体，对生长性状、繁殖性状和饲料转化率性状进行 GS。中国肉牛 GS 研究也紧跟国际前沿，2008 年中国农业科学院北京畜牧兽医研究所在内蒙古锡林郭勒盟乌拉盖地区组建了西门塔尔肉牛参考群体，积极开展肉牛全基因组选择（GS）研究。

（四）转基因育种技术

中国转基因猪的研究起始于 1992 年，采用显微注射法获得了首批转生长激素基因的转基因猪。2005 年获得了中国首例体细胞克隆猪和转溶菌酶克隆猪，并逐步建立了高效的体细胞克隆猪、转基因克隆猪和基因敲除克隆猪生产技术平台。目前我国已成功获得了影响抗病性状的转基因猪等。目前国内已经获得了表达人重组乳铁蛋白基因的转基因奶牛、转溶葡萄球菌素抗乳腺炎转基因牛等。研制出 fat-1 转基因奶牛，乳汁中的 ω-3 多不饱和脂肪酸含量是对照组的 10 倍以上。通过基因编辑将抗结核病的小鼠基因 *Ipr1* 导入奶牛基因组，培育了抗结核病奶牛。2017 年利用 CRISPR/Cas9 系统最新获得了抗结核病的转基因牛，该转基因牛在牛结核分枝杆菌的环境下更具抗性。羊的转基因研究也已经在国内多个实验室开展，并培育了一批转基因羊新品种研发企业，为转基因羊研究最终走向产业化、市场化奠定了基础。

（五）基因编辑技术

伴随着基因编辑技术的不断改进及其在动物上广泛应用，未来农业领域将发生颠覆性变革。我国开发了适用不同动物的基因编辑技术，表现在：①生产性能改良：针对动物育种中产肉性状改良进展缓慢问题，通过基因编辑技术，创制了 *MSTN* 基因功能缺失的猪、牛、羊，显著提高了肌肉生长速度和瘦肉率，并使其表现出了经典的"双肌臀"特征。此外，对 *FGF5* 基因编辑，同样也提高了羊产毛量，增加了羊毛细度。②增产和品质改善：β-乳球蛋白是牛、羊奶中的固有蛋白成分，是引起婴儿过敏的重要过敏原之一（婴儿的消化系统尚未发育完全，β-乳球蛋白较容易"整颗"被吸收，而被免疫系统判断为病原），传统选育无法去掉该过敏原成分。2011 年，我国首次通过基因编辑技术，敲除了奶牛 β-乳球蛋白基因，创制了奶中不含 β-乳球蛋白的奶牛，可以生产适合婴儿食用的奶制品，进一步扩展了奶制品的市场。③抗逆与抗病性能提升：我国利用基因编辑技术敲除了 *PRNP* 基因，获得了抗疯牛病牛和抗羊瘙痒病绵羊与山羊等育种新材料。2017 年中国科学院动物研究所利用 CRISPR/Cas9 技术构建了 *UCP1* 基因定点敲入猪，培育出了首例抗寒瘦肉转基因猪。因此基因编辑技术已成为快速、定向精准改良作物和动物重要性状的有力工具，为加快我国农业种质创新能力奠定了基础。

~~~~/ **专栏 10 - 3** /~~~~

中国美利奴羊新品种的育成

通过采用澳洲美利奴羊与我国新疆细毛羊、军垦细毛羊及进口的波尔华斯羊杂交，培育成我国的澳美型种羊。经过在新疆、内蒙古、吉林三省区的四个育种场培育，羊毛品质均有提高，经试纺证明，羊毛理化性能和成品的各项指标，均达到 55 型和 56 型澳毛水平。特级成年母羊的性能，剪毛后体重 45.84 千克，剪毛量 7.21 千克，体侧部净毛率 60.87%，毛长 10.48 厘米。

新疆巩乃斯协作组 1987 年获国家科学技术进步一等奖。

四、重大成就

70 年来，我国初步建立了完善的禽遗传资源保护体系，部分畜禽资源做到了保护与开发相得益彰的有利局面。畜禽、种质资源保存体系的建设和完善，有力促进了畜禽、遗传改良和品种的更新换代，促进了我国畜禽产业健康发展，保障了我国肉蛋奶和有效供给。

（一）建立畜禽种质资源保护与利用体系

20 世纪 70—80 年代，经过多年的全国范围畜禽遗传资源普查，第一次完成了我国畜禽资源调查并完成了《中国畜禽品种志》的编写与出版，该成果获得 1987 年国家科技进步二等奖。通过畜禽品种资源调查，基本摸清了我国家畜、家禽品种资源的家底，已经列入《中国家畜家禽品种志》上的地方品种、培育品种和已在我国长期风土驯化的引入品种共 260 个。这是我国第一部比较完整地记录家畜家禽品种志书，这项工作的完成，填补了我国畜牧史上的一项空白。为国家制订畜禽品种区划，保存和利用畜禽资源培育高产优质新品种奠定了一个良好的基础。

与此同时，我国大力开展地方畜禽资源的遗传调查与开发利用，取得了丰硕成果，做到了部分畜禽保护与开发利用良性发展局面，我国地方鸡、猪资源开发与利用取得了较好成果。中国主要地方猪种质特性的研究获得 1987 年度国家科学技术进步二等奖，该研究基本明确了性成熟早、肉质品质好等 10 个地方猪的种质特性。民猪优异种质特性遗传机制、新品种培育及产业化（2017 年）、地方鸡保护利用技术体系创建与应用（2018 年）获得国家科学技术进步二等奖。完成了民猪全基因组序列图谱的构建及 SNP分析，首次在分子水平上揭示了民猪的起源与进化；从表型、基因型检测以及关键基因筛选等多角度探讨了民猪肉质优良的遗传机理。针对我国地方鸡长期存在的保护与利用难兼顾、品种创新不足等问题，提出"单流向"利用保护和"通用核心系"培育理念，创建地方鸡保护利用技术体系，实现了地方鸡保护与利用可持续发展；创新地方鸡"快速平衡"育种技术，突破本品种选育进展慢以及高产与优质难兼顾的技术瓶颈，为我国地方鸡资源多样性保护和优质禽产品生产做出了重要贡献。

通过保种理论研究、保种技术研发以及大量保种资金投入，我国建立了 165 个国家级畜禽资源保护场和 24 个国家级畜禽遗传资源保护区，覆盖了全国 30 个省区市。所保护的国家级保护品种主要包括猪（60 个）、羊（24 个）、牛（21 个）、家禽（48 个）、蜜蜂（10 个）和其他动物（18 个），国家级保护品种覆盖率达到 90%，省级保护品种覆盖率 70%。建立了异地活体和遗传物质资源保存国家库。

（二）形成我国畜禽自主育种技术创新体系

畜禽自主育种技术创新体系建设经过 70 年的积累与发展，在近 20 年内取得了极为显著的进展。我国先后创新了奶牛、猪、鸡、鸭等完整的育种技术体系，依赖于相关技术体系建立，显著加快育种进展，培育了多个重要新品种（配套系）。

1. 奶牛自主育种技术创新体系建设

我国奶牛自主育种技术创新体系建设主要包括牛体细胞克隆技术、奶牛 MOET 育种体系、基因组选择技术体系等关键性成果。中国荷斯坦奶牛 MOET 育种体系的建立与实施（2000 年）、牛和猪体细胞克隆研究及应用（2010 年）、良种牛羊高效克隆技术（2016 年）、**中国荷斯坦牛基因组选择分子育种技术体系的建立与应用**（2016 年）等荣获国家科技进步二等奖。创建了良种牛胚胎规模化生产技术和奶牛性控胚胎生产技术，推广性控胚胎 29 704 枚，性别鉴定准确率达到 99.9%。系统开展了奶牛基因组选择分子育种技术研究，取得了一系列重要创新性研究成果，建立了完善的技术体系，构建了我国唯一的奶牛基因组选择参考群，成为我国荷斯坦青年公牛遗传评估的唯一方法。这些成果对加快牛良种繁育，提升我国畜牧种质创新能力和育种水平具有引领作用和重大应用价值。

2. 猪自主育种技术创新体系建设

本体系建设主要成绩包括重大育种价值的分子标记以及整合组学技术用于猪育种工作。代表性成果**包括猪高产仔数 $FSH\beta$ 基因的发现及其应用研究**（2003 年）、**仔猪断奶前腹泻抗病基因育种技术的创建及应用**（2011 年）、**猪整合组学基因挖掘技术体系建立及其育种应用**（2018 年）等分别荣获国家技术发明二等奖、国家科技进步二等奖。在国际上率先发现了猪 $FSHb$ 基因是影响猪产仔数（包括总产仔数、产活仔数）的主效基因或遗传标记，与国内多家猪育种公司进行合作，利用该项技术帮助选种以提高种群的产仔数性状，取得了明显的改良效果，产仔数提高了 0.5～1.5 头。构建了包括 24 个省区市的 68 个品种 4 100 个体在内的中国地方猪种资源基因组 DNA 库，并在此基础上研究了 16 个影响猪重要经济性状的功能基因。创建了基因资源高效发掘及分子标记开发利用技术体系，并开展育种应用。创建了高效基因资源发掘技术体系，实现了大规模发现猪产肉性状相关基因。在国际上发明了高精准度的仔猪断奶前腹泻（ETEC F4ac）抗病基因育种新技术，并利用该技术选育改良了覆盖我国所有 20 个生猪主产省的 84 个核心育种群，使受试种群的腹泻易感个体比例下降 20% 以上，仔猪腹泻发病率显著下降。构建了首个猪整合组学数据库，涵盖基因组、转录组、表观组、表型组等多组学信息，开发出基于"多组学联动评分"的整合组学基因挖掘技术体系。通过持续研究，实现了我国种猪分子育种技术的重要自主创新，有力推动了我国种猪业的行业科技进步和可持续发展。

3. 鸡自主育种技术创新体系建设

鸡分子标记技术的发展及其育种应用荣获 2009 年度国家技术发明二等奖。该研究发现了鸡重要经济性状（体重、饲料转化效率、羽色、肉质等）相关分子标记并用于育种实践。我国家禽育种科学家重点开展了家禽测定系统、基因组选择体系建设。我国自主开发了业界领先的商用化肉鸡、肉鸭等性能测定系统，大规模用于性能测定，显著加快了育种测定体系建设。开发了我国肉鸡、蛋鸡等育种专用芯片，并大规模用于蛋鸡、肉鸡核心群育种工作。相关成果在广东温氏南方家禽育种有限公司、北京华都峪口禽业公司、北京金星鸭业有限公司等多家国内大型蛋鸡（鸭）、肉鸡（鸭）育种企业进行推广运用，相关技术还应用于江西、云南、山东等地方鸡保种。

（三）畜禽遗传改良计划推动了我国畜禽品种更新换代

我国生猪、奶牛、家禽、羊等商业化育种逐步开展，累计培育了 173 个优良新品种（配套系）。例如 1954 年，中国第一代细毛羊品种——新疆毛肉兼用细毛羊培育成功。1985 年，中国美利奴羊通过国家畜禽遗传资源委员会审定。2000 年，云南半细毛羊育成，成为中国第一个国家级的半细毛羊新品种。到 2014 年，育成新吉细毛羊、晋岚绒山羊、苏博美利奴羊等 7 个新品种，其中苏博美利奴羊是跨省区多单位联合育种，经 4 个世代系统选育的超细型细毛羊新品种。中国肉羊新品种近年来主要培育出了巴美肉羊、昭乌达羊、察哈尔等肉用绵羊品种和南江黄羊、简阳大耳羊等肉用山羊品种。1999 年中国开展畜禽品种审定制度以来，截至 2017 年，先后培育出 13 个猪新品种和 13 个配套系，包括鲁烟白猪、松辽黑猪、天府肉猪等。由于牛的世代间隔长，近十年培育了夏南牛、延黄牛、辽育白牛、蜀宣花牛、云岭牛 5 个专门化肉牛品种。通过对地方畜禽资源利用，培育了适合我国不同地区需求的畜禽优良品种资源，为满足我国人民消费特点做出了重要贡献。家禽育种发展位居畜禽育种前列，家禽产业逐步建立起较为完整的良种繁育体系，蛋鸡的良种国产比例已经达到 50%，使蛋鸡产业摆脱了对外国品种的依赖。我国自主培育的农大 3 号小型蛋鸡、京红、京粉系列等蛋鸡品种，不断创新品种，满足了不同地区对淘汰蛋鸡、蛋壳颜色、羽色等新的不同需求。烤制型北京鸭、分割型北京鸭也基本实现国产化，市场占有率从低于 10% 发展到超过 30%，英国樱桃谷肉鸭育种公司也被我国首农食品集团与中信集团联合收购。目前，肉鸭市场年生产 30 亿只，已经成为我国第三大消费肉类。

在肉鸡种源封关的背景下，我国肉鸡生产受到了很大影响。根据我国消费特点与现有遗传资源，已培育出适合不同地区的肉鸡配套系，使黄羽肉鸡配套系占据肉鸡市场 50% 左右。我国还创造性的利用肉鸡、蛋鸡配套生产模式，培育适合国内饲养环境和市场需求的自主产权新品种小型优质肉鸡 WOD168，有力促进了肉鸡领域的转型升级，推动了产业的供给侧改革，引领了行业的健康有序发展，直接或间接带动就业人数达 2 000 万人以上。

第十一章　畜禽养殖

畜牧业与种植业并列为农业和农村经济的两大支柱产业，是建设现代农业和社会主义新农村的重要内容，也是国民经济和社会发展的基础产业。新中国成立70年来，畜禽养殖学科在一批老一辈学科奠基人的带领下，有了长足的进展。2001年，"畜牧水产养殖技术"被中国工程院评为20世纪最伟大的科技成就之一，与"两弹一星"和"农作物增产技术"并驾齐驱。目前，我国畜禽养殖业正在逐步向规模化、机械化、信息化方向发展，生产效率稳步提升。肉、蛋、奶的生产实现了从供应极度短缺到自给自足，并向着营养、绿色和健康食品方向发展，对保障国家食物安全、增加农民收入、推进农业现代化和社会主义新农村建设，促进我国经济社会发展，具有极为重要的战略意义。

一、基础性工作

（一）构建了中国饲料数据库，持续30年发布中国饲料成分营养价值表

建立了饲料原料养分数据库，实现了饲料配方的数字化。"六五"期间国家在科技攻关项目中下达了研制并建立中国饲料数据库的任务，目的是有利于集中管理和有效利用分散在各部门和单位中各类饲料科研资料，中国农业科学院于1985年完成了新中国成立35年来大约1 020万项饲料样本实体的分类、登记、编码、输入和检索任务，建立了适用于中型计算机的中国饲料数据库管理系统。1989年，经原农牧渔业部批准，中国饲料数据库情报网中心正式成立，挂靠在中国农业科学院北京畜牧兽医研究所。其后，在"六五"工作的基础上，对入库的国产饲料原料的规定成分氨基酸、矿物质、微量元素、部分维生素及有毒有害物质的分析测定数据，连同规范化的配套饲料样本客体属性描述约1 100万条一并进入中国饲料数据库。目前总库共贮存了新中国成立以来的2 000多万项饲料成分参数、营养价值及最新研究工作的精华。数据库还附设了饲料经济信息检索系统，包括饲料添加剂等产品的信息管理系统。用户可以利用该系统查询饲料添加剂的生产单位、原料、预混料的产品名称、注册商标、批准文号和登录号、产品的主要成分和含量、适用动物品种、产品性能分类、价格和厂家联系地址等信息。中国饲料数据库的建立，不仅为科研、生产和管理提供了便利条件，可以避免在科研和管理中存在的互不通气、重复浪费等现象，还可以通过优化饲料配方程序为用户提供最佳饲料配方和技术咨询。饲料数据库是中国饲料信息网的重要支柱，同时也为建立动物营养需要的数学模型和研制人工智能优化饲料技术软件奠定了基础。

＊本章审稿人：李德发；牵头撰写人：李胜利、唐湘方；参与撰写人：杨宁、曹兵海、陈瑶生、文杰、姚斌、朱化彬、王蔚。

截至目前，该中心已连续 30 年向全国发布《中国饲料成分营养价值表》的最新版本。随着计算机软、硬件的不断升级，目前，根据新参数配套推出的第七代优化饲料配方软件，也通过各种形式在全国推广，该项目在大农业生产中已成为农业专家系统应用于生产实际的成功典范。

（二）制定了支撑畜禽养殖产业发展的系列重大科技规划

1. 20 世纪 80 年代前的畜禽养殖科技规划工作

畜禽养殖的科技规划工作最早始于 1956 年。在 1956—1967 年全国农业科学研究工作方案中，畜牧科技相关的重点任务是研究提高牲畜繁殖率、役用家畜的役用能力、畜产品的生产量以及降低畜产品单位生产成本。《1978—1985 年全国科学技术发展规划纲要（草案）》中提出要培育畜禽优良品种，提高畜禽生产性能和疫病防治技术。

2. 十一届三中全会后的畜禽养殖科技规划工作

1981 年 4 月，中共中央、国务院批准了国家科学技术委员会党组《关于我国科学技术发展方针的汇报提纲》。农林部据此精神，组织有关专家于 1981 年 9 月制定了《农业科技工作"六五"规划和后十年设想》，提出今后农业发展应遵循的基本原则，其中涉及畜禽养殖的部分包括：畜禽饲料技术开发和畜禽育种技术及繁育体系的建立和示范推广。"七五"规划中指出：研究畜禽与良种配套的综合增产技术，研究各种畜禽产品加工、保鲜、贮运和综合利用技术；其中重点推广的项目包括畜禽科学饲养技术、饲料加工技术及配（混）合饲料、各种新型饲料的开发与生产、牛羊冷冻精液和猪的人工授精技术、发展季节畜牧业、畜禽环境工程技术、农畜水产品加工贮藏保鲜技术。"八五"期间，畜牧业重点推广猪、牛、羊杂种优势利用及规范化饲养，家禽新品种及其杂种优势利用和优化配方饲料等技术。"九五"期间，主要农作物及畜禽高产优质高效配套技术。"十一五"期间，在猪、牛、羊、禽等具有自主知识产权的优质种畜禽培育上取得明显进展。"十二五"期间，规划并开展了动植物产量、品质、抗病虫、耐旱等重要性状形成的分子遗传机理，动物种质创新的分子生物学途径和方法等研究，为农业遗传资源高效利用提供理论与方法指导。以猪、牛、羊、鸡等主要畜禽的微生物为重点，开展以功能基因组为核心的基因组学、蛋白质组学和代谢组学研究，获取了一批有重要应用前景的功能基因。"十三五"期间，建立基于畜禽水产养殖大数据的云存储平台，研制基于畜禽水产养殖规模兽药、饲料原料营养效价与安全性、饲料利用效率、养殖废弃物排放等基础性数据监测及技术标准、清洁生产技术标准并建立相应数据库，形成现代畜禽水产健康养殖智能管理以及养分和粪便等综合管理方法，构建"物联网＋养殖"技术与管理平台。

（三）形成了现代畜牧业产业系列科技平台和技术体系

1. 成立了动物营养学国家重点实验室等系列科技创新平台

2005 年，科技部批复成立了"动物营养学国家重点实验室"，成为畜牧领域学科类唯一的国家重点实验室；2011 年，农业部批示成立了"农业部动物营养与饲料学科群"的重点实验室体系，推进了动物营养与饲料学科的全国性和区域化科学布局。1996 年

11 月 26 日，"农业部饲料工业中心"正式挂牌，初步形成了以服务于经济建设为目标、集教育、科研、培训、生产、信息和推广等功能的"产、学、研"紧密结合的综合性机构。中国饲料博物馆以"传承过去、记载当代、激励后学、引领未来"为宗旨，于2014 年筹建，2016 年 11 月 26 日开馆。通过科技平台建设，搭建了有效的动物营养与饲料科学科技创新、人才培养与学术交流平台，解决了影响畜禽养殖业产业发展的重大基础理论问题和创新养殖业高新技术，为我国现代畜禽养殖建设提供有力科技支撑。

2. 建立了国家现代畜牧业产业技术体系

现代农业产业技术体系的建立是在 2007 年，中央为全面贯彻落实党的十七大精神，加快现代农业产业技术体系建设步伐，提升国家、区域创新能力和农业科技自主创新能力，在实施优势农产品区域布局规划的基础上，由农业部、财政部依托已有中央和地方科研优势力量和资源，启动建设了以 50 个主要农产品为单元、产业链为主线、从产地到餐桌、从生产到消费、从研发到市场各个环节紧密衔接、服务国家目标的现代农业产业技术体系。在畜禽养殖方面，按照不同物种，建立了国家生猪、奶牛、肉牛、兔、蛋鸡、肉鸡、水禽、肉羊、绒毛羊九大产业技术体系。

3. 开展畜禽种质资源收集和养殖环境监测计划

计划到 2020 年，建立由 500 个左右国家农业科学实验站、10 个国家农业科技数据中心和 1 个国家农业科技数据总中心等构成的农业基础性、长期性科技工作网络，按照统一规范的数据标准，构建畜禽养殖学科领域的基础数据库。实现主要畜禽种质资源鉴定、饲料营养价值与营养需求监测、养殖结构和养殖方式变化监测、大中型养殖场环境变化监测和畜禽粪便成分变化的监测，研究提出一系列的专业性、综合性分析报告，为科技创新、政策制定等提供服务和支撑。

二、应用基础研究

在农业农村部带领下，畜禽养殖领域科技工作者在国家等相关科技计划的支持下，开展了一系列长期的应用基础研究工作，主要包括以下几个方面：

（一）揭示了重要营养素的生物功能及其机理

挖掘营养素新功能、探究动物对其的需要量一直是动物营养学研究的主题。针对生产中制约我国畜牧业发展的饲料与营养方面的重大技术问题，围绕猪和家禽（肉鸡、北京鸭）主要营养素（氨基酸和微量元素）的生物学功能、营养需要量和畜禽健康养殖技术体系，开展了系统的理论和技术创新及应用研究，取得了一系列成果，为认识养分生物学功能，提高饲料转化效率，降低养殖排放量提供了理论和技术支撑，推动了我国动物营养学科的进步。

在国家 973 计划"猪利用氮营养素的机制及营养调控"研究及国家自然科学基金等项目支持下，针对我国饲料资源紧缺、养殖高氮排放污染等突出问题，系统研究并揭示了氮营养素在消化道、肝脏和肌肉组织中的消化代谢规律及调节机制；通过研究饲粮纤维类型和水平对生长育肥猪饲粮养分的消化、降解和发酵规律，发现了饲粮纤维的溶解性、发酵性和黏性等物化特性对饲料养分消化率和流量的影响规律，揭示了饲粮纤维水平对内源磷损失的影响，明确了大肠在磷消化吸收中的作用。通过研究亮氨酸、色氨酸、谷氨酰胺、谷氨酸及甘氨酸对促进仔猪、犊牛生长及小肠屏障功能与健康的作用及其机理，确立基于宫内生长发育不良（IUGR）模型的母源活性因子的筛选与应用技术，以及肠道发育规律及其功能性氨基酸调控的信号通路机制；揭示谷氨酰胺通过增加犊牛小肠绒毛高度及隐窝深度、增强肝细胞自噬能力，缓解犊牛断奶应激的作用机理；明确微量元素（锰、锌、铁）在肉仔鸡肠道的吸收机制，揭示微量元素锌调节肉仔鸡肠道屏障功能及其黏膜免疫功能的机制；评价有机微量元素与无机微量元素（铜、锌、锰）生物学效价的差异，阐明其消化特点及吸收机制。

（二）研究阐明了肉品质性状形成的生物学基础及营养调控机理

我国肉类生产量居世界第一，人均占有量 63 千克，从数量上讲已经满足了我国消费者的需求，但由于长期对肉生产效率的追求，导致肉的嫩度、风味、系水力等肉品质下降，这不仅招致消费者的抱怨，也造成了巨大的经济损失。肉品质性状是畜禽重要经济性状，是受营养和多种遗传因子协同作用的复杂性状。在国家 973 计划和国家自然科学基金等项目支持下，从生理发育的角度，基于高通量测序技术和功能基因研究，获得肉品质性状相关关键基因，揭示了部分营养调控肉品质的调节靶点，提出了利用母源活性因子和功能氨基酸改善肉品质的技术措施，为实现优质畜产品的生产提供了理论指导。主要创新成果：

1. 猪骨骼肌发育的转录组表达特征及其网络

研究鉴定了不同类型猪、不同生长阶段骨骼肌差异表达的基因和非编码 RNA 表达模式，绘制了猪骨骼肌发育的基因网络图。发现瘦肉型（长白猪）骨骼肌细胞相对于脂肪型猪（通城猪）具有更强的增殖能力，调控骨骼肌细胞增殖的基因多在长白猪中高表达，研究鉴定了可能影响猪产肉性状和肌肉发育的基因和非编码 RNA 的分子标记，首次在猪胚胎骨骼肌中鉴定 570 多条 lncRNA，为骨骼肌分化功能基因的研究提供了丰富的数据资料。同时首次在猪骨骼肌中鉴定了 120 条 snoRNA，并获得了其骨骼肌发育表达图谱。利用组学研究方法，从转录组、小 RNA 组、长链非编码 RNA 组、变异组等角度，研究不同层次多因子的网络互作，构建出了骨骼肌发育的基因互作网络，对理解哺乳动物骨骼肌发育提供了丰富的参考信息和新的研究思路；为阐明营养调控猪骨骼肌生长发育的生物学机制奠定了基础。

2. 脂肪特异性沉积的分子生物学基础

肌肉中肌内脂肪（IMF，intramuscular fat）含量的高低与肌肉品质（风味、多汁性等）密切相关，是肉质性状的最主要评价指标之一。IMF 沉积受肌肉发育和脂肪沉积等多因素控制，挖掘鸡肉品质性状形成关键基因并揭示肉品质性状调控的分子机制是进行营养调节肉品质的重要基础。利用最新的高通量检测和分析方法，研究发现了一系列的脂肪沉积相关关键基因，并对肉质性状关键性状 IMF 沉积和腹脂沉积的分子调控网络进行了较深入的解析；尿促卵泡激素（FSH）和脑钠肽作为具有高效生物活性的激素，发现并首次报道了其对肉鸡的腹脂和肌内脂肪沉积均具有较强的促进作用，为脂类相关肉质性状遗传基础研究提供了新的研究视角，同时为人类肥胖等疾病研究提供了有价值的参考资料。

3. 营养素调节猪禽肉品质性状形成的机制

在蛋氨酸对猪肌内脂肪特异性沉积的调节方面，揭示了蛋氨酸的活性代谢物 S-酰苷甲硫氨酸具有诱导肌肉中的间充质干细胞成脂分化和脂肪积累的作用，发现了 *MAT2β* 基因的新功能，证明了蛋氨酸是营养调节猪肌内脂肪特异性沉积的关键基因。在共轭亚油酸 CLA 抑制猪皮下脂肪沉积的机制方面，研究发现 CLA 可通过诱导猪脂肪细胞凋亡的方式减少猪背部脂肪的沉积，且线粒体通路和死亡受体通路都参与了凋亡信号的传递。在母源性叶酸营养影响子代肌内脂肪沉积方面，研究揭示了种鸡饲粮叶酸水平影响后代 IMF 沉积能力。

（三）探索揭示了牛奶重要营养品质形成与调控机理

牛奶品质偏低是长期制约我国奶业发展的重大产业难题。乳脂肪和乳蛋白是构成牛奶营养品质的主要物质基础，既涉及质量安全与消费者的健康，又决定着牛奶的经济价值与核心竞争力。由于缺乏适合我国饲料资源和环境特色的基础理论体系及其指导下的自主创新技术，我国牛奶中乳脂肪和乳蛋白的含量普遍偏低，不仅达不到奶牛的遗传潜力，部分甚至低于国家标准，严重影响奶业发展和消费信心。因此，立足我国典型饲料资源和奶牛生产环境，以"健康瘤胃、健康奶牛和优质牛奶"为目标，运用整合生理学和营养基因组学等理论与方法，从组织器官、细胞和分子水平剖析牛奶重要营养品质形成过程中的关键物质代谢和信号转导通路，研究揭示乳脂肪和乳蛋白合成的代谢调控机理，提出了改善牛奶乳脂肪与乳蛋白含量的营养调控技术。

1. 揭示了我国饲料资源与生产环境下乳脂肪与乳蛋白偏低的营养学基础

揭示了秸秆粗饲料诱导乳蛋白率降低的机理。以秸秆粗饲料饲喂奶牛，导致牛奶品质显著降低，突出表现为乳蛋白率下降，其主要原因是瘤胃微生物发酵受到抑制，丙酸产量减少，降低了瘤胃微生物蛋白质的合成效率，导致肠道内限制性氨基酸的流量显著下降，乳腺摄取氨基酸效率降低，改变了进入乳腺的限制性氨基酸赖氨酸和蛋氨酸对参与乳蛋白合成的信号分子转录和翻译后调节，酪蛋白合成信号调控通路下调，乳蛋白合成量减少，最终导致乳蛋白率降低，系统性揭示了我国特色饲料资源下牛奶品质低的营养生理机理。

高精料诱导乳脂率降低的机理。长期使用高精料易导致奶牛机体健康水平下降，牛奶品质降低，突出表现为乳脂率降低。从营养生理学角度分析主要原因是日粮 NDF 含量偏低，瘤胃产生的乳脂前体物乙酸的产量降低，同时降低了进入十二指肠的 18C 长链脂肪酸尤其是硬脂酸的流量，总体上使乳脂前体物供应不足；同时硬脂酸能够增加细胞中长链脂肪酸的含量，降低中短链脂肪酸的含量，促进细胞内总三酰甘油的聚积，提升细胞内长链脂肪酸的摄取、转运、活化，并抑制脂肪酸从头合成关键酶基因的表达，上调长链脂肪酸利用关键转录因子 *PPARG*、*PPARGC1A* 基因的表达，抑制脂肪酸从头合成关键转录因子 *SREBF1*、*SCAP* 的基因表达，进而使进入乳腺的 18C 脂肪酸主要通过 PPARG 和 SREBP1 通路影响乳脂肪合成，降低乳脂率，揭示了高精料日粮影响乳脂肪从头合成和从血液摄取的代谢机理。

奶牛热应激的评价及其诱导牛奶品质降低的机理。热应激发生时抑制奶牛采食量，导致产奶量和牛奶品质降低。通过长期监测，制定了基于温湿度指数、直肠温度和呼吸频率参数的奶牛热应激评价技术，并以农业行业标准的形式被广泛应用，为诊断和防控奶牛热应激提供了重要科学依据（《奶牛热应激评价技术规范》，NYT 2363—2013）；热应激导致奶牛机体物质代谢通路如碳水化合物、氨基酸和脂类代谢发生变化，同时，通过诱导奶牛中枢神经系统影响采食量和牛奶品质，中枢抑制性神经递质如 γ-氨基丁酸可有效缓解奶牛热应激，提高干物质采食量、乳产量和改善乳品质，揭示了热应激诱导牛奶品质降低的代谢和神经内分泌机理。

2. 构建了关键营养素调控乳脂肪与乳蛋白合成调控的关键物质代谢通路和基因网络

乳成分前体物在奶牛瘤胃、小肠和乳腺转化的物质代谢通路。采用拓展的 CNCPS 6.0 的指标体系，构建了覆盖奶牛用的精、粗饲料原料，矿物质及添加剂原料等 793 种，指标总共约 130 个数据项；针对不同日粮模式下乳成分前体物代谢通路，研究提出了乳成分前体物浓度随泌乳日龄的变化规律参数，开发出基于 wood 模式计算日粮的可发酵有机物从瘤胃到血液中的 VFA 流量模型、从小肠到血液组织的氨基酸（AA）流量定量模型、从饲料中脂肪酸代谢与转化定量模型、乳蛋白合成的机理模型、乳脂肪产量及浓度的计算模型，实现了从饲料主要养分物质到乳蛋白及乳脂肪的预测，乳脂率和乳蛋白率的"测奶配料"误差率分别在 2.5％和 5.9％以内。

乳成分前体物生成与利用的基因调控网络。采用高通量芯片技术，研究揭示了乳脂前体物硬脂酸对乳脂合成的调控作用，测定了硬脂酸作用下奶牛乳腺上皮细胞 microRNA 表达图谱，绘制了包含编码基因及非编码基因在内的硬脂酸对乳脂肪的调控网络，证实了 miR-181a 通过调控 ACSL1 的表达而参与乳脂合成；揭示了肝脏与乳腺之间转录组的差异，绘制了肝脏和乳腺组织之间转录组信息传递网络，发现肝脏具有旺盛的代谢活动，而乳腺具有更强的蛋白质合成、信号通信及增殖能力。

3. 筛选获得了对乳成分前体物具有明显调控作用的生物活性物质，建立了以稳定瘤胃和提高瘤胃乳成分前体生成量为核心提高乳脂肪和乳蛋白合成的营养调控方法

获得了对乳脂肪和乳蛋白合成代谢网络中关键通路具有调节作用的生物活性物质。研究了饲用微生物和植物提取物等生物活性物质对瘤胃乳成分前体物的影响，筛选得到高泌蛋白酶和纤维素酶的高产纳豆枯草芽孢杆菌菌株，经固体优化发酵获得的固体培养物饲喂奶牛可促进瘤胃发酵，增加奶牛产奶量，提高瘤胃 pH，提高瘤胃丙酸含量；基于人工瘤胃技术明确了肉桂油、茶树油和丁香油 3 种植物精油和柴胡提取物通过改变瘤胃菌群的多样性而影响瘤胃发酵模式、乳成分前体物的生成机理，为此筛选确定了肉桂油、茶树油、丁香油等植物精油促进瘤胃发酵的适宜剂量。

建立了瘤胃稳态调控方法。针对以玉米秸秆为粗饲料时日粮可代谢蛋白不足的情况，以优化瘤胃乳成分前体物微生物蛋白质合成为目标，以微生物蛋白质合成所需的能量水平和能量释放速率为切入点，通过调控能量水平和降解速率提高瘤胃微生物蛋白质的合成，进而提高乳蛋白的合成量，提高乳蛋白率；以优化瘤胃发酵和乳脂肪前体物生成为核心，以调控日粮碳水化合物平衡（NDF：淀粉比例）为切入点，随着日粮NDF：淀粉比例的增加，奶牛产奶量、乳蛋白含量以及乳糖含量显著降低，瘤胃乳脂肪前体物乙酸含量升高，乳脂含量显著升高；通过揭示瘤胃脲酶基因多样性，设计瘤胃细菌脲酶免疫刺激物，免疫调控瘤胃脲酶活性和尿素分解速度，有效降低尿素在瘤胃中的初始分解速度，达到了维持瘤胃尿素氮生成与利用动态平衡的效果。

（四）揭示了体外受精胚胎性别比例失衡的分子机制

体外受精技术被广泛应用于优良种畜扩繁及人类的不育治疗。在家畜方面，牛体外胚胎生产已成为最具潜力的快速扩繁技术，该技术使牛的正常繁殖速度提高了几十到上百倍，近几年在北美亦初步实现大规模应用。此外，目前全球每六对夫妇中就有一对存在不育问题，已有超过 540 万的试管婴儿通过 IVF 技术出生，并以每年 35 万例的速度递增。尽管如此，越来越多的证据表明家畜乃至人类的 IVF 技术面临着多种短期或长期的健康风险，例如流产、性别比例失衡、出生前后发育缺陷、出生后多种疾病风险增加等问题。其中，性别比例失衡引起了科学界及公众的广泛关注，其机制始终不清楚。研究揭示了小鼠体外受精出生性别比例失衡的内在机制，在胚胎培养液中适时地加入低剂量的维 A 酸可显著改善体外受精胚胎的 X 染色体表达沉默，缓解雌性胚胎的发育异常，使出生性别比例校正到接近正常范围。揭示体外受精胚胎性别比例失衡的分子机制，攻克了国际难题。

三、技术研发与产品创制

新中国成立 70 年来，在国家各类科技计划的支持下，动物繁殖、动物营养与饲料等领域的科技和产业发展取得了长足进步，为支撑养殖业发展做出了重要贡献。主要表现在：人工授精技术是我国应用得最成功、对家畜良种繁育起到革命性作用的繁殖技术；胚胎生物技术在畜禽扩群（增加种畜禽数量）、育种（提高种畜禽质量）、保种（保护动物多样性）、引种（优良种畜禽交流）（规模化生产）（繁殖控制技术）等领域发挥了巨大作用；动物营养代谢和动态营养需要研究不断深入，积累了一批饲料营养价值的基础数据，建立了基于常规养分估测猪和家禽有效能和氨基酸利用率的数学模型，为饲料行业大数据平台建设和精准饲料配方的实施奠定了重要基础；制定和修订了一批保障饲料质量安全的国家/行业标准；研发了微生态制剂、酶制剂、植物提取物、有机微量元素添加剂等一批抗生素替代的技术产品。这些科研成果的取得，有力地推动了畜禽养殖的发展和产业的技术进步。据测算，目前畜牧科技对养殖业的科技贡献率达 55%，技术应用率超过 70%。

（一）研究发展了人工授精技术

人工授精技术是我国应用得最成功、对家畜良种繁育起到革命性作用的繁殖技术，它的成功应用对我国现代畜牧业发展发挥了巨大的推动作用。牛、羊、猪、禽等畜禽和骆驼、鹿、犬、兔、狐等特种经济动物及某些野生动物人工授精和精液冷冻保存相继获得成功。

动物繁殖技术从 20 世纪 50 年代的人工授精到 70 年代胚胎移植的应用，开始了新纪元。新中国成立后，家畜人工授精技术取得了快速发展和应用。1952 年，以王丕建教授为首的科研小组在黄牛上进行人工授精技术应用研究并取得了良好成绩。60 年代，牛、水牛、猪、山羊、水禽、鸡和火鸡的人工授精技术研究相继开始，并在生产中获得不同程度的推广应用。自 70 年代起进行了牛、马、驴、猪、羊、水牛等动物的冷冻精液技术研究，取得的成果逐步应用于生产。70 年代人工授精技术在规模化养鸡场，以及在熊猫、虎、鹿等驯养的野生动物养殖中得到广泛应用，产生了良好的社会效益与经济效益。进入 21 世纪后，人工授精技术得到深入研究和应用。2007 年我国发布了《牛人工授精技术规程》农业标准（NY/T 1335—2007），2009 年发布了《种猪常温精液》国家标准（GB 23238—2009）。我国关于猪的冷冻精液研究取得了显著成效，从冷冻保护剂、添加剂、冷冻剂型、稀释方法、解冻方法等均已有大量研究和应用。

（二）提升推广了胚胎移植技术

我国的胚胎移植研究起步于 20 世纪 70 年代初。1973 年首先在家兔上获得成功；1974 年中科院遗传所在绵羊上的胚胎移植获得成功；20 世纪 80 年代，胚胎移植进入了实验阶段，掀起了全国的研究高潮。1978 年，手术胚胎移植奶牛诞生；1980 年，非手术牛胚胎移植成功；1992 年，牛冷冻胚胎移植成功，同年马的胚移也获得成功；1987 年山羊的冷冻胚胎移植成功，同年胚胎分割移植成功。"八五"期间，中国农业大学等单位承担的"应用 MOET 提高中国荷斯坦牛生产性能的研究"，为我国大规模实施牛胚胎移植提供了理论依据。内蒙古自治区改良工作站承担的国家"八五"重点星火计划项目"牛、羊胚胎移植技术的开发和应用"共超排供体牛 177 头次，冲胚 1 030 枚，移植受体牛 1 300 头，移植妊娠率 46.08%；超排供体羊 396 只次，冲胚 3 864 枚，移植受体羊 3 072 只，移植妊娠率 70.38%。2002 年，由中国农业大学张沅教授主持的国家科技部"十五"奶业重大科技专项"奶牛良种快速繁育关键技术研究与产业化开发"正式启动，同年农业部又启动了"万枚高产奶牛胚胎富民工程"项目。

20 世纪 70 年代以来，我国牛羊超数排卵技术基本成熟，牛超排后平均获可用胚胎 5～6 枚，绵羊、山羊可达 6 枚以上。牛羊新鲜胚胎移植受胎率 50%～60%；冷冻胚胎移植受胎率 45.50%，技术水平已接近国际先进水平。尤其是进入 90 年代，中国在胚胎细胞克隆山羊、兔、牛、猪等动物方面相继获得成功，缩短了中国生物技术领域与国外的差距。同时对牛羊胚胎移植技术操作规程、如何提高牛羊胚胎移植妊娠率等胚胎工程技术进行了重点研究，为全国家畜胚胎移植技术开发和应用开辟了一条集科研、生产、推广为一体的产业化发展模式。

（三）构建了标准化饲养与营养素减排技术体系

构建以标准化饲养技术、营养素减排技术为核心的健康养殖技术体系，为改变中国畜禽饲养粗放和生产水平低的局面提供了技术支撑。育肥猪低蛋白（10%）日粮配置技术及仔猪低氮日粮氨基酸平衡理论与补饲技术，有效降低氮排放并提高氮素利用效率；

建立了肉鸡日粮中添加益生菌（益生元）、酶制剂、植物提取物、溶菌酶和霉菌毒素吸附剂配伍组合与饮水中添加酸化剂相结合的无抗饲料饲养技术，以及肉鸡饲料高效利用与氮、磷和微量元素锌、锰、铜等减排技术体系；研发了提高奶牛单产、乳蛋白率和饲料转化率的氨基酸需要和能氮平衡评价体系，降低甲烷、氮和磷环境排放量的营养调控方案，后备奶牛培育营养关键技术。

（四）完善并发布了新版畜禽饲养标准和饲料质量安全标准

制定并发布了我国的生猪、肉鸭、奶牛等饲养标准体系。许振英先生作为我国动物营养科学的奠基人和开拓者，主持育成了我国第一个瘦肉型猪种"三江白猪"（并主持完成了"中国猪种质特性的研究""猪的营养需要与饲料配方的研究""肉脂型猪饲养标准"和"瘦肉型猪饲养标准"等课题）。杨凤先生在学术上突破了国际猪营养需要标准的常规模式，首次提出了以消化能为能值的能量评定体系。杨胜教授在新中国成立以来，特别是 70 年代末到 90 年代，为畜牧专业编写许多饲养学教材和动物营养学有关的参考教材和资料，对促进和提高我国动物营养学教学和科研起到推动作用。2000 年以来，在李德发院士、印遇龙院士等新一代科学家的带动下，以我国饲料资源为基础，构建了猪营养需要动态模型，建立了新版猪饲养标准，补充和完善了国际经典回肠理想氨基酸模式；提出了以抗生素替代品及低蛋白饲粮为基础的猪健康养殖营养调控技术并推广应用，为我国养殖业和饲料工业可持续发展做出了重要贡献。系统研究了家禽饲养标准体系，构建了家禽净能体系的评价方法、饲料净能含量、净能需要量、预测模型以及测定影响因素；获得了不同生理阶段肉鸭、种鸭的蛋白质、能量、钙磷和 8 种维生素等的需要量、理想氨基酸模型，制定了全球首部《肉鸭饲养标准（NY/T 2122—2012）》。在奶牛饲养标准体系建立方面，提出了围生期奶牛能量、磷的需要量参数，建立了奶牛小肠可消化蛋白质体系和赖氨酸、蛋氨酸平衡模型，以及饲料产奶净能模型。初步提出后备牛初生、初情、初配的"三初"阶段营养需要体系。围绕肉用绵羊系统性开展能量、蛋白质、矿物元素营养需要量研究，积累制定肉用绵羊饲养标准资料。在肉牛饲养标准体系建设方面，以冯仰廉先生等为代表的老一代科学家将反刍动物营养学基础理论与我国反刍动物生产实际相结合，建立了我国反刍动物营养学研究的理论体系，在1986 年研究提出了我国奶牛以产奶净能为基础的奶牛能量单位（NND）体系，发布了第一版国家标准《奶牛饲养标准（ZB B 43007—1986）》；2004 年又对该标准进行了修订，《奶牛营养需要和饲养标准》和《肉牛营养需要和饲养标准》作为行业标准发布。完善细化水牛能量、蛋白质、钙、磷需要量研究，开展肉兔、獭兔和长毛兔能量、蛋白质、脂肪、纤维、氨基酸和微量元素等营养需要量研究。不断完善畜禽的营养需要量和饲养标准，但总体饲养标准制定与更新严重滞后于质量型畜牧业发展需求。

饲料安全是食品安全的源头，已备受国内外关注。中国饲料质量安全检测技术取得了很大进步，经过多年的攻关研究，目前已初步建立和优化有毒有害物质的分析监测技术，评价其在靶动物体内的代谢、残留、危害与耐受性，开展了优质畜产品生产、奶产品重要质量特征、主要危害因子的高通量和超灵敏检测方法、危害因子产生、迁移和代谢规律，以及风险评估监控预警防控等理论与技术研究。在危害因子高通量快速检测和多残留检测等技术达到与国际"并跑"水平，为饲料安全监管与可持续发展提供了技术支撑。

（五）研究发展了饲料关键养分价值评定方法和技术体系

在饲料养分生物效价的评定方法上，中国于 2010 年分别制定了《全收粪法测定猪配合饲料表观消化能技术规程（GB/T 26438—2010）》和《强饲法测定鸡饲料表观代谢能技术规程（GB/T 26437—2010）》的国家标准，规范了有效能值测定的试验动物要求及测定过程。同时，在猪饲料原料的净能评价体系方面开展了一系列工作，采用全自动的呼吸测热系统，实现了对猪饲料原料净能值的实测。目前已测定了 22 个常用饲料原料的猪净能值，建立了以屠宰法测定鸡饲料原料的净能值，评估了几种常用蛋白质原料的净能值。

在饲料原料氨基酸消化率的测定上，中国采用的测定方法与国外的方法基本一致，以标准回肠氨基酸消化率评定猪饲料原料的蛋白质生物学效价，目前已完成了 17 类饲料原料猪回肠末端氨基酸消化率的测定。鸡饲料原料的氨基酸消化率也从去盲肠鸡氨基酸消化率向回肠氨基酸消化率转变。

在饲料养分效价快速评定方法上，中国自主开发了全自动模拟猪禽饲料养分消化仿生系统。从模拟消化液的制备方法、单胃动物仿生消化系统的开发与量产以及仿生消化方法的建立进行持续深入的研究。与原有动物试验法相比，其精度提高 10 倍，效率提高 64 倍，成本降低 87%，是目前报道的在消化效果上最接近动物体内环境、测试精度最高的仿生消化系统，技术成果处于国际领先水平。至 2016 年，已在中国饲料数据库发布了 24 类 514 个常用饲料原料样品的仿生消化法有效能值数据供行业使用。该成果在全国大部分大型企业集团推广，取得了显著的社会、经济和生态效益。

（六）研发了酶制剂、微生态制剂、有机微量元素等一批抗生素替代产品

饲料用酶在提高饲料利用率、减轻养殖环境污染中发挥着重要的作用，并在减少饲用抗生素大量使用、拓展饲料资源、提高饲料的安全水平等方面具有巨大的应用潜力。

20 世纪 80 年代末期，饲用酶制剂进入中国，饲料用酶市场长期被国外大公司垄断，国内饲料用酶制剂产业长期受限于国外专利壁垒和技术控制，无自主产品。从 90 年代起，中国农业科学院饲料研究所以植酸酶为切入点，逐步建立了比较完善的植酸酶基础研究和产品开发技术平台。1998 年，在饲料用酶植酸酶的研究中取得了重大突破，在国内率先实现利用生物反应器来大规模、低成本生产饲料添加剂植酸酶，实现了我国第一个饲料用酶——植酸酶的产业化生产，也成为饲料用酶国产化的起点。随着高效的酶基因克隆技术、生物信息学技术、蛋白质工程技术和酶高效表达技术的不断发展，植酸酶的性能和表达水平不断提升，研发的高比活植酸酶、超耐热植酸酶、水产用中性植酸酶等系列产品已占国内外市场的 80% 以上，服务于全球各地。另外，通过 20 年的努力，在饲料用酶的基因挖掘—性能改良—高效生产这一完整研发链条上取得了系统性的理论进展，搭建了先进的饲料用酶技术平台，有效解决了我国饲料用酶性能差、成本高、知识产权受限等瓶颈问题。自主研发的木聚糖酶、葡聚糖酶、甘露聚糖酶、半乳糖

苷酶、纤维素酶多种糖苷水解酶，蛋白酶、脂肪酶、淀粉酶等多种消化酶也逐渐成为我国市场上的主导产品，在国际市场的占比超过50%，实现了向发达国家的技术转让和产品输出，为我国饲料用酶产业迅速发展成为具有国际竞争力的高新技术产业提供支撑。

近年来，提出了应用饲料用酶来缓解养殖业抗生素大量使用、饲料资源急需拓展等产业现状的新思路，率先研发了多种全新酶产品，成为市场上的先导产品，拓展了饲料用酶研发与应用的新方向。具有杀菌/抑菌、提高动物免疫力、消除饲料中有害物质的新型饲料用酶，如葡萄糖氧化酶、淬灭酶、黄酮游离酶、霉菌毒素脱毒酶、棉酚降解酶等逐渐走向市场，在有效拓展饲料资源、缓解饲料粮短缺方面已初步显示出良好效果。饲料用酶的应用，创造了巨大的社会、经济和生态效益，带动了行业发展。

养殖业生产中兽药疫苗减负增资已成共识性的发展方向，因此，我国各种绿色饲料添加剂的开发也成热潮。近些年来，我国还开发了一批包括益生菌、益生原、酶制剂、酸化剂和新型抗菌肽、植物提取物、有机微量元素等绿色添加剂产品，技术上基本达到国际先进水平。

（七）开发利用了一系列新饲料资源

围绕饲料资源开发利用方面的研究主要集中在以下几个方面：

一是新饲料资源开发。 在已有较为成熟的油料饼粕、粮食加工副产品饲料化开发的基础上，一批食品工业糟渣（醋糟、酱渣、甜菜渣、味精菌体蛋白等）、果蔬糟渣（苹果渣、花菜茎叶等）得到了商品化开发利用。但动物源加工副产物、餐余食品的饲用化，虽然在技术上基本不存在制约，但在政策、舆情引导等方面严重制约该类资源的开发利用。

二是饲料资源开发工艺技术不断提升。 先进的工艺技术可以有效地提高饲料资源开发利用水平，特别是大宗非粮型饲料蛋白资源的分离、提取效率，使一些活性成分改性，减灭掉营养因子，提高有效养分的抽取效率。主要是通过脱壳、挤压膨化、发酵、超微粉碎、酶工程、膜分离等技术的应用，提升饲用蛋白资源的营养特性，提高蛋白质的消化利用率，对有毒有害物质和抗营养因子等去除效果显著。但一些技术仍存在能耗高、投资大、原材料易变质和贮运难等难题。

三是有关饲料饲草营养价值评定逐渐精细化。 随着饲料营养价值评定技术的不断进步，一些非常规饲料资源的营养价值评定已逐步开展，特别是人工瘤胃、仿生消化等评定技术的应用，提高评价的效率、精度，有效促进了非常规饲料饲草的利用。

（八）实现了饲料工业标准化，显著提升饲料加工水平

简单的饲料加工，在20世纪50年代就有所发展，当时的主要机械设备就是粉碎机，所以中国对粉碎机的研究起步较早。在中国饲料工业起步过程中，定型粉碎机是国产饲料加工设备的基础；其后发展起来的是小型饲料加工机组。目前中国饲料粉碎机在性能、结构、系列化等方面都有较大进展，特别是经过"七五""八五"期间的重点攻关，大型粉碎机在结构、性能、技术上相对完善，接近国外同类产品的水平。制粒设备

的研制从 70 年代后期开始到 80 年代中期，由于从国外引进了先进技术与设备，中国制粒机的水平前进了一大步，加上中国科技人员的研究、创新，目前接近国外同类产品的水平。此外，中国的饲料厂配料系统在配料时间和精度方面取得了较大进步。

四、重大贡献

新中国成立之后，中国畜牧科技在十分落后的基础上得到了全面发展，科技在畜牧业发展中的贡献率已达到 55% 左右，目前大部分研究达到了国际先进水平，一些研究领域处于国际领先水平。70 年来，无论是畜禽的饲养量，还是畜牧业产品产量，以及人均占有量都取得了举世瞩目的成就。

（一）畜牧业生产规模不断扩大，稳步提升综合生产能力

改革开放的 40 年是畜牧业快速发展的 40 年，我国肉、蛋、奶的产量迅猛发展，畜禽养殖整体规模稳居世界第一。2018 年，我国猪肉产量 5 404 万吨，占世界猪肉总产量的 46%，而这一数字在 1961 年仅为 8.77%。2018 年末，我国生猪存栏和出栏量分别是 1949 年末的 7.41 倍和 11 倍，生猪出栏率也由 1962 年的 56.9% 提升至 2018 年 162.04%。家禽产业对于人民群众生活水平的提高和畜牧经济结构的优化具有重要意义，也是我国的传统优势产业。2018 年我国鸡蛋产量为 3 128 万吨、禽肉产量 1994 万吨，占世界鸡蛋和鸡肉产量的比例高达 42.33% 和 21.57%，而 1978 年这一比例仅为 8.11% 和 4.48%。我国肉牛产业发展所取得的成绩也十分突出，中国肉牛存栏量占全球的比例从 1983 年的 1.66% 增长到 2017 年的 25.68%。奶业的发展是我国畜牧业的另一个亮点。2017 年，全国奶类产量达到 3 648.4 万吨，位居全球奶业第三位，其中牛奶产量达到 3 545 万吨，全国奶牛规模化养殖比例达到 58.3%。整体来说，我国已彻底扭转了肉、蛋、奶等畜禽产品严重短缺的局面，在国民动物性食品需求、改善人民膳食结构、提高国民健康水平等方面满足了消费者日益增长的畜禽产品消费需求变化。值得一提的是，党的十八大以来，党和国家将畜禽养殖的生态文明建设摆在了突出的位置上。2012 年，中共中央、国务院发布的《关于加快推进农业科技创新持续增强农产品供给保障能力的若干意见》明确指出要加强农业方面的污染治理。至此，畜牧业进入了全新的生态健康养殖阶段。

（二）现代繁殖技术的广泛应用与发展，显著提升我国动物繁育水平

20 世纪 50 年代初人工授精技术在马、牛、羊品种改良中得到推广应用。60 年代，研究出低温保存牛精液技术和推广猪人工授精技术。70 年代，随生物技术发展，胚胎移植、超数排卵等技术广泛应用。目前，在我国已有多种动物的胚胎移植、胚胎冷冻、体外受精、胚胎分割、胚胎和体细胞核移植、性别控制获得成功，并具备大规模生产性控奶牛精液和胚胎的能力；已获得小鼠、山羊、牛、猪等动物的类胚胎干细胞，在牛、羊、猪转基因和乳腺生物反应器方面也取得较大进展。其中，在动物胚胎玻璃化冷冻保存、牛羊体外受精、动物克隆技术等研究方面达到国际先进水平。在水牛克隆、性控试

管水牛等研究处于国际领先水平。

（三）饲料营养科技进步，有效促进畜禽饲养方式和饲养技术的改革

20 世纪 70 年代中期以后，为了促进中国畜禽科学现代化，提高饲料转化率，我国在系统分析畜禽常用饲料营养成分、营养价值评定和畜禽对能量、蛋白质、氨基酸、矿物质、微量元素需要量的基础上，开始研制具有中国特点的肉猪、奶牛、蛋鸡、肉鸡饲养标准和饲料配方，为发展饲料工业提供了科学依据。饲料营养科技的进步，促进了家禽业、奶牛业、养猪业、养兔业向规模化、标准化和现代化方向发展。

通过生猪产业大批关键技术研发的突破、整合集成，有力地支撑了我国生猪产业的快速发展。首先通过利用我国地方猪资源特性及引进品种的优势，解决了养殖品种问题，形成了一批生长速度快、繁殖效率高、饲料转化好的新品种（配套系）；其次是应用高效疫苗，有效降低了口蹄疫、猪瘟、伪狂犬等重要传染病的危害；第三是配合饲料加工技术的应用与推广，节约了饲料资源、提升了饲料转化效率；第四是环境控制猪舍与全进全出、人工授精等生产工艺的改进，大幅提升了我国生猪养殖水平；第五是粪污综合处理与资源化利用技术的应用，为我国生猪产业可持续、绿色发展奠定了基础。

肉牛产业通过青贮加工、肉牛饲料配方与 TMR 饲喂、犊母牛培育体系等关键技术研发突破和整合集成，开发了非常规饲料资源、节约了常规饲料资源、提高了饲料转化效率，有力地支撑了我国肉牛产业的快速发展。通过牛舍环境控制与生产工艺的改进以及粪污综合处理与资源化利用技术的研究与开发，提升了我国肉牛养殖水平，为我国肉牛产业可持续、绿色发展提供了创新技术体系。

中国的主要饲料原料——粮食，从长远看是紧缺的，因此，开发新的饲料资源对饲料工业发展十分重要。几年来，在棉、菜籽饼粕及其他油粕脱毒，单细胞蛋白和藻类蛋白的开发利用，以及食品和轻工业加工废弃物如糟渣、废液的开发利用，秸秆的氨化、碱化等加工利用等方面，都取得了一定的成效。特别在动物蛋白的开发利用方面，由于我国动物蛋白资源缺乏，鱼粉的资源量只有 20 万吨左右，目前主要依赖进口。因此，在肉骨粉、动物血粉、屠宰场下脚料以及蚕蛹、蝇蛆、贻贝等开发利用进行了研究和探索，部分产品已形成了一定生产能力。

饲料添加剂的研制和生产是中国饲料工业发展中的弱项。目前中国所使用的饲料添加剂只有 99 种，而美国有 260 多种，日本有 110 种。近年来，我国成功研制出部分化学合成的饲料添加剂，如矿物盐氨基酸化合物、酯化维生素、甜菜碱、混旋肉碱、大蒜素等。在微生态制剂方面，芽孢杆菌于"八五"攻关研制成功。另外在饲料添加剂酶工程方面也取得了一定进展，如复合酶制剂已经生产；转基因高效表达植酸酶研究成功，其酶活高于国外公开文献报道约近 50 倍，高于国外相关专利产品的 80%。有关抗菌、驱虫等药物添加剂，中国已批准使用的共 30 种（不包括中草药添加剂）。

（四）养殖模式重大转变，实现了从传统散养到规模化养殖的大跨越

在生猪养殖方面，20 世纪 80 年代以前，农户散养的生猪养殖模式是我国最主要的养殖生产模式，21 世纪以来，生猪规模养殖得到发展迅速。2007 年，国务院发布了

《关于促进生猪生产发展稳定市场供应的意见》，提出扶持生猪标准化规模饲养，并对生猪标准化规模养殖场（小区）建设开始实施补助政策及生猪养殖标准化示范创建活动。随着规模化养猪的快速发展及社会化分工的不断提高，以大型集团公司为主体，以公司周边农户为养殖基地的"公司＋农户"养殖模式越来越成为如今养猪行业的一种发展趋势。生态猪养殖模式是当前养殖业发展的另一种重要方向之一，通过产业化养殖方式，节约生态猪养殖成本，提高经济效益，现已成为未来养殖发展趋势。近年来，畜禽养殖污染防治已成为"十二五"时期环境监管的重点之一，在此背景下，生猪健康养殖模式应运而生，通过采用有利于生猪健康和生态环境保护的养殖技术，生产出无公害的生猪产品是一种具有较高经济、社会和生态综合效益的生猪养殖模式，得到了大力发展和推广。"规模化猪、禽环保养殖业关键技术研究与示范"（2007）、"猪健康养殖的营养调控技术研究与示范推广"（2008）、"仔猪健康养殖营养饲料调控技术及应用"（2011）等荣获国家科学技术进步二等奖。这些成果的应用推动了我国生猪养殖业的技术进步和饲料工业的发展。

在奶牛养殖方面，我国奶牛养殖模式实现了从个体私人散养、国营集体规模养殖模式占主导地位，到个人散养，小区及规模养殖模式共同发展的逐步转变。改革开放后，我国科学家针对制约我国奶业发展的饲料与营养方面的重大技术问题开展了系统地创新研究和应用，取得了一系列成果。2012 年，中国农业科学院北京畜牧兽医研究所成果"优质乳生产的奶牛营养调控与规范化饲养关键技术及应用"获国家科学技术进步二等奖。中国农业大学李胜利教授团队成果"奶牛饲料高效利用及精准饲养技术创建与应用"获 2014 年国家科学技术进步二等奖，创建了奶牛精准饲养技术体系，促进了奶牛现代化养殖行业的发展。

在家禽养殖方面，家禽养殖模式主要包括层架式鸡笼、自由放养、自由活动式和富集型鸡笼。中国农业大学于 2005 年首次从国外引进了栖架式养鸡的概念，2007 年研究者根据我国国情，在国内外栖架的基础上进一步做了改进，设计了新型栖架，并获得实用新型专利。近年来，家禽生态养殖和健康养殖模式成为家禽养殖业发展的另一重点方向。生态养殖主要包含林下养殖模式、种养结合模式、发酵床养殖模式和循环农业模式。中国农业大学呙于明团队的肉鸡健康养殖的营养调控与饲料高效利用技术，提高了家禽生产效率和产品的质量安全水平，获 2011 年国家科学技术进步二等奖。

~~~/ 专栏 11-1 /~~~

"中国黑白花奶牛的培育"获国家科技进步一等奖

1988 年获得国家科技进步一等奖。主要完成人为赵海泉、秦志锐等。中国黑白花奶牛是 19 世纪末期，由中国的黄牛与当时引进我国的荷斯坦牛杂交，经过几十年的不断选育，而逐渐形成的。该品种的育成填补了我国没有奶牛品种的空白，建立了我国的高产黑白花奶牛核心群，明确了我国奶牛的育种方向，是一项使我国奶牛育种和生产赶上世界先进水平的重大科技贡献，为我国奶牛单产的提升，满足消费者对奶制品的需求奠定了品种基础。

◇本章参考文献

陈耀邦，1999. 共和国辉煌五十年·农业事业卷 [M]．北京：中国经济出版社．

邓楠，2001. 世界农业科技概况与趋势 [M]．北京：中国林业出版社．

邓楠，万宝瑞，2001.21 世纪中国农业科技发展战略 [M]．北京：中国农业出版社．

科技部，2003. 中国农村科技发展报告 [M]．北京：中国农业出版社．

李德发，2016. 畜牧科技的前沿进展及其对畜牧业发展的贡献 [J]．中国畜牧兽医文摘，32（2）：1-2.

信乃诠，2000. 半个世纪的中国农业科技事业 [M]．北京：中国农业出版社．

张子仪，2009. 我国动物营养与饲料科学百年回顾与历史任务 [J]．中国饲料，18：9-11.

朱志恩，2010. 中国动物繁殖学科六十周年发展与未来 [M]．北京：中国农业大学出版社．

第十二章　动物疫病防控

新中国成立 70 年来，党中央高度重视动物疫病防控科技事业，通过建立兽医行政管理机构、研究院所、科技创新平台和基地，系统地开展了动物疫病防控研究基础性工作，培养了大批科技人才，形成了"从无到有"的完整动物疫病防控管理、研究和应用体系。70 年来，我国兽医科学家艰苦奋斗、自力更生，动物疫病防控的基础科技实力和疫病防控能力有了显著提高，取得了举世瞩目的成就。新中国成立初期，以根除的两种动物疫病——牛瘟、牛肺疫，有效防控马传染性贫血（马传贫）等为代表，到改革开放后，以禽流感为代表的相关研究已处于世界领先水平，再到党的十八大以来，我国发生的人感染 H7N9 流感疫情，相关防控理论与技术均由我国科学家自主完成，并使疫情得到了有效防控等成果，标志着我国动物疫病防控科技创新领域基本实现了从"跟跑"到"并跑"的转变，部分领域达到"领跑"水平。同时，我国在猪瘟、猪蓝耳病、口蹄疫、鸡马立克氏病和血吸虫病等方面也开展了大量研究工作，取得了卓越的研究成果。为保障我国畜禽养殖业健康平稳发展和公共卫生安全提供了重要的核心科技支撑。

一、基础性工作

动物疫病防控相关基础性工作对于全面掌握我国动物疫病流行发展情况、深化对疫病的基本认知、科学开展防控技术研发、有效防治和应对动物疫病等起到了关键基础作用，具有极其重要的意义。新中国成立 70 年来，我国在动物疫病的流行病学调查与监测、实验室平台建设和兽医微生物菌种收集及保藏等方面均取得了大批重要成就，为我国动物疫病基础研究、防控技术开发和防控政策的制定提供了科学依据和科技支撑。

（一）持续系统开展疫病调查与监测工作

1. 牛、马、羊传染病调查与监测

新中国成立初期，牛、马等是主要使役动物，马匹同时具有军事用途，相关疫病的有效防控关系我国农业生产和国防安全。新中国成立初期对牛瘟、牛肺疫、马传贫等主要传染病进行了系统调查，为后来这些疫病的消灭和有效防控发挥了关键作用。近年来，中国农业科学院兰州兽医研究所国家口蹄疫参考实验室通过系统的调查和监测工作，掌握了我国口蹄疫的流行态势和规律，为口蹄疫疫苗研制和防控政策的制定提供了科学依据。同时，持续对牛、羊的其他传染病进行了调查和监测，发现布鲁氏菌病于

＊本章审稿人：沈建忠；牵头撰写人：冯力、柳金雄；参加撰写人：曾显营、李海、孙元、高玉龙、张艳禾、郭建宏、蒋桃珍、刘业兵、王琴、赵启祖、丁家波、陈鸿军、洪炀、张继瑜、李建喜、李剑勇、赵建军。

20 世纪 50—60 年代就在我国各大牧区流行；牛流行热于 80 年代在我国出现，1991 年在我国暴发；小反刍兽疫于 2007 年首次在西藏和新疆局部地区流行。另外，针对羊痘、牛黏膜病、蓝舌病等传染病均开展了较为系统的专项调查和监测，为这些疫病的防控提供了依据。

2. 猪传染病调查与监测

我国素有"猪粮安天下"之说，猪肉消费和生猪养殖量均占世界总量的 50％以上。新中国成立初期，猪瘟对我国养猪业危害严重，中国兽医药品监察所和中国农业科学院哈尔滨兽医研究所的老一辈科学家们开展了系统调查，并对 1945 年分离出石门株强毒株进行系统研究，为防控技术研究奠定关键基础。随着我国养猪业生产规模和饲养密度加大，猪呼吸系统疫病的发生越来越频繁，病因越来越复杂。相关调查和监测发现，1973 年我国首次报道猪支原体肺炎；20 世纪 80 年代在我国发现猪传染性胸膜肺炎和猪萎缩性鼻炎。

猪传染性繁殖障碍类疫病是又一类严重危害我国养猪业的重要疫病，多为病毒性传染病，如 1947 年我国发现的伪狂犬病、1983 年发现的猪细小病毒病、20 世纪 50 年代出现的流行性乙型脑炎、1956 年出现猪传染性胃肠炎、1996 年出现的猪蓝耳病、2001年首次发现猪圆环病毒病等传染病。2006 年鉴定出称之为"无名高热"的高致病性蓝耳病病原，2014 年发现了新的蓝耳病病毒重组毒株。

猪传染性腹泻是导致猪群发病、引起严重经济损失的另一类疫病，主要包括大肠杆菌病、仔猪副伤寒、猪痢疾、传染性胃肠炎、流行性腹泻和轮状病毒病等。其中，猪流行性腹泻病毒在我国猪群中已存在 40 多年，2010 年以来在我国流行，成为哺乳仔猪死亡的"第一杀手"，给养猪业造成了严重的经济损失。另外，链球菌的调查和监测工作比较系统，1958 年在上海地区首次发现猪群感染，此后十几年连年发生地方性暴发，感染猪的死亡率高达 50％。

近年来，随着我国新一轮养猪高潮的兴起，猪传染病的流行日渐突出，原有传染病依然存在，新型传染病不断在我国出现，如 2018 年出现的非洲猪瘟，对养猪业造成史无前例的损失和威胁。

3. 禽传染病调查与监测

我国是养禽大国，始终受到多种家禽传染病的困扰。1946 年我国首次分离到新城疫病原，该病是我国分布最广、危害最严重的禽病之一，新城疫持续在我国流行，出现了多个基因型，20 世纪 90 年代中期我国新出现了基因 VII 型。1956—1963 年，江苏农学院（现扬州大学）方定一等在国际上首次发现小鹅瘟并进行了系统研究，为该病的防控研究做出了重要贡献；1957 年，黄引贤首次报道鸭瘟在我国流行，随后该病在江浙一带流行，1980 年蔓延至东北。

20 世纪 80 年代以来，随着养禽业的高速发展，我国的禽病防控和研究工作也与时俱进，步入快速发展期。通过系统的调查和监测工作，掌握了禽流感、新城疫、传染性支气管炎、传染性法氏囊、白血病、马立克病等家禽传染病的流行规律。除对一些已有疫病进行深入、系统研究外，还及时对一些新发现的传染病进行了系统的研究，如我国2004 年出现的高致病性禽流感和 2010 年出现的鸭坦布苏病毒病等。其中，禽流感的调查和监测工作最为系统和深入，中国农业科学院哈尔滨兽医研究所在病原的鉴定和疫情诊断方面做了大量系统工作。2013 年我国出现人感染 H7N9 亚型禽流感病例后，国家禽流感参考实验室完成了 H7N9 亚型禽流感病毒的溯源工作，于 2017 年初率先发现高致病性 H7N9 病毒，并揭示其对公共卫生的潜在风险，为我国 H7N9 流感防控提供了科学依据。中国农业大学等单位系统解析了 H9N2 亚型禽流感病毒遗传演化规律，揭示了基因型 G57 病毒在我国养殖鸡群中呈流行优势，证明该基因型病毒促进了新型 H7N9 重排病毒的产生，提出要高度重视 H9N2 病毒作为新型病毒的基因供体作用。目前，我国禽传染病的研究处于国际领先水平。

4. 人兽共患病的调查与监测

人兽共患传染病始终是新中国成立以来国家卫生和动物疫病防控部门关注的重点，尤其在炭疽、布鲁氏菌、结核、狂犬等传染病的调查和监测方面做了系统的工作。

布鲁氏菌病于 1905 年在我国首次报道，随后逐渐扩散。20 世纪 80—90 年代我国人兽间布鲁氏菌病均得到有效控制。然而 2000 年后，随着社会的多元化发展及多种原因，该病呈现暴发流行趋势，目前我国除海南省外，各省均有流行。因此，2017 年农业部启动了强制免疫措施以控制该病。

家畜结核病在我国流行历史悠久，与人的结核病呈平行关系，特别是进入 20 世纪40 年代，由于从国外输入大量奶牛，很多结核病牛混入其中，从而使我国家畜结核病的流行更加广泛。在 50—70 年代，我国牛结核病流行一直呈缓慢上升的趋势，80 年代牛结核病的流行达到最高峰。进入 21 世纪，由于持续实施检疫、隔离和扑杀政策，使牛结核病的发病率显著降低，但依然是威胁人和动物健康的重要传染病。

狂犬病是另一种危害极其严重的人兽共患病，我国狂犬病的流行历史较长，进入21 世纪，狂犬病疫情呈现上升趋势。军事医学科学院军事兽医研究所对狂犬病开展了系统的监测和研究工作，为我国狂犬病的有效防治提供了重要参考依据。

在人兽共患的寄生虫病调查和监测方面也取得了重要成果，最为突出的是日本血吸虫病的调查与监测工作。上海家畜血吸虫病研究室（中国农业科学院上海兽医研究所前身）自 1964 年就开展了不同类型家畜血吸虫病的疫情、传播途径、流行规律和对人的危害等调查研究，成为国内唯一以我国流行的日本血吸虫（中国大陆株）作为研究对象的专业机构，在我国日本血吸虫病的防控中发挥了关键作用。

5. 小动物传染病调查与监测

新中国成立 70 年来，我国在犬、猫、兔等小动物传染病研究方面也有长足进展，尤其是在兔病毒性出血症方面做出了重要贡献。兔病毒性出血症是 1984 年由我国首先发现的一种急性、病毒性传染病，20 世纪 80 年代后期在很多国家广泛流行，对养兔业造成灾害性损失，引起国际兽医界的高度重视。

（二）逐步建立完善的实验平台

实验平台是动物疫病研究工作的关键基础支撑和重要保障。新中国成立 70 年以来，我国的动物疫病防控相关实验平台从无到有，从弱到强，发生了翻天覆地的变化。国家重点实验室、国家参考实验室、国际参考实验室等多种形式的实验平台在支撑兽医行业科技创新、凝集和培养高层次人才队伍、促进国际合作与交流、保障现代化兽医科技事业持续健康发展过程中发挥了关键作用。

1986 年，我国兽医领域的第一个兽医生物技术国家重点实验室获得当时农牧渔业部的批准建设，标志着改革开放后对兽医领域实验室平台建设的重视与支持。2005 年，家畜疫病病原生物学国家重点实验室和病原微生物生物安全国家重点实验室分别成立，为我国兽医行业研究水平和能力的提高提供了有力保障。

根据国家科技发展和行业需要，我国国家发展改革委员会成立了国家工程研究中心，科技部成立了国家工程技术研究中心，旨在培育、提高自主创新能力，促进产业技术进步和核心竞争能力的提高（表 12 - 1）。

表 12 - 1　国家工程研究中心和国家工程技术研究中心

序号	名　　称	依托单位	隶属部门	批准建立时间
1	动物用生物制品国家工程研究中心（哈尔滨国生生物科技股份有限公司）	中国农业科学院哈尔滨兽医研究所和中国兽医药品监察所	国家发展改革委员会	2008 年
2	国家兽用生物制品工程技术研究中心	江苏省农业科学院和南京天邦生物有限公司	科技部	2007 年
3	国家兽用药品工程技术研究中心	普莱柯生物工程股份有限公司	科技部	2009 年
4	国家动物用保健品工程技术研究中心	青岛蔚蓝生物股份有限公司	科技部	2011 年

设立特定病原兽医参考实验室是国际通行做法，是做好动物疫病防控工作的重要基础。我国根据动物传染病研究的需要，自 2005 年以来，先后成立了禽流感、口蹄疫、牛海绵状脑病、新城疫、猪瘟、牛瘟、牛传染性胸膜肺炎、布鲁氏菌病、马传染性贫血、马鼻疽共 10 个国家参考实验室，同时成立了国家外来动物疫病诊断实验室、国家牛海绵状脑病检测实验室。2019 年，设立了国家非洲猪瘟参考实验室、1 个专业实验室和 3 个区域性实验室。近 20 年来，参考实验室在我国禽流感、口蹄疫、猪瘟、非洲猪瘟等重大疫病的诊断、流行病学调查和防控技术研究等方面做出了重要贡献。

随着我国动物传染病研究水平的日益提升，多个实验室成为国际参考实验室。2008 年，国家禽流感参考实验室成为我国第一个世界动物卫生组织（OIE）参考实验室，2013 年该实验室又成为 FAO 动物流感参考中心。同时，由于我国在马传贫血、口蹄疫、猪瘟等传染病的领先研究水平，相关实验室相继被认定为 OIE 参考实验室或协作中心。截至 2019 年 4 月，我国共有 13 个动物传染病国际参考实验室和 4 个协作中心（表 12 - 2）。

表 12 - 2　我国动物疫病 FAO 和 OIE 参考实验室名录

序号	实验室名称	依托单位	认定年份
1	FAO 动物流感参考中心	中国农业科学院哈尔滨兽医研究所	2013
2	OIE 禽流感参考实验室	中国农业科学院哈尔滨兽医研究所	2008
3	OIE 马传染性贫血参考实验室	中国农业科学院哈尔滨兽医研究所	2011

（续）

序号	实验室名称	依托单位	认定年份
4	OIE 口蹄疫参考实验室	中国农业科学院兰州兽医研究所	2011
5	OIE 马流感参考实验室	中国农业科学院哈尔滨兽医研究所	2011
6	OIE 羊泰勒虫病参考实验室	中国农业科学院兰州兽医研究所	2012
7	OIE 人兽共患病亚太区协作中心	中国农业科学院哈尔滨兽医研究所	2012
8	OIE 狂犬病参考实验室	军事医学科学院军事兽医研究所	2012
9	OIE 猪繁殖与呼吸综合征参考实验室	中国动物疫病预防控制中心兽医诊断实验室	2012
10	OIE 新城疫参考实验室	中国动物卫生与流行病学中心国家外来动物疫病诊断中心	2012
11	OIE 链球菌病诊断参考实验室	南京农业大学	2013
12	OIE 小反刍兽疫参考实验室	中国动物卫生与流行病学中心国家外来动物疫病诊断中心	2014
13	OIE 亚太区食源性寄生虫病协作中心	吉林大学人兽共患病研究所	2014
14	OIE 兽医流行病学协作中心	中国动物卫生与流行病学中心	2014
15	OIE 猪瘟参考实验室	中国兽医药品监察所	2017
16	OIE 禽传染性法氏囊病参考实验室	中国农业科学院哈尔滨兽医研究所	2018
17	OIE 传染性造血器官坏死病参考实验室	深圳海关食品检验检疫技术中心	2018

高级别生物安全实验室在重要动物传染病研究和防控中具有关键支撑作用。我国20 世纪 80 年代末开始生物安全实验室的建设，在 2001 年美国炭疽事件和 2003 年我国发生 SARS 疫情后，我国加快了生物安全实验室的建设，至今通过国家认可的生物安全三级及以上实验室达 58 家，其中农业系统 8 家。中国农业科学院哈尔滨兽医研究所动物生物安全三级实验室建成于 2001 年，是我国农业系统第一个建成并投入使用的生物安全三级实验室，自建成以来，全面发挥了生物安全平台作用，在 2003 年阻击 SARS疫情、2004 年开始发生的 H5N1 禽流感疫情和 2013 年发生的 H7N9 禽流感疫情防控工作过程中发挥了关键作用。

同时，为埃博拉、尼帕等烈性传染病的研究提供生物安全保障，自 2004 年开始，我国规划了 3 个最高级别生物安全实验室的建设。目前，3 个生物安全四级实验室均已建设完成，2 个投入使用。其中依托中国农业科学院哈尔滨兽医研究所建设的"国家动物疫病防控高级别生物安全实验室"（详见专栏 12 - 1）是农业领域唯一的一个生物安全四级实验室。该实验室投入使用后将成为我国及全球重要动物传染病与人兽共患病综合性研究平台。2018 年我国暴发非洲猪瘟疫情后，该实验室被农业农村部指定为国家非洲猪瘟专业实验室，在非洲猪瘟病毒诊断技术、病原分离鉴定及遗传进化、动物感染模型建立的研究中已发挥关键作用。

~~~~/ 专栏 12-1 /~~~~~~~~~

国家动物疫病防控高级别生物安全实验室

"国家动物疫病防控高级别生物安全实验室"是我国首个自主设计建设的生物安全四级实验室，是全球最大的大动物生物安全四级单体设施，也是全球目前4个大动物生物安全四级实验室之一，使我国成为全球少数几个实现可开展所有已知病原研究全覆盖的国家。该实验室建筑面积1.8万平方米，可开展猪、马、牛、羊等大型动物病原感染试验研究。该实验室是国家重大动物疫病和人兽共患病研究中心和国际合作交流平台，为国家畜禽健康、公共卫生安全提供关键的平台支撑。

该实验室于2004年立项，2012年完成施工设计并开工建设，2015年12月建成并通过工程验收，于2018年7月获得CNAS认可。

（三）菌（毒）种保藏资源库逐步完善

微生物菌（毒）种是宝贵的国家生物资源，微生物菌（毒）种鉴定和保藏工作意义重大。我国早在1952年农业部设立兽医生物药品监察所（现名中国兽医药品监察所）时即责令该所负责收集兽医微生物菌（毒）种，进行鉴定和保藏，并为兽医生物药品制造单位、科研机构及农业院校提供菌（毒）种，满足生产、科研和教学的需要。

为了更好地保护和利用我国的微生物资源，推进生物科学和生物技术的发展，1979年，在国家科学技术委员会的组织领导下成立了中国微生物菌种保藏管理委员会，下辖7个专业性保藏管理中心，兽医微生物菌（毒）种保藏管理中心是其中之一。农业部于1980年建立了兽医微生物菌种保藏管理中心，设在中国兽医药品监察所，专门从事兽医微生物菌种（包括细菌、病毒、原虫和细胞系）的收集、保藏、管理、交流和供应。同时，在中国农业科学院哈尔滨兽医研究所、兰州兽医研究所和上海兽医研究所建立中心的分管单位，负责专门菌种的保藏和管理工作。

目前，中国兽医微生物菌（毒）种保藏管理中心收集保藏的菌（毒）种达230余种（群）、3 000余株。20多年来，中国兽医微生物菌种保藏管理中心为我国科研院所、高等院校及兽医生物制品的生产企业，提供了6万多株各类兽医微生物菌种，为国民经济建设、工农业生产、环境保护和科研教育发挥了重要的作用，产生了巨大的社会效益和经济效益。

二、基础研究

基础研究是科学创新的根本动力和源泉。新中国成立以来，动物疫病基础科学研究经历由弱到强的历程，在我国畜牧业发展的各历史转折时期都起到了关键作用。进入21世纪以来，借助生物技术和信息技术的迅猛发展，我国动物疫病领域的基础科学研究整体实现跨越式发展，在SCI核心学术期刊发表论文数量逐年上升，并且涌现一批重要原创性基础研究成果。基础研究在我国当前及未来动物疫病防控中的核心地位日益突出。

（一）动物疫病流行病学与病原生物学研究

新中国成立初期，我国动物疫病流行病学和病原学研究尚不系统、不全面。为研发建立符合我国国情的防控技术产品和措施，全国兽医科研工作者克服底子薄、基础差、经验少等重重困难，迎难而上，以高度的责任感和奉献精神，对我国主要动物疫病进行了较为系统全面的流行病学和病原学研究。改革开放 40 年以来，我国主要动物疫情的流行病学与病原生物学研究普遍取得了巨大的进展，在禽流感、新城疫、猪瘟、猪流行性腹泻、口蹄疫、狂犬病等重大动物疫病和人兽共患病领域陆续取得一系列丰硕成果，为我国畜牧业健康发展和公共卫生安全做出了卓越贡献。

1. 禽传染病流行病学与病原生物学研究

近年来，禽流感对我国养殖业和公共卫生安全构成严重威胁。1997 年，我国香港首次发生人感染 H5N1 亚型禽流感事件，2004 年我国大陆发生大规模家禽 H5N1 高致病性禽流感疫情，2005 年我国青海湖大型迁徙鸟发生 H5N1 高致病性禽流感疫情，2013 年发生人感染 H7N9 亚型禽流感病毒疫情。中国农业科学院哈尔滨兽医研究所、中国农业大学和中国科学院微生物研究所等科研机构针对病毒致病性、宿主特性、遗传演化和生物学进化的规律进行了系统的研究，为全面科学认知禽流感病毒做出了杰出贡献，为国家禽流感防控政策制定提供了重要科学依据，详见专栏 12 - 2。

~~~/ **专栏 12 - 2** /~~~~~~

禽流感病毒进化、跨种感染及致病力分子机制阐明

近 20 年来，H5N1 和 H7N9 禽流感病毒因感染和致人死亡而引起广泛的公共卫生关注。

中国农业科学院哈尔滨兽医研究所陈化兰院士团队研究发现 H5N1 病毒在自然界频繁变异、重组和对哺乳动物致病能力增强的特点，发现了 H5N1 病毒获得感染哺乳动物能力和致病力增强的重要分子标记（PB2 的 D701N 突变），以及影响病毒毒力的重要基因（NS1），证明了 H5N1 病毒引起人流感大流行的可能性。这些研究成果为 H5N1 病毒的科学认知、风险评估、防控政策制定和疫苗研发提供了重要依据。相关研究结果先后在 *Science* 等杂志发表，部分成果获 2013 年"国家自然科学二等奖"，这是截至当前我国兽医领域获得的首个国家自然科学奖。

2013 年我国发生人感染 H7N9 禽流感病毒疫情，陈化兰院士团队研究证实人感染 H7N9 病毒来源于家禽，并发现高致病性 H7N9 突变株及其可在哺乳动物内复制过程中获得适应性突变的特点。相关研究结果先后在 *Science* 等杂志发表，部分成果被评为"2013 年中国十大科技进展"，陈化兰被 *Nature* 杂志评为"2013 年全球 10 大科学人物"。

1990 年以来，非典型新城疫在我国免疫鸡群及家养水禽特别是鹅群大面积暴发流行，给我国的养禽业造成了巨大的经济损失。扬州大学刘秀梵院士团队、中国动物卫生与流行病学中心等多个科研院所对新城疫病毒毒力进化和致病性的分子机制进行了深入研究。研究证明，常用疫苗毒株与鸡群的优势流行株之间基因型不匹配是近 20 年来我国免疫鸡群中非典型性新城疫发生的根本原因，并鉴定Ⅶd 亚型为 1990 年以来在鸡群和鹅群流行的新城疫病毒强毒的优势基因型，研发的基因Ⅶ型新城疫基因工程疫苗，有效地控制了新城疫在我国免疫鸡群和鹅群的流行态势。

我国于 1972 年首次报道了传染性支气管炎的流行，之后该病迅速扩散到全国。20世纪 90 年代中期，传染性支气管炎流行病毒株发生变异。中国农业科学院哈尔滨兽医研究所、扬州大学和中国农业大学等多个单位全面系统地开展了持续的鸡传染性支气管炎病毒（IBV）流行病学和病原学研究，阐明了我国 IBV 主要流行毒株的基因型及流行特点，建立了传染性支气管炎病毒资源库，并研发了多种鸡传染性支气管炎新型疫苗。

2008 年以来，我国鸡群中发生了严重的禽白血病。山东农业大学、中国农业科学院哈尔滨兽医研究所和扬州大学等相关单位开展了大量的禽白血病流行病学调查与研究，证实了我国鸡群流行的禽白血病病毒主要以 J 亚群为主，并确定我国禽白血病的发生与引种来源有一定关系，而与家禽品种关系不大，对我国鸡群禽白血病的防控具有重要的理论指导意义。

此外，我国兽医科研工作者针对严重影响我国养禽业健康发展的其他重要疫病，如鸡传染性法氏囊病、鸡马立克氏病、鸡传染性鼻炎、鸡白痢、鸡伤寒、鸭瘟、鸭病毒性肝炎、小鹅瘟及鸭坦布苏病毒病等，也开展了系统的流行病学和病原学研究，为我国禽类疫病防控和养禽业的健康发展提供了有力的支撑。

2. 猪传染病流行病学与病原生物学研究

猪传染性胃肠炎（TGE）、猪流行性腹泻（PED）和猪轮状病毒（PoRV）自 1970年以来在我国猪群中持续流行。华中农业大学、中国农业大学、南京农业大学、中国农业科学院哈尔滨兽医研究所等单位从 70 年代中后期开始针对上述疫病进行了持续系统的流行病学研究，确定了我国 PED 流行毒株分为 2 个基因型（经典毒株和变异毒株），且以变异毒株为主；TGEV 流行毒株分为 Miller 和 Purdue 群，且以 Miller 群毒株为主，并发现存在 Miller 和 Purdue 的重组病毒；A 群 PoRV 流行毒株存在 G2、G3、G4、G5、G9、G11 六个血清型，其中 G5、G9 占主导地位。

在猪瘟流行病学研究方面，我国兽医科研工作者创建了我国第一个猪瘟流行病学信息系统（CSFinfo），明确了我国猪瘟流行毒株包括基因Ⅰ型、基因Ⅱ型和基因Ⅲ型，其中基因Ⅱ型为优势型，占 74.24%；基因Ⅰ型占 24.24%；基因Ⅲ型仅分布于我国台湾地区和周边国家，为猪瘟疫情监控和疾病清除提供了理论支持。

3. 牛羊传染病流行病学与病原生物学研究

口蹄疫分布广泛，在世界大部分国家和地区都曾经发生，是严重危害畜牧业的一类动物传染病。20 世纪 50 年代中国农业科学院兰州兽医研究所率先筹建了口蹄疫研究室，近 70 年里，以其为代表的我国多个科研单位广泛开展系统的流行病学调查和监测工作。深入研究病毒遗传进化和变异，阐明了疫病流行成因和发生、发展规律，掌握了我国口蹄疫的流行态势和规律。2000 年以来，亚洲 I 型、O 型和 A 型 3 种血清型的 5 种新流行毒株先后传入我国。

新中国成立 70 年来，我国流行病学和病原学研究在猪蓝耳病、伪狂犬病、牛传染性胸膜肺炎等众多重大疫病的防控中均发挥了指导性的作用，为这些疫病的防控提供了依据；在抵御狂犬病、血吸虫病、布鲁氏菌病、牛结核病、血吸虫病、猪链球菌病等重大人兽共患病过程中也贡献了关键力量，为疫病的防控提供了理论支撑。

4. 细菌耐药性研究

我国是兽用化学制剂使用量最大的国家之一，每年至少超过 5 万吨抗菌药物用于养殖业，病原耐药性日益严重是当前我国动物疫病防控的另一重大挑战。2008 年至今，我国建立了动物源细菌耐药性监测技术平台和耐药性细菌资源库，创建了具有自主知识产权的动物源细菌耐药性数据库，基本摸清了我国动物源细菌的耐药性状况。在耐药性形成机制方面，我国在黏菌素耐药肠杆菌和碳青霉烯类耐药肠杆菌耐药机制的研究上处于世界领先地位。其中，由中国农业大学沈建忠院士领衔的团队联合华南农业大学、浙江大学等率先发现了可转移的黏菌素耐药基因 $mcr-1$，解析了其在人源、畜禽源、宠物源、食品源、水产源及其相关环境的流行传播特征及其传播的风险因素，揭示了碳青霉烯耐药基因 bla_{NDM} 与黏菌素耐药基因 $mcr-1$ 在大肠杆菌、肺炎克雷伯菌等不同种属致病菌中的传播规律。

（二）动物疫病病原—宿主互作及免疫机制研究

随着我国畜牧业生产规模不断扩大，我国已成为世界最大畜牧业大国。随着养殖业不断转型和升级，在新常态下我国兽医发展面临着一系列新的问题和挑战。

面对这些问题，我国各兽医研究单位逐渐加强病原—宿主相互作用及免疫机制相关基础研究。尤其在进入 21 世纪以来，借助生物技术和信息技术的迅猛发展，我国动物疫病感染及免疫机制研究涌现出一批重要原创性基础研究成果，阐明部分疫病病原感染及免疫机制、细菌进化、耐药性产生及传播机制以及动物寄生虫生长发育及致病的分子机制等，大大加强了我国动物疫病防控理论支撑。

从 20 世纪 90 年代开始，我国科研人员开始了对马传染性贫血（马传贫）弱毒疫苗致弱机制和诱导免疫机制的研究。中国农业科学院哈尔滨兽医研究所系统研究了马传贫病毒基因组在体内外的遗传进化规律，提出了马传贫弱毒疫苗可能起源于"马传贫准种的一个小的分支"的假说，发现了马传贫弱毒疫苗免疫保护的新机制，证明了细胞免疫应答在马传贫慢病毒免疫保护中的重要作用，阐明了病毒复制的部分分子机制，发现并评估了一系列在马传贫不同复制阶段具有重要调节作用的马属动物（马、驴）天然免疫限制因子。相关成果为其他慢病性毒尤其是艾滋病病毒疫苗研制提供了理论依据和重要借鉴，得到相关领域国内外同行的广泛认可。

2010 年以来，在猪重大传染性疫病感染及免疫机制领域也取得了一系列重要进展，目前已经绘制了完整的猪瘟病毒与宿主相互作用网络，系统解析了宿主分子调控病毒入侵、复制的分子机制，鉴定了新的猪瘟病毒吸附受体，阐明了其颉颃宿主的天然免疫应答的机制。揭示了猪蓝耳病病毒颉颃宿主天然免疫的分子机制，构建了永生化的猪肺泡巨噬细胞系（PAM），明确了 CD163 与 PAM 细胞对蓝耳病病毒易感性的关系，并以此为依据培育了 CD163 受体基因敲除的抗蓝耳病转基因猪。发现猪流行性腹泻病毒（PEDV）可以经鼻腔/呼吸道入侵也可引起仔猪肠道致病，系统阐明了 PEDV 侵入、复制、致病及免疫逃逸的分子机制，并成功建立了首个 PEDV 体外感染猪肠类器官模型，解决了 PEDV 缺少合适的体外感染模型的瓶颈问题。这些研究成果为设计抗病毒策略、挖掘抗病育种靶标、快速和精准致弱病毒等防控理论的创新提供了科学依据。

狂犬病是危害人类健康的重要人兽共患病。中国农业科学院哈尔滨兽医研究所在狂犬病病原研究上获得重要进展，2018 年首次鉴定并发现了狂犬病病毒的一个全新的入侵神经细胞受体，该成果为世界狂犬病研究领域近 30 年来的重要发现。

此外，基于高通量组学研究和生物信息学技术的发展，中山大学、上海复旦大学、南京医科大学、中国农业科学院和中国农业大学等单位围绕血吸虫、弓形虫等发育机制、致病机理、免疫机制等方面开展了深入、系统的研究，取得了突破性进展。上述基础研究成果为我国重要动物疫病的防控、新型疫苗及预防治疗性制剂的研发奠定了坚实的理论基础。

三、应用技术研究

新中国成立 70 年来，我国在畜禽动物疫病的应用开发研究方面成绩显著。先后研制出一大批优秀的动物用疫苗等防控技术和产品。如马传染性贫血弱毒疫苗、牛瘟弱毒疫苗、禽流感疫苗、新城疫疫苗、猪瘟兔化弱毒疫苗 C 株、口蹄疫灭活疫苗、猪圆环病毒病疫苗、猪伪狂犬病疫苗等。这些疫苗的研制为我国动物疫病的防控起到了关键的作用。

（一）家禽疫病防控技术研发

新中国成立 70 年以来，我国在禽流感、新城疫、鸡传染性支气管炎等家禽疫病防控研究方面取得了重要成果，为我国禽病防控发挥了非常重要的作用。

~~~/ **专栏 12 - 3** /~~~~~~

H5 和 H7 亚型禽流感疫苗的创制

禽流感是一种由禽流感病毒引起的人兽共患传染病。我国 2004 年 H5N1 禽流感疫情和 2013 年 H7N9 禽流感疫情因感染和致人死亡而引起广泛的公共卫生关注。

疫苗接种是防控高致病力禽流感的重要举措。中国农业科学院哈尔滨兽医研究所国家禽流感参考实验室研制了国际上首个产业化的反向遗传禽流感疫苗，2004 年投入应用，获一类新兽药证书，2005 年获"国家科技进步一等奖"。随后，创制的 H5 禽流感、新城疫重组二联活疫苗获一类新兽药，实现了一种活疫

苗有效预防禽类两大疫病，是国际上首个产业化的重组 RNA 病毒活疫苗，2006
年投产应用，该疫苗的研制获 2007 年"国家技术发明二等奖"。国家禽流感参考
实验室研制及更新的 H5 禽流感疫苗已在中国、东南亚国家和非洲国家推广应用
2 300 多亿羽份，为 H5 亚型禽流感防控发挥了重要作用。

截至 2017 年，H7N9 流感病毒在我国引起五波人的流感疫情，共导致 1564
人感染，致死率超过 30%。其中，发生在 2016 年 10 月至 2017 年 9 月的第 5 波
疫情中共有 766 人感染，全球高度关注。国家禽流感参考实验室研发的 H5/H7
二价灭活疫苗于 2017 年 9 月开始在家禽中应用。疫苗免疫不但有效阻断了
H7N9 病毒在家禽中的流行，更在阻断人感染 H7N9 病毒方面取得"立竿见影"
的效果，使 H7N9 感染人病例数由第 5 波疫情的 766 例降为 2017 年 10 月至 2018
年 10 月的 3 例，彻底消除了人们的担忧和恐惧，受到国内和国际社会广泛关注。

禽流感是危害养禽业最重要的动物疫病，进入 21 世纪以来，我国在禽流感方面的
研究成绩显著，尤其在疫苗方面的研究为我国高致病性禽流感和人 H7N9 流感的有效
防控发挥了重要的作用，详见专栏 12 - 3。

新城疫对养禽业危害巨大。我国于 1946 年由梁英和马闻天等首次通过病毒分离证
实了新城疫在我国的存在和流行。于 20 世纪 80 年代采用引自国外的新城疫疫苗对该病
实施了全面的免疫策略，有效地控制了该病。20 世纪 90 年代中期我国首次出现了基因
Ⅶ新城疫病毒，至今该基因型毒株仍然是我国禽群中流行的优势基因型。新城疫病毒新
的基因型不断出现，使得 20 世纪 40 年代研制并应用至今的经典新城疫疫苗不能有效阻
止该病在我国的流行和危害。扬州大学刘秀梵院士带领团队应用反向遗传技术创制了免
疫原性强、毒价高、毒力低、与当前优势流行株匹配性好的基因Ⅶ型新城疫疫苗种毒，
在此基础上成功研制出重组新城疫病毒灭活疫苗（A-Ⅶ株），获国家一类新兽药注册证
书，这是国际上第一个基因Ⅶ型新城疫疫苗，该疫苗能有效控制免疫鸡群和鹅的新
城疫。

在其他禽传染病如鸡传染性支气管炎、鸡传染性喉气管炎、鸡马立克氏病、禽白血
病、小鹅瘟、鸭瘟、鸭坦布苏病毒病等禽病应用研究方面也取得了重要成果，为这些疫
病有效防控发挥了重要作用。研制的传染性法氏囊病灭活疫苗（G 株）和弱毒活疫苗
（Gt 株）、鸡马立克氏病血清 1 型疫苗 814 株、鸡马立克氏病血清 2 型的 Z4 疫苗及血清
2 型＋3 型（Z4＋Fc126）双价疫苗、鸡传染性喉气管炎重组鸡痘病毒基因工程疫苗，
以及禽白血病系列诊断试剂盒等在疫病防控中发挥了重要作用。

（二）猪疫病防控技术研发

我国是世界上最大的猪肉生产与消费国。新中国成立 70 年来，研制出一大批具有
自主知识产权的优秀疫苗，如猪瘟兔化弱毒疫苗、猪伪狂犬病基因缺失疫苗、猪圆环病
毒病灭活疫苗等。截至 2018 年底，我国批准注册的猪用生物制品有 100 多个品种，生
产批准文号约 460 多个，这些疫苗在猪病防控中起到了积极的作用。

新中国成立初期，何正礼、方时杰等选用抗原性优良的石门系毒株研制的猪瘟结晶紫疫苗效果明显，广泛应用后对控制当时猪瘟的流行发挥了重要作用。20 世纪 50 年代中期研制的猪瘟弱毒疫苗 C 株为我国乃至世界范围内猪瘟的防控发挥了重要的作用，详见专栏 12 - 4。

~~~~/ **专栏 12 - 4** /~~~~~~

猪瘟兔化弱毒疫苗的创制

猪瘟是严重危害养猪业的一种重要动物疫病。1945 年在石家庄分离出石门毒株。1951 年用石门毒株成功研制出了结晶紫甘油灭活疫苗，并在全国大规模推广使用，迅速控制了疫情；1954 年，成功研制出"54 - Ⅲ系"也称猪瘟兔化弱毒疫苗"C 株"，在全国大规模推广使用，迅速控制了疫情。1958 年，C 株疫苗被引入匈牙利，相继被朝鲜、苏联、罗马尼亚、保加利亚、越南等国引入，后来又流传到西欧和拉美各国。因为 C 株安全有效，至今被广泛应用于世界各国。1976 年联合国粮农组织和欧洲经济共同体召开的专家会议上，一致认为中国的猪瘟兔化弱毒株，为消灭和控制欧洲国家猪瘟，做出了重大贡献。1983 年，猪瘟兔化弱毒疫苗 C 株获国家发明一等奖。该项成果于 2001 年成功入选"我国二十世纪重大工程技术成就"。

我国对猪流行性腹泻、猪传染性胃肠炎、猪繁殖与呼吸综合征、猪圆环病毒 2 型、伪狂犬病等猪重要病毒病和猪副嗜血杆菌病、猪丹毒、猪萎缩性鼻炎等猪重要细菌病也曾组织各地兽医力量进行深入研究，协作攻关。先后研制出了猪流行性腹泻灭活疫苗以及猪传染性胃肠炎、猪流行性腹泻、猪轮状病毒（G5 型）三联疫苗、猪蓝耳病 CH - 1a 株灭活疫苗和活疫苗、高致病性猪蓝耳病弱毒疫苗以及经典与高致病性猪蓝耳病嵌合疫苗、猪伪狂犬病灭活疫苗（鄂 A 株）和基因缺失活疫苗（HB98 和 HB2000 株）以及猪伪狂犬病基因缺失活疫苗（SA215 株）、猪圆环病毒 2 型灭活疫苗（LG 株）、猪细小病毒灭活疫苗、猪丹毒 GC42 和 G4T10 弱毒疫苗及灭活疫苗、猪瘟-丹毒-肺疫三联和猪瘟-丹毒二联疫苗，同时研制了国内外首创的猪气喘病弱毒疫苗，并提出了有效的防控措施。

（三）马、牛、羊等动物疫病防控技术研发

新中国成立 70 年以来，以消灭牛瘟、牛肺疫和控制马传染性贫血所取得的成就最为突出。新中国成立前牛瘟流行几乎遍及全国，新中国成立初期疫情仍然十分严重。陈凌风、袁庆志等主持研制的牛瘟兔化弱毒、牛瘟山羊化兔化弱毒和牛瘟绵羊化兔化弱毒疫苗对我国牛瘟的防控起到了关键的作用，到 1956 年全国已不再有牛瘟发生。

牛肺疫曾使我国养牛业遭受很大损失。吴庭训等 1958 年研制成功牛肺疫兔化弱毒疫苗，1959 年又研制成功牛肺疫兔化绵羊适应疫苗。牛肺疫疫苗的使用，使我国于 1996 年宣布彻底消灭牛肺疫，这是我国动物疾病防控工作的又一个重要里程碑。2011

年 5 月获得 OIE 颁发的国际牛肺疫无疫认证证书。我国科学家在马传染性贫血弱毒疫苗开发研究上取得了举世瞩目的成就，详见专栏 12 - 5。

~~~/ **专栏 12 - 5** /~~~

马传染性贫血弱毒疫苗创制

马传染性贫血简称马传贫，是危害养马业最重要的传染性疾病之一。被世界动物卫生组织列入 OIE 疫病名录，在我国被列为"二类动物疫病"。该病在 1843 年发现于法国，目前在世界范围内流行，我国除个别省份外，全国范围内基本无马传贫疫情。

1975 年，中国农业科学院哈尔滨兽医研究所研究人员经过 20 余年坚持不懈的努力，成功创制了世界第一个慢病毒疫苗——马传贫驴白细胞弱毒疫苗。从 1976 年起，使用该疫苗共免疫注射 7 000 万余马匹，有效控制了马传贫在我国的流行。根据农业部 1992 年统计，10 年内减少经济损失 65.236 亿元。该疫苗于 1986 年获得国家发明一等奖，其主要研制者沈荣显院士于 1990 年和 1996 年分别获得陈嘉庚科学奖和何梁何利生命科学奖。马传贫病毒与人类免疫缺陷病毒 1 型（HIV-1）同属反转录科慢病毒属成员。马传贫驴白细胞弱毒疫苗的成功研制打破了慢病毒无免疫的理论，该疫苗的免疫保护机理引起了国际病毒学界和兽医学界的广泛关注。2001 年，该疫苗成功入选"我国二十世纪重大工程技术成就"。

口蹄疫危害世界畜牧业已逾百年，全世界四分之三以上的国家和地区都曾经发生过该病，造成重大经济损失和社会影响。20 世纪 50 年代，农业部尹德华带队，到中国农业科学院兰州兽医研究所筹建口蹄疫研究室，开展了口蹄疫疫苗的最初研究。1956 年，用结晶紫甘油灭活和福尔马林灭活的口蹄疫疫苗获得成功。1960 年，结晶紫甘油疫苗在青海、云南、新疆、河南、甘肃、四川康藏地区推广应用。这是我国推广应用的第一个口蹄疫灭活疫苗，对口蹄疫防控起到较好作用。1978 年，王宗子等开展 BEI 灭活疫苗研究，解决了疫苗安全问题，1987 年，此项成果被评为国家科学技术二等奖。1989 年，谢庆阁等研发的猪口蹄疫 O 型灭活疫苗，获 1999 年国家发明二等奖。1993 年，况乾惕等研发了牛口蹄疫 O 型灭活疫苗。2000 年以来，亚洲 I 型、O 型和 A 型 3 种血清型的 5 种新流行毒株先后传入我国，科学家们先后成功创制了牛口蹄疫 O 型、A 型双价灭活疫苗、口蹄疫 O 型、A 型、亚洲 I 型三价灭活疫苗、口蹄疫 A 型灭活疫苗等，这些疫苗覆盖了当时我国流行的所有血清型和毒株的口蹄疫。创建了制苗种毒分子选育技术平台，创制了覆盖亚洲 I 型、O 型和 A 型的系列高效灭活疫苗，于 2016 年获得了国家科学技术进步二等奖。在其他大动物疫病的应用开发研究方面，先后研制了小反刍兽疫诊断试剂盒；培育了绵羊痘鸡胚化弱毒疫苗和山羊痘弱毒疫苗，两种弱毒疫苗有效地控制了我国羊痘的疫情；1992 年成功研制了牛流行热灭活疫苗，该疫苗制品的研发、推广及应用为我国牛流行热的防控提供了重要的技术支撑。

（四）人兽共患病防控技术研发

人兽共患病严重影响我国畜牧业健康发展，具有重要的公共卫生意义。新中国成立以来，狂犬病、布鲁氏菌病、血吸虫病、结核病等在应用技术和研究方面成绩显著。

我国早期的狂犬病疫苗是山羊或绵羊的神经组织灭活苗，用于犬的免疫，但该疫苗副反应大且有残留毒力，因此 1983 年以后停止使用该疫苗。后来广泛使用的鸡胚细胞苗，细胞培养减毒苗如 Flurry 株、ERA 株均为从国外引进的免疫原性良好的疫苗株得到大规模使用。由于活苗仍然存在潜在安全性问题，2010 年开始我国陆续批准了几种国产动物用细胞培养狂犬病灭活苗，技术上已经与国际同步，目前活苗已不再采购。

我国布鲁氏菌病（布病）活疫苗主要有三种，羊种 M5 是由中国农业科学院哈尔滨兽医研究所于 1962 年研制成功，该疫苗具有较强的保护性和安全性，主要预防羊和牛布病，为我国布病的防控立下了汗马功劳，并获得国家科技进步二等奖。猪种 S2 疫苗是由中国兽医药品监察所在 1970 年研制成功，该疫苗安全性较好，可口服，可预防牛、羊和猪布病。1980 年，中国农业科学院哈尔滨兽医研究所将 M5 在鸡胚成纤维细胞上传代，使其毒力进一步减弱，稳定性增强，命名为 M5 - 90。

结核病是一古老的传染性疾病。20 世纪 50—60 年代，我国牛结核病一直呈缓慢上升的趋势。70 年代，随着奶牛养殖业规模的不断扩大，牛结核病的流行趋势不减。80 年代牛结核病的流行达到了最高峰。进入 21 世纪，由于持续实施检疫、隔离和扑杀政策，使牛结核病的发病率显著降低。目前，以华东地区的上海为代表，牛结核病的感染率达到控制水平，这是在牛结核病防控方面取得的非常了不起的成绩。华中农业大学、中国农业科学院哈尔滨兽医研究所、吉林大学和宁夏大学等多家单位，在传统流行病学基础上，结合分子流行病学方法，较系统地开展了牛结核病流行病学和病原生态学研究，证明我国东北、西北、华中等地区的牛群中存在结核分枝杆菌复合群感染情况，且以结核分枝杆菌感染较多，这与该地区人流行的趋势基因型吻合。

日本血吸虫病目前仍是我国最重要的公共卫生问题之一，与艾滋病、结核病和肝炎一同被列为当前我国优先防治的四大传染病。几十年来，中国农业科学院上海兽医研究所科研人员面向家畜血吸虫病防治需求，研究并提出系列先进、实用的家畜血吸虫病诊断、治疗等防治新技术、新产品，并在现场防治实践中广泛推广应用，在不同时期为我国家畜血吸虫病有效防控提供了重要的技术支撑。

（五）兽用药物的自主研发

在化药方面，开发出一系列动物疾病治疗药物品种，创制出 5 个新化学结构药物。市场上需求较大的抗菌药物，以 19 世纪 50 年代青霉素类药物和磺胺类药物、60—70 年代土霉素和四环素、80 年代痢菌净、90 年代恩诺沙星和泰拉菌素，以及 20 世纪的初氟苯尼考和大环内酯类药物为代表的一大批药物在我国上市，保障了我国畜牧养殖业的健康发展。其中，我国自主研发新化学结构 5 个，分别为静松灵、乙酰甲喹、喹烯酮、维他昔布、海南霉素。这些药物的研制成功并大面积推广应用，极大地促进了我国兽药事业的快速发展，产生了巨大的社会效益和经济效益。

在中药方面，先后研发出了中兽药炮制、制剂制备、质量控制、药效与安全评价、中兽药成分提取、中兽药超微粉、中兽药发酵等技术，支撑了中兽医药现代化发展。

四、重大贡献

新中国成立以来，重要动物疫病流行病学、致病与传播机制等基础性工作的系统开展，为我国动物疫病有效防控奠定了良好的理论基础，完全自主知识产权的疫苗、诊断等防控技术与产品等成功研制，对我国畜牧产业的健康发展起到了极其重要的作用，使我国动物疫病防控技术水平达到国际水平。我国已成功控制了禽流感、猪蓝耳病、马传染性贫血等重要疫病的流行与发生，实现了牛瘟和牛肺疫的彻底根除，为实现健康养殖、保障公共卫生安全及食品安全做出了卓越贡献。

（一）家禽疫病的防控贡献

据不完全统计，我国每年因各类禽病导致家禽的死亡率可高达 15%～20%，经济损失达数百亿元。其中以禽流感等病毒性传染病为主的重要疫病带来的损失尤为明显。在全国科研工作者的共同努力下，在禽流感、新城疫、鸡传染性法氏囊病、鸡传染性支气管炎、鸡马立克氏病、禽白血病等重要家禽疫病的防控方面成效显著。

疫苗免疫是预防禽流感的最重要措施之一，中国农业科学院哈尔滨兽医研究所陈化兰院士带领的禽流感防控团队研制出禽流感系列疫苗产品 33 项，获得 5 项新兽药证书。H5 亚型禽流感 Re - 5 株、Re - 6 株、Re - 7 株和 Re - 8 系列疫苗分别于 2008 年、2012年、2014 年和 2016 年在我国相继使用。十年间，禽流感防控团队研制的 22 项产品在 10 家高致病性禽流感疫苗定点企业生产。截至 2018 年底，相关疫苗已在鸡、鸭和鹅等各类家禽累计应用 2 300 亿羽份以上，覆盖全国各地所有使用过 H5 疫苗的家禽养殖场（户），有效地预防了 H5 亚型禽流感的暴发和流行。

2017 年，我国家禽出现高致病性 H7N9 禽流感病毒，且发生多起疫情；人的病例快速增加，使家禽和人类健康均直接受到了威胁。禽流感防控团队研制出能同时预防 H5 和 H7 病毒的重组禽流感病毒（H5＋H7）二价灭活疫苗，于 2017 年开始在全国范围内鸡和水禽应用，目前已在全国应用 200 多亿羽份。该疫苗有效减少了环境中禽流感病毒的载量，阻断了 H7N9 流感病毒由禽向人的传播，打破了近几年每年冬季至次年春季都会发生多人 H7N9 疫情的"魔咒"，使 H7N9 感染病例数由上年同期的 766 例降为 2017 年 10 月以来的 3 例，保障了公共卫生安全。禽流感系列疫苗广泛使用，保障了养禽业技术持续、稳定、健康地发展，取得了巨大的社会效益和经济效益。

在新城疫防控方面也取得突破性进展。扬州大学刘秀梵院士带领团队成功研制出重组新城疫病毒灭活疫苗（A-Ⅶ株），该疫苗能有效控制免疫鸡群和鹅的新城疫。基因Ⅶ型新城疫疫苗自 2015 年之后进行了规模化生产，在全国范围内得到了推广和应用，有效地实现了新城疫疫情的控制。我国自大规模使用基因Ⅶ型新城疫疫苗以来，新城疫的发病呈直线下降趋势，近年来在全国范围内已很少发生免疫鸡群的非典型新城疫，除鸽群中可分离到基因 VIb 亚型强毒外，在家禽包括水禽中已很难分离到一度猖獗流行的新城疫强毒。

鸡传染性法氏囊病、鸡传染性支气管炎、鸡马立克氏病、禽白血病等其他重要家禽疫病的防控已取得突破性进展。2003 年研制成功了源于我国鸡传染性法氏囊病超强毒的灭活疫苗（G 株）和弱毒活疫苗（Gt 株），疫苗的广泛使用，有效地控制了我国鸡传染性法氏囊病的流行与发生。我国自主研制的鸡马立克氏病弱毒活疫苗（814 株）有效地预防了该病的发生。建立了简便、准确、易操作的禽白血病净化方案，为我国大型养殖企业开展禽白血病的净化提供了技术指导和检测手段。

（二）猪疫病的防控贡献

猪瘟、猪蓝耳病、猪流行性腹泻、猪传染性胃肠炎、猪圆环病毒 2 型、伪狂犬病、猪气喘病等是严重危害养猪业的重要疫病，70 年来，我国在这些疫病的预防与控制方面取得突破性进展。

猪瘟对养猪业造成毁灭性打击，一旦暴发将会造成巨大的经济损失，因此国家一直致力于猪瘟的最终消灭。多年来，我国在猪瘟防控技术上取得了很大的进步。猪瘟兔化弱毒疫苗 C 株及相应诊断方法的使用，我国猪瘟的防控取得了显著的成绩，猪瘟的流行率明显降低（猪瘟病毒阳性率 3% 以下），猪瘟疫苗免疫合格率明显上升，达到 80% 以上。构建了符合我国国情的规模化猪场猪瘟净化模式，形成了一系列的指导方案，可用于指导我国猪瘟的防控和净化。这些成果为我国乃至世界范围内猪瘟的防控与净化做出了重大贡献。

在高致病性猪蓝耳病发生以后，我国加强了猪蓝耳病的防控技术与产品的研究，研发出多个猪蓝耳病疫苗。这些疫苗在国内的推广使用，在猪蓝耳病防控方面发挥了巨大的作用。特别是高致病性猪蓝耳病弱毒疫苗，使我国 2006 年以来大面积流行的高致病性猪蓝耳病得到了有效地控制。这些疫苗的应用，为我国生猪养殖提供了有效的技术保障，促进了农民的增产增收，为临床养猪生产提供安全高效的防控保障。

2010 年以来仔猪腹泻病在我国流行，7 日龄以内哺乳仔猪发病率和死亡率高达 100%，给我国养猪业造成了巨大的经济损失。经病原学检测发现猪流行性腹泻病毒、猪传染性胃肠炎病毒、猪轮状病毒是引起疫情的主要病原，且三种病毒混合感染普遍。我国成功研制出能同时预防猪流行性腹泻、猪传染性胃炎、猪轮状病毒感染的三联活疫苗，彻底改变了我国三种病毒混合感染无疫苗可用的被动局面。疫苗于 2015 年开始在全国范围内给母猪或其他猪只应用，有效地阻止了三种腹泻病对新生哺乳仔猪的感染，阻断了病毒在猪群中的流行和传播，猪场腹泻发病率由原来的 15.00%～35.20% 下降到 0～3.00%，有效控制了猪病毒性腹泻的肆虐，推动了生猪产业健康可持续发展。

猪支原体肺炎又称猪气喘病，发病率高达 38%～100%，是世界范围内的重要传染病。1958 年我国浙江金华种猪场首次暴发疫情引起原农林部关注，1974 年江苏省农业科学院、上海农科院发明 KM2 培养基和病肺块悬浮培养技术成功分离鉴定该病原，研制并公开土霉素油乳剂新剂型，为广大农村治疗猪气喘病提供了长效而又廉价的产品。

80 年代后建立了更加方便、敏感性较高的间接血凝试验（IHA）抗体检测方法，国内外首创并推广猪支原体肺炎活疫苗（168 株、LMP 株及改进的 RM48 株），该疫苗已经在国内近 20 家动保企业生产上市，打破了进口产品对我国市场的垄断，不断迫使进口产品售价下调。活疫苗的应用显著提高了猪支原体肺炎的防控效果，减少了猪场抗生素的使用，增加了养猪经济效益。

（三）马、牛、羊等大动物疫病的防控贡献

我国十分重视马、牛、羊等大动物传染病的防控和研究工作，经过近 70 年的努力，目前已有效的防控了口蹄疫、布鲁氏菌病、牛流行热、羊痘、牛黏膜病、蓝舌病等重要疫病。尤其以消灭牛瘟（专栏 12 - 6）、牛肺疫和控制马传染性贫血所取得的成就最为突出。

~~~~/ 专栏 12 - 6 /~~~~~

我国成功消灭牛瘟

牛瘟俗称"烂肠瘟"，牛不论品种、年龄和性别均可感染。新中国成立以前，牛瘟几乎遍及全国。新中国成立后，为了发展牧业生产，党和政府决定首先消灭牛瘟。由于牛瘟血清和牛瘟脏器灭活苗成本贵，免疫期短，收效不大。中国农业科学院哈尔滨兽医研究所以培育弱毒的理论和方法对牛瘟疫苗进行了一系列研究，成功研制出牛瘟兔化弱毒疫苗。该疫苗被广泛使用，与此同时，国家在宏观层面制订了牛瘟防治规划，有计划、有步骤地开展牛瘟防治，于 1956 年在全国消灭了危害千载的牛瘟，从开始防治牛瘟到消灭牛瘟用了不到 7 年的时间。牛瘟是我国最早消灭的一个严重牲畜疫病，在中国疫病防疫历史上写下了最辉煌的一页。该项成果于 2001 年，成功入选"我国二十世纪重大工程技术成就"。

口蹄疫是严重危害世界畜牧业的重大传染病，控制口蹄疫是一个艰巨而又复杂的世界难题。我国的科技工作者经过大量的研究，创建了国际先进水平的诊断技术，自主研制了安全高效的口蹄系列疫苗，集成创新了口蹄疫综合防控技术体系。A 型和 O 型口蹄疫疫情逐年减少，Asia I 型口蹄疫，自 2009 年 6 月以来全国没有发生疫情，2018 年开始退出免疫，开始认定 Asia I 型口蹄疫无疫。1998 年以来，我国在部分省份开展无规定动物疫病区及示范区建设，2009 年我国首个免疫无口蹄疫区在海南省挂牌。2012 年以来，吉林省、辽宁省和山东半岛等免疫无口蹄疫区相继通过验收。口蹄疫综合防控技术体系的广泛使用，有效遏制了我国口蹄疫流行。

牛传染性胸膜肺炎又称牛肺疫（专栏 12 - 7），该病对养牛业危害严重，我国将其列为一类动物传染病。该病于 20 世纪 20 年代传入我国，截至 1989 年总计 178 570 头牛死于该病。科学家们先后创制了多个免疫保护效果良好疫苗。这些疫苗的使用有效控制了我国牛肺疫的流行与发生，并于 2011 年成功消灭牛肺疫。

~~~~/ 专栏 12 - 7 /~~~~~~

我国成功消灭牛肺疫

传染性胸膜肺炎又称牛肺疫，该病对养牛业危害严重，世界动物卫生组织（OIE）将其列为必须通报的传染病，我国将其列为一类动物传染病。该病于 20世纪 20 年代传入我国。从 1956 年开始，中国农业科学院哈尔滨兽医研究所相继研制成功兔化弱毒疫苗和兔化绵羊适应弱毒疫苗，并广泛应用，免疫效果良好。中国农业科学院兰州兽医研究所研制成功的牛肺疫藏系绵羊化弱毒疫苗从 1963年起对百万头牦牛进行免疫接种，免疫保护效果良好。这些疫苗的使用有效控制了我国牛肺疫的流行与发生，1989 年后无牛肺疫临床病例出现，1992 年全国停止免疫接种。农业部根据我国动物重大疫病防治现状并结合 OIE 关于国际无疫认证工作推进计划，决定从 2002 年开始中国牛传染性胸膜肺炎国际无疫认证工作。中国农业科学院哈尔滨兽医研究所作为牵头单位联合国内相关部门在全国范围内开展了牛传染性胸膜肺炎流行病学监测，我国最终于 2011 年 5 月获得了OIE 颁发的国际无疫认证证书。牛传染性胸膜肺炎国际无疫认证是我国动物疫病防控工作的重大突破，将为我国开展其他重大动物传染病的国际无疫认证工作提供了宝贵的经验和成功的做法，对于提高我国在全球动物卫生领域影响，促进兽医工作国际化发展具有重要意义。该项成果于 2001 年成功入选"我国二十世纪重大工程技术成就"。

~~~~~~

马传贫是对养马业具有严重危害的传染病，我国最早在 1954 年从苏联引进的种马中发现马传贫，至今已 60 多年。中国农业科学院哈尔滨兽医研究所沈荣显院士主持研制成功的马传贫驴白细胞弱毒疫苗，广泛应用于我国马传贫的流行地区，免疫注射了7 000 万匹次以上的马、骡、驴，凡注苗地区疫情下降，疫点减少，马病几乎不再发生，有效地控制了我国的马传贫流行。在"国家中长期动物疫病防治规划（2012—2020年）"中，我国将在 2020 年消灭马传贫。

（四）人兽共患病的防控贡献

人兽共患病病种繁多，传播途径复杂多样，分布广泛，不仅严重危害动物健康养殖，还严重威胁人类健康和生命安全，给社会带来巨大的经济损失和危害，我国在人兽共患病防控方面的成果丰硕。

布鲁氏菌病、结核病、狂犬病、炭疽病等均为重要的人兽共患病。我国在布病相关疫苗和诊断试剂研究中走在了世界的前列，既有传统的活疫苗 M5/M5 - 90、S2 和A19，也有新型的标记疫苗，给布病防控提供了多种选择，有利于针对不同流行地区布病采取不同的防制策略和手段。利用目前的疫苗和检测手段，结合综合防控措施的加强，我国布病流行趋势最终可以得到有效控制，并最终得到净化。我国在广泛使用炭疽芽孢疫苗预防接种以来，炭疽病已基本得到控制，仅有个别地区偶尔出现。

日本血吸虫病是人兽共患病，严重危害人兽健康，被称为"瘟神"。20 世纪 50 年代初，日本血吸虫病曾在我国长江流域及以南的湖南等 12 省区市广泛流行，全国有血吸虫病人 1 160 余万，1 亿人受该病威胁，有血吸虫病牛 150 余万头，给疫区人民的身体健康造成严重危害，对养殖业和社会经济发展等造成不可估量的损失。几十年来，科研人员面向家畜血吸虫病防治需求，研究并提出系列先进、实用的家畜血吸虫病诊断、治疗等防治新技术、新产品，并在现场防治实践中广泛推广应用，为我国血吸虫病疫情有效控制和阻断做出了重要贡献。截至 2017 年底，广西、广东、福建、上海、浙江 5 省已达到消除标准，四川达到传播阻断标准，云南、江苏、湖北、安徽、江西及湖南 6 个省达到传播控制标准。全国 450 个流行县（市、区）中，215 个（47.78%）达到血吸虫病消除标准，153 个（34.00%）达到传播阻断标准，82 个（18.22%）达到传播控制标准。2008 年和 2015 年我国家畜血吸虫病防控先后实现疫情控制和传播控制目标。2017 年全国推算血吸虫病人数和病畜数与 50 年代相比，均下降了 99% 以上。血吸虫病防控全面迈入消除进程。家畜血吸虫病的有效控制，减少了家畜因血吸虫感染造成的经济损失，促进了各地养殖业的发展，保障了人民健康。

（五）毛皮动物疫病的防控贡献

70 年来，我国毛皮动物（貂、狐、貉）养殖业在我国北方地区从无到有，截至 2015 年我国毛皮动物年存栏量超过 1 亿只。伴随我国毛皮动物养殖业快速发展，犬瘟热、细小病毒病、阿留申病等重要疫病给我国毛皮动物养殖业带来沉重打击。研究人员在开展了上述病原流行病学研究基础上，建立了血清学、分子生物学病原检测技术，攻克了疫苗研制及产业化关键技术，在我国先后创制了狐狸阴道加德纳氏菌病灭活疫苗（1998 年）、水貂犬瘟热活疫苗（2005 年）、水貂细小病毒性肠炎灭活疫苗（2009 年）、狐狸脑炎活疫苗（2010 年），累计获得新兽药证书 10 项，建立了我国首个特种经济动物疫苗 GMP（生产质量管理规范）生产基地，实现了国内特种经济动物疫苗零的突破，有效地保障了毛皮动物产业的健康发展。

（六）自主研发兽用药物的重大贡献

新中国成立 70 年来，在党和政府的重视和领导下，中国的兽医药科学事业取得了长足的进展。先后研制了系列具有自主知识产权的化学药物和中兽医药，扭转了治疗性药物长期依赖进口的局面。如痢菌净（另名乙酰甲喹）、喹烯酮和静松灵（另名赛拉唑）等药物的研制成功并大面积推广应用，极大地促进了我国兽药事业的快速发展，产生了巨大的社会效益和经济效益。

中兽医药不仅在治疗畜禽常发普通病方面发挥着重要作用，也成为保障畜产品安全和支撑绿色养殖的主力军，中西兽医结合防治畜禽疾病不仅可以提高化学药物或抗生素临床药效，而且能降低其在畜禽组织中的残留，是防治耐药性细菌病的有效药物。70 年来，中兽医工作者编写出版的 300 余部中兽医药专著，一直是指导中兽医药研发和疾病治疗的重要智库资源。中国农业科学院中兽医研究所牵头完成的"兽医针灸技术研究"，获得了全国科学大会奖，广泛应用于针灸防治家畜疾病。兽医针刺穴位免疫、针刺镇痛、针灸调节家畜生殖机能等研究成果，已推广到欧美等国，成为他们支撑动物福利的重要兽医技术。研发的新型中兽药人参茎叶总皂颗粒、促孕灌注液、黄芪多糖、双黄连、苍朴口服液、板黄口服液、射干地龙颗粒等，在畜禽养殖业中的广泛应用带动了中兽药产业发展。

◇本章参考文献

陈溥言，2015. 兽医传染病学 ［M］. 第六版 . 北京：中国农业出版社 .

谢庆阁，2004. 口蹄疫 ［M］. 北京：中国农业出版社 .

于康震，陈化兰，2015. 禽流感 ［M］. 北京：中国农业出版社 .

第十三章　渔业科学技术

　　渔业，亦称水产业，包括水产养殖业、捕捞业、水产品加工流通业、增殖渔业、休闲渔业五大产业。渔业对于人多地少、需用世界7％的耕地养活世界22％人口的中国来说，有着极为重要的战略意义。

　　70年艰苦奋斗，中国渔业发展取得了辉煌成就。新中国成立以来，在中国共产党的正确领导下，通过政策带动、科技驱动、市场推动和几代渔业人的艰苦奋斗，渔业综合生产能力大幅提升，"吃鱼难"早已成为昨日话题，渔业工作重心由数量扩张型向质量效益型转变，水产品年产量从1949年的44.8万吨增长至2017年的6 445.33万吨，渔业产值在大农业中的份额由0.3％提高至10％左右，人均水产品占有量从1.7千克增加至46.37千克，贸易顺差达到近100亿美元规模，渔民人均纯收入超过18 000元，渔业在促进农村产业结构调整、增加渔（农）民收入、保障食物安全、优化国民膳食结构、提供生态系统服务等方面做出了重要贡献。

　　70年自力更生，中国特色渔业影响了世界渔业格局。"以养为主"的渔业发展方针使中国探索出了一条不同于发达国家的独特渔业发展道路，我国现已成为世界渔业生产大国、水产品出口大国和主要远洋渔业国家。成为世界现代渔业发展中典型成功范例。具有中国特色的现代渔业为我国乃至全球的食品安全和营养安全做出了巨大贡献，影响着全世界渔业增长方式和生产结构的转变，并正在引领世界渔业发展的潮流。

　　70年创新发展，中国渔业科技引领了产业转型升级。70年以来，逐步建立了一支从基础研究、应用开发到技术推广的高素质渔业科技队伍。尤其是在改革开放的40年间，新方法、新技术不断与传统渔业相结合，推动了渔业绿色发展理念与生态养殖实践，基础科学研究为渔业绿色发展提供坚实的理论依据，水产养殖应用技术处于世界先进水平，"十二五"末，渔业科技进步贡献率已达58％。渔业科技有力地支撑了产业发展，并引领着渔业向绿色、高质量转型发展。

一、基础性工作

　　长期系统地对渔业生产要素进行调查和监测，对于阐明其内在联系及发展规律，以及促进渔业科技创新、指导渔业生产具有重要意义。70年以来，在渔业种质资源、渔业资源环境、水产流行病学和水产品质量安全等领域，开展了较为系统的收集、保存、调查和监测等基础性工作，为渔业科技创新奠定了坚实基础。

　　＊本章审稿人：王小虎、林祥明；牵头撰稿人：孙昭宁、潘洋、孙盛明、岳冬冬；参加撰稿人：栾生、荣小军、徐文腾、白昌明、杜浩、谭志军、赵峰、闵明华、岑剑伟、刘世晶、危起伟、庄平、陈松林、孔杰、戈贤平、黄倢、李来好、翟毓秀、王鲁民、陈军、孙慧武、王书。

（一）水产种质资源收集保存

我国水产种质资源研究始于 20 世纪 80 年代初，"六五"期间在长江、珠江和黑龙江等水域开展了淡水鱼类原种收集和保存工作，"七五"和"八五"期间，在国家科技攻关项目的支持下，开展了淡水鱼类种质鉴定和保存技术等方面的研究，建立了 8 种主要鲤科养殖鱼类精子冷冻保存技术和精子库以及"长江故道"四大家鱼天然种质资源库。"十五"期间，在海洋 863 计划的支持下，开展了海水鱼类精子冷冻保存及精子库建立的研究。1999 年以来，在"主要水产养殖品种种质资源的收集、整理、保存"和"我国水产种质资源信息系统及网络建设"国家科技基础性工作专项支持下，对我国水产养殖种质资源进行了系统的收集和整理。截至 2018 年底，共收集整理 2 028 种活体种质资源信息、6 543 种标本种质资源信息以及 28 种基因组文库、32 种 cDNA 文库和 42 种功能基因等 DNA 资源信息（精子 368 种，细胞 145 种，DNA 1 396 种），为水产养殖种质资源的鉴定和保护、水产基础生物学和遗传育种研究等打下良好的基础。

自 1992 年起，农业部开始建设以良种场为主体的全国水产原、良种体系来保存和保护重要的水产种质资源。目前，已建成国家级水产原良种场 84 个、省级水产原良种场 800 多个，负责保存或选育种用遗传材料和亲本。自 2007 年起，根据《渔业法》等法律法规规定和国务院《中国水生生物资源养护行动纲要》要求，积极推进建立水产种质资源保护区。截至 2018 年，已经建成国家级水产种质资源保护区 535 个，初步构建了覆盖各海区和内陆主要江河湖泊的水产种质资源保护区网络，对保护水产种质资源、促进渔业可持续发展具有重要意义。

（二）渔业资源环境调查

20 世纪 50 年代初开展的"烟威外海鲐鱼渔场综合调查"是我国第一次系统的海洋渔业资源调查。50 年代末，全国海洋普查中对海洋生物资源进行了调查评估，制定了渔捞海图，50—60 年代，在长江流域也开展了鱼类资源与生态调查。70 年代以来，开展了"东海外海底鱼资源季节性调查"和"东海大陆架外缘和大陆架斜坡深海渔场渔业资源综合调查"等海洋渔业资源调查；针对我国主要江河湖泊、大型水库等淡水渔业资源与环境进行了监测评估，包括"长江水产资源调查""长江鲟鱼专项调查"等。80 年代以后，开展了"全国渔业自然资源调查和渔业区划"以及主要江河的生态系统和渔业资源监测调查工作。1997 年，农业部主持开展了"海洋生物资源补充调查和资源评价"，这是当时我国技术设备最先进，调查范围最广泛，内容最为丰富的一次渔业资源环境调查。

进入 21 世纪，国家更加重视渔业资源与环境的调查监测工作。2014 年，"近海渔业资源和近岸产卵场调查"与"近海渔业资源和内陆重要水域鱼类产卵场调查"项目启动，是我国规模最大、范围最广、频次最高、内容最全的渔业资源环境调查。与此同时，一些重点水域的专项调查也相继开展，如"南海渔业资源调查与评估""长江渔业资源与环境调查""西藏重点水域渔业资源与环境调查""西北地区重点水域渔业资源与环境调查"等。

70 年来，我国先后组建了全国渔业生态环境监测网、全国海洋捕捞信息动态采集网等，调查范围涵盖我国 4 大海区和 8 大流域的 160 多个重要渔业水域，调查资料为指导我国渔业生产、资源增殖养护、生态环境保护、渔业协定制定、生态环境公报发布等提供了科学数据，支撑了我国渔业的绿色发展。

（三）水产流行病学调查

1951 年，中国科学院水生生物研究所率先在无锡蠡园设立课题组，开始了淡水鱼类寄生虫研究。60—70 年代，我国科研人员主要开展了以"四大家鱼"为主的淡水鱼类寄生虫病、细菌病和草鱼出血病研究。1978 年确定了草鱼出血病的病原为草鱼呼肠孤病毒（GCRV），是我国分离的第一种鱼类病毒。80 年代随着养殖种类的多样化，研究对象扩展到海水养殖动物疾病研究领域；90 年代随着集约化养殖模式的兴起，暴发性流行病病原的分离和鉴定成为水产病害领域的研究重点，先后鉴定出一批重大疫病的病原，如鱼类的细菌性败血症、传染性脾肾坏死病、鲤春病毒血症（SVC）、甲壳类的白斑综合征（WSD）和贝类的疱疹病等。2000 年后，在中国对虾中发现黄头病毒（YHV）新基因型感染，确认了草鱼呼肠孤病毒（GCRV）存在三种不同基因型的变异株，发现并鉴定了导致蚶科贝类大量死亡的牡蛎疱疹病毒（OsHV-1）新变异株，分离鉴定了一种感染甲壳类的新病毒，经国际病毒分类委员会（ICTV）批准命名为十足目虹彩病毒 1（DIV1），同时批准在虹彩病毒科 *Iridoviridae* 下划分新的病毒属——十足目虹彩病毒属 *Decapodiridoviru*。70 年来，共分离和鉴定的水生动物病原达 80 余种，同时，主要流行病的病原又存在株型和致病力差异，如白斑综合征病毒（WSSV）已可分离出 10 种以上主要变异株。2000 年，为及时掌握我国水生动物疫病的流行动态，农业部全国水产技术推广总站开始推进全国水产养殖动植物病情测报工作，现已设置测报点 4 131 个，测报面积约 29.5 万公顷，形成了监测体系基本健全的水生动物疫情调查和测报网络。

（四）水产质量安全监管

20 世纪 70 年代末，我国成立了全国水产标准化、食品工业标准委员会下属质量安全分技术委员会，同时建立了一批水产品质量和安全的标准及规范；自"九五"开始，共建立了国家、部级水产品质量检测中心 17 个，同地方性监督检验机构一起，构成了我国水产品质量检测技术平台支撑体系；"十二五"以来，重点建设了以农业部重点实验室和风险评估实验室为核心的研究评价体系，已形成了较为完善的工作体系。自 80 年代起，国家先后开展了企业等级、评优评奖以及监督抽查工作。随后"十五"期间，启动了城市例行监测、质量安全普查、隐患摸查以及质量安全风险评估等工作，已实现常态化，不但支撑了研究和监管，也为消费者了解产品质量安全现状、保障消费者食用安全提供了重要支撑。

二、应用基础研究

应用基础研究为渔业可持续发展提供了重要理论支撑。在国家自然科学基金重大项目、国家重点基础研究发展计划（973）等项目的支持下，海洋生态系统动力学、水产生物技术领域、水产病原基础研究等方面已达世界领先水平，为我国渔业绿色发展提供了理论依据。

（一）水产生态养殖理论体系日益成熟

在中国特色水产养殖发展过程中，积极发展了因地制宜、特点各异的水产生态养殖模式，并逐步形成了相关理论体系，为渔业绿色发展理念与生态养殖实践有机结合奠定了坚实基础。

20世纪90年代中期，养殖容量的营养动力学研究方法从加拿大引入中国，在中国近海率先开展了较为系统的海水养殖容量定量化研究，连续启动了"我国近海生态系统食物产出的关键过程及其可持续机理""多重压力下近海生态系统可持续产出和适应性管理"等多个"973"项目，在食物网资源关键能量转换及可持续管理模型、浮游动物种群补充及微食物网的贡献、关键物理过程的生态作用和生源要素循环等方面获得了一系列的创新性成果。这些成果推动了多元养殖实现规模化发展，生态养殖模式开始受到重视。

随后，围绕海水多营养层次综合养殖模式，从生态系统水平上探讨了不同营养层次生物在系统中对物质的有效循环利用，从综合生态系统多种服务功能层面上探讨了最佳养殖产出。针对在中国有悠久历史的"稻田养鱼"模式，开展了水稻与鱼、虾、蟹、鳖等水生动物在同一个生态系统中的生态效应、物质能量转换等研究，为环境友好型水产养殖业绿色发展奠定了基础。

2016年，以唐启升院士为代表的渔业专家对中国水产养殖种类组成、生物多样性、不投饵率和营养级的特点及其变化进行了系统研究，科学证明了中国水产养殖结构相对稳定，变化较小，具有种类多样性丰富、优势种显著、营养层次多、营养级低、生态效率高、生物量产出多的显著特点，从理论与科学角度充分支撑了中国特色水产养殖的发展。

（二）水产生物技术为遗传育种提供了持续动力

我国水产生物技术研究起步于20世纪70年代，童第周先生开创了养殖鱼类的核移植研究；80年代初，朱作言先生培育出世界首批转基因鱼，建立了转基因鱼理论模型，为世界所公认，带动了我国基因工程育种研究的蓬勃发展，技术水平在国际上也处于领先；90年代，主要围绕促生长和抗逆性状开展了转基因育种研究，以创制多倍体为主开展了细胞工程育种和分子标记筛选相关研究；进入21世纪，水产生物技术进入了飞速发展阶段，取得了一系列重要成果。

1. 主要经济性状遗传解析成果丰硕

生长、生殖、抗逆（病）、性控等重要经济性状的遗传改良，始终是水产养殖业发展的主要推动力。一批"973"、"863"和国家基金重点项目针对水产生物育种中的重大科学问题开展了系统的应用基础研究。筛选到半滑舌鳎、黄颡鱼、罗非鱼、草鱼、大黄鱼等重要养殖鱼类性别特异性分子标记；发现了罗非鱼和半滑舌鳎雄性决定基因；揭示了多倍体银鲫单性和有性生殖的遗传基础；阐明了银鲫、草鱼、鳜鱼、牙鲆、大黄鱼、大菱鲆和对虾等水产动物免疫抗病关键基因功能及其作用机理。

2. 水产养殖生物基因组研究跃居国际领先水平

我国水产基因组研究起步比国外晚 10 多年，但水产生物技术科技工作者奋起直追，迄今已完成 30 余种水产养殖生物的全基因组解析，5 种水产动物基因组研究成果发表在 *Nature* 和 *Nature Genetics* 等国际顶级期刊上。其中，牡蛎基因组揭示了海洋生物逆境适应的进化机制；半滑舌鳎基因组揭示了 ZW 性染色体进化和底栖适应机制；鲤基因组揭示其遗传多样性机制；草鱼基因组诠释了其草食性适应的分子机制；牙鲆基因组揭示了变态发育的分子机制。上述成果使我国水产基因组研究实现了从"跟跑"到"领跑"的超越。

3. 基因组育种推动水产育种技术更新换代

基因组的解析催生了基因组育种技术的出现。20 世纪 80 年代，我国开始进行鱼类转基因技术的研究，中国水产科学研究院黑龙江水产研究所通过基因工程手段将牛、羊的生长激素基因转入鲤并获得成功，随后又将大马哈鱼的生长激素基因转入鲤，培育出具有独立知识产权的快速生长转全鱼基因鲤——超级鲤。中国科学院水生生物研究所将草鱼的生长基因转入黄河，经多代选育培育出具有快速生长性状的鲤新品种冠鲤。目前，我国已在罗非鱼、鲤、半滑舌鳎、黄颡鱼等养殖种类建立了基因组编辑技术，在扇贝、牙鲆和大黄鱼中建立了基因组选择育种技术，并采用基因组选择育种技术培育出了蓬莱红 2 号栉孔扇贝、海益丰 12 海湾扇贝和鲆优 2 号牙鲆等新品种，为我国水产生物高产抗病优质良种培育和种业发展提供了技术支撑。

4. 水产种质冷冻保存与细胞培养成绩斐然

建立了 40 余种鱼类精子冷冻保存技术和精子库，突破了牙鲆、石斑鱼等鱼类胚胎玻璃化冷冻保存技术，首次获得在液氮中保存后复活的海水鱼类胚胎，使我国在该领域达国际领先水平。建立了 30 多种鱼类的 70 株细胞系，使我国鱼类细胞培养研究进入国际先进行列。

（三）水产养殖动物病原基础研究达到国际先进水平

在水产养殖动物病原分子生物学研究方面，我国最早在国际上完成对虾白斑综合征病毒（WSSV）的全基因组序列测定；率先证明 WSSV 与对虾细胞存在特异性黏附作用，筛选到 3 种能阻断 WSSV 与对虾细胞膜蛋白结合的物质，鉴定了 WSSV 的数十种功能基因；在养殖鱼类和贝类病毒研究方面，完成了草鱼呼肠孤病毒（GCRV）、蛙病毒属病毒（TFV）、传染性脾肾坏死病毒（ISKNV）、淋巴囊肿病毒（LCDV）、牡蛎疱疹病毒（OsHV - 1）和鲍疱疹病毒（HaHV - 1）等数十种水产动物重要病毒的基因组全序列测定，为水产动物分子病毒学研究提供了基础。

在水产养殖动物免疫学基础研究方面，我国成功构建了虾类、贝类抗病基因筛选、功能鉴定和重组表达等技术平台，共获得数万个表达序列标签，挖掘、筛选出与虾类、贝类免疫防御相关的功能基因提示序列近千个；系统研究了草鱼、牙鲆等海淡水鱼类免疫器官的发生发育；开展了鱼、虾免疫相关的蛋白组学研究，鉴定了对虾血清类 Ig 及其与细菌相互作用的蛋白以及泥鳅血液和皮肤的急性反应蛋白谱，证实对虾血蓝蛋白具有抗病毒作用；构建了军曹鱼免疫组织的 cDNA 文库，获得了 854 个同免疫相关的基因。系统地开展了鱼类干扰素等免疫因子的基因克隆、生物学性质、功能与开发应用等研究。上述研究丰富了水产养殖病害致病、抗病机理等基础研究，为进一步研究水产养殖动物免疫防治技术奠定了基础。

三、应用技术研究

70 年来，我国渔业发展取得举世瞩目的成就。渔业科技不断产生新理论、新技术，已经形成了渔业资源、生态环境、遗传育种、病害防治、水产养殖、加工与产物资源利用、质量安全、装备工程、渔业信息技术、渔业经济与发展战略等多个学科分支，为渔业持续快速发展提供了强有力的支撑。

（一）渔业资源保护与利用

渔业资源是水域生态系统重要的组成部分，也是渔业最基本的生产对象，是保证水产业持续健康发展的重要物质基础。经过几代科研人员的奋斗，我国在水产资源的合理利用与保护方面取得了一系列的科研成果，为渔业资源可持续开发利用的基础理论发展和技术措施制订提供了重要的科学依据。

1. 渔业资源调查评估技术

20 世纪 50 年代，主要以生物学为基础，着重从世代变迁来估计产量和预报种群数量，研究工作大多限于定性描述，而后，受数理统计学发展的影响，研究方法开始向定量分析转移，单位补充量渔获（B-H）模型、剩余产量模型、种群增长模型等数学模型在渔业资源评估中有了很大的发展；70 年代，基本完成了我国内陆流域与近海渔业资源的基础本底调查与评估。进入 21 世纪渔业资源评估模型逐渐向时空多维、信息多元、智能模拟、全面综合等方面发展，加之计算机技术的发展，各种定量综合研究模型日趋成熟。近年来，水声学、环境 DNA 技术、遥感技术等均有显著的发展。

2. 渔业资源增殖与养护

我国渔业资源增殖放流工作始于 20 世纪 50 年代，放流对象主要为淡水"四大家鱼"。海水生物增殖放流则自 70 年代起步，80 年代后逐渐形成规模，放流对象包括中国对虾、海蜇、三疣梭子蟹、金乌贼、黑鲷、褐牙鲆、贝类以及海参等，以恢复日渐枯竭的近海和沿岸渔业资源。90 年代以来，在绥芬河开展了大马哈种苗移殖放流试验，对中华鲟、白鲟、中华白海豚等珍稀水生生物生活规律的研究和大规模放流也已持续多年。进入 21 世纪，增殖放流规模和参与程度不断扩大，从 2004 年起，农业部每年都组织大规模的增殖放流活动，2006 年国务院颁布了《中国水生生物资源养护行动纲要》，成为我国水生生物资源养护和增殖放流新的起点。增殖放流取得了良好的生态、经济和社会效益，近年来，黄渤海中国对虾、梭子蟹、海蜇等鱼汛又恢复形成；浙闽部分近海海域重新出现了大黄鱼野生群体；长江口中华绒螯蟹资源恢复到新高；图们江、鸭绿江等自然水域多年不见的名贵鱼类如狗鱼、鳜鱼和大马哈鱼等重新出现。

除增殖放流外，海洋牧场资源养护技术得到快速发展，是解决海洋生态保护、海洋生态环境修复与海洋生物资源可持续利用的重要举措。20 世纪 50 年代，我国科学家就曾提出"种鱼、种海、水里的农牧业、人工增殖"等发展海洋农牧化的设想。1979 年，广西水产厅在北部湾投放了我国第一个混凝土制的人工鱼礁，拉开了海洋牧场建设的序幕。进入 21 世纪，沿海各省市充分利用海洋资源，积极进行人工鱼礁和藻场建设，大力发展海洋牧场。据不完全统计，截至 2016 年，全国已投入海洋牧场建设资金 55.8 亿元，建成海洋牧场 200 多个，其中国家级海洋牧场示范区 42 个，涉及海域面积超过 850 千米^2，投放鱼礁超过 6 000 万立方米，全国海洋牧场建设已初具规模，经济效益、生态效益和社会效益日益显著。

3. 负责任捕捞技术

随着渔业资源的衰退，为保护渔业资源，已从改进捕捞渔具渔法、提高捕捞效率转变为研制选择性强、环境友好型的网具。从 20 世纪 80 年代起，对东海、黄海和南海区的拖网的网囊网目选择性进行系统研究，并在此基础上制定了《东海、黄海区拖网网囊最小网目尺寸》《南海区拖网网囊最小网目尺寸》国家标准。90 年代中期，又在捕虾桁拖网上进行了鱼、虾分离网片的试验，对方形网囊网目的选择性能进行专题研究，均取得了一定的成果。进入 21 世纪，对全国有代表性的渔区渔港的拖网、流刺网、张网和围网等主要作业方式的吨鱼油耗、吨油产值、渔民收入等情况进行调研，开展了海洋捕捞节能型渔具及渔具材料的研究。针对我国近海捕捞幼鱼兼捕比例过高的突出问题，通过研究制定选择性渔具标准、研制多鱼种或单鱼种渔具选择性装置，构建了我国近海选择性渔具渔法标准体系，为渔业管理和资源保护提供了技术支撑。

4. 远洋渔业开发

远洋渔业是国家战略性新兴产业，是建设"海洋强国"、实施"走出去"战略和"一带一路"倡议的重要组成部分。新中国成立以来，我国远洋渔业快速发展，远洋渔业作业空间不断拓展，由早期的过洋性渔业比重较高，已逐步转变为过洋性和大洋性渔业均衡发展，目前已遍布在 40 个国家和地区的专属经济区，以及太平洋、印度洋、大西洋公海和南极海域；通过模型试验和数值模拟，在渔具的设计、材料和工艺等方面形成了一定的理论体系，研制集成了一批捕捞装备与技术，综合捕捞效率显著提高，摆脱了我国远洋渔具长期依赖进口的局面，在南极磷虾、竹筴鱼、鱿鱼、秋刀鱼、鲭鱼等公海渔业资源综合捕捞效率方面已接近或达到国际先进水平；标准化渔船船型的大量推荐使用，全面提升了我国远洋渔船的机械化和自动化水平；远洋渔业管理体系不断完善，先后出台了多种远洋渔业管理制度与措施，已与 20 多个国家签署了渔业合作协定、协议，加入了 8 个政府间国际渔业组织，在国际渔业资源管理中争取了话语权。

～～～／ **专栏 13-1** ／～～～

鳀鱼资源、渔场调查及鳀鱼变水层拖网捕捞技术研究

中国水产科学研究院黄海水产研究所等单位首次成功地利用声学方法评估出

黄、东海鳀鱼资源量和可捕量，查明了黄、东海鳀鱼渔业生物学特征、洄游分布规律及渔场海洋学特征，设计了性能优良的四片式、六片式变水层双拖网，建立了一整套网位控制及瞄准捕捞技术，开创了我国北方、特别是山东省鳀鱼产业的发展，经济效益巨大。黄海、东海鳀鱼资源的开发，创造利税1.5亿元，增加产值近7亿元。养殖出口对虾8万吨，减少鱼粉进口用汇约5 000万美元。成果于1992年荣获国家科学技术进步一等奖。

（二）渔业生态环境

渔业生态环境评价与保护工作起始于20世纪50年代，当前已发展成为由水文学、化学、生物学、生态学、毒理学等多专业组成的一门综合性的分支学科，为渔业生态环境保护、渔业资源可持续利用与管理发挥了重要作用。

1. 生态环境监测与评价

全国渔业生态环境监测网对黄海、渤海、东海、南海、黑龙江流域、黄河流域、长江流域和珠江流域及其他重点区域的160多个重要渔业水域进行水质、沉积物、生物等近20项指标的监测，并形成了《渔业生态环境监测规范》、发布了《渔业水质标准》，监测总面积近2 000万公顷。通过监测，掌握了我国重要渔业水域生态环境的现状，为每年发布《中国渔业生态环境状况公报》提供了科学数据。

针对重大工程对生态系统的影响，通过对不同涉渔工程的环境影响评价研究，建立了涉渔工程项目对生物资源损害评估方法和生态补偿计算方法，形成了涉渔工程对海洋生物资源影响评价技术规程（SC/T 9110‐2007），阐明了涉渔工程对渔业的影响类型、影响程度，提出了生态补偿和生态恢复的措施。

2. 渔业生态环境灾害、污染事故评估

开展了浒苔灾害暴发的成因、过程、机制及其对生态环境安全影响研究，突破了浒苔利用关键技术；研究建立了太湖蓝藻暴发的三级预警评价方法（警报级、橙色警报级和红色警报级）；建立了非急性水污染天然渔业损害评估方法、不同特征污染物在水产品中检测的标准方法、污染水体对水产品安全性、对野生鱼类的毒性以及对周边渔业养殖用水等安全性评价方法；研究构建完成不同油品对渔业生物的毒性数据库，建立渔业污染损害评估指标体系、评估程序和评估方法，开发海上溢油事故对渔业损害的评估系统软件，同时应用于海洋溢油事故对天然渔业资源的损害评估。通过水产养殖对水体的污染程度评定，形成了《淡水池塘养殖水排放要求》和《海水养殖水排放要求》；通过不同渔业污染事故的分析研究，形成了《渔业水域污染事故调查处理程序规定》与《水域污染事故损失计算方法》。

3. 渔业水域生态环境调控

围绕长江口中华绒螯蟹产卵场，以及池塘养殖、浅海网箱养殖、湖泊养殖等渔业养殖水域，开展了各种生态修复研究，取得重要进展。在长江口，针对中华绒螯蟹产卵场功能衰退导致资源枯竭等问题，研发创建了长江口中华绒螯蟹"三合一"产卵场生态修复技术，通过增殖中华绒螯蟹亲体、创建"漂浮人工湿地"和成蟹捕捞管控等技术措施，使长江口中华绒螯蟹蟹苗资源由年产不足 1 吨恢复至年产 60 吨左右。

在池塘养殖环境生物修复方面，构建了由人工湿地、养殖池塘和生态沟渠三部分组成的复合池塘养殖系统，各部分依次串联形成立体、多级利用、闭合循环的新型池塘养殖模式，将养殖池塘由静水变为微流水，净化效果显著；在对池塘养殖排水处理方面建立了水产养殖池塘排出水综合处理技术，形成"伊乐藻、轮叶黑藻和苦草栽培技术""池塘原位修复、絮凝与微生物降解综合应用技术""水产养殖池塘排出水多级、四位一体的自净生态处理技术"等技术操作规程，池塘排出水在多级处理后，达到养殖废水排放标准；在浅海养殖生态研究方面，构建并优化了浅海"鱼—贝—藻"生态多元化立体养殖模式，研制了固定化有益微生物复合制剂，建立了以养殖轮作、海底耕耘和化学处理相结合的养殖环境"生物—物理—化学"综合修复技术体系，养殖经济效益增加 $10\% \sim 20\%$；在鱼类工厂化高密度养殖方面，成功研制了一系列仪器设备，如全自动快速过滤器、高效复合型净化菌剂、微孔净水板、分子筛富氧机、在线水质监测系统、大容量的蛋白质分离器等，在保护环境的同时实现了节能减排，并在此基础上建立了海水养殖外排水的人工湿地处理理论与技术。

（三）水产遗传育种

水产遗传育种是水产养殖业结构调整和持续健康发展的首要物质基础。我国是世界上最早开展水产养殖生物良种选育研究的国家之一，并成功培育出了一批水产养殖新品种。这些新品种在促进水产养殖业发展以及助力渔民致富等方面发挥了重要作用。

1. 鱼类遗传育种

我国对养殖鱼类新品种培育的研究已有数十年的科学积累，取得了一系列重要成果。例如：培育了我国第一个鱼类新品种"建鲤"；采用远缘杂交技术与雌核发育技术相结合获得了三倍体新品种湘云鲫 2 号，具有体型大、肉质鲜嫩，父本精液量高的特性；经连续 3 代选育获得生长快、抗寒力强、繁殖力高的新品种松浦镜鲤。另外，利用复合育种技术，培育出起捕率超过 93%、抗寒力强的鲤新品系易捕鲤。在鉴定出可区分银鲫不同克隆系的分子标记及证实银鲫同时存在雌核生殖和有性生殖两种生殖方式的基础上，培育出生长快、鳞片紧的异育银鲫新品种中科 3 号与中科 5 号，其他诸如罗非鱼、大口黑鲈、黄颡鱼、鲑鳟鱼、鲟鱼等优质淡水养殖品种的育种工作也成绩斐然。

在海水鱼良种培育方面，建立了大菱鲆良种选育技术体系，选育出具有个体生长速度快、成活率高等优势的大菱鲆丹法鲆和多宝 1 号。此外还育成牙鲆鲆优 1 号、北鲆 1 号、北鲆 2 号、鲆优 2 号、大黄鱼闽优 1 号、东海 1 号等优良海水养殖品种。

2. 虾蟹类遗传育种

继 2004 年获得第一个海水养殖动物新品种黄海 1 号中国对虾之后，采用群体、家系与多性状复合育种技术，2008 年获得生长速度快、抗病性强中国对虾新品种黄海 2 号。2013 年获得耐氨氮胁迫能力强、仔虾成活率高的新品种黄海 3 号。2017 年通过连续多性状复合育种技术选育获得白斑综合征病毒抗性强、生长速度快的中国对虾黄海 5 号。

淡水虾类育种也取得了显著进展。应用人工精荚移植技术，取得了青虾和海南沼虾杂交的成功，杂交后代再与青虾多代回交，培育出杂交青虾太湖1号，并以此为基础群体，采用群体选育技术获得青虾太湖2号。通过多性状复合育种技术进行选育，获得了罗氏沼虾南太湖2号。通过人工定向交尾技术，获得了三疣梭子蟹黄选1号和科甬1号等优良品种。

3. 贝类遗传育种

"十五"以来，建立了贝类新品种选育技术，培育了蓬莱红栉孔扇贝、蓬莱红2号栉孔扇贝、海大金贝虾夷扇贝、大连1号杂交鲍鱼、中科红海湾扇贝、青农2号扇贝、康乐蚌淡水珍珠贝、申紫1号三角帆蚌、万里2号文蛤、申浙1号缢蛏、斑马蛤菲律宾蛤仔等优良新品种。

4. 藻类遗传育种

20世纪50年代，朱树屏先生发明了海带自然光育苗法，在海带和紫菜的养殖技术研究中取得了重大突破。随后，以海带数量性状遗传育种技术为主，成功地培育出了海青1号、远杂10号、东方2号、东方3号、东方7号、海宝2号、浙东1号、苏通2号、荣福、爱伦湾、黄官1号、申福1号等国家水产新品种。

5. 其他种类遗传育种

2000年以后，特种水产养殖新品种培育取得了较大进展，主要以龟鳖类和棘皮类为主。先后培育出清溪乌鳖、中华鳖浙新花鳖、中华鳖永章黄金鳖等龟鳖类新品种，刺参水院1号、崆峒岛1号、安源1号、东科1号、参优1号、鲁海1号以及中间球海胆大金等优良品种。

~~~~ / **专栏 13 - 2** / ~~~~

新品种实现鲤的遗传改良率达到100%

鲤原产我国，是世界上最早养殖的鱼类，也是我国最早开始进行人工选育的鱼类品种之一，在我国鱼类增养殖业中处于重要地位。新中国成立后特别是近三十年来，我国的鲤育种工作卓有成效，通过选择育种、杂交育种、雌核生殖、性控育种和多倍体育种等手段对鲤经济性状进行持续改良，先后培育出兴国红鲤、荷包红鲤、建鲤、荷包红鲤抗寒品系、德国镜鲤选育系、颖鲤、丰鲤、荷元鲤、岳鲤、三杂交鲤、芙蓉鲤、德国镜鲤、散鳞镜鲤、万安玻璃红鲤、湘云鲤、松荷鲤、墨龙鲤、豫选黄河鲤、乌克兰鳞鲤、津新鲤、松浦镜鲤、福瑞鲤、松浦红镜鲤、易捕鲤、津新鲤2号、福瑞鲤2号等20余个新品种，使鲤的遗传改良率达到100%，养殖产量由90年代初期的70余万吨增长到2017年的300余万吨。

"建鲤的培育技术及其推广"于1990年获国家科学技术进步三等奖，"异源四倍体鲫鲤鱼和三倍体湘云鲫（鲤）研究"与"鲤优良品种选育技术与产业化"分别获得2003年和2015年国家科学技术进步二等奖。

（四）水产病害防治

水产病害防治是保障水产品质量安全、促进水产养殖业可持续健康发展的重要技术基础。我国对该领域的研究始于 20 世纪 20 年代，新中国成立后得以系统、快速发展。50 年代，开展了淡水鱼类寄生虫病、细菌性病、真菌性病和非寄生性疾病的研究。1962 年出版了《鱼病调查手册》，并开展了全国性鱼病调查，编写完成全国鱼病病原区系图志。70 年代在上述工作的基础上，又开展了鱼类组织病理学和药理学的研究。80—90 年代是鱼病研究发展较快的时期，理清了重要寄生虫疾病的病原，初步了解了其发病机理，掌握了有效的防治方法，并扩展到海水养殖生物病害防控领域；对养殖生产影响较大的 30 多种细菌性疾病有较深的了解和较为有效的诊断、防治措施；进入 21世纪，对重大水产疫病的研究已发展到细胞和分子生物学水平；在病理研究方面，从显微组织病理深化到超微组织病理，开展了肝、胰、肾等器官功能病理、生理研究，并进行相应的药物防治、免疫防治和生态防治措施的研究。

1. 水产病原快速检测技术

得益于分子生物学技术的快速发展，基因芯片技术、蛋白质芯片技术等也被应用到水产病原检测中。1998 年，成功研制了"对虾暴发性流行病病原核酸探针点杂交检测试剂盒"，这是我国第一个可在普通实验室进行水产病原检测的高科技产品，为对虾病毒的检疫、诊断提供了最为方便实用的技术手段。该试剂盒及其检测方法获第九届中国专利优秀奖。进入 21 世纪，开展了新型核酸等温扩增、水产动物病原核酸现场快速制备、试剂常温保存和核酸染料固定化等技术创新，构建了水产养殖动物疫病病原现场快速高灵敏检测技术平台。基于该平台已研发 25 种水产动物病原的现场快速高灵敏检测试剂盒，在我国 14 省市推广 10 000 余套，为我国水产养殖动物重大和新发疫病预警提供了新的技术和产品支撑。

2. 水产免疫防治技术

草鱼疫苗的发展见证了我国水产疫苗从低级向高级发展的历史进程，包括 20 世纪 60 年代末第一代的草鱼土法疫苗（草鱼"三病"组织浆疫苗），80 年代初第二代的 GCHV 细胞灭活疫苗和 80 年代末第三代的 GCHV 弱毒细胞疫苗，以及 90 年代的草鱼烂鳃、赤皮、肠炎、出血病四联疫苗。21 世纪以来，结合生物技术、材料科学、计算机科学，在哈维氏弧菌重组外膜蛋白疫苗、烂鳃病基因缺失弱毒疫苗、菌蜕疫苗、纳米微囊疫苗及浸泡、口服免疫技术等方面，开展了大量创新研究，取得了阶段性成果。目前，国内开展研制的水产疫苗约有 60 多种，其中草鱼出血病细胞灭活疫苗、嗜水气单胞菌败血症灭活疫苗、牙鲆鱼溶藻弧菌—鳗弧菌—迟缓爱德华菌病多联抗独特型抗体疫苗、草鱼出血病活疫苗、大菱鲆迟钝爱德华氏菌活疫苗、大菱鲆鳗弧菌基因工程活疫苗6 种鱼类疫苗已获得国家新兽药证书，草鱼出血病活疫苗、嗜水气单胞菌败血症灭活疫苗、牙鲆鱼溶藻弧菌—鳗弧菌—迟缓爱德华菌病多联抗独特型抗体疫苗、大菱鲆迟钝爱德华氏菌活疫苗 4 种鱼类疫苗已获得生产批准文号。

3. 水产病害综合防治技术

水产养殖疾病综合防治对于疾病的控制极为重要，其重点是通过免疫、优质饲料、生态因子优化、病原监控等方面开展综合的健康管理工作。当前，多种用于水质、环境改良的微生物制剂已在国内外市场上越来越流行。

在药物防治病害方面，我国采用特色的中草药，取得了良好防治效果，并对某些药物在虾类及鱼类体内的药代动力学进行了研究，探讨了中草药作为免疫增强剂的可行性，为研制高效、价廉的鱼类专用绿色药物提供了理论基础。

在养殖水环境改良方面，通过调控养殖系统碳、氮、氧的输入，发挥系统中微生物及微小生物群落的功能，改善养殖系统物质与能量循环的生物絮团技术越来越受到养殖业的关注，这一技术可以降低系统的氮排放，改善养殖动物营养和免疫，使微生物在水产养殖及其病害控制中得以充分地应用，为水产安全健康养殖提供了一条崭新的技术途径。

（五）水产养殖技术

自 2011 年起，我国水产养殖连续每年提供超过 4 000 万吨的优质蛋白质食品，这是世界上最有效率的食物生产技术。我国水产养殖已逐步形成池塘、稻田、大水面、滩涂、浅海、陆基工厂化和深水网箱等多种养殖模式和资源增殖放流相结合的多样化发展新格局。

中国水产养殖业的迅速发展取决于育苗及养殖技术的飞跃进步，20 世纪 50 年代，由于海带浮筏式养殖和自然光育苗技术的开发，促进了海带养殖业的迅猛发展；1958 年，钟麟创造了"生态生理催产法"，在世界上首次实现了鲢和鳙的全人工繁殖，结束了我国淡水养鱼依赖从江河捕捞天然鱼苗的历史，开创了淡水养鱼历史的新纪元。60 年代，中国科技工作者在总结各地群众养鱼先进经验的基础上，系统总结出池塘养鱼"八字精养法"，高度提炼了有中国特色的综合养殖经验与技术理论；解决了紫菜采苗、育苗及养殖技术以及牡蛎和缢蛏采苗、养殖技术。70 年代，以扇贝为代表，突破了贻贝海区采苗和筏式养殖新技术；倪达书在总结我国稻田养鱼经验的基础上，提出了"以鱼支农，以鱼促稻"的观点，并获得了稻鱼双增收的良好效果。80 年代，河蟹苗种人工繁殖技术、内陆水域河蟹人工育苗技术的突破与推广，对我国河蟹产业发展起到重要的推动作用；同时攻克了中国对虾工厂化育苗及养殖技术，以及扇贝采苗、引种、育苗和养殖技术，使中国海带、对虾和扇贝养殖产量跃居世界第一。90 年代，突破了大菱鲆工厂化育苗关键技术，构建起"温室大棚＋深井海水"工厂化养殖模式，标志着海水名贵鱼种养殖的技术突破，中国的鲆鲽类产量居世界首位；而欧鳗养殖技术的成功改变了亚洲养鳗业的格局，奠定了中国大陆鳗鱼养殖、出口的主导地位。

1. 养殖生物繁育技术与新种类开发

我国在海水苗种、淡水苗种繁育技术方面已取得了显著进展，掌握了一批名优、适养生物的生活习性、繁殖发育特点、亲本人工驯化和培育、亲鱼催产和孵化等技术，突破了一批新适养种类的苗种规模化繁育技术，如卵形鲳鲹、石斑鱼、银鲳、黄姑鱼、鲈、大菱鲆、刀鲚、美洲鲥、河豚、大鳞鲃等规模化养殖品种。建立了苗种规模化繁育及配套技术工艺，实现了人工育苗的规模化生产，并在养殖生产中大规模推广应用，为水产养殖业提供了适宜的养殖新资源，极大地丰富了我国水产养殖种类。在国家产业技术体系的支持下，大宗淡水鱼、特色淡水鱼、海水鱼、虾蟹、贝类和藻类等新养殖种类开发取得了一批具有良好发展前景的重要成果，有力推动了我国水产养殖业的提质增效。

2. 健康养殖技术

池塘养殖、滩涂养殖、浅海养殖、陆基工厂化养殖、深远海养殖等模式是海水养殖的主要方式。我国的海水池塘养殖是从 20 世纪 70 年代末中国对虾的大规模养殖开始的，现已发展到多品种生态养殖阶段。海洋滩涂养殖种类主要以滩涂贝类为主，建立了老化滩涂底质改良与修复技术，该技术对于我国众多废弃的老化滩涂再利用、养殖空间拓展等具有重要意义。浅海养殖是海水养殖的主要生产方式之一，已经构建浅海筏式生态高效养殖技术体系、不同类型底播海域增养殖技术体系、创新性地提出了发展"碳汇渔业"，海水多营养层次综合养殖模式已经走在世界前列。陆基工厂化养殖取得了显著成绩，鱼类、虾类、贝类、参类等工厂化养殖已具有一定的规模，以鲆鲽类为代表的工厂化养殖业发展尤为迅猛。发展深远海养殖对实现水产养殖提质增效和渔业现代化、保障世界食物安全和水产养殖业持续发展具有重要意义。

池塘生态养殖、盐碱水养殖、渔农复合生态养殖、渔光一体养殖、跑道式养鱼、集装箱养殖等养殖模式是淡水养殖主要的养殖方式。以淡水养殖池塘为重点，集成运用水产养殖学、生态学、工程学和信息学等原理和方法，针对池塘养殖生态环境恶化和养殖废水排放等关键环节，已经建立了池塘健康养殖小区系统优化构建技术。"渔光一体"池塘养殖模式是将水产养殖和光伏发电产业结合起来的一种生产方式，实现池塘水体中开展水产养殖的同时，又在水面上架设光伏组件进行太阳能发电。渔农复合生态养殖模式的理论与技术研究不断深入，达到不与人争粮，不与粮争地，"一水二用，一田多收"的生态效益和经济效益，已经成为养殖生产新的热点。以渔为主的盐碱水土渔农综合利用模式，不仅有利于调整农业结构、促进农民增产增收、促进新农村建设，还对周边盐碱土壤起到修复效果，具有显著的生态效应。

3. 养殖环境优化与生态修复

通过对代表性污染物和农渔药对重要水产增养殖品种影响效应的研究，建立了"贻贝观察"技术体系、增养殖海域新污染源判别法、生物质量和卫生安全风险评估模型，形成了潜在生物标志物综合评判方法。利用湿地净化养殖排放水的技术，集成养殖池塘动植物修复技术、微生物修复技术、湿地处理技术，建立了养殖环境修复技术体系。筛选了适用于池塘环境修复的微生物、微藻及其他种类的水生生物，创造性地构建了复合人工湿地—池塘养殖新型生态系统。针对湖泊严重富营养化与蓝藻暴发的现状，选择太湖的蠡湖实施"湖泊净水渔业研究与示范"研究，提出了"净水渔业"理念，通过放养滤食性鱼贝类，有效控制水中浮游生物、抑制蓝藻，让水中的氮、磷通过水生生物营养级的转化，最终以渔产量的形式得到固定，当鱼体捕捞出水就移出了水中的氮和磷。

4. 水产动物营养与饲料

新中国成立初期，我国水产养殖主要依靠天然饵料和投喂少量单一饼粕原商品饲料。20 世纪 70 年代，重点是寻找替代饲料、广辟饲料来源，在草鱼、青鱼、鲤鱼饲料配制上取得初步成效，并开始进行主要养殖鱼类的生长和营养需求研究。90 年代末，我国水产饲料技术和市场逐渐形成，饲料工业年产量跃居世界第二位。2000 年以后，水产饲料工业在我国发展迅猛，一跃成为我国饲料工业中发展最快、潜力最大的产业。近年来，基本摸清了我国主要水产养殖品种的生存、生长和健康所需要的营养元素；研究了部分营养元素供给与代谢特点、动态平衡、动物生产效率与动物生产特性之间的关系和营养素进入体内的定量转化规律及作用调节机制；查清了我国水产养殖饲料源以及常用原料的营养价值；测定了我国主要饲料原料的能量和营养素消化率，研究与开发了一批新的蛋白源，加快推广高效、廉价、健康、环保全价人工配合饲料，在肉食性鱼类养殖方面配合饲料逐步替代冰鲜野杂鱼。近年来，营养与饲料研究除考虑促进养殖对象生长外，还兼顾到提高肉质和减少对环境的排放，营养与免疫、营养与健康等跨学科研究也得到了加强。

~~~~ / **专栏 13 - 3** / ~~~~

中国海水养殖的"鱼、虾、贝、藻、参"5 次产业浪潮

第一次养殖浪潮以海带养殖为代表。20 世纪 50 年代，海带全人工筏式养殖、海带夏苗培育法、海带自然光育苗获得成功，发明了筏式养殖技术、陶罐施肥技术，解决了海带南移的关键技术，使我国海带的总产量大幅度提升。现在，我国是世界上最大的海带生产国，全世界 80% 的海带产自中国。

第二次海水养殖浪潮以对虾养殖为代表。20 世纪 60 年代末，突破人工亲虾培育技术并育苗成功。80 年代初，突破了对虾工厂化全人工育苗技术，在全国沿海推广，从根本上改变了我国长期主要依靠捕捞天然虾苗养殖的局面，推动了我国对虾养殖产业的发展。

第三次海水养殖浪潮以扇贝养殖为代表。1982 年，首次从美国大西洋沿岸引进海湾扇贝，系统研究解决了在中国养殖海湾扇贝的一些生物学与生态学问题，突破了产业化生产的关键技术，在我国北方海域形成了海湾扇贝养殖的新产业。我国近年贝类养殖产量超 1400 万吨，稳居世界第一位。

第四次海水养殖浪潮以鱼类养殖为代表。1992 年从英国引进大菱鲆，突破了工厂化育苗关键技术，构建起"温室大棚＋深井海水"工厂化养殖模式，开创了大菱鲆工厂化养殖大产业，年产量达 5 万多吨，年总产值逾 40 亿元。带动大菱鲆、牙鲆、半滑舌鳎为代表的鲆鲽类名贵鱼种工厂化养殖发展迅速，昔日国际市场上的"贵族"鱼类变成中国老百姓餐桌的普通菜。

第五次海水养殖浪潮以鲍鱼、海参等海珍品养殖为代表。20 世纪 80 年代开始，突破刺参产业化育苗，建立刺参增殖放流高产技术、控温工厂化养殖技术，近年开展了刺参病害防治、选育了新品种；在国际上首次将皱纹盘鲍种内杂交和杂种优势应用于大规模生产，创建了杂交鲍苗种培育和海区养成的技术工艺，培育出生长快、品质优、抗逆能力强的鲍鱼新品种，杂种鲍的产业覆盖率近 100%。

（六）水产加工与产物资源利用

水产加工和产物资源利用是渔业生产活动的延续，它随着水产养殖和捕捞业生产的发展而发展，逐步成为我国渔业的三大支柱产业之一。该产业通过人工方法，改变水产品的原始性状，多层次地加工各种制品，为人们提供更多、更好的以食用为主的多方面用途的产品，在水产品转换成商品的社会化生产过程中，提供了不可或缺的技术性支撑。

1. 水产品深加工与综合利用

随着我国经济的发展、科学技术进步以及先进生产设备和加工技术的引进，我国水产品加工技术、方法和手段发生了根本性改变，水产加工品的技术含量和经济附加值有了很大提高。目前已形成了冷冻冷藏、腌熏、罐藏、调味休闲食品、鱼糜制品、鱼粉、鱼油、海藻食品、海藻化工、海洋保健食品、海洋药物、鱼皮制革及化妆品和工艺品等十多个门类，有的产品生产技术已达到世界先进水平。如，以罗非鱼精深加工为主攻方向，彻底改变了传统的罗非鱼产品加工技术，全面提升了罗非鱼产业的出口创汇能力；海参营养成分鉴定、保存方法、活性成分提取、深加工产品相关研究达到国际先进水平；从国外引进温和加工贝类制品量化栅栏技术，消化吸收引进的贝类可控酶解技术，开展贝类加工废弃物的综合利用研究，并进行中试技术研究和技术推广，开发出多个贝类加工新型产品。

2. 海洋产物资源与酶工程

我国从"九五"开始，针对海洋微生物酶的开发利用技术展开了研究，经过多年积累，具备了较好基础，拥有了一支非常稳定的队伍。目前，已筛选到多种具有较强特殊生物活性的酶类，如碱性蛋白酶、几丁质酶、海藻解壁酶、葡聚糖降解酶、超氧化物歧化酶、溶菌酶、酯酶和脂肪酶等；已克隆获得了一批新颖海洋微生物酶基因，如几丁质酶、β-琼胶酶 A 和 β-琼胶酶 B、深海适冷蛋白酶等；与现有的酶相比在低温和室温下活性高，具有抗氧化、在复杂体系中保持稳定等罕见的性质，在国内外市场具有较强的竞争优势，其中已有部分酶制剂在开发和应用关键技术方面取得重大突破，进入产业化实施阶段。

3. 海洋生物活性物质功能研究

海洋活性物质研究始于 20 世纪 50 年代初，发展速度迅猛，取得了很多重要的研究成果。科学家已从不同海洋生物中分离鉴定出 10 000 多种次生代谢产物，一些海洋新药已进入临床研究，还有一些已开发成为海洋药物新产品。目前"准"字号的海洋药物有十几种，如藻酸双酯钠、甘糖酯、多烯康、烟酸甘露醇酯、多康佳、海力特、卡迪康、洛伐他丁、降糖宁散、一敷灵等。而"健"字号海洋药物有 10 多种，保健品则更多。

4. 水产品加工装备

我国水产加工装备的研究起步于 20 世纪 60 年代，兴盛于 20 世纪 80 年代以后，从单一的设备研制发展到与设施工程相结合的系统集成，逐步形成了我国水产加工装备的研究体系，推动了渔业生产力的发展。1968 年研制的鱼片联合加工机械，集去鳞、去内脏、去鱼头及剖鱼片功能于一体，从原料鱼进入到鱼片送出一次完成。此后，水产品加工装备技术的研究伴随着捕捞和养殖生产的快速发展以及市场的需求而逐步开展起来，形成了包括原料处理机械、藻类加工机械、水产品速冻机械、鱼粉加工机械、鱼糜加工机械等专业装备系列。近年来，研发重心逐步向海洋食品精深加工技术和主要经济贝类加工技术方向发展，先后研制成功海参机械化加工装备、贝类无损伤分级装备，以及冷冻鱼糜加工组合式生产系统。

（七）水产品质量安全

水产品质量安全学科是以生命科学和水产科学为基础，研究水产品的质量、安全、营养与健康的关系，以及水产品质量安全保障和管理的学科，是一门新兴的交叉科学，也是一门理论性、应用性和实践性相互交融的综合性科学。我国水产品质量安全技术经历了从模仿到创新、从片段化到系统化的过程，逐渐形成了检测分析、风险评估、安全控制及标准化等贯穿全链条的技术体系，整体水平不断提升，为我国现代渔业产业的健康发展做出了积极贡献。

1. 高效检验检测技术

检验检测技术是确保我国水产品质量安全工作的核心抓手，近几十年来，我国质量安全检测技术无论是体系构建、检测能力还是技术创新性等方面均取得了长足进步，目前我国基本实现了全覆盖、全谱系的检测技术能力，部分技术已经达到国际领先水平。在检测能力方面，已从新中国成立初期的基本空白，发展到20世纪末的单一因子分析，近来则逐步形成了多类别、多残留和超痕量分析的技术能力，基本覆盖了影响水产品质量安全的特征性危害因子，大幅度提升了质量监管的工作效能；在技术体系方面，已经从片段性、割裂性技术手段，发展出了满足不同需求的现场检测、高通量精准检测以及非定向筛查等技术体系；在检测技术创新性方面，从单纯模仿文献报道和国内外技术标准，发展到自我创新构建各类检测技术，特别是随着多组学技术的应用，我国基本同步实现了鉴别、鉴定和确证的能力，并进一步向各级代谢产物的结构解析方面发展。

2. 水产品质量安全防控技术

我国渔业生产具有多模式、多品种、区域广、链条长等特点，加之水产品质量安全的复合性和动态性特征，导致水产品质量安全难以实现风险防控。20世纪以前，我国水产品质量安全风险防控仅侧重于销售环节的监管，技术水平和监管模式相对落后。近几年逐步从水产品生产全链条角度出发，开展了包括产地环境评价、投入品管控、生产过程控制、冷链物流运输监控、市场准入准出、安全加工、溯源技术研发及政策法规的研究，结合我国苗种、产地、市场等质量安全监管工作，逐步形成了全链条的风险防控体系，并将管控重心前移，将潜在风险控制在产业链条前端。围绕水产品质量安全防控，重点开展了产地环境中的关键危害物质调查和预警预报、渔用投入品隐患排查、运输和市场环节水产品质量安全风险监测，开展了安全加工技术及相关标准研究，构建了基于HACCP原理实现全链条关键风险点识别并进行全程质量控制和产品溯源的技术体系。

3. 水产品风险评估

随着国际上对风险评估的日益重视，结合质量安全工作急需，国内先后开展了生物毒理学以及替代毒理学评估技术研究，建立了细胞毒理学评价技术；研究了危害物的单一毒性作用、多危害因子的联合毒性、颉颃作用，构建了多种风险评估模型，并对单一危害因子和复合污染进行风险评估。针对藻类及其制品中无机砷、对虾饲料中镉、海蜇皮中的铝以及鲜活水产品中的甲醛，从膳食结构、产品特点、消费量、危害物形态与结构及毒理学差异性评价入手进行风险评估，提出了 4 个标准限量建议值并在标准中采用。在安全性评价方面，依据环境、产品中风险因子的监测数据以及变化规律，对不同区域、品种、季节等水产品质量安全风险的差异性进行评价；结合有害物在生物体内的迁移转化规律，对环境和投入品有毒有害物质残留进行安全性评价，达到了引导产业布局、调整产业结构、保障产品安全的目的。

4. 水产品质量安全标准

标准与技术法规体系的构建和完善，是支撑监管、保障安全、应对壁垒、支撑产业的重要技术手段。"十五"以来，我国高度重视水产品质量安全标准与技术法规的制定和修订，目前已基本完成了对主导产品、关键安全性标准的全覆盖。近年来，更加注重从保障食用安全出发，结合国内产业实际、满足国际贸易，按照国际通行做法，以风险评估为依据、以科学为准绳制定标准，确保标准的科学性、实用性、合理性。标准体系也逐步完善，基础标准、检测技术标准、食品安全标准、产品标准以及操作技术规范等满足了开展质量安全工作和监管的需要，起到了引导产业、优化资源配置、保障安全、引导产业布局的作用，在消费引导、保障安全、提高质量等方面发挥了重要作用。截至目前，重要产品、技术方法等标准基本无空白点，操作规范和技术法规基本健全。

（八）渔业装备与工程

我国渔业装备与工程的开发研究起步于 20 世纪 60 年代。从捕捞装备到养殖、加工装备，从单一的设备研制发展到与设施工程相结合的系统集成，逐步形成了我国渔业装备的研究体系和产业体系。特别是近 20 年来，渔业装备与工程技术进步，促进了渔业生产向高产、优质、高效方向发展，为实现渔业经济增长方式从传统粗放型向现代集约型转变奠定了良好的基础。

1. 捕捞装备工程

捕捞装备技术研究历经 70 年的发展，在助渔辅渔装备方面已经基本形成了包括水声探鱼仪、无线电导航仪、各类绞纲机械、起网机械及液压控制系统，以及以提高捕捞作业效率和保障安全的卫星定位系统、船舶自动识别系统等技术的完整体系，为实现海洋捕捞的工业化提供了装备保障。其中绞纲机械中高压液压控制与电液控制技术解决了围网、拖网起网过程机械化控制和安全作业的问题，研发了大拉力动力滑车、秋刀鱼舷提网设备、大型拖网曳纲绞车及张力平衡控制系统以及新型鱿鱼钓机，研发出可通过互联网访问与控制的电子浮标设备与 360 度电子扫描声呐样机等装备；在渔具装备方面，基于高强度聚乙烯、超高相对分子质量聚乙烯纤维等高性能渔具材料研发和渔具优化、创新设计，研发应用了南极磷虾拖网、过洋性渔业疏目拖网、臂架式双联虾拖网，秋刀鱼舷提网、中东大西洋中上层鱼类大型中层拖网以及新型中层拖网网板、深水拖网网板等系列装备，提升了我国远洋捕捞装备能力和水平。

2. 渔业船舶工程

专业捕捞渔船的系统性研究开始于 20 世纪 60 年代，以 80 年代完成的 8154 拖网渔船和 8201 围网渔船为代表，形成了包括船体、轮机、船电、舾装、玻璃钢材料等在内的技术体系，推进了我国各类木质机动渔船、钢质渔船、玻璃钢渔船、渔政管理船的建设，并开始向大型远洋渔船的建造发展，整体技术不断完善。近年来，随着国家节能减排战略的推进，标准化节能型渔船的研究不断深入，适应不同作业要求的船型优化技术、船机桨匹配技术、球鼻艏技术、导管桨技术以及节能型主机、主机余热利用等关键技术在标准化渔船的建设中得以部分或集成性应用，取得了显著的节能效应。2011 年，由中国水产科学研究院渔业机械仪器研究所、北车集团联合研发的我国第一艘电力推进拖网渔船"闽东渔 61915"投入生产。近年来，还开展了变水层拖网渔船、南极磷虾捕捞加工船和大型远洋拖网加工船的自主研发，以及金枪鱼围网等作业渔船的优化设计。

3. 养殖装备工程

池塘养殖生态环境调控技术不断系统化。对池塘养殖生态环境的人为调控以 20 世纪 70 年代的叶轮式增氧机为标志，保证了集约化池塘养鱼过程中鱼类呼吸和水质净化的耗氧，突破了池塘养殖单产的发展瓶颈，之后形成了针对不同养殖方式的增氧机械，如水车式增氧机、射流式增氧机、喷水式增氧机、喷涌式增氧机、水轮式增氧机等。进入 21 世纪，耕水机、涌浪机相继应用，潜流式人工湿地、生态沟、生物净化浮床等在新型池塘养殖系统的构建中发挥了重要作用，并配合养殖水体水质判别技术、饲料投喂远程控制技术等，形成了完整的技术体系，不断推进池塘养殖生产方式向生态化、设施化、机械化转变。离岸网箱设施系统技术水平不断提升。20 世纪 90 年代末，从引进消化吸收挪威 HDPE 重力式网箱开始，已形成了浮绳式网箱、框架式网箱、沉式网箱等在内的多样化网箱产品。离岸网箱设施在沉浮性能、抗水流能力、系统装备水平和大型化等方面不断发展，突破深水网箱养殖自动控制等核心技术，形成一批具有国际先进水平的技术及装备，助推了我国离岸海水养殖产业；近年来，集海洋工程和新材料应用于一体的深远海工程化围栏设施装备为养殖产业升级和提质增效起到了实践与示范作用，发展中的全潜式、坐底式、半潜式等各种大型深远海养殖装备的试验应用及经验，将为我国深远海养殖大型装备和养殖模式的发展起到重要的推动作用，为促进我国水产养殖业从陆基走向蓝色海洋提供装备技术保障。工厂化循环水养殖技术不断完善。20 世纪 70 年代以来，在淡水循环水养殖系统构建、海水循环水养殖系统构建和水产苗种工厂化繁育系统构建等方面，基于物质平衡的工厂化循环水养殖系统的设计理念与方法、悬浮颗粒物快速去除技术、高效稳定生物过滤器技术和溶氧控制技术等不断完善，工艺装备不断优化，为水产养殖业向可持续发展、融合现代工业科技与管理方式转变奠定了技术基础。

4. 渔港设施工程

随着我国渔港工程建设的高速发展，渔港基础研究、渔港规划和渔港建设工程技术等方面取得了长足的进步。我国渔港建设以多功能现代化渔港建设、渔港布局优化及评价为重点，提出了我国沿海多功能现代化渔港的功能定位、建设内容、建设标准、建管机制。在渔港工程建设方面以解决松软地基处理和避风锚地建设为重点，从安全辅助设施、监控指挥设施和后勤保障设施三个方面提出了渔船避风锚地的基础设施建设要求。目前，全国共建成了 66 个中心渔港、82 个一级渔港和 32 个内陆渔港。渤海、黄海、东海及南海四大海区的 17 个主要渔场均分布有中心渔港和一级渔港，同时，我国已初步形成了覆盖重点省区、重要渔区和台风路径海域的沿海渔港布局。

~~~/ 专栏 13-4 /~~~

对虾工厂化全人工育苗技术

获得 1985 年国家科技进步一等奖。解决了亲虾培育的难题，使育苗用亲虾来源得到了保证；掌握了人工创造良好育苗水质条件的理论依据和控制方法，为对虾幼体的顺利发育提供了条件；筛选出适宜对虾幼体各发育阶段的动植物性饵料和人工饵料，为幼体正常发育提供了物质条件；开发出适合对虾工厂化育苗的应用设备，制定出对虾工厂化全人工育苗操作规程。该项成果使我国成为世界上海洋水产动物人工育苗量最高的国家。从根本上改变了我国长期依赖捕捞天然虾苗养殖的局面，不仅推动了我国海水养殖事业的发展，而且促进了移植、增殖放流事业的发展。

（九）渔业信息技术

信息技术与渔业结合始于 20 世纪 70 年代，90 年代起陆续获得了重要突破，开发了一批有较高实用价值的数据库，遥感技术、全球定位技术、地理信息系统等开始渗透到渔业科研和生产中。进入 21 世纪，我国渔业信息技术得到了快速发展，重点在渔情信息服务、渔船渔港监测管理、水产养殖监测与物联网应用、数据库平台等诸多方面开展了相关技术的研发与应用，取得了实效。

1. 远洋渔业信息服务

构建了远洋渔业综合数据库，远洋渔场信息服务已由海表信息逐步拓展到 0～300 米次表层环境信息、温度距平动态变化信息等。渔场渔情服务海域从北太平洋鱿鱼渔场和大洋金枪鱼渔场，进一步拓展到东南太平洋智利竹筴鱼渔场、南极磷虾渔场和西非近岸渔场等。构建了远洋渔场捕捞动态信息网络，技术上实现了对远洋渔场和捕捞动态的实时监测。2009 年以来，我国相关机构和远洋渔业企业积极推进部署远洋渔船安装船位监控终端工作，迄今为止，已实现了远洋渔船船位监控终端全覆盖，远洋渔船船位监测系统共收录了 130 余家远洋渔业企业的 2 000 余艘远洋渔船，平均每日返回船位信息的渔船在 1 300 艘以上。

2. 近海渔业监控与管理

基于导航定位与多种通信模式，构建了我国渔船安全救助和监测系统，有效预防和减少了碰撞事故的发生，提高了海上搜救的效率和成功率。自主北斗卫星用于渔船监测得到大规模的推广，全国近海约8万艘渔船配备了北斗船载终端设备，各地区依托北斗船位数据相继建设了渔船安全管理救助平台；渔业AIS技术研发应用也已较为成熟，集成北斗、AIS等多技术手段的综合渔船监测系统在部分省市得到应用推广。将GIS技术应用于渔港信息化管理工作，实现了港口空间实体的定位与相关属性之间的结合，为渔港管理和科研部门提供了更为直观、准确、科学的渔港建设数据。

3. 渔情信息收集

2009年以来，农业部渔业局组织构建了全国海洋捕捞动态信息采集网络，在全国沿海11个省区市20个市县共落实信息员单位24个、捕捞信息船200多艘（对），可及时掌握我国海洋捕捞生产的基础信息。2009年和2011年分别启动了淡水池塘渔情采集系统和海水养殖渔情采集系统的建设，并于2013年合并为全国养殖渔情信息采集系统，在16个渔业主产省（区）建立了200个信息采集定点县、800多个采集点、6 000多个采集终端，采集范围涵盖企业、合作经济组织、渔场或基地、个体养殖户等经营主体，能对76个养殖品种、9种主养模式进行全年信息动态采集。2009年至今，农业部渔业局连续开展了我国水产养殖遥感监测工作，建立了覆盖全国范围的水产养殖遥感影像数据库，完成了全国31个省区市2 404个县（市、区）的养殖水体资源监测，并开发了集管理、生产、经营为一体的全国水产养殖信息综合应用服务系统。

4. 水产养殖信息化

以"十一五"规划、"863"计划、"水产主导品种集约化养殖数字化集成系统研究与应用"等项目的研发与应用为标志，我国水产养殖信息化研究正式全面布局与不断深化，水产养殖数字化、养殖物联网和智能化技术研究不断发展与完善，水质监测、自动投饵、病害诊断和防治、生产管理等自动化装备和技术应运而生，在大型深水网箱、高密度工厂化和精准池塘养殖等方面得到推广应用。我国首个物联网水产养殖示范基地于2011年在江苏建成，1 000亩河蟹养殖池内安装了13个水质参数采集点、5个无线控制点、5个GPRS设备，配备了一座小型气象站、设立了一个监控中心，共同组成了水产养殖环境智能监控系统，可以对蟹塘内的溶解氧、pH、水温等进行在线监测，及时调节水质，预测各种病情发生。目前，水产养殖管理信息系统已经应用于水产养殖的生产活动当中，并重点向机器学习、智能化决策等方向发展。

5. 水产信息资源开发与共享

经过多年的努力，各地、各级水产科研部门和渔业行政管理机构在渔业信息积累和数据库建设方面，建成一批实用数据库和信息系统。如渔业科技文献、科研成果管理、全国渔业区划、渔业统计、海洋渔业生物资源、海洋捕捞许可证与船籍证管理、远洋信息管理系统等，其中有的已经推广应用，极大地提高了渔业科研和渔业管理的现代化水平。

（十）渔业经济与发展战略

传统的渔业经济学是在渔业资源的基础上开展的相关经济学问题及其衍生问题研究，其中渔业权、渔业补贴、渔民转产转业等是重点研究领域。新中国成立初期，我国渔业经济学沿用了苏联的渔业经济学的理论体系与研究方法，随着渔业经济增长特别是改革开放巨大生产力的释放及渔业基本问题的变化，渔业经济领域重点开展了渔业基本经营制度、生产经营主体、产业经济与发展战略研究，为渔业发展提供了重要支撑。

1. 渔业基本经营制度研究

如何保护渔业的基本生产资料和养殖渔民权益一直是渔业经济领域研究的热点。从 20 世纪 50 年代起，中央就要求各地对水域滩涂进行确权发证，将使用权落实给渔民长期使用；80 年代，中央和国务院又多次在有关文件中要求稳定水面、滩涂的所有权和使用权，为以法律制度形式保护渔民权益奠定坚实基础。1986 年《渔业法》颁布实施，建立了以水域滩涂养殖使用制度和捕捞许可制度为主要内容的渔业基本经济制度。2002 年，农业部印发《完善水域滩涂养殖证制度试行方案》，提出"逐步建立起以养殖证制度为基础的水产养殖业管理制度"，2007 年实施的《物权法》规定了"使用水域滩涂从事养殖和捕捞的权利"，对进一步稳定和完善渔业基本经营制度奠定了法律基础。随后，渔业经济学者重点针对捕捞权、配额管理品种、实施水域范围等内容开展了广泛讨论。2010 年，农业部发布《水域滩涂养殖发证登记办法》，2016 年，农业部印发《养殖水域滩涂规划编制工作规范》和《养殖水域滩涂规划编制大纲》，进一步完善了养殖水域滩涂规划制度。

2. 渔业生产经营主体研究

20 世纪 60—80 年代，渔业机械化程度不断提高，渔业资源逐渐衰退，加上中日、中韩，以及中越北部渔业协定相继生效，渔业劳动力过剩问题逐步显现。针对捕捞渔民转产转业问题，开展了就业领域培育、社会保障托底等方向研究，提出了积极有效的建议与对策，以缓解捕捞强度过大的矛盾。自 1987 年开始，我国对海洋捕捞渔船数量和功率实行总量控制，2003 年农业部印发了《关于 2003—2010 年海洋捕捞渔船控制制度实施意见》，促进传统海洋捕捞渔民转产转业，海洋捕捞渔船数量、渔业劳动力数量开始明显下降。针对"双控"措施执行效率问题进行了讨论，为进一步加强渔船"双控"管理措施提供了重要参考依据。2006 年，国家开始对渔用柴油进行补贴，重新激发了传统海洋捕捞业的活力。针对渔业油价补贴政策的实施效果开展了大量研究，推动了《关于调整国内渔业捕捞和养殖业油价补贴政策　促进渔业持续健康发展的通知》《关于进一步加强国内渔船管控实施海洋渔业资源总量管理的通知》的出台。针对培育渔业龙头企业、渔民专业合作社、专业大户等新型渔业经营主体，开展了广泛而深入的研究，提出了一些积极的措施和建议。

3. 渔业产业经济研究

自 20 世纪 90 年代，我国休闲渔业发展被提上议程。学者对澳大利亚、日本等休闲渔业发展特色区域的经验进行了梳理，并将相关发展理念、管理经验引入到国内。2000 年，"发展休闲渔业、拓展渔业发展空间"写入全国渔业工作会议主旨报告中，这是新中国成立以来，国家渔业主管部门首次明确提出发展休闲渔业。2006 年发布的《全国农业和农村经济发展第十一个五年规划》则首次确认休闲渔业为一种新产业。为了规范产业发展，休闲渔业管理制度与立法、产值统计等成为重要的研究议题，并在浙江、广东等省份进行了实践与发展。2011 年农业部发布的《全国渔业发展第十二个五年规划》，首次把休闲渔业列入渔业发展规划，并明确将其列为中国现代渔业的五大产业之一。关于休闲渔业经济与发展模式的研究成为新时期的热点。

4. 渔业发展战略研究

新中国成立初期，针对如何解决"吃鱼难"问题，首先引发了渔业发展战略研究。在解决水产品市场供给过程中，"养殖业与捕捞业"之间的发展关系，在理论研究与生产实践方面不断达成共识。随着渔业高速发展，随之而来的环境、资源保护问题日益受到经济学界的关注，针对由"产量"向"质量"调整，更加突出可持续发展特征成为研究的重点，相关研究成果推动了国务院《关于促进海洋渔业持续健康发展的若干意见》的出台。2019年，农业农村部等十部委联合印发了《关于加快推进水产养殖业绿色发展的若干意见》，加快推进水产养殖业绿色发展，促进产业转型升级，落实水产养殖业绿色、高质量发展战略，成为理论界关注的新热点。

四、重大贡献

我国渔业70年的发展历程，就是渔业科技进步不断推动渔业产业革新的发展历程，是渔业科技自主创新的历程。70年来，我国渔业科技体系不断发展、壮大和完善，渔业科技产出量质提升，重大成果举世瞩目，共有100多项水产科技成果获国家科技奖励。渔业科技创新在推动渔业综合生产力提升、渔业转型升级、渔业绿色发展和渔民增收致富等方面发挥了显著的支撑和引领作用。

（一）推动渔业综合生产能力显著提升

经过70年的发展，我国渔业综合生产能力大幅提升。一是开发出一批新的渔业生产对象，水产养殖品种不断更新。远洋渔业资源开发使我国海洋渔业捕捞产量迅速提高，并将我国捕捞业从近海逐步发展到外海，至今，我国的远洋渔业捕捞品种涵盖鱼、甲壳、贝、藻等四个大类、37个主要捕捞品种。我国主要水产养殖品种多样，目前，列入渔业统计年鉴进行单独统计的规模化养殖种类就达75种，并仍在开发适宜不同环境的养殖新种类。截至2018年底，共有215个水产新品种通过国家原良种委员会新品种审定，极大地丰富了我国的水产养殖品种。二是水产增殖、养殖技术水平不断提高，有效拓展了渔业生产水域。淡水大水面增养殖技术的开发和普及，使250万公顷的可养湖泊、水库得到利用，2017年池塘养殖面积达到293万公顷，是1978年的4.1倍，工厂化养殖从"零"发展到目前的7 095万立方米。海水养殖技术的进步，使全国滩涂养殖利用面积达到了65.2万公顷，浅海养殖水域从10米等深线以内不断地向40米等深线、向深远海发展。近年来，低洼盐碱地的渔业利用、渔农综合种养、深远海养殖等也都发展到了一个新水平。三是水产养殖综合高产技术的不断发展，提高了渔业水域利用率和劳动生产率。随着水产养殖配合饲料、病害控制、养殖模式、设施装备等技术的不断进步，我国水产养殖的单产水平不断上升。淡水养殖平均产量从1980年的315千克/公顷上升到2017年的5 415.3千克/公顷，增长了约16倍；海水养殖平均产量从1980年的3 327千克/公顷上升到2017年的9 600千克/公顷，增长了约2倍。2017年中国渔业总产量产达 6 445 万吨，其中，水产养殖产量占世界水产养殖总量的 2/3，位居世界第一位。

（二）推动渔业转型升级和现代化水平提升

经过 70 年的发展，我国渔业发展方式发生根本转变，渔业现代化水平进一步提升。**一是繁育技术的突破支撑了"以养为主"发展方针的落实。**1958 年钟麟等突破了鲢鳙的人工繁殖技术，为我国水产养殖的规模化发展做出了重大技术贡献。繁育技术的突破直接推动我国水产养殖规模化技术的发展，解决了人民群众"吃鱼难"的问题，为我国渔业"以养为主"发展方针的落实奠定了基础，推动我国水产养殖业实现跨越式发展。**二是资源利用模式的创新加快了渔业生产方式的转变。**通过研发生态友好型渔具与捕捞技术，实施海洋渔业资源总量管理，实现了捕捞产量零增长、负增长。通过建立并推广健康养殖模式与配套技术，实现了水产养殖从传统养殖向生态健康养殖转变，水产养殖技术规范、水产品质量标准体系逐步完善。**三是高新技术的应用提升了渔业现代化水平。**以工程技术、生物技术、信息技术为代表的高新技术在渔业生产上发挥着越来越重要的作用，生物技术提高了水产新品种培育的效率，完善了水产育种技术体系。工程化和信息化技术促进了工厂化养殖、近岸围栏养殖、深远海养殖等多种高效现代化养殖方式的建立，水产养殖自动化和机械化不断提高。通过自主研发和引进消化，研发了一批适合我国渔业产业特点的捕捞、养殖、加工关键设施和装备，推动我国渔业向设施化、工程化、自动化发展。

（三）推动渔业绿色发展取得成效

经过 70 年的发展，我国渔业已进入了绿色发展的轨道，取得了显著的成效。**一是建立了渔业绿色发展理论体系。**从国家自然科学基金重大项目、"973"计划研究成果"生态转换效率与营养级呈负相关"到"非顶层收获"策略，为渔业绿色理念发展提供了科学依据。从九五科技攻关项目"海水养殖容量"研究，到"973"计划研究成果"贝藻养殖碳汇"发展到"碳汇渔业"，使渔业的绿色发展有了坚实充足的科学依据。**二是构建了一批渔业绿色生产模式。**十八大以来，"生态优先"的发展理念逐步落实到渔业发展的各个环节。渔业科技加快关键技术突破，先后构建并推广了循环水养殖、稻渔综合种养、多营养层次综合养殖、海洋牧场等绿色生产模式，结合人工鱼礁、增殖放流等一系列水生生物资源的养护措施，渔业的生态修复功能进一步凸显，渔业资源衰退的状况得到了有效遏制。渔业科技的不断进步为推进渔业高质量绿色发展提供了持久的动力。

（四）推动渔民增收和脱贫

经过 70 年的发展，渔业已成为农业产业结构调整的重要方向，给农业和农村经济发展注入了新的活力。**一是持续促进渔民增收。**改革开放以来，随着捕捞、养殖技术的发展，水产技术推广体系逐步健全，技术服务设施与手段不断完善，关键技术试验示范推广成效显著，渔业产值连年增加，2017 年全国渔业总产值达 2.48 万亿元，比 1978 年增长 1 000 多倍，从事渔业生产让大量农村劳动力率先走上了致富之路。2017 年渔民人均纯收入达到 18 453 元，比 1978 年增长近 200 倍，人均可支配收入 17 277 元，比农村居民人均可支配收入多 3 845 元。二是**助推渔业精准扶贫**。"十二五"以来，以保障供给、渔业增效、渔民增收为目标，全国 20 多个省区市大力开展了科技服务工作，农业农村部遴选发布了 60 多个渔业主导品种和 36 项渔业主推技术，在全国范围内引导各地产业发展，助力渔民脱贫增收。中国水产科学研究院在云南哈尼梯田建立了"稻—鲤"综合种养和冬闲田蓄水生态养殖技术，实现了一田多收、生态循环、绿色高效，推进了产业精准扶贫，有效改变了千百年来哈尼梯田只种一季水稻、半年时间放水养田、产值低下的耕作模式，实现了梯田的增产增效，2017 年在红河县推广"稻渔共作"746.67 公顷，覆盖贫困户 1 598 户、贫困人口 7 200 余人，年人均增收 1 200 元；在甘肃景泰开发了 14 个耐盐碱适养品种和 6 种养殖方式，创建了"挖塘降水、抬土造田、渔农并重、修复生态"的盐碱水渔农综合利用模式，实现了"挖塘抬田、以渔治碱，变废为宝、渔农共用，增产增收，一举多赢"的良好效果，成为盐碱贫困地区脱贫致富的典范。

本章参考文献

韩刚，穆迎春，2018. 水产品质量安全百问百答 [M]. 北京：中国农业出版社.

韩刚，宋金龙，陈学洲，等，2018. 水产品质量安全可追溯体系建设探析 [J]，中国水产，(2)：47 - 49.

华杰鸿，孙娟娟，2018. 建立中国食品安全治理体系 [M]. 欧盟卢森堡出版办公室.

贾晓平，陈丕茂，唐振朝，等，2011. 人工鱼礁关键技术研究与示范 [M]. 北京：海洋出版社.

柳正，2009. 加强渔业政策法规研究　推进现代渔业建设 [J]. 中国渔业经济，27 (1)：15 - 17.

吕煜昕，吴林海，池海波，尹世久，2018. 中国水产品质量安全研究报告 [M]. 北京：人民出版社.

麦康森，2010. 我国水产动物营养与饲料的研究和发展方向 [J]. 饲料工业 (1)：1 - 9.

麦康森，艾庆辉，2015. 水产动物营养与饲料学科发展报告. 水产学学科发展报告 (2013—2014)：112 - 120.

牛盾，2007. 全面推进渔业权制度建设　促进渔业持续健康发展 [N]. 农民日报，2007 - 07 - 03.

农业农村部渔业渔政管理局，全国水产技术推广总站，中国水产学会，2018. 中国休闲渔业发展报告 2018 [J]. 中国水产，(12)：20 - 30.

农业农村部渔业渔政管理局，中国水产技术推广总站，中国水产学会，2018. 中国渔业统计年鉴 2018 [M]. 北京：中国农业出版社.

钱永忠，李培武，2018. 农产品质量安全学概论 [M]. 北京：中国农业出版社.

钱永忠，李耘，2007. 农产品质量安全风险评估：原理、方法和应用 [M]. 北京：中国标准出版社.

唐启升，2013. 水产学学科发展现状及发展方向研究报告 [M]. 北京：海洋出版社.

唐启升，2014. 中国水产种业创新驱动发展战略研究报告 [M]. 北京：科学出版社.

唐启升，2019. 七十载辉煌成就与新时代渔业绿色发展 [EB/OL]. http://www.farmer.com.cn/xwpd/jjsn/201904/t20190424 _ 1440313.htm，2019 - 05 - 03.

唐启升，丁晓明，刘世禄，等，2014. 我国水产养殖业绿色、可持续发展战略与任务 [J]. 中国渔业经济，32 (1)：6 - 14.

唐启升，方建光，张继红，等，2013. 多重压力胁迫下近海生态系统与多营养层次综合养殖 [J]. 渔业科学进展，34 (1)：1 - 11.

唐启升，桂建芳，麦康森，2017. 环境友好型水产养殖发展战略：新思路、新任务、新途径 [M]. 北京：科学出版社.

唐启升，韩冬，毛玉泽，等，2016. 中国水产养殖种类组成、不投饵率和营养级 ［J］. 中国水产科学，23
　　（4）：729 - 758.

王清印，等，2013. 水产生物育种理论与实践 ［M］. 北京：科学出版社.

王亚铧，蔡亚岐，江桂斌，2010. 斯德哥尔摩公约新增持久性有机污染物的一些研究进展 ［J］. 中国科
　　学：化学，40（2）：99 - 123.

徐皓，刘忠松，吴凡，等，2013. 工业化水产苗种繁育设施系统的构建 ［J］. 渔业现代化，40（4）：1 -
　　7，17.

杨子江，2007. 温铁军：关于我国渔业基本经营制度的对话 ［J］. 中国渔业经济（2）：74 - 80.

杨子江，刘龙腾，李明爽，2018. 40 年来我国渔业改革发展成效与基本经验 ［J］. 中国水产，（11）：47 - 51.

姚国成，2016. 水产品质量安全新技术 ［M］. 北京：海洋出版社.

袁军鹏，薛澜，2007. 主导与协同：中国国际科技合作的模式和特征分析 ［J］. 科学与科学技术管理，
　　（11）：5 - 6.

岳冬冬，吕永辉，夏芸，等，2019. 改革开放 40 年中国渔业政策与渔民收入增长关系研究 ［J］. 渔业信
　　息与战略，34（1）：1 - 9.

翟绪昭，王广彬，赵亮涛，等，2016. 高通量生物分析技术及应用研究进展 ［J］. 生物技术通报，32
　　（6）：38 - 46.

中国海洋可持续发展的生态环境问题与政策研究课题组，2013. 中国海洋可持续发展的生态环境问题与政
　　策研究 ［M］. 北京：中国环境出版社.

中国水产科学研究院，2012. 中国水产科学发展报告（2006—2010）［M］. 北京：中国农业出版社.

中国水产科学研究院，2016. 中国水产科学发展报告（2011—2015）［M］. 北京：中国农业出版社.

卓友瞻，2018. 改革开放唤醒中国渔业走出了一条有中国特色的渔业发展道路 ［J］. 中国渔业经济，36
　　（6）：4 - 8.

Chen S，Zhang G，Shao C，et al，2014. Whole-genome sequence of a flatfish provides insights into ZW sex
　　chromosome evolution and adaptation to a benthic lifestyle ［J］. Nature Genetics，46（3）：253 - 60.

FAO，2016. The State of World Fisheries and Aquaculture ［M］. Rome.

Shao C，Bao B，Xie Z，et al，2017. The genome and transcriptome of Japanese flounder provide insights into
　　flatfish asymmetry ［J］. Nature Genetics，49（1）：119 - 124.

Wang Q D，Cheng L，Liu J，et al，2015. Freshwater aquaculture in PR China：trends and prospects ［J］.
　　Reviews in Aquaculture，7（4）：283 - 302.

Wang Y，Lu Y，Zhang Y，et al，2015. The draft genome of the grass carp（Ctenopharyngodon idellus）
　　provides insights into its evolution and vegetarian adaptation ［J］. Nature Genetics，47（6）：625 - 631.

Xu P，Zhang X，Wang X，et al，2014. Genome sequence and genetic diversity of the common carp，Cypri-
　　nus carpio ［J］. Nature Genetics，46（11）：12 - 19.

Zhang G，Fang X，Guo X，et al，2012. The oyster genome reveals stress adaptation and complexity of shell
　　formation ［J］. Nature，490（7418）：49 - 54.

第十四章 热带农业科学技术

　　热带农业是指以发展天然橡胶、热带经济作物、热带果树等为主的农业类型。我国热区主要分布在海南全省，广东、广西、云南、福建、湖南、四川、贵州、江西、西藏等部分地区以及台湾，属于热带、南亚热带区域，面积 50 多万平方千米。

　　热带农业科学技术为我国热带农业的发展提供了不可替代的支撑和引领作用。新中国成立之初，通过资源考察收集、筛选优异种质、区域性试种，创造了在北纬 18°～24° 大面积种植橡胶树的世界植胶史奇迹。建立了涵盖育种栽培、病虫害防控、割胶制度、加工工艺与装备、质量控制标准等完整的天然橡胶技术体系，使我国在橡胶树选育种、产排胶机理、加工与分子改性理论等研究领域处于世界先进水平。同时，热带作物种质资源收集保存与评价利用工作全面开展，新品种培育、栽培技术研究、热区土壤环境研究、热带作物病虫害防控等科研工作也同步开展，为热带农业发展奠定了人才队伍和学科建设的基础。改革开放之后，党中央、国务院做出了大规模开发热带作物资源的决定，根据农业部对热带作物产业的总体布局，热带农业科技的研究对象从天然橡胶逐步扩展到热带薯类作物（木薯）、热带糖料作物（甘蔗）、热带果树（香蕉、杧果、荔枝、龙眼等）、热带香辛饮料作物、热带牧草、热带观赏植物等。取得了一批科研成果，形成了相对完整的学科体系，支撑了热带作物产业发展，为维护边疆稳定、发展老少边穷地区经济起到了不可替代的技术支撑作用。进入 21 世纪，我国热带农业科技水平不断提高。尤其是在国务院办公厅发布了《关于促进我国热带作物产业发展的意见》（国办发〔2010〕45 号）后，我国热带农业科技发展进入快车道。随着热带作物种质资源的精准评价、基因组学、蛋白质组学、代谢组学等各种先进技术的应用，在热带作物重要性状形成与调控、热带作物遗传改良、重大病虫害综合防控等领域取得突破性进展，处于国际先进水平。在生物技术与安全、分子育种、农产品质量安全、农业信息化、资源高效利用和工程装备技术等方面取得一系列创新性成果。2009 年由中国热带农业科学院牵头组建了全国热带农业科技协作网，开展大联合、大协作，有力助推了热带农业的现代化进程。

　　进入新时代，习近平总书记指出"推动热带传统农业向标准化、品牌化、产业化的现代农业转型升级，做强、做精、做优热带特色农业，使热带特色农业真正成为优势产业"，为热带农业发展指明了方向。2018 年，习近平总书记在庆祝海南建省办经济特区 30 周年大会上作出了"打造国家热带农业科学中心"的重大战略部署，对热带农业科技发展提出了更高要求。热带农业科技工作以习近平新时代中国特色社会主义思想为指

　　＊本章审稿人：王庆煌；牵头撰稿人：谢江辉、刘奎、郑玉；参加撰稿人：金志强、彭政、陈业渊、黄华孙、易克贤、唐冰、王家保、李积华、罗金辉、陈松笔、李勤奋、刘晓光、王文泉、邓干然、尹俊梅、罗微、杨本鹏、高爱平、廖禄生、范海阔、郇恒福等。

引，以创新驱动发展战略、乡村振兴战略和"一带一路"为统领，开创热带农业科技工作新局面。

一、基础性工作

我国从以橡胶树为主的热带作物科技基础性工作开始起步，其重要标志是通过考察收集，筛选出优异种质支持了橡胶树在北纬 18°～24°大面积种植成功，并获得国家发明奖一等奖。经过 70 年的发展，在热带作物种质资源的收集保存、鉴定评价和管理体系建设等方面取得了丰硕成果，填补了基础科学技术上的许多空白。此外，还在热区土壤普查和肥力区划、土壤质量和地力评价以及热带作物主要病虫害普查和发生监测等方面开展了较为系统的科技基础性工作，为热带农业科技创新奠定了坚实基础。

（一）热带作物种质资源收集保存与评价

我国热带作物种质资源科技基础性工作主要分为四个发展阶段。1954 年开始橡胶种质资源考察收集，随后系统考察收集我国热区热带作物种质资源；1986 年党中央、国务院做出大力发展热带作物产业的重大决策（国发办〔1986〕35 号），热带作物种质资源科技基础性工作进入新的发展阶段，"十五"（2000—2005 年）期间，科技部、财政部共同实施了科技基础性工作专项，热带作物种质资源基础性工作纳入了相关专项，逐步走向标准化、规范化和现代化。

1. 工作起步期（20 世纪 50 年代至 60 年代）

重点开展橡胶种质资源的考察和初步筛选。为打破以美国为首的帝国主义对战略物资和重要工业原料"天然橡胶"的封锁禁运，1951 年 8 月，中央人民政府政务院第 100 次会议做出"关于扩大培植橡胶树的决定"，标志着我国以天然橡胶为基础的热带作物种质资源基础性工作拉开序幕。由林业部、中国科学院、广东省先后组织全国有关高等院校和科研单位专家多次对海南、广东、广西地区、云南原有橡胶、野生产胶植物进行考察。1957 年 3 月，中国科学院、农垦部和广东省等有关单位在广州联合召开了华南热带资源开发科学讨论会，制定天然橡胶发展和橡胶宜林地选择、生产布局和建立农场等开发规划，提出了中国热带、亚热带地区以橡胶为主的植物资源开发方案。初步筛选出优良种质直接推广应用，为天然橡胶产业的创建提供了第一代种植材料。

2. 全面发展期（20 世纪 70 年代至 80 年代中期）

我国先后组织了"云南作物种质资源考察""海南岛作物种质资源考察""海南岛饲用植物资源考察""海南岛棉属资源考察""广西中棉考察""贵州主要优良野生禾草种质资源考察与搜集""滇西滇南牧草种质资源考察与搜集"等 7 个专题，系统考察收集我国热区热带作物种质资源。特别是"七五"期间，海南作物种质资源考察项目被列为国家重点攻关项目，华南热带作物科学研究院和中国农业科学院品种资源研究所等 14 个单位近百名科研人员历时 5 年，考察了海南 19 个县（市），搜集各类作物种质资源 4 922 份，查清了各种作物的种质资源，发掘了一批珍稀优特品种，抢救了一批濒危种质，发现了一些新种或新纪录，填补了植物种类的空白，丰富了中国资源宝库。同时，筛选出一批优良种质直接推广应用，为除橡胶外的热带作物产业发展提供了第一代品种支撑。

3. 扩展壮大期（20世纪80年代后期至90年代）

考察收集重点转向境外，特别是1990年以来，实施了农业部引进国际先进农业科学技术计划，加强境外热带作物种质资源的考察收集，从90多个国家引进资源3万余份，引进新作物8个；同时，制定了橡胶、香蕉、荔枝等几种主要作物的农艺性状评价方法，进行简单的植物学和农艺性状评价。通过引种试种和评价，筛选出一批优异种质和高产无性系，并大规模推广，使我国橡胶产量与世界主要植胶国处于同一水平，也使我国主要热带作物实现了第二次更新换代。

4. 系统研发期（2000年至今）

"十五"以来，通过实施国家科技基础性工作专项、科技基础条件平台专项和热带作物种质资源物种保护等项目，热带作物种质资源基础性工作纳入国家科技发展战略，进入系统研发阶段，在种质资源的收集保存、鉴定评价和管理体系建设、种质创新利用方面实现了快速提升，走向标准化、规范化和现代化。

通过系统考察，基本探明橡胶、荔枝、杧果等主要热带作物地理分布和富集程度，查清了已收集资源的本底总量，发现了盾叶胡椒等新种7个，发现了黄皮、菠萝蜜等作物近缘野生种18个；**收集保存国内外热带作物种质资源总量达4.7万份，保存量位居世界前列**。解决了我国热带作物资源储备不足、优异资源匮乏等问题，极大丰富了我国特色热带作物资源战略储备。进一步明确了橡胶树优异种质、香蕉野生种与农家品系、荔枝野生居群等12类重要热带作物种质资源遗传多样性，建立了有关这些物种自然分布、濒危状况和保护策略的数据库。依据建立的技术体系，全国协同完成了68种作物4.3万份种质资源的评价，获得300万项次种质数据，建设了热带作物种质资源共享信息平台，为60多万人次提供40多万项数据信息共享服务；向20多个国家提供了20多万份次的实物材料，筛选出热带作物优异种质3 000多份，为新品种选育奠定了基础。

经过70年的发展，**构建了较完善、先进、高效协同的热带作物种质资源保存、基础技术标准、基础工作三大体系**。建立涵盖7省（区），23家单位，340名人员参加的全国热区协作网络，统一了热带作物种质资源基础性工作程式；建立种质资源圃（库）48个，其中，国家种质圃11个、农业农村部种质圃25个，热带作物和牧草中期保存库2座；研发了橡胶、木薯等250种作物的组培离体保存技术，创新了荔枝、油棕等花粉、胚性愈伤组织超低温保存等技术，形成设施完备、管理规范、技术先进的热带作物种质资源保存体系；研发了68种热带作物品质性状、抗病虫性状、抗逆性状等鉴定技术175项，建立了胡椒属等DNA条形码序列组合"matK＋ITS"技术、橡胶树抗寒性苗期预测等技术，鉴定准确率达90%。制定了涵盖收集保存、种质资源圃规范管理、繁殖更新、鉴定评价、创新利用等领域的技术标准446项，其中61项规程、规范上升为农业行业标准，形成了先进的基础技术标准体系。"橡胶等热作种质资源鉴定评价的研究"获1998年国家科学技术进步奖二等奖，"特色热带作物种质资源收集评价与创新利用"获2012年国家科技进步奖二等奖。

（二）热区土壤资源普查评价与监测

20 世纪 50 年代，为选择天然橡胶宜林地，进行了大规模的土壤普查和肥力区划工作，对热区土壤肥力特点有了基本了解。其后进行的两次土壤调查，则获取了详细的土壤地质资料和土地利用现状资料，在热带土壤发生分类方面取得了深入进展，全面总结并提出了我国热带亚热带土壤发生分类系统。20 世纪 90 年代，由于信息技术的发展和系统土壤分类的推行，进一步推进海南等区域的土壤基层分类研究，建立了详细的土壤信息数据库，系统获取了海南等区域土壤发生分类特点。进入 21 世纪，随着测土配方工作大规模推广及地理信息技术的发展及应用，在热带土壤质量和地力评价方面取得了长足的进展，并将这一时期获取的土壤属性数据与历史数据进行对比分析，探讨了热带土壤肥力和质量变化的特点，开展土壤质量监测预警研究工作。在海南、云南、广西、广东、福建、四川、贵州等热区主要省份布置了 18 个长期定位监测站，其中基准站 14 个，标准站 4 个，监测热区橡胶、木薯、香蕉、杧果等作物主产区的土壤性状与作物系统生物群落的演变规律及其影响因素，建立热区主要作物耕作管理方式下土壤与田间生物群落变化态势预测与预警体系，获取了热区主要作物与特色作物不同种植管理模式下土壤质量监测数据，在此基础上可进行热作产业适应性评价、耕地土壤质量保育、土壤肥力监测分析等研究工作，促进热带作物产业可持续发展。

（三）热带作物病虫害普查评价与监测

20 世纪 70 年代末和 90 年代初，华南热带作物科学研究院先后两次组织热区科研、教学专家和生产技术人员在华南五省区开展热带作物病虫害普查，明确了病虫害种类及分布，编写了华南五省区热带作物病虫害名录，为热带作物植保工作提供了当时最为系统全面的基础数据。同时，对主要热带作物的病虫害种群变化、个体形态变化和抗药性进行长期定点、定时监测分析，研究其灾变规律，形成监测预警信息，建立热带植保科学大数据。已在广东、广西、海南、云南、福建、四川等热作主产区建设 140 个固定监测站和 360 个固定观察点，年获监测数据 10 万多条，重点对橡胶树白粉病、炭疽病、棒孢霉落叶病、介壳虫和六点始叶螨，香蕉枯萎病、花蓟马，杧果细菌性黑斑病、蓟马，荔枝蛀蒂虫、霜疫霉病和炭疽病，剑麻斑马纹病，辣椒枯萎病，木薯细菌性萎蔫病，瓜实蝇，豇豆蓟马，椰心叶甲，薇甘菊，假臭草等重要病虫草害开展监测，掌握病虫草害的发生危害情况及规律，收集重要病虫草害样品，为科学防治提供依据。

~~~~ / 专栏 14-1 / ~~~~

建立国家热带植物种质资源库

2019 年 6 月，科技部、财政部正式批准成立国家热带植物种质资源库，标志着热带植物种质资源的保护与开发利用作为一个独立领域纳入国家战略，开启了新的发展阶段。该资源库构建了以种质库集中保存与种质圃适度分布相结合的保存体系，汇聚和整合南方 7 省区 2 个国家中期库（备份库）、25 个种质圃 4 万多份种质资源，联合开展创新与共享服务，着力提高热带植物种质资源保护水平、使用效率和支撑能力。强化种质挖掘利用，推动种业创新，支持国内热带作物产业发展；促进国际合作交流，支撑"一带一路"倡议实施。

二、基础研究

我国热带地区生物资源类型多样，其保护和利用相关的基础科学问题突出；主要热带作物天然橡胶、甘蔗、木薯等自给率严重不足，单产潜力巨大，品质亟待提升。依托热带作物生物技术国家重点实验室（1988—2006 年），亚热带农业生物资源保护与利用国家重点实验室（2012 年至今），农业农村部热带作物生物学与遗传资源利用重点实验室（2006 年至今），福建农林大学基因组学与生物技术研究中心（2014 年至今）等基础研究平台，在"973"计划、国家重点研发计划等重大专项的支持下，历时 30 余年，初步创建了热带农业基因组学、蛋白质组学、代谢组与天然产物化学以及主要热作遗传转化技术等核心技术平台，全面提升了相关学科的创新能力；在木薯、橡胶树、椰子及香蕉 B 基因组测序与注释，香蕉枯萎病基因密码破译，橡胶树产排胶机理等领域取得重要进展。

（一）热带作物基因组学

在主要热带作物全基因组测序与注释方面，完成橡胶树、木薯、甘蔗、香蕉 B 基因组、菠萝、椰子、胡椒等 10 余种重要热带作物的全基因组测序与注释，预测基因模型和主要结构基因序列，创建了基因组学数据库，为主要热带作物的基因挖掘和分子育种奠定了基础。完成木薯祖先种和栽培品种的比较基因组研究，发现栽培木薯驯化中特有和高度选择的基因模型，提出木薯光合产物运输的模式以及块根中碳流分配和淀粉高效积累的模型。完成了 BB 型野生香蕉的全基因组深度测序，获得了高质量的测序数据，揭示了香蕉 B 基因组的基本特征，阐明了香蕉起源及 A、B 基因组分化的时间。完成甘蔗野生种"割手密"的全基因组测序，证实了野生种"割手密"是同源多倍体，特别是揭示了甘蔗属割手密种的基因组演化、抗逆性、高糖特征。

（二）热带作物基因工程与生物技术

建立了甘蔗、番木瓜、木薯、香蕉、橡胶等重要热带作物的遗传转化体系，应用于基因功能验证和具有经济价值突变体的创制。获得了一批抗除草剂、抗旱、抗病、抗虫和高糖分的甘蔗转基因株系，目前部分转基因材料进入生物安全试验。以木薯为热带模式作物，利用木薯转化体系获得抗旱、耐寒、淀粉高效积累相关代谢途径重要转录因子、功能基因的转化突变体，结合酵母杂交技术和蛋白互作分析，解析重要基因功能，深入揭示热带作物高生物积累、抗逆的分子机制。发现茉莉酸是调节橡胶树乳管分化的关键信号分子，开辟了利用茉莉酸调控橡胶树乳管数量的途径。香蕉雄花穗外植体转化取得突破，获得转化植株。

在基因组选择育种技术方面，创建了一种基因组简化重测序的方法——AFSM，获得国家发明专利。该方法低成本、高通量，一次性解决大群体的基因型分析，同时检测群体的甲基化位点，为结合表型分析挖掘物种遗传变异的基因差异提供了新的工具。迄今应用于橡胶树、麻风树、马铃薯、可可等20余种作物的大群体基因型及甲基化分析。

（三）热带农业微生物及基因工程

从热带地区收集、鉴定并保藏功能微生物、大型真菌总计10 000余份，鉴定出100余属600余种，发表新种26个，中国新记录种35个种。发现一批具有高产生物酶、有机酸、乙醇、抗菌肽等功能菌种，获得有经济价值的食用、药用菌株200余株；在生淀粉酶的菌种筛选、酶活力评价、产酶条件优化、产酶机理及酶的应用方面取得进展，研发了利用木薯为原料生产葡萄糖酸钙的技术，降低生产成本30%～40%，提高木薯附加值5～8倍；针对热带纤维质农业废弃物，通过甘油预处理、复合酶解和高效生物转化等关键技术，实现燃料乙醇、1，3-丙二醇、丁二酸等化学品的联产。

（四）热带农业分子病毒学

鉴定出甘蔗花叶和线条花叶病毒、槟榔坏死环斑和梭斑病毒、番木瓜环斑和畸形花叶病毒、香蕉束顶病毒等热带重要特色果蔬和经济作物DNA和RNA病毒30余种，建立了适合实验室和田间检测应用的病毒检测技术。完成了多个病毒全基因组测序和序列分析及遗传变异研究，建立了快速构建侵染性cDNA克隆的方法。利用RNA干扰、双链RNA分解酶基因、基因编辑等策略创建甘蔗和番木瓜抗病毒新种质。热带水产病毒方面，鉴定了石斑鱼虹彩病毒与神经坏死病毒、贝类三角帆蚌瘟病病毒与急性病毒性坏死性病毒等10余种；完成了多个病毒全基因组测序和序列分析，发现虹彩病毒能由网格蛋白介导、pH依赖的胞吞途径，通过巨胞饮途径进入宿主细胞。

（五）热带生物天然产物结构及功能

从29种热带药用植物分离活性化合物1 000多个，其中新化合物220个，具有显著抗菌、消炎、抑制肿瘤或抗病毒等生物活性的化合物50多个，建立了热带天然产物化学库，为药物设计研发和创新利用提供了物质基础，并建立了天然产物指纹图谱为代表的热带药用植物代谢组学的化合物绝对定量和相对定量检测方法，尤其是对白木香、海南龙血树、海南黄花梨和海南粗榧等特色热带药用植物建立一整套化合物分离、纯化、鉴定的方法体系。对沉香中色酮和血竭中黄烷类化合物生物合成途径的研究获得其合成相关的基因资源。

三、应用研究

"七五"以来，通过对种质资源农艺、品质、抗逆等性状系统进行评价，采用系统选育和人工杂交等创制手段，选育出热研 73397 橡胶树、华南 5 号木薯、热引 1 号胡椒等具有自主知识产权的新品种；配套研发"橡胶组培技术""咖啡种间嫁接技术"等优良种苗繁育技术，种苗合格率在 92％以上，有效解决了原有技术培育的种苗长势弱、整齐性差、出圃率低、遗传变异大等质量问题。配套研发橡胶、椰子、槟榔等经济林下复合种植香辛饮料、花卉、南（黎）药等绿色高效栽培技术，构建了橡胶、杧果等热带作物"育繁推"一体化技术体系，利用"科研院所＋农户""科研院所＋公司＋基地"等模式，在海南、云南、四川、广东、广西等地推广应用新品种及配套技术，为产业发展提供了有力的科技支撑；针对热带作物农产品加工工艺落后、机械化程度低和产品质量不稳定等技术现状，通过创新传统工艺、突破关键技术、研制配套装备、研发特色产品、技术转化为标准、集成与再创新、促进产业升级，解决特色热带作物产品加工共性领域的关键技术难题。

（一）新品种培育

进行热带作物新品种培育，能显著提高产量、改善品质、增强抗性和提高生产效率，为我国热带作物产业可持续发展提供物质基础。我国热带作物育种从起初的外来种质资源引进利用和从自然界中的农家种选育新品种，发展为利用杂交、诱变和分子标记辅助等途径创造新的基因型，不断选育出高产、优质、抗逆、适宜机械化的热带作物新品种。

1. 橡胶

我国橡胶树品种选育以杂交授粉为主，可分为四个阶段。第一阶段（1952—1962年），引进了 PR107、RRIM600 和 GT1 等优良品系近 200 份，通过对老胶园的系统鉴定，选出了抗寒、高产等优良母株 15 000 余份。第二阶段（1963—1982 年），建立了无性系甄别鉴定技术，提出了准确性较高的小叶柄胶法等早期预测技术，参加亚马孙流域探险并引进了 8 000 份野生种质，为国家橡胶树种质资源圃建立奠定了基础；在世界上首次诱导出花药培养的单倍体、二倍体植株，育成了 93-114 等重要抗寒品种，选出了一批抗风高产、抗寒高产的优良无性系进行品种比较与生产性试种。第三阶段（1983—2000 年），在"六五"至"九五"等国家重点科技攻关计划的支持下，进一步熟化了"小叶柄胶"预测与动态保持技术，提高了花药体胚苗诱导率，育成了热研 73397、云研 774 等大规模推广品种 13 个，中规模推广品种 23 个。其中，热研 73397 产量高、稳产性好、抗风、抗寒性较好，当前在海南和广东的品种占比均超过 30％；云研 774 抗寒性好，速生，产量高，耐刺激，与云研 772 一起在云南植胶占比超过 30％。第四阶段（2001 年至今），成功构建了一个高质量的橡胶基因组图谱，自主选育了早熟高产品种热研 879、热研 918，抗风高产品种热研 917。其中热研 879 早熟高产，是我国乃至世界产量最高的品种之一。同时，紧跟国际育种发展趋势，以胶木兼优品种为选育重点，通过引进试种育成了热垦 628、热垦 525 与热垦 523。其中，热垦 628 为胶木兼优品种，该品种速生、高产，抗逆性好，材积蓄积量高，可提前 1～2 年开割，推广应用潜力巨大。建立了高效的体胚苗繁育技术体系，热研 73397、热研 917 等品种已实现工厂化繁育并进入快速的市场化推广应用阶段。

2. 木薯

木薯选育种以传统杂交选育种为主，分子标记等选育种方法为辅，可分为三个阶段。第一阶段（1958—1979 年），小范围收集保存木薯种质资源，整理筛选出优良木薯品种 5 个，代表品种为华南 205，其株型紧凑，结薯集中，适合机械化收获，高产高淀粉，综合性状好，在广西等地推广面积最大。第二阶段（1980—1999 年），扩大木薯收集保存规模，开展木薯杂交育种，选育出优良木薯品种 8 个，其中国审品种 3 个，代表品种为华南 124，其株型紧凑，高产高淀粉，抗寒力强，发芽快。第三阶段（2000 年至今），全世界范围内开展种质资源收集保存，建立国家木薯种质资源圃，保存木薯核心种质占世界核心种质的 85% 以上，系统开展木薯重要农艺性状鉴定评价，筛选骨干亲本；以传统杂交选育种为主，分子标记等选育种方法为辅，选育出木薯品种 36 个；代表品种是华南 5 号和华南 9 号；华南 5 号株形伞状，高产潜力大，种茎耐贮存，发芽力强，在海南和东南亚地区推广面积最大。华南 9 号薯肉金黄，有"黄金木薯"的美称，富含类胡萝卜素，风味好，成为我国主推的鲜食木薯品种。

3. 甘蔗

甘蔗品种更新可分为 4 个阶段。第一阶段（1950—1980 年），从 1950 年开始，以引种推广应用为主，筛选出台糖 108、台糖 134、Co419 和 Co331 等一批品种在各蔗区推广使用，代替了原来长期使用的低产低糖的竹蔗、芦蔗等地方品种和 POJ2878；1960—1980 年，鉴定、推广我国各省区自育杂交品种。第二阶段（1980—1995 年），粤、闽、桂三省的自育品种代表分别为粤糖 57 - 423、粤糖 63 - 237、闽糖 70 - 611 和桂糖 11 号。第三阶段（1995—2010 年），新台糖 22 号、新台糖 16 号、新台糖 10 号和新台糖 25 号获全国审定，迅速成为当时的主栽品种，种植面积占全国总面积的 85%。代表品种是新台糖 22 号，植株高大、分蘖力强，初期生长稍慢，易脱叶，甘蔗基部粗大，宿根性强，高产高糖。第四阶段（2010 年至今），在国家甘蔗产业技术体系的支持下，克服了主蔗区生产品种单一化，自育品种应用面积突破 700 万亩，占全国种植面积的 40%，代表品种为桂柳 05 - 136、桂糖 42 号和粤糖 93 - 159。桂柳 05 - 136 植株高大，株型紧凑适中，中到大茎，蔗茎直立均匀，丰产稳产性强；桂糖 42 号丰产稳产性强，宿根性好，分蘖率高，有效茎多，抗倒、抗旱能力强，高抗梢腐病；粤糖 93 - 159 中至中大茎、基部粗、节间长、丰产性能高，特早熟、高糖、萌芽率高、分蘖力和宿根性强，高抗黑穗病、耐旱、抗风。

4. 椰子

椰子育种分为三个阶段。第一阶段（1965—1981 年），小范围收集保存椰子种质资源，整理收集罗图马等椰子资源 22 份，代表资源为马来亚黄矮、马来亚红矮，其株型紧凑，早结，高产，果色漂亮，植株矮化，综合性状好。该阶段也采用海南本地高种和马来亚矮种资源培育杂交新品种文椰 78F1。第二阶段（1981—2007 年），扩大椰子收集保存规模，开展椰子选育种，选育出优良椰子省认定品种 3 个，为文椰 2 号、文椰 3 号、文椰 4 号，其株型紧凑，早结，高产，文椰 2 号和文椰 3 号果色漂亮，植株矮化，综合性状好，株型紧凑，高产。第三阶段（2007 年至今），全世界范围内开展种质资源收集保存，建立农业农村部文昌椰子种质资源圃，保存椰子核心种质 200 份以上，系统开展椰子重要农艺性状鉴定评价，筛选骨干亲本；以传统杂交选育种为主，分子标记等选育种方法为辅，培育出椰子杂交新品系 20 份，文椰 2 号和文椰 4 号通过国家审定。文椰 2 号高产潜力大、矮化、颜色呈金黄色、糖度高、椰肉嫩，在海南推广面积较大，市场接受度高；文椰 4 号新品种矮化、高产、椰水糖分高、椰水和椰肉均有独特香味，被称为香水椰子，在我国有较大的推广价值。

5. 香蕉

香蕉育种分为三个阶段。第一阶段（1949—1979 年），香蕉多数为零星种植，品种以当地传统品种为主及少量国外引进品种，如香芽蕉、龙芽蕉、畦头大蕉、粉蕉等当地种，20 世纪 60 年代从越南引进贡蕉、70 年代从东南亚引进红香蕉等。第二阶段（1979—2008 年），中国香蕉产业快速成长阶段，主要以引进及引进后创新品种为主，如 80 年代初从越南引进 Chuoi Tien 并以此选育出了抗风香蕉品种广东香蕉 2 号，1985 年从澳大利亚引进的中秆香蕉品种威廉斯，1988 年从泰国引进的泰蕉（B9），1987 年从澳大利亚引进巴西蕉，并且多个单位在此基础上进行了改良创新，成为我国香蕉产业的主要品种。第三阶段（2008 年至今），中国香蕉产业稳定发展期，同时香蕉枯萎病也在中国各个香蕉产区陆续蔓延。国家对香蕉产业高度重视，成立了国家香蕉产业技术体系，并通过不同渠道给予支持，香蕉育种成果在此阶段呈爆发式增长。建立了香蕉高效遗传转化方法、CRISPR/Cas9 基因编辑技术体系，创新了香蕉新种质创制技术体系，选育出一批性状优良新品种 30 多个，主要包括宝岛蕉、南天黄、南天红、巴贝多、桂蕉系列、中蕉系列和粉蕉系列等新品种。

6. 杧果

杧果选育种分为三个阶段。第一阶段（1958—1990 年），以国外杧果优良品种引进试种为主，选筛出适合我国种植的秋杧、青皮、吕宋等杧果品种，支撑了我国杧果产业的早期发展，为我国杧果产业发展的第一代品种。第二阶段（1990—2000 年），扩大杧果收集保存规模，开展杧果杂交育种，选育出桂热 82 号等优良杧果品种。该阶段还是以从境外引进筛选为主，特别是选育出的金煌、贵妃和台农 1 号等优良品种具有色泽艳丽、松香味少、适合鲜食等特点，支撑我国杧果产业进入迅速发展阶段，为我国第二代杧果品种。第三阶段（2000 年至今），我国杧果选育种进入自主创新时代，全世界范围内开展种质资源收集保存，资源保存量占世界第三位，系统开展杧果重要农艺性状鉴定评价，构建以"五步杂交育种法"选育国审品种 9 个，实现品种早、中、晚熟合理布局。

7. 荔枝

荔枝原产于我国，在我国有 2 000 多年的栽培历史，形成了大量的传统栽培品种和农家品种。新中国成立以后到 20 世纪 80 年代以前，以品种的收集、整理为主，妃子笑、黑叶、大造、白糖罂、三月红等早熟、易成花优良品种在生产上大面积推广。20 世纪 80 年代到 21 世纪初，经过几次大规模的资源考察工作，荔枝种质资源收集、保存数量增加，实生选种和芽变选种工作取得了较大进展，推出了一系列优良的晚熟、早熟及特色品种，如晚熟的马贵荔，无种子的南岛无核荔枝，果超大的紫娘喜等，芽变的如焦核三月红、中山迟熟白叶等。近些年随着资源评价、鉴定工作的不断深入，资源创制方面取得长足的进步，杂交资源数量呈指数级增长，如极早熟的 9918 等杂交品种已经在生产上开始应用。目前生产上有包括黑叶、妃子笑、怀枝、桂味、白糖罂、白腊、鸡嘴荔、三月红、双肩玉荷包、糯米糍等在内的主栽品种 30 多个，支撑着我国荔枝产业的发展。

8. 热带牧草

热带牧草育种分为两个阶段。第一阶段（1958—1990 年），收集保存热带牧草种质资源，以引进的种质资源进行驯化、试种为主，并筛选出优异种质进行扩繁与示范推广。第二阶段（1991 年至今），在全世界范围内广泛收集热带牧草种质资源，建立农业农村部热带牧草种质资源圃和南方牧草种子备份库，保存资源总量达 15 000 余份，是我国最大的热带牧草活体保存中心；采用传统技术与现代分子生物学相结合的手段，辅以太空辐射诱变育种，培育出国审牧草品种 80 多个；多数国审品种在生产上发挥了重要作用，推广面积超过 500 万亩的品种有热研 2 号圭亚那柱花草、热研 4 号王草、华南象草等，超过 100 万亩的有热研 1 号银合欢、桂牧 1 号象草等。其中由中国热带农业科学院选育的热研 4 号王草推广到非洲、东南亚地区和南太平洋岛国广泛种植；柱花草已成为南方最重要的豆科牧草，该系列品种的推广形成了我国"北有苜蓿，南有柱花草"的草业发展新格局。

9. 香辛饮料作物

香料饮料作物选育种分为三个阶段。第一阶段（1958—1979 年），小范围收集保存胡椒、咖啡、可可种质资源。整理筛选胡椒优良品种（系）5 个，代表品种为南傍大叶种；对抗锈小粒种咖啡 S288 进行试种，选出中粒种红-3、兴隆-5。第二阶段（1980—1999 年），扩大收集保存资源规模，通过引种试种和实生选育种，选育出 S288、CIFC7963（F6）等优良小粒种咖啡品种和 8 个中粒种咖啡高产无性系、3 个胡椒优良品种及墨西哥香草兰等品种，代表品种有 S288、24 - 1 号咖啡、印尼大叶种胡椒和墨西哥香草兰。第三阶段（2000 年至今），全世界范围内开展种质资源收集保存，建立了国家香料饮料作物种质资源圃，胡椒保存量位居世界第二，可可保存量位居亚洲和太平洋地区第三。以传统杂交和实生选育种相结合，选育出优良品种（系）20 余个。代表品种是热研 1 号咖啡、卡蒂姆 CIFC7963（F6）咖啡、热引 1 号胡椒、热引 3 号香草兰和热引 4 号可可。热研 1 号咖啡高产、早熟，成熟期集中，抗锈病，适应性强，是海南低海拔地区主要推广品种。

10. 花卉

从 1986 年开始，对海南岛兰花资源进行了考察，基本摸清了海南野生兰科植物资源的种类、数量、分布、生境、多序、花果期及生态型等。2004 年开始，广泛收集各生态类型的野生兰花种质资源，建立野生兰花种质圃，对所收集的海南野生兰花种质资源进行活体和离体保存，并筛选出一批优良的种质，如海南钻喙兰、密花石斛、血叶兰等用于生产。2007 年，开始了兰花的杂交育种和分子辅助育种研究。目前，已选育出优良品种 24 个，代表性品种是石斛兰红星和水蜜桃，均具有适应性强、投产早、花序美丽、生长快速、高产、抗逆性强的特点，其中红星已经成为海南石斛兰种植的主打品种之一。

~~~ / 专栏 14 - 2 / ~~~~~~

橡胶树优良无性系的引种、选育与大面积推广应用

引进世界各国优良无性系 208 个，成功培育我国新一代无性系，并大规模推广，使我国橡胶产量与世界主要植胶国处于同一水平上；利用国外优良亲本，杂交育成热研 73397、大丰 95、海垦 2 和云研 277 - 5 等；其中热研 73397 和大丰 95 在品种的综合性状方面达到世界先进水平；筛选出具有较强抗寒性的 GT1、IAN873 和具有较强抗风性的 PR107，并成为我国橡胶垦区的主栽品种；以叶片蜜腺形态和大小叶柄"骨架部分"的形态特征为主要依据的无性系形态鉴定技术得到广泛应用；采用人工气候室结合前哨梯度系比进行橡胶树抗寒早期预测技术、选配抗寒"三合树""修枝整形"提高抗风能力、划分环境类型小区对口配置品种的研究，具有我国特色。"橡胶树优良无性系的引种、选育与大面积推广应用"获 1999 年国家科技进步奖一等奖。

（二）高效栽培

从 20 世纪 50 年代中后期开始，我国热带作物栽培研究主要围绕引种试种和品种区域性试种进行，以实现高产稳产为目标，开展热带作物丰产高效栽培研究，集成了一批高产高效栽培技术。其中，以橡胶树北移种植技术的突破最具代表性，实现了橡胶树在北纬 18°~24°大面积种植，打破了北纬 17°以北为"植胶禁区"的国际权威论断，种植面积占世界植胶面积的第四位，产量也占第四位，是世界唯一在纬度最北范围内大面积种植成功的国家。开展了具有我国特色的植胶类型区划和品种对口配置，提出"胶园四化"和"管养割"为主体内容的抗风抗寒丰产栽培技术措施。集成推广了良种快繁、高效施肥等木薯标准化高产高效栽培技术，研究确定了秦岭淮河一线以南，年平均气温 16℃以上，无霜期 8 个月以上的长江流域地区为我国木薯适植区。20 世纪 80 年代中后期形成和发展的香蕉组培技术推动我国香蕉产业实现了突破式发展，香蕉防寒、病虫害防控、高效施肥、无伤采收、果实贮运等产业化关键技术的研发和集成应用，使国产香蕉自给率达到 96％。晚熟柑果生产关键技术和产期调节及其配套技术的研发，促进了海南、攀枝花、百色等地柑果产业发展，主要集成了轮换挂果修剪预留结果母枝、控梢催花、三次摘花、疏花疏果、果实护理以及养分综合管理等技术。研发提出了大功率机械深松深耕、地膜覆盖栽培、中耕培土、节水灌溉等甘蔗高产高糖高效栽培技术。构建了以配方施肥为主要内容的低产椰子园改造技术体系，使低产园椰树在实施当年可恢复长势，当年增产 31.94％，次年增产 144.78％。研发推广了"密植、覆盖、免耕"为主的云南小粒咖啡密植高产栽培技术和以换冠改造为主的海南咖啡低产园改造技术。研究提出胡椒标准化高产栽培技术体系，涵盖椒园建设、树形培养、土壤和树体管理、科学施肥及果实采收等环节，解决了海南雨季胡椒园水害和瘟病等爆发的突出问题，有效提高了海南胡椒生产技术水平。研究提出菠萝产期调节、采前品质调控、养分管理、主要病害防治、采后果实劣变防控等五大关键技术，实现了优质菠萝周年供果。进入 21 世纪，结合现代生物技术的新理论和新方法，热作高效栽培研究取得了新的进展。

1. 热带作物精准定量栽培技术

随着热带作物生育进程、群体动态指标和栽培技术措施定量研究的不断深入，推进了栽培方案设计、生育动态诊断与栽培技术措施的定量化，促进了热带作物栽培技术由定性向定量的跨越。以胶乳营养诊断技术和产排胶动态平衡理论为基础，高效安全为目标的割胶技术体系研发，极大提高了割胶劳动生产率、产业效益和竞争力。气刺短割线割胶和超低频割胶技术的示范应用，进一步提高了劳动生产率和产业效益，已成为应对当前天然橡胶市场持续低迷的主要技术措施之一。通过土壤肥力测定、叶片营养诊断、营养管理等技术的集成创新，形成了橡胶树精准施肥关键技术，相关研究获得 6 项省部级科技奖励。氮：五氧化二磷：氧化钾 ＝（2～4）：1：（2～4）的最佳平衡施肥配比和木薯施肥的四大原则，有助于缓解木薯种植持续高产、稳产所面临的土壤肥力下降难题。香蕉氮钾肥平衡施用技术，探明了种植区土壤类型、香蕉生产中钾素含量以及香蕉植株吸收氮、磷、钾比例，促进了香蕉产业健康发展。杧果叶片养分含量在不同品种、生长发育阶段和物候期之间存在显著差异，增施钾镁肥，能够显著提高杧果产量和品质。系统研究甘蔗种植区土壤类型、水分、养分、甘蔗根系分布等关系，设定甘蔗高效水肥施用关键技术参数，实现甘蔗水肥精准施用。研究我国椰子叶片营养临界值，提出了因树因地配方施肥方案；研究土壤碳酸钙含量与叶片钾、钙、叶绿素和镁含量之间的关系，提出灌溉和增施有机肥防治咖啡植株黄化症的技术措施。提出不同产量水平下的胡椒水肥一体化施肥方案，实现了胡椒标准化栽培；探明了菠萝养分吸收积累规律及影响菠萝生长发育、产量及品质的一些营养元素及有机成分。研发了槟榔系列专用肥和水肥一体化技术，建立了配套的高效施肥技术。

2. 热带作物高效快繁技术

热带作物组织培养快繁技术研究与应用进展迅速。组织培养快繁技术已经在橡胶、木薯、甘蔗、香蕉等热带作物种苗生产中得到广泛应用。橡胶树自根动态无性系繁育技术体系，年体细胞胚增殖系数达到 10 000 以上，成活率达到 98%，在广东、海南、云南垦区进行示范应用，产量提高 20% 左右。木薯复合快繁技术，可比传统繁殖法快 30～300 倍，新品种的推广时间从 8～10 年缩短到 3～5 年；香蕉组培苗繁育技术在香蕉产业发展中的贡献堪称香蕉生产技术之最，是大规模商品化生产的主要技术支撑；甘蔗脱毒种苗是消除甘蔗品种因病害积累导致的品种退化、提纯复壮的最有效途径，建立了甘蔗农杆菌介导高效遗传转化体系，培育出了抗黑穗病、抗螟虫蚜虫、抗旱和抗除草剂甘蔗转基因株系。

3. 热带作物间套种栽培技术

热带作物中的橡胶树、椰子、槟榔等是多年生高大乔木，单位面积种植株数少，占地面积大。如何充分利用土地、空间和光照资源，成为热带作物栽培需要研究解决的新问题。根据橡胶树新品种直立生长的特点，提出全新的橡胶树全周期胶园间作模式，在橡胶树整个生产周期，土地利用率可提高 50%，对提高橡胶园整体效益和增加热区土地战略储备等具有重要意义。目前已经实现了橡胶园间种水果、蔬菜、花卉等多种间作技术模式；木薯株行距较宽，已总结木薯与瓜类、豆科等作物的高产高效间套种模式30多套，立体种养模式4项，与纯种木薯比较，鲜薯增产6.1%～25.2%；构建了椰园间种西瓜、菠萝、番木瓜和养殖文昌鸡、东山羊等5种林下复合模式，研发了配套复合种植和林下养殖技术、水肥一体化技术、畜禽粪便和椰园废弃物回田综合利用技术。甘蔗间套种是我国甘蔗生产的一大特色，合理的间套种可以提高甘蔗产量及增收其他作物，增加蔗田综合效益，甘蔗可间套种玉米、西瓜、大豆、马铃薯、辣椒、花生等。

~~~~/ 专栏 14-3 /~~~~

橡胶树在北纬 18°～24°大面积种植技术

世界生产性栽培橡胶树仅限于赤道以南10°到赤道以北15°范围内，视北纬17°以北为"植胶禁区"。我国自1951年开始大面积植胶，现已北移到北纬18°～24°，种植面积已占世界植胶面积的第四位，产量也占第四位，是世界唯一在纬度最北范围内大面积种植成功的国家。主要技术措施是：①选择宜植胶地，划分环境类型区和对口配置品种，针对我国植胶有低温和台风两大限制因子，进行了橡胶树对环境条件适应性的研究，将不同植胶区划分为大、中、小不同环境类型区，在各类型区内配置不同的品种；②选育抗性高产品种，采取引进和自己培育品种并重的方针，目前生产上已推广自己培育的抗风品种有海垦1号，抗寒品种有93-114，后者能耐短暂的-1℃的低温；③抗风栽培技术是营造大小不同的防护林网格，修枝整形和合理密植；抗寒栽培技术主要有地沟育苗，芽接带秆过冬，来年早春抗旱定植，宽行密植等；④适应北移种植的采胶技术根据我国不同植胶区的气候特点，实行管、养、割结合，产胶动态分析。"橡胶树在北纬18°～24°大面积种植技术"获1982年国家发明奖一等奖。

（三）病虫害防控

20世纪50年代至80年代，橡胶树白粉病、炭疽病、条溃疡病、根病等重要病虫草害相继发生，各级热作植保部门联合攻关，取得了一批重要科技成果，如首创了橡胶白粉病测报技术和防治决策模型，有效防治了橡胶树重大病虫害的发生流行。20世纪90年代，研究对象由以橡胶树病虫草害防控研究为主，拓展到香蕉、杧果、剑麻等热带经济作物病虫草害研究。2000年以来，在入侵害虫生物防治和热带作物病虫害绿色防控方面取得重大进展。

1. 橡胶树病虫害防控（20世纪50年代至90年代初期）

随着20世纪50年代我国在华南地区大面积栽培橡胶等热带作物，热作病虫害危害日益严重，其中橡胶树病虫害尤为严重。经过多年努力，热区植保科研团队在橡胶树重要病虫草害防治方面取得重要成果。摸清了我国橡胶树白粉病、炭疽病、条溃疡病、根病、褐皮病、黑团孢叶斑病、小蠹虫、六点始叶螨等重要病虫草害发生规律，以华南热带作物科学研究院植保所牵头，联合国内农药或化工企业和植保科技人员组织了"热带作物农药试制和药效试验协作网"，筛选出十三吗啉、硫黄粉、粉锈宁、多效霉素、百菌清等防治橡胶树病虫草害的药剂，研发出热雾剂、烟雾剂、丰收-30 喷粉机、热雾机、飞机微量喷洒硫悬剂等剂型、喷药设备与施药技术，提出了橡胶树重要病虫害防治技术。其中，60 年代初，首创了橡胶白粉病总发病率短期预测法，使生产上喷药次数减少至 2～4 次，节省农药 30％以上。该技术经多年应用完善，建立了橡胶树白粉病综合治理技术体系，防效比常规提高 18.2％，经济效益提高 17.3％，至今在全国植胶区应用。1965 年，华南热带作物科学研究院植保所提出了"一浅四不割"，即适时施药、加强胶园管理和及时处理病树的综合防治措施，有效控制了橡胶树条溃疡病的传播与蔓延，90 年代中国热带农业科学院研制的橡胶割面防雨帽预防条溃疡病获得成功，在海南及云南垦区广泛使用。80 年代末 90 年代初，研制出防治橡胶树桑寄生的专用药灭桑灵。80 年代后期，研发的应用树桩毒杀防治橡胶树根病和胶园山蛭防治技术在生产上推广应用，经济效益显著。

在其他热带作物病虫害防治方面，开展了胡椒瘟病、胡椒细菌性叶斑病、柑橘黄龙病、杧果采后病害及贮藏保鲜、椰子二疣犀甲、杧果害虫、腰果害虫等防治技术研究，为生产提供了重要技术支撑。

2. 热带作物病虫害防控（20 世纪 90 年代至 2000 年）

橡胶树病虫防治技术集成创新获得突破。中国热带农业科学院植物保护研究所在前期单个病虫防治基础上，提出了橡胶病虫害综合治理体系，开展了以作物为单元的橡胶病害综合治理试验，对橡胶病害的综合治理有重要意义。同时，研究对象由以橡胶树病虫害草防控研究为主扩展到冬季蔬菜、热带果树病虫害防治。重点开展了热带果树、冬季蔬菜病虫害调查及香蕉、杧果、番木瓜、咖啡、槟榔等重要病虫害防治和小菜蛾、瓜野螟、豆荚螟等重要蔬菜害虫的化学防治研究，部分成果达国内领先水平。开展了重要害虫生物防治资源调查及其优势天敌的保护和利用的初步研究，开始对入侵害虫美洲斑潜蝇生物学、生态学和防治技术展开研究，为热区入侵昆虫研究打下基础。

3. 热区重要入侵生物防控（2000 年至 2010 年）

重点开展入侵生物防控研究，开发出香蕉枯萎病、椰心叶甲、螺旋粉虱、红棕象甲和杧果象甲等重要外来入侵生物的分子检测鉴定和监测技术，弄清了入侵成灾规律及生物学生态学机制，制定了椰心叶甲、棕榈象甲、杧果象甲等检疫技术规范，提高了重要入侵生物应急防控技术水平。在国际上首次完成枯萎病菌全基因组精细图谱，研发的香蕉病毒病检测技术与组织扩繁技术结合应用，使香蕉病毒病大田发病率从原来的 8％以上降低到 3％以下。继续验证和完善橡胶主要病害的预测模式和综合治理技术。建立了热作病虫害监测网络和预警体系。摸清了橡胶树橡副珠蜡蚧、六点始叶螨、香蕉黑星病、香蕉病毒病、槟榔黄化病、杧果细菌性黑斑病等重要病虫害爆发原因和灾变规律，研制、集成并提出了监测和防治技术规范。利用热区资源研发植物源杀虫剂取得新的进展，研制出对叶螨等具有良好防效和应用前景的多种植物源农药。建立起天敌规模化繁殖等技术平台，中国热带农业科学院植保科研团队解决了椰心叶甲 2 种天敌规模化生产和释放技术，并在海南、云南、广东等省推广应用，有效控制椰心叶甲的危害。该成果整体达到国际先进水平，已成为入侵害虫生物防治的典型成功案例。

4. 热带作物病虫害绿色综合防控（2010 年至今）

重点开展病虫害绿色防控、规范化防治和综合集成技术研究，减少防治对农产品质量和生态环境安全的影响。根据前期研究成果，制定了橡胶、木薯、香蕉、荔枝、杧果、剑麻等作物病虫害分子检测、监测和防治技术规范及热带作物品种资源抗病虫鉴定技术规程。针对香蕉、荔枝、杧果等热带果树和橡胶、木薯、甘蔗、剑麻、咖啡等热带经济作物，研发出基于对颜色、气味和光趋向行为的诱集、智能监测系统和传统调查等监测技术与产品，并在生产中应用，研发提出高效低毒农药、精准施药技术和高效施药器械及科学用药等措施，实现化学农药减施增效。利用天敌及生防微生物资源防治螺旋粉虱、橡胶介壳虫、叶螨、瓜实蝇及香蕉枯萎病取得突破，螺旋粉虱、瓜实蝇和叶螨生物防治技术田间防效在 70%～80%。研发利用诱剂、色板和灯光等理化诱杀技术防治红棕象甲、杧果象甲和蓟马等害虫，并在田间推广应用。研发集成了以橡胶、香蕉、荔枝等作物为主线，以监测预报、生物防治、理化诱控、农业防治、科学施药等关键技术为核心，创新优化和配套集成与优势产区相适应的绿色防控体系，逐步从单一的病虫害防治向以作物为单元的多病虫害绿色综合防控发展。

（四）农产品质量安全

农产品质量安全学科是研究从"田间到餐桌"全程质量安全控制、确保消费安全的一门科学，是一门既独立又与许多学科密切相关的学科。20 世纪 90 年代以来，为满足质量安全对科技日益迫切的需求，国内一批科教单位开始布局热带农产品质量安全领域相关研究，经过二十多年的努力，在标准制定和修订、农产品质量安全检测技术研究、全程质量安全控制理论与技术研究等方面取得了显著成果，为保障热带农产品质量安全提供了较好的科技支撑。

1. 基本建立了热带作物标准体系

立足热带作物产业绿色发展需求，制定热带果蔬、香辛饮料、热带油料等食用热带农产品绿色栽培、病虫害防控、保鲜贮运、质量安全检测、农药残留限量等从农田到餐桌全过程的标准 150 余项，建立了包括国家标准、行业标准和地方标准等比较完善的热带作物标准体系，从而实现食用热带农产品生产有标可依、产品有标可检、执法有标可判，为热作产业健康发展提供了重要支撑。

2. 研发了一批农产品质量安全检测技术

检测技术是保障热带农产品质量安全的重要基础，二十多年来，在检测技术创新方面，努力摸索，从模仿国内外相关技术方法和标准，到不断开展各类检测技术研究，取得了可喜的进展，研发了一批农产品质量安全检测技术。研究了分子印迹磁性纳米微球材料固相萃取小柱，实现了农产品中多菌灵、三氯杀螨醇、哒螨灵等快速、高效的前处理；改进了传统色谱技术，建立了龙眼、莲雾、荔枝、咖啡、豇豆等热带作物中有毒有害因子残留的精准筛选和检测新方法；改造了部分仪器检测元件，研发了新型微等离子体激发源，应用于福美双等农药残留的分析检测；开发了新型分子印迹传感及微流控芯片，实现对克百威和吡虫啉等农兽药残留的快速、灵敏检测；建立了热带环境及部分热带作物中重金属元素分析新方法；开发了一系列实验样品前处理新型设备，获得大批专利，其中包括环保型高效样品消化器、圆盘进位顶杆式火焰光谱仪器自动进样器等，有效提高了样品分析结果的准确度和精密度。

3. 热带农产品质量安全防控技术

我国热区高温高湿，病虫危害相对较严重，农药使用频次较高、用量较大。热带地区农业土壤酸性较强，部分重金属活性较强。因此，热带农产品质量安全管控难度较大。近年来，较全面地开展了热作产品质量安全风险监测和评估，基本掌握了质量安全总体状况。开展了产地环境评价、投入品管控、生产过程控制等研究，取得较显著成效。特别是研发出了酸性土壤改良技术——开发出酸性土壤改良肥，改良酸性土壤效果良好，目前正在热带地区加快推广应用。

（五）热带农产品加工

我国热带农产品加工起步相对较晚，经过近三十年的发展，在环保型加工技术创新、农业机械化设备、热带农产品功能因子挖掘和农业废弃物综合利用等领域取得重大突破，促进了我国特色热带作物加工产业科技进步，延长了产业链，培育了大批龙头加工企业，创造了多个国际品牌和国内知名品牌，有力促进了特色热带作物产品产后增值和种植业发展，对促进热区农民增收和维护我国南部边疆繁荣稳定产生重大的社会效益和生态效益。

1. "鲜食"生产（1954—1990 年）

我国热带农产品以鲜食为主，规模化生产主要有木薯和甘蔗。其中，木薯作为热带粮食作物在广东高州引种试种成功，并在海南、广东、广西等地推广种植，研发出三段清洗、二次碎解、逆流洗涤、二次分离离心和一级负压脉冲气流干燥等木薯淀粉加工工艺，选用压力曲筛、立式离心筛、碟式分离机、刮刀离心机、导热油加热炉等先进设备，生产水平不断提高；甘蔗作为我国糖制品的主要作物，总产量从 1949 年的 264.2 万吨发展到 1990 年的 6 300 万吨，广西农学院在 1977 年第一个设立甘蔗专业，随后全国各高校设立制糖专业进行人才培养。胡椒、咖啡、杧果、香蕉等热带作物生产规模小，主要按照国外加工方法进行简单加工，相关基础性研究、应用基础研究、技术研发等工作处于起步阶段。

2. 机械化初加工（1990—2000 年）

我国热带农产品以初级产品加工为主，在微生物发酵、脱皮、脱胶、脱壳等技术研发方面取得突破。通过系统研究香荚兰发酵过程中酶系催化理论，建立了香荚兰连续化加工过程模型，首创了香荚兰豆荚在 50℃ 空气中直接发酵生香技术，发酵周期仅 5 天，与传统自然发酵生香法相比，时间缩短一半以上，香兰素含量提高 50％ 以上，产品外观和质量一致性好，符合国际标准；通过开展高产、安全的木葡糖酸醋杆菌筛选研究，攻克了椰子水发酵生产细菌纤维素技术，在国内率先应用于椰子水发酵生产高附加值的细菌纤维素，与国外同类技术相比，发酵时间平均缩短 3 天以上，生产成本降低 5～10 倍，成功应用于食品行业，结束了椰子加工业中椰子水被当作废弃物的历史；在此基础上进行再创新，将椰子水细菌纤维素应用于高档面膜等生物新材料行业，拓展了椰子应用领域；通过胡椒果皮、果肉理化和质构特性研究，突破了机械化连续钉齿脱皮、搅拌搓擦和提升以及规律性动态水流冲洗等关键工序，研发"鲜果直接连续化脱皮"新工艺，取代传统"自然浸泡发酵去皮"工艺，提高工效 5 倍以上，降低水耗并减少污水量约 90%，产品质量符合国标一级品要求；通过咖啡果皮质地、发酵等特性研究，攻克了脱皮、脱胶、脱壳技术，研发咖啡湿法脱皮新工艺，经快速发酵、机械搅拌、摩擦、清洗等工艺完成脱胶，取代传统脱皮工艺，提高工效 5 倍以上，与国外同类技术相比，发酵时间由 24～36 小时缩短至 6～8 小时，避免了发酵时间过长引起的褐变、酸变、回潮发霉等质量问题；通过菠萝叶纤维提取与精细化加工技术研究，突破了幼细叶脉纤维提取时极易断纤、提取率低的技术难题，研发了纤维碱法半脱胶和乳化油软化梳理的精细化处理技术，解决了菠萝叶纤维单纤过短、在传统脱胶工艺中纤维流失多且可纺性差的难题，制备的纯纺纱细度达 36 公支，国际上首次实现菠萝叶纤维纺织工业化生产。这些技术的研发与应用，显著提升了我国热带农产品的加工生产能力。

3. 标准化生产（2000—2015 年）

围绕胡椒、咖啡、香草兰、椰子、腰果、菠萝、剑麻等特色热带作物产品加工工艺落后、机械化程度低和产品质量不稳定等技术现状，中国热带农业科学院通过加工工艺、装备和标准研发（制），形成技术标准 28 项，其中国家标准 7 项，行业标准 21 项，占我国该领域标准总数的 61%，初步建立符合我国国情的特色热带作物产品质量标准体系。成果先后在 160 多家企业推广应用，形成 18 类 59 种商品，创建了"椰树""椰国"等国际品牌和"兴科""福山"等国内知名品牌，培育了世界最大的椰子汁加工企业之一"椰树集团"及一批龙头加工企业，并向全国范围辐射，整体提升了我国热带作物产品加工业的科技水平。同时，实现技术、装备和产品出口，其中腰果、咖啡、热带水果等多项产品加工技术与装备出口尼日利亚、巴西等国家，椰子汁等产品远销 30 多个国家和地区。

4. 精深加工生产（2016 年至今）

我国热带农产品向精深加工生产发展，在生态高值加工关键技术方面取得突破。研发出胡椒催熟、机械脱皮、高温灭酶护色、鲜果全果直用、热浸提、精制制备调味油及活性成分稳态化等 9 项生态高值化加工关键技术，研制出胡椒杀青脱粒和脱皮等关键设备 6 台（套），促进胡椒资源利用率提高 15%，人工减少 50%，产品附加值提高 3～5 倍，生产能力是间歇式生产的 3～5 倍；研发微胶囊包埋技术和纳米纤维素固定技术固定植物精油，首创"纳米纤维素粒度控制技术"，并探明纤维素液态均相纳米化过程的关键技术机理，建立了纳米纤维素绿色高效制备技术，研制出纳米纤维素直径可达 5～12 纳米，解决了现行技术生产纳米纤维素粒度分布范围广等技术难题；突破了菠萝蜜果肉风味品质保存、果肉干燥、果肉半固态发酵、种子口感改良及高纯度种子淀粉提取等关键技术。生态高值加工关键技术的研发，丰富了产品种类，提高了市场竞争力，促进了胡椒、咖啡等热带特色产业可持续发展和农民增收，对全国乃至世界热带特色作物产业发展起到了示范带动作用。

~~~~ / **专栏 14-4** / ~~~~

特色热带作物产品加工关键技术

针对胡椒、咖啡、香草兰、椰子等特色热带作物产品加工工艺落后、机械化程度低和产品质量不稳定等技术现状，对主要特色热带作物加工工艺、装备和标准三大共性学科领域进行联合攻关，形成了一系列具有自主知识产权的特色热带作物产品成套加工技术与装备，彻底改变我国特色热带作物产品加工技术和装备的落后状况，为其实现由"手工作坊式"向现代加工的跨越式发展提供了理论和技术支撑。项目成果完成了四大创新，即创新传统工艺，创新加工设备，创新技术标准，技术、标准、装备的集成、应用与再创新。显著促进行业科技进步，行业使用率达 80% 以上，整体技术达到国际先进水平；研发的技术与装备，与国外同类相比，加工性能和技术参数具有显著优势；产品加工率平均提高 40%，劳动生产率提高 2~8 倍，产品附加值平均提高 300% 以上。成果先后在 160 多家企业推广应用，形成商品 18 类 59 个品种，培育了一批龙头加工企业，并向全国范围辐射，整体提升了我国热带作物产品加工业的科技水平，促进了我国特色热带作物由小作物发展成大产业。"特色热带作物产品加工关键技术研发集成及应用"获 2010 年国家科技进步二等奖。

（六）天然橡胶加工

天然橡胶加工是天然橡胶产业链的重要环节，它承接上游天然橡胶种植业，下游天然橡胶制品行业，因此天然橡胶加工的重大科技问题与上下游企业有极大的关系。自 20 世纪 50 年代以来，我国天然橡胶加工科技的发展共经历了四个阶段，现今已建立了符合我国国情的涵盖加工工艺、装备、质量控制标准的完备天然橡胶加工技术体系，为我国天然橡胶加工产业从无到有、从弱到强做出了重要贡献。

1. 从无到有的早期工艺（1954 年至 20 世纪 60 年代中期）

我国大面积种植天然橡胶树始于 1951 年，为满足将于 1957 年起橡胶树大面积开割时胶乳加工的需要，1954 年原华南特种林业研究所（现中国热带农业科学院）下设橡胶化工部开始研究，从无到有建立了片状胶、膏化法浓缩胶乳、离心法浓缩胶乳的加工工艺、设备制造安装和性能检验方法。1955 年在海南联昌试验站建立了我国第一座半机械化的烟胶片加工试验工厂，为橡胶树大面积开割时期的到来和各农场兴建加工厂提供了依据和经验。1956 年在西联农场建立了我国第一座膏化法浓缩胶乳加工厂，1960 年引进胶乳离心机设备并开始生产离心法浓缩胶乳。各项技术成果在全国范围迅速推广应用，使我国天然橡胶加工从传统手工作坊式生产进入工厂化加工模式。

2. 标准胶技术研发（20 世纪 60 年代末期至 90 年代初期）

进入 20 世纪 60 年代末期，针对传统烟片胶工艺存在的产品一致性差、生产效率低等问题，发展标准胶技术是当时国家天然橡胶加工业的重大课题，技术被马来西亚等天然橡胶主产国垄断。我国于 1969 年开始研究标准胶的生产，按照华南热带作物产品加工设计研究所制订的"天然橡胶新产品——国产标准橡胶的研制"项目计划，由三个单位牵头按三种技术方案开展标准胶的研制：华南热带作物学院加工系负责剪切造粒法研究，华南热带作物产品加工设计研究所负责锤磨造粒法研究，海南省农垦总局南田农场联合藤桥机械厂负责挤压造粒法研究。1971 年，三种技术方案的初步结果都获得成功，其中锤磨造粒法在当时具有明显的优越性，适合农场的实际生产需要，从而在生产上迅速推广应用。随着设备制造技术的改进，目前剪切造粒法也已广泛应用于标准胶生产。经过近 20 年的发展，建立了我国自主、完备的标准胶工艺、装备和标准体系，先后设计建成我国第一座标准胶加工厂，研制成功标准胶连续干燥与打包技术生产线，研制成功我国第一条杂胶标准胶连续化生产线，并于 20 世纪 90 年代初期向尼日利亚、泰国出口成套生产设备，标志着我国标准胶加工技术进入国际先进行列。

3. 改性产品的研制（20 世纪 90 年代中期至 21 世纪初期）

天然橡胶具有优异的综合性能，但在某些特殊性能上，如在耐热性、密封性、耐油性方面却明显亚于某些类型的合成橡胶。为了改善其特定性能，需要对天然橡胶进行化学改性和物理改性。从 20 世纪 90 年代开始，以华南热带作物产品加工设计研究所为代表的橡胶加工技术团队先后开发出黏土天然橡胶、环氧化天然橡胶、氯化天然橡胶、天甲橡胶、脱蛋白天然橡胶、恒黏天然橡胶、子午线轮胎专用胶、预硫化胶乳等一大批改性天然橡胶产品，取得了多项原创性成果，从而拓宽了天然橡胶的应用领域。其中，华南热带作物产品加工设计研究所研发的胶乳法氯化天然橡胶不采用有毒的四氯化碳溶剂，直接在天然胶乳中通入氯气进行改性，于 20 世纪初期建立了示范性生产线，产品制成船舶漆进行涂船试验，通过了 1 年的航海验证，生产技术达到国际领先水平。

4. 天然橡胶高性能化加工（2011 年至今）

近年来，我国新兴工业和国防军工等领域对高性能基础材料提出了更高的性能要求。然而，国产天然橡胶以标准胶为主，在某些特殊性能和质量一致性方面无法满足高端制造与国防装备的性能指标要求。目前，上述用胶主要靠进口高性能烟片胶来解决，国际局势紧张时容易造成被其他国家"卡脖子"的局面，严重影响国家与产业安全。"十二五"以来，在科学分析产业形势和发展趋势的基础上，以中国热带农业科学院农产品加工研究所为代表的橡胶加工技术团队提出国产天然橡胶必须走"高性能化之路"，开始与国内相关军工单位开展技术攻关并取得阶段性突破，初步完成了天然橡胶技术研发从"标准通用胶"向"特种专用胶"的转型。

（七）农机装备

我国热带作物机械化最初从胶园机械化起步，20 世纪 50 年代从苏联引进一批农田通用机械，经"选、改、创"，60 年代研制成功垦荒造田机械，部分机械曾作为援外项目出口到非洲多个国家；70 年代至 80 年代末期围绕橡胶园抚育管理机械、天然橡胶初加工机械、甘蔗生产和剑麻加工机械开展研发；90 年代围绕热作机械系列化和特色热带作物产品加工机械开展研发；2000—2010 年，围绕热作机械标准化、甘蔗全程机械化装备，特色热带作物产品加工装备，热带农业废弃物综合利用技术与装备开展研发；2010 年至今，初步构建了我国木薯生产全程机械化体系，研发了电动割胶刀，在农机装备上集成了 GPS 定位、视觉分析系统等技术，实现了作业面积、机耕种类、抚管轨迹、施肥深度等指标的实时远程监控。

1. 橡胶机械

20 世纪 50 年代研制了用于橡胶定植的 WD80、W80C 挖穴机，70 年代研发橡胶园抚育管理机械化，研制了配套于国产上海-50 型轮式拖拉机的 W45D 型双钻头挖穴机、3Z0.6 型自动避让松土除草机、3GS-8 型修枝整形机；配套于工农-10 型手扶拖拉机的 C-0.6 型铲草积肥机和 7J-6 型胶水运输车，3YJ-2 型烟雾植保机；ZC（ZY）-1.8 型针刺采胶器等。80 年代初，研制橡胶园更新机具与成套设备研究，包括 YB-50 型液压拔树机，TW-3 型推树挖根机及 W75X 型挖穴机等。近年来，针对不同地貌橡胶园管理，开发了 3FJD 系列胶园立/卧式单辊除草机、1JB 系列胶园避让除草机、2FJS 系列胶园双辊粉碎还田机、2FJ-S 深开沟施肥覆土机、2FJ-Q 免耕施肥机、3F-400 型高扬程喷粉机、多功能履带遥控作业平台、小四轮驱动拖拉机动力平台等机型，开发了 CDJ 系列多功能背负式锂电平台并匹配了胶园除草、高枝锯、高枝剪、电锯等功能；研发了电动割胶刀，熟练使用后割胶效率可提升 15%～20%。

2. 甘蔗机械

20 世纪 60 年代初期起就开始进行甘蔗收获机具的研究，开发的机型按收割台的型式，有立式和卧式两种形式；按悬挂的方式，有侧挂式、腹挂式和背负式；按收获方式，有整秆式和切段式等。70 年代末期开始研制甘蔗联合种植机和甘蔗中耕施肥机械，代表性机型有 75-1 型甘蔗种植机、广东-2 型甘蔗联合种植机和庆丰 CZ-1 甘蔗联合种植机等，这些机型都是实时切种式。近年来我国开始研制预切种式甘蔗种植机械，包括单芽段、双芽段、多芽段等机型。其他产品还有甘蔗中耕施肥培土机、破垄施肥盖膜机、宿根蔗管理联合作业机、甘蔗碎叶还田机等，切段式甘蔗联合收获机取得新突破，整秆式联合收获机也在加快研发进程。

3. 剑麻机械

20 世纪 60 年代我国开始相关研究，先后研制了 2Q-3 型剑麻起苗机、F-53 剑麻头粉碎机、剑麻深耕浅种开沟犁等田间管理机械，并从英国和西德引进"罗比"型（Robey）和"克罗纳"型（Corona）剑麻刮麻机。至 70 年代在消化吸收的基础上研制成"罗拉"型系列刮麻机，如 6BLM-15 型、6BJM-50 型、G-40 型、G-100 型、东-150 型，以及配套 Y-3 三列压水机、TK-2 脱糠机、ZL-01 型剑麻乱纤维回收机、JH-22 烘干机等。80 年代后研制开发 XJ-110 型剑麻叶尖削尖机，PP40 剑麻半自动排叶机，GS40 动排刮麻机，6BJM-50 型剑麻刮麻机，MJ-8 型剑麻叶基纤维回收机、LW-40 型剑麻乱纤维回收机，YC240 型纤维打包机等纤维加工机械；开发了交叉式绕纱机，FW2 型双锭纺纱机，麻条均匀度计算机自控系统，ZLJ-25.4、ZLJ-14.5、ZLJ-12 系列理麻并条机，FL-8 八锭纺纱机，BW-32 三十二锭纺纱机，SH3-10-3 型恒锭制绳机，SZ6/14-3 型转锭制绳机，φ 转锭制绳机，转锭制绳机系列，φ 锭制绳机系列恒锭制绳机系列等制品加工机械。90 年代以来研制了 JPQ 型剑麻纱条去毛机、六道并条机、栉梳机、CH4/7 恒锭制股机、DX 型剑麻地毯布修整机、48 锭纺纱机、剑麻细纱剪毛机、倒纱机、压布机等制品加工机械。

4. 木薯机械

2000 年后我国开始相关研究，创建了适宜机械化的木薯宽窄双行起垄种植新模式，研制与之配套的木薯生产全程机械化设备，包括 1GL－180 型起垄机、2CM－2 起垄式木薯种植机（实时切种）、3ZFM－2 木薯中耕施肥机、4JMW 系列木薯秆粉碎还田机、履带自走式木薯秆联合粉碎收集机，以及用于分段收获的 4UMS－140 型深松铲式收获机、4UMB－150 型拨辊轮式木薯收获机、4UML－130 型振动链式木薯收获机、履带式木薯田间转运车等，初步构建了我国木薯生产全程机械化体系。

5. 农产品初加工机械

20 世纪 80 年代末至 90 年代后，研发了咖啡加工技术与装备，创新了不充分发酵与机械摩擦、水流冲刷相结合的脱胶技术，克服了国外湿法加工中因发酵时间过长而造成的品味下降的缺点，缩短了发酵时间，提高了咖啡豆品质。研制了咖啡湿法加工生产线，采用该生产线加工的咖啡豆，质量达到国际标准，被国际知名企业麦氏和雀巢两家咖啡公司认可和订购，替代了进口原料。研发了椰子加工技术与装备，研制了 6C－170 型椰肉插丝机、6Z－30 型榨奶机等设备，配套了生产甜炼椰奶、椰蓉、椰油、椰子粉等椰子产品的设备，创新使用添加剂解决浓缩椰奶的分层问题，使保存期达到 1 年，提高了产品质量。开发了腰果加工设备、胡椒加工设备、小型棕油提取加工设备、澳洲坚果加工设备等。

6. 热带果树机械

近年来，研发了香蕉种植开坑机、电动切割香蕉采收机、香蕉采收索道系统、香蕉采摘机、香蕉茎秆粉碎还田机、香蕉茎秆刮麻机，菠萝移栽机、菠萝叶粉碎还田机、菠萝叶刮麻机、菠萝叶纤维打包机和菠萝叶割铺机等。

（八）热带农业信息化

我国热带农业信息化起步虽然较晚，但紧跟国家农业信息化的步伐，经历了四个发展阶段。

1. 发展起步期（20 世纪 80 年代至 90 年代初期）

主要是以电子计算机作为工具和手段，开展热带农业统计计算、农业数据处理等热带农业计算应用，同时开始小范围的信息技术的应用研究，如华南农业大学及林业部门开始了森林资源遥感调查研究，广州地理研究所运用遥感光谱进行了甘蔗和水稻的小面积试验性估产研究等。

2. 基础建设期（20 世纪 90 年代至 21 世纪初期）

随着我国接入互联网和"金农工程"的实施，以广东省为代表的我国热带农业信息化基础建设步入高速发展期，主要是以互联网基础设施、广播电视网络、电话网络、农业信息服务平台和网站、涉农数据库等热带农业信息化基础设施、热带农业信息网络和数据资源的建设为主要特征。同时，逐步开展热带农业专家决策系统、农业系统模拟等热带农业信息化技术应用。

3. 应用推进期（21 世纪初至 2010 年）

2006 年，农业部印发《关于进一步加强农业信息化建设的意见》《"十一五"时期全国农业信息体系建设规划》等文件，全面快速推进了农业信息化建设水平，热带农业信息化进入适用农业信息技术推广应用的快速发展阶段。数据库、遥感技术、专家系统、地理信息系统（GIS）等现代信息技术在热带农业领域广泛应用，福建省利用 GIS 技术监测植被覆盖变化，海南省建设了海南农垦商务网天然橡胶电子交易系统，中国热带农业科学院橡胶研究所研发了橡胶树精准施肥技术、海南土壤资源信息库及测土施肥专家系统等。同时，农业信息服务取得新进展，热作 "12316" "农技服务 110" 和 "科技特派员" 等新型信息服务方式先后涌现。

4. 融合发展期（2011 年至今）

随着物联网、云计算、大数据等新一代信息技术的发展，信息技术与传统热带农业深度融合，热带农业信息化向全要素、全产业链发展，热带农业迈向智能化、智慧化、精准化时代。贵州省成为全国首个国家大数据综合试验区，广东省构建了水稻、蔬菜测土配方施肥大数据库，开展了精准施肥技术研究应用，中国热带农业科学院科技信息研究所等利用物联网技术、大数据技术、空间信息技术等开展了作物生长环境监测、智能水肥一体化、热作农产品质量溯源和主要热作产业监测预警等技术研究，推动农业信息技术与热作全产业链融合发展。

（九）资源高效利用

我国热区农业资源主要特点是土地资源短缺、水热资源丰富、多年生作物种类多面积大、农业废弃物类多量大，通过开展林下复合种养技术、废弃物综合利用关键技术研究，构建了林下资源高效利用技术模式和废弃物综合利用技术体系。

1. 热带特色林下复合种养技术与模式

针对我国热区多年生作物种植面积大，林下资源丰富但利用率低、产业受市场冲击大、农民收益不稳定的问题，开展了林下间（套）种技术研究，筛选了林下适种的南药、香辛饮料、花卉、牧草、烟草、蔬菜等 20 多个作物品种，明确了橡胶—益智、槟榔—胡椒、椰子—可可等作物间的互作效应，研发了基于水肥管理和光资源合理利用的不同林相下的作物间套种技术，集成了橡胶—南药、橡胶—牧草、橡胶—花卉、椰子—可可、槟榔—胡椒等间作模式。开展了橡胶林下蚯蚓养殖和食药用菌栽培技术研究，筛选出 4 种适合林下栽培的耐高温食药用菌，明确了林下光、温等主要环境因子对蚯蚓繁殖转化和菌丝发育的影响，研发出基于温湿度和光强控制的林下蚯蚓养殖技术与食药用菌栽培技术，集成出橡胶—食用菌—蚯蚓复合模式。目前，橡胶全周期间作模式被列入农业农村部 "十三五" 第一批热带作物主推技术辐射推广橡胶林下经济模式 20 多万亩，增加胶园收入 30%～100%。今后，将在不同模式下的养分循环规律及环境生态效应方面做进一步研究，为模式优化提供理论依据。

2. 废弃物资源化利用技术体系

针对热带作物废弃物类多量大、利用率低、环境压力大，综合效益低的问题，开展废弃物综合利用技术研发。重点针对香蕉、菠萝、甘蔗、木薯、荔枝剪枝等作物的田间废弃物和甘蔗滤泥、木薯渣、甘蔗渣等集中量大的加工废弃物，开展了肥料化、基质化、饲料化、材料化、能源化利用的应用基础、应用技术及产品研发。研发出肥料化、基质化利用技术 10 项、饲料化利用技术 6 项、材料化利用技术 12 项、能源化利用技术 3 项，研发产品 30 多种，构建了针对不同种类废弃物的综合利用技术体系，为构建热带生态循环农业模式，实现热区农业转型升级奠定了技术基础。研发的肥料化、基质化利用技术在广西、云南、广东、海南等主产区应用面积达 200 多万亩，研发的菠萝麻系列产品在全国销售，研发的香蕉废弃物综合利用技术获得海南省科技进步奖一等奖。今后，将以区域为单元，以农牧复合生态循环农业模式构建为导向，开展废弃物在农牧系统中的综合利用技术集成与区域管理对策研究，为有效推进热带绿色生态循环农业发展提供理论支撑与示范样板。

四、重大贡献

经过近 70 年的发展，我国热带作物产业发展迅猛，从无到有，从零星化到产业化，形成了以天然橡胶为重点、多种热带作物为对象的热带作物学科体系，涉及了热带作物资源区划、种质收集、新品种选育、栽培技术、植物保护、机械化到产品加工综合利用，热带农业科技对热带作物产业可持续发展发挥了重要的支撑作用。

(一) 支撑了国家战略产业——天然橡胶产业建立和发展

1. 构建良种培育和割胶技术体系

突破形成北纬 18°～24°大面积植胶技术，种植面积已占世界植胶面积的第四位，产量也占第四位，是世界唯一在纬度最北范围内大面积种植成功的国家。成功培育了我国新一代无性系，使我国植胶业良种化提前 30 年实现，我国橡胶产量与世界主要植胶国处于同一水平上。特别是 90 年代培育出的热研 73397，兼具高产和抗风特性，成为大规模推广级品种，综合性状达到了世界先进水平。近年，橡胶树早熟高产新品种热研879，是迄今为止我国育成的最高产品种，较 RRIM600 增产约 30%。创建了"诱导愈伤反应""动态平衡反馈调控"等产排胶理论，建立起浅割、增肥、产胶动态分析、全程连续递进刺激割胶、低浓度短周期刺激割胶、复方乙烯利刺激割胶等割胶技术体系，并在我国橡胶树主产区广泛推广，取得成功，获得了巨大的效益。使我国天然橡胶单产水平有显著提高，从 20 世纪 50 年代每公顷年产干胶不到 300 千克，60 年代约 450 千克到1996 年达到 1 018.5 千克，其中，云南产胶已超过 1 500 千克/公顷，达到国际先进水平。

2. 构建天然橡胶精深加工技术体系

研发具有自主知识产权的关键加工工艺与装备，制定一批质量控制标准与生产规程，在相关领域进行应用示范推广，突破产业发展瓶颈，提高产业效益，推动产业链向高端领域延伸。推进高性能特种工程天然橡胶的研发。通过产、学、研合作以及与国内高端军工领域客户合作，研发了国产高性能特种工程专用胶，打破了国产天然橡胶不如进口天然橡胶的论断。通过不断的技术攻关，军用特种天然橡胶研发进入新阶段，通过深入攻关，实现吨级制备高品质天然橡胶产品性能显著优于进口的优级产品，满足军用橡胶在极端复杂情况下的使用要求，签署了每年百吨高品质天然橡胶供货协议，初步实现高品质天然橡胶由中试研究向型号应用过渡。

~~~/ 专栏 10-5 /~~~~~~

创建天然橡胶产业　助力新中国国防建设

新中国成立不久，随着朝鲜战争的爆发，西方国家对我国实施经济封锁和全面禁运，作为主要工业原料和战备物资的橡胶，被列入禁运之首。在历史使命的召唤下，党中央军麾南指，一场汇聚于祖国南疆的鏖战拉开了帷幕，一大批爱国专家和热血青年奔赴祖国南方。自此，中国人开始建立自己的橡胶产业，1954年华南热带林业科学研究所诞生，1994年发展为中国热带农业科学院。历经60多年，一代代热作人草房上马、白手起家、励精图治，以报效祖国的赤诚和奉献，创造了在北纬18°~24°地区大面积种植天然橡胶的奇迹，使我国由原来的天然橡胶产业空白国，崛起为世界第四大产胶国，保障了国家天然橡胶等战略物资和工业原料、热带农产品的安全有效供给。

~~~~~~

（二）支撑世界主粮作物——木薯产业发展

1. 创制出优异的新品种

从1980年起先后选育出华南205、华南124、华南5号（高产高淀粉）、华南9号（鲜食）、华南14号（耐采后腐烂）、华南16号（适合机械化采收）等具有自主知识产权的新品种15个，占我国同期选育、推广木薯新品种的90%以上，使全国木薯品种更新两代，满足了我国木薯产业不同发展阶段的品种需求，华南系列品种在我国木薯产区保持覆盖率在80%以上，实现了我国木薯产业发展主栽品种良种化。新品种与第一代主栽品种华南205相比，平均亩产从约1 200千克提高到1 800千克以上，单产提高50%以上，块根干物率和淀粉率分别提高2.71%和2.08%，新种质创制和新品种选育均整体达到国际先进水平。从1987年至今，累计推广面积1.93亿亩，新增产值579亿元；新品种推广利用驱动了我国木薯淀粉和乙醇工业的发展。

2. 研发了加工工艺和装备

研发出鲜木薯淀粉"高粉、高提、多储"加工新工艺，提高淀粉的商品回收率25%~30%，降低能耗20%以上；研发加工节能降耗新工艺及新设备，节省设备投资50%，节省动力50%，节省电耗30%；利用复合或多元变性技术研发出13个木薯变性淀粉品种。加工综合技术的推广应用显著提高了我国木薯产业经济效益。从90年代初年产原淀粉不足10万吨发展到目前年产400万吨和燃料酒精200万吨（含进口干片），形成年产值200亿元的木薯加工产业。"木薯品种选育及产业化关键技术研发集成与应用"获2009年国家科技进步二等奖。

（三）支撑主要热带水果——香蕉、杧果、荔枝产业提质增效

1. 香蕉产业提质增效

收集保存了302份香蕉核心种质资源，创建"体细胞诱变—突变单株—突变株系—新品种"技术体系，选育出巴西蕉、南天黄、宝岛蕉、巴贝多、热粉1号、海贡蕉等多个优良新品种，其中巴西蕉、南天黄是主栽品种，推广面积占全国的70%，显著提高了我国香蕉产业的良种覆盖率。建立了香蕉组培苗快繁技术体系和病毒检测技术，使发病率由92.5%降至1%以下，组培苗防变异技术将组培苗变异率控制在1%以下。研发了以高效施肥、双膜防寒栽培、无伤采收和贮运保鲜为核心的品种配套生产技术，构建了全产业链香蕉标准化生产技术体系，制定农业行业标准6项；研发果实养护技术和无伤采收技术，优质果率提高到90%，支撑了香蕉产业升级。实现节肥48千克/亩，节水40%，节省劳力40%，增产2.2倍，优质果率从50%提高到90%以上；保鲜贮运技术使保鲜期延长40天，货架期延长3天，减少采后损失25%；防寒技术使寒害发生率由96%降至5.7%，实现植蕉区安全北扩2度，收获期提早60~65天。建成世界最大香蕉组培苗生产基地，累计推广组培苗24亿株，国内市场占有率为70%，并远销东盟多国；建立了全产业链香蕉标准化生产技术体系，使全国香蕉种植面积由1995年307万亩发展到2015年646万亩，单产从每亩980千克提高到2 248千克，是世界平均水平的2.2倍，国产蕉自给率由86%提高到96%；实现累计综合产值2 832亿元。

2. 杧果产业提质增效

收集保存杧果种质资源762份，占全国杧果种质资源保存总量99%，为培育和发展产业奠定了资源基础；构建了我国杧果种质资源鉴定评价技术体系，系统评价鉴定杧果种质资源680份；利用筛选创制的优异种质和"五步杂交育种法"培育新品种14个，占全国杧果种植面积的72%，其中贵妃、台农1号等早熟品种5个，支撑海南、云南红河流域优势区建设；桂热82号、帕拉英达等中熟品种13个，支撑广东、广西、云南怒江—澜沧江流域优势区建设；凯特、热品10号、红玉等中晚熟品种5个，支撑四川—云南金沙江流域、贵州、福建优势区建设；自主选育的热农1号、热品4号等品种为后续产业的升级和提质增效储备了良种。通过种质资源的创新利用以及系列新品种的选育和配套产期调节等技术的推广，良种覆盖率达90%以上，促进了我国大陆地区杧果早、中、晚熟优势区域布局的形成，构建了周年供应产业技术体系，鲜果收获期从原来的5—8月延伸到1—12月，实现周年供应。推动杧果种植区域从海南、广西、云南、广东4省（区）扩大到四川、福建、贵州7省（区），种植面积从20世纪80年代初的3 200公顷增加到2017年的25.79万公顷，增加了79.5倍，产量从不足1万吨增加到205.3万吨，年产值达100多亿元。

3. 荔枝产业提质增效

荔枝是我国古老的经济作物，但20世纪80年代以前，我国荔枝栽培面积不到5万公顷，产量不足10万吨。成花难、坐果率低，荔枝蒂蛀虫、椿象和霜疫霉病、炭疽病"两病两虫"危害严重，采后褐变等问题是制约荔枝产业发展的主要瓶颈。新中国成立70年来，我国热区科技工作者经过不懈努力，基本克服了这些产业难题，极大促进了

荔枝产业的发展，目前，荔枝栽培面积稳定在 55 万公顷左右，年产量稳定在 200 万吨左右。围绕成花难问题，我国学者深入研究了荔枝花芽分化的机理，探明了荔枝花芽分化的进程与阶段变化特点，阐明了不同阶段温度、水分、梢期等内外因子对成花的影响，从内源激素、碳素营养、胁迫信号和基因表达多角度揭示了成花生理与分子机制，在此基础上，研发了早、中、晚熟品种培养适时优良结果母枝、冬梢处理、环割、环剥及螺旋环剥、促进花芽萌动等措施，尤其研发了乙烯利、多效唑等生长调节剂在控梢促花中的综合应用技术体系，开发了荔枝专用促花剂产品。这些技术的综合应用使主栽品种成花枝率稳定在 80% 左右，基本解决了成花难题。针对坐果率低的问题，深入开展了荔枝开花生物学与果实发育生物学研究，揭示了荔枝开花、果实坐果与落果、裂果、果实大小、糖酸代谢与果皮色泽形成规律及其调控机理，在此基础上，研发了综合应用 2,4-滴等生长调节剂结合环割、肥水管理等措施提高坐果率的技术措施，研制了荔枝专用保果和防裂果叶面肥，减少落果率 30%～50%，有效地解决了坐果率低的难题。针对病虫危害严重的问题，深入研究了病虫害发生、危害及成灾机制，研发了预测预报技术体系，在此基础上，优化了化学防治技术体系，建立了以生物源农药、天敌应用等为主的绿色防控技术体系，结合密闭园改造技术体系应用，极大提高了病虫综合防控水平，降低了病虫危害损失率，显著提高了果实质量安全水平。针对果实采后保鲜难、易褐变的产业难题，深入研究了荔枝采后衰老的生理与分子机制，形成了以采前防病、果皮护色和冰温贮运为关键技术环节的荔枝冷链物流保鲜综合技术，荔枝在 0℃ 下贮运，保鲜期 40～45 天，使鲜荔枝可贮运至世界任何地区。近几年研发的真空预冷设备，极大缩短了果实预冷时间，结合物理场调控冰晶生长的新型冻结技术，实现了荔枝超高压辅助冷冻，冻藏 6 个月后荔枝的水分、糖度基本保持不变，破解了保鲜难问题。

（四）支撑了特色热作产业的建立与发展

1. 椰子产业发展

建立我国第一个国家级椰子种质圃，收集保存 200 份椰子种质资源。构建椰子种质评价技术体系，筛选出抗风、抗寒、高产、矮化优良种质 39 份。培育了我国第一个椰子杂交新品种，选育了一系列高产、早结、矮化、鲜食优良新品种，推动椰子主栽品种的更新换代。创新育苗新技术，缩短育苗期；建立苗期鉴定技术，实现早期筛选；构建低产椰园改造技术，提高椰园经济效益。创新椰子加工新工艺，突破椰子粉、椰子糖、椰子饼相关技术；建立了椰壳活性炭、椰衣纤维等配套加工技术，推动我国椰子产品的换代升级，实现了经济效益重大突破。

2. 香辛饮料产业发展

从世界 30 多个国家收集引进胡椒、咖啡等热带香料饮料作物种质资源超过 1 000 份，使我国成为世界第二大胡椒资源保存国，亚洲及太平洋岛国第三大可可资源保存国，建成国家热带香料饮料作物种质资源圃、农业农村部咖啡种质资源保护海南创新基地。选育出我国具有自主知识产权的热引 1 号胡椒、热研 3 号咖啡等新品种 7 个。其中，热引 1 号胡椒成为支撑我国胡椒产业发展的当家品种，良种良苗覆盖率 90% 以上；配套研发胡椒槟榔间作栽培、咖啡轻简化高效栽培等新技术 8 项，化肥农药减施 50%

以上，劳动力成本降低 30% 以上。针对胡椒、咖啡等作物综合利用率低、物耗能耗高、自动化程度低、风味与营养成分损失大等问题，攻克胡椒生态高值加工、咖啡热泵节能干燥和变温梯度烘焙增香等绿色生态高值化加工关键技术，研发设计清洗—微波杀青一体机等加工设备 10 台（套），开发出冻干青胡椒、黑胡椒酱等具有良好市场前景的科技产品 12 大类 140 多种，产值较初产品提高 3 倍以上。

3. 热带牧草产业发展

针对我国热区缺乏优质种质资源的问题，在世界热区开展了热带草资源的收集、保存、鉴定和评价及综合利用技术研究工作，收集保存国内外种质资源 15 000 余份，为热带亚热带地区开展牧草育种提供了重要的资源基础，一定程度上缓解了我国缺乏热区牧草种质资源的问题。培育的柱花草为主的豆科牧草及绿肥已成为南方牧草的重要当家品种，在南方 9 省区推广面积累计超过 13 万公顷；培育的热研 4 号王草，年亩产鲜草量 20 000～30 000 千克以上，超越了国内的其他品种，该品种国内广泛大面积推广种植，累计推广面积超过 133 万公顷，成为我国热区推广种植面积最大的牧草品种，有效促进我国南方热区的草牧业健康稳定的发展。

4. 热带花卉产业发展

从国内外收集保存花卉种质资源 3 800 多份，涵盖 85 科 390 属，其中红掌种质资源 348 份、石斛兰种质资源 1 536 份、朱槿种质资源 300 份、三角梅种质资源 130 份，全部进行了活体或离体保存。在此基础上，率先建立热带花卉种质资源评价技术体系，对三角梅、蝴蝶兰、石斛兰等种质资源进行了植物学和农艺学评价，对重要种质资源进行了细胞学、分子生物学、花色和花香、抗寒性等全面系统的评价，筛选出石斛兰抗寒品种 14 个、红掌抗病性品种 12 个。以红掌、朱槿、三角梅和热带兰为主要研究对象，大规模开展了有性杂交和倍性育种研究，创制新材料 5 200 余份。已登录朱槿新品种 16 个、石斛兰新品种 2 个、文心兰新品种 6 个；已选育红掌新品种 22 个、蝴蝶兰新品种 7 个；建立了包括木本花卉、兰科、天南星科、蕨类等一大批植物/品种的无菌播种、无性繁殖的技术体系，为育种后代培育、种苗大规模生产等提供了技术保障。

⬡ 本章参考文献

曹永生，方沩，2010. 国家农作物种质资源平台的建立和应用 ［M］. 生物多样性，18（5）：454 - 460.

陈俊谕，陈泰运，符悦冠，2013. 哥德恩蚜小蜂对螺旋粉虱的功能反应研究 ［J］. 中国生物防治学报，29（2）：175 - 180.

陈青，2011. 外来入侵害虫普查及其安全性考察技术方案 ［M］. 北京：中国农业出版社.

邓万刚，2005. 海南岛土壤酸度数据库的建立及土壤酸度变异研究 ［D］. 儋州：华南热带农业大学.

龚子同，张甘霖，漆智平，2004. 海南岛土系概论 ［M］. 北京：科学出版社.

谷建田，1994. 中国植物种质资源保护：历史、现状与未来 ［J］. 科技导报（6）：59 - 2.

何康，黄宗道，1987. 热带北缘橡胶树栽培 ［J］. 广州：广东科技出版社.

何向东，陆行正，吴小平，1991. 海南岛胶园土壤肥力区划及其利用的研究 ［J］. 热带作物研究，3（1）：4.

黄贵修，许灿光，李博勋，2018. 中国天然橡胶病虫草害识别与防治（第二版）［M］. 北京：中国农业科学技术出版社.

黄华孙，2005. 中国橡胶树育种五十年 [M]. 北京：中国农业出版社.

黄洁，李开绵，叶剑秋，2006. 中国木薯产业化的发展研究与对策 [J]. 中国农学通报，22 (5)：421 - 426.

金涛，金启安，温海波，等，2012. 利用寄生蜂防治椰心叶甲的概况及研究展望 [J]. 热带农业科学 (7)：67 - 74.

李志英，陈业渊，2007. 主要热带作物种质资源离体快繁技术规程 [M]. 北京：中国农业出版社.

刘贤进，2011. 农产品质量安全学科发展刍议 [J]. 农产品质量与安全 (1)：30 - 32.

漆智平，2007. 热带土壤学 [M]. 北京：中国农业大学出版社.

王庆煌，2015. 中国热带作物学科发展研究 [M]. 北京：科学出版社.

王庆煌，陈业渊，李琼，等，2013. 特色热带作物种质资源收集评价与创新利用 [J]. 热带作物学报，34 (1)：188 - 194.

王庆煌，陈鹰，黄茂芳，2012. 热带作物产品加工原理与技术 [M]. 北京：科学出版社.

王文泉，刘国道，2008. 热带作物种质资源学 [M]. 北京：中国农业出版社.

王文泉，王海燕，杨子贤，等，2006. 中国热带植物种质资源的保护与创新利用 [J]. 植物遗传资源学报，7 (1)：106 - 110.

吴龙婷，2014. 我国农业信息化和农村信息服务体系建设历程 [J]. 中国信息界 (15)：11 - 12.

许世卫，2016. 对当前农业农村大数据发展的若干思考——基于山东、贵州调研情况 [J]. 农业展望 (5)：59 - 64.

尹俊梅，陈业渊，2005. 中国热带作物种质资源研究现状及发展对策 [J]. 热带农业科学，25 (6)：55 - 60.

余炜敏，2002. 海南县级土壤与地形数字化数据库的建立与应用 [D]. 儋州：华南热带农业大学.

余卓桐，王绍春，周春香，1980. 橡胶白粉病流行因素及防治方法的数理分析及 1979 年测报试验小结 [J]. 热带农业科学 (2).

曾凤，2004. 广东农业信息化发展探索 [J]. 南方农村 (6)：51 - 55.

张开明，陈舜长，黎乙东，1983. 防雨帽预防橡胶树条溃疡病的初步研究 [J]. 热带农业科学 (3).

赵其国，石华，1983. 我国热带、亚热带地区土壤的发生、分类及特点 [A]. 李庆逵. 中国红壤 [M]. 北京：科学出版社.

郑服丛，张开明，2006. 热带作物病虫草害名录 [M]. 海南：南海出版公司.

郑国清，2002. 农业信息化技术研究进展综述 [J]. 中国青年农业科学学术年报 (6)：496 - 500.

中国科学技术学会，2009. 农业科学学科发展报告（基础农学）[M]. 北京：中国科学技术出版社.

中国热带农业科学院，2014. 中国热带作物产业可持续发展研究 [M]. 北京：科学出版社.

中国热带农业科学院，2015. 中国热带作物学科发展报告 [M]. 北京：科学出版社.

中国热带农业科学院华南热带农业大学，1998. 中国热带农业科学院华南热带农业大学志 [R].

中国热带作物学会，2006. 热带作物产业发展研究 [M]. 北京：中国农业出版社.

第十五章 农产品加工

广义上的农产品加工业是以农业物料、人工种养或野生动植物资源为原料进行工业生产活动的总和，包括农副食品加工业，食品制造业，酒、饮料和精制茶制造业，烟草制品业，木材加工和木、竹、藤、棕、草制品业，中药饮片加工与中成药生产业，橡胶制品业等11个行业。狭义的农产品加工业主要是指以农副食品加工业和食品制造业为主的食用农产品加工业。

近代意义的农产品加工业与欧洲的工业革命相伴而生，可以追溯到18世纪末19世纪初，最早的文字记载是1810年法国阿佩尔提出用排气、密封和杀菌的方法保存食品。19世纪40年代之后，伴随英国工业革命带来的科学技术进步与制造业大发展，传统农业向现代农业转变，农产品加工业已经成为世界制造业的第一大产业。

中国先民素有"民以食为天"的古训，农产品和食品生产受到历朝历代的高度重视。由于历史的原因，油坊、磨坊、粉坊、豆坊、食坊、茶坊等中国特色的食品生产活动一直处于封建社会自给自足的传统农业状态，作为对以家庭为主体的农产品加工生产方式的补充，传统小农经济的特征非常明显。中国近代意义的农产品加工业，始于清末进口制粉机械进行的面粉加工业，不仅起步大大晚于西方工业化国家，且发展速度缓慢。直到新中国成立以后，中国才开始了比较系统且稳定的农产品工业发展；尤其是改革开放以来，伴随着中国社会快速工业化、城市化发展的历史进程，中国的现代农产品加工业才得到迅猛发展。

一、基础性工作

2000年前，我国农产品加工业先后经历缓慢增长阶段（1949—1990年）和觉醒发展阶段（1991—2000年），虽然期间从国家层面并未系统布局基础性工作，但在学科建设方面，历经50余年的发展，在2000年左右基本形成了以农产品加工、农产品质量安全、农产品贮藏与保鲜、食物营养与健康、农产品加工装备五大学科方向为主的农产品加工学科体系，大部分农业院校都开设了食品科学与工程专业，培养了一批专业人才。2000年以后，我国将农产品加工列入第十个五年计划，农业部设立农产品加工局，各省、市、区人民政府设立农产品加工厅（局），中国农业科学院和各省、市、区农业科学院成立农产品加工研究所。农产品加工业步入高速增长阶段，在"十一五"末期和"十二五"初期，农业部、科技部开始系统布局农产品贮藏与加工的基础性工作。在基

---

* 本章审稿人：孙宝国；牵头撰写人：戴小枫、张德权、黄凤洪、廖小军、李来好；参与撰写人：朱捷、周素梅、张波、邓乾春、段玉权、宋弋、岑建伟、范蓓、马美湖、杨贞耐、王静、王德良、张良、潘腾、胡宏海、田帅、陈芳、季俊夫、郑明明、刘昌盛、许继取、向霞。

础性、长期性科技工作方面重点开展了农产品加工特性与加工适宜性评价，在工作部署方面实施了农产品加工行业监测与预警，在体系建设方面成立了国家农产品加工技术研发体系。

（一）农产品加工特性与加工适宜性评价

为摸清农产品原料各项指标参数与加工特性之间的关系，2009 年公益性行业（农业）科研专项"大宗农产品加工特性研究与品质评价技术"获得立项，2012 年国家科技支撑计划"食用农产品加工适宜性评价及风险监控技术研究示范"获得立项。

10 年间通过两个项目的支持，中国农业科学院农产品加工研究所牵头全国优势单位开展了大宗粮油、果蔬、畜禽食材资源调查、品种收集、品质分析、加工特性与加工适宜性评价、专用品质分级、特征指纹图谱构建等研究工作，共收集农作物品种 2 624 个，测定品质数据 284 835 条，绘制了大宗农产品特征成分指纹图谱 2 289 份和加工专用品种 DNA 指纹图谱 273 份，建立了原料品质与制品品质的相关关系模型 23 个，构建了 3 大类农产品品质特性参数体系和加工适宜性评价指标体系，创建了大宗农产品加工品质检测与适宜性评价技术方法 37 项，筛选出加工专用品种 430 个，建立大宗农产品加工品质与专用品质基础数据库 1 个，实现数据、平台共享。通过系统地对我国大宗农产品品种特性与加工品质进行研究，建立了适宜不同加工产品的品质评价指标体系、方法和标准，为专用品种加工特定制品提供理论支撑，对推动农业提质增效、农产品加工业健康发展具有重要意义。

未来，我国农产品加工基础性科技工作将在完善加工特性数据库的基础上，继续开展大宗食材的营养品质调查与数据库的构建，摸清我国大宗食材营养品质状况及其动态变化，明确我国大宗食材的品种区域分布；形成大宗食材营养谱，通过统计分析、可视化呈现、数据挖掘和模型计算，建立我国大宗食材营养品质基础数据库和信息共享平台，实现数据共享、查询、分析和导出，为健康中国建设提供科技基础支撑。

（二）农产品加工行业监测与预警

为及时、全面、准确把握行业发展动态，充分发挥信息对行业发展的引导作用，2010 年，农业部农产品加工局在乡镇企业数据监测工作的基础上，启动了农产品加工行业监测分析与预警工作，通过对农产品加工行业数据的监测、统计、分析，为行业发展预测和突发事件预警提供重要支撑。2014 年，覆盖全国的农产品加工监测体系逐渐形成。2015 年，农产品加工监测分析与预警信息平台正式上线运行，监测预警工作进入信息化时代。

农产品加工行业监测预警工作开展以来，一直按照"边探索、边建设、边运行、边出成果"的原则，不断健全工作机制，加强深入分析与突发事件预警，逐步建立了一套适用的方法制度，为监测预警工作的顺利开展提供了保障，取得了较好的工作成效。一是制定了统计监测报表制度。明确了农产品加工业统计监测范围、对象和指标。二是建立了统计监测工作体系，树立了系统内、系统外两条腿走路的思想。一方面建立了覆盖全国范围的统计调查制度，逐步推进企业直报，县、市、省、国家逐级审核的统计数据汇总机制；另一方面与国家统计局、中国经济景气监测中心、中国轻工业联合会等单位建立数据共享机制，利用已有的数据做分析研究。三是组建了重点行业监测分析团队。依托中国农业科学院农产品加工研究所、农业部农村经济研究中心、农业部规划设计研究院、中国农业大学、中国肉类食品综合研究中心等单位，建立了综合、粮食加工与制造、植物油加工、果蔬茶加工、食用畜产品加工 5 个专家团队，全面研究行业发展状况。四是开展了企业发展情况调查。全面分析全国及部分重点地区农产品加工业发展特点、行业发展制约因素及转型发展趋势等，形成了多项全国和地区调查报告。五是形成了稳定的统计成果发布机制。定期汇编统计数据，发布分析报告，取得了一系列统计监测分析成果。

未来，农产品加工业将在推动农业农村现代化、促进农民就业增收、推进生态文明建设等战略中起到更重要的作用，更加需要加强农产品加工业统计监测工作，从而准确掌握农产品加工业发展情况，监测预警行业运行态势，科学制定发展目标。农产品加工行业监测预警工作将以提高统计监测能力和统计数据质量为主线，夯实统计监测基础，创新统计监测体制机制，提升统计监测信息化水平，建成调查制度科学、组织体系完善、数据质量可靠、技术手段先进、队伍素质优良、政策保障有力的统计监测体系。

（三）国家农产品加工技术研发体系

为发挥农业科研条件和平台优势，促进农业科技成果转化与产业化，推动农产品加工行业健康发展，2007 年，由农业部组织，中国农业科学院农产品加工研究所牵头，各省农业科学院、农业领域高校、农产品加工龙头企业参与，成立了国家农产品加工技术研发体系（以下简称"体系"）。体系成立工作委员会，下设国家农产品加工技术研发中心（设在中国农业科学院农产品加工研究所），粮食、油料、水果、蔬菜、畜产品、茶与饮品、特色农产品及机械装备等 8 个专业委员会和 264 家专业中心，实施工作委员会领导下的国家农产品加工技术研发中心、专业委员会负责制。

成立以来，体系在农产品加工业宏观发展战略及相关政策研究，农产品加工基础与应用基础研究、前沿技术研究、重大共性关键技术研究与集成，农产品加工科技成果转化、示范与推广，农产品加工科技创新和人才培养，行业发展等方面开展了一系列卓有成效的工作，成功打造了全国农产品加工科技创新推广活动、全国农产品加工院所长座谈会、农产品加工业"十大"等行业品牌。其中全国农产品加工科技创新推广活动已连续举办 8 届，累计对接农产品加工科技成果 1 000 余项，签约总额超过 20 亿元，为加快推进农产品加工科技创新与转化，促进农产品加工业发展，助力乡村产业振兴提供了强有力的科技支撑。据统计，截至 2018 年底，体系累计承担省部级以上科技项目 1 495项，获得省部级以上科技成果奖励 349 项，其中国家科学技术奖 25 项，拥有有效授权专利 2 057 项，制定农产品加工国家、行业和地方标准 311 项。累计面向行业推广农产品加工技术 1 400 余项，科企合作累计签约金额超过 50 亿元，培训农产品加工实用技术人才 120 万人次。

按照习近平总书记面向世界科技前沿、面向国家重大需求、面向现代农业建设主战场要求，体系下一步将聚焦乡村振兴、创新驱动发展和健康中国战略，以供给侧结构性改革为主线，以绿色发展、高质量发展为核心，加强农产品加工科技创新、成果转化推广、产业调研和引导，构建"产学研政经"一体的农产品加工科技创新体系，充分发挥科技创新对产业发展的引领作用，产业发展对扶贫攻坚的支撑作用。促进农产品初加工、精深加工、主食工业化和综合利用协调发展，实现"产业链、价值链、创新链"三链的统一和融合，提高发展质量、效益和竞争力，为推进农产品加工业转型升级提供更加有力的科技支撑和人才保障。

二、基础研究

我国在产后减损、品质形成与代谢机理方面取得重要进展，根据我国国民营养需求、健康特点和消费习惯，在生鲜农产品动态保鲜机制、加工特性与品质调控机理、化学危害物防控机制研究方面取得突破性进展，在肠道微生态、营养组学、靶向设计、营养递送等方面开展了探索性研究。但与发达国家相比，我国农产品加工基础研究的原创性不足，整体处于跟跑阶段，落后发达国家 20 年以上。

（一）农产品贮藏保鲜机理研究

70 年来，我国农产品贮藏保鲜理论研究不断发展、不断深入，取得了新突破，形成了一批具有完全自主知识产权和核心技术的科技成果，促进了我国农产品贮藏保鲜产业的快速发展。

农产品贮藏保鲜经历了由简易贮藏、机械冷库贮藏、减压贮藏和气调贮藏的发展过程，贮藏保鲜技术取得了重大突破，部分鲜活农产品达到了周年供应。1952 年，全国高校院系调整，农业院校开设了"粮食储运学""果蔬贮藏加工学"等课程，从第六个五年计划开始，国家在科研计划中对农产品贮藏保鲜理论与技术研究给予立项支持。"苹果虎皮病的发生机理及防治研究""鸭梨黑心病的发生机理及防治方法""蔬菜流通体系综合保鲜技术研究"等项目先后被列入"六五"和"七五"重点攻关项目；"粮油储藏安全保障关键技术研究开发与示范"被列入"十五"国家科技攻关项目；"农产品储藏保鲜关键技术研究与示范"被列入"十一五"国家科技支撑计划；"果实采后衰老的生物学基础及其调控机制"被列入"十二五""973"计划项目，"果蔬采后质量与品质控制关键技术研究""生鲜食用农产品物流环境适应性及品质控制机制研究"等 4 个项目被列入"十三五"国家重点研发专项。这些项目对农产品贮藏运输过程腐败劣变的生物学机制进行了深入研究，对保障农产品质量和延长供应期提供了理论支撑，为我国农产品贮藏保鲜理论研究做出了重要贡献。

近 20 年来，在国家自然科学基金 30 多个研究项目资助下，农产品贮藏保鲜基础研究工作从分子生物学、细胞生物学和生物信息学等方面揭示了鲜活农产品采后成熟衰老和品质保持的调控机理，探讨了采后环境胁迫的应答机制，阐明了外源化学物质对农产品采后病害的调控机制，研究了控制农产品采后病害的生物技术及调控机制，取得了国际同行所公认的创新性研究成果。

未来 10～15 年，将对鲜活农产品贮运过程中品质劣变危害因子的形成机制开展研究，从内因（鲜活农产品本身生物学特性）、外因（物流微环境和微生物等）两方面探索采后品质劣变和腐烂损耗的机制以及调控途径，系统分析环境条件对产品品质劣变、质构变化和腐败损耗的生物学机制，阐明农产品采后后熟、衰老、冷害、褐变、病害、腐败引起的品质劣变机理，建立我国农产品贮运保鲜与质量控制理论体系。

（二）农产品加工基础理论研究

70 年来，我国农产品加工基础理论研究经历了从简单到复杂、从浅显到深入、从现象解释到机理探究的过程。一批代表性的基础理论，如发酵、杀菌、冷冻速冻、提取纯化理论等得到深入研究，取得重大突破，有力地促进了农产品加工业相关生产技术水平的提高、产品的更新换代和产业集中度的提高，大幅度缩短了与发达国家的研究水平差距。

我国从第六个五年计划开始部署农产品加工相关课题研究。2000 年，科技部启动"农产品深加工技术与设备研究开发"国家重大科技专项，是中国首次在国家层面上对农产品加工领域给予重大专项资助，也是科技部成立以来的第一个国家重大科技专项。但该专项着重于量大面广的农副产品加工技术的提升与突破，并未单独将理论研究单独列项。随着农产品加工研究的不断深入，"十五"以来，我国通过各类专项的实施，逐步加大了对农产品加工基础研究及相关产业科技发展的支持力度。2009年，国家自然科学基金委员会首次设立食品科学学科，并于 2010 年起开始受理食品科学及农产品加工相关领域的自然科学基金，资助以食品及其原料为研究对象的基础研究和应用基础研究。2011 年，"食品加工过程安全控制理论与技术的基础研究"获得了国家"973"计划的资助，从国家战略需求层面解决农产品加工过程中的科学理论问题。2016 年，国家重点研发计划专项"现代食品加工及粮食收储运技术与装备"专门设立了"食品加工应用基础研究"板块，重点开展食品加工过程中组分结构变化与品质调控、食品风味特征与品质评价、食品营养物质基础与营养代谢组学等农产品加工基础研究，在粮食精深加工与收储运、油脂加工与烹调过程品质变化、功能性成分高效分离提取、非热加工、低能耗组合干燥基础研究领域取得了重大突破，继而攻克了一批农产品加工领域的前沿关键技术，开发了一批具有自主知识产权的新技术、新产品和新装备。

未来 10～15 年，重点开展农产品加工原料的物性学与生物学基础，加工过程中分子互作、品质形成机制，基于特征组分多层次结构变化的食品品质功能形成与调控机制，适度加工及副产品综合利用理论等研究，进一步将农产品加工理论研究向更深层次拓展。

（三）食品营养健康基础研究

新中国成立初期，针对当时食物和营养缺乏的现状，重点开展了微量、宏量营养素的摄入平衡基础研究，系统研究了营养素消化、吸收、代谢及生理功能，营养素缺乏引起的疾病及其机制，提出了碳水化合物、蛋白质和脂类三种宏量营养素摄入的比例，先后进行了"粮食适宜碾磨度""军粮标准化""5410 豆制代乳粉""提高粗粮消化率"等研究，以保障居民营养供给、促进营养摄入平衡；基于硒、碘、铁、维生素等重要营养素缺乏导致克山病、碘缺乏病、缺铁性贫血、夜盲症、佝偻病以及癞皮病等疾病发生发展的研究发现，提出了我国居民人体需要量，指导了富硒食品、碘盐、铁强化酱油、维生素 A 强化油脂等营养强化产品和特色农产品研发。

20 世纪 80 年代起，重点开展了动植物化学物质对人体健康影响研究，系统研究了特异脂肪酸、多酚、皂苷、生物碱、多肽、类胡萝卜素、植物甾醇等植物化学物质在加工过程中的变化及其抗氧化、抗炎、预防慢性病的效应和机制，在植物化学物质安全性、体内代谢与生物转化、剂量—效应关系、构效关系研究等方面取得了重要进展；发现了膳食纤维调节肠道菌群和干预慢性病的营养功能，指导了全谷物加工和果蔬的有效摄入。21 世纪以来，针对禽蛋中胆固醇引起心血管疾病的忧虑，开展了深入研究，确证适量食用禽蛋不会提高心血管疾病发病风险，这一成果受到各国的高度重视，成为全球各国修订新版居民膳食指南中取消膳食胆固醇限量的重要参考依据。

为促进农产品加工营养学研究，2010 年，食品营养学首次列入国家自然科学基金食品学科资助范围，重点资助了食品功能因子、食品组分相互作用以及营养健康功效等研究领域，在明确功能性因子生物活性和效果、揭示功能因子的化学结构和作用机理、功能因子与生理功能的关系以及量效关系等研究方面成效显著。为指导群众改善饮食结构和营养状况，1952 年，我国出版第一版《食物成分表》，随着对食物成分的研究由已知的营养成分扩展到功效成分，相继多次进行了更新，提供了关键性、基础性营养科学数据。1989 年，制订了第一个《中国居民膳食指南》（简称《指南》），《指南》中提出食品要多样、油脂要适量、粗细要搭配，此后根据我国居民的饮食健康状况相继进行了 3 次修订，强调了食物多样性，谷物、水果、薯类、豆类、坚果须平衡摄入。"十三五"期间，设立了国家重点研发计划，重点支持了肠道微生态、营养组学等研究，取得了阶段性进展。

未来将重点深入地研究营养素和植物化学物质在人体的代谢情况、生理功能、作用机制，明确植物化学物质作用机制及构效关系，从而预防和治疗营养相关疾病；同时重点进行营养基因组学、蛋白组学、脂质组学以及基因多态性对营养素代谢和健康效应的影响，深入了解营养物质在分子和基因水平对机体代谢的调节作用和机制，为从分子水平采取有针对性的个体化及人群营养预防措施提供科学依据。

三、应用开发研究

近年来，我国在工业化连续高效分离提取、非热加工、低能耗组合干燥、无菌灌装、自动化屠宰、在线品质监控和可降解食品包装材料等绿色制造、食品安全技术装备上取得了重大突破，攻克了高效发酵剂制备等一批食品生物工程领域的前沿关键技术，开发了一批具有自主知识产权的新技术、新产品、新材料和新装备。方便营养谷物食品、果蔬制品及低温肉制品等一批关系国计民生、量大面广的大宗食品实现产业化开发，大幅度提高了农产品的加工转化率和附加值。食品物流从"静态保鲜"向"动态保鲜"转变，在快速预冷、气调包装保藏、适温冷链配送等方面取得突破，有效支撑了食品产业的快速发展。

（一）粮食收储运减损技术

中国粮食流通大致经历计划经济、经济市场化转型和市场经济三大历史时期。1952年，国家成立了中国粮食公司和粮食管理总局，后合并为中央粮食部，建立了国有粮食系统。1953—1984年，主要粮食作物实现统购统销，即农村余粮户实行粮食计划收购（统购），对城市居民和农村缺粮居民实行粮食计划供应（统销）。1985—2003年，国家允许完成定购任务后开放粮食自由贸易市场，粮食流通逐渐市场化。1999年，组建国家粮食局，成立中国储备粮管理总公司。2004年至今，粮食流通市场已全部放开，实行个体、私营、国有企业参与的购销多渠道经营。

为了研究大规模相对集中条件下粮食的保管、虫害和霉变防控、干燥、机械化自动化输送、加工和利用等问题，普通高等学校本科专业目录（2012年）中设立粮食工程专业。1954年，南京工学院（现东南大学）粮食工程系开始招收第一届"粮食专业"的本科生，后该系并入江南大学（原无锡轻工业大学）。此外，科技部批准成立了国家小麦工程技术研究中心、国家杂交水稻工程技术研究中心、国家玉米工程技术研究中心等研究基地，为粮食收储运技术研发奠定了人才和平台基础。2016年，科技部设立了粮食收储保质降耗关键技术研究与装备开发、粮情监测监管云平台关键技术研究及装备开发、粮食产后"全程不落地"技术模式示范工程、现代粮仓绿色储粮科技示范工程、"北粮南运"散粮集装箱高效保质运输技术与物流信息追溯平台支撑示范工程等重点专项项目，开展粮食收储、仓储、流通等环节的技术研究、装备开发和示范应用。2000年以来，散粮储运关键技术和装备的研究开发、粮食保质干燥与储运减损增效技术开发、粮食储备"四合一"新技术研究开发与集成创新等成果获国家科技进步奖。制定了粮油储藏技术规范，引入了生态储粮的理念，根据中国各地气候环境划分7个储粮生态区域，提出相应的储粮技术，基本建立了具有中国特色的生态储粮理论体系，标志着中国粮食储藏正由粗放型管理向精细化管理过渡。制定了粮食加工、储运系统粉尘防爆安全规程，粮食仓库磷化氢环流熏蒸设备，粮食钢板筒仓设计规范，粮食平房仓设计规范，钢筋混凝土筒仓设计规范，磷化氢环流熏蒸技术规程，储粮机械通风技术规程，粮情测控系统，谷物冷却机低温储粮技术规程，农户小型粮仓建设标准，农户用粮仓基本要求，农户储粮技术指南，粮食烘干机操作规程等规程、规范和标准，初步构建了粮食储藏标准体系，完善了粮食储藏物流设施，初步建立农户储粮技术体系。

粮食收储运技术正在朝着信息化方向发展。"粮油仓储信息化建设指南"和"粮食行业信息化发展指导意见"明确指出，以传感器、计算机、云计算等技术为基础，以物联网为纽带，完成粮情监测预警、粮油仓储、粮食现代物流、粮油加工业、粮食市场、粮食监督检查、粮食质量安全监管等信息体系建设，促进粮食收储运技术信息化。

（二）鲜活农产品贮运技术

我国现代农产品贮藏、保鲜技术起步于20世纪初，自20世纪60—70年代开始在鲜活农产品等食品加工、贮藏及运输等环节逐步得到应用。从最早的产地贮藏保鲜、低温贮藏保鲜技术，一直到 21 世纪以来的快速预冷、气调包装保藏、适温冷链配送等新型技术。我国鲜活农产品贮藏保鲜技术发展环境和条件不断改善，有效支撑了农产品加工业的快速发展。

我国果蔬贮藏保鲜技术经历了由简易地窖贮藏、机械冷库贮藏以及气调贮藏的发展过程。在果蔬采后保鲜机理、采后处理与贮藏技术、冷链贮运及鲜切保鲜技术等方面取得了突破性进展，显著提高了我国主要果蔬产地处理技术水平，总体上我国果蔬产后损耗率下降了 5%～10%。在特色果蔬保鲜技术研究领域，针对荔枝褐变、甜樱桃采后病害、哈密瓜冷害等问题，先后开发了采后保鲜处理、生物防治和冷链流通等关键技术。研制了特色果蔬小单元组合式气调贮藏装备，建立了采后贮运保鲜技术规程，为我国特色果蔬产业的发展提供了有力保障。在果蔬鲜切保鲜领域，开展果蔬清洗、切分、防褐、包装等技术研究，开发了鲜切果蔬综合保鲜技术，使产品货架期延长了 3～5 天，达到了国外同类产品技术水平。

在水产品和肉品领域，贮运保鲜技术已经从"腌制防腐，风干控制"逐渐发展到采用低温、气调、辐照、保鲜剂等物理和化学保鲜法，能有效保持原有的生物学特性，延长产品的货架期。浸渍冷冻处理技术、冷链流通处理等新型技术的应用，最大限度地保持了鱼类、贝壳类等水产品的新鲜品质及风味。低温气调保鲜技术有效隔绝外部氧气和保持肉的新鲜色泽，超高压及辐照等非热技术抑制肉制品细菌腐败均取得了较好的成效，确保了贮藏期间产品的质量安全、提高了产品的竞争力。

随着冷链物流和贮藏保鲜设施的不断完善，鲜活农产品贮运技术的发展正从传统的"静态保鲜"向新型的"动态保鲜"转变，通过预冷、冷藏、MAP 包装、智能包装、绿色保鲜剂等保鲜技术以及物联网技术的集成，建立智能化贮运保鲜与冷链物流体系，提升鲜活农产品质量安全水平、实现鲜活农产品减损增值。

（三）粮食加工技术

粮食加工业主要涉及以粮食作物为原料的谷物磨制加工、以初加工米面产品为原料的粮食食品加工及粮食机械制造行业，在"稳增长、调结构、促改革、惠民生"中居于举足轻重的地位，是农产品加工中成长潜力巨大的重点行业。

自 20 世纪 80 年代以来，在国内粮食产量获得有效供给后，以稻谷、小麦为代表的大宗粮食加工业走向规模化扩张和品质提升的快车道。同时，为迎合同期消费者口味，米面加工精度增加、花样品种增多。大米由国标米（一等、二等、三等）向优质米（特等米）发展，出现珠光米、水磨米、免淘洗米、营养强化米、蒸谷米等多种大米加工形式。小麦面粉则从传统的富强粉向特一粉、特二粉、高筋粉等产品类型转变。在粮食制品加工方面，馒头、面条等传统主食的加工仍以手工、作坊制作为主。在 80 年代后期，方便面产业得以迅猛发展，100 多条连续化生产线被陆续引进国内，产能很快接近百万吨，引领了我国方便主食的工业化发展。

20 世纪 90 年代初，国外著名粮食加工机械设备企业（日本佐竹、瑞士布勒公司等）陆续进入中国，将自动化程度较高的米面加工成套生产线引进国内，我国粮食加工机械厂通过消化、吸收、再创新，在谷物磨制加工成套装备制造领域取得长足进步，在

2005 年左右，我国粮食加工机械与精选设备上基本实现了国产化，实现了对国外产品80％以上的替代。

同时，受国内经济水平快速提升与饮食多样化趋势的影响，居民主食消费量呈下降趋势，但与主食相关的营养健康问题开始受到关注。围绕糙米、全麦、杂粮杂豆加工以及米糠、麸皮等粮食加工副产物的综合利用开展了大量的研究和转化应用工作。科技部、农业部、国家粮食局等部门在科技支撑计划、公益性行业科研专项、重点研发计划立项上均设有专项支持；政府部门在全谷物、粮食适度加工等涉及主粮或主食营养提升等的产业发展方向也出台了导向性指导意见。

2010 年之后，尤其在"十三五"期间，国家加大了对传统主食工业化的研发投入，重点支持的方向包括馒头、面条、米粉等传统主食工业化的专用原料、工业化技术装备、品质提升等方面开展联合攻关。在小麦绿色制粉、馒头发酵菌剂，生鲜拉面加工、大米绿色制粉等领域取得突破性进展，并协助企业取得了良好生产效益。在米糠、碎米等粮食加工副产物的利用方面，稻米油或米糠油的提取成为最有效的副产物增值途径；以碎米为主要原料的米制休闲食品、挤压复合营养米生产以及酒或酒精的转化也在企业得到推广应用。谷物类高膳食纤维产品（麦纤粉、糊粉层粉等）、杂粮营养复合粉等面向"三高"人群的新产品正在市场上推广开来。

未来，随着互联网经济、大健康及服务业发展，粮食加工业作为可提供人们主食、休闲食品及营养健康产品的产业，将在主食工业化、精深加工与综合利用、产品精准营养与个性化、技术装备的智能化等方向上发展。同时，对原料的专用化、中央厨房加工及现代物流配送体系建设将提出更高要求。

（四）油脂制取技术

在油脂制备方面，以不断提高油脂得率为目标。新中国成立初期，全国仅有 300 多个油脂加工厂，大多采用土榨、水压机等设备，出油率低，毛油品质差。20 世纪 50 年代，我国自行设计了第一套 50 吨/日连续式平转油脂浸出设备，标志着我国规模化制取油脂时代的开始。80 年代以来，陆续开发出 200 型、95 型螺旋榨油机、90 型液压榨油机、蒸炒锅、轧坯机、滤油机等榨油设备，以及罐组式、平转式、弓形、履带式浸出器，DT、高料层蒸脱机，层碟式、管式汽提塔，尾气石蜡吸收等一批先进的浸出设备和工艺，显著提高了油脂制备的得率和工业化水平。

在油脂精炼方面，从"四脱"精炼向适度精炼的方向发展。20 世纪 60 年代，研制出脱水脱皂高速离心机应用于油脂连续碱炼，以及 30 吨/日棕榈油连续脱酸、脱色、脱臭工艺，初步建立了油脂精炼技术平台，提高了油脂品质。80 年代以来，从国外引进了 50 多套油脂精深加工生产线。通过引进、消化吸收和再创新，研制出液压轧坯机、大型环形浸出器、碟式离心机、真空脱色塔、脱臭塔等一大批适合我国的油脂加工工艺和设备，建成了我国首套 50 吨/日大豆油精炼脱色脱臭油脂精炼样板工程。2000 年以来，以物理精炼为代表的适度精炼技术开始出现，在吸附脱除毛油中游离脂肪酸和磷脂的同时可以最大限度地保留油脂中的甾醇、多酚、维生素 E 等营养成分。

在油脂、蛋白联产方面，20 世纪 90 年代，国内自行设计制造出大型原料清理筛、

500 吨/日的液压轧坯机、2 000 吨/日油料挤压膨化机、300 吨/日螺旋榨油机，以及大豆热脱皮和温脱皮系统等，性能指标接近国际同类产品水平。2000 年以来，相继研制出油菜籽脱皮、油茶籽脱壳和低温榨油装备，建立了油菜籽脱皮冷榨膨化油脂和饼粕蛋白制取新技术，建成了分步提取菜籽多酚、多糖和植酸制备饲用浓缩蛋白生产线，油料加工进入油脂和蛋白联产及综合利用的新阶段。

在功能脂质制备方面，2000 年后，研发出高纯卵磷脂、植物甾醇、维生素 E 等各种梯度增值的油料深加工产品，打破了国外垄断。2010 年以来，油料微波调质技术、低残油低温压榨技术、低温物理精炼技术等新型适度加工技术和装备的出现，提高了油脂和有益脂类伴随物的压榨溶出效率，实现了极性杂质选择性脱除与脂类伴随物的高效保留。

未来，油料加工业将更加偏重于油脂精准适度加工技术开发，兼具安全、营养和色香味形俱佳的高品质食用油制取，产地化、信息化、自动化、智能化和专用化油料加工关键装备研发，油料副产品中活性物质高效分离提取等精深加工技术研究，进一步向功能食品、医药健康产品延伸。通过与大数据、云计算和互联网、精准营养深度融合，创制出"多样化、个性化、定制化"适合不同消费群体的功能脂质健康产品。

（五）植物蛋白加工技术

1996 年 3 月，农业部、卫生部、国家教委、中国轻工总会联合发文，实施"大豆行动计划"，该计划为改善膳食结构，在积极发展动物食物生产的同时，更好地利用大豆等优质植物蛋白，以优质大豆蛋白解决学生蛋白质不足的问题。《中国居民膳食指南（2016）》指出，多吃蔬果、奶类、大豆。《中国国家食物与营养发展纲要（2014—2020年）》建议，传承以植物性食物为主，动物性食物为辅的优良膳食传统。《国民营养计划（2017—2030)》建议，以优质动物、植物蛋白为主要营养基料，加大力度创新基础研究与加工技术工艺，开展双蛋白工程重点产品的转化推广。《健康中国 2030 规划纲要》指出，引导居民形成科学的膳食习惯，推进健康饮食文化建设。

国务院学位委员会和国家教育委员会联合下发的《授予博士、硕士学位和培养研究生的学科、专业目录》中，在工学门类——食品科学与工程一级学科下设立粮食、油脂及植物蛋白工程二级学科。1996 年，科技部批准成立了国家大豆工程技术研究中心。2009 年，中心牵头成立了大豆产业技术创新战略联盟，初步搭建了植物蛋白加工的产学研平台。

2016 年以来，国家自然科学基金委员会批准立项的交联剂对蛋白冻胶的影响、大豆蛋白结构柔性与界面功能的构效关系研究、基于聚集途径的热剪切诱导大豆蛋白纤维化机制等基金项目，为植物蛋白加工提供了理论依据。科技部在重点研发计划中设立现代食品加工及粮食收储运技术与装备重点专项，开展方便即食食品制造关键技术开发研究及新产品创制、大宗油料适度加工与综合利用技术及智能装备研发与示范等项目研究。

截至 2019 年，大豆精深加工成套技术及关键设备、利用大豆饼粕生产大豆蛋白质纤维、油料低温制油及蛋白深加工技术的研究与应用、大宗低值蛋白资源生产富含呈味肽的呈味基料及调味品共性关键技术、大豆精深加工关键技术创新与应用、花生低温压榨制油与饼粕蛋白高值化利用关键技术及装备创制等获国家科技奖，植物蛋白挤压组织化技术研究与推广获中华农业科技奖。以大豆为例，初步构建了大豆储存、食用大豆粕、大豆蛋白粉、大豆蛋白制品等加工链环节和加工制品的标准体系。

2019 年启动的中国科学院学部院士咨询项目"中国植物蛋白素食精深加工产业发展现状及发展建议"建议采用高分子科学理论和方法研究植物蛋白，采用植物蛋白构象变化动力学调控植物蛋白制品质地和结构，实现植物蛋白制品质地和结构的可控制造。

（六）果蔬加工技术

我国果蔬品种多、产量大，其中水果年产量超 2 亿吨、蔬菜年产量超 7 亿吨，均居世界首位，为我国果蔬加工业的发展提供了丰富原料保障。果蔬加工技术从罐藏、腌制、干制等传统技术向单体速冻、节能干燥、无菌灌装、非热加工、高效分离等现代技术转变，实现了果蔬加工全行业技术水平的提升。

20 世纪 70—80 年代，研发了柿子二氧化碳脱涩、果脯真空渗糖、果蔬热风干燥等实用技术，筛选了桃、杏等制罐专用品种，解决了当时果蔬加工中的实际技术难题，丰富了果蔬制品品种。90 年代后，对果蔬汁加工过程中的褐变、后混浊、沉淀、香气逸散、营养物质损失等技术难题展开了系统研究，开发了复合果蔬汁加工技术并实现了工业化生产。

进入 21 世纪后，果蔬加工领域围绕量大面广和区域特色的果蔬原料进行攻关研究，以苹果、柑橘、番茄、胡萝卜等果蔬深加工技术及产业化为重点目标，开展了广泛而深入的系统研究，取得了一系列加工技术的突破，开发了满足市场需求的果蔬产品。在苹果加工方面，首次建立了我国苹果原料的品质指标体系，提出褐变与二次沉淀发生机理，突破了酶促调控、靶向吸附、超滤除菌、膜通量恢复、臭氧洁净、闪蒸提香等关键技术；在柑橘加工方面，对传统柑橘罐头生产工艺进行现代化改造，研制了新一代柑橘罐头，成功实现产品升级换代，解决了制约柑橘罐头工业的关键技术问题；在番茄加工方面，揭示了番茄酱和粉加工与贮藏过程中风味、黏度和色泽变化机制，突破番茄酱和粉提质降耗关键技术，解决了品质劣变与能耗高的问题，提升了我国番茄加工的技术水平。近 10 年来，以超高压技术为代表的非热加工技术在果蔬加工方面取得了重要突破。阐明了 NFC 果蔬汁超高压加工机制，奠定了技术创新应用理论基础，针对不同果蔬的原料特性发明了 NFC 果蔬汁"超高压＋"新技术并实现了产业化。

结合国际上果蔬加工业的发展趋势，围绕安全、新鲜、营养、方便等消费需求，立足我国丰富的果蔬资源特点，我国未来果蔬加工将向绿色、高效、优质、健康、智能化和可持续的方向发展，重点突破新型节能干燥、非热加工、益生菌发酵、副产物高效利用、功能成分靶向分离等关键技术，研发 NFC 果蔬汁、果蔬营养制品等新产品，推动我国果蔬加工业的转型升级。

（七）肉品加工技术

围绕肉品加工关键技术，我国先后发布《中央储备肉管理办法》《食品工业"十一五"发展纲要》《肉类工业"十二五"发展规划》《"十三五"食品科技创新专项规划》等系列文件，部署开展冷冻肉、冷却肉与肉制品加工技术研究。

新中国成立初期，我国肉品多以热鲜肉形式销售，制品种类少，随着肉品市场逐步扩大，对冷冻肉与肉制品加工技术需求巨大。冷冻肉加工技术方面，1954 年，我国开始生产制冷设备，并陆续建设肉品冷藏库；1979 年，国家开始建立储备肉制度，但冻肉储备长期租用社会冷库，存在设施水平差异大，管理分散，调度失灵等问题；2008 年，我国正式启动中央直属储备肉冷库建设，同时我国肉类产品结构变化，冷冻肉需求放缓，冷冻肉发展方向由保障数量向提高质量转变，由稳定市场向应对突发事件转变，由注重短期平衡向注重长期稳定发展转变。高温肉制品加工技术方面，第一个五年计划时期，我国从苏联引进了第一批西式香肠加工设备；进入 20 世纪 80 年代，成套引进并吸收西方发达国家的斩拌机、绞肉机、灌肠机等高温肉制品加工技术装备，高温肉制品加工技术给我国肉类工业带来了一场"由生变熟""由粗变精"的红色革命；2010 年以来，高温肉制品市场占比由 67％降低并维持至 35％左右。

随着冷冻肉与高温肉制品市场占比的降低，我国冷却肉与低温肉制品加工技术需求增加，并取得显著突破。冷却肉加工技术方面，2000 年以来，我国突破了畜禽宰前管理、分段式冷却、雾化喷淋、有机酸喷淋减菌、保鲜剂保鲜、涂膜保鲜、活性包装等冷却肉加工关键技术，实现了产品损耗降低，货架期延长，品质改善，冷却肉消费量快速增加至 30％。低温肉制品加工技术方面，进入 21 世纪，我国从国外引入先进的成套低温肉制品加工设备，在此基础上吸收改进，研发了变压腌制、低温真空滚揉、真空斩拌、机械嫩化、低压电刺激嫩化、活性包装等低温肉制品加工关键技术与装备，建立了基于 HACCP 系统的低温肉制品质量控制体系，有效保障了低温肉制品的品质安全，低温肉制品市场比例已增加至 65％左右。

未来，在低盐腌制、自动化撒盐辊揉腌制、脉冲变压腌制、风味保持、快速风干成熟、连续隧道式远红外联合蒸汽烤制、智能化定量卤制、危害物控制等我国传统肉制品工业化加工技术基础上，进一步突破传统肉制品特征品质保真、绿色智能制造技术，实现我国传统肉制品绿色智能制造；在食品 3D 打印技术基础上，进一步突破精准营养肉制品加工技术，实现精准营养、个性定制，引领国际肉品科技前沿。

~~~ / 专栏 15-1 / ~~~

冷却肉品质控制关键技术取得突破

针对我国冷却肉干耗高、货架期短、品质劣变重等问题，揭示了钙激活酶和细胞凋亡酶与肌肉嫩化的关系，丰富了肉的成熟理论；研发了雾化喷淋冷却技术装备，使产品干耗从常规的 2.5％下降到 0.9％，达到国际先进水平；研发了乳酸喷淋减菌技术、冷链不间断技术及装备，使产品货架期由原来的 2～3 天延长至国际水平的 7 天；研发了基于动物福利的宰前管理技术，建立了快速冷却标准工艺，使 PSE 肉发生率由 20％降低到 10％以下。技术成果在雨润、苏食、双汇等 30 多家企业推广应用，取得了显著的经济和社会效益，成果获 2013 年和 2018 年国家科技进步二等奖，为推动我国肉品消费结构升级转变提供了重要技术支撑。

（八）奶制品加工技术

新中国成立以来，我国围绕奶制品加工技术制定多项产业规划。"一五"期间，毛泽东主席和周恩来总理批示要大力发展乳业，乳品被列为发展重点。改革开放后，国务院发布了《国务院关于促进奶业持续健康发展的意见》《乳品质量安全监督管理条例》《奶业整顿和振兴规划纲要》《乳制品加工行业准入条件》《乳制品工业产业政策（2009修订）》《婴幼儿配方乳粉生产许可审查细则》等一系列方针政策，保障了乳品产业的平稳发展。2018年，《国务院办公厅关于推进奶业振兴保障乳品质量安全的意见》为我国奶制品科技发展注入了新动力。

我国奶制品加工技术的不断创新促进了奶品产业的跨越式发展。1953年，在上海建成第一个由我国自行设计、制造和安装的机械化乳粉厂；1956年，第一届全国乳制品会议在北京举行；1975年，安达乳品机械厂研制出我国第一台ASJ-12型双效降膜蒸发器；1983年，"婴儿配方粉Ⅱ"获国家科技进步二等奖；1985年，黑龙江安达乳品厂通过引进吸收丹麦技术，建成日处理鲜奶200吨生产线，开启了我国乳品加工技术现代化的新纪元；2000年基于超高温灭菌技术的学生奶产品开始在全国范围推广；2010年，卫生部批准公布了66项乳品安全国家标准，促进了我国乳品产业的安全及规范化发展。

围绕液态奶加工关键技术与应用，突破了微滤、高压均质、脉冲强光杀菌、离心除菌、陶瓷膜微滤除菌、自动化无菌灌装等液态奶加工技术与装备，推广普及了巴氏杀菌奶、超高温灭菌奶（UHT），保证了我国液态奶安全、平稳、健康发展；围绕我国传统奶制品加工关键技术，开展基于我国人群及膳食特点的益生菌资源挖掘工作，研发了高效天然发酵剂、非热杀菌技术、基于蛋白质工程的分子改造技术、多效蒸发技术、膜分离技术、再制干酪成熟技术等传统奶制品加工关键技术，创新开发了宫廷奶酪、马奶酒、双皮乳、乳扇、奶皮子等产品，推动了我国传统奶制品产业的转型升级；围绕现代奶制品（配方奶粉、乳清粉）加工技术，突破了常温双除菌、蛋白酶水解、微胶囊、喷雾干燥（离心式、气流式、压力式）、界面膜、脱敏、营养富集强化等现代奶制品加工关键技术，并研建了具有自主知识产权的自动化生产线，建立了基于HACCP的奶制品质量控制体系，推动了规模化乳企的科技创新能力和机械化水平提升，培育了伊利、蒙牛、三元等世界级乳品企业。

未来，通过提升乳品科技创新能力，提高先进工艺、先进技术和智能装备应用水平已成为乳业发展的新趋势。加强乳制品高端新品研发，满足和促进乳品消费需求的多元化，实现乳品产业的绿色、优质、高效发展。重点发展功能性乳组分的分离与配料制造技术、新型发酵剂与酶制剂、快速乳品检测技术、智能绿色加工与包装技术、非热杀菌技术、全程可视化的在线控制及追溯技术，在工业4.0、工业互联网、物联网、云计算等技术支持下，实现乳品生产的智能化。

（九）蛋品加工技术

自1950年我国建立第一个蛋品厂开始，我国蛋品工业先后经历了国营蛋鸡规模化饲养（20世纪60～90年代）、民营蛋鸡养殖（1978—2005年）与国家农产品加工技术研发体系（2006年至今）三个阶段性发展，先后发布《畜牧业"十五"计划》《农产品加工业"十一五"发展规划》等文件，推动我国蛋品加工技术发展。

20世纪60年代初期，为了保障居民禽蛋的消费供给，从国外引进良种蛋鸡，大力发展国有工厂化蛋鸡饲养业，但蛋品加工比例不到0.5%。改革开放以来，我国大力发展民营蛋鸡养殖业，禽蛋产量快速攀升，1985年我国成为世界第一产蛋大国，占世界蛋品总产量的43%以上，直至2005年我国蛋品消费仍以鲜蛋为主，加工比例不足1%。我国蛋品加工技术研究真正始于20世纪90年代，1994年中国畜产品加工研究会蛋品加工专业委员会成立，2009年，我国设立国家蛋品加工技术研究中心，加速带动蛋品加工业高效发展，经过20年发展，我国蛋品加工比例达到13%～15%。

2000—2013年重点开展了洁蛋生产关键技术和设备的研究开发，在吸收国外先进技术的基础上，突破了自动化清洗、无损检测、热风杀菌、基于纳米复合涂抹材料的保鲜技术等洁蛋加工关键技术，研发了禽蛋品质的无损检测和蛋品加工机电一体化装备，采用"三机配套"153模式，建立了蛋鸡标准化养殖模式，形成了具有自主知识产权的鲜蛋高效清洁、无损检测、分级、保鲜、包装等成套技术，洁蛋加工成套生产线实现国产化，洁蛋生产技术与装备显著改善我国长期脏蛋销售与消费状况。2011—2014年，重点开展了传统蛋制品绿色高效加工关键技术与装备创制，针对我国传统蛋制品存在的铅超标、腌液排放、泥糠保鲜、作坊式生产等重大问题，突破了蛋品腌制过程中转质、凝胶与离子互作重大理论，攻克了无铅工艺技术、"清料生产法"与腌液循环利用技术、多场耦合传统蛋制品机械化腌制工艺，建立了皮蛋、咸蛋、卤蛋等传统蛋制品国产化成套生产线，开发了无铅工艺皮蛋、低盐咸蛋、咸蛋黄、卤蛋、糟蛋、醉蛋、盐焗蛋等新产品，促进了我国传统蛋制品的绿色、高效发展。2006年至今，重点开展了新型蛋制品加工关键技术研发，突破了蛋液分离、巴氏杀菌、辐照冷杀菌、蛋液脱腥（活性炭吸附、发酵、真空蒸发）、蛋粉喷雾干燥、微波干燥、酶法水解脱糖等蛋液、专用蛋粉新型蛋制品加工关键技术与装备，开发出蛋液、专用蛋粉、卵磷脂等新型蛋制品，丰富了我国蛋品市场。

未来，传统蛋制品绿色智能制造、精准营养蛋品加工、蛋品高附加值生物活性物质提取等关键技术是蛋品加工发展的方向，蛋品加工产业必将整体迈向现代化与智能化，实现产业的整体转型升级。

（十）水产品加工技术

我国传统的水产品加工以腌制为主，一把刀、一把盐的加工方法延续到20世纪80年代。1958—1965年，在开展鱼虾贝藻类加工利用方面不断取得新成果，水产加工品种有了增加，质量有了提高，基础理论工作也有了长足进步。在开展加工研究的同时，低温保鲜技术也得到了发展。60～70年代，先后开展了陆地冷冻制冰设备、海上的渔船制冰和流通过程保鲜设备工艺的实验研究。在对鱼鳞、海藻及褐藻胶、琼脂等的开发利用中，研制出了系列医药用品。中国水产科学研究院在这个时期开始了水产品冷藏保鲜方面的研究，冰鲜、冷海水和微冻保鲜技术的推广，使海洋渔业生产的水产品质量有了很大提高。80 年代后，我国除着重于水产制品的加工研究外，还进行了水产品综合开发利用方面的研究。进入 90 年代，重点开展功能食品和海洋药物等相关研究。

进入 21 世纪，渔业重心由数量扩张型向质量效益型转变。随着我国经济的发展、科学技术的进步，以及先进生产设备和加工技术的引进，我国水产品加工技术、方法和手段发生了根本性的改变。2010 年前后，罗非鱼"零废弃"加工技术取得重要进展，以罗非鱼为原料开发了功能肽、氨基酸、调味料等系列产品，促进了产品的多元化，罗非鱼加工产业发展模式引领其他大宗养殖品种的发展方向。贝类加工产品在加工、冷冻、烹调等过程中品质控制技术研究取得显著突破，生产出具有抗疲劳、抗动脉粥样硬化、抗肿瘤、加速病体康复、防老抗衰作用等功能性食品。通过高值化加工技术集成研究，开发了琼胶糖、硫琼胶寡糖、海藻膳食纤维和海洋蔬菜产品。开发出生化级琼胶糖新产品，琼胶糖凝胶电泳分离效果超过国际同类产品水平；龙须菜海洋蔬菜系列产品达到可直接食用海藻食品标准，突破了龙须菜只用于提胶的技术瓶颈，取得了系列技术突破与新成果。

目前我国水产品加工行业紧跟时代脉搏，深入开展大宗水产品加工与质量控制关键技术，对传统加工技术进行升级改造，开发出更多方便食品、即食食品、休闲食品满足现代人的需求，攻克一批具有独立自主知识产权的水产品加工关键技术，提升我国渔业加工技术和装备水平，达到国际领先水平。

（十一）传统发酵食品加工技术

在新中国成立初期乃至较长一段时间内，传统发酵食品的生产技术创新进步缓慢，多采用自然接种，对其技术革新、功能性物质的认识等缺乏充分、系统的研究。其生产过程中涉及的微生物种类繁多，在分子微生物生态技术出现之前，人们严重低估了传统发酵食品生产过程中功能微生物纯种发酵技术、微生物种类与代谢产物多样性。

2000 年以来，在微生物菌种发酵技术方面取得突破性进展，如酱油行业采用圆盘制曲工艺与智能化装备的开发，大幅度提升了酱油的食品安全性与产品品质；啤酒行业采用结构类似于育种原理，选育耐高渗透压的超高浓度酵母菌种，适用于麦汁浓度在 20 度以上的超高浓度发酵，大幅度提升了生产效率，降低了资源消耗。采用生物酸化技术替代黄酒行业的浸米工艺，大幅度提升食品安全与品质特征，降低资源消耗。

国家在传统发酵食品的品质、安全与智能制造方面的支持强度很大，如"十一五"科技支撑计划"我国优势传统食品制造业关键技术研究与应用"和"十二五"期间科技支撑计划"发酵食品生产用功能微生物的改良和发酵技术"，提升了在传统食品风味与品质调控、微生物菌种资源挖掘与评价。"十三五"期间立项了四个国家重点研发计划项目，即"传统酿造食品制造关键技术研究与装备开发""食品加工与食品安全的互作关系与调控基础研究""传统发酵食品加工过程内源性危害物控制技术的应用示范""传统发酵食品制造关键技术与装备开发"，针对传统发酵食品现代化生产技术、智能化装备、传统发酵食品品质控制关键技术等开展研究。

未来，进一步利用现代生物技术培育新菌种，加大装备开发力度，使我国发酵食品生产真正实现智能化、国际化。

(十二) 食品添加剂和配料制备技术

食品添加剂是"为改善食品品质和色、香、味，以及为防腐、保鲜和加工工艺的需要而加入食品中的人工合成或者天然物质"。食品添加剂的使用历史悠久，随着现代食品产业的发展，食品添加剂的地位日益突出。目前，我国允许使用的食品添加剂品种有2 500多种，全球食品添加剂产业每年以4%～6%的速度高速增长。

我国经过"十一五"和"十二五"期间的科研攻关，已开发了一批在国内外市场具有较大潜力和较高市场占有率的名牌产品，建设了一批科技创新基地和产业化示范生产线，储备了一批具有前瞻性和产业需求的技术，使我国食品添加剂产业在整体技术水平上缩小了与国际水平的差距。

"十二五"期间，形成了重要天然色素高效生产关键技术和装备创新成果，发展了高载量天然色素稳态化生产技术和高色价低橘霉素红曲红色素规模化液态发酵生产技术，以及高纯天然辣椒碱的耦合结晶生产技术。在功能甜味剂方面，开发了赤藓糖醇发酵法工业化生产技术、高纯度低聚木糖工业化生产技术、高纯度乳果糖工业化生产技术。在食品增稠剂和乳化剂方面，设计了新型的搅拌桨系统、优化了反应器结构，成功应用于微生物多糖的生产过程；建立了利用超声波技术制备窄分子量分布壳聚糖的技术；利用蛋白酶解（糖基化）接枝复合改性技术加工高性能大豆分离蛋白，构建了一种具有良好的溶解性、乳化能力，又兼具一定抗氧化能力的敏感型活性组分包埋运载系统；建立了分子量可控的酸化降黏、吸附过滤的蛋白菌体预处理方法。

新型食品添加剂不断得到研究与开发，包括枯草杆菌脂肽、纳他霉素、ε-聚赖氨酸等。虽然我国食品添加剂产业在整体技术水平上已经取得了长足的进步，但与发达国家相比，仍然存在差距。食品添加剂产业技术水平低、集成度差、更新换代慢、产品低端化、同质化、功能单一、新产品开发缓慢等核心问题还没有根本解决，食品添加剂产业整体水平落后的局面没有明显改变。食品添加剂技术是化学、化学工程、生物科学和医学等多学科、多领域交叉和聚集的技术，是食品科学最活跃、发展最快、成果最多的领域之一。食品添加剂技术的研究水平反映了一个国家整体科技实力和发展水平，也是一个国家现代化程度的重要标志之一。

我国食品添加剂科学技术要以基础研究支撑产业技术开发、重点产品和重点技术研究为核心，实现重点突破。力争在十年内，突破技术垄断和技术壁垒，培育大型食品添加剂生产企业，使食品添加剂品种和产量满足我国食品工业发展需求。

(十三) 马铃薯加工技术

中国农业科学院成立了国际马铃薯中心北京联络处，大大促进了马铃薯产业的发展。1998年后，马铃薯从手工作坊式加工向工厂化加工转化。2006年9月，农业部颁布了《农业部关于加快马铃薯产业发展的意见》。2008年，现代农业产业技术体系建设专项启动后，中国马铃薯产业进入全面发展的新时期。2015年1月，中国正式启动马铃薯主食化战略。2015年7月，国务院常务会议指出，"要实施马铃薯等主食加工提升行动"。同年，全国马铃薯主食化产业联盟、马铃薯主食开发技术协作组成立。次年，国家马铃薯产业科技创新联盟成立，马铃薯主粮化加工技术集成实验室建成。2016 年 2 月，《农业部关于推进马铃薯产业开发的指导意见》颁布，专题部署马铃薯产业开发工作。

通过马铃薯综合加工技术与装备研究开发、薯类加工关键技术与成套装备开发等项目的实施，突破了薯类雪花全粉和薯类淀粉加工共性关键技术与成套装备技术难题。通过马铃薯主食化加工共性关键技术研究、马铃薯主粮化关键技术体系研究与示范、薯类主食化加工关键新技术装备研发及示范、马铃薯主食化关键技术研究与产业化示范等项目的实施，筛选了马铃薯主食产品加工专用品种，研制了加工关键技术，配套了核心装备，集成了生产线，引领我国马铃薯中式主食产业的发展。

2006 年，马铃薯综合加工技术与装备等获得国家科技奖。2018 年，马铃薯主食加工关键技术研发与应用等获中华农业科技奖。制定颁布了马铃薯冷冻薯条、马铃薯雪花全粉、加工用马铃薯流通规范、马铃薯主食产品分类和术语、马铃薯面条加工技术规范、马铃薯主食复配粉加工技术规范等规范和标准，初步构建了马铃薯加工标准体系。

马铃薯加工技术正朝着马铃薯制品多样化、精准营养化，设备智能化方向发展。以智能制造、食品科学、生物技术、信息化、互联网等新技术加速创新应用为契机，进一步促进马铃薯加工技术与跨领域新技术深度融合。坚持多主体协同攻关，研发颠覆性创新技术，推动产业技术水平升级，加强关键技术、生产工艺创新和核心装备创制，加快功能性、特色化等高附加值食品开发，提升精深加工、综合利用加工水平。

（十四）精准营养食品智能制造技术

精准营养概念自 2016 年提出以来，一直是我国产业界和学术界关注的热点。作为现代农业标志的农产品加工业，将由以饱食果腹为使命的传统产业向以营养健康为本质和使命的精准营养高技术产业的方向快速发展。精准营养旨在考察个体遗传背景、生活特征、代谢指征、肠道微生物特征和生理状态等因素，系统收集人体健康大数据基础上，进行安全、高效的个体化营养膳食，以达到维持机体健康、有效预防和控制疾病发生发展的目的。全国营养科学大会、国家食物与营养健康产业技术创新战略联盟年会等多次以"精准营养"作为大会主题。2017 年，"十三五"国家重点研发计划启动了"营养功能性食品制造关键技术研究与新产品创制"项目，重点突破营养靶向设计、健康个性订制的新型营养健康食品。《"十三五"食品科技创新专项规划》中强调未来食品制造已从"传统机械化加工和规模化生产"向"工业 4.0"与"大数据时代"下的"智能互联制造"方向发展。

2017 年，我国首次将国际前沿精准营养的概念与智能制造 3D 打印技术结合，建立了精准营养与智能制造学科方向，研制出第一代精准营养食品 3D 打印装备，初步构建了具有针对性、精准性、个性化的营养健康与膳食食谱大数据库，将核心数据库与云计算、物联网技术、基因检测等相结合，基于人工智能算法生成糖尿病和肥胖症等特殊人群的精准营养配方报告；创建了基于数值模拟的食品原料打印适应性评价方法；突破双螺旋相向挤出料筒与打印头分离轻量化设计技术；发明了自动化、智能化的大、中、小型食品 3D 打印装备；创制系列固态粉状、液态可塑性食物打印原料，研制出针对糖尿病和肥胖症等特殊人群的精准营养 3D 打印产品。

未来，针对"工业 4.0""中国制造 2025"与"大数据时代"下的食品智能制造技术快速发展的新趋势，个体营养需求将与大数据、云计算、物联网等信息技术深度融合，实现食品营养的靶向设计和精准智能制造，创制精准营养个性化食品、特膳食品、食药同源食品、功能食品、营养休闲食品，满足消费者对个性化和精准营养食品的需求。中国食品营养将经历大众干预、特殊人群干预、个性化全生命周期精准营养三个阶段，目前正处在大众干预阶段，2020 年将进入特殊人群干预阶段；2035 年以后将进入到个性化精准营养服务的产业示范与应用阶段；到 2050 年，将实现个性化全生命周期的精准营养服务，推动农产品加工业向工业 4.0 跨越，满足人民群众对美好生活的向往。

四、重大贡献

农产品加工科技创新是推动产业发展的重要动力，随着国家对农产品加工科技的投入不断增加，产业呈现快速发展趋势。截至 2017 年底，我国农产品加工企业主营业务收入达到 22 万亿元，农产品加工业产值与原料性农业产值之比达到 2.28：1，较 2000 年的 0.3：1 增长接近 7 倍，占当年制造业主营业务收入的 20%，成为我国国民经济与社会发展的基础性、战略性、支柱性产业。

(一) 促进农产品加工业转型升级

进入 21 世纪以来，随着科技不断发展，推动整个农产品加工产业从注重数量增长向提质增效转变、从粗放增长向更加注重集约发展转变。企业生产方式已由传统手工制造向机械化、自动化、智能化转变，目前（规模以上的）加工企业基本实现了自动化生产，进入了机器换人的时代；行业生产模式已从高污染高消耗向更加注重保护环境和节约资源转变，单位产出的能源消耗大幅减低；产品结构从单一、低端向多元化、高值化、功能化方向发展，深加工产品比例上升，形成了 4 个大类、22 个中类、57 个小类共计数万种食品，有效保证了 13 亿人口对安全、营养、方便食品的消费需求。

(二) 促进农产品加工科技不断进步

2000 年，科技部启动了"农产品深加工技术与设备研究开发"国家重大科技专项，是中国首次在国家层面上对农产品加工领域给予重大专项资助，也是科技部成立以来的第一个国家重大科技专项。"十五"以来，中国政府通过科技攻关计划、"863"计划、国家科技支撑计划、国家自然科学基金等专项的实施，逐步加大了对农产品加工产业科技发展的支持力度，中央财政累计资助额度过百亿元，支持力度、广度和强度在我国历史上绝无仅有。与此同时，一批大中型企业也加大了科技研发的投入，在企业主导的科技研发活动中企业资金占 80% 以上，企业已逐渐开始成为科技经费投入的主体。2017 年，规模以上农产品加工企业研究与试验发展（R&D）经费超过千亿元，投入强度为 0.44%，虽低于全国 2.07% 和制造业 0.97% 的水平，但与自身以往相比进步巨大。在国家高强度投入的支持下，建设了一批国家重点实验室、工程技术研究中心、产业技术创新战略联盟、企业博士后工作站和研发中心等，科技研发实力不断增强，基础研究水平显著提高，高新技术领域的研究开发能力与世界先进水平的整体差距明显缩小，部分领域达到世界领先水平，实现了由单一的"跟跑"向"三跑"（跟跑、并跑、领跑）并存格局的历史性转变。

（三）提升农产品营养品质和国民营养健康水平

70 年来，国民饮食消费从追求温饱向营养健康转变。20 世纪 80 年代起步的保健食品，对高血脂、高血糖、免疫力低下、视疲劳、记忆功能下降、骨质疏松等不同慢性疾病人群起到了积极、营养、健康干预作用。1998 年以来，营养素强化食品开发有效改善了膳食平衡和预防疾病，如铁强化酱油改善国民缺铁性贫血，碘强化盐改善了内陆居民碘缺乏病。2000 年以来，婴幼儿配方食品的科学化和规范化，加强了全面追溯安全体系构建及必需营养素添加标准，保障了婴幼儿安全、营养健康成长。"十二五"时期，特殊医学用途配方食品开发，有效增加了疾病恢复率，尤其对慢性疾病治疗提供营养支持起到显著改善作用。"十三五"期间，针对航空航天，水上或水下长航等极端、复杂与特殊条件下人群研发的营养健康食品，对提升工作人员饱腹感、食欲及营养全面性和感官接受性起到了积极作用；基于肠道微生态组学、营养组学的研究结果，显著提升了人体健康个性化调理水平。《"健康中国 2030"规划纲要》《国民营养计划（2017—2030年）》等政策的出台和生物学、信息学等技术的快速发展，促进了精准营养、大数据和互联网的融合，针对不同人群起到了安全、高效的精准营养干预作用，全面揭示了国民营养和健康的内涵，促进了食品加工、消费、营养、健康的协调发展。

（四）促进形成绿色农产品加工技术体系

农产品加工技术的进步，推动农产品加工业从数量增长向质量提升、要素驱动向创新驱动、分散布局向集群发展转变，实现持续稳定健康发展。十八大以来，农产品加工业紧紧围绕统筹推进"五位一体"总体布局和协调推进"四个全面"战略布局，牢固树立和贯彻落实新发展理念，以农业供给侧结构性改革为主线，始终坚持以绿色为导向的发展方式，节约、集约、循环利用各类资源，大力发展绿色加工，优化产业布局，推动农产品初加工、精深加工及副产物综合利用协调发展，绿色、节能、低碳的农产品精深加工技术得到升级换代，节水、节能农产品加工装备得到应用，污染严重、能耗水耗超标的落后产能加快淘汰，农产品加工剩余物、副产物被"吃干榨尽"，形成"资源—加工—产品—资源"的循环发展模式，建立了绿色农产品加工技术体系。

⬣本章参考文献

陈培战，王慧，2016. 精准医学时代下的精准营养 [J]. 中华预防医学杂志，50（12）：36-42.

戴小枫，张德权，武桐，等，2018. 中国食品工业发展回顾与展望 [J]. 农学学报，8（1）：125-134.

姜媛媛，王晶晶，张伟宏，等，2019."互联网＋"在慢性病管理中的应用研究进展 [J]. 现代医药卫生，

35：692-695.

康乐，2018. 大数据背景下营养健康管理及食品安全研究［J］. 食品安全导刊（6）：33.

刘倩楠，张春江，张良，等，2018. 食品 3D 打印技术的发展现状［J］. 农业工程学报，34（16）.

罗云波，生吉萍，1998. 果蔬贮藏保鲜理论研究与实践［J］. 中国果菜，1：6-8.

田世平，罗云波，王贵禧，2011. 园艺产品采后生物学［M］. 北京：科学出版社.

王瑞元，2009. 植物油料加工产业学［M］. 北京：化学工业出版社.

王瑞元，2017. 中国食用植物油加工业的现状与发展趋势［J］. 粮食食品科技，25（13）：4-9.

杨新泉，江正强，杜生明，等，2010. 我国食品科学学科的历史、现状和发展方向. 中国食品学报，10（5）：5-13.

杨新泉，吕淑梅，彭喜春，等，2012. 从基金申请和资助情况分析我国食品营养学基础研究发展状况. 中国食品学报，12（1）：1-9.

张根旺，刘学沛，2001. 中国油脂工业和科技 50 年简要历程［J］. 粮食与油脂（12）：2.

张上隆，陈昆松，2007，果实品质形成与调控的分子机理［M］. 北京：中国农业出版社.

中国农学会，2018. 2016—2017 农学学科发展报告（基础农学）［M］. 北京：中国科学技术出版社.

第十六章 农产品质量安全

从新中国成立到改革开放前相当长的一段时期，农业和农村经济的中心工作主要是确保农产品数量安全。改革开放后，农业生产得到全面发展，农产品产量大幅增长，供给能力不断增强。1992年，国务院做出了《关于发展高产、优质、高效农业的决定》，提出了我国农业在继续重视产品数量的基础上，转入高产优质并重、提高效益为主的新思路，并提出了将建立健全农业标准体系和监测体系作为更好地发展高产、优质、高效农业的重大举措。1993年3月，根据《中华人民共和国标准化法》和《中华人民共和国标准化法实施条例》的规定，农业部颁布实施了《农业部标准化管理办法》和《农业部国家（行业）标准的计划编制、制定和审查管理办法》，农产品质量安全标准研究得到快速发展和完善。

加入世界贸易组织（WTO）后，农药、兽药、饲料及添加剂等农业投入品的不合理使用，以及农产品的不科学收获、屠宰和加工等因素导致的农产品质量安全问题，不仅直接危及人民群众的身体健康，而且也成为我国加入WTO后保护国内产业、扩大农产品出口的巨大障碍，成为我国农业和农村经济工作亟须解决的突出问题。为突破农产品质量安全瓶颈，2001年4月，农业部启动了"无公害食品行动计划"，对农产品质量安全实施从"农田到餐桌"的全程控制，以促进食用农产品的无害化生产，保障消费安全。农产品质量安全检测技术、全程质量安全控制理论与技术、农产品质量安全管理理论等得到了极大的发展。逐步开展了农产品质量安全风险评估技术、溯源检测技术等研究。

一、基础性工作

（一）初步形成了农产品质量安全学科研究体系

2003年以前，中国一直没有专设农产品质量安全研究机构。此后，随着全球对食品安全的高度关注，中国逐步在国家、省级层面组建了一批专业机构，建设了相关科技条件平台，形成了较为完善的农产品质量安全研究体系。

国家级农产品质量安全研究机构。2003年，农业部为适应农业发展形势需要，组建了中国农业科学院农业质量标准与检测技术研究所，并在中国农业科学院以产品为主线的研究所组建了相应团队，将农业质量标准与检测作为全院九大学科群之一，开展相关科学研究，为农产品质量安全与农业标准化提供科技支撑。2012年，中国农业科学院开展现代农业科研院所建设，不断优化完善学科体系，质量安全与加工为八大学科集群之一。同年启动科技创新工程，组建了25个质量安全科技创新团队。2007年，中国

＊本章审稿人：王汉中；牵头撰稿人：钱永忠；参加撰稿人：李培武、袁宗辉、余向阳、翟毓秀、罗金辉、王静、王富华、罗林广、胡定金、王强、焦必宁、郑床木、金芬、丁小霞、黄伶俐、汤晓艳、陈松。

水产科学研究院以提高中国水产品质量安全为目标，成立了质量与标准研究中心，组建了水产品质量安全研究团队，建设水产品质量安全学科。2011年，中国热带农业科学院成立了农产品质量安全研究所，专业从事热带农产品质量安全研究。至此，农业部部属三院均成立了相应的专业研究所及团队，专门从事农产品质量安全科学研究，逐步开展质量安全学科建设。

省级农产品质量安全研究机构。2003—2005年，浙江、上海、江苏、云南等省级农业科学院整合研究力量，先后成立了农业质量标准与检测技术研究所，开启了组建省级农产品质量安全研究机构的先河。2006—2009年，江西、山东、河南等省级农科院质量标准与检测技术研究所相继成立，进一步强化了省级农产品质量安全研究机构力量。2010年，农业部明确提出要加强农产品质量安全研究体系建设，多个省级农业科学院开始组建相应研究机构。目前，全国共有29个省级农业科学院组建了农业质量标准与检测技术研究所，研究体系建设不断得到强化，支撑能力不断提升。

涉农高等院校研究机构。2001年，教育部批准在60所大专院校开设食品科学课程，2002年开始正式招生，以农业大学食品学院、园艺学院、畜牧兽医学院、水产学院以及综合性大学食品学院为主，侧重食品加工、食品质量安全控制等方向，部分院校也开展鲜活农产品质量安全检验检测技术研究，如中国农业大学动物医学院、华中农业大学动物科技学院等。

科技条件平台。2011年，农业部启动重点实验室学科群建设，农产品质量安全为30个学科群之一，在全国择优遴选依托单位，部署了1家综合性实验室、7家专业性重点实验室和1家企业重点实验室，2016年又增补了11家重点实验室。2012年，农业部启动风险评估体系建设，先后成立了100家区域性和专业性农产品质量安全风险评估实验室以及145家风险评估试验站，建立健全了农产品质量安全研究平台。

总体上已基本形成了以农业部部属三院农业质量标准与检测技术研究所、省级农业科学院农业质量标准与检测技术研究所、涉农大学等其他相关研究机构共同组成的农产品质量安全科学研究体系，围绕农产品质量安全这一新兴学科，强化条件平台建设，着力开展理论、技术和方法创新，为产业发展提供强有力的技术支撑。

（二）开展基础性长期性科学数据监测

2001年起，农业部逐步建立了农产品质量安全例行监测制度。目前，监测范围已覆盖全国150个大中城市、5大类80余种农产品共计87个检测参数，基本涵盖主要城市、主要产区、大宗农产品和主要参数，每年获得有效数据近30万个，为加强农产品质量安全宏观决策和科学监管提供了有力支撑。2016年，又启动实施了国家农产品质量安全基础性长期性科学数据监测，系统部署与实施了粮食、油料、蔬菜、果品、畜禽、奶产品、水产品及特色产品等8大类产品抽样与监测，每年监测样品上万份，逐步摸清各类农产品质量安全状况，积累了数据，为研究和监管打下了基础，提供了支撑。例行监测、风险监测、专项监测、投入品隐患摸查与监测等已经常态化，不但支撑了研究和监管，也为消费者了解农产品质量安全现状、保障消费者食用安全提供了重要的支撑。

二、基础研究

畜禽产品中的有害物质是畜禽在养殖过程中摄入体内的、经过代谢处置之后残留在肉、蛋等初级产品中的外源化合物及其代谢物，对消费者及其后代的健康极其有害。我国近年多次发生畜禽产品中有害物质残留导致消费者群体中毒的特大恶性事件，引起社会恐慌。基于此，科技部 2009 年启动实施了"973"项目"畜禽产品中有害物质形成原理与控制途径研究"，立足畜禽产品安全和养殖业健康发展的国家重大需求，围绕畜禽产品中有害物质控制的总目标，以养殖业大量使用的饲料药物添加剂喹噁啉类抗生素和严重引起污染饲料的单端孢霉烯族毒素为代表化合物，开展外源化合物在畜禽体内的代谢、畜禽产品中有害物质的毒作用及其机理和在畜禽产品内外的动态过程等研究，解决畜禽产品中有害物质的化学本质及形成机制、毒害作用及其机理以及它们在畜禽产品中的残留规律等三个关键科学问题，为外源化合物在畜禽产品的安全标准制定和有害物质控制提供理论依据和技术支撑。

（一）畜禽产品中有害物质的化学本质及形成机制

分别从整体、细胞和分子水平全面揭示了受试化合物的毒作用特点，确定出目标化合物毒作用的靶器官为肝脏和肾脏，并采用各项前沿的分子生物学技术，揭示了喹噁啉类脱氧代谢在肝毒性中的重要作用，阐明了氧化应激在喹噁啉类肾上腺毒性中的作用机制，发现氧化应激是喹噁啉类遗传毒性的重要机理。发现了 DON 和 T-2 毒素免疫毒作用中的分子靶点及信号转导通路之间的时空连接机制，发现氧化应激是单端孢毒素对内分泌毒作用的重要机制，揭示了氧化应激和线粒体途径在 DON 内分泌毒性中的毒作用机制；发现 T-2 毒素对造血系统毒性的重要分子靶点和信号通路，揭示单端孢毒素进出胎盘的不同转运机制，确定单端孢毒素遗传毒性分子靶点。同时研究了动物的内源性代谢对有害物质毒作用的反应，确定了对内源性代谢的影响及该影响的可恢复性。

（二）畜禽产品中受试化合物毒害作用及其机理

通过开展 5 种受试物及其主要代谢物或毒性化合物在猪、鸡血浆和可食性组织的吸收、分布、代谢和排泄的过程，探讨了受试物及其主要代谢物、毒性化合物在动物体内的动力学机制及消长规律，定量揭示了与受试物有害物质残留有关的各种因素之间的内在关系。研究了我国储藏条件下的饲料霉变及毒素形成传递规律，揭示了有害物质从饲料到畜禽产品中残留的传递规律。

（三）有害物质在畜禽产品中的残留规律

建立了 19 种定性、定量及快速检测技术，6 种残留预测模型，发明了镰刀菌毒素分子鉴定法，阐明了储藏加工对畜产品毒素残留及动态含量的影响。研究了霉菌毒素吸附剂、脱毒菌对畜禽产品毒素残留及动态含量的影响，获得了高效抑制镰刀菌及产毒性的颉颃菌 1 个，脱毒菌 2 个。建立了毒素在食品加工过程中的动态变化模型，以及生物及物理技术消除毒素的畜禽食品加工技术，为畜禽产品中目标化合物的有效控制提供了全面的技术保障。

三、应用研究

（一）农产品安全生产与过程控制技术

产地环境控制技术。 随着我国工业化、城市化和农业集约化的快速发展，工矿业和生活污染严重影响了农产品产地环境，同时农兽药、肥料等农业投入品的不合理使用加剧了污染态势，产地环境污染及其修复技术一直是研究的热点和难点。我国针对污染环境及场地修复管理的主要问题和薄弱环节，开展了一系列的修复技术评估、综合集成与管理支撑技术研究。诸如：针对我国易扩散类溶剂污染场地修复的技术需求，以我国工业污染场地中常见的溶剂类污染土壤与地下水为研究对象，展开了易扩散有机溶剂污染场地物化与生物修复技术研究，研发了多相抽提、原位入注和新型渗透式反应屏障等污染场地修复技术，形成具有我国自主知识产权、经济高效的土壤与地下水修复的技术设备。针对我国设施蔬菜生产区域土壤微生物区系恶化、地力衰退、土传病害严重，化学农药污染严重等问题，从土壤有益微生物群重建和友善微生物群定向生态调控入手，通过强化有益微生物等手段，研制了多种微生物强化菌剂对土壤病原物污染进行快速生态修复。针对菊酯、磺酰脲类农药在我国的严重污染现状，通过筛选和培育高效菊酯类和磺酰脲类降解菌株，完善菌种库，研制了能分别降解多种菊酯类和多种磺酰脲类农药的新型降解菌剂产品及其应用技术。对于复合污染的菜地土壤进行了修复关键技术研究，主要针对我国城乡接合部复合污染菜地土壤，通过高效修复植物和低积累蔬菜品种筛选，研发高效修复微生物菌剂和复合强化修复剂，探索复合污染菜地土壤"边生产边修复"模式。还从农业生境的角度调查和分析了重金属污染的种类，分析不同土壤类型与重金属的吸附特性，实施了农业生境重金属污染生物修复技术研究计划。

农业投入品使用技术。 引发环境污染和农产品质量安全问题的一大诱因是农用化学投入品的不合理使用。主要有两个原因，一是违规使用禁用化学投入品或不遵守其合理使用准则；二是在鲜活农产品生产、收贮运销和初级加工环节，特别是一些小作物，存在着没有经过登记的合法可用农药或"三剂"（保鲜剂、防腐剂、添加剂）的问题。前者需要采用替代或减量的措施，如农业部 2015 年正式启动了 2020 年化肥、农药使用量零增长行动，预计到 2020 年，在不影响国家粮食安全的基础上，我国农作物化肥使用量和农药使用总量将实现零增长；2016 年科技部也启动了国家重点研发计划专项"化学肥料和农药减施增效综合技术研发"，这是一种"堵"的做法。后者则需要采用"疏"的办法。如小作物生产环节使用未登记的农药、豆芽生产环节使用未登记的植物生长调节剂、鲜活农产品收贮运销和初级加工环节使用的未列入食品添加剂名单的防腐保鲜添加剂（三剂）。亟待针对那些在农业生产中具有使用必要性并且有效、无法用其他方法替代，同时安全性又被证明可以保障的农用化学投入品，应该给予其合法性地位，这样就可以让农产品生产者必要时有"好药"可用，从而又避免了"无药用""乱用药""用错药"等现象。

安全生产过程控制技术。农产品的生产方式和农户生产行为是形成农产品质量安全问题最为关键的人为因素。尽管良好农业规范（GAP，Good Agricultural Practices）、危害分析和关键控制点系统（HACCP，Hazard Analysis and Critical Control Point）等农产品质量安全全程控制体系在国外发展已相当成熟，并成功得到广泛应用。但是在国内，作为食品链生产源头的农产品，其 GAP 和 HACCP 的实施工作刚起步。我国应用HACCP 始于出口水产品，1997 年国家对有关输美水产品加工企业实施了强制性 HAC-CP 方案，以应对美国对水产品提出的强制性要求，当年全国首批 139 家水产品加工企业获得 FDA 认可的 HACCP 证书。随后，HACCP 陆续在果蔬汁、罐头等产品中试行，但推广面不大，被动应付多，主动应对少。

根据我国农业和农产品生产实际，目前 GAP 体系多用于生产过程简单、质量安全影响因子少的种植业，HACCP 体系常用于生产链条长、质量安全影响因子多的畜禽水产养殖业及其加工业。长期以来的家庭联产承包责任制下，一家一户的个体经营方式决定了我国农产品生产主体分散、小规模经营的特征。这种生产模式难以采用先进的生产经营理念和集成技术对生产前端进行规范化、标准化的管理，也难以建立完善的农产品质量安全追溯体系。为了推行 GAP 标准的实施，我国先后将 GAP 规范认证列入《国家食品药品安全"十一五"规划》《全国农业和农村"十一五"规划》《农产品出口"十一五"规划》等，并于 2007 年正式写入中央 1 号文件，国家认监委会同标准委组织部分专家编写了《良好农业规范实施指南》等统一教材。

（二）农产品质量安全检测技术

样品前处理技术。免疫亲和柱：免疫亲和柱固相萃取技术是近年迅速在我国发展起来的一类基于特异性吸附原理的前处理技术，研制出了基于特异性单克隆抗体的氰戊菊酯农药残留特异性免疫亲和微柱，并用于鲜活农产品的样品前处理；并研制出了具有完全自主知识产权的、基于氨基硅胶微球与抗体共价修饰的系列真菌毒素免疫亲和微柱，突破了国外真菌毒素免疫亲和检测技术对中国的垄断。2003 年国家质量监督检验检疫总局发布的《食品中黄曲霉毒素的测定免疫亲和层析净化高效液相色谱法和荧光光度法》（GB/T 18979—2003）首次将免疫亲和层析净化作为我国黄曲霉毒素检测中前处理方法。2010 年，中华人民共和国卫生部发布实施的《乳和乳制品中黄曲霉毒素 M1 的测定》再次将免疫亲和层析净化作为 LC-MS、LC、荧光分光光度法检测乳品中黄曲霉毒素的前处理方法。与现有多功能净化柱相比黄曲霉毒素免疫亲和柱特异性更强、灵敏度更高。

净化柱：基于装载有净化材料的净化柱吸附样品提取液中杂质的多功能净化技术如QuEChERs 技术等自 2003 年问世以来，已应用于很多农药残留和生物毒素检测的样品前处理中。现有报道方法中，检测稻米中农药残留的 QuEChERs 方法线性范围为 10～

$200\mu g/kg$，检测回收率达到 $70\%\sim122.7\%$；莲子中农药残留检测回收率达到 $60.8\%\sim$ 119.9%；果蔬中农药残留检测平均回收率在 98% 以上。多功能净化柱—高效液相色谱法还被成功用于同时检测黄曲霉毒素和赭曲霉毒素 A。PriboFast 公司研制出柱压型和推杆型两种多功能净化柱，以极性、非极性及离子交换等基团组成填充剂，可选择性吸附样液中的脂类、蛋白质类等杂质，毒素不被吸附而直接通过，其操作简便，不需要进行活化、淋洗和洗脱操作，只需要直接上样，30 秒钟即可完成整个净化过程，可同时净化多种毒素，降低检测成本，有效提高检测效率，稳定性强，回收率高，适用于鲜活农产品等复杂样品。

免疫磁珠：免疫磁珠分离技术可将分离与富集结为一体，因此具有高效、快速和操作简便等优点。免疫磁珠的富集净化包括吸附和洗脱两个过程，吸附是免疫磁珠和样品中的待测物之间的特异性结合，而洗脱是用有机溶剂将吸附在免疫磁珠上的待测物洗下来，与磁珠分离。免疫磁珠富集净化作为一种前处理手段可避免传统方法的缺点，它不仅可以减少有毒有害试剂的使用，提高试样的净化效果，而且所需设备简单，操作简便。将免疫磁珠富集净化与酶联免疫吸附法结合成功用于检测酱油基质中的黄曲霉毒素 B1。除此之外，集成免疫磁珠富集和免疫层析的快速检测法被用于检测原料乳中的黄曲霉毒素 M1。

快速检测技术。《食品安全法》第一百一十二条指出"县级以上人民政府食品药品监督管理部门在食品安全监督管理工作中可以采用国家规定的快速检测方法对食品进行抽查检测。"《农产品质量安全法》第三十六条明确指出，对鲜活农产品"采用国务院农业行政主管部门会同有关部门认定的快速检测方法进行农产品质量安全监督抽查检测"。因此，确立农产品质量安全快速检测技术的合法地位，是有效实施鲜活农产品质量安全全程监管的重要抓手。

我国鲜活农产品快速检测技术取得了较大发展。创新了农药、兽药半抗原人工抗原分子设计、黄曲霉毒素高亲和力抗体靶向创制等基础理论，发明了外源因子调控的阳性单克隆杂交瘤半固体培养梯度筛选方法，研制出农药、兽药残留、生物毒素等污染物特异性高亲和力抗体、适配体、分子印迹等关键识别材料，为鲜活农产品质量安全快速检验检测技术提供了原始创新的核心识别材料。首创出黄曲霉毒素纳米抗体、黄曲霉毒素、玉米赤霉烯酮等剧毒污染物抗独特型纳米抗体，可耐受 70% 有机溶剂和 $60℃$ 高温，可用作毒素标准品替代物及检测抗原，为研发新型免疫亲和柱及绿色免疫分析技术提供了原创材料和新途径。

利用自主研制的核心识别材料，快速检测技术的科技创新突飞猛进。已成功研发了对硫磷等农药残留酶联免疫检测技术、化学发光检测技术，开发了瘦肉精等兽药酶联免疫检测技术、黄曲霉毒素胶体金高灵敏检测技术、真菌毒素时间分辨荧光高灵敏高特异性快速检测技术等，显著提高了鲜活农产品检验检测技术的灵敏度和稳定性，大幅提高了我国鲜活农产品质量安全检验检测创新水平与市场占有率。

成功研制出鲜活农产品质量安全快速检测产品，如农兽药残留、生物毒素、重金属等污染物 ELISA 试剂盒、胶体金定性试纸条、时间分辨荧光定量试纸条、高灵敏电化学传感器、快速检测生物传感器等快速检测产品；研发出鲜活农产品质量安全快速检测设备，如黄曲霉毒素等生物毒素胶体金单光谱成像仪与时间分辨荧光检测仪等配套快速检测设备。近10年来《农产品黄曲霉毒素靶向抗体创制与高灵敏检测技术》等11项成果获国家技术发明奖或科技进步奖，为保障鲜活农产品消费安全与产业发展提供了关键技术支撑。

~~~~ / 专栏 16 - 1 / ~~~~

动物性食品中药物残留及化学污染物检测关键技术与试剂盒产业化

中国农业大学沈建忠教授主持完成的"动物性食品中药物残留及化学污染物检测关键技术与试剂盒产业化"于2006年获国家科学进步二等奖。

该项目主要针对动物性食品中药物残留和化学污染物的普遍性、危害性及国际贸易的重要性，选择氯霉素、阿维菌素、玉米赤霉醇等70多种重要化合物，通过药物分子结构改造，采用单克隆抗体技术制备药物抗体，尤其是多残留快速检测的高亲和力抗体，研发具有自主知识产权的快速检测试剂盒；以免疫亲和色谱分离纯化技术和稳定性同位素稀释质谱等国际上前沿的分析技术为基础，研究发展与国际接轨的检测新技术，不仅实现了同步快速检测，打破了国外的技术垄断，还建立了17项残留检测方法标准，并以国家标准或行业标准颁布实施。

研究成果在国家兽药残留监控计划、卫生部食品安全行动计划、国家食品药品管理局食品监控计划、农业部无公害食品行动计划和10余省市残留检测工作中推广应用，并被列为北京奥运会食品安全保障体系技术储备。成果推广应用地区抽检覆盖约5 000万头猪、2亿只鸡、15亿千克牛奶及5 000万千克水产品等，取得了显著的经济效益和社会效益。该成果填补了国内空白，与国际先进水平接轨，提升了我国在药物残留和化学污染物分析领域的研究地位，促进了快速检测试剂盒产业化发展，更重要的是将为我国药物残留和化学污染物监控提供科学依据和强有力的技术支撑。

确证检测技术。为了保障鲜活农产品质量安全的仲裁检测以及政府监管需求，需要研究建立鲜活农产品污染物确证性检测技术。这类检测技术具有分辨率高、灵敏度高、检测结果准确、权威性强等优点。这类检测技术主要依托大型检测仪器设备，主要有液相色谱仪、气相色谱仪、色谱—质谱联用仪、原子光谱等离子体发射光谱—质谱仪等大型仪器，按照国家和行业相关标准对鲜活农产品质量安全进行检测。为了满足鲜活农产品质量安全政府监管需求，农业部每年已经投入大量人力物力，研发农药和兽药残留、生物毒素等确证性检验检测技术。在过去的十年里，农药和兽药、生物毒素等残留的检测技术已从单个化合物的检测发展到可以同时检测几百种化合物的多残留系统分析。在此基础上，我国颁布了多个农兽药多残留检测的国家标准或行业标准，实现了上百种农药和兽药、十几种生物毒素等污染物的同时检测，突破了鲜活农产品质量安全确证性检测技术前处理复杂、检测灵敏度低的难题。特别是在样品前处理技术方面，高选择性、高灵敏度的固相萃取、免疫亲和色谱、分子印迹等高效前处理技术的创制，使鲜活农产品确证性检测技术样品前处理实现定量化、简便化、快捷化。目前，已经研制出有机磷等农药残留气相色谱—质谱联用确证性检测技术、生物毒素液相色谱、液相色谱—质谱联用确证性检测技术、重金属镉ICP-MS确证性检测技术，通过确证性检测技术创新，突破了鲜活农产品质量安全确证性检测技术前处理复杂、检测灵敏度低的难题。

未知污染物非靶向筛查技术。随着鲜活农产品生产环境污染的加剧以及检验检测科技创新水平的提高，除了已知污染物外，未知的新型污染物不断涌现。目前在鲜活农产品未知污染物筛查技术方面，大多以质谱等大型仪器检测技术为主体，根据未知污染物在分析过程中裂解规律、碎片信息建立相关未知污染物数据库，通过检索相关数据库实现非定向筛查，主要有色谱—质谱联用检验检测技术，借助色谱技术的高分离能力和质谱技术的高精确度鉴别能力。

（三）农产品质量安全风险评估

毒理学评价技术。随着毒理学实验方法和技术的快速发展，污染物毒理学的发展已经从宏观到微观、整体到细胞，进而到分子的演变，其发展进入以毒理基因组学为先导，整体迈入分子毒理学时代，并将呈现由被动毒理学向主动毒理学发展、由高剂量测试向低剂量测试发展，实验动物由单一性模型向特征性模型发展、由低通量测试向高通量测试发展、由单一用途向多用途和多领域发展的趋势。目前我国已相继建立了急性毒性、长期毒性、蓄积毒性、遗传毒性、生殖发育毒性等毒性评价方法，在农药残留量标准的制定、辐照食品的安全性评价、食品添加剂使用的研究、霉菌毒素污染的研究、化学污染物的研究、保健食品的安全性评价及功能性评价等方面发挥了重要的作用。我国鲜活农产品和食品中污染物毒理学主要针对急性毒性、遗传毒性、致畸性和致癌性等领域，正致力于特殊毒理包括神经毒性、免疫毒性与过敏性、内分泌干扰作用等新评价技术和标准化方法的建立，细胞毒理学技术、现代分子生物学技术、毒理组学技术、生物标志物、转基因动物、体外替代法等被广泛运用于其中。

另外，针对混合污染的联合毒性评价，我国科学家也开展了相关研究，并取得了一定进展。中国农业科学院农业质量标准与检测技术研究所的农产品质量安全风险监测与风险评估技术创新团队在农产品危害因子混合污染物联合效应风险评估领域取得重要进展，该团队先后利用斑马鱼、蚯蚓等模式生物对农药残留、重金属等二元和多元、同类和跨类混合污染物的联合效应进行了系统研究，以毒死蜱、丁草胺、高效氯氟氰菊酯等不同种类农药残留组成的混合污染物为研究对象，利用酶活力、急性毒性等毒性终点测定了二元、三元及多元农药残留混合物的联合毒性效应。二元混合物整体表现出浓度相加的联合作用特点，也有部分组合偏离了浓度相加或独立作用，偏离系数一般在2以内；三元农药残留混合物在不同浓度水平呈现不同的联合毒性效应，并随急性毒性的增加而增强；多元农药残留混合污染呈现出显著的协同作用，并随混合物复杂性的增加而增强。一方面，混合污染物的联合毒性效应由各组分的毒性作用机制决定，但是这些组分作用于环境中的非靶标生物时，其作用机制可能改变并变得未知；另一方面，联合毒性效应还受到毒性效应水平的影响，导致联合作用方式在不同效应水平下变得复杂，而不再与各组分的作用机制有明显的相关性。此外，针对不同物种开展的同一混合物的毒理学测定可能会表现出不同的反应，并随着混合物组分的复杂性增加，联合效应趋向于显著的协同作用。研究结果表明，农药残留混合污染物的联合毒性效应广泛存在，仅考虑单一物质的毒性效应容易低估真实的风险水平，可为农药残留联合毒性效应评价以及混合污染风险评估提供基础数据和科学依据。该创新团队通过生态毒理学的手段初步揭示了复杂混合污染物的联合毒性效应规律，尤其是低浓度条件下的协同效应，相关研究结果对农产品中混合污染物的安全性评价和风险监管具有重要意义。此外，该科技创新团队针对我国在蔬菜、水果中使用的农药进行了体外细胞毒性评价测定，初步从细胞水平上探明了农药残留的联合效应机制。针对我国果蔬生产中使用的 20 种高风险农药（大多具有内分泌干扰效应），从细胞毒性通路水平初步探明了农药残留混合物对人 HepG2 细胞的联合效应。针对体外毒性效应较强的 6 种农药，依据农药单剂及多种组合对细胞内 ROS 含量及凋亡相关蛋白 Caspase - 3/7 含量的影响，筛选出毒性较高的农药及其组合，并初步探明多菌灵＋阿维菌素、咪鲜胺＋百菌清＋三氟氯氰菊酯等混合物，通过细胞凋亡的毒性通路发生联合效应，为进一步研究农药联合效应作用机制奠定了基础。

　　风险评估方法及模型。科学、合理、实用的暴露评估方法和模型是风险评估的关键技术之一。目前国内有关暴露评估的研究主要集中在化学性危害风险评估和生物性危害风险评估。目前主要方法及模型包括：①食品安全指数评估模型。该模型通过比较人体污染物实际摄入量（EDI）与安全摄入量（SI）来评价食品中某种化学残留对消费者健康影响。如马丽萍和汪少敏等利用食品安全指数法对余姚市地产蔬菜的农药安全风险进行了评价。②剂量—反应关系的生物学模型。由生理学基础的药代动力学模型（PBPK）和药效动力学模型（PBPD）结合形成，PBPK 可根据任何器官或组织内化学物及其代谢物浓度的时间变化，获得其在体内的分布数据，并可模拟肝脏等代谢转化功能，提供毒物在体内的生物转化数据。③点评估模型。该模型一般作为膳食暴露评估的保守方法。根据不同应用范围将点评估分为 3 种方法——筛选法、基于食品消费量粗略评估和精确点评估，其中筛选法分交易数据评估法、预算法、膳食模型粗略估计评估方法、改良的点评估方法。点评估适用于评估不同消费者在某段时期或某时刻暴露于污染物的风险，所得结果的代表性和评估结果的适用范围取决于评估中使用的数据和前提假设，如某种化学物的急性毒性风险评估。④简单分布模型。该模型表达的是食品摄入量的分布，但对于化学物残留量或浓度却使用一个固定参数值的方法。这种结果比点评估更具有信息价值，因为它考虑了食品消费模式中所存在的变量，但是它仍然保留了很多保守的假设。⑤概率暴露评估模型。该模型利用数据分布，与忽略了个体差异的点评估法和简单分布法不同，将食品消费数据、化学物残留量或浓度数据当作变量而非常态值。此外，针对输入的每种化学物分布，都有与暴露过程匹配的数学模型，可用随机生成数值模拟膳食暴露，也可定性分析与暴露评估相关的不确定因素。概率暴露评估模型大多适用于根据危害因素暴露量、人均体重和每人每日允许摄入量的膳食暴露风险评估中。⑥相对潜力因素评估法（RPF）。该方法是一种用于膳食化合物尤其是杀虫剂暴露量的风险评估方法。该方法可与暴露概率评估模型结合，用于计算机理、化合物的累积暴露量，如有机磷酯、氨基甲酸酯等风险评估。但是该方法仅可用在模型中的化合物具有剂量累积作用时。鉴于我国膳食结构、消费食物种类和水平与国外不同，膳食暴露评估软件也就相应不同。刘沛等借鉴欧盟蒙特卡罗风险评估（Monte Carlo Risk Assessment，MCRA）自主开发了中国膳食暴露评估模型软件（Dietary Exposure Evaluation Models，DEEMS）。

风险排序技术。风险排序是一种可以用来进行确认、分级并得出最重要风险的技术方法，其目的是为了更好地分配风险管理资源。风险排序的步骤包括危害列表、评价指标确立和计算排序 3 步。风险排序的评价指标是在风险排序中用于衡量风险等级的不同维度，针对不同类型的风险需要设定不同的评价指标。在食品安全领域，风险排序主要有基于多种判据排序法和风险期望值排序法两种主要类型，前者较适合于农产品风险排序，后者更适合食品风险排序。风险排序中面临的主要挑战是大量不同性质风险同时并存以及主观判断干扰等。目前国内有关风险分级及排序的研究几乎是空白，缺乏适合我国鲜活农产品风险评估所需的有效风险排序模型和软件，目前仅有少量的学者或组织在参照国外风险排序模型的基础上，结合我国的实际情况，对我国部分鲜活农产品或食用农产品风险排序进行了一些探索性的研究。譬如，国家食品安全风险评估中心利用矩阵排序法对危害性和可能性进行赋分，从而对食品中化学物健康风险进行了分级排序；农业部农产品质量标准研究中心以英国兽药残留风险排序方法为基础，开发了"农产品质量安全风险因子排序系统"。该系统通过计算物质毒性、毒效、膳食比例、使用频率、高暴露人群以及残留值等指标得分自动实现农产品中农药残留和兽药残留风险分数并实现自动排序，以及产品、因子和地区等 8 种不同组合方式的风险大小计算及自动排序。

（四）农产品质量安全标准

种植业产品标准。主要包括水果和蔬菜等。我国果品标准制修订工作蓬勃开展始于 20 世纪 80 年代，特别是农业部从 1999 年开始设立行业标准制修订财政专项以来，我国果品标准制修订工作明显加强，取得了可喜成绩，制定和发布实施了一大批国家标准和行业标准，在果品生产、贮运和销售中发挥着越来越重要的作用。目前，我国有关果品（不含西甜瓜和果品制品，下同）的行业标准和国家标准达 714 项，其中，农业行业标准 332 项（占 46.50%）、商检行业标准 137 项（占 19.19%）、国家标准 136 项（占 19.05%）、林业行业标准 75 项（占 10.50%）、内贸行业标准 23 项（占 3.22%）、气象行业标准 6 项（占 0.84%）、其他行业标准 5 项（占 0.70%）；714 项标准中，推荐性标准 688 项（占 96.36%）、强制性标准 26 项（占 3.64%）。从标准名称来看，714 项标准中，有 610 项标准是针对具体果品的，共涉及 61 种果品；其余 104 项标准均为综合性标准，不针对某一种具体果品。我国果品标准在树种上分布不均，主要集中在柑橘、苹果、香蕉、梨、葡萄、枣、核桃、荔枝、龙眼、杏、桃、草莓、杧果、椰子和李子上，在 610 项非综合性标准中，约占 70%，尤以柑橘和苹果标准最多，二者之和超过 20%。

　　蔬菜标准体系经过十几年的建设已初具规模，从根据我国目前蔬菜标准的情况和蔬菜生产及贸易的要求，我国蔬菜标准体系大体可分为通用标准、生产和加工环境标准、农业投入品标准、产品标准、安全标准、生产技术规程及加工工艺标准、检测方法标准等七个部分。通用标准主要包括抽样、标志、标签、包装、运输、储存、术语、分类、编码、资源评价与保护和各种规范等。抽样标准包括蔬菜及制品的抽样方法。包装、运输和储存标准是指不同蔬菜种类或单个蔬菜品种、蔬菜种子、种苗包装、运输、保鲜和储存标准。术语、分类、编码标准是指蔬菜（包括食用菌）的术语、分类、编码标准。资源评价与保护标准是指蔬菜作物品种资源描述。规范类标准包括蔬菜生产和加工应用"良好农业规范（GAP）""良好生产规范（GMP）""良好卫生规范（GHP）"和"危害关键控制点分析（HACCP）""转基因食品管理"等标准。目前包装、运输和储存标准制定得还不多，其他标准基本已制定。生产和加工环境标准包括蔬菜产地环境标准，脱水蔬菜、冷冻蔬菜等蔬菜制品加工环境标准。目前生产和加工环境方面都制定有标准，但技术内容存在一定问题。农业投入品标准包括蔬菜生产使用的肥料、农药等相关标准，蔬菜种子种苗的质量标准。农业投入品标准中，蔬菜种子质量标准不完善，种苗标准很少，是今后标准制定的重点。产品标准包括新鲜蔬菜等级规格标准，冷冻蔬菜标准，脱水蔬菜，蔬菜汁、蔬菜粉、蔬菜酱标准，酱腌菜、蔬菜罐头和蔬菜加工制品标准，加工用蔬菜质量标准。目前新鲜蔬菜产品标准包括的蔬菜种类不全，等级规格标准已涵盖了主要蔬菜品种；脱水蔬菜已有国家标准，冷冻蔬菜已有单个蔬菜的标准，是否应像脱水蔬菜一样制定一个通用标准即可，有待研究。安全标准包括农药残留限量标准、污染物限量标准、有害微生物限量标准、生物毒素限量标准。目前安全标准均有国家强制性标准，且在不断完善。生产技术规程和加工工艺标准包括蔬菜种子种苗繁育技术规程、蔬菜生产技术规程、蔬菜及制品加工工艺、蔬菜病虫害防治技术规程、蔬菜病害鉴定评价技术规程、蔬菜新品种测试指南。蔬菜种子种苗繁育技术规程基本没有，是今后制定的重点；蔬菜病害鉴定评价技术规程还不完善，今后还要继续制定；其他技术规程基本完善。检测方法标准包括蔬菜及制品感官检测方法、理化指标检测方法、农药残留限量检测方法、污染物检测方法、有害微生物检验方法、生物毒素的检测方法、转基因成分的检测方法。蔬菜及制品感官检测方法标准目前没有制定，是否制定需要研究；蔬菜及制品理化指标检测方法标准目前已有国家标准和部分行业标准，大部分理化指标的检测方法标准已制定；蔬菜及制品农药残留限量检测方法目前在清理整合当中；蔬菜及制品污染物检测方法、蔬菜及制品有害微生物检验方法、蔬菜及制品生物毒素的检测方法和蔬菜及制品转基因成分的检测方法已有国家标准。

~~~ / 专栏 16 - 2 / ~~~

双低油菜全程质量控制保优栽培技术及标准体系

　　中国农业科学院油料作物研究所李培武研究员主持完成的"双低油菜全程质

量控制保优栽培技术及标准体系的建立与应用"于 2009 年获国家科技进步二等奖，成为我国首项获得国家科技奖励的农业标准类成果。

该项目针对我国育成双低油菜品种后，传统的普通油菜栽培技术不适于双低油菜生产，导致我国双低油菜育种及品种水平高而产品质量低，制约双低油菜产业发展和行业科技进步的重大关键技术难题，建立了双低油菜产前品种审定、良种繁育等种子源头质量控制，到产中产地环境、保优栽培技术、菌核病防治和产后低芥酸、低硫苷产品质量以及配套的检测方法等 4 大类 20 多项技术标准，把产前、产中、产后全过程纳入标准化轨道，实现了双低油菜保优栽培技术成果标准化转化，首次构建了系统配套的双低油菜全程质量控制保优栽培技术及标准体系。

该成果破解了我国双低油菜发展的重大技术难题，在我国油菜主产区 15 省市 150 多个县市得到广泛推广应用，使我国双低油菜籽产品合格率由 2001 年的 30% 左右，提高到现在的 70%，覆盖率达全国油菜产区 90%，攻克了我国双低油菜生产中品种优质而菜籽产品质量低的重大技术难题，推动了油菜产业结构优化升级，实现了我国由普通油菜向双低油菜生产的技术跨越，显著促进了双低油菜行业科技进步，支撑了我国双低油菜产业发展，提升了我国油菜产品质量和市场竞争力，近 3 年新增直接经济效益 38 亿多元，社会效益显著。

畜禽产品标准。 近年来，农业部在畜牧业标准化方面做了大量工作，取得积极成效，为畜牧业"保供给、保安全、保生态"提供了支撑、做出了贡献。一是标准化管理工作得到加强。畜牧业标准管理体系基本建立。畜牧业标准管理部门为农业部畜牧业司，全国畜牧总站为技术支撑机构，全国畜牧业标准化技术委员会负责畜牧业标准的技术归口管理。同时，各省（自治区、直辖市）农牧业主管部门也都设立了畜牧业质量标准管理机构。江苏、江西、新疆等省（区、市）成立了畜牧业标准化技术委员会。畜牧业标准管理逐步趋向规范化和科学化。二是标准制定和修订工作全面展开。实施了《畜牧业国家标准和行业标准建设规划（2004—2010 年）》和《全国畜牧业标准体系"十二五"规划（2011—2015 年）》，推动了畜牧业标准体系框架的逐步建立和不断完善。截至 2014 年底，现行有效畜牧业国家标准、行业标准近 800 项，涵盖了畜禽牧草品种资源、种养规范、产品质量、检验检测、草原保护等各方面，初步实现了生产有标可用、检测有标可依、质量有标可判，为促进我国畜牧业持续健康发展提供了支撑。三是标准推广应用逐步深入。"十二五"以来，农业部和各省区组织举办了 12 次畜牧业标准及标准化知识培训班，培训人员 1 000 余人次。利用各类平台，不断创新标准推广方式，提高标准应用实效。广泛宣传畜牧业标准，积极营造重视标准、推广标准、使用标准的社会氛围，取得了良好效果。

水产品标准。 随着标准体系的不断完善，标准制定和修订的正常进行，标准数量的逐年增加，标准水平不断提高，初步形成了以国家标准和行业标准为主体的水产品标准体系。截至 2015 年 8 月，现行淡水养殖的国家、行业标准共 217 项，其中国家标准 52

项，行业标准 165 项。目前已经发布的海水养殖国家、行业标准共有 91 项，按养殖品种分，包括通用标准 4 项；鱼类标准 28 项，涉及种类 16 种；虾蟹类 14 项，涉及种类 6 种；贝类 31 项，涉及种类 13 种；藻类 10 项，涉及种类 4 种；其他种类 4 项，涉及种类 2 种；按照标准类型分，包括种质标准 34 项，亲体苗种 44 项，养殖技术规范 6 项，其他 8 项。

在已发布的标准中，有基础标准（包括通用基础和通用方法标准），如《水产养殖术语》《养殖鱼类品种命名规则》《养殖鱼类种质检验》等；生产过程各环节的操作技术和投入品产品标准，如水产种质标准、亲本和苗种标准、饲料产品标准、渔用药物养殖使用规范和养殖生产技术规范等。术语标准主要用于科研、教学、生产、推广等活动中。通用基础方法用于科研、教学及检测。种质标准及其亲本苗种主要用于水产种质资源保护时种质的鉴别、原良种场的建设和维护、种质检测中心判定、组织生产及维护消费者利益、防止欺诈等。生产技术规范用于指导和规范生产操作，以及普及和推广科学、先进的养殖技术等。已发布标准基本涵盖了水产品生产全过程，初步满足了大宗水产品养殖生产需要。由已发布实施标准现状来看，标准体系建设是现代水产养殖业得以健康、可持续发展的重要的技术保障和支撑。

四、产业贡献

（一）农业标准体系不断完善，引导了产业发展

"十五"国家重大科技专项"重要技术标准研究"设置了"主要种植农产品（粮油、菜果茶、棉麻丝）安全限量及控制标准研究"和"主要肉蛋奶产品和蜂产品安全限量及控制标准研究"，先后制定了我国急需的农药、兽药及有害物质限量标准指标 40 个，小麦、玉米、水稻、大豆、蔬菜、水果等农作物常用的 15 种杀虫剂、杀菌剂和除草剂的 16 项残留检测方法标准。"十五"重大科技专项"食品安全关键技术研究"设置了"主要食品安全标准研究"，提出了 595 个食品（农产品）安全标准限量指标的建议值。

"十一五"以来，农业部以保障农产品质量安全为重点，实施标准先行，品牌增效发展战略，建设农业标准化体系，开展标准化生产创建，有力推动了农产品生产方式的转变，促进了中国农业产业化经营和规模化发展。据不完全统计，"十二五"期间，中国已组织制定 4 140 项农药残留限量标准和 1 584 项兽药残留限量标准，基本覆盖了中国主要食用农产品及常用农兽药的品种；制定发布了 5 121 项农业行业标准和 18 000 项农业生产技术规范，农业标准体系逐步建立和完善，目前，农业合作社和家庭农场基本能够实现按标生产。此外，还探索创建了一万多个园艺作物标准园、热带作物标准化生产示范园畜禽养殖标准化示范场及水产健康养殖示范场，创建了 185 个标准化示范县；认证的品牌农产品（无公害、绿色、有机和地理标志产品）总数已达 11.7 万个，更好地适应了城乡居民的消费需求。中国农业科学院油料作物研究所李培武研究员主持完成的"双低油菜全程质量控制保优栽培技术及标准体系的建立与应用"制定了双低油菜从产前种子源头质量控制到产中产地环境、菌核病防治及保优栽培生产技术和产后低芥

酸、低硫苷产品以及配套检测技术方法等 4 大类 20 多项技术标准，实现了双低油菜保优栽培技术成果标准化转化，构建了系统配套的双低油菜全程质量控制保优栽培技术及标准体系，解决了双低油菜产业发展中质量控制一系列复杂技术难题，获得 2008 年国家科技进步二等奖。

（二）检验检测技术明显提升，强化了监管支撑

国家"十五"攻关重大项目"科学仪器通用软件平台的研制与开发"设置了"建立与完善我国部分农产品近红外光谱库"课题，"十一五"国家科技支撑计划重大项目"多功能农业装备与设施研制"设置了"农产品品质检测和商品化技术装备研究与开发"课题，"十五"国家"863"计划中设立了"农畜产品品质快速无损检测技术研究"课题，重点开展农产品分等分级以及快速、无损、在线检测技术和设备研发。"十五"国家重大科技专项"食品安全关键技术"在食品及农产品中有毒有害物质检测技术及产品研发方面设置了 5 个课题，重点进行农药残留、兽药残留、重要有机污染物、生物毒素、食品添加剂、饲料添加剂和违禁化学品等的新型检测技术研发。"十一五"国家科技支撑计划"食品安全关键技术"重大项目设置了 3 个课题，主要开展残留确证检测技术研究。"十一五"国家"863"计划也设置了一系列课题，开展食品及农产品多残留免疫快速检测技术及产品研发。

通过多年的发展，中国农产品质量安全检测技术的自主创新能力得到大幅提升，农产品质量安全的监测能力有了明显的提高。以快速、经济、高通量为导向，研发了 500 余项以农兽药残留为主的残留确证检测技术，开发了以兽药、生物毒素为主的近 600 余种快速检测产品，国产快速检测产品的市场占有率从"十五"末期的不到 10% 上升至目前的 80% 以上。特别是在生物毒素高灵敏检测技术及动物源性农产品中药物快速检测方面取得了重大突破。其中"动物性食品中药物残留及化学污染物检测关键技术与试剂盒产业化"获得 2006 年国家科技进步二等奖，"农业食品中有机磷农药等残留快速检测技术与应用"获得 2008 年度国家科技进步二等奖，"农产品黄曲霉毒素靶向抗体创制与高灵敏检测技术"与"基于高性能生物识别材料的动物性产品中小分子化合物快速检测技术"分别获得 2015 年国家技术发明二等奖；"动物源食品中主要兽药残留物高效检测关键技术"获得 2016 年国家技术发明二等奖。

（三）全程监管能力显著增强，确保了产品安全

"十五"国家重大科技专项"重要技术标准研究"设置了"畜禽产品质量安全关键控制技术系列标准研究""农产品产地环境控制与安全技术标准研究" 2 个课题，提出了农产品产地环境质量评价技术导则。制定了设施蔬菜产地环境质量评价技术导则。"十一五"国家科技支撑计划"食品安全关键技术"重大项目设置了"重要食品保真与原产地保护技术研究""粮油、蔬果等安全控制技术研究"以及"动物产品兽药残留安全控制技术研究"等课题，针对有毒有害物质的吸收、转化、代谢和消解规律以及农产品生产、加工包装、储藏和流通等过程的安全控制，已开发了一系列化学危害处理技术和方法，建立了一批储运加工技术，提供了霉菌、微生物、重要兽药及其代谢产物残留

的预测模型和在线监控技术。

优质安全的农产品既是产出来的，也是管出来的。农产品生产、加工、流通等全过程的监管尤为重要。产地环境的质量好坏是影响农产品质量安全的第一道关口，近年来产地环境中重金属的环境过程研究取得了较大进展，探索建立了中国主要农产品产地安全控制因子及评价指标体系，提出了适合中国农产品产地环境质量评价的方法和技术规程。通过开展农药、兽药、生物毒素等在农产品中的分布、富集、代谢规律及危害机理和消减规律等研究，提出了相应的控制技术措施。在兽药残留代谢研究方面，提出了中国自主创制兽药喹烯酮和乙酰甲喹毒作用的靶器官，揭示了喹烯酮和乙酰甲喹遗传毒性特点，为喹烯酮和乙酰甲喹的安全性评价及临床合理应用提供了大量基础数据。在生物毒素的控制技术上，研究了花生中黄曲霉毒素污染控制技术，颁布实施了《花生中黄曲霉毒素污染控制技术规程》农业行业标准。

（四）风险评估工作深入开展，提升了应急处置能力

"十一五"国家科技支撑计划"食品安全关键技术"重大项目在风险评估方面设置了"化学污染物暴露评估技术研究""农药及内分泌干扰物的复合效应评估技术"以及"食品中农药残留风险评估技术研究"等课题，逐步建立了我国食品中病原微生物、农药和兽药残留、化学污染物（含生物毒素）等风险评估技术体系、模型、指南，并试图揭示5～10种我国生产的混合农药残留的相互作用规律并提出多残留累积性风险评估模式，目前相关研究正在继续进行。在溯源技术方面设置了"食品污染溯源技术研究"课题，"十一五"科技部重大国际合作设置了"牛羊产品溯源检测技术研究"，中国农业科学院农业质量标准检测技术研究所参与了欧盟第六框架计划食品安全溯源性研究（TRACE项目），正在逐步开展原产地溯源、污染物溯源、大型动物个体溯源和电子标签溯源等方面的研究。

自2012年以来，在全国范围内组织认定了100家农产品质量安全风险评估实验室和145家风险评估实验站，评估体系从无到有、评估能力由弱变强。一方面，通过对隐患大、问题多的重点农产品品种和环节组织开展农产品质量安全专项评估，获取有效数据60万条，初步摸清风险隐患及分布范围、产生原因。目前，已构建农产品质量安全风险评估与监测数据平台，形成国家农产品质量安全监测信息平台数据上报系统、国家农产品质量安全监测信息平台数据分析系统、国家农产品质量安全监测信息平台综合管理系统以及农产品质量安全风险评估系统。另一方面，组建了农产品质量安全专家组，广泛开展农产品质量安全政策咨询、科普解读、热点回应、宣传培训等工作，建立了全天候舆情监测制度和上下联动、区域协同、联防联控的应急机制，应急处置水平大幅提高。

~~~~ **╱ 专栏 16－3 ╱** ~~~~

风险评估实验室体系

风险评估作为《中华人民共和国农产品质量安全法》对农产品质量安全确立

的一项基本法律制度，也是国际社会对农产品质量安全和食品安全管理的通行做法。

国家农产品质量安全风险评估体系是以国家农产品质量安全风险评估机构为龙头，以农业部专业性和区域性农产品质量安全风险评估实验室为主体，以各主产区农产品质量安全风险评估实验站和农产品生产基地质量安全风险评估国家观测点为基础。农业部自从 2011 年开始，全面规划和推进全国农产品质量安全风险评估体系建设，从顶层设计入手，已构建起国家农产品质量安全风险评估体系，目前建立了 100 家农产品质量安全风险评估实验室和 145 家农产品质量安全风险评估实验站，在农产品质量安全执法监管、生产指导、消费引导、应急处置、科普解读、贸易性技术措施研判等工作中发挥了重要技术支撑作用，为确保不发生重大农产品质量安全事件提供了科学依据。

国家农产品质量安全风险评估体系重点围绕"菜篮子""果盘子""米袋子"等农产品，从田间到餐桌的全程每个环节进行质量安全风险评估，对隐患大、问题多的农产品品种和环节组织开展农产品质量安全风险专项评估。通过风险评估，及早发现隐患点，防风险于未然，体现了我国农产品质量安全工作由被动到主动的转变。

本章参考文献

白文荟，2016. 基于适配体的农兽药残留快速检测技术研究 [D]. 北京：中国农业科学院.

陈晨，钱永忠，2015. 农药残留混合污染联合效应风险评估研究进展 [J]. 农产品质量与安全 (5)：49-53.

戴小枫，赵秉强，2002. 我国农产品安全生产技术发展的现状与优先领域 [J]. 中国科技论坛 (2)：21-24.

樊永祥，2010. 国际食品法典标准对建设我国食品安全标准体系的启示 [J]. 中国食品卫生杂志 (2)：121-129.

高逢敬，杨礼宪，2014. 我国休闲农业标准体系研究 [J]. 中国乡镇企业 (2)：14-18.

高建国，孙卓军，高国庆，等，2013. 应对"肯定列表"，出口蔬菜中多农残检测及确证 [J]. 食品研究与开发，12：68-71.

郭琦，赖卫华，山珊，2015. 仪器法在菌落总数推测及食源性致病菌检测鉴定中的研究进展. 食品安全质量检测学报，6 (9)：20-27.

胡春侠，2017. 我国农业科技创新存在的问题与对策 [J]. 乡村科技 (2)：17.

黄艳梅，刘道峰，赖卫华，等，2014. 集成免疫磁珠富集和免疫层析的黄曲霉毒素 M1 快速检测法 [J]. 分析化学研究报告，42 (5)：654-659.

金发忠，2014. 我国农产品质量安全风险评估的体系构建及运行管理 [J]. 农产品质量与安全 (3)：3-11.

金发忠，2015. 基于我国农产品客观特性的质量安全问题思考 [J]. 农产品质量与安全 (3)：3-11.

金发忠，钱永忠，2003. 我国农产品质量安全检验检测体系的现状与对策 [J]. 农产品质量与安全 (2)：26-29.

李斌，赵春江，2013. 我国当前农产品产地土壤重金属污染形势及检测技术分析 [J]. 农业环境与发展，50 (5)：1-7.

李瑾，郭美荣，高亮亮，2015. 农业物联网技术应用及创新发展策略 [J]. 农业工程学报，31 (S2)：200-209.

李玲，陈应志，辛景树，等，2015. 我国农业领域土肥水标准体系建设概况与展望 [J]. 中国标准化，11；95-100.

李培武，张奇，丁小霞，等，2014. 食用植物性农产品质量安全研究进展 [J]. 中国农业科学，47 (18)：18-32.

林卫华，吴志刚，2014. 我国近年食品毒理学应用与研究进展 [J]. 中国热带医学，14 (8)：19-22.

刘旭，2011. 加强农产品质量安全科技创新促进现代农业发展 [M]. 北京：中国科学技术出版社.

卢海燕，刘贤金，2016. 种植业生产过程标准体系发展现状与对策建议 [J]. 农产品质量安全 (4)：18-22.

卢凌霄，曹晓晴，2015. 私人标准对农业的影响研究综述 [J]. 经济与管理研究 (5)：68-75.

马丽萍，汪少敏，等，2013. 以食品安全指数法对地产蔬菜农药残留的安全评价风险 [J]. 宁波农业科技 (2)：4-6.

马良，李培武，张文，等，2007. 花生及其制品中黄曲霉毒素 B1 免疫亲和柱净化——荧光快速检测技术 [J]. 中国油料作物学报，29 (2)：199-203.

聂继云，2016. 我国果品标准体系存在问题及对策研究 [J]. 农产品质量安全 (6)：18-23.

彭双清，郝卫东，伍一军，2009. 毒理学替代法 [M]. 北京：军事医学科学出版社.

祁胜媚，2011. 农产品质量安全管理体系建设的研究 [D]. 扬州：扬州大学.

钱传范，刘丰茂，潘灿平，等，2011. 农药残留分析原理与方法 [M]. 北京：化学工业出版社.

钱永忠，魏启文，2005. 中国农业技术标准发展战略研究 [M]. 北京：中国标准出版社.

石矛，陈丽娜，马杰，2017. 红松松针功能酸奶生产工艺优化及质构分析. 食品安全质量检测学报，8 (1)：116-121.

束放，熊延坤，2016. 我国农药生产应用现状及减量使用重要意义. 中国农药 (1)：42-45.

宋成军，赵学兰，田宜水，等，2016. 中国农业循环经济标准体系构建与对策 [J]. 农业工程学报，11：222-226.

苏昕，2007. 我国农产品质量安全体系研究 [D]. 青岛：中国海洋大学.

孙璐，2009. 食品行业冷链一体化的研究 [D]. 成都：西南交通大学.

汤晓艳，郭林宇，王敏，等，2009. 欧盟农药残留监控体系概况及启示·农业质量标准 [J]. 农产品质量与安全，6：41-44.

唐华俊，2015. 我国农产品质量安全风险评估学科建设推进方略 [J]. 农产品质量与安全 (5)：3-5.

唐佳妮，张爱萍，刘东红，2010. 预测微生物学的研究进展及其在食品中的应用. 中国食品学报，10 (6)：162-166.

王东亭，2015. 基于大通量分级系统的脐橙质量安全追溯技术与装置 [D]. 杭州：浙江大学.

王东亭，饶秀勤，应义斌，2014. 世界主要农业发达地区农产品追溯体系发展现状 [J]. 农业工程学报，30 (8)：236-249.

王洁莲，牛玮，刘巍，等，2016. 蔬菜中农药残留检测标准及其检测方法概述 [J]. 食品安全质量检测学报，4：87-92.

王璐，刘潇威，彭祎，等，2012. 我国农产品质量安全检测机构农药残留检测能力验证现状分析 [J]. 农业资源与环境学报 (3)：90-92.

王强，2015. 农业信息化标准规范体系建设研究 [J]. 新疆农业科技 (4)：7-10.

魏鹏娟，王艳，刘香香，等，2015. 我国农业标准实施应用现状及对策分析 [J]. 农产品质量与安全 (2)：25-27.

武丽辉，段丽芳，宋稳成，等，2013. 国际食品法典委员会（CAC）农药残留标准制定新进展 [J]. 农药学学报 (3)：343.

席兴军，刘俊华，刘文，2005. 国内外农产品质量分级标准对比分析研究 [J]. 农业质量标准 (6)：19-24.

夏曦，李晓薇，丁双阳，等，2011. 液相色谱—高分辨质谱在兽药残留分析中的应用进展 [J]. 质谱学报，32（6）：333-340.

谢芳，赖卫华，史爱武，等，2013. 免疫磁珠富集结合酶联免疫吸附法检测酱油中黄曲霉毒素 B1 [J]. 食品科学，34（18）：165-169.

徐学万，马飞，李董，等，2017. 我国农业标准体系建设问题与对策分析 [J]. 农产品质量安全（2）：36-38.

杨慧莲，王征兵，霍学喜，2014. 新型农业经营形式：家庭农场界定标准探析 [J]. 农村经济，9：7-10.

杨林，2014. 农业物联网标准体系框架研究 [J]. 标准科学（2）：13-16.

叶妮，周明霞，冯忠泽，2011. 我国兽药残留标准现状和问题研究 [J]. 农产品质量与安全（6）：29-31.

于福清，赵小丽，2015. 我国畜牧业标准化的发展现状及对策 [J]. 中国畜牧业，10：33-35.

余晓峰，张萍，宗凯，等，2012. 免疫磁珠法检测脱水蒜制品中沙门氏菌 [J]. 食品科学，33（24）：257-259.

喻伟，2010. 免疫磁珠的制备及其初步应用. 武汉：华中农业大学.

翟慧泉，金星龙，岳俊杰，等，2010. 重金属快速检测方法的研究进展 [J]. 湖北农业科学，49（8）：95-98.

张兵，2010. 我国农产品质量安全检验检测体系法律问题研究 [D]. 武汉：华中农业大学.

张春旺，潘心红，冯彩群，2001. 一起由氯丙嗪引起的食物中毒的快速测定 [J]. 中国卫生检验杂志，11（1）：109-110.

张红，聂燕，张树秋，等，2016. 我国农业标准化和标准信息化的现状及发展趋势 [J]. 中国农业信息（6）：3-5.

张敏，2015. 我国农产品流通标准体系现状及问题分析. [J]. 农产品质量与安全（5）：30-34.

张晓焱，苏学素，焦必宁，等，2010. 农产品产地溯源技术研究进展 [J]. 食品科学，31（3）：271-278.

张星联，杨桂玲，陈晨，等，2016. 农产品质量安全风险评估技术研究现状及发展趋势 [J]. 农产品质量与安全（5）：3-7.

郑鹭飞，2016. 我国农业投入品标准体系的现状与问题分析 [J]. 农产品质量安全（12）：24-27.

中华人民共和国国家卫生和计划生育委员会，中华人民共和国农业部，中华人民共和国国家食品药品监督管理总局，2016.GB 2763—2016 食品安全国家标准 食品中农药最大残留限量 [S]. 北京：中国标准出版社.

周洁红，2005. 生鲜蔬菜质量安全管理问题研究 [D]. 杭州：浙江大学.

周名江，于仁成，雷坤，等，2013. 我国近海的富营养化及其生态环境问题 [M]. 北京：中国环境科学出版社.

朱丽，谭微，彭祖茂，等，2017. 超高效液相色谱—线性离子阱/静电场轨道阱高分辨质谱快速测定大米中 15 种营养成分色谱 [J]. 色谱，35（9）：949-956.

第十七章　农业机械与装备

农业机械化是转变农业生产方式、提高农业生产力的物质基础，是实施乡村振兴战略的重要支撑。没有农业机械化，就没有农业农村现代化。新中国成立 70 年来，我国农业生产方式实现了从人畜力为主向机械作业为主的历史性跨越，2018 年全国农作物耕种收综合机械化率超过 67％。农业机械化的持续快速发展，显著增强了农业综合生产能力，加快了农业农村现代化进程。

一、基础性工作

经过 70 年的努力，我国建立了较为完善的农机化科研创新体系，探索了一批主要农作物机械化生产模式，制定了一系列农机化技术与管理标准。

（一）组建了较完善的农机化科研创新体系

1959 年，毛泽东在《党内通讯》中指出"农业的根本出路在于机械化"，提出"每省每地每县都要设一个农具研究所，集中一批科学技术人员和农村有经验的铁匠和木匠，搜集全省、全地、全县各种比较进步的农具加以比较、加以试验、加以改进，试制新式农具"。该指示发出后，在全国构建了国家级、省级、市级、县级等较为完备的研究开发、生产制造、推广应用、维修培训和人才培养的农机化科研创新体系。国家级单位有中国农业机械化科学研究院、农业部南京农业机械化研究所和农业部规划设计研究院，省级农机研究单位有 21 家，主要面向行业开展应用基础和共性关键技术研发，为企业提供新产品、新技术和转化服务。1999 年，国家科技体制改革，部分科研院所转企、归并或撤销，大学学科调整。

2004 年，《中华人民共和国农业机械化促进法》颁布实施，支持有关科教机构加强农业机械化科学技术研究，支持农业机械科研、教学与生产、推广相结合。2010 年，国务院颁布《关于促进农业机械化和农机工业又好又快发展的意见》，成为改革开放以来中央层面第一个指导农业机械化和农机工业发展的纲领性文件，支持农机制造企业和科研院所建设农机产品开发企业技术中心、实验室和工程中心，支持高等院校加强农机工程学科建设。2018 年，国务院颁布《关于加快推进农业机械化和农机装备产业转型升级的指导意见》，释放了全面推进农业机械化的重大信号，支持增强科研院所原始创新能力，完善以企业为主体、市场为导向的农机装备创新体系，推进农机装备创新中心、产业技术创新联盟建设。在相关政策引导下，国家不断加大农机科研投入，较为完

＊本章审稿人：罗锡文；牵头撰写人：曹光乔；参与撰写人：张进龙、常春、黄光群、王祎娜、翟正。

善的农机化科研创新体系逐步形成。在国家级平台方面，建设了土壤植物机器系统技术、拖拉机动力系统等企业国家重点实验室，农业生产机械装备国家工程实验室、太阳能干燥国家地方联合工程实验室、现代农业装备国家地方联合工程研究中心等国家工程实验室（研究中心），以及农业机械、农业智能装备、农业信息化、草原畜牧业装备、种子加工装备、粮食加工装备、农产品智能分选装备等国家工程技术研究中心。农业农村部成立了全国农机化科技创新专家组和主要农作物生产全程机械化推进行动专家指导组，同时，"十三五"期间国家现代农业产业技术体系中大幅增加农机岗位专家，实现了 50 个产业体系全覆盖，体系机械化研究室基本设置 2 个机械化岗位。组建了农业农村部现代农业装备学科群和设施农业工程学科群，启动农业生产全程机械化科研基地和大田种植数字农业试点等项目，初步形成"实验室—科研试验基地—观测实验站"的农机化科技创新平台体系。地方政府以及相关行业协会也构建了一批部、省、行业性重点实验室和工程研究中心。

（二）构建了主要农作物机械化生产模式

新中国成立初期，农业生产资料严重不足，粮食总产量下降 26%，为尽快恢复和发展农业生产，国家实行大力推广实用农业机械的方针，增补旧式农具，积极推广新式农具。该阶段主要从农具改革着手，由排灌机械逐步发展至包括种植业在内的各种机械。当时农村经济条件落后，农民购买力很低，国家财力有限，工业基础薄弱，农业机械化优先推广半机械化农具和小型动力机械。在动力机械方面，重视手扶拖拉机、小功率排灌机械和农副产品加工机械的研制推广。建立了一批机械化程度较高的农场，采取机械化耕作方法，实行深耕和密植等技术措施。1979—1995 年，农业机械由单一的国家投入和经营转为多种所有制形式，允许农民个人或联户根据生产需要和收益自主选择、投资和经营农机，农民成为农业机械投资和经营的主体。农民所购机具主要是构造简单、价格便宜、功能单一的手扶拖拉机、小型排灌机械和农产品加工机械，农业机械化发展主要在农村运输、耕整地、抽水排灌、农副产品加工等领域。1996—2003 年，我国工业化、城镇化、市场化进程加快，农村劳动力开始大量转移，农业生产劳动力短缺问题逐渐显现，大中型拖拉机、联合收割机等农业机械研发生产加快发展，以联合收割机跨区作业为代表的农机社会化服务模式逐渐发展，并向跨区机播、机插、机耕等环节延伸，从小麦生产向水稻、玉米等作物拓展，一批技术含量高、综合性能强的大型农机具应运而生，农作物机械化生产模式发生变革。2015 年以来，农业部实施主要农作物生产全程机械化推进行动，建设全程机械化示范县，加快推进粮棉油糖等主要农作物生产耕、种、管、收及产后处理全程机械化，果菜茶等经济作物、畜禽水产养殖、农业废弃物资源化利用等领域机械化加快发展。

农作物机械化生产方面。围绕玉米、水稻、油菜、棉花、马铃薯、牧草、花生、甘蔗、苹果和茶叶等大宗农作物机械化生产需求，开展了机械化关键技术、机械化技术体系集成、区域机械化共性技术、设施种植养殖装备、农业工程模式与农业装备适用性评价等研究，构建了覆盖不同种植制度、生产规模的技术模式、工程模式和技术路线。

区域机械化方面。形成了适宜北方一年两熟小麦—玉米轮作地区的周年秸秆覆盖免耕播种模式和周年秸秆覆盖少（免）耕播种模式，适宜北方一年一熟区玉米种植的秸秆覆盖少耕等模式，适宜黄土高原一年一熟区以种植小麦、玉米为主的秸秆覆盖免耕播种等模式，适宜东北冷凉垄作区以种植玉米、大豆为主的留高茬原垄浅旋灭茬播种技术等模式，适宜水旱轮作区以种植水旱两作的稻麦（油）轮作和稻薯轮作等多种技术模式。

（三）制定了农机化技术与管理标准体系

农机化技术与管理标准是农业机械化安全高级发展的基础，是主管部门依法行政的重要技术支撑。我国农机化标准工作经历了曲折的发展历程，从单一种类到全面覆盖，从强调数量到重视技术内容，标准数量和质量长足进步，体系日趋完善。20世纪50—60年代，制定了我国第一个农机化标准《国营机械化农场机务工作规章》，后续制定了《农业拖拉机驾驶员、修理工技术标准》和《拖拉机作业标准工作量折合系数和地块、土质差别系数的通知》等。20世纪80—90年代，发布《农业机械修理工技术等级标准》，标志着农机化标准制定修订工作全面恢复，其后陆续制定了一批针对不同型号农机的修理质量标准，如GB/T 5262—1985《农业机械试验条件测定方法的一般规定》和GB/T 5667—1985《农业机械生产试验方法》。1996年，全国农机标准化技术委员会农机化分技术委员会成立，开展了农机化标准体系研究。1997年提出了农机化标准体系框架，包括农机管理、农机运用、农机修理、试验鉴定、安全监理、农机技术推广、市场销售、农机科研、教育培训、计划统计和农机信息等11个体系。农业部和财政部1999年启动实施农业行业标准专项计划，重点建设农机基础标准、作业质量、质量评价技术规范和新型农机产品标准。2001年农业部"无公害食品行动计划"实施，以农产品加工技术为切入点，探索制定无公害稻米、粉丝、乳粉和小麦粉的加工技术规范标准。2004年，启动新一轮农机化标准体系研究，包括农机化基础标准、技术服务标准和技术管理标准3个分体系，试验鉴定、作业服务、安全管理等17个环节和领域，质量评价、作业质量、安全运行等42个标准类型。为了加强农机化发展进程分析评价，制定了《农业机械化水平评价第1部分：种植业》标准；根据农机社会化服务组织发展需要，制定了数十项农机作业质量标准；为强化农机部门履行拖拉机安全监管职能，制定了拖拉机号牌、驾驶证证件等安全监理标准；针对鉴定行业评价产品质量需要，发布了一批产品质量评价规范标准；配合购机补贴政策实施，制定了《农业机械分类》基础标准。2009年，发布了《农业机械化标准体系建设规划（2010—2015）》，构建了我国农机化标准体系，分基础标准、技术标准和管理标准等3部分。针对轮式拖拉机等农机产品制定了质量评价标准，针对联合收割机、水稻插秧机等农机产品制定了作业质量标准，配套设施农业的农机化标准也逐步完善。

二、应用基础研究

我国高度重视农机化技术基础理论和方法研究，在土壤—植物—机器互作机理、农业装备关键部件技术，农机与农艺、农机与农机信息化技术融合等方面取得了显著进展，农机化技术与装备的创新研究不断深入。

（一）土壤—植物—机器系统应用基础研究

机械化耕作方面。 针对我国农业主产区土壤压实严重、耕层变浅、犁底层增厚以及土壤侵蚀、地力下降等问题，开展了不同土壤类型的团粒结构、理化性状和有机质变化规律研究，不同耕作方式对土壤质构和作物生长的关联影响研究，不同区域深松、深翻、翻（旋）耕、轮耕、休耕、少（免）耕等耕作方式优化组合研究。开展了水肥施用与作物秸秆还田等农田作业措施对土壤耕层结构变化的影响机理研究，建立了土壤合理耕层综合评价分析模型，提出了合理耕层的构建方法，制定了与区域特点相适应、与作物生长相适宜、与机械作业相适应的土壤合理耕层构建标准和机械化技术规范。秸秆机械化还田方面，针对机具在秸秆还田作业时易出现的秸秆堵塞、部件磨损和耕作阻力增大等问题，开展了机器—土壤—秸秆交互作用机理研究；针对秸秆还田装备作业高耗低效、还田质量差等问题，开展了机具—流场—秸秆—土壤交互作用关系研究，阐明了秸秆物理特性、流动特性、还田方式、刀具质构对秸秆还田作业的影响机制，建立了秸秆还田作业能耗与还田质量综合评价模型，提出了适合于不同区域的作物秸秆高效低耗还田方法，建立了作物秸秆高效低耗还田技术规范。

机械化种植方面。 开展了水田作业技术装备研究，研究了水田复杂作业环境下土壤和品种、植株等互作规律，多种部件——稻田土壤多相耦合机理，深水田作业时机具的受力分析、阻力来源及分布规律，驱动部件的疏泥结构等。开展了土壤与装备、品种与作业环境等研究，针对南方地区土壤湿度大、黏性大，研究了高湿黏重土壤工作部件防堵降耗理论。研究了主要作物种植区域气候特点与适播期及适收期、土壤条件与适播量的关系，优选机械化适播品种、适播量并制定了相关标准。研究了主要作物高速栽种的制约因素，探明作物种子与高速排种机构、秧苗与栽插机构互作机理。研究了适宜不同品种、秧苗的高速栽种方法。开展了农作物种植技术研究，探明了精量穴直播水稻产量形成机理和生理特性，创建了"精播全苗""基蘖肥一次深施"和"播喷同步杂草防除"的水稻精量穴直播栽培技术，制定了不同区域水稻精量穴直播技术规程。针对现成玉米排种技术与排种器难以满足高速播种作业需求的问题，基于机械—气流扰动促进充种方法，突破了单粒精量排种核心技术，研发了机械—气力组合式单粒精量排种关键部件，提高了排种单粒率，降低了对气流压力的需求。研究了马铃薯芽眼生理特性、分布规律和活性表征，提出了基于光学等方法的切分策略等。针对机械集中式排种器排量一致性较差问题，研发了中央集排气送式、机械离心式等新型油菜直播排种技术；针对油菜移栽效率低和土壤适应性差问题，研发了取—送—栽一体化回转式栽植机构，实现了松土切缝—切块插栽—切土镇压油菜移栽方法。

机械化田间管理方面。 植保方面，开展了施药机械雾滴沉积量和分布均匀性测量方法及喷雾系统的在线探测技术研究，研发了基于电容传感和无线网络技术的雾滴沉积检测系统。针对我国小型喷雾器作业压力不稳定、喷量不均匀以及停止作业后药液下滴等技术性难题，研究了稳压防滴技术，研发了稳压防滴系统中的稳压调压阀装置，实现了喷头稳压调压功能一体化。针对植保机械专用喷头缺乏问题，研究了压力雾化、沉积与飘移机理，设计了扇形雾喷头、圆锥雾喷头和防飘喷头系列，提高了喷头混合材料属性，优化了喷头加工工艺，制造了系列化植保用喷头。通过对常用农用植保喷嘴的测试分析，提出了扇形雾喷嘴和锥形雾喷嘴的特征参数，建立了不同系列喷嘴的型谱模型。研制了喷头性能试验台、植保专用低速风洞，研究了影响航空喷施雾滴飘移行为的相关因素，建立了雾滴在侧风作用下的飘移预测模型。**航空施药技术方面**，开展了无人直升机航空施药参数优化、航空喷施作业有效喷幅评定、航空喷施作业质量评价及参数优选方法研究，研究了无人机航空喷施雾滴沉积与施药参数优化，开展了适用于单旋翼植保无人飞机航空施药的雾滴飘移、沉积预测模型研究，研发了航路规划与轨迹误差分析方法、作业覆盖率与重喷漏喷率测试技术。**灌溉方面**，针对喷灌系统能耗高、喷头压力范围小、低压下喷洒性能差等难题，设计了特殊流道、异型喷嘴、散水齿等关键结构，研制了新型低压均匀喷洒喷头；开展了低压旋转式喷头流道的结构优化设计，模拟喷头流道旋转驱动力变化规律，设计出特殊流道结构及相对应的异形喷嘴并优化了结构尺寸。围绕专用育苗大棚需求，研发了适用于工厂化大棚育苗的水肥药一体化施用的灌溉系统。**施肥中耕方面**，开展了土壤变量施肥处方决策技术研究，开发了精准农业决策支持系统，为变量施肥机具提供作业处方图，实现了氮、磷、钾的变量施用。开展了称重法肥料流量反馈控制和三种肥料在线配比施肥技术研究，在田间作业过程中可根据土壤的养分情况，实时准确选择施肥量与氮磷钾配肥比。

机械化收获方面。针对我国主要粮经作物收获工艺不合理、机具与作物互作机理不明确，作业效率低、收获损失高等问题，研究了作物收获特性与挖拔（捡拾）、脱粒（分离）、清选（收集）等高效低损收获方法和技术模式。**水稻小麦方面**，研究了切横轴流、切纵流多滚筒多级柔性脱粒分离技术，制定了切流与轴流脱粒装置的合理配置方案；建立了切流滚筒转速、脱粒间隙、轴流滚筒转速、脱粒间隙等参数与夹带、未脱净损失的数学模型，分析了适合作物收获的轴流脱粒分离装置的结构和运动参数，优化了分离装置；研究了振动筛面上物料运动状态，进行了清选过程理论仿真，分析了清选性能与清选装置运动和结构参数的关系，优化了清选装置；根据脱出物成分及分布特点，研究了多出风口多风道气流清选技术、物料平衡快速均布筛分技术，分析了风筛耦合清选规律；开展了小麦收获机轴流滚筒载荷（扭矩）与喂入量的关系研究及切割器载荷与割幅宽度的关系研究。**玉米方面**，研究适宜机械化收获的玉米植株、果穗、籽粒的物理力学特性以及果穗与茎秆、籽粒与穗轴分离特性，提出宜机收品种选育标准；针对高含水率玉米籽粒收获破损严重的问题，开展柔性揉搓式脱粒机理和关键脱粒机构研究。**大豆方面**，针对大豆植株低矮，豆荚分布不集中，结荚较低等问题，研究了具有仿形功能的挠性割台技术，可实现割刀上下和横向浮动；针对收获季节大豆籽粒含水率低，豆荚干燥，韧性较差，易破裂造成豆粒损失等问题，研究了柔性拨禾技术，避免了收割时过度冲击豆秸，减少对豆荚的振动、挤压和揉搓。**油菜方面**，研究了竖切割器安装方式、拨禾轮可调速驱动技术和相对于主割刀前后上下位置大范围调节技术、驳接式割台结构，创制了低损油菜割台技术；针对青角果脱不净，籽粒损伤大的问题，研究纵轴流脱粒滚筒喂入段平顺喂入抓取技术，提出了油菜切流与纵轴流组合式柔性脱粒装置的合理配置方案；研究了油菜仿生不粘筛面的结构、频率和振幅等参数对油菜脱出物快速均布、分层、透筛的影响。**马铃薯方面**，在收获装置挖掘铲中引进新型航空航天材料及表面处理技术，开展了收获机与土壤的相互作用力虚拟试验研究，建立不同地区的土壤力学模型；研究了马铃薯块碰撞伤的机理，优化了最佳作业参数。**花生方面**，以花生主产区典型品种和链辊倾斜配置式花生半喂入摘果装置为对象，测定了花生株系生物性状和机械力学特性，建立了花生株系特性数据库。开展了摘果作业动力学特性仿真分析和高速摄影试验分析研究，分析了作业质量影响机理与提升技术途径。**棉花方面**，研究了不同类型品种的特性，筛选了适宜机械化采收的棉花品种。基于华北棉区增株减枝、促进集中成熟、保证一次性机械化采收的理念，研究了适宜机械化采收的棉花适宜种植密度。基于棉花不同种植密度和种植模式群体的光能利用率、株高变化、真叶发生及叶面积指数消长和棉花开花进程，构建了棉花标准化株型和熟性调控标准。研究了脱叶催熟技术，加快棉花生育进程，使其提前脱叶和加快成熟。**水果方面**，研究获取苹果树枝力学特性参数，测定了新疆无核白葡萄鲜果粒机械特性。开展了激振树干对小型林果树树枝加速度响应试验。以果园采摘平台为研究对象，建立了人和采摘平台两个自由度振动模型，对不同路况、不同车况下进行低速振动试验及频谱分析。建立了柑橘各组分力学参数的有限元模型，模拟机器人采摘过程，研究了不同夹持条件下柑橘内部应力变化。

农产品加工装备方面。针对生菜、甘蓝、小油菜等大宗鲜切叶菜加工，优化了筐式离心工艺和叶菜包装工艺，研发了高效清洗除杂清洗技术。研究了农药残留洗脱的果蔬多模式超声波清洗技术，创建了催化式红外干法杀青、干燥、杀虫等系列蔬菜脱水加工新技术。研究了基于自由托盘输送的易损伤水果品质无损检测分级技术，对桃、梨、苹果等易损伤水果重量、外观品质和内部品质（糖度）开展了无损检测。研究了常压低温干燥、吸附冷凝联合除湿和回风循环与能量精准利用技术，突破了临界柔性除湿与能量自循环关键核心技术。针对高湿、高糖与高硬度果蔬，开展了物料内部优先加热与热质同向传递机理研究，研究了辐射干燥中不同波段和强度对高糖分物料干燥特性的影响，建立了物料温度场与电磁波强度和加热时间的模型关系，探明了水分迁移机制，构建了基于加热温度、功率的线性反馈系统。针对土豆、西红柿等农产品脱皮要求，开展了红外去皮模式与技术研究，探明了红外去皮机理与参数匹配，确定了均匀干燥输送方案，创制了滚动加热—速冷破皮—气力分离—毛刷清杂的高效脱皮模式。

（二）农机农艺技术融合研究

农机农艺融合技术体系方面。建立了农业装备适用性评价方法，形成了主要作物、典型区域农机农艺相适应的技术体系。积极推进玉米标准化、规模化种植，在一定区域范围统一品种和种植模式，规范不同区域玉米种植行距，规范不同轮作制度前后茬作物的种植要求，因地制宜确定玉米机械化收获技术路线和适宜机型。针对南方油菜机械化收获问题，根据分段收获和联合收获两种技术路线，筛选产量高、炸角率低、分支较短、果荚位置较高、成熟度相对一致的高产双低油菜品种，建立适合机械作业的配套技术规范，促进了油菜低损收获机械化。

农机农艺技术试验示范方面。在全国建立了水稻、玉米、油菜、棉花、大豆、花生、甘蔗等作物农机农艺融合示范区，通过农科教结合、农机农艺结合、研发推广结合，基本解决了水稻、玉米、油菜、棉花、马铃薯和花生等机械化生产装备的技术瓶颈。利用重点农机化技术推广、农作物高产创建示范、现代农业示范和农业标准化生产等项目，开展了水稻、玉米、油菜、花生和马铃薯机械化技术示范，以及甘蔗、棉花、大豆和牧草生产机械试验选型与示范推广。推广应用保护性耕作、旱作节水、现代养殖、设施农业和农村节能减排技术。

在农机农艺融合保障措施方面。农业农村部出台了《关于加强农机农艺融合加快推进薄弱环节机械化发展的意见》，充分发挥农机购置补贴调控作用，优先保证重点和薄弱环节作业机械购置补贴。支持建立农机和农艺科研单位协作攻关机制，整合农机科研力量，建立重点作物农机化实验室，组织农机和农业科研推广单位、生产企业联合攻关，加快关键环节农机化技术和装备研发。制定科学合理、相互适应的农艺标准和机械作业规范，完善农机、种子、土肥、植保等推广服务机构紧密配合的工作机制，形成适应机械化作业的种植技术体系。

（三）农机化与信息化技术融合研究

加强基于卫星导航、自动控制、信息决策等高新技术的精准农业技术研发，2000年精准农业研究被列入国家"863"计划，在上海、北京等地进行试验探索，开展了水肥一体化精准管理、大范围病虫害监测等研究，研发出多种适应我国农业生产实际的精准农业机械装备。激光平地机、变量施肥、变量播种等精准农业装备得到广泛推广，北斗卫星导航系统、产量自动测定技术、物联网技术在稻麦联合收获机等机械上广泛应用，大面积自动测产、成图技术基本成熟。

农机作业状态智能监测技术方面。突破了田间复杂工况下农机作业状态参数测试方法与技术，面向耕、种、管、收等作业环节，开发了农田土壤中致损性异物、作业区隐蔽性人畜、工作部件机械性破坏等安全性和可靠性监测传感器及其检测系统。开发了滑转率、空间动态载荷、运动参数等农用动力机械作业监测传感器及其检测系统。开发了系列化种肥流量、堵漏、播施作业深度等施肥播种监测传感器及其检测系统。开发了作业状态、作业速度等植保机械监测传感器及其检测系统。开发了收获损失率、籽粒破损率、籽粒含水率和秸秆抛撒均匀性等收获机械的监测传感器及其检测系统。开发了农用动力、施肥播种、植保和收获等系列化新型传感器及检测系统。

粮食作物精准作业装备体系方面。开展了全方位农业装备智能化技术系统研究，开发了自动导航定位、作业监控、土壤样本快速分析系统、联合收割机智能测控和杂草智能识别系统，小麦和玉米免耕变量施肥播种机、智能化自动变量配肥施肥和圆盘抛撒施肥机、大型平移式变量喷灌机、智能化自动对靶除草机、大型智能化变量喷药机、自动导航智能化插秧机等。在东北、西北、华北等主要粮食产区，针对小麦、玉米开展了整个作业生产周期的智能装备应用示范。

全程机械化作业服务平台建设方面。构建了现代农业全程机械化云服务平台，围绕农机作业育、耕、种、管、收、运、储等核心环节，运用现代传感、物联网和信息化技术，构建了集农机定位跟踪、作业监管、远程调度、运维管理、数据分析、补贴结算、信息发布和农事管理等功能为一体的现代农业全程机械化云服务平台。通过安装在农机上的移动智能监控终端，获取农业机械工况与位置、作物即时产量和目标图像等信息，并通过移动通信网络向中心平台实时报送农机获取的相关信息。中心服务平台根据作物生长情况，编制不同阶段农机作业计划，并对农机的工作状态进行远程监测与故障预警。通过统计分析，进行驾驶员、农机作业等绩效分析，根据作业面积与种植作物种类等进行费用结算。

三、应用开发研究

经过 70 年的创新实践，我国农业装备技术应用开发硕果累累，农机装备数量和质量实现了跨越式发展，农业机械化技术和装备基本覆盖了农作物的产前、产中、产后全过程，并向高质高效和智能化方向发展。

（一）农用拖拉机

新中国成立后，我国农用拖拉机经历了从无到有和从小到大的发展过程，已形成了大、中、小型拖拉机配套系列。1950 年，大连习艺机械厂仿制出第一台 29.4 千瓦农用轮式拖拉机、山西机器厂参照美国克拉克 18.4 千瓦履带产品仿制出第一台农用履带拖拉机，成为我国拖拉机产品发展的起点。从 1965 年开始，先后自行开发出了工农-3、工农-5、工农-10、工农-12、东风-12、金牛-12、红卫-12 型等手扶拖拉机和东方红-20、东方红-30、东方红-40、东风-50、江淮-50、上海-50、铁牛-60、集材-80 等轮式拖拉机产品，成为我国拖拉机产品进入自行设计研制阶段的重要标志。80 年代中期，原机械工业部洛阳拖拉机研究所组织部分企业联合开发了 TY2540 轮式拖拉机系列，标志着我国拖拉机产品进入了系列化开发阶段。在履带拖拉机方面，中国一拖公司 1988 年成功实现了以东方红-802 型取代东方红-75 型的产品更新换代；在手扶拖拉机方面，主要由 2.2~3.68 千瓦级、4.4~7.4 千瓦级、8.8 千瓦级的多种机型组成。制定发布了《1988—1995 年农（林）业用拖拉机型谱》，全面系统规划了我国拖拉机产品发展方向和技术进步的主要内容。近年来，农田复式作业对大中型拖拉机的需求越来越大，国内大中型拖拉机生产企业投资加大，以引进国外先进技术和自主创新开发相结合，技术改造步伐加快，哈尔滨纽荷兰北大荒拖拉机公司组装生产 73.5~132.4 千瓦的纽荷兰产品，北汽福田公司开发投产了 59 千瓦、89 千瓦和 118 千瓦的全新轮拖产品，上海纽荷兰 TD804 型、清拖 80-90 型轮式拖拉机相继投产，2010 年，中国一拖集团有限公司研制的"东方红"147 千瓦拖拉机填补了国内大功率拖拉机的空白。

~~~~ / 专栏 17-1 / ~~~~

我国大功率拖拉机自主研制成功

2007 年，科技部在"十一五"国家科技支撑计划"多功能农业装备与设施

研制"重大项目中提出"147千瓦级拖拉机及复式作业装备技术"研究任务。经过多年的联合攻关，研发成功147千瓦级拖拉机及复式作业装备与技术，提升了我国拖拉机及其配套农机具装备技术水平，突破了147千瓦拖拉机数字化建模、虚拟设计、可靠性、负载换挡、闭心负荷传感、电控液压悬挂、基于总线的信息采集与故障诊断、土壤仿生减阻和联合复式作业等关键技术。同时，构建了我国首台动力负荷换挡传动系试验检测试验台，集实验研究、技术开发和制造基地建设于一体，搭建了我国大功率拖拉机自主创新平台，实现了147千瓦拖拉机核心技术自主化，配套了宽幅联合整地、免耕精密播种施肥与中耕、宽幅高效植保等复式作业机具，应用于东北等粮食主产区，降低生产成本20%，节种45～60千克/公顷，节药30%～40%，提高肥料利用率10%～15%。

（二）耕整地机械

耕整地机械作为农业机械化的首要和基础环节，在我国传统农业向现代农业转变中发挥着重要作用。

水田耕整地方面。 从20世纪50年代开始，先后研发了水田犁等新式畜力农具、绳索牵引机、机力水田犁、船形拖拉机（机耕船）、机力牵引水田耙和旋耕机。为解决我国南方部分深泥脚水田作业的问题，在机耕船的基础上，80年代发明了水田耕整机，基本解决了水田作业难题；90年代研发了驱动圆盘犁、稻麦秸秆还田机及多种旋耕联合作业机具，重点推广旋耕机、水田驱动耙等驱动型耕整地机具，适应了插秧移栽方式的农艺要求。同时，为了保证耕整地质量，如地表平整、覆盖严密、碎土起浆、避免后续作业机具壅泥等要求，研制了IPJY-6型激光平地机，配套东方红-75/802拖拉机，用于旱田改水田及水田旋耕后的精平作业，在南方稻麦两熟区耕整环节中推广机械化秸秆还田技术和旋耕复式作业水田平整技术，一次性完成水旋、埋茬、起浆、平整等作业。

旱田耕整地方面。 研究了多功能联合耕整地技术，打破了过去耕翻、耙磨、起垄等单一整地模式，向深松、旋耕、灭茬、秸秆还田、起垄、施肥等技术集成化方向发展，提高了耕整地质量。

保护性耕作方面。 重点突破了秸秆还田、秸秆覆盖、免耕播种、轮作倒茬等关键技术，形成了干旱、半干旱保护性耕作技术体系，该技术具有改善土壤结构、培肥地力、提高抗旱能力、减少风蚀水蚀、节本增效等优点，在北方一年一熟区、北方一年两熟区、黄土高原一年一熟区、东北垄作区和黄淮海水旱轮作区大面积推广应用。

（三）种植机械

水稻种植方面。 1956年，世界上第一台插秧机"华东号"在华东农业科学研究所（现农业农村部南京农业机械化研究所）诞生。近年来水稻种植机械化技术快速发展，研发了水稻精量穴直播技术与机具，首创"三同步"水稻机械化精量穴直播技术，为水稻机械化生产提供了一种先进的轻简化栽培技术；研发了多熟制地区水稻机插栽培关键技术，创建了机插毯苗、钵苗两种"三控"育秧新技术，促进了多熟制地区水稻机插栽培与生产水平的提升。

小麦种植方面。 20 世纪 50—60 年代，西安农机厂改进设计了 ZBF-24A 牵引式 24 行谷物播种机，基本满足了小麦播种要求；70—80 年代，研发了气力式精密播种机，可满足包括小麦等多种作物播种要求；90 年代至今，研发了小麦免耕施肥播种机，采用种肥分施技术，可充分发挥肥料的作用。

在玉米播种方面。 20 世纪 50 年代，从苏联引进小麦播种机，经过调整可以实现玉米播种功能，在东北地区和农场推广应用。60 年代，新疆生产建设兵团从国外引进玉米精密播种机。70 年代，玉米精播在东北地区开始推广应用，并在华北地区推广应用。90 年代以前，在华北一年两作地区主要发展半机械化玉米套种，随着农机化水平的提升及时短生长期玉米品种的应用，使玉米直播成为可能，90 年代开始进行玉米机械直播技术的示范推广。近年来研发了机械式玉米精量播种机，保护性耕作技术的推广应用推进了玉米免耕播种技术快速发展。

马铃薯种植方面。 20 世纪 70 年代，我国马铃薯种植主要以人工为主，种植机具研制工作起步较晚，只有少数半机械化马铃薯种植机推广应用。我国引进国外马铃薯种植机，种植速度快，生产效率高，并配备有固体肥料施肥器，行距可调。国内农机企业在"十五"科技攻关项目支持下，成功开发了 2CM-2 型马铃薯播种施肥联合作业机，在东北、西北、华北等地区进行了田间播种试验，试验效果良好，同时在两行机型的基础上生产了 2CM-4 机型。

在油菜种植方面。 20 世纪 70 年代，研发了与手扶拖拉机配套的油菜直播机。在"十五"国家科技攻关项目的支撑下，研制成功 2BGKF-6 油菜施肥直播机，集浅耕、灭茬、开沟、施肥、播种等工序于一体，实现了秸秆还田，可播种油菜、小麦等多种作物，实现了多功能联合作业。成功开发 2ZQ-4 油菜移栽机，可一次完成开沟、移栽、覆土、镇压、浇水和施肥等作业，具有伤苗率低，直立度好，成活率高等特点。研发了油菜毯状苗机械化高效移栽技术装备，首创油菜毯状苗育苗技术和连续切块、对缝插栽的油菜毯状苗移栽机，采用移栽机可一次性完成开沟、取苗、栽插、覆土、镇压等作业，在长江中下游等地区具有广泛的推广应用前景。

花生播种方面。 我国早期花生播种为人畜力播种机，20 世纪 80 年代，研制了以拖拉机为动力的花生播种机，可以完成开沟、播种和覆土等作业。20 世纪 80 年代中后期，研发可与不同型号拖拉机配套的花生覆膜播种机，一次性完成起垄、整畦、播种、覆膜、打孔、施肥、喷除草剂等作业，其中 2BFD-2B（C）型多功能花生播种覆膜机填补了国内花生覆膜种植机械空白。

棉花种植方面。 攻克了棉花高产优质高效栽培技术，创建了以"适矮、适密、促早"、水肥精准、增益控害、机艺融合等为要点的棉花高产栽培标准化技术体系。

甘蔗种植方面。 20 世纪 80 年代研制了甘蔗种植机，近年来研发了橡胶履带式多功能甘蔗种植机等，一次性完成开沟、施肥、切种、排放种苗、喷药消毒、覆土、盖膜、镇压等作业工序。

蔬菜种植方面。 研制了蔬菜起垄播种机、蔬菜作畦播种机等，可一次完成起垄、开沟、播种、覆土、镇压等作业；研制了地膜覆盖机，能够完成作畦、整形、铺膜、压膜、覆土等作业；研制了蔬菜育苗营养钵、蔬菜工厂化育苗技术及成套设备，研制了蔬菜移栽（栽植）机，可一次完成开沟、栽苗、覆土等作业。

（四）田间管理机械

排灌机械方面。我国区域降雨量分布不均匀，农业生产容易受到旱涝灾害威胁，因此，农业机械化应优先发展排灌机械。排灌机械经历了以解放式水车为主的半机械化机具、农用水泵、喷灌机和滴灌设备等发展历程。1953—1955年，平均每年推广解放式水车12万～16万部，机电动力排灌机械发展较快，1955年底，全国水泵保有量达1.3万台；1957年底，全国排灌动力机械达41.48万千瓦，这个阶段以解放式水车为主的半机械化机具大幅度增加，电动机、柴油机、煤气机和蒸汽机等机电动力机械并举。机械排灌在抗灾增产中发挥了巨大作用，1956年全国受旱涝威胁的农田1733.3万公顷，但粮食总产量仍比灾情较小的1955年增加880万吨；1957年受灾面积达2526.7万公顷，成灾率却比上年下降21%。70—80年代排灌机械发展较快，研究出DYD型圆形电动喷灌机和平移式喷灌机，灌溉效率高，可在田间移动灌溉。90年代至今，在灌溉机械方面主要有低压管道输水，轻小型喷灌机，折移管道式喷灌机等，可靠性显著提高，关键部件喷头由铜材或合金材料改为塑料材料，实现了重量轻和成本低，部分地区开始应用大型移动式喷灌机。21世纪以来，水泵研发逐步向大型化、高速化、机电一体化发展，产品逐步实现成套化、标准化、系列化和通用化，喷灌设备研发向低压喷洒、降低能耗、机型变种、系列成套、智能控制和综合利用方向发展，同时研发了膜下滴灌技术，进一步实现节水增效。

植保机械方面。长期以来，我国以小型植保机械为主，包括手动式与背负式。1949—1962年是机械化植保技术发展的初始阶段，其主要特征是人力手动植保机械的研发与生产。1961—1962年，开发了WD-0.55型单管喷雾器、552丙型压缩喷雾器和FY-5型手摇喷粉器，以上产品大多延续生产到80年代。1963—1970年，机械化植保技术科研与生产不断加强，小型机动植保机械研发起步，人力手动植保机械生产兴起高潮。1971—1990年，植保机械处于产品的科研、生产和推广全面发展阶段，到1984年，研制定型的产品型号达百余种，其中批量投产的有20个品种、70多个型号。1980—1984年，仍在生产的手动药械有8个品种20余个型号；小型机动植保机械有7个品种15个型号；大型植保机械有3个品种6个型号。园林植保机械发展快速，到70年代末、80年代初，成功研制出液力喷雾车与风送液力喷雾车等10余种。20世纪90年代，研发了新型背负式机动喷粉喷雾机，兼有喷雾、喷粉、喷颗粒等功能，广泛用于全国各地棉区和南方稻、麦、果、蔬等作物病虫害防治。近年来，围绕高秆作物、水稻、果树及蔬菜等对现代施药机械产品的迫切需求，研制了高效宽幅远射程机动喷雾机、水田用风送低量喷杆喷雾机、果园自动对靶静电喷雾机等农作物病虫草害防治施药装备，初步实现了施药的精量化、机械化、自动化和安全化。其中无人植保机采用无人驾驶自动导航低空施药技术，融合现代航空技术、GPS导航技术、GS技术及数字信息技术，实现喷幅精确对接，避免了漏喷与重喷，实现了远距离遥控操作，避免了农药对作业人员的危害，作业对象可覆盖水稻、玉米、棉花、小麦、甘蔗以及坡地茶园、柑橘园等。

（五）收获机械

稻麦收获方面。20 世纪 50—60 年代，小麦收获机械主要产品有 GT‐4.9 型割晒机，引进的摇臂式收割机等，脱粒机主要有畜力脱粒机和机动脱粒机等。70—80 年代，自走式谷物联合收割机迅速发展，小麦收获机械方面，在提高分段作业机具基础上，形成系列产品如北京‐185 型等。90 年代以后，谷物收获机械发展迅速，自走式谷物联合收割机和背负式联合收割机并驾齐驱，分段作业的收割机脱粒机呈逐年下降趋势。20 世纪后期，稻麦联合收割技术快速发展，以全喂入型为主，半喂入联合收割技术发展放缓，静液压驱动底盘逐渐被用户接受，后侧排草的轮式稻麦联合收获机需求增加。履带式稻麦联合收获机方面，多数产品向多种作物收获功能拓展，高地隙底盘驱动、大排量 HST 差动转向、切流与轴流多级脱粒、潮湿物料高效清选、智能化监控、整机系统集成与可靠性技术得到稳步发展。

玉米收获方面。20 世纪 90 年代末开始研制玉米收获机，通过实施国家科技攻关计划"自走式穗茎兼收型玉米联合收获机研制"项目成功研制了玉米联合收获机，通过实施国家科技攻关计划"玉米收获技术与装备研究示范"项目研发了悬挂式和自走式穗茎兼收玉米收获机。近年来，研发了玉米籽粒低破碎机械化收获技术装备，通过适宜籽粒机收的玉米品种、栽培技术、收获机械以及烘干设施等方面的集成配套，适当调整收获机械割台、脱粒、清选系统结构和作业参数，初步实现了玉米高效、籽粒低破碎直接收获。

马铃薯收获方面。20 世纪 90 年代中期，国产小四轮拖拉机大量推广应用，马铃薯收获机加速研发。挖掘机代表机型为 MAE‐1520 型马铃薯挖掘机，与小四轮拖拉机配套的 4SG 系列悬挂式薯类收获机，4SM‐40、80 型单行马铃薯挖掘机等。在国家科技攻关、"十一五"科技支撑计划项目支持下，开发了马铃薯联合收获机和适用于分段收获模式的机型，即先采用打秧机灭秧，再采用分段收获机（挖掘机）完成薯块的挖掘、分离、铺放集条作业，最后人工捡拾装袋。马铃薯联合收获技术还处于研发示范阶段。

花生收获方面。20 世纪 80 年代初，从国外引进花生挖掘机进行消化吸收和国产化开发，形成多种类型样机，如东风‐69 型、4HW‐800 型、4H‐1500 型花生收获机等。21 世纪初，我国在分段收获机研制上获得突破，4H‐2 型花生收获机结构的原理实现了创新，采用摆动挖掘原理使挖掘与分离两大机构合为一体，实现了单个部件依次完成花生的挖掘和除土工序，简化了机体结构。21 世纪初，研发了花生分段收获、半喂入联合收获、捡拾联合收获、半喂入鲜摘果等技术装备，发明了防缠绕柔性摘果和鲜秧水平喂入垂直摘果技术，破解了摘果作业秧膜缠绕、破损率高难题，实现高效顺畅作业。

甘蔗收获方面。20 世纪 60 年代开始研制甘蔗收获机械，包括整秆式和切段式两种。研发了侧悬挂整秆式甘蔗收割机，配套 48 千瓦的四轮拖拉机，采用全液压驱动，可用于整秆收获倒伏不严重甘蔗；研发了履带自走式切段式甘蔗联合收割机，适应倒伏甘蔗的收获作业。

（六）农产品收获后处理和初加工机械

谷物干燥机械化技术方面。1958 年原粮食部粮科院设计了我国第一台混流式角状管式砖砌烘干塔，采用大型烘干塔、径向通风干燥仓和露天通风囤等干燥形式，解决了北方寒冷地区大批量、高水分的粮食干燥问题。针对温带及以南地区需求，研发了双热式滚筒烘干机、流化床烘干机、低温循环烘干机以及晾晒等降水方式，解决了小批量湿粮干燥问题。突破了分区温度控制技术，有效提高了大型干燥机的温度控制水平，提高了机械化干燥谷物产品的商品率。

果蔬机械化初加工方面。突破了果实成熟度色选 CCD 分级、气流去杂和震动去土等技术，并集成紫外线杀菌、臭氧杀菌、氯系列杀菌和电生功能水等杀菌技术，开发了多种果蔬采收、分级和清选机械设备，实现了清洗、分级、分选和打蜡复式作业。将蒸汽去皮和水力切削等技术应用于鲜活农产品初加工设备，进一步提高了微生物污染、农药残留、非菌细胞等有害物质的去除能力。研发了水果品质机器视觉实时检测与分级生产线、谷物清选机和马铃薯分级机等，可满足大米、小麦、枸杞、杂粮、茶叶、豆类和蔬菜等农产品清选分等分级需要。低剂量辐射处理、减压、气调、临界低温高湿等物理保鲜、保质技术应用于农产品收获后处理和气调库的应用，提高了农产品规模化保鲜储藏能力。

农产品加工检测技术方面。玉米、花生和青豆等农产品脱粒、剥壳去皮和清选复式作业装备技术不断优化，广泛应用于高档大米、花生、各种杂粮和茶叶等农产品的清选、加工装备，一批农产品初加工质量达到免洗淘食用标准。计算机视觉、光谱分析、超声波、力学检测、无损检测、电子鼻、电子舌等先进技术及多传感器融合技术应用于农产品品质检测，研发出多种便携式农产品品质快速检测设备，广泛应用于水果、蔬菜、肉、奶等产品，实现了对农产品杂质、霉变、破损等识别清选，以及根据大小、成熟度等内外部品质进行分等分级。内外部品质、棉花异型纤维快速清理、禽蛋隐性缺陷在线检测等关键技术的应用，显著提升了果蔬、棉花、禽蛋等农产品品质。高硬度耐磨金属材料应用于茶叶杀青、揉捻、烘干设备，降低了茶叶加工过程中的重金属污染，提高了茶叶加工质量。

四、产业发展贡献

新中国成立 70 年来，农业机械设备的推广应用，从根本上改变了我国传统农业人畜力为主的生产方式，在促进农业生产增产、增效、增绿和农民增收等方面发挥了重要作用，也推动了我国农机工业的发展壮大。

（一）保障粮食安全与农产品有效供给

据测算，2004—2013 年，主要农作物耕种收综合机械化水平每提高 1 个百分点，就可以促进粮食增产 50 亿千克左右。"三夏"期间，依靠农机作业小麦收获时间能够缩短 4 天以上，有力保障了夏粮丰收，为夏播赢得宝贵农时。机插秧比传统手工插秧的稻谷产量提高 600 千克/公顷，节约秧田 80% 以上，节约稻种 40% 以上；水稻精量穴直播技术与人工撒播相比，增产 8% 以上。棉花机械铺膜播种技术每亩增加产量 3% 以上。东北地区应用玉米精量播种技术每公顷增产 400 千克左右；玉米籽粒低破碎机械化收获技术减少损失 28% 以上，大幅降低了籽粒破碎率，解决了玉米摘穗收获后在转运、晾晒、脱粒过程中的霉变损失，提高了收获质量，改善了玉米品质。油菜毯状苗机械化高效移栽技术的应用，推动了南方冬闲田种植油菜，可以增加 750 万～1 500 万吨菜籽产量，减少进口大豆压力，保证我国食用油安全。

（二）推进农业绿色高质量发展

促进了农化品投入减量化。 我国单位面积化肥农药使用量分别为世界平均水平的 3 倍和 2.5 倍，均居世界第一位，利用率低，造成资源浪费和环境污染。为此，科研部门积极研发推广了一批先进施肥装备，改表施、撒施为机械深施，水肥一体化和叶面喷施等技术，有效提高了化肥利用率；研发和推广了一批大型高效现代植保机械，有效减少了农药流失和浪费。采用水稻机插秧同步侧深施肥技术可节省化肥 30% 以上，采用肥料精确、定量深施，减少了肥料蒸发和漂移，减少了人工施撒蘖肥作业次数，促进了肥料吸收，提高了肥料利用率。采用油菜联合精量直播技术节约肥用量 15～25 千克/亩，果园管理机械化技术及装备提高喷药作业效率 60%，轻简化水肥一体化灌溉施肥系统亩均节水 30%，节肥 20%。**促进了农业废弃物资源化利用。** 围绕"一控两减三基本"目标，大力推广节水灌溉、保护性耕作、秸秆还田离田等绿色机械化生产技术。建立残膜捡拾、秸秆还田离田、化肥农药精准施用、有机肥施用等示范基地，农田残膜机械化回收率达到 90% 以上。采用保护性耕作技术对农田实行免耕或少耕，将作物秸秆残茬覆盖地表，可有效防止水蚀、风蚀，保护了耕地和农业生态环境。

（三）提升农业综合竞争能力

机械化技术促进了农业生产省工节本。水稻精量穴直播技术，省去了育秧环节，省工省力，亩节本 100 元以上。玉米机械化收获与人工作业相比，生产效率提高 20～25 倍，每亩可节约人工费用 40～60 元。油菜机械化直播效率大约是人工的 15 倍，机械化移栽效率约是人工的 5～7 倍，机械化联合收获效率大约是人工的 20 倍；油菜毯状苗机械化移栽效率是人工移栽的 40～60 倍，是链夹式移栽机的 5～8 倍。大豆联合收获机械化效率是人工收获的 15 倍，每公顷可节约人工费用 1 500 元以上。花生铺膜播种机比人工播种提高效率 40～60 倍，半喂入花生联合收获技术生产效率是人工收获的 30 倍以上，节约生产成本 60% 以上，全喂入花生捡拾收获技术生产效率是人工捡拾收获的 100 倍以上。棉花机械铺膜播种技术与人工相比提高效率 15～20 倍，每亩节约人工费用约 60 元，棉花机械收获效率大约是人工的 20 倍。高效智能和专业化的农业装备技术推进了农业适度规模经营，满足了农业种养规模化和商品化率趋势，提高了农产品竞争能力。

（四）引领农业种养模式变革

农业机械化成为农业新品种、新技术、新模式的重要载体，助推种养模式创新变革。**促进了新品种新技术应用**。实现农业发展"转方式调结构，稳粮提质增效"，必须依靠优良品种、先进农艺和配套农机具，实现农艺农机融合，如玉米单粒精播机械化技术、水稻大苗栽插机械化技术、杂交水稻单本密植机插栽培技术、保护性耕作技术、种肥同施技术等。**推动了农产品质量安全提升**。土壤改良机械有效改善了土壤质量，促进了高品质农产品生产。先进农产品加工、烘干贮藏装备和运输装备的应用，有效保障了农产品质量安全。

（五）促进农民收入持续增加

农业机械化促进了节本增效和农民收入持续增加。据统计，2017 年我国农机化作业服务组织达到 18.73 万个，农机户 4 184.55 万户，农机从业人员 5 128.14 万人，年经营收入 5 336 亿元，年利润 2 004 亿元，农机服务产业总体规模已经超过农业装备制造产业。农机社会化服务显著降低种了植户的生产成本，间接实现了农户增收。先进农产品加工装备的应用，显著提高了农产品加工水平，增加了农产品附加值。农业机械化降低了农业劳动强度，大幅减少了农业用工量，稳定了农业生产。农机作业智能化和舒适性不断提高，吸引了年轻一代务农爱农，培育了大批高素质农民，让农民成为有吸引力的职业。

本章参考文献

顾峰玮，胡志超，陈有庆，吴峰，2016. "洁区播种"思路下麦茬全秸秆覆盖地花生免耕播种机研制 [J]. 农业工程学报，32（20）：15-23.

国务院，2010. 国务院关于促进农业机械化和农机工业又好又快发展的意见 [EB/OL] . http：//www. gov. cn/zwgk/2010-07/09/content_1649568. htm，2010-07-09.

国务院，2018. 国务院关于加快推进农业机械化和农机装备产业转型升级的指导意见 [EB/OL] . http：//www. gov. cn/zhengce/content/2018-12/29/content_5353308. htm，2018-12-29.

农业部科技教育司，1999. 中国农业科学技术 50 年 [M]. 北京：中国农业出版社.

农业部农业机械化管理司，2010. 农业部关于加强农机农艺融合加快推进薄弱环节机械化发展的意见 [EB/OL] . http：//jiuban. moa. gov. cn/zwllm/tzgg/tz/201011/t20101105_1695263. htm，2010-11-05.

农业部农业机械化管理司，2011. 农业机械化法律法规政策汇编 [M]. 北京：中国农业科学技术出版社.

农业部农业机械化管理司，2011. 中国农业机械化科技发展报告 [M]. 北京：中国农业科学技术出版社.

农业部农业机械化管理司，2018. 中国农业机械化科技发展报告 2015—2016 年 [EB/OL] . http：//njnew. 6636. net/nxtcbf/toArticle? articleId=ff8080816163ec81016164eb4ad713df，2018-02-05.

农业农村部农业机械化技术开发推广总站，2018. 三项重大引领性农机化技术集中亮相国际农机展 [EB/OL] . http：//www. came. net. cn/contents/269/12075. html，2018-12-29.

王艳红，2010. 大力发展多功能农业装备与设施提升农机行业整体水平（2）——"十一五"国家科技支撑计划重大项目"多功能农业装备与设施研制"课题验收总结会暨项目重大科技成果展示演示会在哈尔滨市召开 [J]. 农业机械（24）：52，54，56.

中关村科技园区管理委员会，2009. 中关村科技园区年鉴 2008 [M]. 北京：京华出版社.

中国农业机械化协会，2015. 中国农业机械化发展报告（2004—2014） [M]. 北京：中国农业出版社.

第十八章　农业工程与设施农业

　　农业工程是综合应用工程、生物、信息和管理科学原理与技术而形成的一门多学科交叉的综合性科学与技术。农业工程技术以复杂的农业系统为对象，研究农业生物、工程措施、环境变化等相互作用规律，并以先进的工程和工业手段促进农业生物的繁育、生长、转化和利用。新中国成立初期，我国全面学习借鉴苏联模式，农业机械化、水利化、电气化等农业工程技术成为实现农业现代化的重要手段。毛泽东主席曾提出"农业的根本出路在于机械化"和"水利是农业的命脉"等著名论断。在中央以及各级政府的高度重视和大力支持下，农业机械化、水利化、电气化等取得了很大进展，一定程度上奠定了我国农业发展的物质装备基础，形成了一批填补空白、解决农业生产与农村生活急需的优秀农业工程科技成果，有力促进了设施农业、现代种业、农田灌溉、农村能源等产业的快速发展。

　　新中国成立 70 年来，我国设施农业实现了跨越式发展，成为现代农业先进生产方式的典型标志。目前我国已经成为世界设施农业第一大国，设施农业产值占农林牧渔业总产值的比例达到 44%，彻底解决了蔬菜、肉蛋奶和水产品长期供应不足难题，为国民经济发展和食品安全做出了卓越贡献。农田灌溉工程与节水农业的发展使得我国有效灌溉面积 2017 年达到总耕地面积的 50.2%，节水灌溉面积占有效灌溉面积的 50.6%，有力促进了农业水土资源的合理开发和有效利用。主要农作物良种覆盖率达到 97% 以上，商品种子加工率达 100%，大幅提升了种子质量，节省了种子用量，控制了苗期病虫害发生，为国家粮食安全提供了战略性和基础性支撑。农村能源工程成就显著，至 2017 年全国沼气用户达 4 057 万户，省柴节煤灶达 10 676 万台，有力促进了农业绿色发展和农村生态环境保护。

一、基础性工作

(一) 学科与创新体系建设

　　1978 年 3 月召开的全国科学大会提出，要加强农业工程学科与新技术的研究和应用，并把农业工程学科列入国家亟待发展的 25 门技术学科之一。1979 年 6 月由国务院批准成立了中国农业工程研究设计院（后更名为农业部规划设计研究院），1979 年 11 月成立了中国农业工程学会。随后各有关大专院校的农业机械化系（学院）纷纷改名为农业工程系（学院），原北京农业机械化学院也改名为北京农业工程大学，后与原北京农业大学合并成立中国农业大学。农业工程被教育部确定为国家一级学科。

　　＊本章审稿人：朱明；牵头撰写人：李保明、王朝元；参加撰写人：杨其长、朱松明、赵立欣、李云开、程瑞锋、叶章颖、刘鹰、王鲁民、岳冬冬、姚宗路、陈海军。

（二）学科平台建设

目前，我国农业工程科技领域的各级各类研发平台主要包括国家工程技术研究中心、农业农村部重点实验室学科群、省部级实验室、国家产业技术战略联盟等。2011年，农业部成立了设施农业工程学科群、农村可再生能源开发利用学科群。

在设施农业工程方面，建有农业部设施农业工程重点实验室学科群，由中国农业大学牵头建设。另外，还建有国家家畜工程技术研究中心、国家家禽工程技术研究中心、国家设施农业工程技术研究中心、北京市畜禽健康养殖环境工程技术研究中心，以及由中国农业大学等5家国内单位和15家国际著名高校联合建立的动物环境与福利国际研究中心等平台。

在种子加工工程方面，建有农业部种子加工工程技术中心等，农业部种子加工工程中心建在农业部规划设计研究院，同时在农业农村部南京农业机械化研究所建立了农业部种子加工南方工程中心。

在农田灌溉与节水农业方面，建有国家节水灌溉工程技术研究中心（杨凌）、国家节水灌溉工程技术研究中心（新疆）、黄土高原土壤侵蚀与旱地农业国家重点实验室、教育部农业节水与水资源工程技术中心、教育部旱区农业水土工程重点实验室、农业部旱区农业节水重点开放实验室、农业部农业水资源高效安全利用重点开放实验室、农业部节水灌溉工程重点实验室（试运行）等省部级以上重点平台。

在农村能源方面，建有农村可再生能源开发利用学科群。另外，还成立了农业部生物质工程中心、中国农业大学生物质工程中心、河南省生物质能源重点实验室、云南省农村能源工程重点实验室、山东省清洁能源工程技术研究中心等。

（三）科技计划与部署

进入21世纪以来，农业工程科技创新向全领域、全产业、全过程拓展，自主创新成果层出不穷，理论方法、原理机理等方面的基础研究不断加强，新技术、新设施、新装备、新产品大量涌现，研究水平由跟跑向并跑转变，在部分领域开始形成具有中国特色的领跑成果。

在设施农业方向，自"九五"科技部设立"国家工厂化农业示范工程"以来，国家在设施园艺、设施畜禽养殖、设施水产养殖领域的科技创新方面陆续设置了相关课题。特别是"十三五"以来，通过国家重点研发"畜禽重大疫病防控与高效安全养殖综合技术研发""智能农机装备""农业面源和重金属污染农田综合防治与修复技术研发"计划专项等，进一步加大了设施农业领域的科技研发力度。另外，国家自然科学基金资助了一批以基础研究为目标的环境学和行为学方向的项目。

在农田灌溉与节水农业方向，"七五""八五"期间重点对低压管道灌溉技术及旱作节水技术研究等方面进行技术攻关。"九五"期间围绕国家重点科技攻关计划项目和国家重大科技产业化项目开展示范区建设。"十五"期间科技部将"现代节水农业技术体系及新产品研究与开发"项目列入国家12个重大科技专项之一。"十一五""十二五"期间，陆续立项了"作物生命需水过程控制与高效用水生理调控技术及产品"等"863"

计划；"海河流域农田水循环过程与农业高效用水机理""农田尺度作物耗水及水分利用效率评价"等"973"计划。"十三五"期间，国家重点研发计划通过了"水资源高效开发利用""化学肥料和农药减施增效综合技术研发"等重点专项。国家自然科学基金支持了"农业水转化多过程驱动机制与效率提升"创新研究群体项目，"西北旱区农业节水抑盐机理与灌排协同调控"等重大项目，"灌溉排水条件下农田氮磷转化、运移规律与控制措施"等重点项目以及"黑河流域农业节水的生态水文效应及多尺度用水效率评估"等重大计划。

在农村能源方向，从"十五"开始，启动了"生物燃气科技工程""生物质低能耗固体成型燃料装备研发与应用"等国家科技支撑计划项目，"农业生物质特性及其共享平台技术研究"等公益性行业（农业）科研专项，以及"纤维素类生物质高效转化利用技术""863"计划等一批国家重大科研项目。"十三五"以来，启动了国家重点研发计划"农业废弃物厌氧发酵及资源化成套技术与设备研发"。

（四）产业体系基础性工作

1. 设施园艺工程

从新中国成立到 20 世纪 60 年代，我国设施园艺主要是阳畦以及中、小型塑料拱棚等模式，并开始出现第一代塑料大棚。20 世纪 50—60 年代，我国对传统的设施园艺进行了全面系统的调查研究和总结。1954—1955 年，农业部调查了北京市郊设施蔬菜栽培情况，出版了《阳畦蔬菜栽培》《温室蔬菜栽培》等专著，为我国北方地区设施蔬菜生产的发展提供了借鉴，促进了阳畦温室的发展。

20 世纪 70—80 年代，我国设施园艺蓬勃发展。1977 年，在北京市建成了我国自行设计的第一座钢结构连栋玻璃温室。1979—1994 年，北京、哈尔滨、上海等城市，先后从日本、荷兰、保加利亚、美国、意大利和罗马尼亚等国引进连栋玻璃或塑料温室22.1 公顷。

20 世纪 80 年代中期，我国系统开展了日光温室的设施结构、环境、生产管理等研究与应用，使日光温室技术日臻完善，并在北纬 32°～43°地区迅速推广，尤其在山东寿光改进应用后，随同栽培技术一并输出北方多个省市，成为设施园艺工程亮点。

20 世纪 90 年代以来，我国设施园艺发展呈现出新的特色，主要是在设施规模迅速扩大的同时，规格显著提高，栽培种类更加多样化。1995 年，以北京中以农场引进以色列连栋塑料温室为标志，我国掀起了第二次从国外引进大型连栋温室的热潮，同时，相关单位也在着手自行研制国产大型现代化温室与配套技术，取得初步成效。

2005 年以来，我国开始了人工光植物工厂研究与示范，在节能 LED 光源、立体无土栽培等方面创新研发基础上，新型植物工厂逐渐在北京、广东等地推广应用。2008年农业部出台《关于促进设施农业发展的意见》，对加快促进我国设施农业发展起到了重要的政策保障和推动作用。

2. 农田灌溉与节水工程

新中国成立初期水利部组建后，1949 年 11 月于北京召开了第一次全国水利工作会议，制定了"防止水患，兴修水利，以达到大量发展生产的目的"的方针，此后大力进行农田水利基本建设，恢复和整修了大量的老灌溉排水工程，同时修建修复了一批大型灌溉排水工程，部分科学灌水技术和决策方法得到初步应用。改革开放以来，我国农田水利建设进入了新的发展阶段，掀起了大搞农田水利基本建设、积极扩大灌溉面积的热潮。特别是20世纪90年代后，我国农田灌溉事业开始向广度和深度全面发展，建成了2 000多万处小型水利工程、300万公里灌排沟渠，喷微灌、改进地面灌等新型节水灌溉技术应用面积不断扩大，累计改造中低产田5.6亿亩，新增和改善农田灌溉面积5.1亿亩，除涝面积2.2亿亩。

近年来，我国大力推进节水灌溉和田间配套工程建设，出台了一系列政策措施予以支持。2011年以来的中央1号文件，均明确要求大力发展农田灌溉与节水工程，保障粮食生产安全。《国家农业节水纲要（2012—2020年）》提出，"到2020年全国农田有效灌溉面积达到10亿亩，新增滴灌工程面积3亿亩，其中新增高效滴灌工程面积1.5亿亩以上"。这些重大发展规划明确了我国农田灌排工程建设工作的基本思路、工作目标等，激励了我国灌排工程科技领域在理论方法、关键技术、重要装备以及管理规范等方面涌现出一大批优秀成果。

截至2017年底，全国灌溉面积达到10.17亿亩，节水灌溉面积达到5.15亿亩，其中渠道防渗灌溉面积2.49亿亩，管道化面积2.69亿亩。

3. 种子加工工程

种业是国家战略性、基础性核心产业，是促进农业长期稳定发展、保障国家粮食安全的根本。1995年，农业部组织实施以粮食作物为主要内容的种子工程项目，提出"以种子加工、包衣、包装为突破口"，在引进国外先进技术与装备的基础上，通过消化吸收再创新，迅速形成了一批粮食作物种子加工技术成果。1996年，吉林省种子总站、黑龙江省农副产品加工机械化研究所等研制的"玉米穗、粒两级干燥成套设备"获国家科技进步三等奖；2000年，由中国农业工程研究设计院研究设计、中国种子集团在河北承德建成了亚洲最大的玉米种子加工中心，实现了玉米种子加工从果穗自动卸料、人工选穗、果穗烘干、脱粒预清、籽粒烘干、贮仓暂存以及种子清选、分级、包衣、包装等自动化流水线作业，年加工能力达万吨以上。至"九五"期末，全国共建设大中型种子加工中心215个，种子加工能力提高到50亿千克，种子储藏能力提高到22亿千克。

《国民经济与社会发展第十二个五年规划纲要》要求"做大做强现代种业"；《国务院关于加快推进现代农作物种业发展的意见》要求"切实加大农作物种业基础设施投入"；《全国现代农作物种业发展规划（2012—2020）》要求"努力构建与农业生产大国地位相适应的、具有国际先进水平的现代农作物种业体系"。近年来，国家通过成立现代种业发展基金、加强国家级制种基地建设、启动种业成果权益化改革试点、修订《主要农作物品种审定办法》等系列改革措施，加快现代种业发展。

在我国现代种业加快建设和发展的背景下，种子加工工程也进入了以规模化、精细化、多样化、信息化为主要特征的发展新阶段，种子加工机械装备已形成了相对完善的工业体系。通过消化吸收与装备创新，研制出一批适合我国国情的种子加工单机与成套设备，并广泛推广应用。特别是在玉米种子加工领域，农业部规划设计研究院、酒泉奥凯种子机械有限公司等通过集成创新研发了700吨/批、1 000吨/批、1 200吨/批、

1 500 吨/批的系列化、规模化、模块化玉米果穗烘干室，形成处理能力为 10～15 吨/小时系列大型规模化种子精选加工成套设备，实现了种子加工过程可追溯和全程质量管理，玉米种子规模化加工成套技术装备达到国际先进水平。

4. 农村能源工程

我国农业废弃物资源丰富，2018 年农作物秸秆产生量约 10 亿吨，畜禽粪污产生量约 38 亿吨，农产品加工剩余物产生量 1.2 亿～1.5 亿吨，开发利用潜力巨大。近年来，我国在成型燃料、热解气化多联产、高效厌氧转化等农村能源领域开展了科技攻关，取得了重大科技进展。在全国建立了成型燃料、热解多联产、沼气等示范工程。系列成果将农业废弃物变废为宝、化害为利，为农村居民提供了炊事、供暖等清洁用能，改善了农村用能结构，同时解决了我国农村地区秸秆焚烧、畜禽粪污随意堆放等问题，改善了农村人居环境。

二、应用基础研究

(一) 设施园艺工程

1. 优化温室模型与结构，形成了日光温室建设标准

从 20 世纪 80 年代开始，我国对日光温室结构做了大量研究，相继推出了多种类型的结构形式。"十一五"期间，国家把日光温室结构优化与数字化设计作为高技术研究发展计划进行研究，针对日光温室的光环境、热环境和结构受力方面进行综合优化，并对荷载、几何尺寸、建筑材料等方面进行研究，相继推出了"鞍Ⅱ型"、辽沈Ⅰ型-Ⅳ型系列以及"西北型"、寿光多代日光温室等代表性日光温室类型，并形成了具有中国特色的日光温室建设标准。

2. 设施园艺亚适宜环境适应及连作障碍研究，实现了绿色可持续生产

通过解析设施作物在亚适宜环境下的生长发育与代谢适应变化及调控机制，探索作物对养分高效吸收利用和农药降解代谢的调控机理，为园艺作物生长、品质与安全的有效调控奠定了理论基础，支撑了设施园艺作物高效、优质、安全和可持续生产，为发展生态型设施农业提供了技术保障。

3. 设施园艺光生物学研究，突破了品质调控与节能技术难题

通过对光质、光强、光周期等光环境因子以及设施园艺专用 LED 节能光源的研制，对调控蔬菜可溶性糖、维生素 C、硝酸盐含量等品质以及实现节能高效生产提供了科技支撑。

(二) 设施畜禽养殖工程

1. 创新了纵向通风理论，推进全国规模养鸡场实现由横向通风方式到纵向通风方式的全面变革

原北京农业工程大学通过对全国范围内不同建筑形式鸡舍的周年实测、数值计算与数值模拟，探明了不同类型鸡舍的气流场空间分布与变化规律，建立了纵向通风气流组织理论与设计方法。纵向通风方式的创新，使得夏季鸡舍内的风速由 0.2 米/秒提高到

1.0～2.5 米/秒；彻底破解了横向通风鸡舍通风死区多、气流与温度分布不均、鸡舍间交叉感染难题，通风能耗降低 40%～70%。为全国规模鸡场纵向通风全面应用提供了理论基础和标准方法，推动了全国规模鸡场通风方式"横改纵"浪潮，促进了规模畜禽养殖通风方式的全面革新。

2. 建立了"动物—行为—环境"研究体系，构建了符合我国生产实际的畜禽健康高效养殖"中国模式"，推动了产业的可持续发展

自"八五"以来，我国从猪、鸡的行为和生理影响的角度入手，以"动物—行为—环境"之间的互作规律与机制为研究主线，系统探索了舍饲条件下的畜禽单元群体大小、立体空间、环境和工程配置与其行为、生理需求、健康及产品品质之间的作用关系，明确了畜禽健康养殖的立体空间环境需求。在此基础上，成功研发了猪的舍饲散养清洁生产、蛋鸡立体栖架健康养殖、肉鸡立体高效笼养等符合我国生产实际的新型生产工艺技术模式，实现了生活舒适、环境友好、运动健体、健康养殖的生产方式，创新了畜禽健康养殖的"中国模式"。

（三）设施水产养殖工程

在高效生产设备基础性研究方面，围绕水质有效调控，通过研究基于光照强度启动池塘底泥营养释放、上下水层交换的底质改良，有效提升了池塘初级生产力，减少了底泥淤积。

在生态工程化调控机理研究方面，围绕池塘水质理化指标与环境生物调控，应用生态工程学原理，研究池塘藻相、菌相及理化指标关联机制和关键影响因子，探索调控模型，构建工程化调控设施及系统调控模式。开展了池塘复合人工湿地基质微生物多样性及其对铵态氮、总磷净化效果研究，利用微生物转化与植物吸收进行原位净化，形成了生态沟、生态塘等池塘设施工程技术。

在水产养殖信息化技术基础方面，主要围绕环境监控与精准养殖，构建水质理化指标、环境气象因子等高效监测系统，构建水质预判模型，建立精准调控模式和溶氧、饲喂精准控制方式。

工厂化循环水养殖技术基础研究，集中在鱼群与循环水系统的互作机制、鱼群行为、水处理新技术、水环境变化与调控机理等。以生物膜形成机制与填料生物膜优化研究为重点，开展机理研究与高效生物滤器研发；构建了海水条件下竹环填料硝化动力学模型，研究了污染物沿程转化规律。

在网箱养殖方面的基础性研究工作方面，主要围绕网箱结构、网箱抗风浪动力学原理、水下监测技术等开展研究。

（四）农田灌溉与节水工程

为了对灌溉用水进行严格管理，实现从源头到田间的全程控制，开展了农业灌溉用水定额标准的研究、制定与实施，为提高我国水资源利用率奠定了良好基础。20 世纪80 年代初，编制了全国 3 个灌溉地带主要作物需求型灌溉用水净定额；90 年代初，编制我国主要作物需水量和各类主要作物的常规灌溉制度和经济灌溉制度规范；90 年代中后期，由海河流域率先提出了主要作物节水型灌溉用水净定额；21 世纪初，初步完成了全国 193 种作物的灌溉用水定额编制工作。为使各地制订的灌溉用水定额成果便于统计分析和比较，水利部发布了《灌溉用水定额编制导则》（GB/T29404—2012），对灌溉用水定额编制流程、编制方法及成果报告的编制进行了规定。

根据 2008 年水利部颁布的《水利技术标准体系表》以及《水利信息化标准指南》，我国现已颁布的水利技术标准共有 580 项，其中涉及农田水利类的国家、行业标准共53 项，基本上覆盖了农田灌溉排水工程建设的主要技术领域，为保证我国农田水利工程质量奠定了坚实基础。

（五）农村能源工程

1. 揭示了秸秆成型燃料的成型与燃烧机理，为我国秸秆成型燃料关键技术研发奠定了理论基础。

基于秸秆压缩的微观结构变化研究秸秆固体成型机理，建立原料压缩的黏弹性模型，利用 ANSYS 软件分析关键部件受力情况，采用 SEM 扫描电镜对压辊磨损显微组织及失效形貌分析，提出孔型压辊外表面结构设计方案，显著改善黏着磨损和磨粒磨损，攻克了关键部件磨损等技术难题，为秸秆成型装备的开发提供基础理论。揭示了秸秆成型燃料中固有的和易结渣的硅、钾、钠等元素与碳酸镁、碳酸钙等相互作用，生成不宜结渣的化合物的抗结渣机理。

2. 研究了农业废弃物厌氧发酵技术基础理论，为实现农业废弃物高效稳定厌氧转化奠定了理论基础。

通过解析碳水化合物、蛋白质和脂类等农业废弃物三大组分的降解及产甲烷动力学特性，揭示了三大组分的厌氧发酵过程的抑制机理，提出了基于有效碳—氮比模型的营养调配模式，绘制了厌氧发酵抑制区域图，构建起失稳预警模型；通过解析发酵过程的微生物群落演替规律，明确了胁迫因子下的代谢通路的瓶颈微生物种类，阐明了基于生物强化菌剂的调控机理，构建生物强化解除酸抑制、促进酸败恢复及缓解氨抑制模式；通过建立营养平衡和生物强化的协同策略，构建高负荷稳定发酵的调控机制，为实现农业废弃物高效稳定厌氧转化奠定了理论基础。

3. 探明了秸秆热解过程中元素迁移规律，为秸秆炭气联产与半气化捆烧清洁供暖关键技术研发提供理论支撑。

针对秸秆热解产物定向调控机理不清、半气化捆烧理论不明等问题，探明了秸用热力学软件模拟计算热解过程中矿物质组分和元素的迁移规律。通过研究秸秆的热重特性，揭示不同种类原料挥发的析出规律，构建了秸秆热解动力学模型。探明了秸秆差热分析曲线的特征值，揭示了升温速率对差热曲线特征值的影响规律，建立了典型作物秸秆的燃烧动力学模型。搭建了秸秆捆烧特性研究专用实验台，通过适时采集配风量、炉膛温度、燃料燃烧质量等数据，探明了秸秆捆烧过程特征与捆烧特性的影响因素。适时检测影响秸秆捆烧速度的因素，采用湍流火焰扩散理论，构建了秸秆捆烧动力学方程，并探明秸秆捆烧动力学参数，研究了秸秆捆烧过程中燃烧行程和火焰传播规律。

三、应用开发研究

（一）设施园艺工程

1. 设施园艺工厂化生产技术

"九五"期间，"工厂化高效农业"国家重大科技产业示范工程项目，在不同类型区国产化温室研发、高产综合配套技术研究与设备开发、新品种选育、种植工艺、采后处理加工及产品检测等方面取得了积极进展。"十二五"期间，国家"863"计划"智能化植物工厂生产技术研究"，涉及植物工厂 LED 节能光源、立体无土栽培、光温耦合节能环境控制、营养液调控、智能管理以及人工光植物工厂、自然光植物工厂集成示范等内容，在植物工厂节能环境管理、资源高效利用以及智能化管控等关键技术领域取得突破。

2. 温室节能工程技术

"十二五"期间，国家科技支撑计划课题"设施节能与绿色能源利用装备研制与产业化示范"，重点围绕温室建筑节能设计、相变储能装备、光伏太阳温室利用装备、生物质能毛细管网供暖装备、热泵、保温覆盖、能源管理平台等温室生产配套装备和技术进行攻关。863 计划课题"温室节能工程关键技术及智能化装备研究"，在温室主动蓄放热、构件集热、相变蓄热—集热、太阳能土壤跨季度储热等关键技术与智能化装备研发、结构轻简化与材料优化等方面取得了重要突破。

3. 设施无土栽培技术

我国科研人员在深液流、营养液膜、岩棉栽培等无土栽培技术基础上，研发了有机生态型基质培、浮板毛管水培等新型技术。在许多经济发达地区的大中城市"菜篮子"工程建设中，都把无土栽培列为蔬菜无公害环保型农业、都市农业、可持续农业和高科技农业的最佳方式加以应用。"十二五"期间，公益性行业（农业）科技专项"西部非耕地农业利用技术及产业化"，在我国西北地区非耕地条件下，选用农业废弃物作为基质，研发戈壁、沙化地区基质栽培高效生产技术并进行了示范应用。

（二）设施畜禽养殖工程

1. 畜禽舍建筑设计技术创新，推动我国规模畜禽养殖标准化发展

我国在 20 世纪 80 年代后期，基于基本国情研究开发了以规模化鸡舍为代表的简易节能开放型畜禽舍，在节约资金和能源等方面效果十分显著。20 世纪 90 年代中后期，陆续开发了大棚式畜禽舍、拱板结构畜禽舍、复合聚苯板组装式畜禽舍、被动式太阳能猪舍等多种建筑形式，较好地解决了我国畜禽舍建筑建设周期长、资源浪费大、土建投资高、工程质量难以保证等突出问题。近年来，在建筑形式、轻型结构与安全、围护结构材料与热工性能、建造技术等方面形成突破的基础上，研究推广与我国养殖工艺模式相配套的装配式密闭畜禽舍建筑，加速了我国畜禽舍建筑的装配化与标准化进程。我国自 20 世纪 90 年代开始，还研制出开放型可封闭畜舍、屋顶自然采光大型连栋鸡舍、翻转屋面奶牛舍、低屋面横向通风奶牛舍、多层楼式养猪舍等多种

新型建筑形式。

2. 纵向通风与湿帘风机技术创新，实现我国规模畜禽周年均衡高效生产

自 1983 年开始，原北京农业工程大学针对我国缺少低压头大风量农用风机的突出问题，开展了国产农用大流量风机研发，成功研制出国产农用低压大流量高效节能轴流风机系列，于 1988 年通过农业部新产品鉴定，填补了国内空白。结合我国砖混结构畜舍的特点和畜禽舍纵向通风技术应用，将 9FJ 系列风机用于替换畜禽舍的原工业风机，在节电、降费、降噪、改善环境等方面效果十分显著。同时，针对我国不同区域的气候特点，开展了高效低成本的湿帘降温技术的研发，于 1988 年自主研制成功纸质蒸发降温湿帘，通过农业部新产品鉴定，填补了国内空白，与 9FJ 系列风机一起被列入国家级新产品向全国推广应用。该项技术于 1993 年获农业部科技进步二等奖、1996 年获国家科技进步三等奖。

3. 微酸性电解水环境净化技术创新，为破解畜禽养殖生物安全问题提供了新途径

自 2004 年开始，中国农业大学针对畜禽场防疫难以及传统的化学试剂消毒方法药量大、耐药性突出等关键问题，率先研发出新型微酸性电解水生成技术与设备，系统研究了微酸性电解水无害化消毒、高效环境净化技术等场区生物安全调控方法。从分子水平解析了微酸性电解水的杀菌机制，创新提出了规模养殖场高效与环保消毒方法。微酸性电解水具有高效、广谱、安全、廉价、无残留、无污染、绿色环保等显著特点；与其他化学消毒剂相比，其杀菌效果可提高 15%～20%，成本降低 30% 以上。成果应用有效保障了规模化畜禽高效生产的环境安全性，为改善养殖环境、解决现有畜禽消毒药物刺激性提供了新的思路和方法，为减少化学药剂用量、提高畜禽产品安全性提供了新途径。

4. 养殖装备技术创新，显著提升规模畜禽生产效率，产品实现出口

自 20 世纪 70 年代末，从欧美引进机械化规模养鸡、养猪全套生产线开始，我国的畜牧养殖装备走过了一条从仿制到自主创新的发展道路，产品从全部依赖进口到实现全球出口，是"产学研用"合作的典范。从 20 世纪 80 年代自行研制农用通风机开始，我国陆续研发了系列成套畜禽养殖装备，实现了本土化设计与制造。近年来，基于先进的智能感知、数据传输和控制、网络技术等，研发了基于多元环境参数的精准化监测与智慧化环境调控系统。另外，结合我国的生产实际，在妊娠母猪小群体精准饲喂、轨道式智能清粪系统等智能化装备方面实现了突破，开始了产业化推广。

我国畜禽养殖装备产业实现了"从无到有""从弱到强"的发展历程，在满足国内市场的同时，立体养殖笼具、节能风机等系列产品实现了向美国、日本、俄罗斯等近 100 个国家和地区的出口。

5. 环境增值能源技术创新，为我国畜禽废弃物资源化利用提供了新思路

针对我国畜禽养殖废弃物资源化高效利用技术瓶颈，中国农业大学"千人计划"张源辉教授提出了"环境增值能源"理论，以微藻和养殖废弃物等为原料，在生产和利用再生化石能源的同时实现全生命周期的零碳排放和零污染，实现生态意义上的能源与资源循环再生。利用热化学或生物转化的方法将有机废弃物制成石油和其他生化产品，转化过程中含有营养物质的污水多次循环用于藻类养殖。藻类吸收二氧化碳，并为热化学或生物转化提供更多原料。构建了利用畜禽养殖等污水进行速生微藻养殖与水体净化、采用高温热水解转换技术将有机废弃物与微藻高效转化成生物原油、微生物能源转化、产油污水养分循环与再利用的技术体系；形成了"污水微藻—水热转化—厌氧发酵—重金属控制"核心技术，创新了微藻培养同步吸收营养的污水净化技术。

（三）设施水产养殖工程

对池塘养殖生境的人为调控以 20 世纪 70 年代的叶轮式增氧机为标志，保证了集约化池塘养鱼过程中鱼类呼吸和水质净化的耗氧，突破了提高池塘养殖单产的发展瓶颈。发展至今，池塘养殖生境的调控技术不断系统化，新型水质净化设备，发挥生态设施水质净化作用的潜流式人工湿地、生态沟、生物净化浮床、生态坡等在新型池塘养殖系统的构建中发挥了重要作用，配合养殖水体水质判别技术、饲料投喂远程控制技术、养殖信息管理平台和养殖生产管理系统等，形成了完整的技术体系。

我国网箱养殖起始于 20 世纪 70 年代，成为我国海水鱼类养殖的主要方式。当前我国海水网箱总数量超过 100 万个，但由于抗风浪能力差，只能密集分布于我国近海港湾水域。1998 年，我国引进了一套深水网箱，开启了我国深海养殖的大门，之后相继研制出多种类型的深水网箱和部分养殖配套装备，标志着我国设施养殖向深海发展迈出了重要一步。

工厂化循环水养殖系统技术开始于 20 世纪 70 年代。我国工厂化养殖装备科技以"车间（箱体）设施＋循环水养殖"为代表形式，应用于海、淡水成鱼养殖和水产苗种繁育等领域。工厂化循环水养殖是设施水产养殖的高级模式，涉及工程与生物的多学科交叉领域的许多高新技术问题。相关研究使我国设施水产养殖工程的研究与应用取得了长足进展，填补了设施水产养殖大菱鲆、石斑鱼、半滑舌鳎、大西洋鲑等方面的空白。通过集成创新，循环水养殖装备全部实现国产化，关键设备进一步标准化；新技术、新材料的净化水质技术和设备的成功研制，大大提高了净水效率，提高了系统的稳定性、安全性，降低了系统能耗。

池塘循环水养殖是近 5 年来发展起来的一种新型集约化池塘养殖模式，这种模式把池塘分为两个区域，其中大水面区域占 97％左右，主要用于生态化净化养殖水体，俗称"养水"，也可套养一定量的滤食性鱼类；小水面区域占 3％左右，用于高度集约化养鱼，达到精准化、智能化管控，也能将部分残饵粪便分离取出。

温棚（温室）池塘养殖是 20 世纪 90 年代发展起来的一种养殖模式。由于水体有很大的热容量，温棚水体温度具有较好的稳定性。因此，养殖温棚能够达到节能保温、让养殖生物越冬、延长生长时间、提高生长速度等功能。

在高效生物滤器方面，研发了填料移动床、流化沙床、活性炭纤维填料、气提式沙滤罐、往复式微珠等新型生物滤器。以水体颗粒物有效分离、气水混合装置为重点，研发出高效净化装置。研发的多向流沉淀装置，融合了斜管填料技术，具有水力停留时间短、分离效率高等特点。研发的多层式臭氧混合装置，以高效节能为目标，运用等高径开孔填料提高溶解效率，有效减小了装置的气水比，简化了结构。

(四) 农田灌溉与节水工程

近 10 年是我国农业灌溉排水领域科技发展最为迅速的时期，前沿与关键技术、重大产品与关键设备、技术集成与示范三个层次均取得了显著进展。灌排工程建设领域的管材管件、喷头、净化过滤设备、施肥设施、量水设施、管材管件、控制阀、压力流量调节器、水泵以及小型衬砌渠道等通用产品配套已比较齐全，形成了品种规格多样化的产品系列。我国普遍采用的渠道防渗材料有黏土、三合土等就地取材的材料，浆砌石块及其衬砌技术，混凝土材料与构件，塑料薄膜，沥青混凝土，沥青玻璃丝布油毡及 PVC 复合防渗布，新型伸缩止水性防渗材料等多种类型。目前国内灌溉排水管材材质已由单一的 LDPE 发展到 HDPE、PP 和 PVC-U、PVC-M 等多种类管材系列，规格由第一代的 10 多种管径发展到近 100 多种规格的各类管道；管件由单一的内承插式，发展到外承插式和法兰式等数百种规格产品；PY 系列喷头，ZY1、ZY2 两种型号喷头，喷灌用快速拆装薄壁铝管和高压维塑软管，喷灌专用泵等配套完善。已基本形成符合我国国情的灌水器、管材与管件、净化过滤设备、施肥设备、控制及安全装置等微灌设备生产和产品系列体系，生产的滴灌管（带）、微喷头（带）、小管灌水器、稳流器等已达到国际先进水平。

(五) 种子加工工程

1978 年，国务院发布文件，要求建立种子公司和种子繁育基地，健全良种繁育体系，提高种子质量。"六五"期间，我国从国外共引进 17 套种子加工成套设备和 170 多台种子清选机。以此为契机，我国对种子干燥机的热源、部件结构、干燥工艺与参数、种子加工机械的结构性能和工艺参数等，进行了大量的试验研究，并建成了不同的玉米种子干燥成套设备。中国农业工程研究设计院组织研发的 NHC - 3 系列玉米（果穗）斜床式换风通风烘干加工生产线在东北地区得到推广应用，成果获 1991 年国家科技进步三等奖。1989 年，研制成功 5SJC150 - 700 型蔬菜种子加工成套设备，首次采用了可编程自动控制，于 1993 年获国家科技进步二等奖。

20 世纪 80 年代以前，我国一直采用传统的毛棉籽播种方式，棉种消耗量大且难以控制苗期病害。中国农业工程研究设计院与有关单位协同攻关，研究探明了影响棉种活力的蛋白质、成熟度、硫酸浓度、干燥温度等关键影响因子及相互作用关系，系统揭示了棉种泡沫酸脱绒机理；突破国外专利壁垒，自主研发出新型高效硫酸发泡剂和硫酸、水、发泡剂直接混配工艺与装置；创新提出了简捷优化的工艺流程和硫酸发泡、干燥脱水、酸绒比、种温限值及作用时间等关键工艺与参数，解决了脱绒效果与种子活力相互制约的瓶颈问题；研制出棉籽泡沫酸脱绒成套设备，单位能耗和加工成本均比国外技术降低 50％以上；建立了棉种收获、加工、贮藏、播种全过程管控技术体系、生产体系和质量标准体系。经脱绒精选后，棉种质量大幅提高，解决了我国棉花生产的重大难题。"棉籽泡沫酸脱绒成套设备与技术"1990 年获国家科技进步一等奖和全国发明展览会金牌奖。之后，又持续研发出种子色选等新技术和新设备，使棉种发芽率进一步提高至 95％以上，完全满足了精量播种要求。经过 20 多年持续研发和推广，建成覆盖全国的棉种加工产业体系，成套设备完全替代进口并出口到巴基斯坦、尼日利亚等 8 个国家，使我国棉种加工业由空白直接跻身于国际先进行列。

21 世纪初，农业部规划设计研究院等针对玉米精量播种的迫切需求和影响种子活力的关键问题，研究提出热风烘干分仓循环调控技术，研制出规模化智能调控玉米果穗烘干设施，解决了玉米果穗难以规模化批次干燥的技术难题；提出果穗柔性脱粒技术并研制出新型揉搓式脱粒设备，解决了传统碰撞脱粒脱净率低、破损率高的难题；研发大型玉米种子加工精选成套设备；创建了玉米种子精细高效加工技术体系与工程模式，实现了玉米种子加工现代化。加工精选后玉米种子发芽率达到 95％以上，比原有加工方式提高 10 个百分点，满足了单粒精播要求，经济、社会效益显著。已在全国建成 31 座大型玉米种子加工厂，加工能力满足全国 2/3 玉米生产用种需求，设备市场占有率达 70％以上，实现替代进口并出口到 10 个国家。"玉米种子规模化加工技术装备集成与产业化应用"2015 年获中华农业科技奖一等奖。

与此同时，我国高等院校、科研单位与设备生产企业结合，在种子加工与种子干燥技术方面，深入开展基础理论和应用技术研究。先后对种子风选、筛选、比重清选、窝眼清选、带式摩擦清选、介电分选、脉动气流流化分选、磁力分选、光电分选等分别进行了深入的试验研究和系统分析，对提高机具性能、开发新部件、新机型发挥了重要作用。

（六）农村能源工程

1. 提出农业废弃物资源评价方法，对全国秸秆、畜禽粪便开展资源调查与评价，为我国农业废弃物高效清洁利用奠定了坚实基础

提出了全国农作物秸秆资源评价方法。从总量、经济性、空间和时间分布等角度创新提出秸秆资源评价技术指标和方法，制定了农业行业标准《农作物秸秆资源调查与评价技术规范》，为政府、企业和学界开展农作物秸秆资源调查和评价提供了方法和依据。对全国秸秆资源进行全面系统评价，摸清了我国秸秆资源量、分布与利用现状，提出了秸秆固体成型燃料产业发展重点区域及布局，调查结果已被《"十二五"农作物秸秆综合利用实施方案》《全国现代农业发展规划（2011—2015 年）》等采纳，为国家制定秸秆综合利用政策的重要依据。开展了农业废弃物理化特性研究，建立了我国农业废弃物理化特性数据库。在全国典型区域重点开展了 5 类农作物秸秆和 5 种畜禽粪便的特性研究，建立了包括 3 000 个典型样本的原料理化特性数据库，首次提出了基于实测数据逐年升级数据库的动态数据库模式，将原料特性数据库建设由静态查询变为动态管理，使数据库使用由实验室分析转变为工程应用，为农业废弃物高效清洁利用奠定了坚实基础。

2. 研发生物质成型燃料清洁生产技术，开发了系列成型设备，为秸秆成型燃料产业化发展奠定了技术基础

针对我国秸秆成型设备关键部件使用寿命短、能耗高、尚未形成配套生产线等问题，创新研制出双区段过渡组合式直—锥孔结构、分体嵌接式压块机环模设计方案、孔型压辊外套与压辊内套嵌接的方式，集成开发了 2 大系列 5 种成型设备，环模、压辊寿命提高了 60% 以上，攻克了关键部件磨损等技术难题。集成创新基于强制喂料的全程负压成型燃料生产工艺，全面提升了我国秸秆成型燃料产业化技术水平，改变了秸秆成型工艺落后的面貌。创新提出了基于强制喂料轴、柱形拨料杆和弧形表面结构等强制喂料技术，解决了秸秆粉料喂入过程中缠绕和后端堆积等问题，显著提高了喂料器的适应性和喂入速度，属国际首创。提出了连续喂料和调质喂料相结合的原料混配工艺，可适应多种秸秆原料的生产；集成创新了全程负压及余料回流循环等技术工艺，将原料粉碎、输送、混配、喂料等环节贯通，形成封闭循环回路系统，实现了技术工艺自动、连续、高效、环保。

3. 研发基于高挥发分、高灰、高碱金属的成型燃料抗结渣燃烧技术，解决了成型燃料最后一公里的应用问题

针对秸秆高挥发分、高灰、高碱金属等特性，创新研发了主动式清渣技术和装置、多级配风旋转燃烧技术，以及智能非接触点火技术系统，集成开发出适合我国秸秆固体成型燃料的 PB 系列高效燃烧设备，实现了自动点火、自动控制等功能。

4. 创新了规模化沼气（生物天然气）产业化技术，研发了系列装备，推动我国沼气（生物天然气）产业快速发展

研制多菌系、高耐受的高效生物预处理和厌氧发酵强化菌剂，开发生物强化厌氧发酵工艺，集成开发高负荷厌氧发酵稳定运行工艺。针对纤维原料和高固原料厌氧消化调控难等过程控制问题，系统开展相分离与协同匹配研究，提出了高效厌氧分相调控机理，研发一体化两相厌氧发酵技术、分离式两相厌氧消化技术，并研发出覆膜槽干发酵气肥联产工艺。研制具有高动态吸附量和分离因子的专用吸附剂，开发沼气低压变压吸附提纯制备生物天然气技术；基于聚酰亚胺中空纤维膜分离技术，集成开发标准集装箱式膜提纯装备。创新建立规模化沼气（生物天然气）工程监测预警指标体系，明确了现场监测与第三方检测相结合的监测方法，构建高固体原料的低能耗进出料及失稳预警控制系统。提出规模化沼气（生物天然气）工程全过程设计管理方法和运行监测预警技术，建立基于全产业链的沼气工程技术标准体系。开发了专用装备和专用材料，形成了 4 项厌氧转化技术，研发出 17 种关键装备和 1 种新材料。该技术已经在国内进行规模化拓展应用，有力推动了规模化沼气（生物天然气）产业发展。

5. 研究农业废弃物清洁热解炭气联产技术，促进了生物质产品的多元化应用，延伸了产业链，提升附加值

阐明了农林废弃物热解气化过程的化学反应机理，研发了系列清洁高效生物质气化装备，开发了 2 个系列 20 余套国际先进的气化装备。创新研发了多腔旋流梯级换热、多线螺旋板有序抄送等关键技术，研制了秸秆连续热解炭气联产成套装备。解释了热解气化焦油生成机制，发明了焦油在线检测与监控联动装置，耦合了新型循环工质除焦工艺，实现了低焦油气化。集成了高品质燃气、燃油、复合肥的技术工艺体系，探索了生物质气化多元化应用，在国内首次建立了农林废弃物热解气化多联产的技术工艺体系和产业模式。

6. 构建农村能源标准体系，规范了市场，促进了产业进步

根据秸秆成型燃料、厌氧发酵沼气工程等生产全过程对标准的需求和标准体系自身分类特点，按照全产业链的要求，分别构建了秸秆成型燃料和厌氧发酵技术标准体系。制定并发布了 34 项农业行业标准和能源行业标准，包括工艺技术、设计规范、施工操作、质量安全、运行维护、环境保护、检验检测等 7 大关键环节，该系列标准被政府、企业及相关用户等所采纳，初步构建了我国农业废弃物高效清洁利用准体系，对我国农村能源产业的推广应用具有重大意义。

四、重大贡献

（一）有效保障了我国蔬菜等园艺产品的周年均衡供应

为满足人们对多样化优质蔬菜、花卉的需要，园艺设施生产不断充实丰富。设施园艺生产还从蔬菜生产扩展到甜瓜、油桃、葡萄、火龙果、樱桃、猕猴桃和草莓等瓜果类的生产，丰富并满足了大众对反季节蔬菜、水果、花卉等不同园艺产品的全季节需求。

塑料大棚蔬菜生产使北方春季鲜菜供应提前了 1 个月，秋季供应延后了 1 个月。日光温室为北方地区冬季果菜供应提供了可靠保证，从根本上解决了冬季新鲜蔬菜供应难题。由于塑料遮阳网的轻便、耐老化、遮阳降温、防暴雨、防冰雹以及防病虫效果好，在我国南方地区得到迅速推广应用，为解决南方夏秋蔬菜供应发挥了巨大作用。

设施园艺产业在农民脱贫、精准扶贫方面一直担负着先导者和重要支撑者的作用。"十八大"以来，国家高度重视推进农业供给侧结构性改革，大力推动农业绿色发展，设施园艺的面积增长快速。在温室种植方面，农民增收效果显著，从事温室的农民平均每人每年可增收 2 000 元左右，设施园艺为我国农民增收、精准扶贫起到了重要作用。

~~~～ / **专栏 18 - 1** / ～~~~

高光效低能耗 LED 智能植物工厂关键技术及系统集成

基于光配方的 LED 节能光源及其光环境调控技术、光—温耦合节能调温技术、采收前短期连续光照调控蔬菜品质技术等方面取得突破，集成创制出规模量产型、可移动型、家庭微型等 3 个系列的智能 LED 植物工厂成套产品，并实现在北京、广东、山东、浙江等 22 个省市应用。2016 年 6 月在国家"十二五"科技创新成就展期间，受到社会各界广泛赞誉，被誉为"土地利用和农作方式的颠覆性技术"。该成果获 2017 年度国家科技进步二等奖。

（二）显著推动了我国畜禽水产养殖的现代化进程

20 世纪 80 年代国家启动"菜篮子"工程以来，设施畜禽养殖工程等科技进步支撑了我国畜禽养殖产业的快速发展，生产水平明显提升、产品产量大幅增长、品种日益丰富、质量不断提高。纵向通风与湿帘风机降温技术装备等系列科技进步，突破了我国不同气候区规模畜禽热应激严重、夏季生产难题，实现了全国范围内的周年均衡生产，彻底解决畜禽产品季节性供应不均衡问题。

我国猪的出栏量约占世界的一半，禽蛋产量约占 40%，是名副其实的第一畜禽养殖大国，2018 年，我国肉、蛋、奶的总产量分别达到 8 517 万吨、3 128 万吨和 3 075 万吨；全国人均肉类占有量约 62 千克，为国际均值的 2 倍；禽蛋人均占有量为 22 千克，达到发达国家平均水平，超国际均值 2 倍。彻底摆脱了畜禽产品长期短缺、"凭票"供应的难题，解决了"吃肉难"问题。另外，畜牧业全产业链涉及约 2 亿人，是调整我国农业生产结构、农民增收、农业增效的重要手段。

新中国成立 70 年来，在环境调控和技术装备等畜牧工程科技进步的推动下，逐步形成了畜牧生产的"中国模式"，显著促进了生产方式的转变，快速推动了我国畜牧生产的现代化进程。2013 年，我国畜禽规模养殖比重首次超过散养，2017 年规模化率则达到 58%，且每年还在以 1～2 个百分点的速度增加。我国畜禽规模养殖的现代化发展，显著促进了养殖生产水平、出产效率以及产品质量安全提升。

~~~ / 专栏 18 - 2 /

规模化养鸡环境控制关键技术创新及其设备研发与应用

获得 2014—2015 年度中华农业科技奖一等奖和 2016 年教育部科技进步一等奖。创新了鸡舍通风气流组织理论与湿帘降温系统分级调控方法，构建了规模养鸡空间环境高效利用新模式，形成了一批原创性技术与设施装备成果，在全行业广泛应用。累计推广应用蛋鸡、肉鸡 17 亿只，平均每年增加产值 19.47 亿元。装备产品出口到日本、俄罗斯、东南亚等 50 多个国家和地区。累计培训技术骨干 18 万余人次，转变了规模养鸡环境控制理念，推动了产业标准化规模化发展。经济、社会和生态效益显著。

20 世纪 70 年代以来，我国的设施水产养殖业发展很快，形成了自己的特色水产养殖产业。在集约化池塘养殖产业方面，创建了 6 种池塘绿色养殖生态工程模式，实现了大面积应用。我国在池塘养殖装备领域的综合技术水平达到了国际先进水平，局部成果达到国际领先水平。在工厂化循环水养殖产业方面，以鱼池与车间设施构建为基础，集成了循环水处理系统、水质在线监控系统、自动投喂系统与数字化管理系统，并结合针对养殖对象的系统工艺与操作规范，形成专业化的系统模式。"十二五"以来，通过技术创新，我国工厂化循环水养殖装备的科技水平在装备系统构建上已接近国际先进水平。在网箱养殖产业方面，2017 年我国海、淡水网箱养殖产量分别为 51 万吨和 152 万吨。深水网箱科技的发展还支撑了网箱养殖向外海、深远海拓展。南海区网箱总数已超 5 000 只，平均单箱产量超过 10 吨，台风安全指数达 12 级。深水网箱养殖处于产业链中端，有效拉动了产前种苗、饲料业和产后加工、销售、物流业的发展，为我国海洋渔业经济发展做出了重要贡献。

（三）系统构建了具有中国特色的农业工程技术体系

1. 农田灌溉与节水工程

新中国成立 70 年来，我国在灌溉排水工程领域实施了一批国家级重大研究与开发项目，取得了丰硕的科技创新成果，获得一大批具有自主知识产权的技术与产品，在部分前沿关键技术领域实现了重大突破，逐步构建了具有中国特色的灌溉排水工程技术体系与发展模式，极大地推动了我国灌排工程建设事业的快速发展。在灌溉、排水的前沿与关键技术、重大产品与关键设备、技术集成与示范三个层次均取得了很大进展。大田作物非充分灌溉、调亏灌溉及作物控制性根系分区交替灌溉理论与技术研究领域的总体水平进入了国际前列，适合我国国情的精细地面灌溉技术体系已经形成。

截至 2017 年底，全国农田有效灌溉面积达到 10.17 亿亩；高产稳产高标准农田已超过 5 亿亩，每亩产能提高 15％以上；水稻、小麦、玉米三大谷物自给率保持在 98％以上，粮食人均占有量达到 477.21 千克，已经高于世界平均水平；农田灌溉水有效利用系数由 0.3 提高到 0.548。

2. 种子加工工程

种子加工工程的科技创新与技术进步，构建起以棉花、玉米、水稻、小麦、大豆、蔬菜、牧草等为主要对象的种子加工技术体系与工程体系，为我国种业现代化提供了先进适用和系统配套的种子加工技术与装备支撑，确保了国家种子安全，有效提升了农作物种子的播种品质，大幅减少了种子用量，实现了机械化精量播种，为农民带来了省种增收的显著效益。种子加工机械装备制造达到国际先进水平，完全替代进口并出口多个国家。21 世纪以来，我国种子加工装备进入了稳定发展时期，现有 30 余家种子加工设备制造厂，种子加工机械成套设备近 100 套，产品有 20 多种类型，200 多个型号规格。适宜清选的种子包括粮食、油料、蔬菜、牧草、棉花、甜菜、亚麻、花卉和林木种子等。种子脱粒、烘干及清选、包衣等主要设备都形成了国家或行业标准，种子加工成套设备行业标准日趋完善。种子包衣机、比重清选机、复式种子精选机、移动式种子加工车都有出口，种子加工成套设备也开始逐步走出国门。

3. 农村能源工程

改善农村用能结构，缓解了农村清洁能源供应矛盾。 推广农村可再生能源技术，利用农村现有资源就地转化为农村清洁能源，丰富了农村清洁能源供给，减少农村生活对传统化石能源的过度依赖，降低大气污染物排放，提升农民生活用能品位，提高生活质量。目前，全国累计建成户用沼气 4 000 多万户、各类沼气工程近 11 万处，惠及农民超过 1.4 亿人。

有效处理了农业废弃物，推动了农业绿色发展。 推广农村沼气、生物天然气、秸秆热解气化等农村能源技术，有效处理了粪污、秸秆等农业废弃物，解决了养殖业污染，减少了种植业污染，同时生产沼肥、炭基肥等有机肥料，发展种养结合的生态循环农业，减少化肥、农药施用，改善土壤特性，提升农产品品质，保障农产品质量安全，推动形成结构优化、循环利用、节能高效的农业体系，实现农业绿色发展。

改善村容村貌，显著提升了农村人居环境宜居水平。 发展农村可再生能源，解决了粪便、秸秆、有机生活垃圾、污水等造成的环境污染问题，为农户提供清洁炊事、洗浴和取暖用能，实现厨房清洁、庭院清洁和村庄环境清洁，促进农村人居环境改善。目前，农村沼气已形成了年处理 5 亿多吨农业废弃物的能力，沼肥施用面积约 1.7 亿亩。

本章参考文献

李保明，施正香，2003. 中国畜牧工程科学技术的创新与发展 [J]. 农业工程学报，(Z1)：71 - 74.

农业部科技教育司，1999. 中国农业科学技术 50 年 [M]. 北京：中国农业出版社.

申茂向，等，2006. 中国工厂化农业 [M]. 北京：方志出版社.

汪懋华，2000. 设施农业的发展与工程科技创新 [M]. 北京：北京出版社.

杨飞云，曾雅琼，冯泽猛，等，2019. 畜禽养殖环境调控与智能养殖装备技术研究进展 [J]. 中国科学院院刊，(2)：163 - 173.

第十九章　农业资源高效利用

　　农业资源是农业生产的物质基础和农业发展的保障。我国农业资源总量大、人均少、质量不高，主要资源人均占有量与世界平均水平相比普遍偏低。我国的资源禀赋和发展的阶段性特征，决定了必须走适应资源高效利用、环境绿色友好的农业资源利用技术变革道路，加快资源节约型、环境友好型和生态保育型农业模式创新，在中低产田改造、高产田稳产保育、化学肥料减施、农业用水节约、气候资源开发利用、微生物资源化利用等方面，集成综合解决方案并加快生产应用，引领绿色农业、低碳农业、循环农业、智慧农业等新业态，为农业可持续发展和乡村振兴注入新活力。

　　本章重点介绍 70 年来我国土壤、肥料、水、气候、微生物等农业资源利用在基础性工作、应用基础研究与技术研发和重大贡献三方面取得的进展与成就。

一、基础性工作

　　新中国成立以来，不同部门和领域开展了大量的农业资源基础性工作，并建立了相应的机构，组织开展了全国范围内大规模的土壤调查，这些长期性、基础性工作的开展，为确保我国相关领域的研究与国际接轨起到了不可替代的作用。

（一）土壤资源

　　土壤资源是指具有农、林、牧业生产性能的土壤类型的总称，是人类生活和生产最基本、最广泛、最重要的自然资源，具有其他资源不能代替的性质。我国于 20 世纪 30 年代开始，在全国范围内概略进行过土壤调查和部分区域性土壤调查，编绘了 1∶1 000 万及 1∶700 万的全国土壤图、部分省区土壤图和分县土壤图。新中国成立后，针对土地开发利用、流域规划、水土保持等，分别在有关区域进行了土壤调查制图，在全国范围内，主要开展了两次全国土壤普查和一次全国土壤养分调查。第一次土壤普查为 1958—1960 年，农业部组织全国各地区、各部门的技术力量，以全国耕地为主要调查对象，完成了除西藏自治区和台湾地区以外的全国耕地土壤调查，总结了农民鉴别、利用和改良土壤的经验，编制了"四图一志"（即 1∶250 万全国农业土壤图、1∶400 万全国土壤肥力概图、全国土壤改良概图、全国土地利用现状概图和农业土壤志），为合理利用土地提供了大量土壤资料。

　　由于第一次土壤普查的调查范围和内容较窄，对林地、牧地和荒地土壤调查甚

　　＊本章审稿人：金继运；牵头撰写人：周清波、杨鹏；参与撰写人：刘爽、李玉义、张文菊、卢昌艾、王磊、张瑞福、赵林萍、吴会军、罗其友、张建峰、王建东、马欣、何文清、高清竹、夏旭。

少，而且在 20 世纪 60 年代末期，我国土地资源遭到很大破坏，1979 年，农业部成立全国土壤普查办公室，组织开展全国第二次土壤普查。普查业务由原全国土壤肥料总站（现全国农技推广服务中心）、原中国农业科学院土壤肥料研究所（现中国农业科学院农业资源与农业区划研究所）、中国科学院南京土壤研究所及有关单位共同牵头负责，组成全国和六大区土壤普查技术顾问组，负责制定规范、技术把关。这次普查及成果汇总历时 16 年，调查了 2 444 个县、312 个国有农（牧、林）场和 44 个林业区的土壤资源，收集了丰富翔实的土壤调查资料，包括县级 ［（1∶5 万）～（1∶20 万）］、省级 ［（1∶25 万）～（1∶100 万）］ 和全国（1∶100 万、1∶400 万）土壤图，土壤养分系列图及各级土壤志，完成了《中国土壤》及各分省土壤专著。在分县土壤志中，对总计十余万个土壤剖面，1～2 米土体的分层土壤质地、有机质、氮磷钾养分、酸碱度等理化性状进行记载和描述。全国第二次土壤普查成果图件与资料是我国最详尽、最具科学价值的土壤资源基础信息。这些成果不仅代表了 20 世纪 80 年代我国土壤资源状况和肥力状况，在相当程度上也反映了我国农业现代化前夕的土壤资源状况、自然肥力和污染较少的土壤质量状况。中国农业科学院农业资源与农业区划研究所张维理团队在广泛收集第二次土壤普查县级土壤图和分县土壤志的基础上，通过土壤图数字化、土壤类型名称修编整合、土壤剖面记载的数字化建库，构建了我国高精度数字土壤，实现了土壤资源和土壤质量信息的空间分布存储和检索，实现了土壤资源和土壤质量数据的信息化管理，推动和保障了土壤资源信息在农业及相关领域的广泛应用。

在第二次土壤普查摸清了我国土壤肥力资源后，为适应我国农业现代化发展，保障农产品的优质和高产，自 2005 年始，农业部组织开展了测土配方施肥工作，同步开展了全国耕地土壤养分调查。本次调查对象为耕地，包括园地和菜地等农田土壤。调查项目主要包括土壤有机质、酸碱度、大中微量元素等肥力指标，其中大量元素包括全量和速效态指标。至今，全国已完成约 900 万个点位的采集和养分测定，每县平均为 3 000～4 000 个。本次养分普查为了解我国大范围肥料投入 30 年后的土壤养分含量状况和肥力变化提供了基础。在我国，土壤分类自新中国成立以来一直在不断完善中，涉及全国的土壤分类系统至少有 9 个，可分为 3 个时期。解放初，采用美国马伯特土壤分类系统，以土类为基本单元，土系为基层单元；从 1954 年开始采用的土壤发生分类系统，在我国影响深远，影响时间也特别长；其后以诊断层和诊断特性为基础，结合我国土壤类型丰富的实际，在已有研究基础上，建立了具有我国特色、具有定量指标的土壤系统分类。为适应国际土壤分类的定量化、标准化、国际化趋势，从 1985 年起，中国科学院南京土壤研究所作为主持单位，先后与 30 多个科研单位和高等院校合作，在国家自然科学基金委员会和中国科学院资助下，进行了中国土壤系统分类的研究，于 1991 年正式出版《中国土壤系统分类（首次方案）》，1995 年出版《中国土壤系统分类（修订方案）》，1999 年完成《中国土壤系统分类理论·方法·实践》，2001 年出版《中国土壤系统分类检索（第 3 版）》，标志着中国土壤系统分类高级分类单元研究趋于成熟，在国内外引起较大反响。该成果已于 2005 年获国家自然科学二等奖。目前土壤系统分类研究仍在全国各地不同程度地进行着。

（二）养分资源

我国在 20 世纪 50 年代和 80 年代开展了两次全国土壤普查，并长期开展不同农区土壤肥力评价和土壤肥力演变规律的研究。20 世纪 80 年代中国科学院建立的中国生态系统研究网络和中国农业科学院建立的土壤肥力与肥料效应监测网，2005 年起融合建立了国家野外科学观测研究站体系，协同开展农田生态系统养分循环和土壤质量长期演变规律的研究。

1. 全国化肥试验网

全国化肥试验网是在中央领导和有关部门直接关怀下建立起来的。1957 年 8 月，中国农业科学院主持召开了全国肥料工作会议，同年 11 月，农业部发出文件正式建立了全国化肥试验网。全国化肥试验网在 70 年的协作过程中做了大量工作，积累了丰富的经验，已成为全国性的科研协作组织。

首先于 20 世纪 50 年代末肯定了氮肥在各种土壤和作物上的普遍增产增收效果，氮肥品种由单一的硫酸铵发展到包括氨水、碳酸氢铵、尿素、硝酸铵、氯化铵等多个品种，保证了农业持续发展。60 年代全国化肥试验网在磷肥试验和示范方面取得了很大成就，明确了磷肥有效施用条件，找出了不同土壤类型缺磷诊断指标。同时，还在我国南方一些低产田发现氮肥单施的稻苗易发生"坐秋"或"发僵"的缺磷症，氮、磷配合施用水稻显著增产，大面积推广后，改变了 60 年代初期磷肥积压的状况，促进了磷肥工业的发展。70 年代对钾肥研究取得了进展。首先在广东发现了作物缺钾症状，随后在广西、湖南、浙江等省的部分土壤上也表现出施钾肥有效。进入 80 年代，我国化肥使用已由补充单一营养元素转入氮、磷、钾化肥配合施用阶段。全国化肥试验网于 1981—1983 年连续进行了 3 年的氮、磷、钾化肥肥效、适宜用量和配合比例试验，研究和编写了化肥区划，设置了一批肥料长期定位试验。在 18 种作物上共完成田间试验 5 086 个。明确提出我国使用化肥中的氮、磷、钾养分比例确实失调，我国氮肥肥效一直高于磷、钾化肥，应当在继续发展氮肥的基础上调整氮、磷、钾比例。1978—1983 年进行了复合肥肥效和施用技术的研究，共取得田间试验结果 248 个，初步肯定了复合肥的增产效果。

全国化肥试验网建立以来，坚持长期协作研究，为国家有关部门宏观决策提出了一些好的建议，为指导农民科学施肥、促进农业生产的发展发挥了积极作用，因而取得了一批重大科研成果和巨大的社会经济效益。其中 20 世纪 70 年代研究提出的"合理使用化肥及提高利用率的研究"荣获 1978 年全国科学大会奖，"六五"期间研究总结的"我国氮磷钾化肥的肥效演变和提高增产效益的主要途径"获 1985 年农牧渔业部科技进步一等奖和 1987 年国家科学技术进步二等奖。

2. 国家土壤肥力与肥料效益监测站网

国家土壤肥力与肥料效益监测站网（简称"肥力网"，英文名称：National Soil Fertility and Fertilizer Effects Long-term Monitoring Network）于 1987 年建立，由原中国农业科学院土壤肥料研究所（现中国农业科学院农业资源与农业区划研究所）主持，联同吉林省农业科学院土壤肥料研究所、新疆农业科学院土壤肥料研究所、陕西省农业科学院土壤肥料研究所、河南省农业科学院土壤肥料研究所、西南农业大学、中国农业科学院湖南红壤实验站和浙江省农业科学院土壤肥料研究所，在我国 8 个主要土壤类型上建设形成国家级大型土壤肥力和肥料效应长期定位监测试验站网络。"肥力网"是 1999 年首批进入科技部"国家重点野外科学观测试验站（试点站）"的 9 个站之一，2006 年被正式纳入国家野外科学观测研究站序列。

"肥力网"是我国大型的耕地质量和农业投入品效应的监测和科技创新共享平台，以"监测网络化，管理标准化，方法统一化"为特点，以数据共享和联合开放为机制，逐步成为具有先进的野外科学数据采集、传输、集成分析能力的数据管理与服务中心，为全国土壤质量状况评价和预估提供支撑。主要研究我国不同区域、不同类型土壤和不同施肥制度条件下土壤肥力长期演变规律；研究肥料利用率以及肥料的农学和生态环境效应；研究我国不同水热梯度带农田土壤肥力质量和环境质量演变规律，最佳施肥制度以及集约化养殖废弃物农业利用的环境效应。成立 30 多年来，"肥力网"样品库储存土壤、植物历史样品十余万个；数据库储存相应的历史数据百余万个；每年平均有 50 余项国家省部级科研项目依托"肥力网"的各个长期定位试验站，有 40 余名博士后、博士、硕士、本科生在基地做研究，共出版专著 20 余部。

3. 中国生态系统研究网络（CERN）

中国生态系统研究网络（CERN）自 1988 年开始筹建以来，经过 30 余年的建设和发展，逐步形成了一个由 42 个生态站、5 个学科分中心和 1 个综合研究中心构成的生态网络体系，已经成为我国野外科学观测、科学试验和科技示范的重要基地、人才培养基地和科普教育基地。CERN 已经实现了野外科学观测和试验数据的不断积累，形成了野外观测—数据观测—数据服务一体化的科学数据共享体系。CERN 为我国的生态系统长期定位研究、生态系统与全球变化科学研究以及自然资源利用与保护研究提供了野外科技平台，为开展跨区域跨学科的联网观测和联网试验提供了必要的野外试验设施、仪器设备和生活设施。

目前，CERN 已是中国国家生态系统观测研究网络（CNERN）的骨干成员，也是与美国长期生态研究网络（LTER Network）和英国环境变化网络（ECN）齐名的世界三大国家级生态网络之一，在引领我国和亚洲地区生态系统观测研究网络的发展方面做出了国际公认的科技贡献，在全球地球观测系统中发挥着不可替代的重要作用。

（三）水资源

1. 全国灌溉试验站及网络

推广农业高效节水技术和管理措施，需要一定数量的不同区域作物灌溉试验资料数据予以支撑，以便于确定科学合理的作物灌溉定额和区域用水总量分配。与农田有效灌溉面积发展对应的是，20 世纪 50 年代至 80 年代，我国建设有 54 处灌溉试验站，20 世纪 80 年代至 2003 年，新增了 63 处灌溉试验站，2003—2009 年新增设了 20 处，2009—2016 年新增加 39 处灌溉试验站。据 2015 年底最新统计，全国灌溉试验站网共有灌溉试验站 176 处，其中总站 1 处、中心站 31 处、重点站 144 处。目前，全国灌溉试验站网络建立了三级站网结构，包括水利部灌溉试验总站 1 个，省级中心站（流域）31 个，重点试验站 144 个。可见，我国灌溉试验站的建设和发展一路伴随和支撑了我国农业水资源的管理和高效利用。随着国家对灌溉试验站及网络建设的重视，建设了水利部灌溉试验总站网站（www. syzz. org. cn），作为灌溉试验站网信息交流、工作指导、技术服务平台。大多数中心站人员配备能够满足要求。在基础设施建设与仪器设备配置方面，总体来看取得了很大进展，相当多的试验站具备了良好的科研设施与设备，许多灌溉试验站通过参与"灌溉用水定额"和"灌溉水利用系数的测算"等工作，提供了宝贵的区域长时间系列气候数据、作物灌溉试验数据等，对各区域作物高效用水制度的制定起到了至关重要的作用，对农业水资源的管理和高效利用提供了科技支撑，做出了重要贡献。

2. 全国土壤墒情监测系统及网络

全国土壤墒情监测系统及网络主要从 2009 年开始建立，全国土壤墒情监测系统积极应用自动控制、互联网、无线传输等技术，实现远程墒情监测信息自动采集，基于GIS 的墒情信息实时监控、实时显示、查询及处理，实时发布监测站点土壤水分、土壤温度、空气温湿度、降水量、光照强度、风速风向等基础信息；图示化发布墒情状况，为农业种植结构调整、指导农民科学灌溉、抗旱保墒、节水农业技术推广等提供科学依据。土壤墒情监测系统及网络建设以服务农业生产为宗旨，以土壤和作物为对象，统筹规划、合理布局，覆盖全国粮食主要产区和干旱易发区，通过采用自动化、信息化、网络化的高新技术手段，突出土壤墒情监测关键技术环节，实现定点、定期监测，分析汇总土壤墒情数据，评价作物蓄水情况，及时提出应对措施建议。建立了定期会商和报告制度，提高时效性和结果表达的可视化程度。

全国土壤墒情监测系统的建立及推广应用，为各级农业管理部门提供了理想的办公平台。目前系统已经有各级用户 1 000 多个，接收数据 300 多万条。基于对用户需求的全面调研和分析，2015 年开始对系统进行全面改版，系统建设的目标有以下三个：一是建立一个完善的国家级墒情监测网络，对自动墒情监测站、移动墒情监测站、人工农田墒情监测站的墒情信息进行精确而全面地收集，实现墒情数据联网，满足不同级别用户对墒情数据的记录、存储、统计、分析、下载需求。二是结合国家和各基层农技推广部门的相关业务需求，实现各类墒情监测信息快速、连续地综合分析及利用，并在特殊时期速测快报，实现管理信息化。三是在墒情信息获取的基础上，基于农学知识开发墒情专题图发布、ET0 发布、水平衡数据发布、灌溉决策指导等有针对性的应用服务。

（四）农业气候资源

气候资源是农业资源的重要组成部分，人类对气候资源的认识程度日益深入。20世纪 50 年代，我国开始了农业气候资源分析研究，1958 年首先完成了华北地区农业气候热量资源的分析。1959 年完成了二十四节气气候分析，编写出版《二十四节气与农业生产》。60 年代初，开展了作物生态气候研究，着手全国农业气候区划的探索。1964年开展了小麦气候区划及北京农业气候志、农业气候区划研究。70 年代，开展北京地区农业气候分析，编写了《北京地区的气候与农业生产》。1978—1979 年完成北京地区小麦产量—气候统计模式和农业气候数据纸带文件的建立。80年代，开展中国农林作物气候区划的研究，完成了中国主要农作物气候资源图集和中国农林作物气候区划，对粮、棉、油、烟、茶、果树等20种主要农林作物在全国各地的气候适宜性作用区划和评价。完成全国农业气候资源分析和农业气候区划。为中国综合农业区划、中国种植业区划等做出贡献。90年代，编制了世界农业气候与作物气候图集，出版《世界农业气候与作物气候》，确定了农业气候研究方向，即加强气候与农业生产发展关系的研究，提高我国农业气候资源开发利用与保护的研究水平、重视农业气候理论应用与研究。建立了红壤不同类型区40个站点气象数据库、土壤层湿度数据库，绘制出江南红黄壤丘陵区光热水气候资源图；分析了气候资源分布规模及主要作物高产稳产的气候适宜性。编写出版《中国小麦气候生态区划》等著作。

90年代后期以来，开展农业气候资源方面的基础研究，为中国农业气候资源数字化图集编制奠定了良好的工作基础和坚实的理论基础，提供了技术方法。围绕我国农业生产和科研的战略需求，2007年开始了"十一五"科技基础性工作专项"中国农业气候资源数字化图集编制"工作。项目基于1984年我国编制出版的《中国农业气候资源图集》，通过延伸气象资源序列、增加站点，采用现代信息技术手段，按照统一的技术规范和标准，整编农业气候资源数据，对其进行深度综合加工，重新修订出版纸质的《中国农业气候资源图集》（《作物光温资源卷》《作物水分资源卷》《农业气象灾害卷》），编制可动态更新的电子版图集综合卷。对科学评估全球气候变化对我国农业的影响、提高农业防灾减灾能力、促进农业科学发展等，都具有深远的意义。

~~~~ / 专栏 19-1 / ~~~~~~

全国农业气候资源和农业气候区划研究

此项研究由国家气象局牵头，气象科学研究院、中国农业科学院、中国科学院自然资源综合考察委员会、北京农业大学、南京气象学院等单位共同完成。研究从1979年开始，于1985年全部完成。有全国和省级30多个单位参加，共整理计算了全国近500个气象站近30年的光、热、水等200余项农业气候资料。开展了大量的调查研究，收集了全国各地上千个地点的农业生产资料。主要成果有：①将全国划分为3个农业气候大区、15个农业气候带、55个农业气候区。②对20种主要农林作物划分出适宜、次适宜和不适宜的气候区域。结合作物生产实际，提出了调整布局和发展生产的建议。为各种作物区划、种植业区划应用，为作物引种、育种和栽培提供了科学依据。③分析研究了牧草、家畜的生长发育情况、产量、品质与气候条件的关系；天然草场的气候生产力；重要牧事活动的气候指标，划分了畜种的气候生态类型。以年湿润度和≥0℃积湿为主要指标，将我国牧区划分为北部和青藏高原两大牧区，再细分出13个牧业气候区。④将我国划分为3个零级、11个一级、30个二级种植制度气候区。⑤找出我国各点与世界各点的农业气候相似程度。为作物引种，农牧业专业化、区域化，发展我国特有的农畜产品等提供了依据。⑥绘制了光、热、水多种农业气候图144 幅。在统计过程中，还提出了一些新的计算方法。课题较系统、全面、丰富、紧密地结合了农业生产，实用性强。丰富了已有成果，填补了国内一些空白，对制定我国农业发展规划与农业生产实践有重要的参考实用价值。该成果于 1988 年获国家科学技术进步一等奖。

（五）农业微生物菌种收集与保藏

我国农业微生物菌种资源保护工作起步较晚，全国性的农业微生物资源保藏工作正式开展始于 1979 年。这一年，国家科学技术委员会成立中国微生物菌种保藏管理委员会，下设 7 个国家级专业菌种保藏管理中心，其中农业微生物中心（中国农业微生物菌种保藏管理中心，ACCC）在中国农业科学院土壤肥料研究所开始建设。1999 年，微生物资源的收集、整理、保藏工作被列为国家科技基础性工作专项，农业微生物资源的相关工作在 ACCC 进行试点建设。2003 年，ACCC 开始承担国家微生物资源平台项目的试点工作，牵头其他国家级微生物菌种中心承担微生物菌种资源描述规范和微生物菌种资源收集整理与保藏技术规程研究制定。2011 年，国家微生物资源平台获得财政部、科技部认定，成为国家科技基础条件共享平台首批 23 家成员单位之一，承担国内微生物资源的收集、保藏与共享服务工作。

通过国家自然科技资源平台建设项目，重点开展了农业微生物资源的库馆建设、信息标准化建设及共享服务建设，有效地推动了我国农业微生物资源的收集、整理与保藏进程，初步形成了以综合型的国家级专业农业微生物菌种保藏机构——中国农业微生物菌种保藏管理中心（ACCC）——为主体，以根瘤菌、乳酸菌、芽孢杆菌、菌根菌、厌氧菌、农药降解菌、食用菌等特色农业微生物资源库为互补支撑的农业微生物菌种资源保护框架体系。截止到 2018 年，我国从事农业微生物资源收集与保藏工作的主要保藏机构/实验室已达到 28 家，保藏资源总量约 11 万株。其中，ACCC 保藏的农业微生物菌种数量达 17 441 株，分属于 497 个属，1 774 个种，覆盖国内主要农业优势微生物资源总量的 35％左右，包括食（药）用菌（栽培、野生）、植物病原菌、农药用微生物（生物防治、农用抗生素）、肥效微生物（根瘤菌、根际促生菌等）、饲料微生物（饲料酶产生菌、益生菌）、能源微生物（转化生产沼气、生物柴油、生物乙醇等的微生物）、污染物降解及环境修复微生物、极端环境微生物（耐盐碱、耐高温、耐干旱、耐辐射的微生物）等各类农业应用微生物菌种资源。

建立协调、高效的"网络型"农业微生物资源收集与鉴定评价工作体系，实现了资源的长期定位监测。2016 年，农业部依托国家农业科技创新联盟重点任务启动了农业微生物基础性、长期性科技工作，旨在通过全国性、系统性的设计，采用点、面调查和长期定位监测相结合的方式，建立协调、高效的"网络型"农业微生物资源收集与鉴定评价的工作体系，集成整合各农业微生物研究及应用单位资源、数据，建成农业微生物资源收集、保藏与评价应用的农业微生物资源数据中心，为微生物肥料、微生物农药、微生物饲料与酶制剂、微生物能源、环境微生物、食用菌等资源的高效挖掘应用以及农业微生物产业健康稳定发展提供资源和数据支撑。截至目前，已有全国 30 个省区市的 117 家单位参与农业微生物基础性长期性科技工作的观测监测任务。

（六）农业资源区划

20 世纪 80 年代，重点开展农业自然资源调查与区划研究。①全国农业自然资源调查与农业区划研究，首次摸清了全国农业资源家底，建立全国农业自然资源数据库，进行中国综合农业区划，将全国划分为 10 个一级区、38 个二级区。②我国粮食产销区域平衡研究，采用定性与定量研究相结合的方法，首次统筹分析粮食需求、流通、供给和进出口，开创性地提出了我国粮食产需区域平衡的理论，并提出"对流型"与"放射型"等理论模型，1989 年荣获国家科学技术进步二等奖。这些成果至今仍然是指导我国合理开发利用农业自然资源和因地制宜布局农业生产的重要基础。

20 世纪 90 年代，重点开展农业后备资源调查与区域开发研究。通过这些工作，基本查清了我国"四低"（低产田、低产园、低产林地、低产水面）、"四荒"（荒山、荒坡、荒水、荒滩）等农业后备资源的数量、质量和分布情况，明确了我国农业资源深度开发和广度开发的潜力、重点和开发途径，形成了以《全国中低产田增产潜力研究》《全国农业区域开发总体规划》为代表的系列研究成果，对提高农业资源开发的科学性、推动区域农业开发、增加农产品供给和改善农产品供求关系都起到了积极作用。

进入 21 世纪，重点开展农业主体功能区与农业空间格局演变及动态监测研究。①完成全国《优势农产品区域布局规划》（2003—2007 年、2008—2015 年）、《特色农产品区域布局规划》（2006—2015 年、2013—2020 年），这两个规划涵盖我国主要的大宗农产品和小宗特色农产品，构成我国新时期农产品空间布局调整基本框架，经国务院同意由农业部发布实施，对应对全球贸易自由化的挑战、推动我国优势特色农产品产业带建设、优化农业区域布局提供了重要支撑。②完成"粮食生产功能区、重要农产品生产保护区（简称'两区'）划定研究"和"特色农产品优势区（简称'特优区'）建设研究""全国集中连片特困区（简称'特困区'）划分研究""全国农业功能区划研究"等多项农业功能区划课题，研究成果已经由政府以规划纲要或指导意见形式发布实施。其中，"两区"研究确立的国家新粮食安全战略和重要农产品产业安全战略落地方案 2017 年由国务院以《关于建立粮食生产功能区和重要农产品生产保护区的指导意见》形式颁布实施。"特优区"研究成果于 2017 年由国家发展改革委员会、农业部、国家林业局以《特色农产品优势区建设规划纲要》形式发布。"特困区"确立的新时期 14 片扶贫攻坚主战场纳入《中国农村扶贫开发纲要（2011—2020 年)》，于 2011 年由中共中央和国务院印发。农业功能区划成果纳入《全国主体功能区规划》，2010 年由国务院发布实施。《关于"十三五"西藏农牧业发展的建议》和《西藏农牧民收入十年间变化趋势分析》2015 年获全国政协杜青林副主席批示。研究成果对推进我国农业主体功能区制度建设提供了科学依据。

二、应用基础与技术研发

（一）农业土壤资源高效利用

新中国成立70年来，我国在农业土壤资源的高效利用和耕地质量建设方面取得了突破性进展。从当初以提高现有耕地的单位面积产量为主要目的的土壤改良、克服区域关键限制因子、促进耕地集中连片等效率提升、采用农田水利建设等工程措施的途径，转变为以地力提升促进大面积均衡增产的耕地质量提升途径。

1. 盐碱地改良与综合利用取得显著成效

盐碱地可持续开发利用是公认的世界性难题，我国盐碱地面积约有9 913万公顷，其中潜在盐碱地面积约1 733万公顷。新中国成立以来，盐碱地改良一直是土壤改良的重点内容之一。通过广泛实践，总结出了"因地制宜综合治理""水利工程措施与农业生物措施相结合""排盐与培肥相结合""利用与改良相结合"等一系列原则和方针，根据"盐随水来，盐随水去，盐随水来，水散盐留"的水盐运动规律，通过改变土壤物理结构、灌溉洗盐、抬高地形等技术调控水盐运动，施用化学改良剂（如磷石膏、脱硫石膏等）来改良盐碱地理化性质，种植耐盐植物或盐生经济植物、施用微生物菌肥及有机肥等方法进行复杂综合治理工程。自20世纪50年代以来，国家各有关部委在黄淮海地区组织并实施了"六五""七五""八五"国家重大科研攻关项目，围绕盐碱地综合治理和高效利用技术与模式等进行研究，取得了重大突破。特别是80年代以来，国家"六五"和"七五"专门设立盐碱地科技攻关项目，我国的盐碱地改良工作进入高潮，研究工作的重心转移到面积更为广大的内陆盐碱地上来，取得了明显成效。例如，河北南皮县和曲周县两个盐碱地综合试验区，主要是在保证了良好的排水工程的前提下，经过多年进行咸淡水轮灌的综合措施，使盐碱地面积由原来的70%下降到5%左右。1964年《人民日报》在第一版上发表了专题报道《盐碱上好庄稼》，标志着我国盐碱地质量改良取得重大突破。同年，国家科委专门为"豫北地区盐渍土保苗技术措施的研究"授予国家重大科技成果奖。70年代中期开始，农业部协调组织中国农业科学院、北京农业大学等单位共同组织实施了"黄淮海平原中低产地区综合治理的研究与开发"项目，80年代末期，在山东禹城市北丘洼采用了"强排强灌"的方法改良重盐碱地，结合施用磷石膏及耕翻、耙平等措施，效果显著。项目组提出的"以冲沟躲盐巧种"为核心的一整套棉麦保苗增产技术的措施，促进了当地棉麦增产，并很快在河南、河北、山东等地大面积推广应用，得到了中央和地方各级政府的重视。此项针对盐碱地综合治理的技术成果与"两弹一星"一起在1993年获国家科学技术进步特等奖，标志着我国盐碱地的治理工作取得重大突破。至90年代初，中国盐碱耕地面积已降至520余万公顷。

2009—2013年，农业部启动了公益性行业（农业）科研专项"盐碱地农业高效利用配套技术模式研究与示范"，根据该项目的研究成果，明确了我国盐碱地资源潜力，突破了一批具有区域特色的关键技术，涉及土壤控抑盐、增强脱盐、节水灌溉洗盐、生物农艺治盐和化学治盐改碱共5大类实用特色关键技术，取得一批标志性技术成果，包括旱作"上覆下改"控盐培肥技术（滨海盐碱区）、"上膜下秸"控抑盐技术（黄河上中游盐碱区）、盐碱地机械破粘板层技术（西北内陆盐碱区）、盐碱地棉花精量灌水控盐技术（西北内陆盐碱区）、耐盐碱作物/植物品种筛选、驯化与培育技术、苏打盐碱地水田"淡化表层"创建技术（东北盐碱区）、咸水结冰冻融淋盐保苗技术（黄淮海平原盐碱区），显著提升了我国盐碱地改良与综合利用水平。

~~~ / 专栏 19-2 / ~~~

黄淮海平原中低产地区综合治理的研究与开发

从"六五"到"九五"的 20 年间，黄淮海平原中低产地区综合治理被列为国家第一号重点科技攻关项目。由中国农业大学牵头，在石元春院士的带领下，历经 20 余年取得了这项跨部门、多学科、综合性的大型系统工程成果，内含 134 项单项成果，主要内容为：①在半湿润季风区水盐运动理论的基础上，明确了旱涝盐碱的互为因果性，研制出整体性、实用性、操作性强的综合治理对策，保证了盐碱地治理的成功。主要提出了"半湿润季风气候区水盐运动理论"，揭示了黄淮海平原旱涝盐碱共存和交相为害的十分复杂的自然现象；提出综合治理旱涝盐碱的实质是对区域水盐运动的科学调节和管理，以及调节管理的枢纽和杠杆是浅层地下水的采补等一系列观点；建立了区域水盐运动测报体系及模型，预报精度达到了季节性或短期实时预报要求，在黄淮海平原旱涝盐碱治理实践上发挥了重要指导作用。②提出了一系列有针对性、易推广的综合治理模式。包括 12 种类型区各具特色的综合治理、农林牧副渔均衡发展的模式和配套技术，节水农业体系，大面积经济施肥培肥技术和作物优质、高产、低耗模式化栽培技术体系等，为黄淮海平原综合治理和农业开发提供了技术保证。③建立了近 400 万亩不同类型中低产田改造试验示范区，有 81 项新成果先后在黄淮海平原 1.08 亿亩土地上应用，累计改造中低产地 1 378 万亩。粮食增产 45 亿千克，棉花近千万担[①]。节约耕地 14.2 万亩，节肥 3.7 万吨，节水 63.1 亿立方米，累计经济效益 74.15 亿元。该成果在理论上和关键技术上均有许多重大突破性进展，已产生重大影响，1993 年获得国家科学技术进步特等奖。

2. 南方丘陵区红黄壤改良与综合利用持续推进

我国南方红黄壤地区土地总面积 218 万平方千米，占国土面积的 23%。该地区受东南季风气候影响，气候温暖湿润，水、热、生物资源丰富，粮、油、果、肉等农产品生产在全国占有重要地位，但是该区域由于地处丘陵地带，水土流失严重，伏秋干旱频繁，土壤黏、酸、瘦、渍，中低产田面积大。针对该区域巨大资源优势与严重的障碍因素并存的区域特征，以及社会经济发展过程中该区域化肥施用过量、农药污染和土壤酸化加速等新问题，我国在 20 世纪 50 年代初开始开展的"土壤改良利用区划"和"丘陵

---

① 1 担＝50 千克。

山区综合科学考察"取得了一大批重大成果，并在红黄壤区建立了一批农业试验站（点），进行长期定位试验研究。利用资源环境经济复合生态系统协调原理，开展了红壤资源开发与低产土壤改良的研究工作。以试验区为基础，重点研究水土流失与生态整治、开发利用中低产田主要障碍因子与土壤退化及其治理的关键技术，系统揭示了经营方式是影响南方水土流失的关键因素，提出了不同经营模式和地貌条件下的允许水土流失阈值，并依据水土流失规律，建立了以集水区为单元的水、土、生物资源互利型模式，高效集约的林果牧生态治理模式等，促进了该区域生态环境的良性发展。针对秋伏干旱频发的问题，系统研究了南方季节性干旱的发生规律与成因，提出通过提高降水陆面拦截率，发挥水利工程作用，合理调蓄利用降水资源，可减轻旱涝灾害的发生频率和程度。

南方红黄壤地区中低产田的主要障碍因子是土壤贫瘠、多水渍潜、土壤质量退化及酸化。"六五"期间，重点围绕红壤低产田改良利用开展研究，总结提出了"冬干坐秋，坐秋施磷，磷肥治标，绿肥治本，一季改双季，晚稻超早稻"改良利用鸭屎泥田的一套技术措施，成为我国南方改良低产田、提高水稻产量、发展农业生产的重要途径。这项研究成果，引起社会各部门的广泛关注，1964 年获国家技术发明一等奖。国家"七五"至"十一五"科技攻关期间，农业部和中国科学院组织相关单位开展了中低产田整治、有效磷退化机理与防治、土壤镁素形态及镁肥高效施用技术、土壤退化机理与恢复重建、红壤酸化特征与防治等关键技术研究，提出了红壤退化的区域防治对策和综合利用战略，形成了一系列的优化模式和配套技术体系、为南方红黄壤的可持续利用与保护提供了科技支撑。代表性成果：南方红黄壤地区综合治理与农业可持续发展技术研究，2002 年获国家科学技术进步二等奖；中国红壤退化机制与防治，2004 年获国家科学技术进步二等奖；南方低产水稻土改良与地力提升关键技术，2016 年获国家科学技术进步二等奖；我国典型红壤区农田酸化特征及防治关键技术构建与应用，2018 年获国家科学技术进步二等奖。

~~~~/ 专栏 19－3 /~~~~

冬干鸭屎泥水稻"坐秋"及低产田改良的研究

中国农业科学院土壤肥料研究所会同湖南省农业科学研究所、湖南省农业厅等单位，在祁阳县官山坪，于 1960 年开始了冬干鸭屎泥、白夹泥、黄夹泥水稻"坐秋"的研究。明确了水稻"坐秋"是由于冬泡田冬干后，土壤中速效磷降低所引起的。经四年反复验证，提出了"冬干坐秋，坐秋施磷，磷肥治标，绿肥治本，一季改双季，晚稻超早稻"改良利用冬干水稻"坐秋"田的一套措施，有效地防治了"坐秋"的危害，官山坪水稻单产由 100～150 千克，稳定提高到 250～300 千克。1963 年，湖南省在 26.7 万公顷冬干"坐秋"田上推广上述技术措施，据对 19.7 万公顷田的统计，约增产 1.8 亿千克稻谷。在南方水稻地区推广，也有显著增产效果。施用磷肥，种植绿肥，扩种双季稻已成为我国南方改良土壤、提高水稻产量、发展农业生产的重要途径。该成果 1964 年获国家技术发明一等奖。

3. 土壤肥力与地力提升技术取得重要进展

从 20 世纪 60 年代开始，根据中央颁布的全国农业发展纲要（草案）和关于深耕和改良土壤的指示，科技人员深入生产实际，开展了以平整土地、增施有机肥、兴修水利、修筑梯田、黏土掺沙、沙土掺黏、放淤压沙等主要措施的深耕改土工作。20 世纪七八十年代，开展了旱涝保收、高产稳产农田管理技术研究，总结研究了高产稳产田的土壤特征、肥力指标、培肥技术与途径。

1987 年，由国家计划委员会下达的国家重点工业性试验项目"全国土壤肥力和肥料效益长期监测基地建设"开始实施，监测基地的建成，对掌握土壤肥力和肥料效益变化动态、及时向国家提供监测信息、寻求培肥地力和提高肥料利用率的对策以及评价土壤高产潜力等方面发挥重要的作用。这期间，由中国科学院南京土壤研究所牵头完成的"太湖地区高产土壤的培育和合理施肥的研究"，1987 年获国家科学技术进步奖二等奖。"八五"期间，在长期土壤肥力和肥料效益监测基地上进行的"土壤氮素移动规律和氮肥合理施用关系研究"项目和"不同条件下土壤肥力演变规律的研究"项目，进一步推动了我国土壤保育与地力提升的发展。

自"九五"国家科技攻关以来，地力提升研究领域主要致力于通过土壤养分供应研究、有机质提升、沃土工程等项目的实施以及推广应用来提升耕地地力水平。代表性成果："南方红壤区旱地的肥力演变、调控技术及产品应用"，2009 年获国家科学技术进步二等奖；"黄淮地区农田地力提升与大面积均衡增产技术及其应用"，2014 年获国家科学技术进步二等奖；"主要粮食产区农田土壤有机质演变与提升综合技术及应用"，2015 年获国家科学技术进步二等奖。

在绿肥生产与利用方面，全国绿肥队伍开展大规模联合试验示范，进行技术研发、模式集成、机理机制等研究，形成支撑国家战略的绿肥—主作物生产技术体系。创新绿肥作物种质资源；研究突破绿肥作物生产利用技术轻简化瓶颈，研发综合利用技术；集成绿肥作物种植利用技术模式并开展示范推广。形成能确保主作物产量和经济效益稳定提高、耕地土壤质量稳步提升的绿肥作物种植利用优化技术模式，在有关省区建立示范样板，同时通过技术培训等方式向周围辐射，开展大规模示范推广。

（二）植物营养与肥料资源高效利用

肥料是粮食的粮食，支撑着人类食物的生产和供给。新中国成立以来的农业生产发展表明，我国粮食总产量与化学肥料的施用量密切相关。多年多地田间定位试验表明，目前我国施肥对粮食作物的增产作用大约是 50%。新中国成立以来，我国科学家在肥料效益监测与研究、新型肥料产品创制、推荐施肥技术与养分综合管理技术等方面取得了重大进展，为保障人类的粮食供应做出了卓越的贡献。

1. 养分循环与管理技术研究取得重要进展，为化肥减施增效提供有力支撑

我国植物营养与肥料科学研究在 20 世纪 30 年代已开始。1957 年，农业部决定组织全国化肥试验网，由张乃凤负责设计和组织实施。通过几十年化肥试验网的实施，明确了我国土壤对氮、磷、钾化肥的需要程度和三种化肥的肥效，总结出了一套

合理施用技术，提出了提高氮、磷、钾化肥增产效益的措施，制定了我国化肥区划，预测了 2000 年时的化肥需要量，为我国提高化肥增产效益指出了宏观控制途径。20 世纪 80 年代组建了全国土壤肥力和肥效监测网，完成了全国化肥区划；90 年代组织了全国钾肥试验网，在全国率先开展氮肥深施、含氯化肥、中微量元素营养及精准施肥等研究，在土壤肥力演变、钾肥、硫肥和钙肥、含氯化肥、测土平衡施肥等研究领域形成了多项国家级获奖成果，编写有《中国肥料》《中国化肥区划》《中国有机肥料》等重要专著。

"十一五"以来，我国第一个肥料"973"项目"肥料减施增效与农田可持续利用基础研究"立项并得到滚动资助；科技支撑计划项目"高效施肥关键技术研究与示范"顺利开展实施；公益性行业科研专项"有机（类）肥料产业发展的技术体系研究"在全国范围内试验示范。出版《测土配方施肥原理与实践》《高效土壤养分测试技术与设备》《地理信息系统及其在土壤养分管理中的应用》《集约化农田节肥增效理论与实践》《施肥制度与土壤可持续发展》《新型肥料》《固废资源化与农业再利用》等重要论著。

"十三五"以来，随着国家对农业科技的重视和持续投入，"肥料养分推荐方法与限量标准""土壤养分原位监测与水肥一体化技术研究"等国家重点研发计划持续开展。项目预期将研究形成针对主要粮食作物、经济作物、蔬菜和果树高效施肥的理论与技术体系，并在生产中发挥重要作用。

2. 新型肥料创制与施肥技术取得重大突破

新中国成立后，我国肥料发展经历了几个机遇期，一是 20 世纪 60 年代开始的"小化肥"建设，由于我国当时化肥供应严重不足，在计划经济的体制下，为了满足我国化肥的需求、打破封锁，我国自力更生，建设了一大批年产合成氨 3 000～5 000 吨的化肥厂，大多以生产碳酸氢铵为主。二是改革开放后，我国一方面开始大化肥的建设，另一方面于 20 世纪 90 年代以后开始复（混）合肥料的生产，目前我国一大批知名复合肥生产企业都是那个时期成立的。进入 21 世纪以后，我国新型肥料研发正快速发展，其方向主要有两个，一是对传统肥料（常规肥料）进行再加工，使其营养功能得到提高或使之具有新的特性和功能；二是利用新理论、新方法和新途径，开发肥料新品种。经过 60 多年的发展，我国肥料结构不断优化，肥料产业体系基本成型，包括缓控释肥料、稳定性肥料、水溶性肥料、功能性肥料、商品化有机肥料、生物有机肥料、增效肥料及有机无机复混肥料等。同时，土壤植株营养快速诊断和精准施肥技术等研究工作蓬勃发展，为我国肥料资源高效利用、科学施肥、轻简化生产以及生产与生态协调发展做出了重要贡献。

由山东农业大学与山东金正大集团经过多年合作科研攻关的"新型作物控释肥研制及产业化开发"项目获 2009 年度国家科学技术进步二等奖。标志着我国缓控释肥料产业化进入了全新的发展阶段。该项目历经 13 年的研究与探索，目前在包膜、溶剂高效回收、产品检测与质量控制等技术方面和大规模产业化开发方面达到了国际领先水平，形成了具有我国自主知识产权的缓控释肥生产技术体系与产业化模式，创建了热塑性树脂、热固性树脂、硫加树脂三套不同包膜材料和工艺的产业化生产线，研发了适合我国国情的 12 大系列上百个品种，建立了缓控释肥料快速检测方法，制定了缓控释肥国家标准，促进了缓控释肥产业的技术进步。此外，中国农业科学院农业资源与农业区划研究所利用风化煤、煤矸石和黏土等原料研制的低成本易降解肥料用缓释材料，创制出养分释放速率与大田作物需肥规律基本吻合的缓控释肥，共获得授权发明专利 21 项，解决了肥料用缓释材料降解难、成本高、缓释肥生产效率低三大技术难题，并有效提高了肥料氮、磷、钾利用率。该项技术获得 2013 年国家技术发明二等奖。

中国农业科学院农业资源与农业区划研究所利用海藻酸、腐殖酸和氨基酸等天然有机物质研发肥料增效剂、研制增值肥料，研发了含海藻酸、腐殖酸和氨基酸尿素等增值尿素新产品，获得授权发明专利 19 项，其中，发明专利"一种腐殖酸复合缓释肥料及其生产方法" 2016 年获得中国发明专利优秀奖。制定了三项化工行业标准：《含海藻酸尿素》（2014-0035T-HG）、《含腐殖酸尿素》（2014-1144T-HG）和《海藻酸类肥料》（2014-1145T-HG）。增值肥料的发展为尿素增效改性和氮肥产业技术升级提供了科技支撑，并作为国家重点研发计划首批项目立项。

2012 年，以"中国氮肥工业协会"为指导单位，成立了"化肥增值产业技术联盟"，建成了增值肥料产业化基地和全国区域试验示范网，加速了增值肥料的研发、生产和推广应用，全面推动了我国化肥产业技术升级。创立了"延伸平衡法"和"农田土壤养分综合平衡法"两种制定作物专用复混肥配方的原理与方法，填补了国内外空白，为复混肥专用化提供了技术支撑。制定了小麦、玉米、水稻、棉花、油菜、花生、马铃薯、大豆 8 大作物以及果树、蔬菜的区域作物专用复混肥农艺配方，实现区域作物复混肥养分投入精准化，为企业提供大配方小调整的作物专用肥配方制定依据。该项成果撰写出版区域作物专用复混肥农艺配方著作 15 部。

以光谱技术和联合浸提化学测试技术为手段，重点开展以氮素的时空运转和分配的生理机制为基础，从冠层、叶片以及细胞结构三个层次监测不同氮素水平光谱特征的变化及其机理研究，确定作物氮素营养与光谱的定量响应关系，实现植物氮素营养田间光谱快速诊断。以现代"3S"技术为基础，对作物营养的空间差异进行分析，建立基于空间差异的植株长势和营养丰缺分布图，进而确定各施肥单元针对不同养分水平的精准施肥参数；常规养分管理，以批量化、程序化、自动化和快速土壤养分采集为基础，开展测土配方施肥，完善施肥模型，对全国主要作物、蔬菜和果树等进行推荐施肥。

肥料的施用技术经历了从单质肥料的补充，到复合肥料的施用，到平衡施肥阶段，再到如今的养分综合管理阶段。肥料的施用技术经历了从盲目化、经验化到信息化、精准化的转变。随着信息技术的发展，精准施肥技术体系的研究得到快速发展。该项技术依据土壤养分空间变异，建立土壤养分分区管理模型，初步形成了适宜我国农业高度分散与高度集约化条件的精准施肥技术体系，研制了变量施肥机械等。自 2005 年起，我国开始了大规模的测土配方施肥工作，在施肥模型方面，深入研究了基于作物产量和农学效率的推荐施肥模型，该模型还做成了计算机软件得到了广泛的应用。

3. 技术应用与推广模式不断创新

20 世纪 90 年代，我国从美国农化服务中心引进了土壤养分系统研究法（ASI）和设备，率先开展土壤养分综合系统评价方法和作物高产高效平衡施肥技术研究和推广，应用先进的联合浸提剂和系列化操作技术，经过 20 多年的消化、吸收和改进，形成拥有自主知识产权的高效土壤养分测试与推荐施肥系统，具有前处理批量化、测定过程自动化、推荐施肥程序化的优点；且在大田作物、蔬菜、果树等 120 多种作物的田间进行试验和校验，形成了从土壤测试到施肥推荐的测土推荐施肥咨询服务系统。该项技术成果在我国 2005 年启动的测土配方施肥项目中发挥着重要的技术支撑作用，目前在全国多种作物上推广应用面积达 200 多万公顷。

以"科技小院"为依托，建立了单项技术创新、综合技术集成、示范推广模式创新（信息化、机械化等）的技术应用新模式，有效地实现了作物高产、资源高效与环境保护的协同。"科技小院"技术推广模式被评为"国际小农户增产增效的范例"。

（三）农业水资源高效利用

新中国成立来，党和政府高度重视农业水资源的利用开发，经过一代代科技人员的努力，在农业水资源与水生态环境、作物水分高效利用、节水灌溉技术和雨水集蓄利用等领域取得了长足的发展，形成了具有中国特色的农业水资源高效利用理论与技术体系，并取得了一批重大标志性成果。

1. 农业水资源高效利用的应用基础研究不断加强

土壤水是地表水、地下水、大气水和土壤水转换的纽带，在水资源的形成、转化与消耗过程中占有重要的地位。20 世纪 50 年代以前的土壤水研究大都局限于土壤含水量对作物、树苗生长和对作物产量的影响等。70 年代末期，第一次全国土壤物理学术讲座会在杭州召开，土壤水分的能量观点首次被引入国内，80 年代以来，相继开展了土壤水的理论与试验研究，在土壤水分入渗、土壤水分运动数值模拟及参数的确定等方面也取得了一些进展。计算机技术的发展也推动了国内土壤水分的研究工作。20 世纪 80 年代中期以后，人们开始利用前人测定的结果，利用最基本的数据，结合物理模型和数学方法推导出了土壤水分运动的参数模型。我国科学工作者也开展了大量的土壤水分运动的试验研究和数值模拟。开展了农田尺度的土壤水分监测，采用了诸如时域反射仪（TDR）、同位素技术、遥感技术等新手段。

2. 农田灌溉科学技术得到迅猛发展

从 20 世纪 50 年代开始，我国对水稻、小麦、玉米、棉花等作物需水量和灌溉制度进行研究，在全国范围内建立了 400 多个灌溉试验站，初步明确了不同地区作物各生育期需水量、土壤适宜含水量、地表水利用量、有效降水及灌溉制度等，取得了不少成果，为科学用水、定额灌溉提供了依据。进入 70 年代以来，针对中国水资源日益短缺的现状和问题，开展了大量的节水高效灌溉制度研究，取得了诸多成果，使中国灌溉制度和作物需水量的研究与应用提高到一个新水平。通过研究提出了保雨灌溉技术、非充分灌溉技术、抗旱灌溉和低定额灌溉技术等。已经发布立项和在编的农田灌排和节水技术国家标准共 18 项，行业（部）标准共 41 项。微电子技术应用于灌溉、排水方面的应用研究中，用于收集、处理、储存各种灌溉信息数据，据此预报田间水分变化，编制用水计划和调配水量，提高了灌水的预见性、计划性和灌溉水的有效利用率。同时用于工程枢纽控制，提高了工程管理的自动化水平。塑料管材在灌溉排水中的应用研究取得了重大突破，在喷灌、滴灌、低压管道输水和暗管排水等方面较普遍地应用。到 2015 年底，国内建成大中型灌区 7 700 余处、小型农田水利工程 2 200 余万处，节水灌溉工程面积达 3 107 万公顷，其中高效节水灌溉面积 1 793 万公顷。

未来，以物联网技术、大数据、移动互联、云计算、空间信息技术和智能装备等新一代信息技术为支撑和引领的智慧水肥一体化技术将成为国际农业高效用水技术发展前沿。根据作物产量与品质、土壤性质以及管理措施的空间变化规律，采用先进技术监测土壤墒情及养分，实现作物变量灌溉施肥，提高作物灌溉施肥精准程度，已成为现代精准灌溉的发展趋势。在融合土壤水肥实时监测信息及基于光谱分析技术与机器视觉技术的作物生长信息的基础上，实现变量灌溉施肥的自动化、智能化。低能量精确灌溉受到广泛关注，太阳能等清洁能源在灌溉系统中的应用受到重视。

3. 旱地农业取得一批重要技术成果

20 世纪 50 年代和 60 年代初，我国在旱地农业自然资源调查、干旱发生规律、土壤水分动态、耕作制度、抗旱保墒技术和抗旱育种等方面，做了大量的试验研究工作。1978 年以来，在总结群众旱地农业经验的基础上，着力研究旱地农业理论与应用技术，取得了一批重要科技成果。我国从 20 世纪 50 年代就开始利用雨窖收集雨水补充灌溉庭院经济作物。1983 年，农业部在陕西延安召开了北方旱地农业工作会议，提出了旱地农业发展战略，为中国旱地农业发展指出了方向，同时把中国旱地农业的研究与开发推向了一个新阶段。"六五"期间，我国开展了"北方旱作农业类型分区及其评价"研究。"七五"是中国旱地农业发展的重要时期，旱地农业增产技术研究被列入国家重点科技攻关项目。"八五""九五"期间，我国在蓄水工程的形式和结构、雨水集蓄应用模式、非充分灌溉研究应用等方面取得了大量成果，初步形成了具有中国特色的雨水集蓄利用技术体系。"十五"期间，又成功研究出以雨水存储和高效利用为核心的集蓄利用技术模式，并在全国 560 万处小型蓄水工程中得到应用。我国科技工作者在不同类型旱作农业区经过全面系统地研究，形成了适合中国国情的旱作农业技术体系，取得了一批重要技术成果。

（四）农业气候资源高效利用

气候资源是决定农业生产力的重要因素。随着生产力的发展和科学技术的进步，人们对气候资源的认识和开发利用程度日益深入。我国先后完成了农业气候考察和区划工作，基本摸清了气候本底情况，分析了气候优势、劣势和规律以及灾害性天气危害机理，提出合理调整农业结构的对策和趋利避害的措施，为农业生产做出了贡献。近年来，我国在气候预估、影响评估、适应政策和国际谈判方面取得了多项原创成果，为《国家适应气候变化战略》等政策出台、《联合国气候变化框架公约》谈判等做出重要贡献，多项重要成果得到国家领导人和相关部门的肯定和采纳。突出的成果包括：

①建立气候模式驱动农业作物模型的气候变化评估研究范式，最早提出气候变化对

中国农业生产有显著负面影响的结论。在国内率先建立区域气候模式驱动的全球气候变化影响预测系统，完成中国高分辨率气候情景的构建和订正，定量评估观测短期和未来30~80年气候变化对中国农业的影响，首先识别出中国农业气候变化敏感区和高脆弱区，得出气候变化对中国农业生产有显著负面影响的结论，全面支撑第一、二、三次《气候变化国家评估报告》农业领域评估工作，为农业适应行动提供科学基础。

②提出"边缘适应"理论，最早发展目标和潜力的投入产出模式指导适应行动，为我国"无悔"适应行动提供决策依据；提出"适应成本增加发展中国家负担"观点，被国际社会广泛接受并为发展中国家争取权益提供理论基础。基于系统论与适应实践，在全球首次提出"边缘适应"理论，被国家发展改革委员会和科技部等采用；用目标、潜力的投入产出模式完成了对中国农业适应气候变化的费用与效益的估算，由此得出"采取适应气候变化的对策所增加的成本，将会增加发展中国家的负担"的结论，被政府间气候变化专门委员会（IPCC）和2006年英国STERN气候变化经济学评估报告引用，为全球发展中国家争取权益提供理论基础。提出农业适应气候变化技术体系，发展农业适应决策系统，在宁夏、黑龙江、甘肃、新疆和西藏建立适应气候变化示范基地，其主要成果"强化农村节能减排管理，增强气候变化适应能力"得到时任副总理李克强的专门批示。

③提出中国参与《联合国气候变化框架公约》适应领域谈判的中方方案3套，推进联合国适应机制的构建，树立我国负责任大国形象，有力维护中国国家利益。研究提出中国政府对适应委员会、损失与危害机制、适应信息通报等适应领域关键议题立场文件建议，被中国政府代表团采纳，为中国参加《联合国气候变化框架公约》适应谈判提供核心支撑。2005—2016年，支撑《联合国气候变化框架公约（UNFCCC）》适应领域谈判，成果纳入《巴厘路线图》《哥本哈根协议》和《巴黎协议》等重大国际条约。

（五）农业微生物资源高效利用

1. 多元化共享服务体系日趋成熟，农业微生物资源实现高效社会共享

我国的农业微生物资源主要通过中国农业微生物菌种保藏管理中心（ACCC）开展对外共享服务，共享方式包括公益性共享、公益性借用共享、合作研究共享、知识产权交易性共享、资源纯交易性共享、资源交换性共享等多种形式。目前ACCC平均每年为150多家从事微生物肥料、微生物农药、微生物饲料、微生态制剂等生产的企业、食用菌种植大户，200多家从事农业微生物科研的高等院校和科研院所提供1 500株左右的菌种服务及保藏鉴定等技术服务，有效支撑了我国生物农业产业的发展和科研进步。

ACCC服务的用户中，企业用户占比55.6%、高等院校占比23.3%、科研院所占比14.2%、个人及其他占比6.9%。通过共享服务工作的开展，持续为课题/项目的申报与开展、论文与著作的发表、专利的申请等提供微生物资源及相关技术支撑，服务的高等院校用户，985高校覆盖率达87%，211高校覆盖率达81%，服务科研项目涉及我国农业领域中的生物农药、生物兽药、生物肥料、生物饲料、环境污染治理等研究。服务的企业用户分布广泛，覆盖我国32个省和直辖市。

2. 农业微生物资源在促进我国农业绿色发展中作用凸显

我国在 20 世纪 50 年代就已开始微生物肥料和生物农药研究，60 年代就已有固氮菌肥、5406 菌肥、苏芸金芽孢杆菌杀虫剂、鲁保 1 号大豆菟丝子防除剂、灭瘟素和春雷霉素等抗生素工厂化生产。近年来，我国广泛开展了微生物遗传资源在生物农药、生物兽药、生物肥料、生物饲料以及环境污染治理等应用领域的功能评价工作。在农用抗生素研发方面，建立了有害生物—植物—微生物互作新理论，创建农用抗生素菌株新技术体系，对井冈霉素、米尔贝霉素和申嗪霉素等农用抗生素的生物合成和调控机理开展系统研究，推进了我国农用抗生素的研发进程和在农业上应用的速度。在环境污染物降解功能挖掘方面，国内多个单位分别在不同应用领域开展了对石油烃、化学农药、杂环化合物降解微生物、脱氮、脱硫以及具有重金属污染修复潜力的微生物资源的挖掘，利用自主知识产权菌株实现有机磷类农药、杀菌剂、除草剂等污染体的生物修复，在填埋场的垃圾渗滤液的处理研究方面也取得重大进展。农用微生物资源在化肥农药减施增效、农业绿色发展中的作用日益凸显。

3. 食用菌科技创新持续提升，支撑和引领产业健康发展

1978 年，我国食用菌总产量 6 万多吨，改革开放拉开了食用菌产业高速发展的序幕，2003 年食用菌总产量超过 1 000 万吨，达 1 038.7 万吨，2017 年全国食用菌总产量为 3 712 万吨。产业高速发展的背后，离不开科技创新。食用菌科技创新形势得到扭转，从产业倒逼科技创新，到科技创新引领产业发展。福建三明真菌研究所、福建农业大学、福建轻工研究所、华中农业大学等科研院所为我国食用菌产业科技创新奠定了良好的基础。近年来，以中国农业科学院农业资源与农业区划研究所为首的食用菌科技创新队伍得到长足发展，福建农林大学、吉林农业大学、华中农业大学、福建省农业科学院、四川省农业科学院、上海市农业科学院等科研院所的食用菌科研队伍得到壮大。2007 年，农业部联合财政部启动了现代农业产业技术体系建设，2008 年设立了国家食用菌产业技术体系，成立了一支食用菌科技创新的国家队，对食用菌产业链的遗传育种、高效栽培、机械化、病虫害防控、加工、产业经济等各个环节进行了布局。开展食用菌高效生产关键技术创新、新型基质高效利用关键技术创新等研究，有力保障了产业的健康发展，引领了产业发展方向。食用菌产业科技不仅在应用基础研究上得到了可喜发展，在基础研究上，也得到突破性进展。2013 年，国家重大基础研究发展计划（"973"计划）"食用菌产量和品质形成的分子机理及调控"正式立项获批。经过五年的系统研究，获得重要进展。相关研究成果拓展了对食用菌产量形成机制的认知，为食用菌的高产稳产提供了理论和技术创新路径。在高效育种方面，创立了以结实性、丰产性和广适性"三性"为核心的"五步筛选"定向高效育种技术，培育出一批广适性新品种，促进了我国食用菌品种的更新换代和菌种质量的提高。2017 年度"食用菌种植资源鉴定评价技术与广适性品种选育"项目荣获国家科学技术进步二等奖。

三、重大贡献

中国人均农业资源远低于世界平均水平，人均耕地、人均水资源只相当于世界平均水平的 1/3 和 1/4。新中国成立以来，我国政府和科研部门组织开展了农业资源状况调查、资源高效利用技术和产品的研发，推动了我国土壤、肥料、水、气候、微生物等农业资源高效利用，为带动相关产业的发展做出了突出贡献。

（一）中低产田改造与耕地质量提升

据第二次土壤普查统计，中国中低产田面积占耕地总面积的 78.5%，其中仅低产田就占 37.3%。为此，我国一直把土壤改良作为农业生产建设的一件主要任务，特别是在盐碱土改良、沼泽土改良、低产水稻土改良和红黄壤综合改良利用等方面取得巨大成就。如仅在"八五"期间就改造中低产田 666.7 万多公顷，增产粮食 171 亿多千克。

我国大规模的盐碱地改良，始于 70 年代中期的黄淮海平原，这个时段的盐碱地改良进入农水结合、综合治理的新阶段，国家在黄淮海平原建立了 12 个综合治理试验区，在开展区域水盐平衡研究和区域水盐运动监测预报的基础上，进行综合治理试验研究，积累了不少好的经验，带动了中国的盐碱地改良工作。至 90 年代初，中国盐碱耕地面积已降至 520 余万公顷。

低产水稻田改良是中国土壤改良工作的又一成就。20 世纪 60 年代，研究人员提出了"冬干坐秋，坐秋施磷，磷肥治标，绿肥治本，一季改双季，晚稻超早稻"改良利用冬干水稻"坐秋"田的一套措施，有效地防治了"坐秋"的危害，水稻单产由 100～150 千克，稳定提高到 250～300 千克。近年来，我国以黄泥田、白土、潜育化水稻土、反酸田/酸性田、冷泥田等 5 大典型低产水稻土为研究对象，阐明了南方低产水稻土的质量特征与低产成因，创新了低产水稻土改良与地力提升关键技术，研创了低产水稻土改良与地力提升新产品，建立了低产水稻土改良与地力提升集成技术模式，该成果已在南方十一省规模化应用。

针对我国南方红黄壤不同类型区制约农业发展的关键性因素，以试验区综合试验示范为核心，研究提出了不同类型区优质高效发展模式和粮经饲作物高产高效配套技术体系，其中以"三池配套"等为中心的旱坡地综合改良技术和以"闽渠联网、旱耕畦作"为中心的冲沟稻田综合治理技术，以及调整水体氮磷比值等技术，先进、实用、效果明显。此外，我国在西北黄土高原的水土保持，东北三江平原沼泽土、白浆土的大面积开垦利用，三北地区风沙土的防治等方面也都取得了显著的成绩，为农业生产的发展做出了一定贡献。

基于我国五大粮食产区（东北、华北、西北、南方旱地和长江流域水田）42 个长期定位试验及 362 个典型农户的长期定位监测，开展联网研究，探明了近 30 年来不同区域农田土壤有机质的演变规律及影响因素，构建了有机质提升的关键技术；集成创新了不同区域土壤有机质提升的综合技术模式，提出了 13 种以增施有机肥和秸秆还田技术与限制因子消减技术为核心的具有区域独特性的有机质提升主要技术模式，大面积推广应用成效显著，为农田土壤有机质提升提供了技术样板。技术模式近 3 年累计推广面积 711.5 万公顷，促进了秸秆等废弃物资源的高效利用与耕地质量提升，具有显著的生态环境效益。

（二）化肥减施增效与产业升级

目前我国化肥的消费量达到 6 000 万吨，约占世界总消费量的 35%，这两个指标均位于世界之首。我国化肥施用肥效的研究，经历了单一肥料肥效、复合肥效（氮磷钾配合、大中微量元素兼施）、养分综合管理（化肥有机替代）等几个阶段；化肥施用的目标，前期以追求最高作物单产为主，逐渐过渡到兼顾产量、品质、环境等多目标。当前，随着我国化肥用量的增加，化肥施用的生态环境和食品安全问题越来越受到重视，化肥减施增效成为当前我国化肥施用最为迫切的问题。为了保障粮食安全和生态安全、提高肥料效益、减少肥料损失，缓控释肥料、水溶性肥料和功能性肥料等新型肥料得到了快速发展。中国农业科学院研发的纳米级材料胶结包膜型缓控释肥料对提高氮素利用率和减少硝态氮淋溶损失产生了显著影响，采用不同的纳米级材料可提高小麦对氮素的利用率 2.20～23.38 个百分点，提高玉米对氮素的利用率 1.01～21.36 个百分点。在早稻上控释掺混尿素的氮肥利用率较常规分次施肥提高 7.61 个百分点。使用不同的肥料添加剂对肥效有很大影响，在低磷条件下添加腐殖酸和海藻酸的小麦产量较施普通磷酸一铵增产 9.74%～33.54%，高磷条件下增产 26.81%～30.65%，磷肥表观利用率提高 6.13～10.19 个百分点。当前，新型肥料重点研究了不同区域土壤和种植体系下，大量元素、中量元素、微量元素配比，养分形态配伍，研发环保型肥料增效剂，研制增效复混肥料系列新产品和作物专用配方肥料，建立生产技术工艺包；筛选和研制溶解度高、组分之间无化学反应沉淀、低盐指数的水溶肥生产材料，研发不同作物专用的多功能、性质稳定、成本低廉的高效水溶肥和液体肥料生产工艺技术。针对规模经营条件下的粮食作物和经济作物空间变异，研发精准变量施肥技术及其装备，主要包括：基于"3S"技术的作物基肥变量施用技术与装备，基于传感器的变量施肥技术与装备，基于低空遥感的作物追肥变量管理技术与装备；研发宽行距作物精准对行分层深施技术与装备；研究同时实现精量播种和精密化肥深施的关键技术，创制技术配套的播种施肥装备；研制智能化中耕施肥机械。

利用微生物生命活动导致农作物得到特定的肥料效应而使作物生长苗壮或产量增加的一类制品就是通常所说的微生物肥料，亦称菌肥、生物肥料、接种剂。20 世纪 80 年代以前，中国的微生物肥料主要是根瘤菌接种剂，曾有过较好的发展时期，花生、大豆、紫云英等作物接种后有显著的增产效果。一些菌株在生产应用中经久不衰，如花生根瘤菌 009、97-1、1033、1035；大豆根瘤菌 005、B15、113-2；紫云英根瘤菌 7653 等。截至 2018 年 12 月，我国已有微生物肥料企业 2 050 家（含境外 28 家）、产能达 3 000 万吨、登记产品 6 528 个、产值 400 亿元，标志着我国微生物肥料产业的形成。我国的微生物肥料具有品种种类多、应用范围广的特点，目前在农业农村部登记的产品种类有农用微生物菌剂、生物有机肥和复合微生物肥料三大类 11 个品种。在登记的产品中，各种功能菌剂产品约占登记总数的 40%，复合微生物肥料和生物有机肥类产品各占大约 30%；使用的菌种超过 170 个，涵盖了细菌、放线菌和真菌各大类别。

（三）绿肥产业技术体系

种植和利用绿肥是我国农耕文明的精髓。我国在构建绿肥种质资源条件、基于绿肥的绿色农业生产技术、绿肥功能性产品物化、绿肥生产关键环节机械化等方面取得了实质进展。建立各类资源圃（场）30 个、种子基地 40 多个，保有绿肥种质资源 13 000 多份，创新了一批绿肥种质资源；构建各类定位试验 100 多个和一大批产业示范基地，集成绿肥种植、秸秆利用、培肥减肥、环境友好、增产增效等多赢关键技术，推动了绿肥产业价值提升。全国主要农区及果园绿肥技术模式基本确立，绿肥生产稳步恢复和发展，面积稳定在每年 400 万公顷以上。通过全国联网研究，综合运用品种创新、水肥调控、绿肥—秸秆协同还田、全程机械化等技术，实现了农区、果园化肥减施 15%～40%，在部分过量施肥情况下，配套技术减肥可达 60%，为化肥减施增效提供了有效手段。以南方稻区为例，水田绿肥面积约 200 万公顷，每年仅氮肥即可减施纯氮 7.2 万～14.4 万吨，节肥增效平均约 85 元/亩，累计每年水田节肥增效达 25 亿元。

运用绿肥可以生产优质清洁农产品，满足社会对健康农产品的差异化需求。探索建立了"绿肥＋"清洁农业产业机制，通过构建一批"绿肥＋"产业基地、支持和培育新型农业经营主体，积极参与产业扶贫。各地"绿肥＋"有机（绿色）稻米、特色果品、种业、乡村旅游等产业模式逐渐形成，在助推精准扶贫上成效显现。利用绿肥，在重庆忠县推动果品提质，农户收入提高 2～7 倍；在新疆皮山发展高端枣业，带动南疆群众致富，社会和经济效益双丰收；在云南凤庆发展生态茶业，节本增效、致富茶农。不仅如此，利用绿肥作物箭筈豌豆种子加工的蛋白、淀粉和纤维是重要的功能性食品原料，其中，箭筈豌豆粉丝的抗性淀粉含量高，有望造福糖尿病人群。

（四）食用菌产业技术体系

从 2007 年开始，农业部、财政部启动建设了食用菌产业技术体系，围绕食用菌产业开展科技攻关、试验示范、技术培训、政策咨询和应急服务，在促进技术进步和推动农业转型升级方面发挥了巨大作用。食用菌产业核心技术与科学研究的有机融合，促使食用菌种质资源鉴定评价与定向高效育种技术取得重大进展，形成了"种—菌株—性状—菌种质量"多层级的精准鉴定评价技术体系，创立了以结实性、丰产性和广适性"三性"为核心的"五步筛选"定向高效育种技术，将食用菌育种几乎完全依靠田间筛选变为先室内后田间的试验筛选，育种周期缩短一半，田间筛选量减少 79%。广适性新品种的育成，促进了我国食用菌品种的更新换代和菌种质量的提高。历经十年建设，国家食用菌产业技术体系为支撑和引领产业发展做出了贡献。

食用菌产业科技支撑网的构建，保障了我国食用菌产业实现平稳升级，引领了产业持续健康发展。据中国食用菌协会统计，2017 年我国食用菌年产量达 3 712 万吨，较 2008 年（1 827 万吨）翻了一番，产值 2 721.92 亿元，从业人口 2 000 万人，食用菌产业已成为我国粮、菜、果、油之后的第五大种植业，有力佐证了国家食用菌产业技术体系对产业的贡献。

（五）农业水资源的总量控制和高效利用

目前，灌溉用水占农业用水 90% 以上，总量巨大，达 3 600 亿～3 800 亿立方米，在农业水资源总量控制和高效利用政策方针的指引下，依靠科技的进步，我国农田灌溉水利用系数由最初的 0.4 提升到了 2018 年的 0.535，尽管离发达国家的 0.7 有距离，但已经取得了显著进步，未来依靠科技进步，可进一步提高农业水资源利用效率，提高灌溉面积上农产品的单产水平、高产稳产能力，支撑和保障国家粮食安全和水安全。

依托农业高效用水可显著增加农民收入。如内蒙古自治区通过在灌溉区推广高效节水灌溉技术，实现了农业跨越式发展。如采用膜下滴灌可节水 40%～80%、节肥 10%～40%、节地 6%～8%、省电 27～40 千瓦·时/亩、省工 3 个/亩。同时，在现有水源条件下可扩大有效灌溉面积 2～3 倍。又如新疆通过"两节、两高、两促进"（即节水、节肥；高产、高效；促进农业生态环境改善、促进农村生产经营方式转变），采用以滴灌为主的高效节水灌溉技术，与传统的地面灌溉技术比较，减少灌溉水量 30%～50%，大幅度减少渗漏量、降低作物棵间蒸发、抑制地下水位抬高和土壤盐渍化；滴灌施肥的氮肥利用率由地面灌施肥时的 30% 提高到 70%～80%，磷肥利用率由 20% 提高到 30%～40%，滴灌既节约了化肥和农药，又有效控制了农业的面源污染。

农业高效节水建设为农业生产机械化、信息化、智能化管理搭建了平台。农业高效节水建设使现代科学技术、现代工业提供的生产资料和科学管理方法能够快速推广应用。高效节水建设改变了传统的种植模式，使种植业由分散低效经营向集约化高效经营转变，促使种植业向作物、品种、施肥、灌溉、管理"五统一"的方向发展，形成了"合作社＋专管人员""农民用水者协会＋专管人员"等节水灌溉与经营管理的融合模式。此外，由于高效用水具有的规模化和标准化属性，改变了传统的农作方式，实现了规模化经营，大大减少了农业生产的用工量，从而推动了土地流转和农业现代化进程。

（六）农业气候资源开发利用

进入 21 世纪以来，生物技术和信息技术在农业气象研究中得到重视和广泛应用，《农业气候资源数字化图集》编制、农业温室气体减排、设施环境控制与植物工厂、灾害风险管理等领域陆续取得重大成果，为 21 世纪农业的转型发展奠定了科学基础。

在农业气候与农业布局优化方面，综合农业气候资源和气候变化农业影响的研究成果，围绕粮食生产功能区、重要农产品生产保护区和特色农产品优势区建设，重点研究区域气候生产潜力、气象条件与品质、气象灾害风险等内容，提出"三区"建设布局空间优化方案、技术措施和政策建议。

在农业气象与农业绿色发展领域，围绕农业绿色发展和循环发展需求，重点研究农业气候资源承载力与种植制度、气象条件与投入品、病虫害气象、小气候与环境基准、农业温室气体减排等内容，提出不同区域基于生产功能、气候资源承载力和生态系统环境容量的种植红绿灯制度，建立循环农业模式和绿色技术体系。

在农业气象灾害与风险管理方面，围绕气候变化导致极端天气事件频发重发的特点，加强农业气象灾害风险管理的科学研究，在不确定的气候风险中，重点关注常态的农业气象灾害和突发的、超出阈值的灾害，完善结构避灾、工程防灾、生物抗灾、技术减灾、制度赈灾的理论方法和技术研究，支撑农业和农村经济的稳定发展。

农业小气候与工厂化农业有很大的进步，围绕设施农业、都市农业和动植物工厂等发展需求，重点研究人工控制条件下光照、温度、CO_2 等气象要素及其耦合状况对动植物生长发育的影响、制约和应激响应等，同时研究动植物生产对人工环境的影响，建立不同类型工厂化农业高效、优质、安全、绿色的生产环境控制模式与技术体系。

农业气象信息与智慧农业快速发展，围绕智能感知和决策支持，充分吸收生物科学和信息科学的最新成果，强化作物模型的开发应用，提高作物模型对作物生长环境、基因相互作用的解释性，研发基于现代 IT 技术的农业气象监测、预报预警、影响评估、决策支持、风险管理、应对技术措施等一体化解决方案，指导不同基因型品种环境适应性筛选、智能灌溉施肥施药等，发展气候智慧型农业模式与技术。

本章参考文献

《中国农业功能区划研究》项目组，2010. 中国农业功能区划研究［M］. 北京：中国农业出版社.

《中国综合农业区划》编写组，1981. 中国综合农业区划［M］. 北京：农业出版社.

白由路，2015. 植物营养与肥料研究的回顾与展望［J］. 中国农业科学，48（17）：3477-3492.

白由路，2017. 中国农业科学院植物营养与肥料研究 60 年［J］. 植物营养与肥料学报，23（6）：1409-1415.

陈清，张强，常瑞雪，等，2017. 我国水溶性肥料产业发展趋势与挑战［J］. 植物营养与肥料学报，23
　（6）：1642-1650.

陈晓燕，陆桂华，秦福兴，等，2002. 国外节水研究进展［J］. 水科学进展（4）：526-532.

陈玉民，肖俊夫，王宪杰，等，2001. 非充分灌溉研究进展及展望［J］. 灌溉排水（2）：73-75.

范丙全，2017. 我国生物肥料研究与应用进展［J］. 植物营养与肥料学报，23（6）：1602-1613.

冯伟，刘忠宽，刘振宇，等，2015. 河北省盐碱地分布成因及改良利用技术研究［J］. 河北农业科学，19
　（1）：56-60.

高明杰，罗其友，刘洋，2015. 全国集中连片贫困地区划分研究［M］. 北京：中国农业出版社.

高占义，2019. 我国灌区建设及管理技术发展成就与展望［J］. 水利学报，50（1）：88-96.

龚道枝，郝卫平，王庆锁，等，2015. 中国旱作节水农业科技进展与未来研发重点［J］. 农业展望，11
　（5）：52-56.

龚子同，1999. 中国土壤系统分类——理论、方法、实践［M］. 北京：科学出版社.

顾金刚，姜瑞波，等，2011. 微生物菌种资源收集、整理、保藏技术规程汇编［M］. 北京：中国农业科
　学技术出版社.

顾金刚，姜瑞波，等，2012. 中国农业菌种目录［M］. 北京：中国农业科学技术出版社.

姜瑞波，方呈祥，等，2009. 微生物菌种资源描述规范汇编［M］. 北京：中国农业科学技术出版社.

解沛，刘振虎，王琳，等，2016. "十三五"农业科研单位加强国家自然科学基金工作策略研究——以中
　国农业科学院为例［J］. 农业科技管理，35（6）：16-18.

科学技术部中国农村技术开发中心组，2006. 节水农业在中国［M］. 北京：中国农业科学技术出版社.

雷志栋，胡和平，杨诗秀，1999. 土壤水研究进展与评述［J］. 水科学进展（3）：311-318.

李继云，刘秀娣，周伟，等，1995. 有效利用土壤营养元素的作物育种新技术研究［J］. 中国科学：B辑，
　25：41-48.

李建萍，陆建中，朱晓峰，等，2007. 中国农业科学院科技创新 50 年［J］. 中国农业科技导报，9（5）：

1-8.

李志坚，林治安，赵秉强，等，2013. 增效磷肥对冬小麦产量和磷素利用率的影响 [J]. 植物营养与肥料学报，19 (6)：1329-1336.

刘旭，2015. 中国生物种质资源科学报告 [M]. 第 2 版. 北京：科学出版社.

罗志成，1994. 北方旱地农业研究的进展与思考 [J]. 干旱地区农业研究 (1)：4-13.

马义兵，李秀英，2010. 中国生态系统定位观测与研究数据集—农田生态系统卷：国家土壤肥力与肥料效益监测站网 (1989—2000) [M]. 北京：中国农业出版社.

米国华，2017. 论作物养分效率及其遗传改良 [J]. 植物营养与肥料学报，23 (6)：1525-1535.

米国华，陈范骏，张福锁，2012. 作物养分高效的生理基础与遗传改良 [M]. 北京：中国农业大学出版社.

牛新胜，巨晓棠，2017. 我国有机肥料资源及利用 [J]. 植物营养与肥料学报，23 (6)：1462-1479.

庞鸿宾，齐学斌，1999. 20 年农田灌溉科技发展回顾 [J]. 灌溉排水 (1)：2-6.

全国土壤普查办公室，1992. 中国土壤普查技术 [M]. 北京：农业出版社.

全国土壤普查办公室，1995. 中国土壤 [M]. 北京：中国农业出版社.

沈仁芳，2018. 土壤学发展历程、研究现状与展望 [J]. 农学学报，8 (1)：44-49.

史书林，王丹凤，颜彦，等，2013. 水稻磷转运蛋白 OsPHT2；1 在提高磷素利用率方面的作用 [J]. 中国水稻科学，27 (5)：457-465.

宋爱梅，黄新朋，孙淑斌，等，2010. 氮高效水稻品种苗期耐低磷种质的筛选与鉴定 [J]. 中国水稻科学，24 (5)：479-486.

宋长青，吴金水，陆雅海，等，2013. 朱永官中国土壤微生物学研究 10 年回顾 [J]. 地球科学进展，10 (28)：1087-1105.

唐华俊，罗其友，等，2007. 农业区域发展学导论 [M]. 北京：科学出版社.

唐近春，1989. 全国第二次土壤普查与土壤肥料科学的发展 [J]. 土壤学报，26 (3)：234-240.

王景雷，吴景社，齐学斌，等，2002. 节水灌溉评价研究进展 [J]. 水科学进展，(4)：521-525.

王龙昌，马林，赵惠青，等，2004. 国内外旱区农作制度研究进展与趋势 [J]. 干旱地区农业研究 (2)：188-193，199.

王旭，孙兆军，杨军，等，2016. 几种节水灌溉新技术应用现状与研究进展 [J]. 节水灌溉 (10)：109-112，116.

武志杰，石元亮，李东坡，等，2017. 稳定性肥料发展与展望 [J]. 植物营养与肥料学报，23 (6)：1614-1621.

席承藩，章士炎，1994. 全国土壤普查科研项目成果简介 [J]. 土壤学报，31 (3)：330-335.

肖德安，王世杰，2009. 土壤水研究进展与方向评述 [J]. 生态环境学报，18 (3)：1182-1188.

辛景树，2008. 耕地质量演变趋势研究：国家级耕地土壤监测数据整编 [M]. 北京：中国农业科学技术出版社.

信乃诠，1998. 北方旱地农业研究与开发的重大进展与突破 [J]. 干旱地区农业研究 (4)：4-11.

徐国华，2016. 提高农作物养分利用效率的基础和应用研究 [J]. 植物生理学报，52 (12)：1761-1763.

徐明岗，文石林，李菊梅，等，2005. 红壤特性与高效利用 [M]. 北京：中国农业科学技术出版社.

许迪，吴普特，梅旭荣，等，2003. 我国节水农业科技创新成效与进展 [J]. 农业工程学报 (3)：5-9.

阳眉剑，吴深，于赢东，等，2016. 农业节水灌溉评价研究历程及展望 [J]. 中国水利水电科学研究院学报，14 (3)：210-218.

杨广海，张万军，崔建伟，等，2008，作物调亏灌溉理论与技术研究进展 [J]. 安徽农业科学 (6)：2514-2516.

杨炎生，侯向阳，徐明岗，2007. 南方红黄壤地区综合治理成果研究回顾与展望 [J]. 中国农业科学，40

（增刊）：291-296.

杨真，王宝山，2014. 中国盐碱地改良利用技术研究进展及未来趋势［J］. 水土保持，2：1-11.

叶玉江，包献华，等，2017. 中国生物种质和实验材料资源发展报告［M］. 北京：科学技术文献出版社.

于亚军，李军，贾志宽，等，2005. 旱作农田水肥耦合研究进展［J］. 干旱地区农业研究（3）：220-224.

袁力行，2017. 植物营养学发展报告［R］. 农业学科与产业发展——农学会百年论坛：54-59.

袁亮，赵秉强，林治安，等，2014. 增值尿素对小麦产量、氮肥利用率及肥料氮在土壤剖面中分布的影响
［J］. 植物营养与肥料学报，20（3）：620-628.

张宝文，2008. 中国农产品区域发展战略研究［M］. 北京：中国农业出版社.

张超，王会肖，2003. 土壤水分研究进展及简要评述［J］. 干旱地区农业研究（4）：117-120，125.

张金霞，2011. 中国食用菌菌种学［M］. 北京：中国农业出版社.

张金霞，黄晨阳，胡小军，2012. 中国食用菌品种［M］. 北京：中国农业出版社.

张金霞，赵永昌，2016. 食用菌种质资源学［M］. 北京：科学出版社.

张维理，张认连，徐爱国，等，2014. 中国：1∶5 万比例尺数字土壤的构建［J］. 中国农业科学，47
（16）：3195-3213.

张璇，胡宝贵，2016. 中国农业节水灌溉技术推广研究进展［J］. 中国农学通报，32（17）：181-186.

赵秉强，2013. 新型肥料［M］. 北京：科学出版社.

中国科学院南京土壤研究所土壤系统分类课题组，中国土壤系统分类课题研究协作组，1991. 中国土壤系
统分类［M］. 北京：科学出版社.

中国科学院南京土壤研究所土壤系统分类课题组，中国土壤系统分类课题研究协作组，1995. 中国土壤系
统分类（修订方案）［M］. 北京：中国农业科学技术出版社.

中国科学院南京土壤研究所土壤系统分类课题组，中国土壤系统分类课题研究协作组，2001. 中国土壤系
统分类检索［M］. 3 版. 合肥：中国科学技术大学出版社.

中国农业科学院农业环境与可持续发展研究所，2013. 中国农业科学院农业环境与可持续发展研究所所志
［M］. 北京：中国农业出版社.

中华人民共和国水利部，2015. 全国灌溉试验站网建设规划［M/OL］. 河南：中国农业科学院农田灌溉研
究所. https：//max. book118. com/html/2017/0408/99427987. shtm.

中华人民共和国水利部，2015. 中国水利统计年鉴［M］. 北京：中国水利水电出版社.

中华人民共和国水利部，2018. 中国水利统计年鉴［M］. 北京：中国水利水电出版社.

周宇光，2007. 中国菌种目录［M］. 北京：化学工业出版社.

Epstein E，Bloom A J，2005. Mineral Nutrition of Plants：Principles and Perspectives，2nd ed［M］. Sun-
derland，MA，USA：Sinauer Associates.

Li J，Zhang K Q，2012. Genetic diversity of microorganisms：genetic diversity of microorganisms. hered
［J］. Beijing，34：1399-1408.

Liangdong G，2013. Progress of microbial species diversity research in China：progress of microbial species
diversity research in China［J］. Biodivers. Sci，20：572-580.

McCluskey K，2016. The U. S. Culture collection network lays the foundation for progress in preservation of
valuable microbial resources［J］. Phytopathology，106：532-540.

McCluskey K，2017. A review of living collections with special emphasis on sustainability and its impact on
research across multiple disciplines［J］. Biopreservation Biobanking，15：20-30.

McCluskey K，2017. The challenges faced by living stock collections in the USA［J］. eLife，6.

Overmann J，Scholz AH，2017. Microbiological research under the nagoya protocol：facts and fiction［J］.
Trends Microbiol，25：85-88.

Singh B K，Trivedi P，2017. Microbiome and the future for food and nutrient security. microb［J］. Biotechnol, 10: 50 - 53.

Smith D, McCluskey K, Stackebrandt E, 2014. Investment into the future of microbial resources: culture collection funding models and BRC business plans for biological resource centres [J] . Springer Plus, 3 (1): 1 - 12.

Wang X, Yan X, Liao H, 2010. Genetic improvement for phosphorus efficiency in soybean: a radical approach [J] . Annals Botany, 106 (1): 215 - 222.

Wang Y, Wu W, 2013. Potassium transport and signaling in higher plants [J] . Annual Review of Plant Biology, 64 (1): 451 - 476.

Wu L, 2017. World data centre for microorganisms: an information infrastructure to explore and utilize preserved microbial strains worldwide [J] . Nucleic Acids Res, 45: 611 - 618.

Xu G, Fan X, Miller A J, 2012. Plant nitrogen assimilation and use efficiency [J] . Annual Review of Plant Biology, 63 (1): 153 - 182.

Zhang W, Cao G, Li X, et al. , 2016. Closing yield gaps in China by empowering smallholder farmers [J]. Nature, 537 (7622): 671 - 674.

第二十章　农业生态环境

　　我国在社会经济发展的同时，资源的过度消耗、农业面源污染日趋严重、农产品质量安全等问题日益凸显，严重制约了农业和农村经济的可持续发展。进入 21 世纪，环境污染问题频频发生，加强农业资源环境保护成为农业农村发展的重大任务。特别是十八大以后，绿色发展成为新的治国方略，"绿水青山就是金山银山"的理念不断深入人心，农业生态环境保护是新时代农业和农村经济可持续发展的重大战略任务。

　　我国推进农业生态环境保护的鲜明做法，与国家大环保是一脉相承的，就是统筹国际国内两个大局，既参与国际环发领域的合作与治理，又根据国内新形势、新任务及时出台加强农业生态环境保护的战略举措。1972 年联合国首次人类环境会议、1992 年联合国环境与发展大会、2002 年可持续发展世界首脑会议和 2012 年联合国可持续发展大会，为我国加强农业生态环境保护提供了重要借鉴和外部条件。新中国成立 70 年以来，我国农业生态环境保护工作取得重要进展，探索了具有中国特色的农业可持续发展模式，受到国际社会的广泛关注和高度重视，先后有 10 个生态农业村被授予"全球环境五百佳"的称号。

　　本章紧紧围绕我国农业生态环境 70 年来的发展历程，从基础性工作、基础研究、应用开发研究、重大贡献等四个方面对全国取得的丰硕科研成果进行归纳和总结。

一、基础性工作

　　针对农业资源环境面临的突出问题，组织实施了农业污染源、农田土壤重金属污染、农田地膜残留污染、畜禽养殖污染、农村人居环境普查等基础性工作，摸清了底数，为开展生态农业与生物多样性保护、农业应对气候变化等提供支撑。

（一）农业污染源普查与定位监测

　　全面开展了农业污染源普查与监测工作。2007 年启动的第一次全国农业污染源普查，主要涉及种植业、畜禽养殖业、水产养殖业等三块内容。其中，种植业氮磷流失系数监测共设置了 412 处原位监测点，抽样调查田块 200 万个，覆盖了 98 种种植模式；畜禽养殖业设置了 211 个原位监测点，入户调查了 196 万家畜禽养殖场和养殖户；水产养殖业设置了 96 个原位监测点，入户调查了 88 万家水产养殖场和养殖户。2017 年启动的第二次全国农业污染源普查，涉及种植业、畜禽养殖业、水产养殖业、秸秆和地膜

　　*本章审稿人：梅旭荣；牵头撰写人：张克强；参与撰写人（顺序不分先后）：杨鹏、王风、李想、胡梅、王农、安毅、曾希柏、徐应明、刘仲齐、严昌荣、陶秀萍、郑向群、沈丰菊、孙玉芳、张国良、杨庆文、王飞、吴文良、杨殿林、刘红梅、李玉娥、高清竹。

等五大内容，采取规模畜禽养殖场入户填报和区县农业（畜牧、水产）部门填报种植业、水产养殖基本情况表等方式获取农业生产活动水平数据，采取抽样调查和原位监测方式获取种植业、畜禽养殖业、水产养殖业水污染物产生（流失）和排放系数，秸秆产生量和利用量系数，地膜使用量和残留系数。其中，在全国六大区域设置 300 个种植业原位监测点开展周年监测，覆盖 54 种种植模式，同时在全国耕地和园地面积超过 1 万亩的所有区县开展不同种植模式面积调查和 30 万个田块抽样调查；在全国六大区域设置了 214 个畜禽养殖业原位监测点开展产排污系数监测，抽取 63 600 个规模以下养殖户进行粪污处理利用抽样调查，入户调查了 38 万家规模畜禽养殖场，覆盖生猪、奶牛、肉牛、蛋鸡和肉鸡五种动物；在全国八大区域设置了 186 个水产养殖业监测点，抽样调查 100 个县（市、区）水产养殖情况；在全国七大区域设置了 3 800 多个地膜原位监测点监测地膜残留系数，在 258 个县抽样调查地膜使用和回收利用情况；在全国八大区域设置了 4 800 多个秸秆原位监测点监测农作物秸秆产生系数，在 120 个（市、区）抽样调查秸秆利用情况，获取秸秆利用系数。

2014 年，农业部在第一次全国农业污染源普查的基础上，在全国启动了农田氮磷流失监测，在综合考虑农田面源氮磷污染的发生规律和主要影响因素的基础上，依据地形和气候特征，将全国农产区划分为六大区域、54 种典型种植模式，设置了 273 个国控监测点，开展农田氮磷流失周年监测。对于获得农田氮磷流失的发生规律提供了长期、系统的第一手数据。

（二）农田土壤重金属污染普查与定位监测

2011 年，国务院制定《重金属污染综合防治"十二五"规划》，2012 年，农业部、财政部印发了《农产品产地重金属污染防治实施方案》。2016 年，国务院发布《土壤污染防治行动计划》，成为当前和今后一个时期全国土壤污染防治工作的行动纲领。2017 年，农业部发布的《"十三五"农业科技发展规划》把污染农田生态修复与安全生产技术作为重要内容，**实施了全国农产品产地重金属污染普查。**

2012 年，农业部环境保护科研监测所牵头组织实施，历时 6 年在全国布设 130 万个土壤普查点位，对 pH、镉、汞、砷、铅、铬进行全面监测，掌握了我国农产品产地土壤重金属污染状况，建立了产地环境质量数据库和土壤样品库，建立农产品产地分级管理制度，制定了农产品禁产区划分的相关管理和技术方法、规程指南等，为土壤重金属污染修复技术推广应用提供了重要支撑。**构建了农产品产地土壤重金属污染防治监测预警国控点**，在产地安全区划的基础上，布设 15.25 万个国控预警监测点位，开展动态例行监测，建设"全国农产品产地安全信息管理系统"对数据进行有效管理。**成立了国家农产品产地重金属污染综合防控协同创新联盟**，该联盟于 2017 年 9 月由农业部环境保护科研监测所联合国内 65 家单位共同成立，面向产地环境安全、农产品质量安全和农业绿色发展的重大需求，围绕土壤重金属污染治理等重大问题，形成技术措施、工作措施、工程措施和政策措施"四位一体"的综合性科研模式，开展农产品产地重金属污染综合防治的科研协同创新及示范工作。**土壤重金属污染治理行动计划推动产地环境质量提升。**

（三）农田地膜残留调查与风险评价

农业部启动开展农田地膜残留污染特点及危害机理研究，从空间上明确了我国农田地膜残留特点，建立了残膜污染农田分等定级标准，明确农田地膜残留导致农田土壤结构破坏，尤其是使土壤通透性变差，土壤中残膜使水肥运移均一性受到影响，且这种不均匀性随着残留量的增加而逐渐加剧。总体上，我国地膜覆盖技术应用的重点农区，也是地膜残留量严重的区域。尤其是新疆绿洲农业区，大面积农田地膜残留量超过 200 千克/公顷，甘肃和内蒙古等省区的灌溉农区污染也相对严重，有不少调查点农田地膜残留量达 100 千克/公顷以上。研究项目绘制出中国农田地膜残留污染状况分布图，为农田残膜污染防治提供了技术支撑。

（四）畜禽养殖污染调查与监测

早在 1979 年，国家就开始了针对畜禽养殖污染防治的相关工作，1979 年 1 月 5 日，农业部以农林（科）字第 1 号文致天津市革命委员会《关于在天津筹建农林部农业环境保护科研监测所的函》，5 月 12 日，国务院同意农业部环境保护科研监测所建所成立，并明确其为从事农业环境科学研究和监测的专业研究机构和监测机构，其总的方向是：研究工业"三废"、化学农药等污染物对农田土壤、灌溉用水、大气及农作物、畜产品的污染危害及防治措施。9 月 13 日，五届人大常委会第十一次会议通过《中华人民共和国环境保护法（试行）》，同年 12 月，国家颁布《农田灌溉水质标准》试行本，并于 1985 年正式发布，从此畜禽养殖污染防治逐步引起社会的关注。

2001 年 6 月，中央财政首次拨款亿元，设立农村小型公益设施建设补助项目，支持农村发展小型沼气建设，2002 年 3 月 5 日，九届人大五次会议召开，要求加快农业和农村经济发展，努力增加农民收入，重点扶持农村小型设施建设，推动了养殖废弃物的利用和环境保护。"十五"和"十一五"期间，国家科技部、农业部等部委围绕规模化畜禽养殖粪污治理先后启动了畜禽规模化养殖环境工程技术研究、养殖废水资源化与安全回灌关键技术研究等课题，深入推进了该领域技术研发和技术储备工作。

2014 年，农业部启动全国畜禽养殖污染调查与监测工作，根据我国生猪和奶牛优势产区，结合不同动物种类的区域分布和养殖污染贡献，选择优势区域进行监测，在天津、河北、辽宁、吉林、黑龙江、上海、江苏、浙江、安徽、江西、山东、河南、湖北、湖南、广东、广西、海南、四川、重庆、贵州、云南、陕西、甘肃和宁夏 24 个省区市以及青岛市，共建立 26 个国控监测点，其中生猪监测点 19 个，奶牛监测点 7 个，构建了全国规模化畜禽养殖污染国控监测网络。2017 年进行大中型畜禽养殖场环境变化监测工作，建立了大中型畜禽养殖场环境变化科学数据分中心及覆盖全国 31 个省和直辖市的监测网络，为科学掌握我国畜禽养殖粪污污染现状提供了基础数据、为政府决策提供了科学依据。

（五）农村人居环境实地调查和模式探索

近年来，我国农业农村科技战线的科研人员深入一线，实地调研农村生活污水、生活垃圾污染现状和特点，因地制宜建成了 1 300 多个农村清洁工程示范村，不断加强乡村人居环境整治技术模式研究探索，乡村环境改善科技贡献率持续增加，逐步形成了具有我国农业农村特色、符合我国农村人居环境可持续发展的技术模式。2013年，农业部办公厅下发了《关于开展"美丽乡村"创建活动的意见》（农办科〔2013〕10 号），正式启动了美丽乡村创建工作。2018 年 10 月 9—10 日，农业农村部在山东淄博举办了"全国首届农村卫生厕所新技术新产品展示交流活动"。2019 年，农业农村部决定在内蒙古、辽宁、吉林、黑龙江、湖北、湖南、四川、贵州、甘肃和宁夏等10 个省区开展农村改厕示范村建设。这些工作的开展为我国乡村振兴提供了科技支撑。构建了农村人居环境监测平台，立足全国农业环境监测体系、农业面源污染监测平台等国家级监测网络，构建了农村典型污染物产排监测平台，建立了我国乡村环境基础数据库，启动了农村环境年度例行监测，实现了对典型区域、典型农村环境的动态实时跟踪监测。

（六）生态农业综合评价与农区生物多样性背景调查

20 世纪 70 年代后期，以叶谦吉和马世骏两位著名生态学家为代表的学者指出：要以生态平衡、生态系统的概念与观点来指导农业研究与实践。1981 年，中国农业生态环境保护协会成立，随后在中国科学院南京土壤研究所召开全国第一届农业生态学研讨会。1985 年，国家环保局与美国东西方中心环境与政策研究所在南京联合召开了农村生态系统研究国际学术讨论会。成立了浙江农业大学（现为浙江大学）农业生态研究所、华南农业大学热带亚热带农业生态研究所、封丘农业生态试验站等。农业生态学队伍与机构不断发展成熟。

1992 年，张壬午、吴建军等在全国生态农业试点建设的基础上提出生态农业建设评价方法和指标体系。为进一步促进生态农业发展，农业部总结遴选以北方"四位一体"和南方"猪—沼—果"等为代表的十大典型生态农业模式和配套技术，在全国不同地区开展县、乡、村（场）生态农业建设关键技术和模式示范。

2000 年，陶战等牵头在保护和合理利用农区生物多样性成为履行国际《生物多样性公约》和促进我国农业可持续发展的迫切需要的情况下，开展农区生物多样性调查和编目。2008 年，出版了农区生物多样性编目，组织了包括26省（自治区）农业环境监测站和当地科学研究单位的专家进行协作，分别对有关农区生态系统与生境的9 个领域开展实地调查研究，总计写出了 702 篇调查报告（即"条目"），比较全面地覆盖了我国农区的重要生态系统与生境分布区点，包括对生态系统状况、重要性、生物多样性受威胁情况与原因以及保护与合理利用措施的描述。组织了农田生物多样性保护策略研究，启动了中德合作南部山区农业生物多样性保护项目，在湖南、海南开展农业生物多样性背景调查，开展农业生物多样性保护示范区建设，探索建立农业生物多样性保护机制。

（七）农业温室气体清单编制和排放估算

为了履行《联合国气候变化框架公约（UNFCCC）》义务，我国已经提交了中华人民共和国第一次和第二次国家信息通报。2012 年发布的中华人民共和国第二次国家信息通报表明，2005 年中国温室气体排放总量约为 74.67 亿吨二氧化碳当量，其中农业活动排放总量为 8.2 亿吨二氧化碳当量，约占总体的 11%。中国农业温室气体排放组成中，甲烷 2 517 万吨二氧化碳当量，氧化亚氮 94 万吨二氧化碳当量，分别占两种气体全国总排放量的 57% 和 74%。中国农业科学院环境发展研究所参与国家信息通报能力建设项目，编制了畜牧业、土壤碳等农业相关的温室气体排放清单，为我国履行《联合国气候变化框架公约》和支撑外交谈判提供了支撑。其中在草地土壤碳清单方面，搜集禁牧、休牧、轮牧、围栏、改良和人工种草等 6 类我国草地管理活动水平数据以及土壤有机质含量和土壤容重数据，基于联合国气候变化委员会土地利用、土地利用变化与林业优良做法指南（IPCC-GPG-LULUCF）的第二层级（Tier 2）方法估算了 2010 年和 2014 年我国草地土壤碳清单。

二、基础研究

紧紧围绕农业生态环境保护的基础性工作，系统梳理科学问题，重点开展了农田面源污染、农田土壤重金属污染、农田地膜残留污染以及畜禽养殖污染的防控机理研究，建立农村人居环境综合评估方法，探索生物多样性控制病害机制，摸清气候变化农业影响及农业应对方法。

（一）农田面源污染防控机理

国家重视农业面源污染特征与阻控基础研究。通过"十三五"国家重点研发计划重点专项"农业面源和重金属污染农田综合防治与修复技术研发"设置农业面源污染防治基础研究项目 2 项，分别是"农田氮磷淋溶损失污染与防控机制研究""农田氮磷径流流失污染与防控机制研究"，提升了基础研究水平。

明确了主要种植模式下农田氮磷来源、排放途径、形态分布及关键驱动因子。研究的种植模式包括黄淮海地区小麦—玉米轮作和设施蔬菜，长江河网地区水稻—小麦轮作系统，亚热带丘陵区双季稻种植，东北玉米与大豆种植。**研究建立了农田面源污染核算方法**。提出全国农田合理分区与模式划定原则，布点调查与监测，重点突出，点面结合，构建完整数据链条。

系统科学地核算全国农田面源污染底数和发生规律。阐明了全国面源污染重点区域、主要种植模式及季节性发生规律，明确了农田面源污染来源及相对贡献。**提出基于保障作物产量和水环境质量安全的土壤氮磷环境阈值**。如在湿润平原区和半湿润平原区开展的水旱轮作和小麦玉米轮作 2 种典型模式下分析土壤氮磷含量和作物产量、水环境指标的关系。

研发了区域地下水硝酸盐污染脆弱性评价和地表水氮磷源解析方法。建立评价指标体系，借助 ArcGIS、PCA 模型量化法、DRASTIC 模型等工具建立评价和解析方法。建立了农业面源污染监测和预警平台。**建立氮磷生态脆弱区和潜在脆弱区的划分机制与应用**。定量了县域尺度农牧系统氮磷养分环境排放的历史变化和热点区域。**构**

建了稻田氮磷流失机理模型，提出了基于三基点的光合作用温度响应方程和氮磷限制下光合产物分配模式。

（二）农田土壤重金属污染防控机理

在"973"计划项目"金属矿区及周边重金属污染土壤联合修复技术与示范"和"十三五"国家重点研发 3 个土壤重金属污染治理基础研究项目等的支持下，系统性揭示了超富集植物/低吸收作物对重金属污染的耐性机制及其根际效应、吸收转运、累积特征与机理。初步发现多个调控植物吸收、转运重金属载体和功能的基因，实现了转运蛋白进行过量表达或者基因敲除技术培育出重金属低积累品种。利用同步辐射技术、金属同位素等手段阐明了功能材料/矿物材料/有机质与重金属构效关系和作用机理；研究了重金属污染区微生物群落特征及种系演化规律，揭示了微生物与重金属的微观作用过程、重金属迁移转化及解毒机制。阐明了植物体内主要元素与重金属作用关系和调控机制，揭示了重金属在农田系统中的多介质、多界面环境化学过程、分子机理及其生物有效性。

（三）农田地膜残留污染防控机理

农业农村部开展了作物地膜适宜性评价技术研究和应用。研究建立地膜覆盖合理利用的评价技术指标，计算主要农作物地膜覆盖适宜性指数，构建农作物地膜覆盖适宜指数分布图，解决地膜覆盖技术应该在什么地方、什么作物上用的问题，减少目前存在的凭经验应用地膜覆盖技术的现象和问题，推动我国地膜覆盖技术的合理应用，降低地膜残留污染的风险。全国已建立 210 处地膜污染监测点。

（四）畜禽养殖污染防控机理

探明了畜禽养殖废弃物高效处理生物学机制，养殖粪污中抗生素、耐药基因和重金属的迁移转化规律和控制机制。揭示畜禽粪便堆肥中氮素转化的微生物驱动机制、养殖污水/沼液高效处理微生物机制，利用分子生物学技术研制畜禽废弃物处理和利用酶和工程菌剂，为畜禽废弃物处理和利用技术开发奠定了基础。在畜禽废弃物抗生素残留和抗性基因去除方面，揭示了藻类、生物处理、人工湿地和紫外消毒等对养殖污水中耐药细菌与基因的去除机制，粪便抗生素及其抗性基因在堆肥过程中的消减微生物机制，以及畜禽粪污中抗生素残留的环境行为、降解复合机制及其对土壤微生物的影响机制；阐释并揭示了规模化生猪养殖环境中 ARGs 的分子扩散机制、猪场粪污中耐药基因污染特征及归趋及分子扩散机制。在粪污农用过程中重金属迁移转化规律方面，构建从污染源（饲料、添加剂等）和污染受体（有机肥等）出发的养殖污染通量的理论与方法，基于规模化养殖污染物发生量和排放量，建立污染物量化表征方法和模型。揭示畜禽粪污重金属对土壤微生物的影响机制、对污水处理功能菌群的抑制机理以及生物炭对重金属污染的阻控机制。

（五）农村人居环境综合评估方法

完成了农村人居环境数据挖掘和综合评价指标体系建设。在开展乡村环境区域性调研、监测的基础上，建立了我国农村人居环境大数据挖掘方法，构建形成了包括乡村环境污染现状诊断、乡村环境宜居性评价和乡村环境承载力评估等相关指标在内的乡村环境综合评价指标体系；研究建立乡村环境宜居性评价技术和乡村环境承载力综合评估技术并制定环境宜居乡村和健康乡村的分级标准。制定《美丽乡村建设规划编制指南》《农村生活环境调查监测技术规范》《乡村环境综合评价与分类技术规范》《农村环境建设综合评价技术导则》和《美丽乡村景观规划设计方法》，系统解决了美丽乡村建设在系统性、操作性等方面的标准缺失问题。

建立农村人居环境综合评估技术体系和评价模型。 基本摸清了我国不同区域、不同资源禀赋、不同经济水平和产业结构的农村环境污染风险特征，建立了农村污染物时空分布和风险因子扩散的模拟技术，构建农村环境多时空尺度污染风险场；基于污染风险场进行农村环境污染风险评价和分区、分级，开展农村环境风险预警；集成农村环境评价和预警模型，研发便携式环境信息接收终端、嵌入式农村环境多源数据处理基站和集中式预警处理及响应平台，构建分布式农村环境预警系统，实现与农村环境监测数据的无缝衔接和对农村环境污染的实时评价、预警和防控。

（六）生态农业与生物多样性的理论与方法

系统探索了中国生态农业理论与方法。 马世骏院士明确提出了中国生态农业和农业生态工程的概念，构建了以生态学理论和系统循环工程观点为基础的中国特色生态农业学科体系。重点开展土壤生物多样性、生态系统过程和生态系统功能的影响与机制研究；集约化农田生态系统安全评价的土壤生物敏感指标研究；农田土壤生态系统调控与生态修复技术与模式研究；集约化农田生态系统安全技术体系构建研究；循环（生态）农业模式及技术模式研究；等等。调控并提升了集约化农田的生态系统服务功能。骆世明教授牵头组织在 CRC 出版社出版了 *Agroecology in China：Science，Practices，and Sustainable Management*（2016 年），集中展现了中国的农业生态学发展与生态农业建设的重要成就和进展。

揭示了农田作物多样性控制病害的主要机制。 系统揭示了水稻遗传多样性显著控制敏感品种糯稻的稻瘟病的机制，主要是水稻品种多样性支持了病原的多样性，增加了系统的稳定性。明确了作物物种多样性控制病害的机制，取得了良好的生态和社会效益。

（七）气候变化农业影响及农业应对方法

围绕气候变化和极端气候事件开展了基础研究和评估工作， 明确了过去 50 年，我国农业气候资源发生了显著变化，主要农作物生育期期间积温增加，中国东北大多数地区的作物生长期增加了 10 天左右，作物种植北界北移西扩，多熟种植气候适宜面积增加，但日照时数减少。**明确了** 气候变暖使大部分病虫发育历程缩短、危害期延长，害虫种群增长力、繁殖世代数增加，病虫害发生的范围向高纬度和高海拔地区扩展，改变了昆虫、寄主植物和天敌之间原有的物候同步性，防控病虫害难度加大。**明确了** 已发生的气候变化使我国冷凉地区农作物产量增加，易受干旱影响地区的农业应对气候变化时表现得最为脆弱，辐射量降低是影响作物产量的重要因素。**明确了气候变暖使草原区旱灾概率增大，持续时间加长，潜在荒漠化趋势增强，草原承载力和载畜量的分布格局会发生较大变化。**

在对农业气候变化适应性的研究内容和方法论方面取得突破。主要表现在适应性概念演变、农业适应性影响因素、适应性措施、适应性评估、适应性政策形成框架等多个方面，农业适应性研究理论上是基于可持续发展理论，逐步形成了农业适应性政策框架体系和农业适应性科学雏形；在方法上既包含简单的定性定量分析，也存在复杂的集成评估模型；空间尺度涉及全球、地区、国家、地方和个人。未来农业适应性研究的方向包括：形成农业适应性科学，构建农业适应性的方法论体系，开展农业适应性决策行为的研究和拓展农业适应性评估方法。

三、应用开发研究

遵循农业生态环境保护的技术需求，以问题为导向，重点研发农田面源污染综合防控、农田土壤重金属污染治理修复以及农业应对气候变化等关键技术，开发农田地膜残留污染防控新材料，研究建立畜禽养殖粪污治理、农村人居环境整治、生态农业与生物多样性保护等关键技术和模式，为农业生态环境保护提供技术支撑。

（一）农田面源污染综合防控技术

农业面源污染防治技术与产品的应用开发研究力度加大。如水污染治理重大专项"受面源污染入湖河流污染控制与生态修复技术研究与示范"、国家科技支撑计划项目"沿湖地区农业面源污染防控与综合治理技术研究"，公益性行业（农业）科研专项"农业面源污染监测预警与氮磷投入阈值研究""典型流域主要农业面源污染物入湖负荷及防控技术研究与示范"，"十三五"重点研发计划项目：水稻、小麦、玉米和设施蔬菜氮磷污染负荷削减技术与产品研发，水土流失型氮磷面源污染阻截技术与产品研发。

构建面源污染治理的"4R"技术体系。实施基于"源头减量（Reduce）、过程阻断（Retain）、养分再利用（Reuse）和生态修复（Restore）"的完整的技术体系链。**农业面源污染源头控制技术。**包括发展生态绿色产业，实行测土配方施肥、低污染农药和肥料品种及助剂研制、合理施肥施药、节水灌溉技术等。**农业面源污染过程削减技术。**包括生态沟渠、塘库系统、人工湿地系统，发展循环农业促进农田秸秆处置和农田废物回收系统。**农业面源污染末端截污技术。**包括缓冲带技术、农药末端降解的Biobed 技术及装备。**新型材料应用于农业面源污染物质脱除。**生物质炭及改性材料。**新技术应用与农业面源污染技术研发。**如核磁共振技术、同步辐射技术、同位素示踪技术、计算机模拟技术等与野外流域尺度的田间定位试验方法结合。开发了适合**我国敏感湖库区的农业面源污染防控成套技术与操作规范。**研制集约农田土壤氮磷养分流失控制技术、农田养分优化技术、农药绿色替代与精准减量关键技术等 6 项技术。

~~~~ / **专栏20-1** / ~~~~~~

国家科学技术进步二等奖"全国农田氮磷面源污染监测技术体系创建与应用"

中国农业科学院农业资源与农业区划研究所任天志研究员等突破了定量难、变异大等农田面源污染监测技术瓶颈，首创了全国农田面源污染监测平台，建成了首个国家农田面源污染大数据，创建了全国农田面源污染核算方法，首次摸清了全国农田氮磷面源污染的底数和重点区域，集成了农田面源污染减排技术模式并得到大面积应用，显著提升了我国农田面源污染监测控制能力。

~~~~~~

（二）农田土壤重金属污染治理修复技术

土壤重金属污染治理相关应用研究得到快速发展。如"十三五"国家重点研发计划设置的"农田重金属污染阻隔和钝化技术与材料研发""重金属污染农田的植物萃取技术、产品与装备研发""农田重金属污染地球化学工程修复技术研发"3个项目，促使农田土壤重金属污染防治技术发展迅速，**提出了重金属污染区域类别划分方法**，建立了主要农产品禁产、限产、宜产区的技术标准和方案，筛选适宜禁产区推广应用的替代植物，保证了禁产区耕地的安全利用。建立了分子标记辅助筛选与评比技术，通过全基因组数据确定低重金属分子标记，环境上观测表型特征，筛选出重金属累积相对较低、环境表现稳定的目标品种。**高效镉砷同步钝化新材料研制**，创新性地提出了稻田调控铁循环降低土壤中镉砷活性与移动性，以及调控水稻硅硒营养阻隔镉砷转运的新思路，并根据这个新思路研制出铁基生物炭、金属硫蛋白镉还原菌等一系列新产品。

（三）农田地膜残留污染防控新材料应用

在生物降解材料合成、工艺和设备研究方面取得了突破性进展，主要生物降解地膜材料PBAT的研究和应用已经与发达国家处于并跑阶段，年生产能力达近30万吨；在聚碳酸亚丙酯（PPC）研发方面处于世界前列，具有优势，已形成5万吨级规模的年生产能力。同时，生物降解地膜产品的功能性、操作性、可控性和经济性也得到大幅度改善，形成了具有中国特色的生物降解地膜产品、评价和应用技术。根据中国地膜特点、应用模式和作业面状况，研制形成了收卷式、辊扎式、耙齿式、铲筛式，以及与整地作业机一体的复合作业机具，部分机具在先进性方面处于世界前沿。

（四）畜禽养殖粪污治理技术与模式

基于畜禽养殖全过程开发了一系列的粪污治理关键技术和模式。创新研发了用于粪便收集和处理的即时清粪型智能化移动地板技术、养殖粪污标准化储存技术、奶牛粪便制备卧床垫料回用技术、厌氧干发酵技术、畜禽粪污制备有机肥快速转化技术等；创新研发了废水规范化收集贮存技术、奶牛场奶厅废水一体化处理和回用技术、养殖肥水生态塘深度处理技术、微生物处理技术、养殖肥水安全回灌农田利用技术等。

研发了种养结合就地利用、集中处理异地利用、能源转化循环利用、基质转化综合利用、深度处理达标排放工艺模式等具有"因地制宜""一场一策"和"可复制可推广"等特征的适用技术模式。为了解决畜禽养殖污染减排无法定量评价的难题，建立了畜禽养殖业源产排污系数核算方法等。为粪污全量收集还田利用、专业化能源利用、固体粪便肥料化利用、粪便垫料回用等适用技术模式的落地和解决畜禽养殖污染防治难题提供了有力技术支撑。

~~~ / **专栏 20-2** / ~~~~~~

国家科学技术进步二等奖"畜禽粪便污染监测核算方法和减排增效关键技术研发与应用"

中国农业科学院农业环境与可持续发展研究所董红敏研究员等首创了我国畜禽粪便污染核算方法，创建了污水源头减量工艺，发明了污水沼液再生利用、堆肥臭气减排与氨氮回收利用关键技术与装备，集成创建了种养结合、清洁回用、集中处理 3 个系列的技术模式并大面积推广应用，为国家政策制定和重大行动实施提供了科技支撑。

（五）农村人居环境整治关键技术与模式

从乡村景观规划、污水垃圾处理处置、农村厕所改造等方面开展了系统技术攻关，完成了一批支持我国乡村环境改善的关键技术与模式。

提出了美丽乡村生态景观建设方法。包括绿色基础设施规划建设方法、乡村生态景观特征分类和规划方法、生态景观服务功能提升方法、生态景观工程技术体系等。近年来，我国科研人员先后开发了粪水沼气净化池、厌氧池—稳定塘（人工湿地）、粪水—厌氧池—高负荷地下渗滤、厌氧池—跌水接触氧化—人工湿地或生态沟渠、厌氧滤池—稳定塘—生态沟渠、一体化设备—SBR 反应池—生态池—稳定塘等生活污水处理工艺设备；研发了分散式一体化生态厕所、农村旱厕等农村改厕技术装备等；探索了户分类、村收集、乡（镇）转运、县（市）处理的农村生活垃圾收集转运处理模式，具有很好的工作基础。

污水垃圾处理处置方面，开展了乡村生活污水无害化处理与就地还田技术、生活垃圾分类收集及有机垃圾就地资源化技术、秸秆低污染"五化"利用技术、地膜免回收或高效回收与再利用技术研究，同时开展低成本的分散式、集中式、小型化、物联网化装备研发。形成了一批适合农村单户联户、集中处理的小型设备和工艺，包括生活污水脱氮高效复合菌种、小型一体化农村生活污水处理机、农村污水处理湿地、移动式有机垃圾堆肥装置等。研发了农业农村有机废弃物一体化处理拖车式、模块化高效处理设备。

农村改厕方面，形成了一批适合我国干旱、寒冷地区的新型厕所产品，构建了单户、整村改厕技术模式。通过和企业联合，研发了原位堆肥型一体化旱厕以粪便为原料生产有机肥，同时达到除臭、杀灭有害菌和病原体的作用，该旱厕集粪尿收集、就地处理功能于一体。以"粪污不出户""粪污不出村"为理念，构建了厕所粪污就地消纳生态庭院、统一收集回用大田清洁村庄两套技术模式，已开始了示范推广。

（六）生态农业与生物多样性保护技术模式

集成生态农业模式和技术体系建设生态农业试点。1993—1998 年生态农业试点圆满完成第一阶段的任务，在第一批试点基础上，国家 7 部委（局）于 2000 年启动了第二批 50 个国家级生态农业试点县建设，建成一批生态农业"精品"示范工程。结合 100 个生态农业示范县建设，全国各地总结形成一系列生态农业建设的典型模式和配套技术，农业部面向全国征集了 370 种生态农业模式或技术体系，并形成了北方"四位一体"生态模式、南方"猪—沼—果"生态模式及配套技术等 10 大技术模式。**启动现代生态农业示范基地建设，编制核心技术与关键技术清单。**2014 年，农业部在山东、内蒙古、湖北、贵州、甘肃等省区市启动建设了 13 个现代生态农业示范基地，编制出现代生态农业核心技术清单，筛选熟化出 30 项现代高效生态农业关键技术，包括 4 项共生型技术、4 项农田景观营造技术、4 项绿色防控技术、4 项生态农业管理技术、14 项田间清洁生产技术，并将技术要点制成技术规范，实现标准化操作。

（七）农业应对气候变化关键技术

建立了农田温室气体排放的自动监测系统，编制了静态箱—气相色谱法观测甲烷（CH_4）和氧化亚氮（N_2O）通量的方法与数据质量控制规范。**摸清了我国农业源温室气体排放的底数。**2012 年我国农业温室气体排放总量为 9.4 亿吨二氧化碳当量，占全国温室气体排放总量的 8%。随着人民生活水平的提高和对肉蛋奶需求量的增加，农业生产过程中的温室气体排放将缓慢增加。**开展了种植业和养殖业温室气体排放核算方法学研究**，明确了稻田 CH_4 排放和农田 N_2O 排放规律和关键影响因子。**研发了降低农业温室气体排放的有效技术**，包括稻田节水灌溉、农田测土配方施肥、施用缓释肥和硝化抑制剂、肥料深施和秸秆资源化利用等方面技术，为农业低碳发展政策制定提供了技术支撑。

~~~~ / **专栏 20 - 3** / ~~~~

国家科学技术进步二等奖"畜禽粪便沼气处理清洁
发展机制方法学和技术开发与应用"

中国农业科学院农业环境与可持续发展研究所董红敏等针对我国畜禽粪便污染严重、温室气体排放量大、沼气处理减排潜力大和适合我国特点的沼气处理 CDM 方法和技术几乎空白等众多问题，以创新方法学机制、提高粪便资源利用率技术水平、实现减排和收益为目标，通过多学科产学研协同攻关，取得了多项创新与突破。建立了全球第一个户用沼气 CDM 方法学，创建了"大型养殖场畜禽粪便沼气处理 CDM 工艺"，实现了我国畜禽粪便处理利用工艺的新突破。被专家鉴定为处于世界领先水平。在国内首次研究集成了适用于不同规模养殖场的畜禽粪便沼气处理 CDM 技术模式，建立了 CDM 项目开发可行性指标和基线监测等技术规程，为促进国际环境补偿机制的应用提供了工具。

四、重大贡献

近年来，农业生态环境保护领域涌现了一大批新技术、新产品和新方法，在全国范围内得到了广泛的推广应用，有力地支撑了农业绿色发展。重点流域农业面源污染综合治理效果显著、农田土壤重金属污染治理和修复稳步推进、畜禽养殖粪污得到了资源化利用，农业应对气候变化能力显著提升。

（一）重点区域农业面源污染综合治理效果显著

2016—2018 年，启动了重点流域农业面源污染综合治理试点项目，在三峡库区、洱海、洞庭湖、鄱阳湖等 10 个重点水源保护区和环境敏感流域选择 65 个县重点典型农业小流域，开展农业面源污染综合治理，治理区覆盖农田面积 11.32 万公顷。项目建设示范区内化肥、农药减量 20% 以上，村域混合污水及畜禽粪污综合利用率达到 90% 以上，秸秆综合利用率达到 85% 以上，化学需氧量、总氮、总磷排放量分别减少 40%、30%、30% 以上。

"受面源污染入湖河流污染控制与生态修复技术研究与示范"项目创建了以集约化设施农业种植区为基础实现氮磷减排的"源头减量—过程阻断—养分循环利用—生态修复"技术体系，在太湖、巢湖、滇池、洱海等流域的农田面源污染严重区域进行推广应用。累计应用面积 355 万公顷，减少化肥中氮磷施用量 7.63 万吨。

"沿湖地区农业面源污染防控与综合治理技术研究"项目在密云水库、官厅水库、丹江口水库、白洋淀、兴凯湖、南四湖等 12 个湖库区开展示范，建立核心示范区 35 个（4 010 公顷），技术集成示范区 55 个（3.721 1 万公顷），技术辐射 29.24 万公顷。核心示范区内氮磷流失量减少 45%，旱地土壤硝酸盐淋失减少 20%，农药投入减少 40% 以上。

"十三五"重点研发计划系列项目也已取得了以下成果：京津冀一体化示范区污染负荷比实施前减少 25%，磷素淋失降低 50%，降低土壤农药残留 30% 以上；长江中下游水网区稻田源头减量、过程拦截、养分再利用等多项技术集成度达到 80%，降低氮磷流失负荷 28.3% 和 47.6%；东北西北区初步提出氮磷流失防控技术清单，其中增密减氮以及侧条施肥技术减少氮素流失 16.5%～20.9%。

（二）农田土壤重金属污染治理技术广泛应用

国家农产品产地重金属污染综合防控协同创新联盟承担国家项目和课题超过 16 个，形成中轻度重金属污染稻田的"低累积品种—土壤钝化—元素拮抗—农艺调控"区域综合防控技术模式等，推广早中稻化学钝化修复效果示范 0.2 万公顷，研制出的一批新型降镉技术产品在湖南湘潭连片示范 465 公顷，推广植物修复技术示范超过 33 公顷；在安徽铜陵、广东韶关与清远、广西河池、贵州威宁、河北安新、河南新乡、湖北大冶、江西萍乡、四川绵竹、云南玉溪等 11 个异地验证点进行了异地验证试验，修复技术种类达到 20 种。"十三五"重点研发计划系列项目已实现铁基生物炭、金属硫蛋白镉还原菌等新产品将轻度污染稻田的安全利用率由不足 50% 提高至 90%，中度污染稻田的安全利用率提升至 80%。在多个国家级重金属污染治理先行区和省级示范区应用累计超过 13.3 万公顷，发展成为我国稻田重金属污染治理的主推技术之一，形成了稻田镉砷污染阻控新原理—新技术—新产品的创新链。此外，京津冀城乡一体化区重金属钝化超过 30%，黄淮海农区建立的 5 个核心示范区设施农田土壤重金属有效态降低近 50%，西南中南区建立中南镉砷污染农田植物萃取、植物叶面阻隔、农田钝化、耕地安全利用及综合防治修复技术示范区，土壤镉砷活性降低 60% 以上。

（三）农田残膜回收利用发展迅速

推动地膜标准修订，解决残膜易破碎、回收难的问题。研究编制《废旧农膜回收利用管理办法》，依规推动地膜销用收加全程监管。对加厚地膜使用、回收加工利用给予补贴，逐步健全废旧地膜回收加工网络，扶持建设废旧地膜回收加工网点，鼓励残膜加工企业回收废旧地膜。推进甘肃、新疆构建了"5 个 1"（出台地方条例、推行地方标准、落实以旧换新补贴、实施综合利用项目、构建监管体系）的地膜综合利用机制。目前，两省（区）已全面推广使用加厚地膜，甘肃省地膜当季回收率达到 79%，新疆 41 个县（市）实施了地膜回收清洁生产项目和旱作农业地膜补贴项目，地膜当季回收率达到 80% 以上。2019 年《土壤污染防治法》，2017 年农业部《农膜回收行动方案》、2018 年"地膜回收行动监测方案"、2019 年"地膜回收行动管理办法"和"加强春季备耕期间地膜回收工作"等给予了支撑。

大幅度提升了我国生物降解材料的生产能力，推动了生物降解材料行业的进步，也极大改善了我国生物降解地膜产品在地膜强度、功能和可控性方面的瓶颈问题，大幅度降低了产品成本。同时，生物降解地膜产品质量、标准的建立，推动了我国生物降解地膜产品研发和规模化应用。研发的多种棉花地膜回收机具，初步解决了西北内陆棉花高密度种植模式下秸秆粉碎与地膜回收同步进行的技术难题，推动了棉花地膜回收，有力保障了棉花产业的健康发展。

（四）畜禽养殖粪污得到资源化利用

畜禽废弃物处理和利用实用技术的推广应用，尤其是"堆肥环境生物与控制关键技术及应用""规模化猪、禽环保养殖业关键技术研究与示范""畜禽养殖废弃物生态循环利用与污染减控综合技术""有机固体废弃物资源化与能源化综合利用系列技术及应用""有机肥作用机制和产业化关键技术研究与推广"和"畜禽粪便污染监测核算方法和减排增效关键技术研发与应用"等成果的应用，使得畜禽废弃物的环境污染得到有效防治，同时实现了畜禽废弃物的资源化利用，截至 2017 年，畜禽粪污的综合利用率达到

70%。在基础性标准、源头减量、粪便无害化与污染防控、粪污综合利用、检测监测等方面形成 60 余项国家、行业和地方标准，构建了标准体系。规模化养殖场粪污治理技术和模式已在全国大中型规模化养殖场废弃物处理工程中得到广泛应用，社会和环境效益极为显著。

（五）农村人居环境整治稳步推进

农村人居环境领域科技创新，为我国创建生态宜居的美丽乡村提供了有力技术支撑，为农村人居环境整治提供了技术装备和模式。从农村经济发展、农业功能拓展、农民素质提升、农业技术推广、乡村建设布局、资源开发利用、生态环境保护、乡村文化建设等方面，构建了美丽乡村综合评估方法，对美丽乡村环境质量、资源禀赋、群众幸福指数、可持续发展能力等方面进行了系统评估，为我国农村环境改善与发展趋势做出了基本预测和评判。推进农村畜禽粪便、农作物秸秆、生活垃圾和污水向肥料、燃料、饲料的资源转化，实现经济、生态和社会三大效益，净化水源、净化农田和净化庭院，实现生产发展、生活富裕和生态良好的目标。建立了产业发展型、生态保护型、城郊集约型、社会综治型、文化传承型、渔业开发型、草原牧场型、环境整治型、休闲旅游型、高效农业型美丽乡村模式，促进了农村环境发生根本转变，推动了我国乡村振兴战略的实施。

（六）生态农业与生物多样性保护效益显著

解决了产业发展不协调、生产与生活不耦合、生态模式政策不完善等产业问题。生态农业通过构造循环链，解决了种养加产业发展不协调问题，实现了种植业、养殖业和农产品加工的有机衔接；解决了农业生产和农村生活系统不能协同耦合的问题，实现生产、生活、生态和谐发展；解决了农业产业模式生态化的政策不完善问题，形成专业化、市场化的社会服务体系。

生态农业典型模式与技术得到广泛的应用推广。农业农村部将北方"四位一体"生态模式、南方"猪—沼—果"等 10 大生态农业技术模式作为重点任务加以推广。2000 年，江苏省大丰市被表彰为"全国生态农业建设先进县"，被国家环保总局命名为首批"国家级生态示范区"，我国有 10 个生态农业村被授予"全球环境五百佳"的称号，我国生态农业实践延伸到了生态村与生态农业县。近年来，农业农村部在全国相继支持 2 个生态循环农业试点省、10 个循环农业示范市和 1 100 个美丽乡村建设，初步形成省、市（县）、乡、村、基地五级生态循环农业示范带动体系。2014—2017 年，浙江省率先建成全国唯一现代生态循环农业试点省，探索形成了"主体小循环、园区中循环、县域大循环"的三级生态循环农业发展模式。2014 年，依托农民专业合作社、农业产业龙头企业、农业园区、家庭农场等新型农业经营主体，农业部在山东、内蒙古、湖北、贵州、甘肃等省（区）启动建设了 13 个现代生态农业示范基地。2015 年安徽省建设现代生态农业产业化示范市 5 个、示范县（市、区）30 个、示范区 100 个、示范主体 1 500 个，初步形成了产品生态圈、企业生态圈和产业生态圈三位一体的生态农业产业化发展模式。

生态农业建设取得显著的生态、经济和社会效益。1993 年全国选择 50 个县开展生态农业试点县建设工作，涉及耕地面积 1 400 万公顷，6 年生态农业试点期间水土流失治理率达到 73.4%，土地荒漠化治理率达到 60.5%。2014—2018 年，现代高效生态农业技术集成创新与示范推广工作在辽宁、甘肃、河南、山东、湖北、重庆、贵州、山西、宁波、内蒙古、陕西等 12 个省区市累计推广应用 145 万公顷，总经济效益达到 22.7 亿元。作物产量增加 2.6%～6.7%，节约农药化肥成本 20% 以上，农作物病虫害综合防治率达到 89%，投入产出比从 2013 年的 0.97 增加到了 3.98，生态循环农业体系建立，化肥使用量减少 15%～40%，每年农药使用量减少 40%～87%，农用地膜回收率达到 81%，粪污养分资源化利用率超过 90%，基本达到趋零排放，实现农药化肥双减，基地生态环境持续改善，农产品优质品率均达 90% 以上，农民人均可支配收入为 15 800 元，年均增长率超过 8%，项目综合效益显著。

生态农业与生物多样性保护政策陆续制定。1994 年《中国生物多样性保护行动计划》确定了中国生物多样性优先保护的生态系统地点和优先保护的物种名录。1997 年底，国务院批准《中国生物多样性国情研究报告》，确定了之后 15 年中国生物多样性保护和持续利用国家能力建设的目标。随后陆续发布了《中国跨世纪绿色工程规划》《全国生态环境建设规划》《全国生态保护规划纲要》《中国农业部门生物多样性保护行动计划》等。

（七）农业应对气候变化能力显著提升

研发了农业领域关键减排技术的减排核算和监测方法学，主要包括"家庭或小农场农业活动中甲烷回收""可持续草地管理温室气体减排计量与监测方法学""保护性耕作减排增汇项目方法学""畜禽粪便堆肥管理减排项目方法学""反刍动物减排项目方法学""畜禽沼气提纯减排方法学"，解决了农业项目减排量量化无依据、环境效益难以得到经济补偿的难题。为开发户用沼气、秸秆还田、粪便资源化利用等减排项目、农业项目参与碳市场提供了方法和工具。

国内 200 多万沼气户采用我国自主研发的"家庭或小农场农业活动中甲烷回收"方法，申请国际清洁发展机制项目或者国内的温室气体自愿减排项目。开发的山东民和大型养殖场畜禽粪便沼气碳交易项目，年减排温室气体 7.2 万～8.0 万吨二氧化碳当量，温室气体减排收益累计 4 200 万元人民币。**农业生态系统减缓气候变化增加土壤碳汇。**启动实施土壤有机质提升补贴工作，累计推广秸秆还田、绿肥种植、增施有机肥等技术措施面积近 200 万公顷。在提高农田和草地碳汇方面，到 2010 年，全国保护性耕作技术实施面积 432 万公顷，机械化免耕播种面积 1 113 万公顷，秸秆机械化粉碎还田面积 2 853 万公顷。

农业应对气候变化领域出台众多项政策和行动。如《中国应对气候变化的政策与行动》《中国应对气候变化的政策与行动 2017 年度报告》《中国应对气候变化的政策与行动 2018 年度报告》。

本 章 参 考 文 献

傅伯杰，刘国华，陈利顶，等，2001. 中国生态区划方案 [J]. 生态学报，21 (1)：1-6.

李杰，何文清，朱晓禧，等，2014. 地膜应用与污染防治 [M]. 北京：中国农业科学技术出版社.

李文华，2018. 中国生态农业的回顾与展望 [J]. 农学通报，8 (1)：145 - 149.

骆世明，2017. 农业生态转型态势与中国生态农业建设路径 [J]. 中国生态农业学报，25 (1)：1 - 7.

梅旭荣，刘荣乐，等，2011. 中国农业环境 [M]. 北京：科学出版社.

全国生态农业示范县建设专家组，2001. 发展中的中国生态农业 [M]. 北京：中国农业科学技术出版社.

孙鸿良，等，1993. 生态农业的理论与应用 [M]. 济南：山东科学技术出版社.

陶战，王璐，张克强，等，2008. 农业生物多样性编目 [M]. 第 2 版. 北京：中国环境科学出版社.

严昌荣，何文清，刘爽，等，2015. 中国地膜覆盖及残留污染防控 [M]. 北京：科学出版社.

张壬午，王洪庆，张克强，1992. 县级生态农业建设评价指标体系及其评价标准 [J]. 农业环境保护，11 (8)：111 - 117.

张桃林，2015. 科学认识和防治耕地土壤重金属污染 [J]. 土壤，47(3)：435 - 439.

郑向群，陈明，2015. 我国美丽乡村建设的理论框架与模式设计 [J]. 农业资源与环境学报，32(2)：106 - 115.

第二十一章　农业生物技术

20世纪50年代初，DNA的双螺旋结构模型的揭示，阐明了DNA的半保留复制模式，生命科学进入了"分子生物学"时代。1961年，遗传密码被破译，证明所有生物拥有共同的遗传基础，揭开了DNA编码的遗传信息是如何传递秘密的。1972年，DNA体外重组技术成功建立，标志着基因工程的诞生。其后，细胞大规模培养技术、聚合酶链反应（PCR）技术不断涌现，由此拉开了现代生物技术及其产业迅猛发展的序幕。进入21世纪以来，随着组学、系统生物学、合成生物学等前沿交叉学科的快速发展，新一轮科技革命和产业变革加速演进，生命科学基础研究和原始创新加快突破，推动生物技术进入一个大数据、大平台、大发现的新时代。农业生物技术作为生物技术的重要组成部分，是生物技术及其产业发展的重要战略方向。农业是生物技术应用的重要领域。当前，农业生物技术及其产业发展迅猛，已成为解决食物短缺、资源枯竭、环境污染、生态破坏、能源危机等困扰人类生存与发展问题的重要技术途径，并与信息技术、先进制造技术和智能技术等交叉融合，不断催生工厂农业、数字农业和智能农业等农业新业态和新产业。毋庸置疑，农业生物技术是21世纪发展最快、应用最广、潜力最大的战略高技术之一，是推动新一轮农业科技革命的决定性力量。

一、前沿理论与应用基础研究

我国农业生物技术历经70年的发展，建立了较完善的农业生物技术理论创新体系，前沿基础研究逐步夯实，呈现领跑、并行与跟跑格局，特别是在农业生物组学、水稻生物学、表观遗传学、逆境生物学、生物固氮和光合作用等农业前沿理论研究领域取得了一系列原创性的成果，部分学科方向已跻身国际领先行列。

（一）农业生物组学

我国利用高通量基因测序、基因注释与表型鉴定、生物信息学及关联分析等方法，完成了水稻、小麦、谷子、棉花、油菜、马铃薯、番茄、甘薯、扇贝、家蚕、地方猪以及抗病虫和固氮农业微生物等重要农业生物基因组序列测定，为我国和世界基因组科学的发展做出了突出贡献，奠定了我国基因组学、特别是农业生物基因组学在国际上的领先地位。

水稻是第一个完成全基因组测序和建立较为完备的功能基因组平台的农作物。从

＊本章审稿人：吴孔明；牵头撰写人：林敏；参与撰写人（按姓名笔画排序）：王克剑、王宝宝、王凌健、王娟、毛颖波、汤波、牟玉莲、孙君明、李坤、李奎、何明雄、谷晓峰、汪海、张伟、张志芳、张杰、张锐、陈芳艳、陈茹梅、陈晓亚、林浩、郑天清、郝元峰、徐玉泉、唐巧玲、黄荣峰、葛红、路铁刚、燕永亮、薛爱红、戴蕴平。

1990 年以来，我国在国际上率先独立完成了籼稻 9311 全基因组测序和精细遗传图谱绘制，作为主要参与国之一牵头发起"国际水稻基因组测序计划"，并独立完成了粳稻日本晴第 4 号染色体精确测序，标志着我国水稻功能基因组研究进入了国际领先行列。此外，还对国内 50 个水稻品种和其他国家收集的 3 000 份水稻品种开展重测序，基因序列变异的发掘对水稻功能基因组研究和指导全基因组育种具有重大的科学意义和实用价值。建立了一系列较完整的功能基因组学平台，包括华中农业大学等单位建立的带有Enhancer Trap 的 T-DNA 标签数据库，中国科学院国家基因研究中心公布的籼稻品种广陆矮 4 号和明恢 63 的全长 cDNA 库，杂交稻汕优 63 和明恢 63 的全基因组表达谱数据 CREP，这些数据资源通过网络等形式供世界水稻科研工作者共享。我国率先开发了基于新一代测序技术的高通量基因型鉴定方法，成功开展了水稻全基因组关联分析工作，研制出具有自主知识产权的水稻全基因组育种芯片，达到国际领先水平。在水稻基因组被破解多年后，三大粮食作物中最复杂、最难破解的小麦基因组图谱绘制工作有了突破性进展。我国在国际上率先完成了小麦 A 基因组的供体——乌拉尔图小麦，和小麦 D 基因组供体——粗山羊草基因组草图的绘制，结束了小麦没有全基因组序列的历史，标志着我国小麦基因组研究已处于国际领先水平。甘蔗是基因组最为复杂的作物之一。甘蔗野生种"割手密"为现代栽培杂交种提供了病虫害和逆境的抗性基因，约占了甘蔗杂交种基因组的 15%。福建农林大学研究团队攻克同源多倍体基因组拼接组装的世界级技术难题，率先破译甘蔗割手密种基因组，解析了甘蔗割手密种的系列生物学问题，特别是揭示了甘蔗属割手密种的基因组演化、抗逆性、高糖以及自然群体演化的遗传学基础。

我国在农业动物组学研究领域已取得了一批丰硕的研究成果。2004 年，西南农业大学与中国科学院北京基因组研究所联手完成了家蚕基因组工作框架图的绘制，构建了世界第一张鳞翅目昆虫基因组框架图，这是继人类基因组计划中国卷、水稻基因组工作框架图和精细图之后，我国取得的又一个里程碑式的科学成就。2005 年，"中丹家猪基因组计划"对外公布了猪基因组序列测定的阶段性成果。中国科学家参与的"国际鸡基因组计划"也取得了具有全球性影响力的重大成果。中国农业科学院北京畜牧兽医研究所对五指山小型猪进行了全基因组测序及分析，使研究人员能够对具有与人类类似复杂疾病的动物进行详尽、透彻地研究与分析。江西农业大学对我国 15 个不同地理居群的、代表广泛血缘的 32 个猪种 69 头无相关血缘中国地方猪，进行了全基因组高覆盖度（25X）的重测序，鉴别了 2 100 万个新的基因组变异位点，通过比较公共数据库中的欧洲猪种基因组数据，发现中欧猪种之间存在广泛的基因交流。四川农业大学利用高通量测序技术及生物信息分析策略，从基因组水平充分揭示了藏猪特有高原环境适应性的分子机理，同时解析了四川盆地家猪在几千年的人工驯化过程中基因组中重要经济性状相关基因的进化方向。在反刍动物基因组研究中，兰州大学首次组装了牦牛基因组序列，揭示了牦牛高原适应性和驯化的遗传机制。中国科学院昆明动物研究所携手华大基因研究院、澳大利亚联邦科学与工业研究组织等国内外机构破译了绵羊基因组。为了弄清家鸭的驯化时间，以及确定家鸭在驯化过程中的基因选择，中国农业大学和中国农业科学院北京畜牧兽医研究所等单位对 2 个野鸭群体的 22 只野鸭和 7 个家鸭群体的 56 只家鸭按个体进行全基因组重测序，首次发现鸭子的驯化时间发生在距今 2 200 年前，与大脑、神经发育以及脂质代谢相关的基因在驯化过程中经过了高强度的选择。

我国从"十一五"计划开始，进行了一系列重要农业微生物基因组的全序列测定和功能分析，先后完成了痢疾密螺旋体（2003 年）、猪链球菌（2007 年）、猪胸膜肺炎放线杆菌（2008 年）、副猪嗜血杆菌（2009 年）、日本血吸虫（2009 年）等重要病原菌和寄生虫的全基因组测序，比较基因组学、转录组学、蛋白质组学、相互作用组学和代谢组学研究蓬勃展开，为新药靶标、疫苗抗原和诊断标识的高通量筛选与鉴定奠定了良好的基础。上海交通大学等完成了井冈霉素、尼可霉素、阿维菌素等高产菌株和多杀菌素高产菌株的全基因组序列分析。我国较早完成了昆虫杆状病毒的全序列测定，并进行了深入的功能分析、产生了多种衍生病毒。中国农科院生物技术研究所等单位完成了第一个联合固氮施氏假单胞菌的全基因组序列分析，开展了联合固氮基因表达谱研究，获得了一系列可能参与固氮过程的新基因；在放线菌、黏细菌、植物内生菌等微生物新资源的挖掘方面走在世界前列，若干黏细菌基因组的全序列测定揭示了一些特殊的代谢产物生物合成基因簇。

（二）农业生物表观遗传学

表观遗传学作为近年来生命科学热点领域，促进了医学、动物学、植物学等学科的飞速发展，在疾病机制、诊断治疗、动植物性状改良等方面均获得了令人瞩目的成就和显著的突破。目前，发现了多种表观遗传修饰方式，并探究了其错综复杂的生物学作用，包括 DNA 甲基化、RNA 甲基化、组蛋白修饰以及非编码 RNA。我国农业表观遗传学研究虽然从 21 世纪初开始起步，但发展迅速，陆续出现世界领先的研究成果。

在农作物的表观遗传学研究方面，中国农业大学、中国科学院遗传与发育生物学研究所、华中农业大学、中国农业科学院作物科学研究所等研究了玉米、水稻、番茄、大豆等多个植物组织特异性 DNA 甲基化修饰模式，证明了 DNA 甲基化水平与组织特异性基因表达之间存在密切关系，在调控开花、果实发育和风味等多个方面起着关键作用。中国农业科学院生物技术研究所、华中农业大学等最早将 DNA 腺嘌呤 N6 -甲基化应用于水稻表观遗传研究，解析了籼稻和粳稻基因组中腺嘌呤甲基化的分布模式与功能，揭示其在调控基因表达、发育和环境信号响应等方面起着关键作用，并开发了辅助育种体系和表观数据库平台 eRice，为基础研究和育种应用提供了技术支撑。除此之外，中国科学院北京基因组研究所、中山大学等在水稻 RNA 腺嘌呤甲基化研究方面也取得了重要突破，绘制了首个 m6A 修饰图谱，并进一步揭示了 RNA 甲基化在发育过程中的调控模式。在组蛋白修饰的表观遗传学研究方面，中国农业科学院生物技术研究所、华中农业大学和中国水稻研究所等发现，水稻等作物遇到胁迫时会诱导组蛋白甲基化或乙酰化变化，进而调控胁迫基因的表达。中国农业科学院生物技术研究所、华中农业大学、中国水稻研究所、武汉大学等发现组蛋白甲基化的动态变化在调控水稻、玉米等作物的开花期、花器官发育等多个方面起着重要作用，并且存在不同于其他物种的调控机制。因此，利用组蛋白修饰调控胁迫应答或者发育基因表达的特性，可选择性地提高作物在生殖发育期对环境胁迫的适应能力，从而提高作物产量。中国科学院遗传与发育生物学研究所、华中农业大学和中山大学等在小 RNA 领域的研究解析了困扰学者们多年的基因沉默现象本质，发现了水稻 DCL 酶家族成员催化不同类型小 RNA 的生物合成，开辟了水稻小 RNA 生物合成研究的新领域，鉴定了非编码 RNA 调控株型、光敏雄性不育、抗逆、品质、产量等多个重要位点和调控机制。

在农业动物的表观遗传学研究方面，四川农业大学研究人员采用高通量甲基化组测序技术，构建了猪不同部位脂肪和肌肉组织的 DNA 甲基化图谱，为促进猪肌肉生长和脂肪沉积这一重要经济性状的研究，预防人类肥胖疾病发生，奠定了重要的表观遗传学基础。中国农业科学院北京畜牧兽医研究所和农业基因组研究所通过链特异性测序分析猪骨骼肌、脂肪、心肌和肝等 9 种不同组织以及 3 个不同发育阶段的骨骼肌，绘制猪环状 RNA、miRNA 和长链非编码 RNA 时空特异性表达图谱，破译了多种非编码 RNA 对猪产肉性状形成调控机制，并首次构建农业动物的环状 RNA 等 5 个数据库。自主开发 RNA 编辑分析体系，绘制猪骨骼肌 27 个生长发育时间点的 RNA 编辑图谱，鉴定 236 569 个 RNA 编辑位点，其中 1 608 个 A-to-I 型编辑位点与骨骼肌生长发育有关，为猪基因组设计育种提供了表达水平的一类新型遗传标记。中国农业科学院农业基因组研究所从 RNA 甲基化层面进一步揭示了猪骨骼肌生长发育及产肉性状形成的分子机制。华中农业大学研究了在猪胎盘发育过程中组蛋白以及相应阶段中转录组的变化规律，为揭示猪胚胎发育和改良其繁殖能力提供了理论基础，并从 miRNA 等角度研究了猪骨骼肌生长发育的调控。西北农林科技大学的研究人员，从 circRNA 角度解析牛骨骼肌生长发育的调控，华南农业大学从 miRNA、lncRNA 和 cirRNA 等角度，对鸡骨骼肌生长发育的调控进行了研究。另外，随着染色质构象捕获技术及其衍生技术（如 Hi-C 和 ChIA-PET 技术）的发展，已经有不少中国学者开始了对猪不同组织器官以及不同发育阶段的染色质空间构象的研究。

（三）农业生物逆境生物学

农业生物逆境包括非生物逆境和生物逆境两个方面，干旱、盐碱、高低温等属于前者，而病虫害等属于后者。对农业生物逆境应答分子机制的不断深入解析，是培育耐旱、耐盐、耐高低温、抗病虫害等优良品种的基础。

在非生物逆境方面，水稻作为重要的粮食作物，对低温胁迫非常敏感，中国科学院植物研究所发现，水稻感受低温的重要 QTL 基因 COLD1 及其人工驯化选择的 SNP 赋予粳稻耐寒性的分子机制，COLD1 可直接用于对常规品种的耐寒性改良，具有重要的应用前景。而水稻的高温胁迫研究中，中科院上海植物生理生态研究所首次克隆水稻控制高温抗性的 QTL 位点，即高温抗性 1 号基因（TT1），它是从非洲稻导入系鉴定分离中得到的，将其导入我国栽培稻中可显著提高耐高温性。中国农业大学研究人员利用玉米自交系，通过全基因组关联分析技术发现提高玉米耐旱性的 ZmVPP1 等位基因，为玉米抗旱新品种的培育提供了重要的基因资源和选择靶点。华中农业大学研究人员在水稻中鉴定了多个参与干旱胁迫应答的调控因子，如 bZIP46、MODD、SKIP 等，并揭示了水稻干旱应答的精巧调控模式。中国农业科学院生物技术研究所在水稻中发现了植物激素乙烯和维生素 C 调控水稻耐盐性的重要功能，阐明了调控的分子机理。

在生物逆境方面，我国对水稻抗稻瘟病的研究取得了重大突破，在保证水稻产量前提下提高抗病性，使得我国在水稻抗病性研究领域迈出了一大步。中国科学院上海植物生理生态研究所鉴定了一个广谱抗瘟性新基因 *Pigm* 并解析了其影响抗病性的功能机制，该基因已被多家公司和育种单位应用于水稻抗病分子育种中。四川农业大学研究人员鉴定了转录因子 *Bsr-d1* 的启动子自然变异后对稻瘟病具有广谱持久抗病性，且对产量性状和稻米品质均没有明显影响，在分子育种中具有十分重要的应用价值。四川农业大学与中科院遗传与发育研究所合作，发现水稻理想株型关键基因 *IPA1* 在抗水稻稻瘟病过程中的作用，打破了单个基因不可能同时实现增产和抗病的传统观点，为高产高抗育种提供了重要理论基础和实际应用新途径。稻飞虱是对水稻生产危害最严重的害虫之一，武汉大学生命科学学院与杂交水稻国家重点实验室分离了抗稻飞虱主效基因 *Bph6*，并揭示了其介导的抗虫机理。*Bph6* 是一种新型抗虫基因，具有广谱抗虫性，高抗褐飞虱所有生物型和白背飞虱，同时对农艺性状没有负效应。玉米丝黑穗病是我国春玉米产区的主要病害之一，中国农业大学克隆玉米丝黑穗病抗性基因 *ZmWAK*，为玉米丝黑穗病抗病育种工程奠定了重要基础。

长期以来，由于化肥特别是氮肥的大量施用，对土壤环境等造成了巨大的影响，而且过多的氮肥会对作物生长造成致命的伤害。中国科学院遗传与发育生物学研究所克隆了氮肥高效利用的关键基因 *GRF4* 及新型的优异等位基因 *GRF4ngr2*，将其导入主栽水稻和小麦品种后，提高了氮肥利用效率，同时保持原有的半矮化和高产特性，因而可在适当减少氮肥用量的条件下获得更高的产量，该项成果被评为 2018 年度中国科学十大进展之一。中国科学院遗传与发育生物学研究所发现，硝酸盐转运蛋白基因 *OsNRT1.1A* 是控制水稻氮高效利用和早熟的关键基因，在低氮条件下提高水稻氮利用效率最高可至 60%，在高氮条件下可使水稻提早开花 2 周以上。该项研究成果为培育高产早熟水稻品种，克服农业生产中高肥导致的"贪青晚熟"问题提供了解决方案，具有巨大的应用潜力。

我国蕴藏着丰富多样的地方畜禽品种资源，它们一般具有抗逆和抗病等优良特性。挖掘影响这些优质性状的主效基因和作用机制，将有利于动物品种遗传改良。中国农业科学院北京畜牧兽医研究所鉴定出多个与猪免疫力相关的候选基因位点，为猪的抗病育种提供了基因资源。华中农业大学以大白猪和通城猪为研究对象，发现地方猪对蓝耳病具有更强的抗性，并从基因表达调控角度初步阐明遗传机制，鉴定出一些猪抗蓝耳病相关基因，获得了猪对沙门氏菌和副猪嗜血杆菌等病菌感染相关的 SNPs 标记，并发现 *miR-155* 基因上的突变位点影响机体的免疫调控机理，这对畜禽抗病育种具有重要的指导意义。江西农业大学发现了仔猪腹泻候选关键基因，利用群体遗传学和转录组学手段研究了猪繁殖与呼吸综合征，揭示了猪对此病症易感和抗性的遗传机制，将有助于显著减少生猪养殖业的经济损失。中国农业大学通过转录组学研究，发现了与鸡马立克氏病抗性相关的候选基因和 lncRNA 及其互作调控网络，并阐释了马立克氏病的发病机制。利用基因组重测序手段在藏鸡群体中揭示了藏鸡高纬度适应性以及其耐受低氧和高剂量紫外线辐射环境的遗传机制，为阐释藏鸡及其他品种抗逆性的分子机制提供了参考。中国科学院昆明动物研究所通过大规模群体基因组数据，阐明了基因交流是促使藏黄牛从牦牛群体中快速获得适应低氧环境遗传变异的主要原因。

~~~ / 专栏 21-1 / ~~~

自私基因模型揭示水稻的杂种不育现象

该项目是由南京农业大学牵头，联合中国农业科学院作物科学研究所、云南省农业科学院粮食作物研究所和中国科学院植物研究所完成的。该成果以亚洲栽培稻品种滇粳优 1 号和南方野生稻为研究材料，系统解析了水稻自私基因位点 qHMS7 的遗传构成，发现 ORF2 基因编码一个毒性蛋白，对全部花粉的发育有毒害作用，而 ORF3 基因则编码一个解毒蛋白，"选择性（配子体效应）"地保护携带它的花粉，确保其可育，非常"自私"。上述研究阐明了自私基因在维持植物基因组的稳定性、促进新物种的形成中的分子机制，探讨了"毒性—解毒"分子机制在水稻杂种不育上的普遍性，为揭示水稻籼粳亚种间杂种雌配子选择性致死的本质提供了理论借鉴。在实践意义上，可以创制"广亲和"材料，克服杂种不育障碍，充分利用杂种优势和野生种质资源，提高水稻单产。该成果于 2018 年在国际顶级学术期刊 Science 上发表。

（四）生物固氮

生物固氮是农业领域的重大科学命题之一，开展生物固氮及其应用研究是解决我国粮食、能源和环境等问题的重大举措。全球每年的生物固氮总量约为 2 亿吨，占全球作物需氮量的 3/4。我国生物固氮研究始于 20 世纪 30 年代，起步较晚，但是发展迅速。新中国成立后，国家对生物固氮研究给予了有力支持，建立了一些相关的研究机构，科研人员在华北、东北地区围绕花生、大豆根瘤菌的田间应用开展了大量研究，取得了良好效果。进入 21 世纪，基因组学和合成生物学技术的不断完善，大大推进了生物固氮研究的发展。在先后获得"十一五""十二五"期间两轮国家"973"计划项目、一项青年"973"项目及国家"863"计划和国家自然科学基金等经费支持下，我国生物固氮研究队伍不断完善、科研水平不断提高，在根瘤菌资源的收集和利用、联合固氮菌基因调控、植物—微生物互作及固氮合成生物技术等方面取得一系列国内领先、国际先进水平的成果。国际生物固氮大会先后于 2004 年和 2019 年在我国举办，国际非豆科生物固氮会议 2014 年在我国举办，亚洲植物微生物共生及生物固氮会议 2014 年在我国举办，彰显了我国在生物固氮领域的国际影响力。

在根瘤菌菌种资源收集和利用方面，中国农业大学建成了目前国际上菌株数量最大、性状信息最丰富的根瘤菌菌种资源库，先后组织完成了对全国 32 个省（市）、700 个县的豆科植物结瘤情况调查，采集根瘤标本 7 000 多份；新发现可以结瘤的豆科植物 300 多种；分离并保藏根瘤 500 多株，在数量和所属宿主类型上占重要地位；发现了一批耐酸、碱、盐、高温、低温性强的珍贵根瘤菌种质资源，并对近 2 000 株具有代表性的根瘤菌进行分类和系统发育研究；完成了我国黄淮海、新疆、东北、亚热带和热带区几个代表性生态区的大豆根瘤菌的地理分布图绘制工作，研究发现我国大豆根瘤菌资源呈现出明显的生物地理分布特征，并且与土壤 pH、磷含量等环境因素有明显的相关性。

固氮微生物功能基因组学方面，中国农业科学院生物技术研究所完成了联合固氮施氏假单胞菌 A1501 的全基因组测序，是国际上首次完成联合固氮菌基因组测序，基因组分析证明 A1501 携带一个通过基因水平转移获得的 49kb 的固氮岛，鉴定了一系列可能参与细菌氮信号传导或保持最佳固氮水平的新基因。中国农业大学选取 26 株大豆根瘤菌代表菌株进行了比较基因组学、基因组进化学和功能基因组学研究，首次从基因组水平系统揭示共生体系的形成机制，对认识根瘤菌与豆科植物共生体系的进化具有重要意义；完成了 31 株固氮类芽孢杆菌的基因组序列分析，发现固氮类芽孢杆菌的固氮基因与弗兰克的固氮基因有共同起源，为研究固氮基因起源作出了重要贡献；发现了一个由 9 个固氮基因组成的保守固氮基因簇，为目前自然界发现的最小的固氮基因簇。在共生固氮体系结瘤固氮基因表达调节研究的基础上，我国发现苜蓿根瘤菌结瘤基因 nodD3 的表达不受苜蓿的类黄酮物质的启动，为扩大根瘤菌的宿主范围提供了理论根据；同时 nodD3 基因的表达受到两个启动子的控制，并发现第二个启动子可能被 NtrC 激活。化学合成了苜蓿根瘤菌的结瘤因子。近年来，开展了对我国特有的华葵中生根瘤菌（紫云英根瘤菌）的结瘤固氮基因表达调节的研究。最近，发现了微生物体内碳代谢与固氮及氮代谢的基因表达调节之间，存在着偶联关系。这一发现不仅对生物固氮调控有重要意义，也是对基因表达调控的基础研究的一项重要贡献。它为进一步研究光合和固氮之间的联系提供了理论依据。

（五）光合作用

光合作用是农作物产量形成的物质基础，当今人类面临的粮食、能源与环境等问题与光合作用密切相关。自 1772 年发现绿色植物光合作用以来，光合作用机理研究一直受到全世界科学家的重视，成为自然科学研究的核心之一，也是生命科学研究的前沿领域和热点之一。早在 20 世纪六七十年代，我国就集中开展了光合作用光能磷酸化的机理研究，提出在 ATP 合成过程中需要有高能态存在，支持了 ATP 合成过程中的电化学势梯度学说；同时，中国科学院科研人员在 20 世纪 60 年代就认识到冠层光合作用效率对产量有重大贡献，并系统开展其定量研究。近年来，在"973"计划等项目的持续支持下，我国在光合作用光反应色素蛋白复合体的结构与功能、C4 光合作用、Rubisco 结构与功能、光合作用光系统调控及建成等研究领域取得了一批在国际上有重要影响的研究成果。

在光能高效吸收、传递和转化方面，我国科研人员在光合作用光反应色素蛋白复合体的结构与功能研究方面取得突破性进展，中国科学院植物所和生物物理所的科研人员分别成功解析了植物捕光复合体、植物光系统 I 光合膜蛋白超分子复合物、光系统 II—捕光复合物 II 超级膜蛋白复合体以及硅藻的光合膜蛋白结构的三维结构，为研究光能捕获、利用和光保护机制提供了重要的结构基础，相关研究成果发表在 *Nature*、*Science* 等国际顶级学术期刊上。北京大学研究发现了能量传递调节蛋白 CpcG2

介导了一种特殊形式捕光天线——光系统 I 超级复合物的形成与能量传递。中国科学院植物研究所发现了一批参与光合膜色素蛋白复合物组装和动态调节的重要调控基因，并揭示了捕光天线色素蛋白复合体叶绿体蛋白分选并输入到叶绿体 SRP 依赖的蛋白识别转运途径中的机制。随着代谢组学、系统生物学等新的研究手段的引入，全面深入地认识高等植物叶绿体结构生成和功能维持的机理将成为可能，从而最终揭示高效光能转化的分子机理。

在 C4 高光效机理研究方面，中国科学院植物研究所科研人员利用质谱技术在玉米 PPDK、PEPCK、PEPC 等 C4 途径关键酶上鉴定了多个磷酸化和乙酰化位，并发现这些翻译后修饰与酶活性的调节机制密切相关，为进一步阐释 C4 途径关键酶的酶活性调控机制奠定了重要基础。中国科学院上海生命科学研究院利用计算生物学方法提出了一个全新的 C4 植物亚类分类观念：即 PEPCK C4 途径不能独立存在，而是作为 NADP-ME 和 NAD-ME 的辅助途径存在。C4 植物特殊的解剖结构是其高光效的重要基础，中国农业科学院生物技术研究所创建了 C3 作物水稻、C4 作物谷子和玉米的突变体库，筛选获得一批具有类 C4 解剖学结构的水稻材料及 C4 解剖学结构被破坏的谷子、玉米突变体，创制了一批高光效水稻中间材料，为全面解析 C4 植物高光效的分子机制奠定了重要基础。

在小麦光合作用机理研究的作物增产实践方面，中国科学院遗传与发育生物学研究所李振声院士领导的科研团队将抗光氧化能力强的品种小偃 54 和京 411 杂交，培育出了光合效率高、适应范围广和品质优良的小偃 81 小麦新品种，选育获得高光效小麦新品系 3 个（小偃 39、小偃 60 和小偃 101），其中小偃 101 比小偃 81 的单株生物量高 10% 以上。鉴于在小麦遗传与远缘杂交育种研究领域做出了开创性工作，该项成果荣获 2006 年度国家最高科学技术获奖。

二、技术研发

在国家"863"计划、"973"计划支持下，特别是 2008 年转基因重大专项实施以来，我国已形成完整的生物技术自主研发和产业体系，实现了由跟踪国际先进水平到自主创新的跨越式转变，自主创新能力显著提升，整体水平进入国际第一方阵，在转基因、基因编辑、全基因组选择、合成生物等战略技术领域取得重要突破，技术水平与国际同步发展。

（一）植物组织培养技术

植物组织培养技术又称离体培养技术，是根据植物细胞具有全能性的理论，利用植物体离体的器官（如根、茎、叶、茎尖、花、果实等）、组织（如形成层、表皮、皮层、髓部细胞、胚乳等）或细胞（如大孢子、小孢子、体细胞等）以及原生质体，在无菌和适宜的人工培养基及温度等人工条件下，进行连续培养以获得细胞、组织或个体的技术。目前，组织培养技术在植物离体快速繁殖、种苗脱毒、细胞突变体筛选、基因（转基因）育种、遗传资源保存等方面得到了广泛应用。

我国植物快速繁殖和无病毒种苗生产的研究始于 20 世纪 70 年代。目前，马铃薯脱毒种薯和甘蔗脱毒种苗已在生产中大面积应用，兰花、香石竹、月季、菊花、唐菖蒲、百合、重瓣玉簪、橡皮树、草莓、茶花、桉树、杨树、苹果、柑橘、枣树、醋栗、葡萄、木薯、香蕉、巴戟天、大蒜、金线莲、枸杞、半夏、红花、银杏等已进行规模化生产或中间试验。利用组织培养技术进行植物快速繁殖及无病毒种苗生产，不仅能够获得显著的经济效益，同时能够挽救珍稀濒危物种和帮助解决药用植物野生资源短缺问题。

我国从 1970 年开始，至今已利用花粉或花药培育出 40 多种植物的单倍体植株，其中小麦、黑麦、小冰麦、玉米、橡胶树、杨树、辣椒、甜菜、白菜、油菜、柑橘、甘蔗、大豆和苹果等单倍体植株培育为我国首创。利用花药培养获得了 100 多个玉米纯合自交系，获得了橡胶二倍体和三倍体植株。仅"九五"期间，就利用花药培养育成高产、优质、抗逆、抗病新品种 44 个。中国农业科学院蔬菜研究所培养结球甘蓝和大白菜的杂种胚，获得了种间杂种。西北植物研究所得到了节节草和普通小麦的属间杂种。大麦＋小麦、大麦＋提莫菲维小麦、小麦＋冰草等也都通过胚胎培养获得了杂种。中国科学院植物研究所和北京市农林科学院合作，通过胚胎培养育成的早熟桃新品种京早 3 号，成熟期比一般早熟桃提前 15～20 天。此外，龙眼、荔枝的焦核胚胎培养研究，为果树选育优良焦核品种开辟了新途径。

单倍体育种是指对植物的单性生殖细胞（如花药），利用植物组织培育技术进行离体培养，从而产生单倍体植物，再经过药物（如秋水仙素）或者低温诱导形成二倍体纯合植株的方法。我国于 1972 年开始进行花药单倍体育种，并于 1974 年成功培育出世界上第一个单倍体作物新品种——烟草单育一号。近年来，我国研究工作者又陆续培育出烟草、小麦、水稻、橡胶、玉米和辣椒等 20 多个品种，如烟草单育一号、水稻单丰一号、水稻中花一号及小麦花培一号等。到目前为止，我国通过单倍体育种手段成功培养出的新品种和杂交品种达到 34 科、88 属、256 种。单倍体育种可明显缩短育种年限，简化育种选育过程，提高基因型选择率，突破自交不亲和物种，克服远缘杂交不育性。

（二）动植物生物反应器技术

动植物生物反应器技术指以动植物个体或细胞，大量生产具有重要功能的蛋白质，如人或动物用疫苗、抗体和重要的氨基酸等。与微生物和动物生物反应器相比，植物生物反应器具有成本低、安全性好、表达产物具有与高等动物细胞一样的免疫原性和生物活性等优点。我国动植物生物反应器研发及营养保健功能型作物研发获得突破性进展。重组蛋白表达技术研究已达国际先进水平，以种子为受体的植物生物反应器研究更是走在国际前列。利用转基因水稻生产的植物源重组人血白蛋白已经进入临床研究，重组人血白蛋白、人细胞生长因子、人抗胰蛋白酶、人溶菌酶、人乳铁蛋白等产品已经进入工业试剂和美容护肤市场，具有预防心血管疾病功效的富含 $\omega-3$ 不饱和脂肪酸的转基因水稻已培育成功，安全无副作用的降血压转基因水稻已经通过动物实验确认其功效，降血糖转基因水稻亦显示出较好的应用前景。

武汉大学生命科学学院杨代常教授领衔的研究团队通过转基因技术将经密码子优化后的合成的人血白蛋白基因转入水稻，利用胚乳特异性启动子启动基因在水稻胚乳里大量生物合成人血白蛋白，最后得到了纯度大于 99% 的 2.75 克/千克水稻的白蛋白。人血白蛋白水稻获准进入生产性试验。这种转基因水稻生产出来的人血白蛋白与人血液里的白蛋白具有相似的免疫原性，可以替代从全血里提取出来的白蛋白用到医疗中去。2017 年，由转基因水稻生产的人血白蛋白注射液（人血白蛋白纯度达到 99.999 9%，注射液各项指标均符合或高于《中国药典》2015 版的标准）获批准进入临床研究。这是全球第一个用水稻生产的一类创新药。种植转人血白蛋白基因水稻，预计每亩可产生 60 万元的经济效益。植物源重组人血白蛋白不仅确保了人血白蛋白的供应量，还确保了人血白蛋白的安全性，有助于阻断因血液制品传播艾滋和肝炎病毒的风险。

家蚕杆状病毒生物反应器是世界上最具有商业开发价值的真核生物个体表达系统之一。已经成为当今基因工程常用的四大表达系统（即杆状病毒、大肠杆菌、酵母、哺乳动物细胞表达系统）之一。中国农业科学院兰州兽医研究所与生物技术研究所合作，用家蚕生物反应器生产了口蹄疫亚 I 型的空衣壳病毒粒子基因工程疫苗，2009 年获得了农业部的安全生产应用证书和销售许可证。中国农业科学生物技术研究所应用家蚕生物反应器平台低成本高效表达了猪、鸡、羊、鸭和伴侣动物（犬、猫）的 I、II、III 型干扰素，各种干扰素在每条蚕中的生产量均高达几百万至几千万国际标准单位，是已知报道的最低成本且最高生物活性的动物干扰素的生产方式。鸡的 α-干扰素、γ-干扰素和猫 ω-干扰素获得了农业部颁发的生产应用安全证书。

（三）动物人工授精和胚胎操作技术

人工授精技术是较早应用于畜禽育种的繁殖技术。我国关于精液冷冻、输精技术方面的研究起步较晚，但取得了重要进展。牛精液冷冻保存技术率先建立，随后冷冻精液人工输精技术逐渐在牛繁育中推广应用，输精剂量由原来的每剂 1 200 万精子降低到 1 000 万精子甚至降到现在的 800 万精子，并建立了低剂量深部输精技术。虽然猪冷冻精液输精技术还未推广应用，但猪常温精液和低温保存精液输精技术已经建立并推广应用，并且也建立了低剂量深部输精和腹腔镜深部输精技术，输精剂量也在逐渐降低，由最初的 30 亿~50 亿精子降低到 10 亿精子，甚至降到 500 万~1.5 亿精子。猪羊等的精液冷冻保存、人工输精等技术正在探索之中。然而，这些技术都依赖于高效准确的发情鉴定技术，因为发情鉴定技术难以突破，一种旨在跨越发情鉴定环节的同期排卵定时输精技术正在逐步建立与完善中。该技术通过促性腺激素释放激素等外源生殖激素处理，使大群母畜发情、排卵可控，并进一步实现大群母畜繁殖活动同步化，繁殖员就可根据排卵时间确定适宜的输精时间，不再需要进行发情鉴定而直接输精，从而可以降低工作量、缩短母畜断奶到发情的间隔、减少非生产天数、提高母畜的利用率和受胎率。

我国在性别控制技术研究中也取得较快进展。中国农业科学院北京畜牧兽医研究所对 PCR 技术参数进行优化，建立了两温度梯度 PCR 技术方法，使基因扩增时间由原来的 2~2.5 小时缩短到 50 分钟左右，并进一步利用性别特异基因建立了牛胚胎双重 PCR

快速性别鉴定技术。随后，针对双重 PCR 面临的引物复杂互作关系，利用性别间呈现长度多态的牙釉基因序列设计引物，建立了仅应用一对引物就可实现性别鉴定的单重 PCR 性别鉴定技术，加快了鉴定速度，提高了鉴定准确率。与此同时，我国引入 XY 精子分离技术，在对 XY 精子分离技术进行消化和吸收的同时，进行了再创新。如针对 XY 精子分离效率低的问题，发明了"异种精子推流"专利技术，以"异种精子推流"原理为基础，开发了奶牛性控冻精高效生产技术，并配套研发了分离精子冷冻专利技术，经过一系列技术创新，使性控冻精生产效率提高 2 倍以上，存活时间由国际同期的 6 小时延长到 24 小时，性控冻精活力明显提高，并且生产成本降低 70%，妊娠率也提高 10% 以上，使我国在世界上率先实现了性控精液产业化，情期人工授精平均受胎率为 52.3%，性控准确率达 92.3%。制定了牛性控冻精和牛性控冻精生产技术规程两个国家标准，并于 2015 年公布实施。

在胚胎生物技术研究领域，我国逐渐形成了超数排卵与胚胎移植技术，不但利用该技术引进了大量肉牛、奶牛优秀种质，而且成功建立了奶牛 MOET 育种技术体系，有力地支撑了我国荷斯坦牛的成功选育。超排激素用量、超排次数不断优化，每头次超排可用胚胎数逐渐增加，目前可达到 7 枚以上，移植妊娠率也在逐渐增加，鲜胚移植妊娠率达 50%～60%，冷冻胚胎移植妊娠率 40%～50%。建立了优秀供体母牛重复超排技术，超数排卵重复间隔缩短 25 天，使良种母牛的繁殖能力提高了几十倍。近年来，体外胚胎生产技术研究逐渐增多，但是其囊胚发育率及移植受胎率尚未突破。2016 年，中国农业大学通过高通量测序和功能验证分析，首次揭示了 IVF 雌性胚胎发育异常和出生性别比例失衡的分子机制，并利用视黄酸建立了雌性 IVF 胚胎 X 染色体失活校正技术，提高了 IVF 胚胎发育效率，取得了具有自主知识产权的标志性技术成果，引起动物体外胚生产和试管婴儿领域的广泛关注。该团队还自主研发了 IVF 甲基化异常修饰矫正、C 型钠肽胚胎发育等技术，使体外胚生产效率达到国际先进水平。

（四）分子标记辅助育种

分子标记辅助育种是采用与目标性状紧密连锁的分子标记，筛选具有特定基因型的个体，并结合常规育种选育优良品种的方法。我国分子标记辅助选择育种技术虽起步较晚，但发展迅速。

在小麦分子标记辅助育种方面，我国在品质性状遗传研究及育种标记开发应用上处于国际领先地位。从分子标记—生化标记—籽粒和面粉性状—食品加工品质四个层次首次创立了符合国际标准的我国小麦品种品质评价体系，发现新基因和新标记 26 个，验证可用于育种的分子标记 13 个，占国际上已报道品质性状标记的 60%；建立了多重 PCR 反应体系，效率比常用的分子检测方法提高 2～3 倍，利用该技术育成的品种对我国小麦产业升级做出了巨大贡献，该研究成果获 2008 年国家科学技术进步一等奖。在水稻分子标记辅助选择育种方面，自主克隆抗病基因分子标记 *Pigm*、*Xa23*，控制株型 *IPA1* 和 *DEP1* 基因，熟期 *Ghd7*、*Ghd8* 基因，控制褐飞虱抗性 *Bph3* 基因，控制耐冷性的 *COLD1* 和 *qCTB4* 基因，控制粒型和外观品质的 *GS3*、*GW8*、*GL7*、*GL2* 基因，

影响氮利用效率的 *NRT1.1A* 基因。针对南方粳稻区大面积流行的水稻条纹叶枯病，创建分子标记聚合育种技术体系，选择准确率达 95％以上，选育出适应不同生态区的早中晚熟系列抗条纹叶枯病高产优质新品种 10 个，该研究成果于 2010 获国家科学技术进步一等奖。为了突破水稻产量瓶颈，培育出"高产又好吃"的水稻品种，开创性利用基因关联分析方法研究稻米食用和蒸煮品质，开发功能标记 51 组，用于辅助优质高产水稻新品种培育，该研究成果获 2017 年国家自然科学一等奖。在玉米分子标记辅助育种方面，主要应用于品质性状和抗性改良中。克隆了降低玉米籽粒软脂酸含量的主效基因 *ZmfatB* 和控制玉米籽粒含油量主效基因 *ZmGE2*，发现了 26 个影响油分和 48 个影响脂肪酸组分及比例的基因，克隆了控制维生素 A 原含量的主效 QTL-*crtRB1* 基因以及控制维生素 E 含量的主效基因 *ZmVTE4*，开发了 6 个油分组分含量、6 个维生素 A 原含量和 2 个维生素 E 含量的功能标记，成功地将优良玉米杂交种郑单 958 的油分含量提高了 26.5％。这些新材料和对应的功能标记均被运用到玉米重要营养品质优良基因发掘与分子育种中，该成果 2016 年获国家技术发明二等奖。

我国动物分子标记辅助选择育种主要在猪和鸡育种中广泛应用，并取得了突出成绩。克隆了一批猪重要功能基因及分子标记，研制了我国第一张检测猪功能基因表达的 cDNA 芯片，率先揭示了猪生长、肉质、繁殖等性状形成的分子机理，奠定了瘦肉率、产仔数等性状改良的理论基础。通过皮特兰等种质资源创新，创建了四系法种猪育种关键技术，解决了种猪性能测定、多点远程大数据管理、多性状和多品系遗传评估与平衡育种及多系杂交产品整齐度等问题，达到国际领先水平。首次培育了"华农温氏 1 号猪配套系"和"中育猪配套系"2 个通过国家审定的四系杂交的高效瘦肉型种猪新配套系，包括 8 个双父本和双母本专门化品系和 2 个配套系，肉猪饲料转化率和日增重分别达 2.49∶1、2.31∶1 和 928 克、1 035 克，生产性能和适应性具有突出优势，达到国际领先水平。该成果大规模产业化应用成效极其显著，近 3 年出栏种猪 145.5 万头、商品猪 3 543.8 万头，为全国 26 个省区市 450 多家企业提供了优质种源，新的皮特兰种猪品系占全国使用量的 80％。高效瘦肉型猪新配套系培育与产业化应用为我国养猪业源头国际竞争和健康发展提供了有力的品种和技术支撑。

（五）转基因技术

转基因技术是指利用现代分子生物学技术分离克隆研究者期望的目标性状基因，然后通过相应的转化手段将其导入到受体生物中并且能持续稳定遗传及表达，从而改良受体生物原有的性状或赋予其新的性状的技术。我国转基因技术从 20 世纪 80 年代起步，是国际上农业转基因技术研发和应用最早的国家之一，1986 年启动"863"计划，布局并支持了一系列动植物和微生物转基因项目。1999 年，我国启动国家转基因植物研究与产业化专项，2008 年启动转基因生物新品种培育科技重大专项，持续支持转基因技术研发和产业化。截至 2018 年，针对抗病虫、抗逆和耐除草剂、高产、品质、高效等重要农艺性状，我国克隆功能基因 3 160 个，鉴定重要基因 815 个，获得重大育种利用价值新基因 148 个。其中抗虫基因 *cryIIe*、抗旱基因 *DREB*、抗水稻褐飞虱基因 *Bph14*、理想株型基因 *IPA1* 等 41 个基因，已应用于转基因育种或分子标记育种。无选择标记、外源基因删除、定点整合等安全转基因新技术得到快速发展和应用，突破了植物大容量多基因无选择标记转化技术。构建了水稻、棉花、玉米、大豆、小麦、杨树等规模化转基因技术体系。研究制定了一批用于安全评价、检测和监测的标准与规程，形成了高精度、高通量和高效率的转基因生物安全评价与检测监测技术体系。

2008 年以来，我国创制出了一批具有重要应用前景的抗虫、耐除草剂、抗旱节水和营养功能型的棉花、玉米、大豆、水稻、杨树等转基因新品系。在转基因棉花方面，育成新型转基因抗虫棉新品系 168 个；创建的抗虫三系杂交棉制种体系可提高制种效率 40%、成本降低 60%；转基因纤维品质改良棉花取得突破性进展，衣分提高 20% 以上，皮棉产量提高 25%～34%。在转基因玉米方面，抗虫、耐除草剂转基因玉米新品系效果突出，产量等综合农艺性状优良，可降低农药用量，减少黄曲霉素污染。转植酸酶基因玉米蠡玉 16 和蠡玉 35、抗虫玉米双抗 12-5、耐除草剂玉米新品系 CC-2 等完成生产性试验，具备了产业化条件。在转基因大豆方面，耐除草剂转基因大豆新品系进入生产性试验阶段，可以降低人工除草成本 30 元/亩以上，产量比对照品种增产 5% 以上；耐除草剂大豆 S4003.14 在阿根廷完成了生物安全评价试验，正在申请商业化种植许可。研究中的转基因抗旱大豆新品系抗旱节水效率在 10% 以上。在转基因水稻方面，抗虫转基因水稻华恢 1 号和 Bt 汕优 63 获得生产应用安全证书，其中抗虫水稻华恢 1 号通过美国上市许可；培育的新型抗虫水稻 T1C-19 和 T2A-1 抗虫效果达 95% 以上，可减少农药用量 60% 以上，节省农药投入成本 20～30 元/亩，比对照水稻增产 5% 以上。转人血白蛋白水稻 4-114-7-2 适应性强，产量超过国家区试对照品种 5% 以上。在转基因小麦方面，抗旱节水转基因小麦新品系水分利用效率提高 10% 以上，安全评价已进入环境释放阶段。在转基因动物方面，转基因人乳铁蛋白功能型奶牛、转 α 乳清白蛋白基因奶牛、转基因抗乳房炎奶牛、转入溶菌酶基因奶牛、肌抑素基因敲除猪和转溶菌酶基因抗腹泻奶山羊等完成生产性试验。转基因抗腹泻猪和抗乳房炎奶山羊进入生产性试验；转人乳铁蛋白基因奶山羊、转基因富含多不饱和脂肪酸猪等逐步展现出产业化潜力。此外，培育出具有产业化前景的转基因抗蓝耳病猪、抗疯牛病基因敲除牛、转 β 防御素基因牛、转基因高多不饱和脂肪酸牛、快速生长"冠鲤"和"吉鲤"等育种新材料和新品系。我国还批准了 296 个基因工程疫苗和饲料用酶制剂等动物用转基因微生物的生产应用安全证书。动物疫苗可防治禽流感、新城疫、法氏囊、猪圆环、繁殖与呼吸综合征、口蹄疫等 20 多种动物疾病，并大规模用于生产，极大提高了我国畜禽疾病的防治水平。

截至目前，我国批准了自主研发的抗虫棉、抗病毒番木瓜、抗虫水稻、高植酸酶玉米、改变花色矮牵牛、抗病甜椒、延熟抗病番茄等 7 种作物的生产应用安全证书，真正实现了转基因棉花和番木瓜商业化种植。20 世纪 90 年代，我国黄河流域和长江流域棉区的棉铃虫持续性大暴发，棉花产量急剧下降，农药过量施用导致人畜中毒事件频发。1997 年，我国批准了转基因抗虫棉的应用，有效控制了棉铃虫的危害，挽救了棉花产业。2008 年以来，累计推广 5 亿亩，减少农药使用 70%，国产抗虫棉种植比例达到 96% 以上，增收节支 500 多亿元。

(六) 基因编辑技术

基因编辑技术是在基因组水平上对靶标基因进行定向、准确修饰的一项革新性生物技术，已经在动物、植物和微生物基因组改造中得到了广泛的应用。目前，已成功发展的基因编辑技术主要包括锌指核酸酶（ZFNs）技术、类转录激活子效应蛋白核酸酶（TALENs）技术以及新近发展的 CRISPR/Cas 系统。

2013 年以来，我国相继在水稻、小麦、玉米、棉花、番茄、苜蓿、烟草、柑橙、猪、牛、羊等重要动植物上建立了基因敲除、基因替换或插入、基因转录调控、单碱基定向突变等基因组定点编辑技术体系。我国建立的主要农作物 CRISPR/Cas9 介导的基因定点编辑技术体系，通过基因敲除获得突变体材料进行功能分析等已处于国际先进水平。广泛建立了基因表达精准调控、抗病毒育种新策略，并实现了野生植物驯化、杂交育种新方案等多种育种技术创新。优化了 CRISPR-Cpf1 系统，扩大了编辑靶位点的范围，该技术目前已开始应用于水稻、大豆等植物中，并获得系列基因敲除突变体。开发出基于基因编辑的 β-酪蛋白基因座、Rosa26 和 H11 友好基因座等位点的定点整合技术体系，主要用于动物育种，该项技术水平已处于世界先进水平。研发了基因编辑靶点选择、编辑类型解读和脱靶预测相关软件。建成了水稻高覆盖率 CRISPR 突变体库，为今后我国进行水稻重要功能基因发掘，优良性状改良提供了强有力的支撑，进一步奠定了我国水稻生物学研究在全球的领先地位。多个科研团队正在开展新型基因编辑技术系统相关研究，以建立具有自主知识产权的基因编辑系统，摆脱国外的专利限制。在农作物基因编辑产品研发方面，获得了主要农作物耐除草剂、抗病、品质改良、抗生物及非生物逆境胁迫等新型材料。首次对基因组复杂的六倍体小麦中的 *MLO* 基因 3 个拷贝同时进行了突变，创制了持久广谱白粉病抗性小麦；建立了基于 CRISPR/Cas9 技术的基因替换以及基因定点插入体系，实现了水稻内源 *OsEPSPS* 基因保守区两个氨基酸的定点替换，培育出抗草甘膦除草剂水稻。

在动物基因编辑产品研发方面，首次成功获得 *PPARγ* 基因敲除猪、*vWF* 基因敲除猪，证明了 CRISPR/Cas9 技术在大动物中的可应用性；发表了国际首篇基因编辑羊论文，标志着我国率先将基因编辑技术应用于羊育种实践；首次在国际上创制出胰岛 β 细胞和肝脏特异性表达多基因的 II 型糖尿病模型猪，率先在国际上创制定点敲入大片段外源基因的工程猪。品质改良方面，创制了肌抑素基因编辑猪、牛、羊，获得"仿比利时蓝牛 *MSTN* 基因突变"的大白猪，培育出表型良好的 *MSTN* 基因编辑肉牛。抗病方面，率先获得抗结核病牛、β 乳球蛋白基因敲除牛、抗布病羊、抗蓝耳病和流行性胃肠炎双抗猪新材料，并拥有多个抗蓝耳病猪新种群。

(七) 全基因组选择育种技术

全基因组选择育种技术不仅借助分子标记辅助育种（MAS）技术实现了早期选择，大幅缩短了育种世代间隔，还进一步拓展为拥有可同时对多个性状进行选择、对低遗传力性状进行选择、加快育种进程、大幅度提高选择准确性和育种效率多重优势。因此，它很快成为研究前沿和热点，并被看作是"育种史上革命性的事件"。

我国动物全基因选择育种技术在基础研究和应用研究方面均取得了较快进展，基因组选择取得了显著的成效。2009 年开始，中国农业大学联合北京奶牛中心等单位建立了中国荷斯坦牛基因组选择技术体系，创建了第一个中国荷斯坦牛基因组选择参考群体，系统研究了奶牛基因组选择理论和方法，挖掘了奶牛重要性状功能基因，建立了中国荷斯坦牛基因组选择技术平台，首次提出了基因组信息和传统育种信息结合的基因组性能指数（GCPI），2012 年被农业部正式采用，率先在我国实现了大规模产业化应用，使我国奶牛育种技术跻身于国际先进行列。2013 年，华南农业大学、中国农业大学和广东温氏食品集团等单位联合攻关，在我国首次采用全基因组选择技术选育出特级杜洛克种公猪。在技术支撑领域，北京康普森生物公司持续进行动物基因组检测技术研发，并不断加大对该领域的资金投入，与主要科研单位合作先后设计出"中芯一号猪育种芯片""凤芯一号蛋鸡芯片""京芯一号肉鸡芯片"，这些芯片的育种应用，有望打破跨国公司对该行业的垄断。全基因组选育在畜禽育种中取得重大突破，大幅度提升了我国动物育种核心竞争力。

与动物相比，作物全基因选择育种研究相对滞后。在高通量的基因型分析平台方面，建立了主要农作物的基因型检测平台，SNP50 BeadChip 芯片包含 56 110 个玉米 SNP 位点，Wheat90k KSU 包含 81 587 个小麦 SNP 位点，NSF _ McCouch _ Rice6k 芯片包含 6 000 个水稻 SNP 位点，BARCSoySNP6k 芯片包含 6 000 个大豆 SNP 位点。

（八）人工智能育种技术

传统的作物育种，需要通过杂交、诱变等手段，创造变异，之后再对大量的后代遗传材料进行表型鉴定、评估、实验，才能从中筛选出优良新品种，这个过程周期长、成本高、效率低。利用各种机器学习方法从基因型预测表型是重要的解决途径，但复杂数量农艺性状受到大量微效位点和低频/罕见变异的控制，传统机器学习方法无法精确预测这些位点的效应。以人工神经网络为代表的最新一代人工智能技术具有比传统机器学习技术更强大的数据挖掘能力。2019 年，中国农业科学院生物技术研究所和美国康奈尔大学合作率先开发出了从基因组 DNA 序列预测基因表达调控模式的人工神经网络模型，为实现人工智能辅助定向育种奠定了基础。该模型可以服务于分子生物学基础研究的各个领域，例如预测基因的时空表达特异性、转录因子结合位点、开放染色质、各种表观遗传印记、染色体重组位点等，并且在精确预测低频/罕见变异的分子表型和田间表型效应方面有突出功效。此外，基于该模型，未来可以在计算机中对基因组 DNA 序列进行虚拟诱变，预测变异结果并验证，从而实现低成本定点定向设计育种。

以人工智能的方式帮助育种家进行育种选择，用单倍体诱导介导的基因编辑技术加速作物育种的进程，然后再通过无融合生殖体系固定杂种优势，将大大提高作物育种的效率。2019 年，中国农业科学院水稻研究所成功利用 CRISPR/Cas9 技术建立水稻无融合生殖体系，实现杂交稻优异性状固定和稳定遗传。中国农业科学院生物技术研究所将 CRISPR/Cas9 技术与单倍体诱导技术相结合，开发出了单倍体诱导介导的基因编辑技术，培育出在两代内创制性状改良且不含转基因成分的商业化玉米品种双单倍体品系，大大加速了作物育种的进程。这些技术的整合将为提高中国乃至世界范围内的作物产量和降低作物生产成本起到极大的促进作用。

~~~ / **专栏 21-2** / ~~~

猪整合组学基因挖掘技术体系的建立及其育种应用

该项目由华中农业大学牵头，联合湖北省农业科学院畜牧兽医研究所完成。该成果突破了猪基因组学研究方法和工具数量不足、效率不高的局限，构建了首个猪整合组学数据库，涵盖基因组、转录组、表观组、表型组等多组学信息；开发了 GWAS 新算法等 10 个方法和工具；结合机器学习开发出基于"多组学联动评分"的整合组学基因挖掘技术体系，发掘出一批新分子育种标记；制定出 1 套适用于优质猪母本选育的综合选择指数，培育出 1 个优质猪母本新品系，筛选出 2 个三元杂优配套组合；选育了"硒都黑"猪新品种，获批开展中间试验，恩施黑猪肉获国家地理标志保护产品证书。该项目在猪多组学分析方法与工具创新、猪整合组学基因挖掘技术体系创建等方面取得重要进展，丰富了猪种质创新方法，有力地推动了猪分子育种技术的发展。该成果于 2018 年获国家技术发明二等奖。

（九）干细胞与重编程技术

20 世纪 90 年代初，我国学者就已开始进行猪、牛和山羊等家畜胚胎干细胞的研究，逐步建立了家畜胚胎干细胞分离克隆技术体系，获得猪、牛和山羊等家畜类胚胎干细胞。受到 2006 年首例 iPSC（诱导性多能干细胞）研究报道的启发，我国本领域学者也加紧了 iPS 相关研究，率先证明了 iPS 细胞的全能性，研究成果 2009 年发表于 *Nature* 等国际著名期刊。随后，我国相继获得猪、牛等家畜 iPSC，家畜 iPS 诱导技术逐渐建立并不断完善。为了成功建立安全的体细胞重编程技术，我国首次证明了小鼠体细胞重编程可由调控分化的基因完成，提出了 iPS 诱导的"跷跷板模型"，并使用 4 个小分子化合物，把成年鼠表皮细胞成功逆转为生命起点的"全能干细胞"，相关成果 2013 年刊登在国际学术权威杂志 *Cell* 和 *Science* 上。我国进行的猪、牛、山羊胚胎干细胞和 iPSC 的嵌合，为干细胞育种搭建了较好的研究平台和体系，并引领了本领域的发展方向。现在，很多研究集中于猪、牛、羊等动物干细胞分离、鉴定体系，多能性维持的信号通路研究等，渴望通过这些研究提高干细胞领域研究技术水平。

（十）合成生物技术

合成生物技术采用工程学的模块化概念和系统设计理论，改造和优化现有自然生物体系，或者从头合成具有预定功能的全新人工生物体系，不断突破生命的自然遗传法则，标志着现代生命科学已从认识生命进入设计和改造生命的新阶段。我国高度重视合成生物技术研发，"十二五"期间，通过"973"计划、"863"计划共投入超过 15 亿元，重点布局了元器件库、化学品与材料（包括天然化合物）合成、肿瘤诊治、生物抗逆和固氮等方面的研究，涉及能源与医药产品、特种聚合物、植物药和微生物药的人工合成体系、光能细胞工厂和人工固氮体系等内容。"十二五"期间，我国重大基础研究（"973"）计划启动了"固氮及相关抗逆模块的人工设计与系统优化"项目，针对现有生物固氮体系的天然缺陷，系统开展固氮网络调控机制研究，对人工启动子、人工设计非编码 RNA、人工铵载体等元器件和耐铵泌铵固氮、广谱结瘤等功能模块进行功能评价，构建"新型、智能、高效"的根际固氮体系。

固氮合成生物技术方面，北京大学以大肠杆菌为底盘重构了产酸克雷伯菌的钼铁固氮酶系统，并且证明重组的铁铁固氮酶系统最少只需要 10 个基因即可在大肠杆菌中固氮；进一步在大肠杆菌中重构了植物靶细胞器的电子传递链模块，解决了固氮酶系统转入植物靶细胞器后还原力供给的问题，为光合作用和生物固氮相偶联提供了新的思路；通过引入"合并同类项"的思想理念，同时借鉴自然界中植物病毒中频频出现 Polyprotein 的策略，成功地将原本以 6 个操纵子为单元的含有 18 个基因的产酸克雷伯菌钼铁固氮酶系统成功转化为 5 个编码 Polyprotein 的巨型基因，并证明其高活性可支持大肠杆菌以氮气作为唯一氮源生长。中国农业科学院在成功解析联合固氮施氏假单胞菌基因组并鉴定新的固氮岛和调控新机制的基础上，采用组学及合成生物学技术手段，鉴定了一个全新的非编码 RNA，在抗逆与固氮途径间建立一种确保高效固氮的新的调控偶联机制，是国际上报道的第一个直接参与固氮调控的非编码 RNA，可望成为高效生物固氮智能调控的候选元件。

近年来我国在组合生物合成方面取得了突出的研究进展。中国农业科学院生物技术研究所基于四种具有杀虫、耐热、抗癌和消炎等不同活性的天然苯二酚内酯聚酮化合物的生物合成途径，利用"即插即用"模块化的组合生物合成技术，实现一系列"非天然"的聚酮类化合物的一步合成，研究对于拓宽医药和农业生物活性物质的范围，具有重要的理论与产业应用价值。中国科学院微生物研究所提出了基于构效关系和次级代谢多样性，通过理性设计和组合生物合成快速获得活性显著提示的天然产物的思路，以自主知识产权的环六肽类抗生素白黄菌素作为出发材料，基于白黄菌素类似物的构效关系研究，理性设计活性更优的二聚化的白黄菌素衍生物，并通过组合生物合成技术让微生物直接生产二聚化的白黄菌素，将白黄菌素类化合物的抗菌和抗肿瘤活性提高了 10～100 倍，大大推进了白黄菌素类天然产物药物的研发速度。水溶性和代谢稳定性是确保临床药物、农药和兽药的药效的关键因素。我国农业科学院生物技术研究所利用基因组学、转录组学、生物信息学、代谢反应预测、异源表达和组合生物合成等技术，发现了球孢白僵菌中可催化多种底物的糖基转移酶和甲基转移酶，并通过组合生物合成的方法，合成了系列水溶性和代谢稳定性提高的"非天然的产物"，部分产物在抗癌和杀虫方面展现了良好的活性。

（十一）农业生物安全评价技术

参照国际通行指南，借鉴美国、欧盟管理经验，我国建立了一整套适合国情并与国际接轨的法律法规、技术规程和管理体系，涵盖转基因研究、试验、生产、加工、经营、进口许可审批和产品强制标识等各环节。2001 年，我国颁布了《农业转基因生物安全管理条例》，发布了安全评价、进口管理、标识管理、加工审批等 5 个配套规章，制定了《转基因植物安全评价指南》《转基因动物安全评价指南》和《动物用转基因微生物安全评价指南》。我国建立了农业转基因生物安全管理部际联席会议制度，负责研究和协调农业转基因生物安全管理工作的重大问题。设立了农业转基因生物安全管理办公室，负责全国农业转基因生物安全管理的日常工作。根据《农业转基因生物安全管理条例》，组建了国家农业转基因生物安全委员会，按实验研究、中间试验、环境释放、生产性试验和申请安全证书等 5 个阶段进行生物安全评价。同时，实行分类别评价，按照农业转基因生物用途，分为生产应用和进口用作加工原料两个主要类别进行安全评价。认证了 38 个农业部部级检验测试机构，全国近 100 家检测机构获得转基因成分检测的资质。建立了严谨的、科学规范的评价指标和标准体系，安全评价既针对产品又针对过程，以确保产品与过程的安全，已发布 176 项转基因生物安全评价技术标准。

我国目前已建立了完善的转基因生物安全评价、检测和监测技术体系。发展了基于核酸、蛋白质、代谢物的转基因生物抽样技术，建立了基于定性定量 PCR 和基因芯片、变性高效液相色谱的转基因产品高通量的分子特征分析和检测技术，以及转基因生物及其产品全程溯源技术体系；研制转基因生物检测技术 120 余项，完成了 38 个转化体的分子特征分析，检测技术已广泛用于转基因产品口岸检测及转基因生物安全管理。创新了新型转基因抗虫水稻、抗虫玉米、抗除草剂大豆、抗旱小麦、高衣分优质棉、高品质奶牛、高瘦肉率猪等外源基因及其基因操作的环境安全评价技术体系，建立了环境安全风险评价模型以及相应的数据库；研制环境安全评价新技术、新方法 64 项，已用于专项研发的 38 个转化体的系统安全评价。完善和优化了转基因生物食用和饲用安全评价技术体系，研制食用饲用安全评价技术 50 余项，完善了转基因产品食用和饲用安全评价的动物模型以及相应技术指标，建立了相应数据库，已用于专项研发的 20 余例转化体的食用安全评价。建立了农田生态和自然生态风险监测技术体系，广泛应用于全国 Bt 棉花的安全监测，明确了 Bt 棉田节肢动物的种群动态和消长规律，发展了非靶标害虫种群控制对策，揭示了靶标害虫的抗性进化机理，提出了有效的抗性治理策略。

三、重大贡献

经过 70 年的努力，目前我国农业生物技术已进入技术创新跨越、产业蓬勃发展的新阶段，为确保国家食物安全、生态安全、健康安全和产业安全提供了不可替代的技术支撑。

（一）组织培养技术助力经济作物产业快速发展

70 年来，我国的植物组培脱毒快繁技术已由试验阶段进入了生产阶段，在马铃薯、甘蔗、甘薯、香蕉、柑橘、草莓、蝴蝶兰等 100 多个品种的经济作物中成功实现了以组织培养为基础的脱毒种苗产业化生产。进入 21 世纪，各级各类的脱毒种苗（球）快繁中心相继成立，推动了这些经济作物产业的快速发展，取得了良好的经济效益和社会效益。

中国是世界上最大的马铃薯生产国，在连年的马铃薯栽培过程中，由于 S 病毒、Y

病毒、卷叶病毒等病毒或类病毒的侵染和积累，造成马铃薯质量退化和产量下降。茎尖培养是获得马铃薯脱病毒植株最有效的方式，脱毒种薯的应用增产效益达 30% 以上。二十多年来，我国大力推广应用脱毒马铃薯种薯，提高了比较效益，促进了农民增收，确保了马铃薯产业的快速发展。

香蕉束顶病毒及线条病毒等引起的病害是香蕉生产中的毁灭性病害，严重影响香蕉产业的发展。香蕉组培苗具有繁殖速度快、脱除病毒、高产优质、生长成熟期一致、性状稳定和便于运输等优点。1985 年，中国科学院华南植物研究所在广东首先将香蕉组培苗生产技术进行成功转化，随后广西、海南、福建和云南等省区先后将香蕉组培苗推向工厂化生产，目前生产中采用的香蕉种苗 90% 以上是脱毒组培苗。1986—1992 年，我国香蕉主产区的香蕉组培苗栽培总面积达 18 万公顷。香蕉组培苗生产在南方 5 省区取得了显著的经济效益和社会效益，促进了我国香蕉产业 30 余年的快速发展。

黄龙病和溃疡病对我国柑橘生产造成的损失是巨大的，不仅对柑橘的产量影响极大，也大大降低果实质量。柑橘脱毒种苗的应用有效控制了黄龙病、溃疡病等柑橘病毒的蔓延。2001 年，农业部决定在中国农业科学院柑橘研究所建立国家柑橘苗木脱毒中心，为全国柑橘产区服务。柑橘苗木脱毒中心的建立加快了我国柑橘脱毒种苗的繁育进程，对我国柑橘生产的可持续发展和提高我国柑橘业的国际竞争力发挥了重要作用。

在生产上草莓易感染皱缩病毒、草莓斑驳病毒、草莓镶脉病毒等，致使果子变小、畸形、品质差，叶子皱缩、生长缓慢，一般减产 30%～80%，目前还没有药剂可以防治。应用分生组织热处理脱病毒技术，已成功地获得草莓脱病毒苗。应用脱毒草莓苗可增产 50% 以上。此技术已在草莓生产中普遍应用，极大地促进了草莓产业的快速发展。组织培养快繁技术克服了蝴蝶兰等兰科植物自然条件下发芽率低、受季节限制、易性状分离、易感染建兰花叶病毒和齿兰环斑病毒等缺点，成为我国现代蝴蝶兰等兰科植物繁殖的主要手段。桉树组培苗已成为华南、西南主栽树种之一。兴安落叶松、杨树组培苗在我国北方已安家落户。山东通过种植脱毒大蒜，蒜薹增产 1.1～1.8 倍，蒜头增产 75%～114%。

（二）分子育种技术推动水稻产业跨越发展

20 世纪 50 年代至今，我国水稻育种经历三次革命，分别是水稻矮化育种、三系法杂交稻育种以及两系法杂交稻育种。在水稻育种革命的带动下，我国水稻单产水平不断提高。自 20 世纪 60 年代至今，我国水稻单产增长了 228%，年均复合增速 1.56%，目前我国水稻生产技术及生产水平均走在世界前列。

从种质资源的角度来看，矮仔占、"野败"不育株和 IR8 号、农垦 58 分别引导了我国水稻育种的三次革命，其中水稻矮秆革命从矮仔占和矮脚南特开始，三系杂交稻革命由"野败"雄性不育株的发现及强优势恢复系 IR24（IR8 号的衍生系）推动，而两系杂交稻革命直接发源于农垦 58。伴随三次水稻育种革命的分子育种技术有常规水稻矮秆化育种技术、杂交水稻制种技术以及超级稻培育技术。袁隆平院士领衔第四期超级稻攻关研究项目取得育种理论、育种材料创制和新品种选育的重大突破，Y 两优 900 超级稻新品种在湖南百亩连片实现亩产 1 026 千克。"两系法杂交水稻技术研究实现与应用"

荣获 2014 年国家科学技术进步特等奖，并被列为国家对外援助的重要技术项目。2017 年，由中国工程院院士袁隆平团队选育的超级杂交稻品种湘两优 900（超优千号），通过了河北省科技厅组织的测产验收，平均亩产 1 149.02 千克，创下了世界水稻单产的最高纪录。

随着生物技术的发展，模块设计育种水稻将推动我国水稻产量迈向新台阶。近年来水稻主栽品种种性退化、稻瘟病频发等因素严重影响稻米的生产。运用分子模块设计育种理论和技术，培育出多模块耦合新品种中科 804 和中科 902。其中，中科 804 以吉粳 88 为底盘品种，耦合了粒型模块 GS3、稻瘟病抗性模块 Pi5 等，2017 年通过国家品种审定，适合东北地区第一积温带稻区种植。长江中下游稻区是我国南方水稻的主要产区，近年来主栽品种退化严重。通过耦合 ipa1-2D，以及稻瘟病抗性模块 PiZ、Pi5 等，育成高产、抗稻瘟病的嘉优中科 1 号、2 号、3 号杂交粳稻新组合。其中，嘉优中科 1 号具有高产、多抗、早熟、矮秆、大穗等特点，嘉优中科 2 号具有籼稻株型和粳稻品质，具有高产、多抗、早熟、优质等特点。嘉优中科系列模块新品种的育成和推广，实现了水稻优质、高产、多抗的完美结合。我国转基因水稻研发达到世界先进水平，建立了一系列较完整的功能基因组学平台，率先开发了基于新一代测序技术的高通量基因型鉴定方法，克隆了一批具有自主知识产权的基因，为我国转基因水稻的进一步发展注入了强大动力。华中农业大学将由我国自主合成的杀虫蛋白 *cry1Ab*/*cry1Ac* 融合基因，通过基因枪介导转化法导入水稻三系恢复系明恢 63 中，经多代选择获得能够稳定遗传表达的抗虫恢复系华恢 1 号。华恢 1 号与珍汕 97A 配对组合获得杂交品 Bt 汕优 63。室内外多点、多代遗传分析结果显示，转基因水稻植株中的杀虫蛋白基因可以稳定遗传和表达，对稻纵卷叶螟、二化螟、三化螟和大螟等鳞翅目主要害虫的抗虫效果稳定在 80% 以上，对稻苞虫等鳞翅目次要害虫也有明显的抗虫效果。种植转基因抗虫杂交稻可以大幅减少杀虫剂的用量，降低生产投入成本；降低人工劳动强度，避免由此造成的人体中毒、中暑风险；减少农药对田间益虫的影响，维持稻田生物种群动态平衡；减少农药残留对自然生态环境的污染，减少农业面源污染的发生。经过长达 11 年严格的食用安全和环境安全评价，2009 年华恢 1 号和 Bt 汕优 63 获得农业主管部门颁发的生产应用安全证书。2018 年，华恢 1 号获得美国食用许可。美国食品药品监督管理局（FDA）认为，华中农业大学已经就转基因抗虫水稻华恢 1 号的食用及饲用安全得出结论，华恢 1 号稻米上市前无需经 FDA 的审查和批准。

~~~ / **专栏 21-3** / ~~~

水稻高产优质性状形成的分子机理及品种设计

该项目是由中国科学院遗传与发育生物学研究所，联合中国科学院上海生命科学研究院和中国水稻研究所完成的。该成果围绕"水稻理想株型与品质形成的分子机理"这一核心科学问题，鉴定、创制和利用水稻资源，创建了直接利用自然品种材料进行复杂性状遗传解析的新方法；揭示了水稻理想株型形成的分子基础，发现了理想株型形成的关键基因，其应用可使带有半矮秆基因的现有高产品种的产量进一步提高；阐明了稻米食用品质精细调控网络，用于指导优质稻米品种培育。培育了一系列高产优质新品种，为解决水稻产量与品质互相制约的难题提供了有效策略。该成果在 *Nature* 等国际权威学术刊物上发表，入选"中国科学十大进展"和"两院院士评选中国十大科技进展新闻"，于 2018 年获国家自然科学一等奖。

（三）转基因技术支撑棉花产业持续发展

棉花是我国重要的经济作物，栽培面积最高时达 1 亿亩。20 世纪 90 年代以来，棉铃虫发生猖獗，给棉花生产造成巨大损失，与此同时，过量使用化学农药不但使环境日益恶化，而且人畜中毒事件时有发生，以致棉农植棉积极性降低，植棉面积大幅度下降。1992 年，我国农业科学院生物技术研究所利用分子设计技术人工合成了具有高杀虫活性的 Bt 杀虫基因 *GFM Cry1A*，并于 1994 年将该基因导入棉花，成功研制了国产转基因单价抗虫棉。这种棉花细胞内可合成 Bt 杀虫蛋白，专门破坏鳞翅目害虫的消化系统，导致其死亡，实践证明单价抗虫棉对棉铃虫的杀虫活性达 80％以上，该核心技术于 1998 年获我国专利。在此基础上，中国农业科学院生物技术研究所与育种单位合作，成功选育出 GK1、GK12、GK19、GKZ1 和晋棉 26 国产单价转基因抗虫棉品种，并大面积推广应用，使我国成为继美国之后世界上第二个成功研制出转基因抗虫棉的国家。之后，为预防棉铃虫对单价棉产生抗性，将人工合成的 *GFM Cry1A Bt* 基因与修饰后的 *CpTI*（豇豆胰蛋白酶抑制剂）基因构建在一起导入棉花中，成功研制了能同时产生两种不同杀虫蛋白的双价抗虫棉。通过与国内多家育种单位合作，成功选育出 sGK321（1998 年）、中棉所 41（2001 年）和中棉所 45（2003 年）等双价转基因抗虫棉新品种。田间抗虫性试验结果表明：双价抗虫棉 2、3、4 代棉铃虫平均百株幼虫数量分别比常规棉田减少 81.4％、87.1％和 87.0％，分别比单价抗虫棉田减少 11.1％、33.3％和 57.1％。双价转基因抗虫棉的成功研制，不仅增强了抗虫性，更重要的是丰富了抗虫棉种质资源，加速了抗虫棉新品种的培育和推广应用。

转基因抗虫棉大面积种植始于 1997 年，当时主要以美国的品种为主，其占国内抗虫棉市场份额的 95％以上，国产抗虫棉份额不到 5％。随着我国自主研发的转基因抗虫棉逐渐成熟，国产抗虫棉的品种数量和种植面积逐年提高，2001 年转基因抗虫棉的面积首次超过了非转基因棉面积。之后国产抗虫棉的数量和推广面积都迅猛增长，2002 年国产抗虫棉占国内抗虫棉市场份额的 43.3％，2003 年国产抗虫棉的面积超过了美国的抗虫棉面积，占国内抗虫棉市场份额的 53.9％，到 2007 年，国产抗虫棉面积已经占到 96.1％，截至 2017 年，国产抗虫棉累计推广面积超过 4 500 万公顷，打破了国外抗虫棉的技术垄断，促进了我国棉花及相关产业持续发展。

（四）生物技术饲料保障现代养殖业健康发展

生物饲料是指使用农业农村部饲料原料目录和饲料添加剂品种目录等国家相关法规

允许使用的饲料原料和微生物，通过发酵工程技术生产、含有微生物或其代谢产物的单一饲料和混合饲料。根据《生物饲料产品分类》，按原料营养特性，发酵饲料可分为发酵蛋白饲料、发酵能量饲料和发酵粗饲料等。我国生物饲料行业发展较快。微生物制剂、酶制剂、饲用氨基酸已成为饲料添加剂行业的重要组成部分，发酵豆粕、发酵棉粕已成为重要的饲用蛋白来源。新中国成立以来，生物饲料发展大体经历了三个阶段。第一阶段是 20 世纪 50 年代糖化饲料。第二阶段是 20 世纪 80 年代末 90 年代初，棉籽粕脱毒、菜籽粕脱毒、酵母发酵饲料。第三阶段是 21 世纪初，生物发酵饲料、生物蛋白、发酵豆粕等兴起。目前进入生物饲料产业发展的第四阶段，新时代人民对美好生活的向往、从数量型向质量型转变的产业升级驱动、环保压力的不断增加、禁用限用抗生素的历史使命、饲料企业转型升级需求、中美贸易战的升级等诸多因素交织，为生物饲料产业的发展创造了绝无仅有的历史机遇期。加上微生物技术的突破性进展，动物营养、饲养管理、发酵工艺和设备等多学科的技术集成和融合，开创了生物饲料发展的黄金期。据权威估计，目前发酵饲料在猪饲料、肉禽饲料、蛋禽饲料、水产饲料、反刍饲料和其他饲料中的用量分别以 5%、2%、5%、5%、10% 和 5% 保守估计，且按总量普及率 20% 推测，则 2018 年发酵饲料产量可达 194.75 万吨。另外，我国菌、酶、发酵饲料产量达 320.33 万吨/年，其中微生物饲料添加剂和酶制剂达 11.26 万吨/年、微生物发酵产品达 148.07 万吨/年、发酵豆粕达 80 万吨/年、其他发酵饲料达 81 万吨/年。由于生物饲料本身的特性，其在节约粮食，减少人畜争粮等问题方面具有重要的作用。此外，生物饲料的广泛应用还可以降低禽畜粪便对环境的污染。因此，未来，生物饲料的应用具有非常广阔的前景。2025 年，生物饲料的年市场份额将达到 200 亿美元，并且生产技术和应用技术将大幅度提高并标准化，生物饲料产品的大量应用，将终结养殖业的抗生素、化学添加剂时代。

饲用酶制剂被公认为目前唯一能同时有效解决养殖领域中饲料安全、饲料原料缺乏和养殖污染三大问题的新型生物饲料添加剂。基于酶制剂产品作为饲料添加剂的"绿色"优势，国家采取了一系列的鼓励政策，国务院、发改委、农业农村部等相关部门分别出台的政策和规划上都明确提出要大力发展酶制剂产品。人类需要"绿色食品"，动物需要"绿色饲料"；关注饲料安全，改善动物品质是饲料工业未来发展的主要趋势。饲用酶制剂能有力推动我国养殖业向资源节约型和环境友好型的方向发展，并且符合"循环经济""低碳经济""绿色经济"等现代社会发展趋势，还有有力的国家政策支持，未来具有广阔的发展空间。目前我国在以植酸酶和非淀粉多糖酶为代表的酶制剂技术研发和产业发展上已处于世界领先水平，其年产量已达 12 万吨，占据了全球市场的 70% 以上，而其中的最大饲料用酶种——植酸酶已占全球市场的 90%，累计在 25 亿吨饲料中应用，主要生产企业有溢多利、新华扬、挑战、蔚蓝生物等。在其他应用领域，国内也有少量酶种产量居前，如淀粉糖行业用的大宗酶种——糖化酶，山东隆大生物工程有限公司年产量达 3 万吨，该公司是世界上最大的糖化酶生产企业。

（五）生物技术肥料和农药促进现代种植业绿色发展

近 10 年来，我国在生物农药研究的关键技术与产品开发方面已取得了一批重大成果，生物农药主要品种的罐吨位目前已达到 100 吨，其中以抗生素产品为主。目前我国生物农药已占农药总用量的 11%，统计资料表明，化学农药近年来在全球销售量长期处于徘徊、低迷状态，而生物药物却一直保持 10% 以上的年增长率，目前获得登记的生物农药有效成分近 90 个、产品 700 多个。我国是世界上生物农药井冈霉素、Bt 和阿维菌素的最大生产国，年产值均超过 1 亿元，农用链霉素、农抗 120、苦参碱、多抗霉素、中生霉素等产业化品种，已成为我国生物农药产业的中坚力量。我国农业生物药物基础研究不断加强，已经具备了生物调节剂新资源和源头创新的实力。苏云金杆菌杀虫剂、井冈霉素、阿维菌素、棉铃虫 NPV 等产品已经达到国际先进水平，不但可满足国内需求，而且进入了欧美市场；拥有我国自主知识产权的真菌激活蛋白的研究处于国际先进水平；转基因生物农药在我国的工业化开发虽然刚起步，但已研制了一些复合型的杀虫防病工程菌。植物源农药的开发部分进行了工业化生产。部分引进和本地天敌昆虫已经可以低成本、大批量生产，有的超过国外同类产品技术水平。截至 2017 年底，我国登记农药产品总数为 38 248 个，其中生物化学农药、微生物农药和植物源农药登记产品数 1 266 个，占比 3.3%，涉及 97 种有效成分（含不同菌株）；农用抗生素（国外不承认为生物农药）登记产品数 2 415 个，占比 6.3%，涉及 13 种有效成分，两种合计占农药登记总数的 9.6%。

我国生物肥料研究始于 20 世纪 50 年代，最初只能提供有效氮、磷、钾元素的细菌肥料。目前，我国微生物肥料生产企业数量超过 1 000 家，登记产品 3 826 个，其中现行有效的登记产品 2 342 个。产品种类涵盖了微生物菌剂、复合微生物肥料、生物有机肥 3 大类，产品形态有粉剂、液体、颗粒，年产量超过 1 000 万吨，产值近 200 亿元，初步形成了微生物肥料企业核心群。在我国农业生产中使用最为普遍的主要有 5 类：①根瘤菌生物肥料；②联合固氮菌生物肥料；③溶磷菌生物肥料；④解钾菌生物肥料；⑤促生菌生物肥料。11 个系列产品包括固氮菌剂、根瘤菌剂、硅酸盐菌剂、溶磷菌剂、光合细菌菌剂、有机物料腐熟剂、复合菌剂、内生菌根菌剂、生物修复菌剂及复合微生物肥料和生物有机肥类产品。从 1989 年我国实施肥料登记制度管理以来，产品数量前期呈几何倍数增长。1997 年微生物肥料登记产品 8 个，2006 年迅速增加到 147 个，2014 年登记产品 630 个。近 5 年来，受国家对生物产业扶持政策、农业生产需求等因素影响，微生物肥料产品的登记数量显著增加，仅 2013 年的正式登记产品数量就超过 2011 年、2012 年的总和。截至目前，我国有效的微生物肥料正式登记产品 1 352 个，临时登记产品 990 个。此外，有 20 余个境外产品进入我国市场获得登记证。随着经济全球化进程的加快，将有更多的外国产品进入我国的农资市场。同时，我国也有一些产品出口到澳大利亚、日本、美国、匈牙利、波兰、泰国等国家和地区。我国微生物肥料逐步向多菌种联合、多功能复合和多物料混合方向发展，应用于农业生产的菌剂不再局限于固氮、溶磷、解钾，而是涵盖了光合细菌菌剂、有机物料腐熟菌剂、复合菌剂、菌根菌剂、土壤生物修复菌剂等细菌、真菌、放线菌、酵母菌 160 余种；产品也由过去的单一的菌剂逐步向菌剂、菌肥双方向发展，研制的生物肥料产品包括高固氮、抗逆、高竞争力的新型土壤改良专用微生物肥料，在促进我国农业绿色发展中发挥了重要作用。

（六）农业生物质工程带动循环农业发展

农业废弃物无害化和资源化就是将当前农业种植养殖生产中大量的农业废弃物充分降解，进而转化为可高效利用的工农业生产新资源，从而摆脱农业生产中资源紧缺与环境污染的双重束缚，为发展多功能、高效益、绿色低碳、高科技的现代农业提供技术支撑和资源基础。目前，我国种植业主要废弃物秸秆总产量已达 9 亿吨；畜禽养殖业废弃物（羽毛、毛皮、蹄、角等）大量累积，年产粪便 8.03 亿吨、尿液 6.98 亿吨；全国地膜覆盖面积也已超过 3.5 亿亩，回收率不足 60%，每年仍以 15% 的速度不断增加，农膜年残存率达 40%，居世界之首。这些农业废弃物长期无法得到有效利用，不但成为潜在的环境污染源，更造成了极大的资源浪费。因此，迫切需要依靠科技进步实现废弃物的无害化与资源化的高效利用。2014 年，国家发改委和农业部编制的《秸秆综合利用技术目录》发布，提出了秸秆资源肥料化、能源化、原料化、饲料化和基料化等"五化"利用途径。"五化"途径使秸秆得到了较充分的利用，利用率达到 75%。2017 年，中共中央办公厅、国务院办公厅印发《关于创新体制机制推进农业绿色发展的意见》进一步提出，到 2020 年秸秆综合利用率要达到 85%，养殖废弃物综合利用率要达到 75%，农膜回收率达到 80%。到 2030 年，化肥、农药利用率进一步提升，农业废弃物全面实现资源化利用。

随着合成生物学、微生物组学和代谢工程技术的兴起，在阐明微生物代谢产物生物合成途径的基础上，通过对不同代谢物的合成途径、合成模块、功能结构域以及合成后修饰模块的理性设计和重组，实现了微生物生物合成降解途径的延伸，形成了新的生物合成网络，从而使底盘微生物中能够产生新型结构化合物，这一技术为实现农业废弃物"变废为宝"的全面资源化利用奠定了坚实的技术基础。中国科学院天津工业生物技术研究所和中国农业科学院生物技术研究所联合开展的利用酶联复合体转化秸秆合成淀粉的研究工作，打通了由秸秆一步转化合成人工淀粉、糖及其他工业原料的理论通路，并向着规模化、产业化迈进。中国农业科学院饲料研究所和生物技术所研究利用微生物和角蛋白酶在高效降解畜禽羽毛、蹄等方面已有重要突破，并实现了酶蛋白的产业化。北京航空航天大学的杨军教授在 2014 年发现黄粉虫嗜食塑料，从其肠道微生物中分离鉴定了多株与农业地膜降解相关的菌株，并验证了其有降解农业地膜的作用，目前正在解析降解途径并构建人工降解微生物。在此研究基础上开发基于新型微生物和酶蛋白的秸秆、羽毛、地膜等废弃物高效合成与转化系统及微生物活性物质的高效合成系统，将羽毛等蛋白化，秸秆类淀粉化，活性物质功能化并合理利用，解决饲料能量和蛋白原料的来源问题，解决种植、养殖废弃物大量堆积问题，再应用于工农业生产中，这是解决我国农业资源严重短缺的有效途径，也将为我国环境友好型农业可持续发展提供科技支撑。

◆本章参考文献

国家发展和改革委员会高技术产业司，中国生物工程学会，历年．中国生物产业发展报告［M］．北京：

化学工业出版社.

贾敬敦，等，2011.农业前沿技术与战略性新兴产业［M］.北京：中国农业出版社.

科学技术部社会发展科技司，中国生物技术发展中心，历年.中国生命科学与生物技术发展报告［M］.
　北京：科学出版社.

农业部科技教育司，1999.中国农业科学技术50年［M］.北京：中国农业出版社.

农业部科技教育司，财政部教科文司，历年.中国农业产业技术发展报告［M］.北京：中国农业科学技
　术出版社.

中国生物技术发展中心，2009.中国的生物经济：中国生物科技及其产业创新能力国际比较［M］.北京：
　中国农业科学技术出版社.

第二十二章　农业信息技术

信息科学与农业科学的相互渗透深刻影响着农业科技发展，催生出一门新兴交叉学科——农业信息技术。农业信息技术的内涵随着信息科学技术的发展、农业科学技术的发展和农业产业的发展而不断更新，广义上可以定义为基于计算机技术、网络与通信技术、电子信息技术等现代农业信息技术研究开发的，应用于农业生产、经营、管理和服务等各领域的新技术、新产品、新模式。当前，我国农业信息技术成果，如农业物联网、农业大数据和农业智能装备等技术在农业领域已经广泛应用，新一代农业人工智能技术正在快速发展。据市场测算分析，我国的智能农机与机器人、无人机植保服务、农业物联网、植物工厂和农业大数据等板块占全球农业科技市场比例分别达到 34%、45%、34%、30% 和 30%。据报道，2018 年我国农业数字经济占行业增加值比重已达 7.3%。信息化逐渐与农业各个领域融合，为引领现代农业发展提供了强有力的科技支撑，对促进传统农业转型升级、增加农民收入、推进乡村振兴发挥了越来越重要的作用。

一、农业信息获取技术

农业信息获取是农业信息技术的基础和关键，是农业信息的源头。农业信息获取是指采用物理、化学、生物、材料科学、电子、遥感等技术手段获取农业环境信息、动植物生命体信息、农机装备信息、农业遥感信息、农产品市场信息等，经分析、处理和计算，为农业生产、经营、管理、服务等提供全方位、多角度信息源，支撑现代农业信息分析决策、智能控制、信息精准服务。

（一）农业传感技术

农业传感技术指运用各类传感器、射频识别（RFID）、视觉采集终端等感知设备，实时采集大田种植、设施园艺、畜禽养殖、水产养殖等领域的现场信息，为农业生产、管理决策提供数据支撑。我国已开发了针对环境信息、作物长势、作物营养、土壤参数、农业市场信息、动物群体疫情等的一批信息采集、监测与诊断设备，实现了农业生物—环境信息的实时获取与解析，初步构建了面向农业资源与生态环境的监测系统。

1. 农业环境信息实时感知

农业传感技术具有很强的针对性，主要针对农业生产过程或农机运行状态进行数据采集和实时监控，具有农业应用性强、自动化水平高和普及程度广等特点，被广泛应用

＊本章审稿人：赵春江；牵头撰写人：许世卫；参与撰写人：李道亮、陈立平、李奇峰、李灯华、位耀光、吴华瑞、杨贵军、余礼根、陈威、王盛威、高荣华、丁露雨、马为红、肖伯祥。

在现代农业生产中。在农业环境信息实时感知方面，光、温、水、气、热等环境信息感知技术比较成熟，利用电化学技术、光学检测技术、近红外光谱分析技术、多孔介质介电特性、微流控技术、微小信号检测技术等现代检测理论和方法，研究开发了土壤养分与水分、土壤理化特性等农田环境和生物信息的快速采集技术。通过分析土壤成分来确定施肥量和灌溉量，通过分析植物样本来确定作物成熟程度以判断采摘收获时间，利用 CO_2、O_2、温度传感器来确定是否进行通风以调节温、光、气等条件以提高光合作用效率等。在畜禽饲养方面，传感器的作用更加突出，与作物种植相比，畜禽饲养具有更强的动态性，一旦出现传染病能否及时发现并预防，直接决定了畜禽整体的存亡问题。使用传感器对水分、湿度、温度、光照、饲料营养成分、畜禽健康状况等进行检测，比人工检测数据更精准，同时也避免了人力资源的浪费。在水产养殖方面，利用传感器可以精确地分析水体温度、浊度、酸碱度、氧浓度等指标，自动进行增氧、换水、加温等操作，以精养代替粗养，减少不必要的损失。

2. 动植物生命体信息实时感知

我国对植物生理信息采集的研究主要包括表观信息（如作物生长发育状况等可视物理信息）的获取和内在信息（如叶片及冠层温度、叶水势、叶绿素含量、养分状况等借助于外部手段获取的物理和化学的信息）的获取。植物生理信息感知研究主要集中于植物电信号技术、机器视觉和图像处理技术、光谱分析及遥感技术、叶绿素荧光分析检测技术等。近年来，我国开发了各种植物生理传感器，实现对植物茎秆直径、株高、叶片厚度、叶片面积和果实直径等植物外部特征的检测和茎秆液流速度与叶片内各物质比例等内部生理特征的检测，利用感知数据来指导精准灌溉、施肥以及病虫害防治等，可使植物始终处于最佳生长状态，同时也可以达到节约水分和养料的目的。现代畜禽养殖业的规模化和集约化水平快速提高，与此同时，畜禽疫病暴发、环境恶化及动物行为异常等动物健康福利问题也越来越严重。目前，动物生理监测技术主要是采用传感器技术、机器视觉技术、红外技术，对动物的运动量、采食量、生长量、生理指标（体温、呼吸频率）等进行检测，实现畜禽养殖过程信息实时动态监测，为畜禽养殖过程精准饲喂、精准环境调控提供数据支撑。

3. 农机装备信息实时感知

在农机设备信息实时感知方面，通过在机械设备上安置传感器，可以对设备的运行状态和运行动作进行实时监测。近年来，无人驾驶农机复杂程度明显提高，采用机联网、大数据、云计算、人工智能技术，通过采集拖拉机发动机运行参数、农机具作业参数，实时监测无人驾驶农机田间作业工况，进行远程故障诊断和故障预警。2016 年 2月，农业部制定了《全国农机深松整地作业实施规划（2016—2020 年）》，农机深松作业远程监测技术作为一项新技术，在农机深松作业管理中，得到了迅速推广应用。农机深松作业远程监测系统综合传感器技术、计算机测控技术、卫星定位技术和无线通信技术，实现深松作业质量和作业面积准确监测，为深松作业补助提供量化依据。通过建立农机耕整地作业时空、属性大数据融合分析方法，建立基于空间聚类的作业量计算模型和作业质量综合评价模型，实现深松作业面积的重叠与遗漏快速检测，解决了传统验收方法存在的工作量大、检测效率低、检查覆盖面窄等问题，提升补贴监测管理的准确性，提升了农机作业管理信息化水平。国家农业信息化工程技术研究中心初步建立了"耕种管收烘储"的农业智能测控体系，实现了主要农业作业工况、面积、质量的全面监测。

~~~ / 专栏 22-1 /

植物—环境信息快速感知与物联网实时监控技术及装备

浙江大学等单位在植物养分、生理和病害信息快速感知技术与设备方面取得创新性成果，提出了从作物叶片、个体、群体 3 个尺度开展生命信息快速获取方法研究的新思路，自主研制了便携式植物养分无损快速测定仪和植物生理生态信息监测系统，开发了作物典型病害侵入和感病初期的早期快速诊断系统，提高了作物信息智能感知技术的在线监测水平和环境适应能力。研发了土壤多维水分快速测量仪和不同监测尺度的墒情监测网，发明了非侵入式快速获取土壤三维剖面盐分连续分布的方法与装置，建立了全国土壤光谱库的土壤有机质和氮素光谱预测模型，研发了土壤养分野外光谱快速测试技术与仪器，实现了土壤水、盐和养分特性快速多维准确测试。研发了植物生长智能化管理协同控制和实时监控系统，实现了基于实测信息和满足植物生长需求的物联网肥、水、药精准管理和温室协同智能调控。

团队研发的作物养分、生理和形态信息的快速无损检测技术和装备，植物病害早期快速诊断技术等处国际领先水平。相关技术、装备和系统在浙江、北京、黑龙江等 20 多个省市推广应用，覆盖粮油、果蔬、花卉等多种作物，为作物高效生产、合理投入和安全保障提供了重要的信息化科技支撑。

（二）农业遥感技术

农业遥感技术指利用装载在航天、航空及地面等不同遥感平台上的传感器，获取农业目标的电磁波波谱信号，利用计算机、地理学、农学等多学科的理论和技术方法，揭示农业地物、生态环境和生产过程的数量、属性及其时空变化特征，以其快速、简便、宏观、无损及客观等优点，广泛应用于农业生产各个环节。我国农业遥感经历了 20 世纪 70 年代末的引进学习，80 年代至 90 年代中期的技术攻关，90 年代后期至 2010 年监测应用以及 2010 年至今全面深化研究与应用的阶段。随着自主国产卫星遥感数据大量应用，航空遥感、无人机、地面近距遥感齐头并进，逐步形成"天—地—网"一体化的农业遥感信息协同综合获取技术体系。

1. 农情遥感监测领域

围绕"农作物空间信息获取—信息分析—信息应用与服务"的主线，创建了适合于农作物遥感监测的理论、方法和技术体系。主要包括：①构建了多源多尺度农情遥感监测技术体系，突破了国内独特复杂种植条件下农作物精细识别、农作物长势和土壤墒情多源遥感协同监测、产量多模型估测等技术瓶颈。②研发了天（遥感）、地（地面）、网

（无线传感网）一体化的农情信息获取技术，解决了以往基于单一遥感信息的农作物监测数据时空不连续的关键难点问题。③研制了面向农作物遥感监测的光谱响应诊断技术，研发了全面覆盖农作物和农田环境参数的定量反演算法和模型。中国科学院空天信息研究院建立的全球农情遥感速报系统（Crop Watch）在全球尺度提供农情遥感监测信息，为全球 147 个国家和地区提供农情信息服务。中国农业科学院建立的国家农作物遥感监测系统（CHARMS）稳定运行超过 10 年，成为国际地球观测组织（GEO）向全球推广的农业遥感监测系统之一。国家农业信息化工程技术研究中心开发的主要农作物调优栽培决策支持系统是面向基层农业管理部门、农业生产部门（如农场）、作物协会（如谷物协会）、大型涉农企业的专业技术及生产管理人员，对主要农作物的产前优良品种种植区划—产中调优栽培及产量、品质预报—产后指导按质收购等作物生产全过程进行信息化管理的综合系统。

2. 农业灾害遥感领域

在农业灾害遥感领域，搭建了精度高、尺度大和周期短的农业灾害遥感监测体系，实现及时、准确获取多尺度农业灾害信息。主要包括：①创新了面向农业旱涝灾害遥感监测的理论体系。构建了以地表蒸散发参数为核心的农业干旱遥感定量反演理论和农业干旱参数遥感反演的空间尺度效应解析理论体系，实现了全国尺度地表蒸散发等干旱核心参数的全遥感反演。②突破了农业旱涝灾害遥感监测精度低、时效差的技术难题，建立了"星—机—地"多平台一体化的农业灾害信息快速获取技术。③建立了全国尺度作物病虫害遥感监测和预测系统。中国科学院建立了主要农作物病虫害遥感监测系统，开展了业务化运行。中国农业科学院创建了国内首个精度高、尺度大和周期短的国家农业旱涝灾害遥感监测系统。国家农业信息化工程技术研究中心基于自主研发的无人机系统探索出一套"按图作业、按地管理、服务到户"的农业保险多遥感平台精确按图服务技术，实现农业保险"按图承保，按图理赔"新模式。这些农业灾害遥感监测系统广泛应用于农业农村部、国家防汛抗旱总指挥部、中国气象局和国家减灾中心等部门的全国农业防灾减灾工作。

3. 农业资源环境遥感领域

在农业资源环境遥感领域，先后搭建了农业环境要素监测网络，形成了耕地、草原、渔业等农业资源遥感监测业务体系。主要包括：①构建了中国 1∶100 000 比例尺耕地资源现状遥感监测数据库及基于国产高分数据的作物一张图数据。②建立了草原产草量、草畜平衡状况遥感监测的新方法和模型库，实现了全国天然草原产草量的动态定量监测。③构建了水产养殖遥感监测及渔场渔情分析预报业务化应用体系，为国内远洋主要作业渔场提供海洋遥感环境参数信息、历史作业渔场查询和渔场预报等信息。2018年，由农业农村部作为牵头主用户的高分六号卫星在甘肃酒泉卫星发射中心成功发射，标志着蓝天下的中国农业有了专属的"中国天眼"。

我国卫星遥感技术的发展，尤其是一系列具有国际先进水平的农业专用卫星的发射，对于提升我国农田参量精准监测能力发挥了重要作用。此外，还需重点攻关规模化种植条件下的农田参量"天—空—地"多平台协同精准获取技术、多尺度遥感时空融合的农业精准决策技术、多源信息融合的农业重大病虫害监测预警技术以及多尺度农业遥感信息融合与智慧服务关键技术，构建出面向精准农业决策管理、智慧农业的遥感技术。

~~~ / **专栏 22-2** / ~~~~~~~~~~~~~~~~~~~~~~~~~~~~~~~~~~~~~~

主要农作物遥感监测关键技术研究及业务化应用

中国农业科学院农业资源与农业区划研究所等单位针对我国独特的复杂地形和种植条件，建立了适合中国国情的农作物遥感监测系统，该系统成为国内首个稳定运行超过 10 年的国家农作物遥感监测系统（CHARMS）。

项目建立了农作物信息天（遥感）、地（地面）、网（无线传感网）一体化获取技术，解决了农作物监测数据时空不连续的关键难点，大大提高了我国农情信息快速、高效、经济获取的能力；我国率先研制了面向农作物遥感监测的光谱响应诊断技术，突破了农作物、农田环境关键参数遥感定量反演技术，大幅提升了我国农情遥感定量化水平；创建了多源多尺度农作物遥感监测技术体系，突破了适合我国复杂国情的农作物种植面积和产量遥感监测关键技术，提高了我国农作物遥感监测的准确性和时效性。

项目技术自 2002 年开始长期应用于农业部、国家发展和改革委员会等对全国粮食生产形势的宏观分析，并先后在黑龙江、吉林、河南、山东、山西、四川和江西等 31 个省区市进行推广应用，对全国主要粮食产区的小麦、水稻、玉米、大豆等主要农作物种植面积、长势、产量和土壤墒情进行动态监测，为掌握粮食生产形势、指导农业生产、进行宏观决策提供了大量的信息服务。

~~~~~~

（三）农业智能检测技术

农业智能检测技术指利用信息技术对动植物信息进行高通量获取并实现智能测量和筛选的过程，在作物表型监测、果蔬智能检测分选、农作物考种等方面有较好应用。我国已构建了具有自主知识产权的作物表型监测技术，建立了基于机器视觉的农产品自动分级生产线，实现了生长期内果实成分监测、采收期预测、采后优质果品筛选，研发了自动和半自动的农作物考种系统，并在作物长势和养分检测、病虫害信息检测、光谱分析检测等方面形成了重要技术装备。

1. 作物表型监测

作物表型监测技术是育种领域的关键技术，高通量的精确表型测量有助于加速育种进程。图像处理技术在农业工程中的应用始于 20 世纪 80 年代末期，通过相机获取目标图像并进行去噪、增强、复原、分割等处理，完成对目标物表型的描述和对特定参数的测量分析。新兴的三维扫描、深度成像、激光雷达等智能监测技术，能够精确获取作物空间形态数据，在高通量作物表型监测中具有广阔的应用前景。我国作物表型测量技术在自主集成研发和商业化应用方面均有良好的基础。华中农业大学作物表型平台利用断层扫描和多光谱图像技术等方法在玉米、水稻等作物表型分析方面进行初步应用。中国科学院植物研究所高通量作物测量平台 Crop3D 是我国自主研发的具有自主知识产权的表型测量平台，实现了作物的三维参数高通量测量分析，将为作物育种、表型组学及基因组学的研究带来重大突破。

2. 果蔬智能分选

果蔬分级是提高果蔬附加值和竞争力的重要方式。进入 21 世纪以来，利用机器视觉技术进行农产品的自动分级的方法得到了快速发展。视觉分级技术主要模拟了人类视觉的产生原理，利用摄像头进行图像采集，通过计算机和机器视觉算法对图像进行数字信息提取，并由控制分类器完成分级任务。相较于传统分级技术，利用机器视觉实现农产品自动分级，不仅能够大幅降低劳动力成本，提高生产效率，而且可以得到稳定的分级质量和可靠的分级结果。国家农业信息化工程技术研究中心研发的南丰蜜橘品质分选线可实现果实清洗、打蜡、烘干、机器视觉检测分级、输送、卸果全自动化，采后商品化处理率达到 80% 以上，每天可节约 50% 的劳动力。智能分选分级装备运用大量智能 IT 和现代快速无损检测技术，在不损伤果品的前提下识别出果蔬糖度、酸度、浮皮、霉心病等内部生理指标，将每类产品单独称重并分选到指定类别或重量等级，高效取代人工分拣。中国农业大学研发的 NIRmagic 便携式水果无损伤检测设备，可实现生长期果实内含成分监测、采收期预测、采后优质果品筛选。

3. 农作物考种

针对玉米、水稻、小麦、大豆等主要农作物考种问题，国家农业信息化工程技术研究中心、中国农业大学、华中农业大学等研究机构研发了针对各类作物的考种自动测量设备，通过集成传感器、计算机视觉、智能信息处理等软硬件技术，实现数据采集和基于大数据的分析处理，计算作物果穗参数指标。国家农业信息化工程技术研究中心等研究机构研发了玉米单果穗考种、多果穗考种、果穗流水线及集成化果穗考种系统等，面向不同玉米育种场景，满足用户特定果穗考种需求，逐渐成为现代玉米种业信息化的重要组成部分。基于单张果穗图像的考种系统果穗测量效率达到 30 穗/分钟，穗行数和行粒数计算精度可达 93%。采用多个摄像机同步获取多张果穗图像，明显提高了测量精度，玉米穗质量、果穗长宽、穗行数等考种参数测量精度达 99%，处理速度为 4 穗/分钟。华中农业大学作物遗传改良国家重点实验室等单位研发了稻麦自动考种系统，系统不仅能直观地反映水稻生长的情况，而且可通过基因关联分析（GWAS）得到与成熟期表型相关的基因位点。目前，玉米、水稻考种从技术上已经基本实现自动化，解决了传统考种作业中人力消耗和精度、效率的限制问题。

～～～/ **专栏 22 - 3** /～～～～～～～～～～～～～～～～～～～～～～～～～

稻麦生长指标光谱监测与定量诊断技术

南京农业大学等单位针对作物生长光谱监测与定量诊断技术的迫切需求，综合运用作物生理生态原理和定量光谱分析方法，以水稻和小麦为主要研究对象，围绕作物主要生长指标的特征光谱波段和光谱参数、定量监测模型、实时调控方法、监测诊断产品等，建立了基于反射光谱的作物生长光谱监测与定量诊断技术体系。

项目确立了指示稻麦主要生长指标的特征光谱波段和敏感光谱参数，构建了叶片/冠层/区域多尺度的稻麦生长指标光谱监测模型，创建了多路径的稻麦生长实时诊断与定量调控技术，创制了面向多平台的稻麦生长监测诊断软硬件产品，开展了作物生长监测诊断技术体系的规模化应用，形成了生长监测诊断仪、监测诊断应用系统、农田感知与管理平台、作物长势分布图、肥水调控处方图、产品品质分布图等技术形式和产品。

该技术自 2009 年起，在江苏、河南、江西等稻麦生产区进行了示范应用，在作物长势监测、肥水调控等方面发挥重要作用，表现为明显的节氮（约 7.5%）和增产（约 5%）作用，提升了农业生产管理的定量化、科学化和信息化水平，推动了精准农业的快速发展。

（四）文献资源数字化技术

随着信息技术飞速发展，人类记录和传播信息的手段和方式发生了巨大的变化，信息数字化成为发展趋势。文献资源等科学数据是信息时代重要的科技资源。图书文献数字化和数字图书馆建设有力推动了农业科学数据的共享与应用，发挥着科学数据"蓄水池"和"集散地"的重要作用。

1. 数字化技术

20 世纪 90 年代，我国农业数字图书文献资源建设开始起步，启动了农业科技数据库建设。其后，农业数字图书文献资源建设步入快速发展阶段，不断地向立体化、多层面化发展，学术资源空前丰富。

完整的图书文献数字化是一个复杂巨系统，涉及全文检索、知识组织、语义网和本体论、元数据理论与方法、农业信息服务软件架构、文本库构建、中文分词、大文本索引、数据抽取、数据检索、计算技术、网络技术、Web 技术、数字对象和数据库、信息安全、知识组织与本体系统、人工智能技术、多媒体技术和 IPV6 技术等领域的多项前沿技术。中国农业科学院农业信息研究所等单位在数字化图书馆信息资源搜集与整合研究、数字化图书馆技术方法研究、数据库的数字化加工研究、信息发现与挖掘研究、农业科学数据共享研究等方面开展了大量相关工作，为推动我国图书文献资源建设发展奠定了坚实的基础。

2. 数字化共享与服务

科学文献数字化共享是应用现代信息技术，整合离散的科学数据资源，构建面向全社会的共享服务体系，实现对科学数据资源的高效管理及共享应用。2002 年，在科技部支持下，由中国农业科学院农业信息研究所牵头研究与建设的国家农业科学数据共享中心（AgriData）项目正式启动。AgriData 已建立了包括作物科学、动物科学与动物医学、农业区划科学、草地与草业科学、渔业与水产科学、热带作物科学等 12 大类核心学科资源的整合框架，完成了农业科学大数据云平台与高性能计算环境搭建。AgriData 自 2002 年启动"农业科技基础数据库建设与共享"工程以来，到 2018 年已完成农业科学大数据云平台与高性能计算环境搭建，数据总量已达到 362.15TB，为农业科技创新、农业管理决策、农业经济发展等提供了科学数据资源支撑和保障。

二、农业信息分析决策技术

农业信息分析决策技术借助智能设备获取信息，基于大数据技术的智能分析、构建科学的决策系统，进而实现对种植、养殖过程的监测与控制，为农业生产者、管理人员、科技人员提供智能化、精确化和形象直观的解决方案。下面从动植物生长模拟技术、农业智能决策技术和农业监测预警技术三个方面对农业信息分析决策技术发展历程、发展现状、产业贡献和应用案例进行概述。

（一）动植物生长模拟技术

我国农业数字模型与虚拟技术方面的研究，在对国际上领先的动植物模型进行消化吸收和改进的同时，也针对我国特色开展了相关创新研究。

1. 植物生长模拟技术

我国在作物生长发育、器官形态建成与虚拟、器官间物质分配及产量形成等方面的研究取得了重大进展，形成了一批有自主知识产权的农作物生长发育及产量形成模型。基于植物生长模拟技术，形成了专门指导各种作物栽培管理的知识模型、生长过程模型及决策支持技术，目前在小麦、水稻、玉米等主要作物模型及优化决策方面取得了突破性的成绩。1990 年中国农业科学院设立院长基金，开始开展作物模拟模型研究，1992年，中国农业科学院农业气象所和计算中心协作，根据中国国情汉化改造了美国 CERES 模型，建成了"CCERES 小麦玉米作物生产管理系统"。中国农科院信息所研究团队后续开展了基于作物模拟模型的智能决策技术和可视化研究、小麦—玉米连作智能决策系统研究，2003 年研建了"小麦—玉米连作智能决策系统"。南京农业大学相关专家团队构建了小麦、水稻生理生态过程模型及生产力形成模拟模型，相关研究成果分别于 2006 年和 2008 年获得了国家科学技术进步二等奖。国家农业信息化工程技术研究中心开发了小麦、玉米、大豆等 17 类作物的农业专家系统，将遥感数据与作物生长模型进行数据同化，通过地物光谱信息和卫星遥感影像数据之间的结合，对作物长势进行有效的模拟预测，推动作物信息遥感从经验向定量、从平面向立体转变，相关研究成果获得了 2006 年和 2017年的国家科学技术进步二等奖和神农中华农业科技奖。在虚拟植物研究与建模方面，中国科学院与法国研究人员合作研发的"GreenLab 模型"、中国农业大学相关团队设计开发的"基于三维数字化仪的植物形态结构数据采集管理系统"、国家农业信息化工程技术研究中心研发的植物三维形态结构交互式数字化设计软件 Plant CAD，为农学家进行植物个体、群体的分析评价提供了可视化计算平台，有利于提高作物产量和品质。

2. 动物生长模拟技术

我国研究主要集中于对动物经验性生长模型的消化吸收和改进，集中于营养代谢模型、生长曲线、动物表型、遗传评估等，动物机理模型方面的研究相对薄弱。在动物营养模拟决策与饲料配方软件方面，中国农业科学院根据国际饲料分类法，提出了"中国饲料分类法及编码系统",建立了中国饲料数据库情报网,依据计算机技术标准化要求建立了"饲料原料标准及监测技术""中国饲料数据库"。根据新数据配套推出第七代优化饲料配方软件,同期建立的第五代"畜禽代谢人工气候舱"也为动物营养模拟研究和自主创新提供了新的平台。中国农业大学开展了饲料原料有效营养成分的评价和测定研究,构建了猪营养动态模型。浙江大学形成了饲料配方的专家系统 ICMIX,辅助用户进行经济高效饲料配方的设计。在动物遗传育种与表型评估方面,中国农业大学研究团队提出了数量性状存在隐性有利基因的假设和"全同胞—半同胞混合家系"的概念,对由隐性有利基因控制的数量性状建立了新的选种方法。基于最佳线性无偏预测方法(BLUP),国内先后开发了一些遗传评估的软件,如 GBS 系统、GPS 系统是我国自主研发的种猪场管理与育种分析系统。国家"十二五"期间优先安排了"模式动物表型与遗传研究设施"建设,开展以猪和灵长类动物为模型的表型与遗传研究,通过动态、连续和精确描述生命的表型、遗传型及其在环境中的响应,阐明生命表型的形成规律和调节方式。

植物生长模拟研究将由现有的单一作物模型向多作物模型耦合转变,同时由单一数据源向多数据源转变,形成高性能并行计算模式,模拟目标也将从监测变为预测。动物生长模型比植物生长模型更为复杂,需要针对不同动物类别、不同生产阶段、不同生产目标建立相应的营养、繁育、生理生长、环境及疫病防控等多因素的耦合模型。

(二)农业智能决策技术

农业作为一个融合多种技术于一体的系统,其生产具有复杂多变性,实现农业的智能决策是现代农业发展的必然要求。用户利用农业智能决策模型可得到基于农田地块的地力信息,以及品种、灌溉、病虫害防治、作物产量等方面的专家智能决策,获得农业精细管理实施方案。农业智能决策在指导农民科学种田,实现优质、高产、高效农业方面越来越显示出其巨大的作用。

1. 专家决策系统

我国是世界上研究农业专家决策系统较早的国家,在农业智能决策中专家系统(ES)技术应用比较广泛。20 世纪 90 年代以来,随着人工智能技术飞速发展,智能化农业专家系统应运而生,集成人工神经网络等各种智能技术,利用现代数据处理手段,丰富了农业专家的内涵,提高了专家系统的智能化、精确度和实用性。1980 年,浙江大学与中国农业科学院蚕桑所合作,开发研究育种专家系统。1983 年,中国科学院合肥智能机械研究所开发了"砂姜黑土小麦施肥专家咨询系统",这是我国第一个实用农业专家系统。1992 年,中国农业科学院作物研究所研制开发"冬小麦新品种选育专家系统"。1998 年,南京农业大学研发的小麦管理智能决策系统,发挥了专家系统的决策功能以及生长模拟模型的预测作用,为小麦生长管理提供了科学的工具。国家"863"高科技项目专题的东海渔业资源评估专家系统针对不同海区的主要鱼种、主要鱼汛或每年的资源量、最大研究持续产量、可捕量等,选择最佳的评估和预测模型以达到可靠实用的结果。进入 21 世纪之后,智能专家系统在农业中的应用不断发展,系统功能和使用的性能也都不断完善。通过建立"感知—传输—处理—控制"的闭环应用,专家系统在设施园艺、大田种植、畜禽养殖和水产养殖等各个方面都有所应用,实现有针对性地为农民提供及时、精准和高效的信息服务。当前的农业专家决策系统具有启发性、透明性、灵活性以及非时空限制性等特点。

2. 农业信息电子地图

在当今信息时代，信息的传播、表达和应用始终是信息技术研究的重要内容，依靠信息技术实现农业信息资源的规范化管理和智能化服务，已成为农业信息技术发展的主要目标。农业部于 20 世纪 80 年代初开始在计算机上建立分县农村经济基础资料数据库，并逐年递增积累成宝贵的信息资源，是实现数据共享、数据分析和决策服务的基础，为各级农业决策部门、科研单位、农业生产部门等提供了许多有价值的信息服务。中国农业科学院农业信息研究所等单位围绕我国农业管理决策的重大需求，以研究农业经济数据管理、分析、决策服务为主线，研建了农业经济空间信息服务关键技术与应用平台（中国农业经济电子地图）。电子地图挖掘了多年分县农村经济基础资料数据和分省农业统计资料数据，提出了农业经济信息时空分析与地图服务的技术方法，基础数据涵盖农村基本情况、农业生产情况以及畜牧、水产等近 200 多项指标；提出了农业经济时空信息快速处理与分析技术方法，研建了农业常态灾害预测预警模型，构建了具有多种灾害分析报告生成、灾害动态数据分析功能的农业突发事件分析系统；提出了可定制农业生产优化布局建模方法，创建了基于 Agent 的农业经济信息分析与辅助决策系统。平台已在农业农村部各司局、全国 31 个省区市农业厅全面推广应用，为农业管理决策和应对突发事件提供了技术支撑，为各级农业部门提供了高效准确的信息服务。

3. 人工智能技术

2017 年 7 月，国务院发布的《新一代人工智能发展规划》中指出，要建立典型农业大数据智能决策分析系统。经过多年的持续积累，我国在人工智能领域取得重要进展，国际科技论文发表量和发明专利授权量已居世界第二位，部分领域核心关键技术实现重要突破。语音识别、视觉识别技术世界领先，自适应自主学习、直觉感知、综合推理、混合智能和群体智能等领域初步具备跨越发展的能力，中文信息处理、智能监控、生物特征识别、工业机器人、服务机器人、无人驾驶逐步进入实际应用，人工智能领域创新创业日益活跃，一批龙头骨干企业加速成长，在国际上获得广泛关注和认可。农业人工智能利用智能的算法搭建智能模型，实现智能化的动态管理，在农业产前、产中和产后的各个阶段农业智能决策中应用。借助深度学习等人工智能算法所展开的图像识别技术是当前的一个重要研究方向，以对动植物疾病进行提前预判预警；相比于传统的人工种植、养殖，能够大大减轻农业的劳动强度，提高农产品的产量和品质，具有巨大的应用潜力。

~~~/ **专栏 22 - 4** /~~~

数字农业测控关键技术产品与系统

国家农业信息化工程技术研究中心（北京农业信息技术研究中心）等单位围绕"信息监测—决策控制—系统集成"三个环节，开展数字测控技术、产品、系统和平台研究，形成系列具有自主知识产权的数字农业测控技术产品和系统。

项目创建了农作物个体生命信息无损监测方法，研制了叶片、茎秆、果实等多种生命信息传感器，开发了农作物营养、病害、水分胁迫监测技术产品和诊断系统；提出了集光学传感与农学模型于一体的作物群体生物量/叶面积指数、氮素/水分营养生理指标的监测方法，研发了作物综合长势信息测定仪，可实现作物群体长势信息的无损探测及诊断；研制了集成 GPS 便携式 X 荧光土壤重金属测定仪，可同时快速原位测定铅、砷、铬等多种土壤重金属元素含量，填补了国内空白；研制了大田自动灌溉施肥机，可实现 3 种肥料和 1 种酸液的精确配比及自动水肥耦合，单机可控面积 333.3 公顷；建立了可快速重构定制设施环境、水、肥、药等农业生产关键要素的专业智能测控系统。

有关技术已在设施农业和大田生产的环境监控、灌溉、施肥、施药等方面大面积推广应用，节能 20%～50%，节肥、水、药 20%～50%，提高了我国农业技术装备与信息化水平，促进了数字农业的发展。

（三）农业监测预警技术

农业监测预警是基于信息流特征，对农业生产、流通、市场等全产业链过程中的环境因素、生物本体等进行信息监测追踪，并对未来态势进行分析、预判预警的全过程。农业监测预警不仅是当今农业科技的前沿领域和重大课题之一，也是现代农业管理的高端工具。我国农业监测预警主要经历了以传统计数与统计为基础的起步阶段（新中国成立后至 20 世纪 80 年代初期）、以计算机辅助为特征的成长阶段（20 世纪 80 年代中后期至 20 世纪 90 年代末期）、以信息全面感知与智能分析为特征的成熟阶段（21 世纪开始至今）。当前，农业信息获取实现了即时感知和广泛性采集，数据分析处理实现了大规模集群模型计算，预警和服务系统不断完善。

1. 信息监测

农业信息监测就是利用多方法和多手段，获取所需农业信息的过程。随着农业传感器、农业遥感、物联网、移动互联网等技术的蓬勃发展，极大地推动了农业监测数据的海量暴发，数据实现了由"传统静态"到"智能动态"的转变，实现了全面及时地获取与农业相关的气象信息、土壤信息、动植物生命信息、定位信息、贮运信息、市场交易和消费信息等，全方位扫描农业全产业链过程。目前我国已围绕农业全产业链研发了先进农业信息监测技术和产品，并构建了专门的农业监测预警信息资源库群。

中国农业科学院农业信息研究所等单位面向中国农产品市场实际监测需求，创新了农产品市场定位匹配、标准化采集、数据分析预警等关键技术，突破了农产品市场信息采集技术，并成功研制了农产品市场信息采集设备（农信采）及配套系统。农信采具有标准采集、全息获取、实时报送、智能校验等功能，为我国农业市场信息采集带来了革命性的变化。农信采从 2012 年开始先后在天津、海南、黑龙江等 12 个省区市推广应用，2014 年作为农业部和国家发展和改革委员会开展农产品目标价格监测的通用工具，在新疆棉花和东北大豆监测中推广应用，为实现农产品市场的信息采集与分析预警提供了有效手段。

2. 信息分析预警

农业信息分析预警应用数据处理、模型工程、关联分析、定量测算等方法，对农业生产、市场、事件等研究对象做出预测预警。随着数据挖掘、机器学习、数学建模、深度学习、人工智能等技术创新与应用，我国农业信息分析预警正向系统化、智能化方向发展。依托大数据构建的模型集群系统，通过对海量数据的智能分析和深度挖掘，不断提高监测预警结果的准确性。2009年，科技部、农业部启动了"十一五"国家科技支撑计划重点项目"农产品数量安全智能分析与预警关键技术支撑系统及示范"，由中国农业科学院农业信息研究所等单位承担，这也是迄今为止我国农产品监测预警研究领域层次最高、资助强度最大、协作规模最广的科研项目。

中国农业科学院农业信息研究所农业监测预警创新团队坚持自主创新和联合攻关，攻克了农业数据清洗、标准化处理、关联分析预测等关键技术，研究开发了具有短期、中期、长期分析能力的大型智能集群模型系统——中国农产品监测预警系统（China Agriculture Monitoring Early-warning System，CAMES），CAMES系统的业务化应用为保障主要农产品有效供给、推动市场平稳健康运行和保障国家粮食安全，提供了重要技术支撑。中国科学院系统科学研究所等单位在农业产量预测预警方面开展了大量创新工作，研建了农产品单产、耕地面积、总产量等预测预警模型技术，创新了分解—集成模型的消费需求量集成预测技术等，研发了农产品消费与生产协调度测定、农产品市场价格预测等多项智能分析与预警关键技术，实现了较高的粮食产量、消费量和价格分析预测精度。

3. 中国特色农业监测预警体系

自2010年起，农业部开展18个农产品品种的单品种分析，为促进农业生产发展和农产品市场稳定发挥了重要作用。2011年，农业部成立市场预警专家委员会，进一步为农产品市场调控政策的制定提供重要智库支撑。基于农业监测预警的数据积累、分析模型创立和专业分析队伍的建立，2014年中国首次召开了中国农业展望大会，这是国内农产品市场权威信息发布的重要渠道之一。2015年初，农业部启动了覆盖17个省区市的小麦、稻米等8个品种的全产业链信息分析预警团队试点工作，组建了一支由首席分析师、会商分析师、省级分析师和产业信息员共计1 000余人的预警团队，中国特色农业监测预警体系逐渐建立、完善并发展壮大。

未来，农业监测预警工作将朝着自动化、智能化的方向发展。一是以数据为驱动，创新未来监测预警模式；二是信息监测的智能感知、高精度预测预警算法、个性化精准服务将形成突破；三是监测过程将从农业单一环节向全产业链、全生命周期扩展，预警周期也将由中长期向短期进步，预警区域将覆盖县域，甚至田块级区域。智能化将成为未来农业监测预警的主要特征。

~~~～/ **专栏 22－5** /～~~~~~~~~~~~~~~~~~~~~~

农业信息监测预警关键技术与应用

中国农业科学院农业信息研究所等单位针对我国水稻、生猪、蔬菜等18类主要农产品全产业链生产监测、产销匹配、风险防范等关键问题，突破了农业信息监测预警关键技术，首创了中国农产品监测预警系统CAMES，取得了重要创新成果。

项目创建了农产品产运销多环节融合的全息信息监测方法，发明了警度自主计算智能预警核心算法；突破了农产品生产、流通、市场环节复杂场景信息动态监测和智能预警关键技术；创建了多品种集群模型构建方法，研建了专门的中国农产品监测预警资源数据集群，首创了中国农产品监测预警系统CAMES。以CAMES系统为技术支撑，2014年我国首次召开中国农业展望大会，并发布《中国农业展望报告》，分析和展望中国农产品未来10年的供需趋势，开启了我国提前发布农产品市场信号、有效引导市场、主动应对国际市场变化的新篇章。自2014年起，我国每年定时召开中国农业展望大会，每年发布未来10年中国农业展望报告，定期发布农产品供需月度分析报告，每日发布CAMES监测日报，形成了中国农业展望制度。

有关技术在相关政府部门、科研机构、涉农企业、批发市场、农业生产经营主体等大面积推广应用，为农业政策制定、行业管理、生产经营提供了有效的决策咨询与信息服务，对推动农业安全高效运行、保障国家食物安全、提升国际贸易主动权具有重大意义。

三、农业信息智能控制技术

我国在现代生物技术、工程技术和信息技术基础上，加强了生物—机器复合技术、农业精准作业技术、农业航空技术等重大科技问题研究，开发以信息化技术为先导的自动化、智能化装备，应用于农业生产环节。以北斗位置信息与农机装备为核心，研发了系列精准农业关键技术与装备，为农机装备导航提供高精度、稳定可靠的方位信息；以全球定位、地理信息系统等为基础，创建了无人机精准作业模式，实现农业航空作业生产效率最大化；研发了各式农业机器人，实现农业无人化作业。通过综合运用现代信息技术和智能装备技术，建立"感知—传输—处理—控制"的闭环应用，实现对农业生产定量决策、变量投入、定位实施，有针对性地为农民提供及时、精准和高效的信息服务。

（一）农业精准作业技术

我国于20世纪90年代开始农业精准作业技术研究，国家"863"计划、国家"973"计划、国家科技攻关计划、"948"计划、"十三五"重点研发计划等给予持续支持。农业精准作业技术主要以规模化农场、设施农业、畜禽养殖和水产养殖等不同生产领域为研究对象，开发了面向实际生产领域的精准作业关键技术与装备，构建了大田种植、设施园艺、畜禽养殖和水产养殖领域的精准生产技术体系。

1. 大田种植

针对农田精细平整、变量施肥、精准施药、灌溉控制、田间作业导航等关键生产环节和技术领域进行研发和集成创新，研发了系列精准农业智能技术及装备，包括农田精细平整技术装备、精准播种施肥技术装备、农机自动导航技术与产品、大型圆捆机电控技术与产品、智能测产技术、收割机智能测控技术、农机深松深翻作业信息化监管技术、农机作业及社会化服务信息技术等，构建了支持在大田环境下精准作业的软硬件设备系统，实现了农业生产过程的土、肥、水、药等农业资源高效利用与精准作业。农机自动驾驶控制方面，突破了农机自动驾驶作业的定位及导航技术，满足面向变量作业、作业计量和收获测产等任务需求。新疆生产建设兵团应用北斗卫星导航定位自动驾驶进行棉花播种，一次完成铺膜、铺管、播种作业，1 000 米播行垂直误差不超过 3 厘米，播幅连接行误差不超过 3 厘米，解决了农机播种作业中出现的"播不直、接不上茬"的难题，亩节约人工成本 60％，亩增收节支 193 元。大田智能灌溉方面，采用传感器测量影响作物生长的环境参数，在线采集土壤墒情、酸碱度、养分、气象信息等，精确计算最佳灌溉时间、灌溉水量，实现水肥一体化。大田病虫害防治方面，2018 年我国植保无人机保有量突破 3 万架，作业面积达 2.67 亿亩次。

2. 设施园艺

我国设施园艺约占世界设施园艺总面积的 85％以上，在农业和农村经济发展、乡村振兴中发挥着越来越重要的作用。2011 年，农业部启动农业物联网应用示范工程项目，先后有多个地区实施了农业物联网区域试验工程，与设施农业相关的物联网应用占全部农业物联网的 50％。新疆生产建设兵团应用物联网技术，实现作物节水、节肥、减药和精准生产；江苏省利用物联网智能农业管理平台，实时监测生产环境，进行设施农业的精准化生产管理。国家农业信息化工程技术研究中心针对进口传感器成本高、国产传感器性能差的问题，研制出温室环境与作物生命信息等系列传感器，建立了包括数据采集/传输/分析、设备驱动和智能控制等功能的组态化设施农业测控技术集成应用平台，支持各类传感器及受控设备"即插即用"，快速定制不同设施环境下、水/肥/药等农业生产关键要素的测控系统，各类技术产品在 500 多个园区、1 000 多家企业、近万个大棚累计推广 10 万多台套。随着我国设施园艺新材料、新设备、新机械的研制和应用，设施环境调控技术水平会不断提高，温、光、水、肥、气等环境调控手段正逐步向机械化、自动化、智能化方向发展。

3. 畜禽养殖

利用"3S"技术、计算机和微电子技术、光电技术、通信技术、遥感技术和信息管理技术等多项信息网络技术，对畜禽有关信息进行及时有效地获取、加工处理和高效管理，主要体现在畜禽养殖环境调控、生命信息获取与分析、精准饲喂、智能繁育、疫病防控和决策支持等方面。在畜禽养殖环境自动监测与精准控制方面，结合动物生产环节适宜的养殖环境，建立了不同生育期、养殖目标、品种的指标体系、生长环境表达模型和报警机制，保障动物的正常发育和生产。按饲喂的不同季节及不同生长生理阶段，研发了电子饲喂站和智能化饲喂机等基于信息感知、具有物联网特征的畜禽智能饲喂系统。在畜禽个体信息识别与行为监控预警方面，建立了畜禽行为监测指标集，形成行为谱、声纹库和生物特征库描述动物行为变化与时序规律，以行为特征信息为基础智能识别规模化养殖过程中出现的异常行为。采用智能控制系统及配套装置设计研发了挤奶装备、鸡蛋分拣、集蛋等畜禽产品自动或半自动收取系统。在畜禽疫病快速诊断与畜禽场疫病传播、预警方面，根据畜禽种类、养殖规模、养殖工艺，利用畜禽体征监测、程序化防疫、科学饲料配方，以及不同养殖动物不同生长阶段的饮食量、行为规律，结合各种疫情发生环境数据，运用智能推理与人工神经网络等方法构建了畜禽疾病预警与智能诊断模型。

4. 水产养殖

依托国家物联网应用示范工程智能农业项目和农业物联网区域试验工程等的深入实施，水产养殖信息化技术在苏、鲁、津、桂等23个水产养殖重点区域开展了陆基工厂、网箱、工程化池塘养殖的应用，形成了不同的模式。从20世纪80年代以来，我国水产养殖业进入设施化阶段，增氧机、投饵机等设施设备开始在水产养殖业得到广泛应用，养殖环境调控能力得到增强，通过增氧、调温等方式人为干预水产养殖环境，提高生产效率，降低养殖风险。物联网技术、大数据技术、智能装备技术被广泛应用于实现池塘养殖过程信息实时获取、养殖过程精准控制、自动化操作，降低鱼类环境胁迫应激水平，为水生动物创造适宜、安全的生长环境。工程化池塘精准养殖通过生物检测技术、纳米技术、光学检测技术、机器视觉技术等方式，检测溶解氧、pH等主要水质理化因子，获取鱼类生理生态行为识别信息，根据环境因子对生理生态行为的胁迫规律，自适应调控养殖水体水质与相关控制措施。我国海水鱼类网箱养殖始于20世纪80年代初，通过不断的科技攻关，深水网箱的研究与开发进展迅速，已能够抵御42米/秒的风速，浪高5~7米的强风暴。借助于物联网监控技术实现网箱养殖过程环境实时监测，可通过大数据分析，根据海洋环境信息和鱼类行为特征等信息，确定合适的养殖密度、合适的饲喂频率、合适的饲喂量，实现自动精准饲喂。使用网箱升降控制技术，在风浪来临时将网箱下沉至水下一定深度，不仅可以降低网箱受破坏的概率，而且还能保护箱体内的养殖鱼类，从而提高网箱设施及养殖对象的安全性。21世纪以来，我国陆基工厂化养殖快速发展，通过收集和分析有关养殖水质和环境参数数据，如溶解氧（DO）、pH、温度（T）、总氨氮、水位、流速、光照周期等，运用信息化、智能化控制系统，对水质和养殖环境进行有效的实时监控，控制系统循环率，从而实现经济的节水与高效的养殖效果。

5. 海洋渔业

海洋渔业已经深度依赖信息技术提供支撑，渔船作为其中最重要的节点，更是搭上了信息技术迅猛发展的快车。应用卫星遥感技术，分析海洋表面温度、叶绿素和海洋动力环境等信息，掌握渔场时空大致分布；卫星导航和船舶自动识别系统（AIS）普遍得到应用，渔民可精确得知自身船位和周边船舶航行情况，安全、快速奔赴渔场得到保障；声呐和电液控制捕捞设备大量配置，能够精准瞄准鱼群、合理控制捕捞设备作业工况；国际移动卫星通信系统（INMARSAT）等多种卫星通信、渔业专用频段通信和北斗等设备的普遍应用，使渔船在茫茫大海中不再是信息孤岛；渔船船舶监视系统（VMS）的不断构建和完善，组成了船舶终端、通信网络和岸台监控中心三位一体的指挥网络。渔业应急监测管理体系已经基本建立，中国渔政管理指挥系统各类用户达17 000多个，涉及从中央到县市各级渔业机构3 000多个，实现了对全国海洋渔船的位置监控、安全救助、轨迹查询以及数据分析等应急安全救助服务，有效地保障了海上渔船安全作业生产，提升了渔业管理部门的应急救援能力和指挥监管水平。

（二）精准农业航空技术

精准农业航空技术主要是指利用各种技术和信息工具来实现农业航空作业生产率的最大化，主要包括全球定位系统、地理信息系统、土壤地图、产量监测、养分管理地图、航拍、变量控制器及地面验证等精准农业技术。农业航空技术在作业效率、作业质量、作业适应性、作业成本以及应对突发灾害能力上，有着很强的优势。

1. 航空喷施研究

国家农业信息化工程技术研究中心设计了一种用于有人直升机的变量施药控制系统，并进行了相应试验，结果表明当直升机飞行速度小于 160 千米/时时，实际施药量与设定施药量之间的误差保持在 10% 以内，有效解决了有人直升机无差别施药造成的农药浪费。华南农业大学通过 Air Tractor 402B 农用飞机对添加了 4 种不同农药助剂的药液进行喷施试验，结果发现雾滴沉积量、雾滴粒径、雾滴密度等参数与农药助剂和飘移距离呈高度相关性。中国农业科学院植物保护研究所研究测定了罗宾逊 R - 44 直升机与贝尔 206 直升机飞行高度和喷头配置对农药雾滴在水稻田沉积分布以及对稻瘟病防治效果的影响。国家农业信息化工程技术研究中心对 M - 18B 型、Thrush 510G 型飞机在不同环境参数（风速、温度、湿度）、喷嘴角度条件下的有效喷幅宽度进行了评定，对不同飞机喷施作业的雾滴沉积分布特性进行了分析和比较，并首次形成了施药效果测试报告。

2. 雾滴沉积研究

江苏大学研究建立了 CD - 10 型无人直升机喷雾沉积浓度、沉积均匀性与飞机飞行高度、飞行速度及两因素间的交互作用的关系模型。农业部南京农业机械化研究所通过改变 N - 3 型无人直升机的作业高度和喷洒幅度对玉米进行喷施试验，研究了喷洒参数对玉米冠层的雾滴沉积分布的影响，获得了不同作业高度和喷幅下无人机喷雾在玉米冠层中的雾滴沉积量和沉积密度。华南农业大学研究了 HY-B - 10L 型单旋翼电动无人直升机在不同作业参数下对杂交水稻植株冠层喷施作业的雾滴沉积分布效果，根据雾滴沉积结果和外界环境参数对雾滴沉积分布规律的影响进行了分析。同时，在无人机作业参数优化方面，多种类型的无人机根据不同作业参数下的雾滴沉积结果对作业参数进行了优化和筛选。

3. 农业航空技术应用实验

农业航空技术是新兴的高端农业机械化技术，在现代农业生产中特别是在航化作业、病虫害防治等方面发挥着越来越重要的作用。农业航空技术在华北平原地区和长江中下游地区得到了稳步发展，东北地区也在积极发展农用航空，黄土高原及西北地区也正在扩大农用航空作业面积。华南农业大学精准农业航空团队先后在云南、湖南、新疆、河南等多地开展橙树、水稻、棉花、小麦等多种作物的无人机航空施药技术应用研究。2016 年，华南农业大学组织 40 多家农业无人机企业成立了国家航空植保科技创新联盟，正式开启中国农用无人机航空施药技术应用发展的新征程。联盟于

2016 年 5 月、7 月和 9 月先后组织多家单位分别在河南和新疆等地开展小麦蚜虫防治和喷施棉花脱叶剂的测试作业，加快了无人机航空施药技术的应用和推广速度。2016 年 8 月，陕西省 2 万公顷玉米黏虫病害大爆发，联盟组织多家成员、调动 100 余架无人机开展紧急防治救灾工作。2018 年 8 月，国家农业信息化工程技术研究中心联合多家通用航空、航空植保单位修订研讨了"航空施药作业监管与面积计量系统技术要求"团体标准。

（三）农业机器人技术

随着我国经济发展水平的迅速提高，城镇化速度不断加快，劳动力成本不断上升，我国农业生产对农业机器人技术的需求日益增长。我国农业机器人研究起步于 20 世纪末和 21 世纪初，进入 21 世纪以来，随着设施农业、精准农业的发展，特别是人工智能技术的不断发展，农业机器人有了突破性进展，在某些领域关键指标方面，已接近甚至超过发达国家水平。

1. 设施农业机器人

设施农业机器人主要包括嫁接机器人、果蔬采摘机器人等。1998 年，中国农业大学完成了 2JSZ-600 型蔬菜自动嫁接机器人的研发，该机器人采用计算机控制，实现了砧木和穗木的取苗、切苗、接合、塑料夹固定和排苗等嫁接作业的自动化操作；2005 年，中国农业大学针对套管式嫁接的作业特点，在原有蔬菜自动嫁接技术的基础上研制出了套管式蔬菜嫁接机器人。2009 年东北农业大学对果实采摘机械手及其控制系统进行了研究，同年，华南农业大学虚拟实验研究所进行了荔枝采摘机械手的研究。2011 年中国农业大学研制的摘黄瓜机器人利用多传感器融合技术，对采摘对象的成熟度进行判别，确定收获目标，引导机械手来抓取黄瓜，再用刀片切割瓜藤；实验表明，该机器人能够快速到达果实的精确位置并识别成熟程度，实现黄瓜采摘。

2. 大田生产农业机器人

大田生产农业机器人包括大田播种机器人、田间除草机器人等。田间除草机器人，通过机器识别技术，可以准确识别出杂草，对杂草进行除草剂喷洒，除草剂使用量比传统方式大大减少。南京林业大学等单位研究了控制农田杂草的直接施药方法，并研制了基于该方法的除草机器人。计算机从摄像头采集的地面图像中识别出杂草目标，通过伺服控制器来控制机械臂动作，末端执行器切割杂草并涂抹除草剂。西北农林科技大学等单位研发了大蒜播种机器人，实现了播种作业效率和精确度最优化；基于工作目标区图的农业机器人导航跟踪原理，设置大蒜播种机器人作业的路径规划，经多次试验实测，其精度较高、跟踪速度快、种植效果好。

3. 农产品加工机器人

农产品加工机器人包括挤奶机器人、集蛋机器人等。智能乳牛挤奶机器人首先会对乳牛乳房进行自动定位，接着对乳房进行消毒，将吸奶器固定之后，以较快速度完成挤奶。除挤奶外，机器人能对每个乳区的奶量及牛奶质量等进行自动监测，如牛奶糖分、颜色、脂肪、电解质、蛋白质等指标，装配有牛群导航仪的机器人还能够监测牛奶当中的乳酸脱氢酶，并且机器人能够实现自动发料给乳牛、监测乳牛的饲料消耗、监测乳牛活动量、在线体细胞检测等。集蛋机器人采用机器视觉技术识别鸡蛋，根据识别的鸡蛋位置，自动进行路径规划，采用特殊的收集装置，可以在鸡蛋前面停下，降低装置高度，将鸡蛋移动到集蛋设备中，进行后续处理操作。

四、农业信息服务技术

农业信息服务是我国信息化建设的重要组成部分，在改变农业生产方式、提高农民专业能力、促进农民增收等方面具有重要意义。精确、动态、科学的"三农"信息服务如何到达"最后一公里"，真正服务于涉农经营主体，是发展智慧农业必须解决的重要问题。随着新一代信息技术与农业农村的深入融合，我国农业信息服务体系逐渐健全，信息服务逐渐由传统的广播电视报刊信息服务模式转变为"互联网＋"服务模式，服务农业农村能力大幅提升。本部分重点介绍农业信息服务技术的几个重要方面，如农业大数据服务、农业电子商务、食品安全管理等，分析其发展历程、重要特征以及在农业信息服务领域发挥的重要应用。

（一）农业大数据服务

大数据已成为国家基础性战略资源，正成为推动我国经济转型发展的新动力和提升政府治理能力的新途径。随着海量信息的暴发，农业已跨步迈入大数据时代。农业大数据是在现代农业生产、经营、管理等各种活动中形成的，具有潜在价值的、海量的、活的数据集合。随着信息化和农业现代化的深入推进，大数据正在与农业产业全面深度融合，逐渐成为农业生产的定位仪、农业市场的导航灯和农业管理的指挥棒，成为推进农业现代化的核心关键要素。

1. 大数据资源建设与共享

以农业农村部及各省区市农业厅（委、局）为主，多个部门配合，建设和储存了从中央到地方的一系列涉农数据资源。目前，农业农村部已经建立 21 套统计报表制度，涵盖农业综合统计，种植业、畜牧业、渔业、农村经营管理、农产品价格统计等，共计报表 300 多张，指标 5 万个（次），建设了包括农业宏观经济及主要农产品产量、价格、进出口、成本收益等分析主题的 18 个数据集市，日更新量约 30 万条。与此同时，政府信息系统和公共数据互联、开放、共享。以农兽药基础数据平台、国家农产品质量安全追溯管理信息平台、重点农产品市场信息平台等建设为抓手，推进信息整合、联通、公开、共享等工作。国家农业数据中心进行云化升级改造，初步建成了国家农业数据平台。生猪等 8 种重要农产品大数据试点工作在 21 个省区市开展，为农业信息服务提供了坚实的基础数据支撑。

2. 大数据计算与分析处理

大数据处理更加注重从海量数据中寻找相关关系和进行预测分析，包括数据清洗、尺度转换、多源数据融合、分布式存储与管理、关联分析与预测等方面。数据分析技术目前进入大平台处理阶段，主要是基于 Hadoop 等分析平台，同时结合统计软件进行并行计算。近年来，内存计算、边缘计算等逐渐成为高实时性大数据处理的重要技术手段和发展方向。从基本的数据查询分析计算到批处理和流式计算，再到迭代计算和图计算，目前比较典型的有 SAP 的 HANA、微软 Trinity、UC Berkeley AMPLab 的 Spark 等平台。农业数据处理正从传统的数据挖掘、机器学习、统计分析向智能分析预警模型系统等演进。

3. 大数据服务应用

目前我国大数据服务技术已在个性化信息推送、广告精准投放、用户行为分析、舆情监测等方面广泛应用。随着农业农村部"信息进村入户"工程、"物联网区域试验工程"、"12316"热线、国家农业云服务平台等的建设和推广，创建了农业产前、产中、产后各环节大数据关联的农业智能决策模型，开发了农产品全供应链溯源技术和系统，开发了兼具语音交互、信息呈现、多通道交互的大数据可视化技术，解决了农民看不懂、用不上专业化信息等问题。智能决策系统、信息推送服务、移动智能终端等数据服务软硬件载体和相关大数据服务应用逐渐深入推广。

（二）农业电子商务服务

近年来我国农业电子商务发展迅猛，正在深刻改变着传统农产品流通方式，成为加快转变农业发展方式、扩大和提升消费需求的新动力，对发展现代农业、繁荣农村经济、改善城乡居民生活的作用日益凸显。自 1995 年起，我国农产品电商经过 20 余年发展，已形成多层次涉农电子商务市场体系，正加速与农业生产加工融合，推动服务业转型升级，催生新兴业态，成为提供公共服务的新力量。

1. 电商基础设施

随着物流技术尤其是冷链物流技术的不断创新，我国农产品电子商务已进入线上线下加速融合、生鲜配送服务体系逐步健全的新阶段。政府和相关企业纷纷加大对农村电商基础设施建设的投入，农村地区的宽带网络、快递物流的覆盖率均有明显提升。目前我国行政村通宽带的比例已经超过了 96%，贫困村宽带的覆盖率已经达到了 86%。我国邮政业基础设施不断完善，截至 2018 年 12 月，全国快递网点乡镇覆盖率超过了 90%，建制村直接通邮超过 97%。农村物流建设不断加快，正在缓解制约农村电商发展的物流"最后一公里"问题。

2. 电商产业生态

近年来我国农业电子商务保持高速增长态势，网上销售农产品的生产者大幅增加，交易种类尤其是鲜活农产品日益丰富，农业生产资料、休闲农业及民宿旅游电商模式不断涌现，推动我国农业电子商务呈现东中西部竞相迸发、农产品进城与工业品下乡双向流通的发展格局。据统计，2018 年我国农村网络零售额 1.37 万亿元，同比增长 30.4%，全国农产品网络零售额达到 2305 亿元，同比增长 33.8%，农村电商迅猛发展。我国农业电商市场已经形成电商巨头、电商"国家队"、中小企业竞争共存的市场形态。乐村淘乡村电商站点已经覆盖全国 750 个县、8 万多个村。作为"国家队"代表的供销 e 社，除了建立完善的农产品上行体系，还搭载了更多与农民相关的农资、农技、本地化生活服务、电子政务等功能，服务功能也涵盖了支付结算、农村金融、物流当日达、原产地追溯、定制化技术支持、品牌策划及推广等。

3. 农产品生鲜冷链

由于生鲜农产品容易变质和容易腐烂的性质,对冷链物流的温度和时效性的要求较高。2017 年我国先后印发了《关于加快发展冷链物流保障食品安全促进消费升级的意见》《关于积极推进供应链创新与应用的指导意见》等文件鼓励冷链物流健康发展,彰显冷链物流在食品领域的重要地位。2017 年 11 月,国内首个鲜活农产品电子商务流通标准正式发布。当前,温度监测技术、食品追溯技术、自动分拣技术、智能仓储技术、无人机运输技术、大数据补货技术、全程温控服务技术、HACCP(危害分析和临界控制点)认证技术等,正在深入融合到冷链物流行业中。据国家统计局数据资料,2017 年我国生鲜市场(肉类、水产品、禽蛋、牛奶、蔬菜、水果)规模超过 13 亿吨,冷链交易额达 4 700 亿元。新技术装备正在引领冷链行业变革。

(三)食品安全管理服务

食品安全管理包括食品溯源、追踪和管理,溯源指从供应链下游向上游识别产品来源,追踪是指从供应链上游到下游的信息采集过程,溯源和追踪共同构成产品的可追溯体系。建设追溯体系,实现产品来源可查、去向可追、责任可究,是强化全过程质量安全管理与风险控制的有效措施,对于促进监管方式创新、保障消费安全等具有重要意义。

1. 安全溯源体系建设

作为食品质量安全管理的一种有效手段,我国农产品溯源体系建设以政府推动与市场化运作相结合的模式为主。2013 年国务院出台《关于加强食品安全工作的决定》,明确要求"推动食品安全全程追溯",2016 年农业部发布《关于加快推进农产品质量安全追溯体系建设的意见》。《食品可追溯性通用规范》《食品追溯信息编码与标识规范》《农产品质量安全追溯操作规程通则》等多项国家、行业标准相继颁布实施,为规范追溯体系建设创造了基础性的条件。当前,覆盖全国的重要产品追溯体系正在加快建设,全国追溯数据统一共享交换机制正在形成。我国已建立了农产品追溯 i-OID 统一标识体系和公共服务平台,针对农产品从生产到销售各环节的质量安全数据进行及时采集上传,提供农业质量安全追溯、培训指导、供需对接等服务,在山东、河南、北京等地区进行了试点,为监管部门提供了有效的质量安全监督管理手段。

2. 可追溯电子信息系统

RFID 射频识别电子标签构成可追溯电子信息系统的硬件基础,可通过无线电信号识别特定目标并读写相关数据,全面记录产品从源头产地到终端消费的冷链全过程。目前我国多数大型养殖场实现了利用 RFID 无线射频技术对牲畜进行身份登记和过程管理,相关系统包括养殖场日常管理系统、调运管理系统,实现对畜禽出生、成长、免疫、调运等各阶段的信息追踪,通过二维码技术让顾客进行信息溯源。中国农业科学院蜜蜂研究所、农业信息研究所等单位针对蜂产品生产经营分散性强、产品混乱难监管等特点,提出了基于 Agent 的蜂产品质量安全控制的协同工作方法,研建了蜂蜜品种、产地和真伪鉴别技术,研发了融合检测技术的蜂产品质量安全控制系统,实现了蜂产品生产与供应链可追溯管理和全程控制,在全国 13 个省区推广应用,用户覆盖 900 余户蜂农和超过 11 万个蜂群。

3. 全产业链周期追溯

运用农产品质量溯源系统，可实现对农业生产（产地环境、生产流程）、流通（车载物流、冷链贮藏）监控和农产品质量的追溯管理、条形码标签设计和打印、基于网站和手机短信平台的质量安全溯源等功能，有效实现农产品质量监管，让农产品市场生态透明化、健康化。如今，只需用手机扫描蔬菜的二维码即可对其产地、生产者、生产投入的使用情况、检测情况进行溯源。国家农业信息化工程技术研究中心等单位创新了全供应链信息采集与溯源编码技术，构建了多源信息融合的生鲜农产品新鲜度预测模型，实现了生鲜农产品货架期的快速预测，解决了农产品追溯编码防伪性差、现场监管难等问题。全程化的追踪管理，既加强了企业质量管理，减少了纠错成本，又方便企业收集产品信息、了解消费趋势，提高快速响应能力。

4. 农业区块链技术

区块链是近年迅速发展的新兴信息技术，是分布式数据存储、点对点传输、共识机制、加密算法等计算机技术的新型应用模式。应用区块链技术，商业网络中的任何参与方都可以查看交易系统记录（账本），有效解决信任问题。国家互联网信息办公室已于2019 年 1 月发布《区块链信息服务管理规定》，规范区块链技术及相关服务并促进其健康发展。基于区块链技术的农产品追溯系统，所有的数据一旦记录到区块链账本上将不能被改动，依靠不对称加密和数学算法的先进科技，使得信息更加透明。用区块链、大数据、人工智能等新技术打造绿色农产品供应链，可以打通供应端和消费端流通渠道，建立从田间到家庭餐桌的农产品监控体系。农业区块链应用将获取的农场、加工、物流、销售信息纳入区块链平台，通过区块链技术的智能合约、分布式账本、防篡改等技术特点，记录全流程数据，建立真实可信的农产品溯源链。

五、产业贡献

当前，以信息技术为代表的新一轮科技革命方兴未艾，以物联网、大数据、云计算、移动互联网、人工智能等为主要特征的新一代信息化技术正在与农业深度融合，正在引发以绿色、智能、泛在为特征的农业技术突破，对农业生产、经营、管理、服务各方面产生革命性影响。农业生产智能化、经营网络化、管理数据化、服务便捷化等取得明显进展，城乡"数字鸿沟"进一步缩小，信息化基础支撑能力大幅增强，农业农村信息化核心关键技术产品研发创新速度加快，大众创业、万众创新的良好局面基本形成，信息化正为我国加快实现农业现代化不断积蓄力量。本章节总结了信息技术在我国农业生产、经营、管理、服务等领域的重大成就，并对我国农业信息化未来发展态势进行展望。

（一）推动农业生产方式变革

1. 提高生产效率

信息化是现代农业的制高点，对于加快转变农业发展方式、促进现代农业建设具有重要的牵引和驱动作用。利用农业信息技术对农业生产要素进行智慧化设计、智能化控制、精准化运行和科学化管理，促进农业生产方式由经验型向知识型转变，有利于合理使用农业资源、减少投入品使用量、提高农产品产量和质量。数字农业技术正加快从实验室走进田间地头。2013年起，农业部组织实施了农业物联网区域试验示范，征集发布了426项节本增效农业物联网产品、技术和应用模式，示范引领信息技术在农业生产上广泛应用。运用物联网技术，新疆棉花种植项目区肥料利用率提高20%以上，土地利用率提高8%，综合效益每公顷增加3 150元；江苏无锡水产养殖单位面积平均增产10%，节省电费1 200元/公顷，每公顷增收15 000～19 500元。可以预见，随着5G和新一代物联网（NB-IoT）的商用，农业信息技术在生产中必将发挥更大的作用并将迎来高速发展的新时期。

2. 催生新兴产业

农业信息技术的研究和应用极大地改善了农业的一些先天性及行业性的不足，如农业生产经验性、分散性、地域性、变异性和可控程度差等，为延长农业产业链、培育新业态提供了有力武器，逐步进入以信息为生产要素，以互联网、物联网、大数据、云计算、自动化、智能机器人应用为特征的智慧农业阶段。"互联网＋农业"和农村一、二、三产业融合发展有力推动了农业行业向生产服务型转变、生产性服务业向价值链高端延伸，逐步构建出多模式推进、多主体参与、多利益连接、多要素发力、多业态打造的新格局。以信息化催生新业态、新模式，推动大众创业、万众创新，不断催生众筹农业、网上农场、网上农家乐等新要素、新模式，不断发展休闲农业、乡村旅游、农产品加工物流等新产业、新业态。

3. 引领产业发展

面向国内现代农业发展的重大需求，农业信息技术以提高农业劳动生产率、资源利用率和土地产出率，促进农业发展方式转变为目标，突出人工智能技术与农业领域融合发展的基础理论突破、关键技术研究、重大产品创制、标准规范制定和典型应用示范，建立出以"信息感知、定量决策、智能控制、精准投入、个性服务"为特征的农业智能生产技术体系、农业知识智能服务体系和智能农业产业体系，推动农业生产经营方式实现"电脑替代人脑""机器替代人力""自主可控替代技术进口"3个转变，全面提升农业现代化水平，引领农业产业发展。

（二）促进农业经营效益提升

1. 经营网络化快速发展

农业网络化经营有效消除了时空障碍，减少了中间流通环节，降低了交易成本，扩大了农产品市场销售范围，大大推动了农民创业增收。2018年，全国农村网络零售额达到1.37万亿元，农村网购市场规模持续高速增长，农业经营网络化快速发展。农产品电子商务进入高速增长阶段，网上销售农产品的生产者大幅增加，交易种类尤其是鲜活农产品品种日益丰富。农业生产资料、休闲农业及民宿旅游电子商务平台和模式不断涌现，农产品网上期货交易稳步发展，农产品批发市场电子交易、数据交换、电子监控等逐步推广。国有农场、新型农业经营主体经营信息化的广度和深度不断拓展，运用互联网开展经营的农民和新型农业经营主体数量大幅上升。农业电子商务推动农业市场化、倒逼标准化、促进规模化、提升品牌化的作用显著增强，带动贫困地区特色产业发展取得明显成效。

2. 电子商务扶贫成效显著

农业电子商务打破了地域限制，为偏远闭塞的贫困地区居民打开了市场大门，带动了偏远贫困地区优质绿色农产品走出深山、走向市场，有利于精准扶贫战略的真正落实。近年来，农业电子商务在脱贫减贫工作中作用不小。由商务部指导，29 家单位成立的中国电商扶贫联盟，帮扶对象覆盖 351 个贫困县，推动企业为贫困地区农产品开展"三品一标"（无公害农产品、绿色食品、有机农产品和农产品地理标志）认证，提升品牌化、标准化水平。江西赣州依托脐橙特色产业，农村电商交易额达到 237 亿元，带动了包括贫困群众在内的 20 多万人创业就业。甘肃省陇南市积极推进"电商扶贫"，通过电子商务将陇南的优质农特产品与外面的大市场有效对接，促进了农民增收、农业增效，探索出了一个贫困地区发展农产品电子商务的"陇南模式"，2014 年被国务院扶贫办确定为全国首个电商扶贫示范市，走出了一条符合陇南实际的精准扶贫精准脱贫之路。

3. 激发新农民创新创业

当前，农村电商吸引了诸多新农民返乡创业，近年来，全国农民工和大学生返乡创业人数年均增幅保持在两位数，解决了农村生产力不足的关键问题，为农村重新引入了新的生产要素。创业领域越来越宽，逐步覆盖特色种养业、农产品加工业、休闲农业和乡村旅游、信息服务、电子商务、特色工艺产业等农村一、二、三产业，基本涵盖了种养加和产供销的全产业链。农业信息技术日益成为引领创新、驱动转型的先导力量，农民专业合作社、家庭农场、种植养殖大户率先利用互联网进行转型升级，他们在生产过程中或组织农户，或让农民社员统一种植标准，或从农户手里统一收购标准化程度高的农产品，或自己提升农产品标准化水平。电商对于农产品的标准化、品质化、组织化要求，对于重塑农产品的价值链起到了积极的推动作用，农民创业创新的热潮正在形成。

（三）助推现代农业高效管理

国家农业数据中心、国家农业科技数据分中心及 32 个省级农业数据中心建成，信息系统已覆盖农业行业统计监测、监管评估、信息管理、预警防控、指挥调度、行政执法、行政办公等七类重要业务，管理信息化深入推进。

1. 农业生产信息管理

农业生产管理信息化就是指利用先进信息技术、网络技术、计算机技术等现代化技术，开展信息化的农业服务和管理。在农业生产基础较好的新疆生产建设兵团、各地农垦系统以及各地大型国有农场，基于环境感知、实时监测、自动控制的农业生产管理系统正在普及。黑龙江省七星农场运用卫星定位、云计算等技术对万亩田畴实现了精准管理，物联网技术已覆盖七星农场总面积 8.13 万公顷的全部耕地，利用大数据技术改变种植生产管理方式，进一步提升信息化水平，同时可以通过以点带面，促进全省农业现代化水平不断提升。

2. 金农工程

农业电子政务建设逐步推进农、牧、渔、垦、机管理的信息化，实现行业管理的规范化、标准化和科学化，对提高农业主管部门在生产决策、资源配置、指挥调度、上下协同、信息反馈等方面的能力和水平具有重要支撑作用。1994 年 12 月，为加速和推进农业和农村信息化，"国家经济信息化联席会议"第三次会议上提出了"金农工程"，即建立"农业综合管理和服务信息系统"。其主要任务：一是网络的控制管理和信息交换服务，包括与其他涉农系统的信息交换与共享；二是建立和维护国家级农业数据库群及其应用系统；三是协调制定统一的信息采集、发布的标准规范，对区域中心、行业中心实施技术指导和管理；四是组织农业现代化信息服务及促进各类计算机应用系统，如专家系统、地理信息系统、卫星遥感信息系统的开发和应用。

3. 农业电子政务

农业农村部电子政务平台建成了较为完善的农机监理、农药监管、"三品一标"等10 类农产品及生产资料市场监管系统与功能完备、高效运行的农业行政综合办公（审批）系统。作为农业农村部电子政务信息化建设示范性项目，"智慧船检"整合了 13 个原有船检信息系统，努力发挥渔船检验监管在渔业安全和水域环境保护中的重要支柱作用。农业投入品监管信息平台将农业投入品纳入可追溯的信息化监管范围，采集主体管理、产品流向、监管检测和公众评价投诉等相关信息，建立"高度开放、覆盖全国、共享共用、通查通识"的国家平台，实现农业投入品可追溯管理，用信息化手段规范生产经营行为。

（四）农业信息服务更加便捷

信息进村入户工程进入全面实施、整省推进的新阶段，农业农村信息服务领域和范围不断拓展；农业各行业信息采集、分析、发布、服务制度机制不断完善，创立了中国农业展望制度，2014—2019 年连续发布《中国农业展望报告》，应用大数据，市场监测预警的及时性、准确性明显提高；建成一批农业信息化重点实验室、科学观测实验站，农业信息化科技体系初步形成。

1. 打通信息"最后一公里"

"三农"信息服务的组织体系和工作体系不断完善，形成政府统筹、部门协作、社会参与的多元化、市场化推进格局。覆盖部、省、地、县四级的农业门户网站群基本建成，农业农村部网站及时准确发布政策法规、行业动态、农业科教、市场价格等信息，成为服务农民最具权威性的农业综合门户网站。政务信息系统资源整合逐步加快，推动了农业农村事项在线全流程一站式咨询、一体化服务。农村集体资产、集体经济实现在线管理，全国土地承包合同和确权登记颁证总平台已汇聚 23 个省区数据信息。通过实施"三电合一"、"12316"热线、全国信息进村入户平台、农民手机应用技能培训、全产业链大数据建设等信息服务工程，推动了农业信息服务创新。"12316"已形成部省协同服务网络，服务范围覆盖全国，有效解决了路途远、办事难等难题。手机逐渐成为农民的"新农具"，通过大力开展农民手机应用技能培训活动，使手机成为农民发展生产、便利生活、增收致富的好帮手。

2. 信息进村入户工程

农业部于 2014 年启动开展信息进村入户试点，从 2017 年开始转入整体推进阶段，目前已在天津、河北等 18 个省区市开展整体推进。依托信息进村入户工程，积极引入公用事业单位和相关企业的服务资源，创新政府服务方式，让农民足不出村就能办想办的事。通过信息进村入户工程的实施，在每个行政村建设益农信息社，既能够提供农业气象、农技推广等公益服务，又能提供电子商务服务以及农业新技术、新产品培训体验服务，还能提供生活缴费、邮政、信贷、车票预订等便民服务，让农民"进一个门、办百样事"，该工程已经成为为农服务的新窗口，也成为管理部门搜集社情民意的"传感器"。截至 2018 年 5 月底，全国共建设运营益农信息社 20.4 万个，累计培训村级信息员 63.3 万人次，为农民提供公益服务 8 250 万人次、便民服务 2.9 亿人次，公益服务、便民服务、电子商务和培训体验开始进到村、落到户。

3. 科学支撑农业决策调控

由中国农业科学院农业信息研究所农业监测预警创新团队研发的中国农业监测预警系统（CAMES）等智能化分析技术每年支撑召开中国农业展望大会，形成中国农业展望报告，并以固定时间、固定形式对外发布，有力提升了国家、部门和市场主体的信息服务水平和能力。通过建立农产品平衡表制度和农业展望制度，形成分析报告、预警报告和决策咨询报告等深度报告上报决策部门，不仅能有效引导市场预期、促进农产品市场平稳运行，更能为政府部门掌握生产、流通、消费、库存及贸易等变化和调控市场提供重要的决策支撑。

未来，农业信息技术与现代农业融合速度越来越快，信息化将成为创新驱动农业现代化发展的先导力量。生产智能化水平将大幅提升，预计农业物联网等信息技术应用比例、农作物测土配方施肥技术推广覆盖率、绿色防控覆盖率等指标将大幅提升，适宜农业、方便农民的低成本、轻简化、"傻瓜"式信息技术将得到大面积推广应用；经营网络化水平大幅提升，农产品网上零售将成为重要农业产业，运用互联网开展经营的农民和新型农业经营主体数量大幅上升，休闲农业、康养产业等新兴业态将不断涌现；管理信息化水平将大幅提升，农业农村大数据建设将取得重大进展，农业行政审批、农产品种植养殖监管和农资市场监管、土地确权和流转管理等信息化水平明显提升；服务在线化水平大幅提升，农业农村信息化服务将加快普及，信息进村入户工程基本覆盖全国所有行政村；美丽乡村建设、大众创业将取得显著成效，农民将成为令人羡慕的职业，农村将成为令人向往的家园。

◆**本 章 参 考 文 献**

何勇，赵春江，吴迪，等，2010. 作物-环境信息的快速获取技术与传感仪器 [J]. 中国科学：信息科学，40 (S1)：1-20.

姬江涛，郑治华，杜蒙蒙，等，2014. 农业机器人的发展现状及趋势 [J]. 农机化研究 (2)：1-4.

姜侯，杨雅萍，孙九林，2019. 农业大数据研究与应用 [J]. 农业大数据学报，1 (1)：5-15.

兰玉彬，2017. 精准农业航空技术现状及未来展望 [J]. 农业工程技术，37 (30)：27-30.

李道亮，2017. 中国农村信息化发展报告 [M]．北京：电子工业出版社：368-380.

李旭，曹卫星，罗卫红，1999. 小麦管理智能决策系统的设计与实现 [J]．南京农业大学学报 (3)：9-12.

倪军，姚霞，田永超，等，2013. 便携式作物生长监测诊断仪的设计与试验 [J]．农业工程学报，29 (6)：150-156.

农业部市场与经济信息司，中国农业科学院农业信息研究所，2018. 中国农业电子商务发展报告 (2017) [M]．北京：中国农业科学技术出版社．

唐华俊，2018. 农业遥感研究进展与展望 [J]．农学学报，8 (1)：167-171.

汪懋华，2010. 农业工程创新驱动发展的战略思考 [J]．农业机械，11：42-47.

王树才，文友先，刘俭英，2008. 基于机器人的禽蛋自动检测与分级系统集成开发 [J]．农业工程学报，24 (4)：186-189.

许世卫，2014. 创新农业监测预警技术服务现代农业建设 [J]．农产品市场周刊，48：22-25.

赵春江，杨信廷，李斌，等，2018. 中国农业信息技术发展回顾及展望 [J]．中国农业文摘：农业工程，30 (4)：3-7.

赵瑞雪，赵鹏举，2005. 国家农业数字图书馆网络体系结构框架与关键技术 [M] //潘淑春．国家农业数字图书馆构建与实现．北京：中国中外新闻出版社．

中国国际电子商务中心研究院，2018. 中国农村电子商务发展报告 (2017—2018) [R].

中国互联网络信息中心，2019. 第 43 次中国互联网络发展状况统计报告 [R].

中国科学技术协会，2016. 农业科学学科发展报告：基础农学 (2014—2015) [M]．北京：中国科学技术出版社：156-172.

第二十三章　农业农村经济理论研究

新中国成立 70 年来，农业农村经济领域扎实有效的学科建设及务实高效的研究工作有力地支撑了"三农"发展。

一、发展历程

新中国成立以来，特别是改革开放以来，我国农业经济与农业技术经济等学科建设取得了长足进步，有效解决了农业农村经济发展中的经济理论、政策制定等相关基础问题，支撑了农业农村经济的高质量发展。

（一）农业农村经济研究初创与发展（1978 年以前）

农业经济学是一门研究农业生产及与其相联系的交换、分配和消费等经济活动和经济关系的学科。农业经济学不同于一般的经济学研究，主要研究对象是农业经济活动中的经济关系，包括农业生产关系的运动发展规律、农业生产经营组织的管理问题等。

中国作为一个古老的农业大国，有着悠久的农业文明发展史，农业经济问题一直受到人们高度重视。在中国历代的经济思想中，农业经济思想占有十分重要的地位，内容极为丰富，主要表现在：对农业重要性的认识，对土地占有关系的认识和对农产品尤其是粮食价格波动的认识。但是由于传统的自然经济和小农的生产方式，使得这些农业经济思想基本停留在认识状态，未能形成系统性的理论体系。

进入近现代以来，随着国内一些优秀青年求学西方，进入相关大学学习和了解农业经济理论知识，农业经济的初级理论才开始从国外慢慢传入中国，出现了一些零星的研究积累。如创刊于 1897 年的《农学报》，自 1900 年开始刊载有关研究中国农业经济方面的理论文章，相关的知识传授机构也有了对农业经济知识的简单讲授，如湖北省高等农务学堂 1904 年开设的农政、财政和理财课程等。1920 年，金陵大学（现名为南京大学）最早成立了农业经济系，首任系主任由著名农业经济学家卜凯先生担任。至 20 世纪 30 年代，农业经济开始逐步建立起自己的学科体系，一些著名高校设立了农业经济系，开始较为系统地研究和传授农业经济理论，研究范围涵盖了土地问题、产销经营、农村金融、农业合作、农业部门经济、农业经济地理、农业经济史等主题。

新中国成立后，我国的高等教育移植了苏联的发展模式，于 1952 年开始进行了专

　＊本章审稿人：易中懿；牵头撰写人：张俊飚、窦鹏辉、王济民；参与撰写人：郭静利、颜廷武、赖晓敏、盖豪、罗斯炫、刘晗。

业与学科的调整，组建了一系列的包括农业高等院校在内的行业院校。我国的农业经济教育阵地也随之转入这些农业大学中。1953 年教育部颁布了主要参考苏联的农业经济学教育计划，一批苏联农业经济专家来华讲学，其中杜宾诺夫的讲稿在 1956 年翻译出版，定名为《社会主义农业经济学》。1957 年中国人民大学农业经济教研室编写了《农业经济学讲义（初稿）》，1959 年定名为《社会主义农业经济学》，由农业出版社出版。1961 年全国高等农业院校集体编写了《中国社会主义农业经济学》。20 世纪 60 年代和 70 年代，我国农业经济学学科的教育和研究是在计划经济的背景下进行的，主要是对当时的政策进行诠释，未能形成有价值的研究成果和研究范式。"文革"期间，全国停止了农业经济学专业招生，学科建设与发展有所停滞。

　　为适应社会主义建设的需要，20 世纪 50 年代中期社会主义改造基本完成后，党中央适时地提出了技术改造"必须在全国统一规划，统一平衡的原则下，充分考虑经济效果"，要根据"投资少，收效快，效果大"的原则进行，**首次提出了经济效果这一概念，开展了经济效果理论的探讨，着手农业技术经济的研究**。1959 年 3 月在北京召开的全国农业经济研究工作会议上，关于社会主义农业经济科学研究的对象和任务的讨论，明确提出在我国社会主义农业经济的研究中，应包括社会主义农业生产技术经济的研究。1963 年制定的《1963—1972 年科学技术发展规划》中，技术经济的研究被列为六大研究课题之一，"技术经济""农业技术经济"也从此得到了正式命名。同年，于光远先生在《新建设》第 5 期发表了《加强农业技术经济问题的研究》的重要论文，对农业技术经济研究的对象、任务和方法，以及加强这一研究的重要意义进行了系统阐述，为这一学科的建立与发展奠定了理论基础。1963 年，新疆八一农学院（现名为新疆农业大学）首先开设了《农业生产技术经济》课程。随后，一些农业院校也相继讲授了有关农业技术经济的专题。与此同时，农业经济的相关科研单位也大幅度增加了农业技术经济的研究力量，进一步开展了农业技术经济的调查研究工作。从 1964 年末开始，农村开展了社会主义教育运动，农业技术经济研究工作开始受到阻碍，紧接着 1966 年"文革"的发生，致使这一学科的研究工作处于停滞状态。

（二）农业农村经济研究蓬勃发展（1978 年至今）

　　1977 年开始，我国恢复了高考制度，部分农业大学在 1977 年和 1978 年相继恢复农业经济管理专业招生，农业经济学学科和其他社会科学学科一样进入了恢复建设、繁荣发展的阶段。各地相继建立并充实了农业经济的科研和教学机构，农业教育系统从大学、专科、中专，到成人和函授教育都先后开设了农业经济课程或者设立了农业经济专业，建立了相对完善的教育体系和人才培养体系。由于我国农业经济学科经历了相当长一段时间的停滞，研究和学科发展水平已远远落后于国际水平。于是，改革开放后，国内学者一方面组织编写了一些农业经济学的教材，另一方面翻译引进了一批国外的农业经济学教程，还成立了专门的学术团体，如中国农业经济学会和中国农业企业经营管理教学研究会等，聚集学科领域的精英人才，探讨和交流学科研究与发展过程中遇到的理论与实践问题，以发挥引领学科未来发展方向的重要作用（专栏 23 - 1）。

~~~~ / 专栏 23-1 / ~~~~~~

中国农业经济学会和中国农业企业经营管理教学研究会的成立

中国农业经济学会于 1978 年 10 月在北京成立，是以农业经济和农村经济为研究对象，为中国农村经济发展服务的群众性学术团体。主要是组织会员开展农业与农村经济的科学研究、实践考察、咨询服务和学术交流，旨在为繁荣和发展农业农村经济科学作出贡献。

中国农业企业经营管理教学研究会于 1984 年在上海召开第一次年会，以农业企业为研究对象，研究农业企业经营活动以及农业企业经营管理相关教学工作如何开展。从 1986 年举办第 3 次年会后，开始每两年举办一次年会，至 2018 年已经举办十九次年会。其工作任务是：组织会员开展对农业企业经营管理的理论研究和实践总结，通过连续举行包括高校教师、企业高管以及其他农业经营组织在内的理论研讨会、经验交流会，以及开办各类学术讲座和学术交流，形成相关研究成果，旨在为加快推进农业农村现代化进程作出贡献。

~~~~~~

随着改革开放的深入和全面推进，我国农业农村经济发展领域出现诸如农业经营体制、农业生产方式、农产品市场体系以及工农关系、城乡关系等方面的重大变化，这些变化一方面对农业经济理论工作者提出了前所未有的新问题，另一方面也为农业经济学科的发展提供了肥沃的土壤，确立了以问题为导向的农业经济研究范式，引导了学界对新时期我国农业农村经济问题的全面分析与系统思考。

1978 年全国科学大会以后，技术经济研究又一次作为重点研究项目列入了《1978—1985 年科学技术发展规划》。特别是党的十一届三中全会以来，中央提出了要在 20 世纪末实现四个现代化和全国工农业总产值翻两番的宏伟目标，明确指出发展科学技术是实现这一目标的关键，提高经济效益是考虑一切经济问题的根本出发点、前提和核心，从而推动了农业技术经济研究的快速发展，并成为支撑现代农业发展和农业技术经济效益提升的重要手段。1981 年以后，农业技术经济进入一个新的发展时期，出版了一批农业技术经济方面的论著，如《农业技术经济手册》《农业技术经济学》《农业技术经济文选》等，还创办了《农业技术经济》刊物，成立了中国农业技术经济研究会。在研究会的组织协调和带动下，每年召开学术研讨会，研究和讨论农业技术经济学科发展过程中出现的问题，以引领未来的发展方向。基于农业经济实践的不断变化和新问题的不断产生，农业技术经济学的研究也从原来的以经济效果为主线，着重考察技术应用的经济效果，转变并扩展为以技术为主线，考察技术创新、技术扩散、技术选择、技术应用中的经济问题，研究技术发展中的经济问题和经济发展中的技术支撑问题等，并日益成为农业经济研究领域的重要分支和组成部分。

在长期发展的过程中，我国农业经济学科逐步建立了自身的学科体系。在中国农业经济问题研究的现实背景下，结合对国外相关理论的学习与借鉴，也开始慢慢走进并融入国际学术交流的舞台，由最初的一般性参与，到不断深入参与并扩大宣传，逐渐引起了国际社会对中国农业经济研究的关注，促成了第 27 届国际农经大会在北京的召开。这是我国第一次承办最高级别的农业经济研究学术会议，也是世界农经领域对中国农业经济研究与学科发展认同的重要体现（专栏 23 - 2）。

~~~~/ **专栏 23 - 2** /~~~~~~

第 27 届国际农经大会在北京召开

经国务院批准，由国际农业经济学家学会和中国农业科学院共同主办、农业经济与发展研究所承办的第 27 届国际农经大会于 2009 年 8 月 17—22 日在北京召开。来自世界 70 个国家和地区的农业经济学家、政府官员和国际机构代表共 1 400 多人参加了会议。

时任国务院副总理回良玉出席开幕式并发表重要讲话。他对中国农经学界的专家学者长期以来以发展农业、繁荣农村、富裕农民为己任，认真借鉴世界农业农村发展经验，深入研究中国特色的农业农村发展道路，不断推进理论创新、实践创新、政策创新，为促进中国农村改革发展所做出的巨大贡献给予充分肯定。

大会在我国的成功举办，向世人展示了我国发展现代化农业和建设社会主义新农村的骄人成果，极大地密切了我国与国际农经界的交流与合作，为全面拓宽和深化农业经济研究对外合作筑起了广阔平台，开辟了崭新的局面。

~~~~~~

以研究生为代表的高层次人才培养，是反映学科发展水平的重要标志。改革开放后，我国全面启动以研究生为核心的高层次人才培育计划，遴选了一批具有较强人才培养能力的高等院校，授权开展硕士研究生和博士研究生的培养工作。根据国家相关文件精神，各大高等院校全面制定了农业经济管理学科研究生培养计划，其中包括硕士、博士研究生的培养方案、课程设置和教学计划等文件，逐步形成了完整的研究生课程体系，并且通过指定教材或限定教材选择范围以及进行相应的师资培训确保了教学内容和教育质量。近年来，随着外国留学生数量的增加，部分高等院校开始建设全体系英文课程，涵盖硕士、博士阶段多门课程，以保证相关专业留学生的培养质量，同时也为我国学生提供了教育国际化的选择途径。在学术性人才培养之外，为了强化对应用型人才的培育，国务院学位委员会 1999 年批准设立了以专业技能培养为主的研究生培养方案，最初称之为农业推广硕士学位，涉及农业经济领域则在研究方向上定位为"农村与区域发展""农业科技组织与服务"等，目前则将"农业推广硕士"更名为"农业硕士"，并设计了一套以高层次实用型和技能型人才培养为目标的教育教学体系。

二、重点研究领域

伴随农业经济学科、农业技术经济学科的不断发展，我国农业农村经济领域的基础研究日益活跃，为中央 1 号文件等一系列重大"三农"政策的制定与实施提供了坚实的理论基础。农业农村经济研究涵盖范围较广，但在重点研究领域上，从过去发展到现在，基本上延续或者确立了农业经济理论与政策、粮食安全与食物经济、农村与区域发展、农业资源与环境经济等多个重点研究领域。

（一）农业经济理论与政策

农业经济理论与政策主要是通过理论分析和实证检验，研究农业领域的经济发展问题，根据研究结果和发现的规律来制定、优化相应的政策制度安排。由于农业问题与农村和农民问题密不可分，农业经济理论与政策有广义和狭义之分。从广义上来讲，其几乎涵盖了农业农村经济的所有方面，不仅不局限于农村生产领域，还超出了经济学范畴，与社会学、政治学和自然科学领域深度融合；从狭义上来讲，伴随着农业经济管理学科的发展，农业经济理论与政策方向更多关注对农业结构优化、农业农村人力资源、农产品流通与贸易、农村人口与社会发展等问题的研究。农业经济理论与政策是农业农村经济的传统研究方向和领域，其发展历程也就是我国农业农村经济发展的缩影。新中国成立之初，参考借鉴苏联的农业经济学科建设与发展模式，我国各大专院校的农业经济学科所使用的教材基本上都是由苏联引进、翻译来的。从 50 年代末到改革开放前，国内农业经济学界相继出现了不同的声音与学术专著，但绝大多数仍然因循的是苏联农业农村经济的研究体系与风格。

20 世纪 80 年代以后，我国开始由计划经济向市场经济转轨并推进国际化发展，农业也随之由自给半自给农业向市场化农业转变，新的农业经济学研究体系开始逐步形成。实行家庭承包经营，在土地制度上实现了所有权和经营权两权分离、统分结合的经营形式。这一制度设计在世界上是独一无二的，围绕新的农业生产经营形式和组织方式，中国农业经济理论与政策研究不断吸收国外优秀研究成果，如公共选择理论、产业组织理论、人力资本理论、区域经济理论、国际贸易理论、市场均衡理论、委托代理理论、边际分析理论及资源配置理论等，最明显的标志是使农业经济学的分析从定性分析向定性、定量分析相结合转变，一些新的定量分析方法在农业经济理论分析与政策研究中得到了重视和运用。在吸收与借鉴西方经济学中有益的经验和精华的基础上，经过结合中国国情的、马克思主义中国化的农业农村经济理论探索与实践，我国基本上形成了具有中国特色、国际共性的农业经济理论和政策研究体系。

新中国成立 70 年来，中国农业农村的发展与改革在风雨中砥砺前行，积累了宝贵的经验和教训。长期以来，农业农村经济始终是理论创新的沃土，党和国家一直高度重视农业经济理论与政策的研究。当前我国正深入贯彻与实施乡村振兴战略，一场农业农村的深刻改革方兴未艾，急需理论上的创新与发展、阐释与指导。其中，**农业农村现代化、农地制度改革、精准扶贫精准脱贫、农村城镇化与信息化、乡村治理体制机制、农村公共服务等无疑是农业经济理论与政策领域亟待探究与创新的重点领域。**

（二）粮食安全与食物经济

改革开放以来，随着城市化的迅速推进和市场化改革的持续深入，我国国民经济蓬勃发展、经济总量快速增长，城乡居民收入和财富增长连上新台阶。居民收入水平的提高显著改善了居民生活水平和质量。相应地，食物消费结构也发生了巨大变化，居民家庭深加工食物和在外饮食数量需求增长迅猛，巨大的、多样化的需求进一步推动了食品产业蓬勃发展。基于此，我国食品工业保持快速增长，食品产业快速扩大。根据商务部服务贸易和商贸服务业司提供的数据，2002 年，中国餐饮业收入仅为 5 092 亿元，2012 年增加到 2.34 万亿元，相当于中国 GDP 的 4.5%，比 2002 年增长了 3.6 倍。然而，我国食品工业依然存在着食品安全保障体系不够完善、自主创新能力仍较薄弱、食品产业链建设尚需加强、产业发展方式仍然较为粗放、企业组织结构急需优化等突出问题。在食品质量安全受到空前关注、食品工业不断涌现新业态、消费需求刚性增长、全球食品产业格局深度调整、国际竞争日趋白热化和市场空间持续扩大等新形势下，层出不穷的新问题、新现象已经远远超出了一般的农业生产研究的解释范围，传统的农业经济研究领域需要进一步拓展。**将食品消费结构变化纳入农业经济学科研究当中，通过食物经济管理等相关学科的发展，将研究范围从食品生产、加工、批发、销售拓展到整个消费供应链中的经济与商业行为，成为农业经济学科新的发展方向。**

食物经济管理领域侧重于经济学及管理学基本理论在食物生产、消费、流通与分配等领域的应用，研究的主要领域涵盖食品经济理论与政策、食品产业结构与布局、食品资源与环境、食品技术经济与管理、食品物流管理、食品企业管理、食品产业组织与管理、食品国际贸易和食品质量安全等方面，重点关注食物供求变化与粮食安全格局、农产品市场营销策略、食品安全管理与监管策略、食物营养与安全政策、国际食物供给体系等食物经济与管理问题。与国外相比，我国食物经济管理学科尚处于起步阶段，学科体系还在不断完善中，国内在食品经济管理学科方面的研究成果也相对较少。该研究领域大多结合我国食物经济管理的特点、技术和资源等实际情况开展基础研究及应用研究，为降低食物经济体系运行成本、完善食物安全保障机制、提高食物经济运行效率与效益提供理论依据。

（三）农村与区域发展

我国是农业大国，自给自足的小农经济一直以来都是我国农村经济社会发展的重要基础。近年来，随着经济体制结构改革的不断深入，快速工业化和城镇化进程推动着我国传统农业向现代农业转型。然而，我国幅员辽阔，不同地区拥有不同的自然资源，东部与西部、沿海与内陆地区的地理和区位差异明显，国家对各地区发展的定位也不尽相同，因而在政策、自然条件、人文环境、人口素质等因素的持续影响和共同作用下，我国农村地区经济发展还处于初级阶段，农村区域经济发展不充分、不平衡问题依然长期存在。相应地，我国农村地区也产生了政治、经济、社会、资源和环境等各方面问题。这些问题又伴随生产要素在城乡之间的流动，并随着城乡融合的进程延伸到城镇地区，严重制约了我国农村区域经济协调发展。转型期农村与区域发展领域产生的各种新的问题需要农业经济学科给予科学解答，农村与区域发展领域的相关研究便由此而展开。

农村与区域发展的研究始终建立在农业与农村的实际问题基础上，其研究重点关注转型期农村与农民问题的演进规律。一般而言，农村与区域发展领域是以农村及其特定类型区域（如林区、牧区、山区、粮食主产区、贫困地区、少数民族聚集地区等）的经济与社会可持续发展为研究对象，运用包括农业经济学、区域经济学、管理学、农村社会学等在内的多学科的理论与方法，探讨农村与区域发展的过程演进、发展模式、发展机制、发展问题以及政策措施。农村与区域发展研究领域主要包括但不限于农村与区域发展的理论和政策、农村与区域发展的规划和管理、农村社区治理、农村可持续发展与生态文明建设等方向。

农村与区域发展的研究在我国农业农村发展的不同阶段有不同的研究重点，但它始终紧跟党和政府关于农业、农村发展的相关政策方针的要求和方向。近年来，党的十九大提出的乡村振兴战略从全局上对农村发展进行了战略定位，为我国农村经济发展进一步明确了方向，同时也对农村与区域发展领域的研究提出了新的要求。新形势下，农村与区域发展领域的相关研究必须立足于乡村振兴战略目标的实现，紧密结合我国农村各地区发展的区位特点、资源禀赋、现实问题和制约因素等实际情况开展相关研究，为降低农业生产成本，促进人力、资本等生产要素有序流动，推动我国城乡经济融合发展提供政策参考。

（四）农业资源与环境经济

农业资源与环境经济是以农业自然资源与生态环境为研究对象，从经济学范畴分析其保护、开发与利用的全过程，包括对农业资源与环境要素的配置、保护与管理的各项活动，并研究其中的经济规律。农业资源与环境经济研究是一项应用型研究，主要运用经济学及社会学和管理学等理论探索资源与环境领域的具体问题，因此既与经济学密切关联，又同自然科学息息相关。其主要关注的问题有农业自然资源系统、价格、评价与动态配置，农业自然资源核算与资产化管理、经济发展与环境问题、环境经济评价、环境保护与环境经济管理、灾害与生态经济系统、可持续发展的基本理论及可持续经济发展模式等。

资源与环境经济理论的渊源可追溯到 20 世纪初。意大利社会学家兼经济学家帕累托曾经从经济伦理的意义上探讨资源配置的效率问题，并提出了著名的"帕累托最优"理论。这一思想后来被环境与资源经济学奉为圭臬。由马歇尔（A. Marshall）提出、庇古（A. C. Pigou）等人做出重要贡献的外部性理论，更是为环境与资源经济学科的建立和发展奠定了理论基础。农业资源与环境经济是随着农业经济学科发展而衍生出的新兴研究方向，与其他产业部门相比，无论是从发展起源还是活动依赖度来看，农业生产都与资源环境有着更为密切而深层次的关联，这就决定了农业生产发展研究与资源环境经济密不可分。美国康奈尔大学把农业经济学改为农业资源经济学，认为农业除了所依附的资源具有和其他经济部门不同的特征特性外，其他方面与别的经济部门并无两样。西方很多发达国家目前已经用资源经济学替代了农业经济学。

我国的资源与环境经济研究始于 20 世纪 70 年代。1978 年制定的环境经济学和环境保护技术经济八年发展规划（1978—1985 年）促进了资源与环境经济学科的产生。1980 年中国环境管理、经济与法学学会成立，1981 年召开的"环境经济学学术讨论会"，讨论了环境管理的经济手段、环境保护的经济指标体系和环境经济效果等三个主要问题。20 世纪 90 年代，随着环境问题的日益凸显，研究者们愈发强调经济手段在解决环境问题中的重要作用。进入 21 世纪，随着生态文明与绿色发展的持续推进，环境经济手段、环境价值核算、环境政策经济分析、环境金融等研究领域的拓展与深入，丰富了农业资源与环境经济的研究内容，扩大了研究范畴，推进了其长足发展。与其他方向相比，农业资源与环境经济研究的特点在于更加注重与自然科学及技术研发的结合，更加注重定量分析，更加注重区域性研究，讲究因地制宜的时空优化布局。新中国成立后，特别是改革开放以来，对农业资源的高效配置和生产与生态环境的协调发展一直是我国农业经济与农村发展理论与实践探索的重要方面，同时也取得了举世瞩目的成就，我国粮食生产实现多年连增，农业综合生产能力不断增强，农村人居环境得到持续改善。但必须看到，在全面实施乡村振兴战略和全面建成小康社会伟大目标任务趋紧的背景下，我国农业农村的资源环境依然存在诸多问题急需解决，环境污染、可耕地逐渐缩减、土地荒漠化、水土资源紧缺、粮食短缺与食物安全、农村人居环境等问题日益凸显，这些都是未来一段时间，农业资源与环境经济乃至技术领域的重点研究领域和关键研究问题。

资源与环境的双重约束日益凸显，推动了资源与环境经济研究的快速发展。一方面，与农业密切相关的环境影响评估仍是研究热门，包括量化气候变化、外源污染等环境因素对农业经济的影响，测度农业生产活动引发的面源污染、温室气体排放等生态环境冲击，以及评估耕地保护、休渔禁渔等农业政策的环境影响；另一方面，农业之外的广义环境问题研究是可持续发展研究中不可或缺的选题，要求立足国家层面，评估评价土地、水、矿产、森林、草地和海洋海岛等资源的利用与保护政策对生态系统的整体与局部影响，论证如何协调自然资源资产与经济增长，实现资源永续开发。相关研究愈发强调经济学与农学、资源环境科学、地理学、计算机科学的跨学科合作，将生态环境演进融入经济社会分析框架，构建含环境资源约束与气候变化冲击的区域经济增长核算模型，开发可计算的一般均衡模型，动态模拟资源与环境政策的综合影响，为政策制定提供参考。

（五）城乡融合发展

实现城乡融合发展，是改革开放后针对城乡社会经济文化差异比较明显，城乡流通障碍因素较多的背景提出来的，目的是打通城市经济与乡村经济协调有序发展的渠道，实现城乡生产要素的优化组合和资源的有效配置。

二元户籍制度一度是改革开放后阻碍城乡融合发展的主要障碍，它将"城市工业、农村农业"的城乡发展完全隔离开来，长期以来"以农补工、挖农补工"使得农业丧失了自我积累和扩大再生产的发展能力。围绕城乡统筹发展的战略认识转变，主张从国民经济社会全局的角度提出城乡共同发展战略，跳出农业解决农业问题，跳出"三农"解决"三农"问题，重点解决好城乡公共服务衔接、农民工外出务工与就业问题。围绕农业、农村与农民的投资倾斜，需要重点研究如何把脱贫攻坚期间的各种资源和机制，包括财政资源、金融资源以及已经形成的领导机制、组织机制、市场机制等，转化成为服务于以农业农村现代化为目标的一套乡村振兴体系。围绕农村体制改革与内部发展，深化农村义务教育经费保障机制改革和农业税费改革，依靠市场力量与宏观调控，发挥普惠金融的作用，不断优化农业内部结构和农村产业结构，促进工业和农业产业之间的深度融合。围绕新型城镇化道路，统筹土地利用和城乡规划，合理安排城镇建设、农田保护、产业聚集、村落分布、生态涵养等空间布局。

（六）农业产业化

农业产业化是推动产加销、贸工农一体化，实现农业由单一生产向全产业链生产模式转换的重要途径，是推动农业农村现代化的重要手段。加强农业产业化研究，对改变农业效益低、农业收入单一的状况意义重大。为此，要重点加强各类新型经营主体研究。改革开放后，大量农村劳动力外出务工导致留在农村的大多是"三八六一九九部队"。伴随中国工业化和全球化的推进，今日的小农已不是传统意义上的小农，其在经营上和经济上很难与现代经济对接，小农的退出只是时间问题而不是方向问题。建设现代农业的前进方向和必由之路，是发展多种形式的适度规模经营，培育新型农业经营主体。围绕"未来谁来种地"的问题，以专业大户、家庭农场、农民合作社、农业龙头企业等新兴农业经营主体为对象的研究渐热，诸如"企业＋合作社＋农户"等联合生产模式的市场溢价、新型农业经营主体资源配置能力、社会化服务接受能力等问题的研究不断细化。但必须指出的是，我国城镇化率还不到 60％，仍有 2 亿多农民以种地为生，小农户家庭经营是我国农业的基本面，以小农户为主的家庭经营是我国农业经营的主要形式，是我国农业发展需要长期面对的现实。在此过程中，如何处理好培育新型农业经营主体和扶持小农户的关系仍是推动农业产业化发展需要深入研究的理论与政策问题。如何构建现代农业产业体系、生产体系、经营体系，发展现代农业产业，需要开展全面、系统和深入的研究，为推动农业产业化的发展提供理论支撑；要不断加强农业社会化服务体系研究，为农业产业化的发展提供支撑保障。

（七）农村贫困问题

消除绝对贫困，缩小收入差距，一直是我国政府长期关注并力图解决的重要问题，在这方面我国取得了巨大的成就。贫困的内涵、贫困的成因、消除贫困的对策也一直是学界高度关注的研究课题，经过长期的研究，已形成了一定的研究体系。伴随中国扶贫攻坚战的稳步推进，凭借在理论和现实层面的重大意义，贫困问题势必保持较长时间的研究热度。**在理论层面上**，贫困的发展机制探讨经久不衰。"扶贫先扶志、扶贫必扶智"，人力资本理论在"扶智"上已经给出了解决方案，即通过教育获得知识、技能积累，而"扶志"问题依然有待解决。针对贫困人口中的"懒汉"，基于学科交叉的认知来科学分析其贫困心理、内生动力与外部贫困文化，将是贫困理论的重要突破方向；以"三区三州"等为代表的集中连片特困地区，其"低水平均衡陷阱"和"空间贫困陷阱"的形成机理有待理论深挖。**在现实层面上**，扶贫机制与返贫预防有待优化。扶贫过程中，如何精准捕获贫困人口是基础工作，如何评价扶持工作的绩效则是扶贫验收的关键；如何有效预防脱贫人口的返贫，无疑是 2020 年全面脱贫后的现实议题，涉及新贫困标准的制定、城乡统筹的贫困治理体系的建立、基于权利的社会保障体系的建设、保障扶贫投入的财政金融改革等诸多内容。

（八）农地制度改革

土地是农业最重要的生产资料和物质基础，具有资源与资产的双重属性。作为农业生产的刚性约束，土地相关问题贯穿着农业经济领域研究的始终。农业现代化、粮食安全、资源与环境的多重约束使得土地必须由分散经营转向集中规模化经营。大多数农民仍视土地为"命根子"，害怕"失地失权"，围绕"如何让土地动起来"问题，一部分学者以土地确权、"三权"分置的土地产权制度为切入点开展研究，以强化农民的土地使用权、承包权、经营权。但在农村土地流转过程中仍存在转出户"三不"和转入户"三难"现象；围绕"如何推动土地转起来"问题，一部分学者以影响农户土地流转的因素为切入点，从外部制度因素与内部动力因素层面开展相关研究；由于小农户流转合同不规范、流转变数大导致大农户生产与管理成本高涨，围绕"如何让土地成功经营起来"问题，以盘活农村土地、实行农村产权抵押贷款为目的的产权制度改革成为理论研究与实践探索的关注焦点。

土地制度安排及变迁事关重大。新一轮农地确权对承包地的制度安排直接关乎农业生产与农民生活，如"生不增、死不减"的身份产权固化势必给农村内部社会结构、城乡一体化发展带来冲击，围绕乡村治理与城乡要素流动影响的研究亟待补充；农村土地制度三项改革试点，即农村土地征收、集体经营性建设用地入市、宅基地制度改革试点过程中，如何正确评价改革试点的成效、科学评估改革推广的社会经济影响是摆在学界与政界面前的现实问题；规模化经营发展潮流下，以家庭农场、种植大户和农业合作社经营为代表的规模经营模式的研究成果丰富，相对而言，资本下乡办农业企业和国有农场统一经营仍停留在政策倡议层面，有关的经营机制设计、经营绩效比较有待研究跟进；与此同时，如何平衡规模经营与小农生计、安置被挤出的"落后小农"这一现实问题也有待研究补充。

（九）农业科技创新与推广

科技创新是农业发展不可或缺的驱动力，围绕农业科技推广问题，未来的研究主要包括三个方面。一是**农业科技创新政策研究**。涉及对以高校科研机构为主体的农业科研体制改革、农业企业的创新激励和基层农技推广体系何去何从等问题的探讨。作为面向社会经济转型的现实研究议题，其研究主体更多是扮演着政府智库角色的机构与学者。二是**农业技术进步与技术效率分析**。随机前沿分析和数据包络分析方法的不断发展，使得测算分析不再局限于国家或地区层面的农业全要素生产率，而是拓展至微观层面农户、农场和农业企业等单元的生产经营效率，以及把创新成果视为产出的农业科技研发效率，并进一步实证分析影响效率的内外部因素。伴随大数据时代数据获取上的便捷化，有关农业科技型企业的科技研发与技术进步评价分析将是今后的发力点。

农业技术推广是实现成果转化的重要手段。农技推广问题需在内容上引入跨学科的社会经济因素以拓展经典的微观经济行为解释机制；在方法上基于情景选择实验的问卷调查和现实中开展的农技推广的随机对照试验也将是新趋势。围绕新型农业科技推广与普及体系，为有效推动农业科技成果转化，应探索和建立健全县乡共建的农业研发、推广一体化新机制，建设现代农业科技示范园，实现农技供给与需求的有效对接。围绕农业科技攻关与自主创新能力提升以及农业科研工作者积极性提高问题，如何构建激励相容的科研激励机制，促进现代院所制度改革与转型发展是未来研究的热点。

（十）农村金融发展

健全有效的农村金融体系对农业产业结构的调整、农业全产业链的构建、乡村治理体系的改善意义重大。伴随农业规模化经营的纵深实施，破解农业农村发展过程中的融资约束愈发重要。当前对农村金融的发展模式梳理和发展绩效评价研究居多，结合乡村振兴的时代背景，未来农村金融问题仍有较大拓展空间。在制度层面上，急需探讨如何通过农村金融制度和投融资体制机制优化，完善金融支农的激励政策，引导证券、保险、担保、基金和期货等金融资源向农业农村流入，以实现各类银行业金融机构回归实体经济、助力"三农"发展；在金融供给层面，针对贫困农户的普惠金融需求、非农就业为主家庭的消费金融需求及专业化、规模化农业经营者的生产需求，以及农村家庭对投资、理财、保险等资产配置和风险管理的需求，实现差异化的金融服务供给，是未来需要细化的研究方向。在数字金融时代，如何推动传统金融机构借助金融科技降低交易成本、规范新兴数字金融机构发展，仍有待理论、实证和实践各个层面的积极探索。

三、成效与贡献

得益于农业农村经济学科建设的快速成长、基础研究的稳步推进及应用研究的综合发力，新中国成立 70 年来，我国农业农村经济领域取得了一系列影响经济社会发展全局的改革及创新成果，为国民经济平稳有序和高质量发展作出了重大贡献。

（一）为农业农村经济体制机制改革提供了理论支撑

1. 支撑了家庭承包经营的理论体系

家庭承包经营是 1978 年以来中国农村系列改革的重要开端，是一场自下而上的体制创新。改革前夕，农业高级合作社与人民公社化运动严重束缚了生产力，阻碍了农村经济发展。1978 年十一届三中全会后，农民群众自发的包产到组、包产到户及类似的包干到户开展试点。1980 年 9 月召开各省区市党委第一书记座谈会，通过了国家农委起草的《关于进一步加强和完善农业生产责任制几个问题》会议纪要，会后印发全党，史称"75 号文件"，文件承认了少数地区双包的合理性，引领了全国范围内的农村大变革。1981 年 12 月，中央政治局通过国家农委起草的《全国农村工作会议纪要》，于次年被中共中央批转成为首个关于农村工作的中央 1 号文件，文件肯定了多种形式的责任制，几乎全面放开约束。1982 年的中央 1 号文件进一步在理论层面肯定了家庭联产承包责任制。1991 年，中共中央十三届八中全会明确把以家庭联产承包为主的责任制、统分结合的双层经营体制作为我国一项基本制度长期稳定下来，并不断充实完善。

家庭承包经营是改革初期我国农业经济增长的一个重要源泉。家庭承包经营从根本上体现了农民与土地的直接结合关系，使农民与土地紧紧地结合在一起，从生产积极性、技术效率和技术采用三个方面推动了农业生产增长，在改革初期对各类粮食作物生产增长的贡献约为 35%～50%。与此同时，家庭承包经营和农村双层经营制度的建立，为国家后续农业农村配套改革奠定了现实基础。

2. 推动了农产品市场化改革步伐

农产品市场化改革是我国市场化改革的发端。我国农业与农村改革四十年在国内农产品市场和农业生产要素市场化进程中历经了风风雨雨，见证了以市场机制为主配置的市场体制逐步形成。改革的核心就是引入市场竞争，让市场在资源配置中发挥决定性作用。

农产品市场化改革始于统购统销政策的逐步取消。为应对城镇人口迅速增长和工业化发展带来的农产品供不应求问题，中共中央于 1953 年 10 月通过《关于实行粮食的计划收购与计划供应的决议》，开启了至 1978 年的农产品统购统销时代。1978—1984 年，国家开始推动渐进式改革，在不触及统购统销制度的条件下，有计划地提高农产品价格，逐步减少统购统销农产品品种，放开集市贸易，允许部分农产品议购议销和自由购销。1985 年，中央 1 号文件《关于进一步活跃农村经济的十项政策》出台，标志着除少数品种外，农产品统购派购制度被取消。随后，受大宗农产品市场连续 4 年徘徊不前的影响，国家开始对粮食实施"双轨制"，对棉花等农产品实施统一收购经营制度。1990 年以后，郑州中央粮食批发市场与地方粮食批发市场相继建立，同年，国务院筹建国家粮食储备局，对粮食收购实行最低保护价制度，并建立粮食专项储备制度。1993 年，国务院发布《关于加快粮食流通体制改革的通知》，要求形成市场购销为主、合同订购为辅的农产品流通格局，同年全国范围内取消口粮定量办法，价格随行就市。1998 年 10 月，中共十五届三中全会进一步明确了农产品市场体系的建设目标。之后，改革不断向前推进，陆续推出农产品最低收购价、临时收储等制度。

进入 21 世纪，特别是从 2004 年开始，我国迎来了新一轮农产品市场化改革。随着经济的进一步发展，我国开始对农业生产进行全面补贴。除了出台良种补贴、种粮直接补贴、农资综合补贴外，政府还对水稻、大豆、小麦和玉米等主粮实施保护价敞开收购，并于 2006 年全面取消了农业税，中国农业取得了粮食生产"十二连增"的卓越成就。近年来，面对农产品价格倒挂、进口压力加大等挑战，我国农产品市场化改革采取了新的应对措施，比如坚持并完善稻谷、小麦最低收购价，坚定推进玉米市场定价、价补分离改革，调整完善大豆、棉花目标价格政策等，目的在于进一步提高农产品市场化改革系列政策的指向性和精准性，以保障我国农业农村经济又好又快发展。

农产品市场化改革推动了我国农产品流通体制发展，对农业生产和农民增收均起了重要作用。改革开放以来，农产品市场化程度提高，市场体系得以初步发育，形成了以大型农产品批发市场为中心、以城乡集贸市场为依托的市场网络，基本形成农产品价格市场化机制和农产品宏观调控机制。与此同时，市场机制的形成也降低了农业生产资料购买成本，增加了农民生产投入，降低了市场交易成本，提高了农产品销售价格，提升了农业资源配置效率，调整并优化了农业生产结构，增强了农产品市场竞争力。

3. 为农地"三权"分置改革提供了发展思路

农地"三权"分置是继家庭承包经营后又一土地制度创新。农地"三权"分置是在坚持土地集体所有制的基础上，丰富集体所有权实现形式，其中土地集体所有人对集体土地依法享有占有、使用、收益和处分的权利，土地承包权人对承包土地依法享有占有、使用和收益的权利，土地经营权人对流转土地依法享有一定期限内占有、耕作并取得相应收益的权利。

农地"三权"分置改革是实践问题引发的诱致性制度变迁和国家自上而下的强制性制度规范。1978 年后，以家庭联产承包责任制为基础、统分结合的新型土地制度形成，将集体垄断的农地产权制度转变为集体所有权和农民以家庭为单位拥有的土地承包经营权。20 世纪 90 年代至 2013 年，国家陆续调整承包土地不可流转的规定，以适应城乡要素流转格局。结合前期各地"三权"分置改革探索，2014 年中央 1 号文件有关规定将农地"三权"分置从指导思想转为实际操作，拉开了改革序幕。2016 年 10 月，中共中央办公厅、国务院办公厅印发《关于完善农村土地所有权承包权经营权分置办法的意见》，明确了"'三权'分置"的提法，提出要"科学界定'三权'内涵、权利边界及相互关系，逐步建立规范高效的'三权'运行机制"。2017 年，党的十九大报告指出，"巩固和完善农村基本经营制度，深化农村土地制度改革，完善承包地'三权'分置制度"。

农地"三权"分置是新时代背景下我国农地产权制度变革的基本方向，具有丰富的理论内涵和实践意义。在理论层面上，农地"三权"分置拓展了承包地物权体系，巩固了承包经营主体的财产权利，有利于细分农地产权结构，降低市场交易成本，重构了现代化背景下乡村治理的基础。在实践层面上，农地"三权"分置有助于维护农民财产权利，实现土地权益的多元共享，促进农地流转和规模经营，推动农业现代化建设，加速农村劳动力转移，助力新型城镇化建设，优化土地资源的社会配置和提高配置效率，对农村多主体合作治理局面的形成也起到了助推作用。

(二) 为我国粮食安全战略的确立提供了理论支撑

粮食安全关乎国民经济与社会发展全局，国家一直高度重视，农业经济学者十分关注这方面的研究。20 世纪 80 年代初，作为渐进式改革理论在我国的创新实践，国家推行了粮食双轨制，这是作为计划经济向市场经济过渡时期的价格管理政策，是中国最重要的农业创新性政策设计之一。

围绕粮食生产，重点开展了粮食生产潜力、粮食综合生产能力、粮食供给需求等方面的研究，提出粮食 400 公斤*必不可少、推行种植业三元结构、藏粮于地和藏粮于技等战略。粮食扶持政策一度使粮食产出迅速增加，但在市场化改革背景下，粮食收购价格大幅提升，粮食销售价格并未相应提高，造成巨大财政赤字。1985 年中央 1 号文件出台，改革农产品统购派购制度，对粮食实施"合同订购"制度，订购价按"倒三七"比例计价。之后，粮食市场价格下跌，粮食生产停滞不前。鉴于对生产停滞的担忧以及

---

* 1 公斤＝1 千克。

"合同订购"带来的巨大政策成本，政策随即被赋予新的内涵，即"合同订购"为国家任务，国家恢复对粮食生产的强制干预。至1990年，"合同订购"改称为"国家订购"，国家在强制性干预粮食生产和市场的同时，采取投入补贴，如1987年出台的"粮棉三挂钩"政策，给予农民化肥、柴油实物补贴，1993年后该补贴政策改为货币支付。此后，伴随粮食供求形势的变化和农产品市场化进程的加速，粮食双轨制也逐步退出历史舞台。粮食补贴等一系列配套政策的实施，促进了我国粮食产量由3亿吨提升到6亿吨以上，一举解决了全国人民的温饱问题。

党的十八大以来，以习近平同志为核心的党中央把粮食安全作为治国理政的头等大事，审时度势确立并深入实施"以我为主、立足国内、确保产能、适度进口、科技支撑"的国家粮食安全战略。改革了粮食储备管理体制，完善了粮食储备运行和监督管理机制，建立健全功能互补、权责清晰、管理科学、运转高效、保障有力的粮食储备体系。

（三）为中国特色农业现代化道路提供了理论支撑

新中国成立以来，围绕我国农业现代化发展道路的认识与选择问题，理论界大致有三次大的讨论。20世纪50年代末到60年代，对中国特色农业现代化道路有了初步认识。通过讨论，理论界把农业现代化概括为4个"化"，即机械化、电气化、水利化、化学化，并一致认为农业现代化就是用这4个"化"来武装农业。后来，又提出7个"化"，即操作机械化、农田水利化、品种优良化、栽培科学化、饲养标准化、大地园林化和公社工业化，其中包含了对生物技术、生态环境和农村工业问题的考虑。这种对于农业现代化的概括和认识，大体上反映了那个时期农业技术的发展状况和我国农业集体化后对提高农业生产力水平的客观要求。

20世纪70年代末以来，随着农村经济体制改革的进行和农业生产的发展，理论界又一次围绕农业现代化问题展开了讨论。由于农村改革和发展的实践，随着世界农业科学技术的发展，拓宽了人们对农业现代化的认识和理解，"新四化"概念随之提出，即机械化、科学化、社会化、商品化，代替过去的"老四化"。当时认为"农业现代化"就是用现代科学技术和现代工业来装备农业，用现代经济科学来经营管理农业，用社会化、市场化的科学理论来改造农业。关于我国实现农业现代化的途径，多数人则认为应是走机械技术现代化和生物技术现代化相结合的道路。

20世纪90年代以来，理论界对农业现代化的讨论进一步深化，并对农业现代化的概念逐步形成了比较统一的看法，即农业现代化就是从传统农业向现代农业转变的过程；就是改造传统农业、不断发展农业综合生产力的过程；就是转变农业增长方式、促进农业又好又快发展的过程；也是与资源、生态、环境相协调，建设富裕文明新农村的过程。在这个过程中，要用现代工业提供的技术装备农业，用现代生物科学技术改造农业，用现代市场经济观念和组织方式管理农业，用现代产业体系提升农业，用现代经济形式推进农业，用现代发展理念引领农业，用培养高素质农民发展农业。人们一致认为农业现代化是一个相对的、动态的历史概念，农业现代化程度也是不断发展和变化的。随着经济社会的发展，面对我国地域类型多样和各地层次差异明显的现实，因地制宜地选择多元化的发展道路是中国特色农业农村现代化的重要取向。

（四）为农业农村经济社会发展规划制定提供了决策支撑

70 年来，农业资源与区划历经了三个阶段。新中国成立后，国家十分重视农业资源调查与农业区划工作，分别于 1951—1954 年、1960—1961 年和 1973—1976 年开展了三次较大规模的农业资源考察，全面调查了全国土壤、水、农业生物资源和农业气候资源等状况，基本明确了我国农业资源分布、生态环境特征与开发利用前景。相关研究成果以一些综合区划和部门区划形式呈现出来，如《中国气候区划（初稿）》《中国自然区划草案》《中国综合自然区划（初稿）》等，发展了农业区域规划研究的相关方法论，为我国农业农村发展提供了基础性决策参考，也为学科后续发展奠定了良好的理论与实践基础。

改革开放为农业资源与区划研究的进一步发展创造了良好契机。1978 年科学大会制定的《1978—1985 年全国重点科技攻关计划》便包含农业自然资源调查和农业区划研究要求，次年，国务院成立全国农业自然资源和农业区划委员会，中国农业科学院设立了农业自然资源和农业区划研究所。随后，伴随着地方相关机构的陆续成立，农业资源调查、农业部门区划、综合农业区划和专题调查研究等在全国范围内有组织、有计划地开展起来。其间，全国共有 2 108 个县完成了农业资源调查与农业区划资料的收集整理工作，形成了国家、省、地、县纵向配套的农业资源与区划体系，取得了全国农业现状区划、中国综合自然区划（概要）等一批重要成果，并在此基础上形成系统的、全国不同规模尺度上的农业资源及其区划成果图件 4 万多幅、统计数据与研究报告 8 万多项。

21 世纪初，为应对经济全球化挑战与农业结构战略性调整需要，农业部组织开展了农产品区域布局规划编制工作。为充分发挥资源比较优势，农业部陆续颁布实施了《优势农产品区域布局规划》（2003—2007 年和 2008—2015 年）和《特色农产品区域布局规划》（2006—2015 年和 2013—2020 年）。农业部还联合多部委印发《全国农业可持续发展规划（2015—2030 年）》，综合考虑各地农业资源承载力、环境容量、生态类型和发展基础等因素，将全国划分为优化发展区、适度发展区和保护发展区三大区域，成为今后一个时期指导农业可持续发展的纲领性文件。近年来，面对国家重大战略导向、省市县的农业产业结构调整、农村区域布局、现代农业园区建设等，有关部门先后组织编制了一系列农业产业发展规划、现代农业园区建设规划等，为省、市、县域农业产业发展提供了方向指导。

（五）为推动农业科技进步提供了理论和决策支撑

1. 农业科技进步对农业经济增长作用的研究

从宏观上探讨了农业科技进步作用的含义和特点，研究提出了适合中国农业实际的农业科技进步贡献率的测算方法，并被农业部于 1997 年 1 月正式采用，作为全国农口统一使用的方法。应用这种测算方法，得到中国不同时期农业科技进步贡献率分别为："一五"时期为 20%，"二五"和三年恢复时期为负值（表明该时期农业生产经济效益下降），"三五"时期为 2.3%，"四五"时期为 15%，"五五"时期为 27%，"六五"时期为 35%，"七五"时期为 28%，"八五"时期为 34%，"九五"时期为 45%，"十五"时期为 45.68%，"十一五"时期为 53%，"十二五"时期为 56%。测算结果已被广泛引用，对制定中国农业科技进步有关政策起到了重要作用。

2. 农业科研成果经济评价方法的研究

研究人员紧密结合中国农业科研和推广应用的实践，创造性地应用技术经济学的原理和方法，提出了农业科学研究成果的经济效果概念、评价标准、指标体系、计算方法，以及经济评价原则、程序等农业科技成果经济评价的一整套理论和方法，它对农业技术开发、农业研究项目的选择、农业科技成果的推广及农业管理现代化等都发挥了重要的促进作用。同时，它还填补了中国农业技术经济学的一项空白，推动了农业经济学科的建设与发展。在该项研究成果的基础上，提出了按条例形式规范的农业科研成果经济效益计算方法，由农业部正式采用，要求 1992 年以后完成的农业科研成果的经济效益必须按该方法计算，为农业科研成果的奖励和推广提供了重要的决策参考。

3. 农业科技投资变动趋势及规律的研究

进入 21 世纪，我国的农业科技经费不断增加。按照 R&D 经费支出新口径计算，我国的农业 R&D 经费规模明显小于科技经费总收入和支出，但增长速度较快。2015 年，我国农业 R&D 经费支出为 193.2 亿元，分别相当于科技经费总收入和支出的 49% 和 56%。同样，我国农业研究机构 R&D 经费增长迅速，2002—2015 年的经费支出年实际增长率高达 13.2%。农业高校的 R&D 经费增长快于农业科研机构，从 2002 年的 4.8 亿元增加到 2015 年的 48.9 亿元，占农业 R&D 经费的比重从 21.7% 提高到 25.3%，相应的，农业研究机构的 R&D 经费支出比重从 78.3% 下降到 74.7%（表 23 - 1）。

表 23 - 1　2002—2015 年中国农业 R&D 经费支出

单位：亿元，%

年份	科技 R&D 经费总支出（科技部科研机构＋高校）	研究机构 R&D 经费总支出	高校 R&D 经费总支出	研究机构 R&D 经费总支出占比	高校 R&D 经费总支出占比
2002	22.1	17.3	4.8	78.3	21.7
2003	26.9	19.5	7.4	72.6	27.4
2004	31.4	23.7	7.7	75.5	24.5
2005	35.7	27.4	8.4	76.6	23.4
2006	40.7	30.0	10.7	73.7	26.3
2007	56.7	41.2	15.5	72.6	27.4
2008	73.5	53.2	20.4	72.3	27.7
2009	97.5	70.2	27.3	72.0	28.0
2010	121.0	81.1	40.0	67.0	33.0
2011	124.1	88.4	35.8	71.2	28.8
2012	145.9	106.0	39.9	72.6	27.4
2013	159.9	113.5	46.5	71.0	29.0

（续）

年份	科技 R&D 经费总支出（科技部科研机构＋高校）	研究机构 R&D 经费总支出	高校 R&D 经费总支出	研究机构 R&D 经费总支出占比	高校 R&D 经费总支出占比
2014	165.9	120.4	45.4	72.6	27.4
2015	193.2	144.3	48.9	74.7	25.3
2002—2015 年名义增长率	18.2	17.7	19.6		
2002—2015 年实际增长率	13.6	13.2	14.9		

资料来源：《中国科技统计年鉴》《中国高等学校科技统计资料汇编》。

我国农业科研投入总量虽然仍在增加，但增速明显放缓。以农业 R&D 经费支出为例，在"十五""十一五""十二五"期间，年均实际增长率分别为 12.4%、24.4% 和 10.3%。可见，我国农业科技投入增长较快，尤其是在"十一五"时期，年均增长率超过 20%，但在"十二五"增速明显放缓，年均增长率为 10.3%。

4. 重大农业技术的经济分析与评价研究

在农业经济研究中，技术经济效益评价是其中的重要内容之一。多年来，对相关农业科技成果的技术经济效益和经济效果进行了评价分析，如对鲁棉 1 号棉花新品种、杂交水稻技术、地膜覆盖技术、种植制度等重大技术推广项目进行了详细的技术经济评价，为农业技术推广决策提出了许多宝贵的建议，产生了良好的技术经济效果。

5. 农业资源开发利用可行性和农业投资项目经济评价的研究

在农业投资效果计算中，考虑了资金的时间价值，采用动态分析方法和指标，出版了《农业区域开发项目管理》《农业项目经济评价实用手册》等专著和工具书，这不仅有利于提高农业投资的经济效果，而且也为学科建设做出了贡献。此外，在山区开发，特别是贫困山区开发的技术经济研究、经营规模技术经济研究、大中城市郊区副食品基地建设的技术经济研究方面，都已取得了较大的进展。

6. 应用技术经济方法进行农业发展预测的研究

在全国和一些地区的农业发展研究中，广泛应用技术经济方法对农业产业结构、农产品消费与需求、主要农产品产量、种植业生产结构，以及 2000 年、2010 年、2030 年的中国农业发展等进行了趋势预测，取得了比较显著的效果。这表明农业技术经济研究在未来有着广阔的应用前景。

本章参考文献

陈佑启，邹金秋，2018. 中国农业资源区划数据集 [J/OL]. 中国科学数据，3（2）[2018 - 06 - 19].
　　DOI：10.11922/csdata.2017.0008.zh.
陈志钢，毕洁颖，等，2019. 中国扶贫现状与演进以及 2020 年后的扶贫愿景和战略重点 [J]. 中国农村经济（1）：2-16.
仇焕广，陈晓光，等，2018. 农业经济研究的前沿问题与方法探讨 [J]. 农业技术经济（1）：17-23.

高帆，2018. 中国农地"三权分置"的形成逻辑与实施政策［J］. 经济学家（4）：86-95.

华奕州，黄季焜，2017. 粮食收购双轨制改革与粮食生产：以小麦为例［J］. 农业经济问题（11）：59-66.

黄季焜，2010. 六十年中国农业的发展和三十年改革奇迹——制度创新、技术进步和市场改革［J］. 农业技术经济（1）：4-18.

黄季焜，2018. 四十年中国农业发展改革和未来政策选择［J］. 农业技术经济（3）：4-15.

李莹，周东旭，2010. "未来二十年食品经济领域最受人关注的研究课题"国际研讨会综述［J］. 农业技术经济（4）：127-128.

吕志轩，2013. 食品科学学科体系与食品经济管理研究框架——兼与相子国教授商榷［J］. 德州学院学报，29（1）：20-23.

罗杰·珀曼，等，2002. 自然资源与环境经济学［M］. 侯元兆，等，译. 2版. 北京：中国经济出版社.

马中，石磊，2018. 环境与资源经济学的发展与学科建设［J］. 中国大学教学（6）：30-33.

孙德超，曹志立，2018. 农地三权分置改革的理论内涵与价值意蕴［J］. 经济问题（1）：1-7.

王海峰，2018. 乡村振兴背景下农村区域经济的协调发展研究［J］. 农业经济（10）：6-8.

王雅鹏，吕明，尹宁，2014. 现代农业经济学学科演变与前沿问题——基于教材建设视角［J］. 农林经济管理学报（4）：447-453.

萧冬连，2018. 中国农村改革是如何率先突破的［J］. 中共党史研究（8）：18-30.

谢治菊，李小勇，2017. 认知科学与贫困治理［J］. 探索（6）：127-135.

徐大兵，2009. 新中国成立六十年来农产品流通体制改革回顾与前瞻［J］. 商业研究（7）：197-200.

杨云彦，1999. 人口、资源与环境经济学［M］. 北京：中国经济出版社.

于晓华，郭沛，2015. 农业经济学科危机及未来发展之路［J］. 中国农村经济（8）：89-96.

钟甫宁，2000. 农业政策学［M］. 北京：中国农业大学出版社.

钟宁桦，2011. 农村工业化还能走多远？［J］. 经济研究，46（1）：18-27，56.

周月书，张龙耀，等，2018. 投融资体制创新与乡村振兴——第十二届中国农村金融发展论坛会议综述［J］. 农业经济问题（12）：139-144.

第二十四章　农业科技管理

　　我国农业科技管理是随着农业科研体系的建立和科技创新活动组织化程度的提升而产生和发展的，与管理学、科学学、农业科学都有着紧密的内在联系。农业科技管理学是研究现代农业科学技术管理的基本原理和方法的学科，属于社会科学的范畴，是自然科学与社会科学相互交叉的一门科学。它是根据农业生产和农业科技活动的特点，运用计划、组织、协调、指挥、控制等功能，有效地利用人力、物力、财力进行农业科学研究、技术开发和技术推广活动，以期最佳地达到总体目标，即获得更多、更高质量的科技成果，并促使其在农业生产中取得显著的效果。

　　农业科技管理学的主要内容包括：研究制定农业科技工作政策；制定实施农业科技近期、中长期、远期发展规划；编制农业科技研究、开发计划以及实施管理办法；组织科学研究，搞好协作攻关，普及科学技术；建立和健全农业科技服务体系，搞好科技成果的推广、应用和评价；建立科学合理的农业科技管理体制和机制，完善农业科技队伍的组织建设等。

　　中国农业科技管理工作与研究在新中国成立后快速发展，管理和研究队伍不断得到壮大与完善，在重大科技规划编制、政策咨询、政府决策、体系建设、体制改革、机制创新中发挥了重要作用，在不同历史时期都促进了农业科技的进步，支撑了农业和农村经济发展，但与新时代、新任务和新要求相比，农业科技管理研究还必须加快步伐，适应农业科技发展的新变化和新需求。

一、中国农业科技管理发展历程

　　新中国成立后，农业和农业科技纵深发展推动着农业科技管理工作开展和研究的萌发，并向一门独立的分支管理学科发展。其产生和发展大致经历了以下 3 个阶段。

（一）创立发展阶段

　　新中国成立后，党和国家把发展农业放在重中之重的地位，重视发展农业科技工作。农业科技机构和与之相应的管理机构的建设有两个发展高潮时期：一是 20 世纪 50 年代后期和 60 年代前期；二是 1978—1988 年。

　　1956 年，农业社会主义改造基本完成后，在全国范围内掀起了农业技术革命高潮，农业科研机构在全国纷纷建立。经国务院批准，1957 年正式成立了中国农业科学院，下属 18 个研究所（室）。全国 29 个省区市在已有农业研究所的基础上扩建、新建了省

＊本章审稿人：杨雄年；牵头撰写人：孙洪武；参与撰写人：邹轶、李响。

级农业（林、牧）科学院，各院都按照学科或专业下设了一批研究所。全国大部分地（市、州）也相继成立了地级综合性或专业性农业科学研究所。虽然 1958 年受到"大跃进"的干扰、1966 年"文革"对农业科研机构产生了影响，但在这一历史时期，**农业科研机构仍然得到了重大发展**。1978 年全国科学大会召开之后，国家级、省级和地市级农业科研机构恢复了建制，全国地（市）级以上的农业研究所已发展到 522 个，职工总数 88 181 人，科技人员 22 200 多人。1952 年和 1955 年，农业部两次下达关于设置农业技术推广站的文件，到 1956 年底，全国共建立了各级农业技术推广站 16 000 多个，科技推广人员达 94 000 多人。到 20 世纪 60 年代前期，在全国范围内已形成了比较庞大的农业科研体系、农业技术推广网络和相应的管理体系。

由于农业科技的专业机构越来越多，学科交叉越来越复杂，农业科技如何适应国家发展农业的总体方针政策，农业科技如何同农业生产相结合，如何同其他涉农产业相协调，成为必须解决的现实问题。因此，优化农业科技工作的组织管理，使其发挥更大的作用，开始提上了各级政府和农业科技系统的重要日程。从 20 世纪 60 年代开始，农业科研系统的"大而全、小而全""上下一般粗""低水平上重复"，课题组织管理和单位间、地区间不易协调协作等问题已初现苗头。但在当时计划经济体制下，这种状况很难改变。但它反映了研究和优化农业科技管理的客观需要，并为之后萌发的农业科技管理研究积累了思想基础和现实条件。

1978 年，党的十一届三中全会之后，以家庭联产承包责任制为核心的农村经济体制改革，使中国农业和农村经济发生了历史性巨变。随着改革开放形势的不断深入发展，**农业科技适应农业生产发展的需要，以一种新目标、新格局、新姿态向前发展，形成了全国农业科技机构的第二次快速发展期**。在 1978 年至 1988 年的 10 年时间里，全国地（市）级以上的农业研究所增加到 1 130 个，职工总人数增加到 12.8 万人，科技人员发展到 5.67 万人，形成了一个机构数量庞大、遍布全国的农业科研体系。随着专业学科进一步分化，现代新兴科技进一步发展，经济建设与科技相结合的需求日益强烈，对农业科技管理研究的需求更加迫切，从而使农业科技管理专业研究领域在中国应运而生。20 世纪 70 年代末、80 年代初，一批长期从事农业科技管理的同志开始发起组织农业科技管理研究工作，并得到农业主管部门的重视和支持，先后设立了农业科技管理研究课题，成立了全国性农业科技管理研究会，创办了《农业科技管理》刊物，产生了一批农业科技管理理论与实践的研究成果，开始了由小到大、由浅入深的农业科技管理研究的历程。

（二）完善提升阶段

进入 20 世纪 80 年代，随着现代科技的发展和国外先进科技管理方法的引进与应用，中国农业科技管理发生了很大变化，逐步建立了比较完整的体系，如农业科技政策体系、农业科技规划与计划体系、农业科技人才体系、农业科技国际合作与交流体系、农业科技成果管理体系、农业知识产权保护体系等，管理手段逐步向科学化、规范化和系统化发展，有力地促进了农业科技工作的开展。这些措施初步改变了单纯用行政方法管理农业科技工作的局面，对于恢复和建立农业科技工作的正常秩序，提高农业科技管理水平，促进农业科技工作持续健康发展有着重要的作用。

（三）深化拓展阶段

21 世纪以来，中国农业科技管理发展步入了快车道，以中国农业科技管理研究会发展壮大为标志，管理创新在农业科技工作中的作用愈发凸显。在此期间，中国农业科技管理借助"一会一刊"（中国农业科技管理研究会和《农业科技管理》期刊）在发展不同阶段设立相应研究主题和工作重点，充分调动行业部门、专家、企业等主体参与研究的积极性，促进了农业科技管理研究和实践交流，使农业科技管理工作能力和水平得到了大幅提升，在国家农业科技宏观战略制定、重大农业科技任务凝练、重大农业科技项目组织实施中发挥了重要的决策咨询作用。随着农业供给侧结构性改革的深入、农业农村高质量发展的导向更加鲜明，中国农业科技管理迅速转变发展理念和工作方向，围绕创新驱动发展战略、乡村振兴战略的实施，在国家农业科技创新能力指标体系研究、我国农业企业创新能力指数研究、农业科技管理等领域形成了一批实用成果，为新时代科技支撑农业农村现代化和乡村振兴发挥了重要作用。

二、农业科技管理研究体系建设成就

农业科技管理研究工作的发展，既有学术组织的新建、发展与壮大，也有与之相应的学科建设与发育，两者相辅相成、相互促进，构成完整的农业科技管理研究工作体系，该体系经过 40 余年的建设发展，取得了丰硕的成果。

（一）农业科技管理研究学术组织

农业科技管理研究学术组织是以农业科技活动为研究对象，开展相关研究工作，以推动农业科学技术发展为目的的组织。我国农业科技管理研究学术组织发展大致经历了协作组和研究会两个阶段。

1. 科研管理协作组

农业科技管理研究学术组织建设开始于 1978 年，建设初始主要是依托两个协作组，即由吉林、江苏、浙江、广东、四川、湖北、陕西 7 个省级农业科学院的科研处处长构成的农业科研管理研究协作组和由华南农学院、北京农业大学等 11 所农业高校的科研处处长构成的农业高校科研管理协作组。

1980 年，农业科研的特点、发展规律及其管理研究软课题首次被列入农牧渔业部重点科研项目，由两个协作组承担。这项工作为我国农业科技管理学的形成奠定了基础。1979 年，为促进农业科研稳定、健康发展，农牧渔业部提出制定一项具有法规性的条例，即《农业科学研究工作条例（试行草案）》，两个协作组及相关单位承担了该项任务。这个条例形成后以农牧渔业部文件形式下发，各地按照条例的精神各自编制了适合本单位的规章制度等，这对全国农业科研、教育及相关部门摆脱"文革"造成的困境，迅速恢复正常工作秩序起到了重要作用，使得农业科技管理工作逐步走向制度化、法制化。这个条例还明确地提出农业科研管理是一门科学，并对农业科研的地位、作用、属性，农业科研管理的基本原则，农业科研机构、专业的设置等都进行了深入的探讨，这是中国农业科技管理研究探索农业科技体制改革路子的良好开端。

1981 年，由农牧渔业部科技局、中国农业科学院和两个协作组共同组织，在天津召开了第一次全国农业科研管理学术讨论会。会议对农业科研管理研究及队伍建设提出了具体意见，做出四项决定：一是每两年召开一次全国性学术讨论会，促进学术交流；二是创办《农业科研管理》学术刊物，建立学术园地，吸引广大农业科技管理者研读、探讨、学习；三是为了提高农业科技管理人员的业务素质，筹办岗位培训，并制定出近、远期规划；四是为了给各级领导者决策提供依据，组织理论探讨（其中包括承担软课题及调研等工作）和改革试点工作。以上四项决定，为农业科技管理的学科建设和农业科技体制改革的开展奠定了基础，为中国农业科技管理研究会的成立创造了有利条件。

2. 中国农业科技管理研究会

1985 年，在农业部的支持下，经过一些同志的倡导、开创和努力，全国农牧渔业管理研究会（1989 年更名为中国农业科技管理研究会，以下简称研究会）成立。

研究会主要工作与职责。 研究会成立后，紧密团结广大会员，积极投身于改革，通过组织专题研究，开展学术交流活动，以编辑、出版学术刊物和丛书等形式，积极配合宣传报道，在推进农业科技体制改革、推进农业科技管理向深度和广度发展、探讨农业科技管理理论体系、促进农业科技管理队伍的壮大和管理水平的提高等方面发挥了不可取代的积极作用。研究会的主要工作是：①参与研究制定各种农业科技方面的政策、法规、条例，为国家制定农业宏观政策、发展战略发挥智囊作用；②在学术交流活动中，坚持贯彻"百家争鸣"的方针，采取学术研讨与实际应用相结合的办法，通过智力碰撞、相互交流、切磋达到启发新思路、产生新思想、形成新理论，进而指导实践的目的；③对改革中人们普遍关心的热点、难点、焦点问题，研究会牵线搭桥设立软课题，通过试点或超前探讨，进行比较系统的深入研究，为改革的进一步深化奠定理论基础；④在促进学科建设方面，通过编辑出版《农业科技管理》杂志及有关著作、汇编等，初步形成农业科技管理的理论体系、框架；⑤在吸引人才、培养人才、发现人才方面发挥积极作用，通过培训普及管理知识，培养一批农业科技管理人才；通过会议交流等形式不断发现改革中涌现的典型人物。研究会的成立标志着农业科技管理研究进入了一个新的发展时期，会员们立足自己的岗位，面对新情况，研究新问题。

1985 年 1 月，上海市举办了全国农业技术市场交流交易会，推动了技术市场的开发。技术推广工作逐步从无偿改为有偿服务，推行了推广和经营相结合的办法，改革了过去只靠国家事业费搞推广的做法。1985 年 3 月，颁布了《中共中央关于科学技术体制改革的决定》，对农业科技体制改革专门写了一章，并规定农业技术推广机构和研究机构的事业费仍可由国家拨给，实行包干体制。农牧渔业部于 1985 年 4 月，在北京又召开了农业科技体制改革座谈会，研究会也参与了这项工作。会后组织 7 个调查组分赴20 多个省区市进行农业科技体制改革的调查研究。农牧渔业部下发了《关于农业科技体制改革的若干意见（草稿）》，广泛征求意见，使农业科技体制改革工作从试点推向了全面改革。

1986 年 7 月，研究会的主要成员参加了农牧渔业部在吉林召开的第一次农业科技体制改革研讨会，讨论制定了《关于农业科技体制改革的若干意见（试行）》《农牧渔业部关于贯彻国务院〈关于扩大科学研究机构自主权的暂行规定〉实施办法（试行）》《农牧渔业部关于科研事业费包干试行办法》等文件。

1987 年，农业科技体制改革的重点是放活科研机构、放活科技人员，促进科研、生产的横向联合，加强技术开发，增加科技单位的横向收入。为推动种子工作的联合，农牧渔业部发出了《关于加强科研育种单位和种子公司（站）横向联合的若干意见》，同年 4 月，在大连市召开了第二次农业科技体制改革研讨会，在总结经验的基础上，着重讨论了加强科研、生产、经营横向联合和农业科研机构分类管理两个问题。为探索农业科研机构植入经济的途径，在一些有开发条件的专业所开始酝酿组建技术开发集团，作为改革的试点。为探讨进一步深化农业科技体制改革的途径和模式，国务院科技领导小组办公室、国务院农村发展研究中心、国家科学技术委员会和农牧渔业部共同组成调研组，对 12 个省、直辖市的 165 个科研单位进行了调查，并向全国发出 2 700 份函调提纲，广泛征求意见，为国家制定政策提供了依据。

1988 年，经农牧渔业部批准试办了 4 个农业技术开发集团，促进科研单位与生产经营单位横向联合和兴办经济实体，引导科研工作面向农业经济建设。科研机构内部在实行院（所）长负责制、扩大研究所自主权的基础上，进行了各种形式承包经营责任制的试点。农业科技体制改革取得了新的进展。

1994 年，研究会与国家科学技术委员会农村科技司、农业部科技与质量标准司共同组织召开了农业科技成果产业化研讨会。会议认为，农业科技成果产业化是部分农业科技成果开发的发展方向，也是农业科研单位进一步改革和发展的重要途径之一；过硬的科技成果、开发型人才的选拔和培养是实现农业科技成果产业化的重要保证；加强联合、发挥综合优势是实现农业科技成果产业化的捷径。代表们还建议对农业科技成果产业化的概念、内涵、意义、特点、途径、措施、机制和配套政策等问题进行更深入、更广泛的探讨。

1995 年 10 月，研究会组织召开了第八次全国农业科技管理学术讨论会，农业部科技与质量标准司的第八次农业科技体制改革研讨会同时召开。两个会议围绕着"稳住一头，放开一片"的方针，对当时农业科技体系结构和运行机制中存在的问题，农业科技成果转化、产业化的模式与措施，农业科技主战场以及农业科技体制改革中的其他方面的问题进行了深入剖析和探讨。

1997 年 11 月，中国农业科技管理研究会成立了第四届理事会，会议通过了第一次会议决议和工作计划，发展了 41 名新会员。

进入 21 世纪后，中国农业科技管理研究会坚持"为加速实现农业现代化服务、为推动科技进步服务"的办会宗旨，围绕中心，服务大局，指导本会各分支机构开展学术研讨和交流活动，自身的组织有了发展，发挥了联结政府部门和农业科教单位的桥梁纽带作用，发挥了为政府决策提供参谋支持的作用，为促进我国农业科技事业发展做出了积极贡献。广泛开展学术交流，提高研究会组织能力，分支机构坚持开展年会活动，围绕发展现代农业、科技管理能力提升、农业科技成果转化应用和知识产权保护等热点问题，通过专题报告、典型发言、分组讨论、现场参观等多种形式，互相学习，互相促进，共同提高。研究会下设领导科学工作委员会、科技成果转化工作委员会等多个分支机构。**领导科学工作委员会**以农业科技创新、体制机制改革、现代农业发展、现代种业发展等为重点，积极开展研究探讨，总结和交流新形势下现代农业发展的相关政策措施，促进了各省农业科研单位科技创新能力的提升。**科技成果转化工作委员会**以"加速科技成果转化，引领现代农业发展"为重点，开展农业科技成果转化热点、难点问题研究，逐步明确了科研单位在科技成果转化中的职责、定位和方式，当前各科研单位农业科技成果转化面临的环境和形势普遍向好。**科技发展战略**工作委员会以提升科研管理能力建设为重点，就"十二五"科技发展规划、地区性农业科技创新体系的建立等问题进行研究，部分研究成果得到了农业部科教司的充分肯定。**植物新品种保护工作委员会**以加强我国植物新品种保护措施研究为重点，围绕《种子法》修订、实质性派生品种制度、农业知识产权价值实现等热点问题，进行专题研讨，适时开展培训活动，参与筹建国家种业科技成果产权交易平台，举行种业科技成果确权推介交易签约活动。这些工作，提升了农业领域知识产权意识和对品种权保护、运用的能力。**农业高校科研管理工作委员会**围绕新农村发展研究院建设，**地市农科院所工作委员会**围绕"交流、合作、创新、发展"主题，广泛开展交流研讨，达到了互相学习、互相借鉴的目的。

2011年7月，研究会经民政部评估为AAA级研究会；2017年，研究会经第三方评估机构初评和全国性社会组织评估委员会终评，继续被评为AAA级研究会。目前，研究会会址设在北京的农业农村部科技发展中心，行政管理司局为农业农村部人事劳动司，业务主管司局为农业农村部科技教育司，现有会员745人。经批准，研究会设立秘书处、组织联络部2个内设机构，以及科技成果转化工作委员会、植物新品种保护工作委员会等多个分支机构。研究会主要围绕"三农"工作的中心任务，广泛开展政策理论研究，探求适合我国国情的农业科技管理科学理论和方法；组织开展调查研究活动，为政府决策部门提供科学的决策依据和合理化建议；收集、储存、研究和处理各种农业科技管理信息，及时为各级决策部门提供信息咨询服务；收集和研究国外的农业科技信息，开展国际交流；举办各种培训班、研讨会、报告会等活动，提高农业科技管理人员的学术水平和工作能力；编辑出版《农业科技管理》刊物及有关书籍、资料，不断促进农业科技事业发展。目前，研究会成立了第八届理事会。

研究会的会刊——《农业科技管理》创刊于1982年，当时刊名为《农业科研管理》，1984年改名为《农业科技管理》，1985年由季刊改为月刊。该刊是目前全国唯一专门报道农业科学技术管理的期刊，编辑部设在吉林省农业科学院。创刊37年来，该刊坚持正确的办刊方向，坚持普及与提高相结合，理论与实践相结合，坚持融探索性、理论性、实用性、知识性于一体，始终把科学理论同农业科技管理实践相结合，提高我国农业科技管理水平，配合中国农业科技管理研究会组织的科技管理学术活动，从拨款制度改革、农业科研事业费包干及分类管理、农业科技成果商品化、农业技术市场到科研生产结合、"三农"协作等，灵活设置栏目。目前该刊有科技体制改革、发展战略、农技推广、人才队伍建设、科教兴农、科技成果转化、科技与经济、研究所管理、农业科研管理等栏目。围绕农村农业农民、科技与经济、建设与发展、改革与管理、理论与实践等领域，不失时机地抓住新动向、新成就、新经验、新情况、新问题等大量信息，迅速地向广大读者传播报道，在开创、建设和发展中国农业科技管理事业，建设农业科技管理队伍，推动和深化农业科技体制改革，引导和活跃有关农业科技管理的学术思想，促进农业科技管理学科建设，提高中国农业科技管理水平等方面发挥了积极的作用。自创刊以来，《农业科技管理》的影响因子呈逐年上升趋势，于 1996 年获评第二届全国农业学会优秀期刊，2002 年获评第三届全国农业优秀期刊。2016 年，该刊的影响因子达到了 1.174，位居国内同领域期刊前列。

~~~~ / 专栏 24-1 / ~~~~~~~~

中国农业科技管理研究会

中国农业科技管理研究会是 1985 年 10 月经民政部登记注册的社团组织，社团登记证书号为社证字第 4141 号。行政管理司局为农业农村部人事劳动司，业务主管司局为农业农村部科技教育司，挂靠单位为农业农村部科技发展中心，现有会员 745 人。经第八届理事会批准，研究会设立秘书处、科技成果转化工作委员会、品种权保护工作委员会、科技发展战略工作委员会、高校科研管理工作委员会、地市农科院所工作委员会、生物技术产业发展工作委员会等内设和分支机构，会刊为《农业科技管理》。

（二）农业科技管理学科建设

中国农业科技管理作为一门新学科，历史较短，但发展较快。农业科技管理学的建设于 20 世纪 80 年代初开始酝酿准备。党的十一届三中全会之后，从以阶级斗争为纲转为以经济建设为中心，这是一个重大的历史性转变，也是农业科技管理学科建设的宏观良好环境。1980 年开始，农业科研管理被农业部列入重点项目。1986 年，《农业科研管理》（上、下篇）著作付印，回答了农业科研的地位、作用、性质、特点以及管理范畴、管理内容等一系列问题，特别研究了哲学、系统科学和经济学对农业科技管理的指导作用。这一阶段还探索了建立农业科技管理新学科的可能性和必要性。当时，农牧渔业部邀请 20 位专家、教授和科技管理人员，研讨农业科技管理的一些基本问题，撰写了 30 多万字的专题讲座材料。其间，还召开了三次农业科研管理的学术研讨会，共收到管理论文和报告 570 多篇。这阶段的有关农业科技管理方面的专著主要有：《农业科研管理专题讲座汇编》《农业科学管理基础》《农业科技工作的经济评价方法》《农业科技管理》《农业科研管理》等。

1987—1992 年，**农业科技管理新学科的奠基阶段**。初步构建了农业科技管理的理论体系，标志性成果是三本农业软科学著作，即《农业科技管理学基础性质》《农学学概念》和《农业科技管理学》。三本著作明确了农业科技管理学的立论根据、理论基础、方法论基础、学科间联系，以及宏观、中观、微观管理的内容和方法等。另外，还出版了一些针对改革开放中新问题的科技管理如计划管理、成果管理、推广管理、开发管理等的著作。召开了三次农业科研管理学术研讨会，共征得论文和报告 950 多篇。农业部科技司编写的《中国农业科技工作四十年》和《农业科技管理与体制改革》，概述了这期间农业科技管理在理论与实践方面的成绩和经验。农业科技管理创作园地的奠基工作基本完成。据不完全统计，这阶段的主要著作有：《中国农业科技工作四十年》《农业科技管理与体制改革》《农业科技管理学基础》《农学学概论》《农业科技管理学》《农业科技商品化与农业科技横向联合》《农业科学研究计划项目管理规范》《农业科研单位承包经营责任制》《农业推广技能》《农业科技成果管理》《农业科技管理认识与实践》等。

1993 年以后，农业科技管理学科向纵深发展。该阶段中国的经济体制经历了从计划经济向市场经济的重大历史性转变，结合时代特点，农业科技管理研究工作主要包括农业科技预测、市场经济下的农业科技以及农业科技人才管理等方面。此间召开了三次农业科技管理学术研讨会，征集论文和报告 500 多篇。**这阶段的农业科技管理研究的特点是围绕着市场经济，单项研究与综合研究并进，理论与方法研究并进，而且具有较强的实用性、操作性。**据不完全统计，至 1995 年，出版的主要著作有：《21 世纪中国农业科技展望》《农业科研成果经济效益计算方法》《走向市场经济的中国农业与农业科技》《科教兴农的理论与实践》《农业科技成果转化概论》《农业科技人才与管理》《新时期农业科研计划管理》《中国科技计划运作与管理——农业科技推广立题及申报指南》《社会主义市场经济与农业推广》《农业推广理论研究》《农业推广原理与技能》《农业科技工作者指南——从选题立项到成果转化》等。

2000 年以后，一场新的农业科技革命正悄然兴起，生物技术、信息技术和工程技术在农业中的广泛应用使得农业正发生着翻天覆地的变化。为对接新阶段、新趋势和新任务，中央启动新一轮科技体制改革，要求科研机构面向需求市场、开展体制机制改革，2004 年的中央 1 号文件首次提出要改革农业科技体制。**这阶段的农业科技管理研究结合农业产业发展和科技发展趋势，加强对产业发展跟踪和农业科技管理的前沿探索。**据不完全统计，在此期间出版的主要著作有：《农业科技管理基础》《农业技术：创新·扩散·管理》《世界农业和农业科技发展概况》《科学技术与现代农业》《农业科学学科发展报告》《当代中国农业科学研究进展》《农业科技产业发展理论与实践》《农业科技创新团队形成机制研究》《新阶段中国农业科技发展战略研究》等。

2009 年以来，中央持续深化科技体制机制改革，开展事业单位分类和项目分类改革，按社会功能将事业单位划分为 3 类：承担行政职能的，划归行政机构或转为行政机构；对从事生产经营活动的，逐步转为企业；对从事公益服务的，继续保留在事业单位序列，强化公益属性，市场不能配置资源的，划分为公益一类。在科技计划管理方面，将过去的"863"计划、"973"计划、国家科技支撑计划、公益性行业科研专项等整合为国家重点研发计划，形成五大类国家科技主体计划，并要求"放活"科研机构、科技人才和科技成果。**这阶段，农业科技管理领域围绕创新体系建设、科技发展前沿、人力资源、项目和经费管理、成果转移转化等重点领域开展研究。**这阶段的研究工作为改革项目、统筹资源、释放和激发科技人员创新创造活力发挥了重要作用。据不完全统计，至 2018 年，已出版的主要著作有：《科技创新与现代农业》《农业科技创新团队形成机制研究》《农业科技创新与发展前沿问题研究》《农村科技服务与管理》《农业科技创新国际化研究报告》《农业科技成果转化》《农业推广理论与方法》《中国农业科技人力资源研究》等。

纵观中国农业科技管理学科的发展历程，可以看出：

第一，农业科技管理著作源于管理实践，又指导管理实践。计划管理、推广管理、成果管理和人才管理属于单项管理论著，体制改革、走向市场经济的农业科技则属于综合性管理论著，这些都是在马克思主义理论指导下概括实践、总结实践而上升为带有规律性的论著。反之，这些论著又指导着成果管理、计划管理等，使工作更具有自觉性，同时，通过实践又检验了其规律性，事实说明了"实践出真知"的名言。

第二，农业科技管理著作来自软科学研究。从 1980 年开始，农业部科技司历年都安排农业科技管理的研究课题。"六五"规划初期，首先安排的是《农业科学研究工作条例》制定工作，经充实后形成了《农业科研管理》著作。"七五"期间，组织开展了农业科技管理理论体系、领导管理体制、农业科技横向联合等研究课题，形成了《农业科技管理学基础》《农学学概论》等 6 本著作。此外，国家科学技术委员会、国家教育委员会、各省（直辖市）也都下达了研究课题。《农业科技工作者指南——从选题立项到成果转化》也是农业部教育司拨款资助开展研究而取得的成果。历届的农业科技管理学术研讨会丰富并充实着各部著作，其中，《农业科技管理理论》曾获农业科技进步三等奖。只有深入开展农业科技管理的研究，才能保证农业科技管理科学著作的水平。

第三，农业科技管理著作与教学工作相互促进。农业科技管理的研究教育曾有两次小高潮。第一次是 1982—1983 年，当时农牧渔业部在湖北省农业科学院、吉林省农业科学院举办了农业科学院院长和"三农"科研处长的研讨班。培训急需教材，而研讨班的论文又充实了教材，一些著作就是在这些教材的基础上逐步完善的。第二次是 1990—1993 年，当时农业部在华南农业大学、华中农业大学举办了 6 期农业科技管理干部研讨班。研讨班教学的迫切需要加速了一些著作的撰写，第二阶段出版的许多书籍在研讨班中被采用，并广受学员欢迎。科研促著作，著作又促教学，教学再促科研。

第四，集体创作是农业科技管理学初创阶段重要的组织形式。例如，1988 年出版的《农业科研管理》是第一部较为系统的农业科技管理著作，曾集聚了 12 个单位的 15 位同志参加撰写；1992 年出版的《农业科技管理学》，有 2 个单位的 20 多位同志参加撰写；1994 年出版的《农业科技人才与管理》，有 7 个单位的 9 位同志参加撰写；《农业科技工作者指南》也是集体智慧的结晶，6 所农业大学 15 位同志参加了撰写；2013 年出版的《农业科技成果转化》，由中国农业科学院农业经济与发展研究所牵头，共有 10 多位同志参加撰写。

经过两年多的可行性论证和多方努力，研究会配合中国农业大学，在该校设立科学技术管理学专业。1996 年通过了国家教育委员会的验收和正式批准，从 1997 年起已在全国招生，学制四年。在此之后，中国农业大学还增设了农业科技管理硕士研究生培养点，为中国培养高层次农业科技管理人才打下了良好的基础，同时也标志着中国农业科技管理研究步入了一个新的历史阶段。

三、农业科技管理对科技发展的主要贡献

20 世纪 80 年代初，我国开始农业科技管理研究工作。近 40 年来，尤其是改革开放以来，大批从事农业科技管理的同志前赴后继，研究产出了一批符合阶段发展特征的理论成果、创新政策和制度文件，推动了农业科技管理工作的不断进步与革新，为农业产业和科技的重大突破作出了重要贡献。

（一）加强了国家农业科技发展战略规划研究

中国农业科技管理研究会成员单位通过参与起草、智力支持等形式，在农业科技发展"六五"至"十三五"规划编制中发挥了重要作用，参与了《关于深化科技体制改革加快国家创新体系建设的意见》《关于深化中央财政科技计划（专项、基金等）管理改革的方案》和《关于扩大种业人才发展和科研成果权益改革试点的指导意见》等重要文件的起草。与此同时，《农业科技发展纲要（2001—2010 年）》《国家知识产权战略纲要》《国家中长期科学和技术发展规划纲要（2006—2020 年）》《农业部重点实验室发展规划（2010—2015 年）》《农业科技创新能力条件建设规划（2016—2020 年）》《农业知识产权战略纲要》和《"十一五"植物新品种保护规划》等重要指导性政策的起草过程均有农业科技管理工作者的研究贡献。

（二）开展了各个改革时期政府决策支撑研究

中国农业科技管理研究会的主要成员通过政策和理论研究，形成政策建议和决策参考，为党中央、国务院、农业部等在农业科技工作的顶层设计中发挥智囊作用。

1985 年，明确以经济建设为中心，改革拨款制度减轻财政压力。"文革"结束后，中央政府开展了一系列农业科技整顿工作，恢复了下放的机构，建设了"四级农科网"，组织了全国农业科研协作攻关计划。这些整顿工作取得了较好的成效：一是农业科研机构发展增加了 1.4 倍（1984 年与 1979 年相比），中央级科研院所恢复建制，科研人员科研和生活条件改善；二是取得了以籼型杂交水稻为代表的重大突破性成果；三是农业总产值增速大大超过计划，食物短缺问题得到极大缓解。

1992 年，研究确定延续"稳、放"的改革思路，科研和开发两手抓。中央提出"稳住一头，放开一片"的方针，重点调整科技系统结构，分流人员，转变运行机制，引导科技人员进入科技主战场，促进科技与经济的紧密结合。要求主要科研力量面向经济建设主战场，以各种形式加速科技成果转化为直接生产力。同时，组织精干的科技力量从事农业基础性研究、高技术研究和重大科技攻关研究，努力提高农业科技水平。1996 年，在全国范围内，建立了一批以国家和部门重点实验室、国家工程技术中心、国家农作物改良中心等为支撑的中央和地方两级农业科研重点骨干体系。同时各省根据农业发展需要，在省、地两级农业科研机构中，确定择优支持的重点，开展围绕所在省农业发展的重大科技攻关研究。允许有条件的农业科研单位兴办各种科技企业和企业集团，开发、推广科技成果和技术产品。

2000 年，研究确定面向市场需求，开展体制改革。在"稳、放"的方针下，科研单位内部管理制度开展改革，依据机构定位拓展研究和开发产出。虽然改革拨款制度有效控制了财政支出的规模，提出了开拓农业技术市场的政策方向，但还未在体制上解决机构重复设置、力量分散、科技与经济脱节的状况。2000 年中央启动新一轮科技体制改革，要求科研机构按照进入企业、进入大学、转制为企业、转制为中介机构、转制为非营利性科研机构等模式进行体制改革。对非营利性科研机构，国家逐步加大对其事业费投入。对转为企业的研究所暂不核减事业费，可继续保留研究所的牌子，也可以通过公平竞争获得国家经费项目支持。转为农业事业单位的研究所，纳入农业事业费统一管理。进入大学的研究所，人、财、物统一划转到大学。在税收优惠政策方面，对转为企业的研究所，可享受 5 年内免征企业所得税和技术转让营业税等，对非营利性科研机构从事技术开发、技术转让业务和与之相关的技术咨询、技术服务所得收入，按有关规定免征营业税和企业所得税。

近期，研究确定深化体制改革，开展事业单位分类改革。2012 年，党中央公布了关于分类推进事业单位改革指导意见，以实现明确事业单位定位，推动公办事业单位与主管部门理顺关系和去行政化，建立事业单位法人治理结构等目标。2014 年，国务院提出优化整合现有科技计划（专项、基金等），将 40 多个部委近百项的竞争性科技计划、专项和基金按照国家自然科学基金、国家科技重大专项、国家重点研发计划、技术创新引导专项（基金）、基地和人才专项等五类进行整合，重构国家科技计划布局，实行分类管理、分类支持。

（三）探索了新型农业科技组织模式建设研究

1978 年，全国科学大会召开之后，国家中央级、省级和地市级农业科研机构恢复了建制，经过几轮科技体制改革，建立起中央和地方按行政隶属和农业区划设置的，层级架构完整，机构数量、人员规模、产业和学科覆盖面均为全球之最的农业科技创新体系。

（1）完善建制内科研组织体系。40 年来，我国农业科研机构不断建立完善，中央、省、地市农业科研机构及高等农林院校和涉农专业综合性高等院校的设置，全面覆盖了重大农业基础与应用基础研究、关键技术攻关与开发以及技术试验、示范与推广等各方面研究领域。

（2）构建现代农业产业技术体系及管理制度。根据现代农业产业发展需求，研究选择水稻、玉米、小麦、大豆、棉花、油菜、生猪、奶牛、大宗淡水鱼等涉及国家粮食安全的 112 个主要农产品作为建设单元，围绕产业创新需求构建现代农业产业技术体系。同时，为保障体系高效运行，研究制定了《现代农业产业技术体系建设专项资金管理试行办法》《现代农业产业技术体系考核办法》等规章制度，采取工作日志、内部考评、末位淘汰等方式提高体系运行绩效。

（3）建立产学研融合发展体系。以解决行业性、区域性和基础性重大问题为导向，按照共建共享"一盘棋"、解决方案"一体化"、产学研用"一条龙"的机制创新思路，构建以企业为主体、市场为导向的农业技术创新体系。先后支持农业企业建立国家和农业农村部重点实验室 40 余个；布局建设 71 个农业科技创新联盟，参与的科教单位和企业达到上千家；布局建设国家现代农业产业科技创新中心 4 个，推进技术集成、企业集聚、产业集群，打造农业硅谷和区域经济增长极；布局建成国家农业高新技术产业示范区 2 个、国家农业科技园区 246 个、国家现代农业产业园 41 个，推进技术的集成示范与推广；设立现代种业发展基金，支持种子企业科技创新和兼并重组，认定育繁推一体化种业企业 88 个。

（4）探索"一主多元"农业技术推广体系。农业科技管理工作者边探索边实践边总结，建立了国家农技推广机构主导，农业科研教学单位、农民合作组织、涉农企业等多元力量广泛参与、分工协作的"一主多元"农技推广体系，并为《农业技术推广法》的出台建言献策。全国已建成省、市、县三级农技推广机构，已基本实现办公有场所、服务有手段、经费有保障。

（5）打造国家农业科技创新联盟。研究明确了国家农业科技创新联盟的发展目标、运行机制、工作任务和"三步走"工作方案，初步构建了产学研用紧密结合，上中下游有机衔接的协同协作机制，搭建了集中力量办大事、集中资源克难事的平台和载体，在重大技术攻关、支撑产业转型升级和区域农业发展等方面，取得了一系列新进展、新成效。

（四）强化了农业科技管理体制机制创新研究

（1）开展种业科研成果权益改革。深入推进种业人才发展和科研成果权益改革，是落实党中央国务院新发展理念、人才强国新战略的重大部署。农业科技管理工作者通过大量的摸底调研，研究梳理了科研院所、高校、涉农企业等现状和需求，为种业科研成果权益改革奠定了坚实基础。

2014 年，农业部选择中国农业科学院作物科学研究所、中国水稻研究所、蔬菜花卉研究所和中国农业大学等四家单位，开展了种业科研成果权益改革试点。试点内容主要集中在四个方面：一是依法赋权。依照《科学技术进步法》《专利法》等法律法规，提出"利用本单位物质技术条件所完成的种业科技成果，单位与科研人员订有合同，对成果的归属做出约定的，从其约定"。二是分类管理。针对四个改革试点单位现有科研成果完成人中，具有处级以上党政领导干部身份的科研人员占到一半以上的情况，从区分"家"和"官"入手，鼓励依靠"智力成果"致富，防止通过"权力谋私"揽财。依据岗位特点和对单位人、财、物调配权的大小，将科研人员划分为 4 类，采取分类激励的差别化管理。三是公开交易。试点要求"成果转让或许可须通过种业科技成果公开交易平台挂牌交易，不得违规自行处置"。由农业部组建国家种业成果公开交易平台。四是制度防腐。针对科研人员持股兼职事项、有党政领导干部身份的科研人员政策边界、重大事项公示等，实现激励创新与预防腐败的统一。为巩固和扩大种业权益改革试点成果，2016 年 7 月，农业部会同科技部、财政部、教育部、人社部，联合印发了《关于扩大种业人才发展和科研成果权益改革试点的指导意见》，并先后召开全国改革视频会议和改革工作培训班，全面部署推进改革工作。北京、黑龙江、湖南、湖北、江苏、山东、四川、陕西等省（直辖市）将种业改革工作纳入省（市）委 1 号文件，作为全省

（直辖市）重点工作统一推动。

经过一段时期的推进和落实，种业权益改革取得显著成效。一是激发了科研单位和科研人员的创新活力，建立了项目瞄准市场的源头创新机制。二是探索不同激励方式和多元化成果转化方式，形成了成果服务产业的目标引导机制。三是促进了科企合作和人才流动，推动形成了以企业为主体的资源集聚机制。四是实行科研人员定岗定责定权益，建立起具体严格可操作的激励约束机制。对科研人员分类管理，解决了大多数科研人员不敢兼职、不敢持股的"心病"，使创新激励政策落到了实处。五是组建了全国农业农村成果转移服务中心。该中心自运行以来，促成了包括种业在内的各类科技成果产权交易 191 项，交易额超过 2.5 亿元。

（2）研究建立科学合理的农业科技分类评价机制。2017 年，在中央、省、地市三级农业科研机构和农业高校中，遴选部分单位作为机构和人员分类评价试点，以探索不同层级农业科研机构依据职能定位、分工协作、协同创新机制，构建上下协同、运转高效的体系，建立以科研产出与产业需求关联度、技术研发创新度和对产业发展贡献度为评价重点的科研导向，推动农业由"重项目、重奖励"转为"重产业、重贡献"，形成依据能力和贡献配置科技资源、潜心钻研、干事成事的创新生态，分类评价机制建设为提高农业科技供给质量，实施农业创新驱动奠定了基础。

（3）支撑国家现代农业产业科技创新中心建设。在广泛调研的基础上，结合区域产业发展特点和现状，为国家现代农业产业科技创新中心建设布局提供咨询建议，提出资源高效配置方式、产研融合机制和多方协作运行模式建议，推进技术集成、企业集聚、产业集群，打造农业硅谷和区域经济增长极。

（4）推动科研机构绩效评价改革。为引导科研机构立足职责定位、坚持"三个面向"，着力提升科技创新能力和创新效益，推进了科研机构绩效评价改革试点工作，明确了创新改革思路、突破了分类方式、拓展了评价要求、深化了评价内容，按照分层实施原则，组织 12 个试点机构开展自评价，形成自评价报告，同时开展第三方评价，结合自评价和部门评价，研究形成学科布局、人才队伍、平台建设等方面的优化调整方案。

（五）参与了相关农业法律法规制度制定研究

我国农业科技管理研究人员积极参与了农业法律法规的制定、修订过程，发挥了重要的咨询、建议等作用，助推了农业科技法律法规制度建设和实施。比如：1993 年颁布的《农业技术推广法》，加强了农业技术推广工作，促使农业科研成果和实用技术尽快应用于农业生产，增强科技支撑保障能力；1997 年颁布的《植物新品种保护条例》，保护了植物新品种权，鼓励培育和使用植物新品种；2006 年颁布的《农产品质量安全法》，保障了农产品质量安全，维护了公众健康，这些法律法规有力地保障了农业农村经济健康、平稳发展。

步入新时代，农业科技管理工作将坚持以习近平新时代中国特色社会主义思想为指导，紧紧围绕实施创新驱动战略和乡村振兴战略、推进农业农村高质量发展、建设世界农业科技强国的战略目标，不断强化研究领域拓展和研究体系建设，积极打造农业科技决策高端智库，统筹配置科技创新要素，重塑新时代中国特色农业科技创新体系，不断提升科技决策、科技供给、科技服务能力，为建设现代化农业强国贡献力量。

◈本章参考文献

李燕凌，2011. 农村科技服务与管理［M］. 北京：高等教育出版社.

农牧渔业科技管理研究会，1989. 农业科技管理研究［M］. 北京：中国农业科技出版社.

信乃诠，1990. 当代农业科学技术进步［M］. 北京：中国农业科技出版社.

信乃诠，1999. 农业科技管理基础［M］. 北京：中国农业科技出版社.

信乃诠，2003. 中国农业科技的重大部署与规划［J］. 农业科技管理（6）：1-5.

信乃诠，2008. 当代中国农业科学研究进展［M］. 北京：中国农业出版社.

曾明信，肖亚成，等，1992. 农业科技管理认识与实践［M］. 北京：农业出版社.

张宪法，翟勇，2009. 改革开放 30 年：我国农业科技工作回顾与展望（一）——对科技发展规律与作用的认识变迁［J］. 农业科技管理（1）：1-3.

朱方长，董成森，2011. 农业科技创新与发展前沿问题研究［M］. 北京：中国农业出版社.